al-Kitāb al-mufīd

al-Kitāb al-mufīd

An Introduction
to Modern Written Arabic

Manfred Woidich
Rabha Heinen-Nasr

The American University in Cairo Press
Cairo New York

First published in 2011 by
The American University in Cairo Press
113 Sharia Kasr el Aini, Cairo, Egypt
420 Fifth Avenue, New York, NY 10018
www.aucpress.com

Dar el Kutub No. 15021/11
ISBN 978 977 416 446 0

Dar el Kutub Cataloging-in-Publication Data

Woidich, Manfred
al-Kitab al-mufid: An Introduction to Modern Written Arabic/ Manfred Woidich.
—Cairo: The American University in Cairo Press, 2011
p. cm.
ISBN 978 977 416 446 0
1. Arabic Language study and teaching foreign speakers.
492.7

1 2 3 4 5 6 14 13 12 11

Printed in Egypt

Contents

Preface

Al-Kitāb al-mufīd is the updated and enlarged English version of the text book *al-ʿArabīyatu_l-ḥadīṯa*, which was developed in the years between 1995 and 2004 at the Department of Arabic and Islamic Studies of the University of Amsterdam, the Netherlands. It is a sequel to the well-known text book *Kullu tamām* for Egyptian Colloquial Arabic by the same authors and introduced many generations of students successfully to Modern Written (Standard) Arabic. *Al-Kitāb al-mufīd* focuses on the written language as used in modern life by providing many short texts, mainly taken from Egyptian journals and newspapers, from official statements, and from the internet. It also introduces personal and administrative letters, some of them presented in handwritten form in *ruqʿa*-script.

Compared to the earlier Dutch edition, this new one is considerably enlarged and contains twenty-two lessons, preceded by a phonological introduction. For those who have had no earlier knowledge of the spoken language, it is advisable to begin by studying the introductory chapter and carefully listening to the recordings on the CD before starting with the first two lessons introducing the Arabic script.

From lesson three onward, the lessons are divided into three sections. Section one starts with Arabic texts that are often authentic, but slightly adapted for teaching purposes. The first lessons begin with dialogues that already figure in a colloquial form in *Kullu tamām*. The texts are followed by a vocabulary list. In order to accustom the students' eyes to unvocalized script, the Arabic words are given here only with a rudimentary vocalization. The full vocalization must be derived from the transcriptions that follow, or looked up in the glossary. For those who have studied *Kullu tamām*, or have a general background of Colloquial Egyptian, the first lessons offer contrastive word lists at the end of the section to help them make the link between these two varieties of the language. Transfer exercises from Colloquial to Written Arabic in the exercises section answer the same purpose. These are marked with the sign ∅.

The second section presents the most important elements of Arabic grammar, with particular attention on syntax in the later lessons. The chosen examples are mostly taken from the modern press or from the internet, in order to be as realistic and relevant as possible.

The third section contains among others extensive pattern drills, translation excercises from English to Arabic, and writing excercises that help in understanding the language and making active use of it.

The key to the exercises, the Arabic–English and English–Arabic glossaries, the indices, the verbal paradigms, and the audio CD of the texts allow the use of this book in the classroom as well as for self-study.

After having successfully studied *Al-Kitāb al-mufīd*, the student should be able to read not too complicated articles in Arabic newspapers with the help of a dictionary and to write simple notes and letters in correct Arabic.

The book comes with a CD containing all the texts, as well as the examples given in the phonological introduction. The speakers are all educated native Egyptians and they pronounce Written Arabic in the Egyptian way. When listening to the recordings you will often hear a stop *g* instead of an affricate *j* [ğ], and sometimes the sibilants *s* and *z* instead of the interdentals *th* [ṯ] or [ḏ]. We accepted these habits because they are daily practice in Egypt.

This textbook could not have been accomplished without the help and contributions of many others. In the preface to the Dutch version we expressed thanks to the colleagues who contributed to the first edition. Those thanks still stand. In the meantime, Liesbeth Zack and Caroline Roset from the Department of Arabic and Islamic Studies, University of Amsterdam, continue to use the Dutch version and to share their experience most willingly and unsparingly with us. Many of the changes and additions realized in the English version hark back to their suggestions. A sincere word of thanks goes to Ferida Jawad, Cairo, who provided a proof translation of Lesson 7. We thank Professor El-Said Badawi who served willingly as a test person for some of the stress rules in the introduction. We gratefully acknowledge the debt we owe to Neil Hewison from the AUC Press who not only spent his valuable time to render the English of two non-native speakers in a readable form, but provided us with many other suggestions and helpful hints as well. For the CD we are very much indebted to Maha El-Antably from the Goethe Institute in Dokki, Adel Abdel Moneim from the Dutch–Flemish Institute in Zamalek, Sahar Muhammad and Ibrahim Abd al-Tawwab from the Arabic Department of Cairo University for their generous help.

Needless to say, all errors, shortcomings and infelicities, which both learners and teachers inevitably will come accross, remain entirely our own responsibility.

Introduction

A. Transcription and pronunciation

The transcription of Arabic with Latin letters follows the phonological principle: one sound (phoneme) = one letter. As there are no real native speakers of Modern Standard Arabic, the regional dialects have a noticeable impact on its pronunciation when it is read in the media or spoken freely. We follow here more or less the way it is pronounced in the Egyptian media.

I. Consonants

The table shows the 28 consonants arranged according to place of articulation and manner of articulation. Possible variants are in parentheses.

Place ⇒ Manner ⇓	1	2	3	4	5	6	7	8	9
Stops									
voiceless				*t*		*k*	*q*		ʾ
emphatic				*ṭ*					
voiced	*b*			*d*		*(g)*			
emphatic				*ḍ*					
Affricates					*ǧ*				
Fricatives									
voiceless		*f*	*ṯ*	*s*	*š*	*x*		*ḥ*	*h*
emphatic				*ṣ*					
voiced			*ḏ*	*z*	*(ž)*	*ġ*		ʿ	
emphatic			*ḏ̣*	*(ẓ)*					
r-sound				*r*					
l-sound				*l*					
Nasals	*m*			*n*					
Semivowels	*w*				*y*				

Place of Articulation

1 = with both lips (bilabial): *b, m, w.*
2 = with lower lip and upper teeth (labio-dental): *f.*
3 = with the tip of the tongue between upper and lower teeth (interdental): *ṯ, ḏ, ḍ.*
4 = with the tip of the tongue against the back of the teeth or the alveola (apico-dental-alveolar): *t, ṭ, d, ḍ, s, ṣ, z, (ẓ), r, l, n.*
5 = with the blade of the tongue against the back of the teeth (alveopalatal): *ǧ, š, (ž), y.*
6 = with the blade of the tongue against the hard palate (postpalatal): *k, (g), x, ġ.*
7 = with the back of the tongue against the soft palate (postvelar): *q.*
8 = in the pharynx (pharyngeal): *ḥ,* ʿ.
9 = in the glottis (glottal): ʾ, *h.*

Pronunciation of the consonants

Consonants written double are articulated long: *sitta* 'six,' *mudda* 'period,' *sinna* 'tooth,' *Makka* 'Mecca.' See below.

a. The consonants *b, w, d, f, k, l, m, n, s, t, y* and *z* differ in pronunciation little from the consonants in the RP of English. Take care to not pronounce *t* and *k* with too strong aspiration, i.e., with a strong *h*-release (a puff of air) as is common in British and American English.

b. Particular consideration must be given to the following consonants:

r is a clear alveolar *r* (flap, trill) and is articulated with the tip of the tongue against the alveolar ridge: *riǧl* 'foot,' *ward* 'rose,' *Miṣr* 'Egypt.'

h is a voiceless glottal fricative and may never be neglected in pronunciation. It is articulated fully at the end of a syllable, e.g., *duhn* 'fat,' *nahr* 'river,' *sahl* 'easy,' *qahwa* 'coffee,' *šabīh* 'similar.'

ṯ is the voiceless English 'th' in 'thin': *ṯalāṯa* 'three,' *ʾāṯār* 'antiquities.' Note that many speakers replace this *ṯ* with *s* when trying to speak Standard Arabic, so *ṯalāṯa* 'three' may sound like *salāsa.*

ḏ is the voiced English 'th' in 'that': *hāḏā* 'this,' *ḏahab* 'gold.' Note that many Egyptian speakers replace this *ḏ* with *z* when trying to speak Standard Arabic, so *hāḏā* 'this (m.)' may sound like *hāzā, hāḏihi* 'this (f.)' like *hāzihi.*

ǧ sounds as the English letter {g} in 'general' but is articulated a bit closer to the front of the tongue: *ǧamal* 'camel, *maǧalla* 'journal,' *tāǧ* 'crown.' Many Egyptians, however, do not pronounce this affricate but keep their native *g* or switch between these two variants. On the CD you mainly hear the *g*-variant. Other Arabs, Levantines, North Africans, for instance, use a voiced sibilant *ž* as in English 'leisure' instead.

š corresponds to English 'sh' in 'shoe.'

c. These following consonants are unknown in English and must be practised thoroughly. Their mastery is vital to good pronunciation of Arabic.

q is similar to 'k' in English, but is articulated farther back in the mouth against the soft palate (postvelar): *qamar* 'moon,' *al-Qāhira* 'Cairo,' *al-Qurʾān* 'the Qur'an,' *baqara* 'cow,' *waraq* 'paper.'

x is a voiceless fricative and corresponds to *ch* in Scottish *loch* or German 'Bach': *xawx* 'peaches,' *naxla* 'palm tree,' *xubz* 'bread.'

ġ is the voiced counterpart of *x* : *Baġdād* 'Baghdad,' *baġbaġān* 'parrot,' *ġarb* 'West.'

ʿ is a voiced fricative articulated in the pharynx: *ʿarabī* 'Arabic,' *ʿUmān* 'Oman,' *as-Saʿūdiyya* 'Saudi-Arabia,' *ʿAdan* 'Aden,' *rubʿ* 'quarter.'

ḥ is a voiceless fricative articulated in the pharynx. You may articulate it spontaneously if you try to whisper words that contain 'h' as 'here,' 'half' exaggerating the 'h' a bit. Examples are: *Muḥammad* 'Mohamed,' *Aḥmad* 'Ahmed,' *al-Baḥrayn* 'Bahrain.'

ʾ is the glottal stop, i.e., the same sound that in certain British dialects replaces a *t* between two vowels, and syllable final *t* in everyday and informal American English as in *curtain* = *curʾən*. Or cut off the air as in *ʾuhʾuh!* In Arabic this is a full consonant which may not be skipped in pronunciation. It is called *hamza* in Arabic.

→ Listen to the following words on the CD.

suʾāl	: question	*ʾalf*	:	thousand
biʾr	: well	*saʾal*	:	he asked,
malīʾ	: full	*masʾūl*	:	responsible
qiṛāʾa	: reading	*fağʾatan*	:	suddenly

→ Notice the difference between the consonants *ḥ, x* and *h*. Compare the following minimal pairs:

xāl	: *ḥāl*	uncle	:	condition
naxla	: *naḥla*	date palm	:	bee
xall	: *ḥall*	vinegar	:	solution
nahr	: *naxr*	river	:	snorting
sāhir	: *sāḥir*	sleepless	:	charming
nahr	: *naḥr*	river	:	slaughter

→ Notice the difference between the consonants ʿ and ʾ. Compare the following minimal pairs:

ʿamal	: *ʾamal*	work	:	hope
ʿalam	: *ʾalam*	flag	:	pain
suʿāl	: *suʾāl*	cough	:	question
midfaʿ	: *midfaʾ*	canon	:	oven
kaʿb	: *kaʾb*	heel	:	sorrow
šāʿa	: *šāʾa*	it spread	:	he wanted
ṛaʿy	: *ṛaʾy*	care	:	opinion

d. Emphatic consonants. The subscript dot of *ṭ, ḍ, ḏ̣, ṣ, ẓ* and, occasionally, *ṛ* and *ḷ* indicates emphasis, which means velarization or pharyngealization of the plain consonants *t, d, ḏ, s, z, r, l*. Emphasis is a coarticulational feature produced by raising and backing the body of the tongue towards the soft palate. At the same time the front of the tongue is somewhat hollowed. This makes the pharynx narrower and causes a slight retraction of the tongue tip, which feels thicker and broader when pressed against the back of the teeth, or the alveolar ridge. The acoustic effect is that the consonants get a muffled coloring which inevitably spreads to the neighboring vowels and consonants. This is why all vowels have plain and emphatic variants.

The Arabic alphabet contains letters for *ṭ, ḍ, ḏ̣, ṣ,* while *ṛ* and *ḷ* are present only in pronunciation, not in script. Most Egyptian speakers replace *ḏ̣* with *ẓ*, even those who pronounce interdental consonants *ṯ, ḏ* and do not replace them by the sibilants *s, z*.

Note these minimal pairs and listen to the CD:

atlāl	:	*aṭlāl*	hills	:	ruins
batal	:	*baṭal*	he cut off	:	hero
tīn	:	*ṭīn*	figs	:	mud
darb	:	*ḍarb*	path	:	beating
durūs	:	*ḍurūs*	lessons	:	molars
dalāl	:	*ḍalāl*	coquetry	:	aberrance
sadd	:	*ṣadd*	dam	:	averting
sāʿid	:	*ṣāʿid*	forearm	:	rising
as-sīn	:	*aṣ-ṣīn*	the letter s	:	China
muḏill	:	*muḏ̣ill*	humilating	:	shadowy
faḏḏ	:	*faḏ̣ḏ̣*	unique	:	crude
naḏīr	:	*naḏ̣īr*	vowed	:	similar

Emphatic *ṛ* is often pronounced for *r* when it is close to *a* or *ā* as in *marratan* → *maṛṛatan* 'once,' *raʾy* → *ṛaʾy* 'opinion.' As this secondary velarization cannot be seen in Arabic script, it is indicated in the transcriptions offered at the end of the word lists for the sake of clarity. See further the chapter on vowels below.

ḷ occurs only in the word *aḷḷāh* 'Allah.' When preceded by the vowel *i*, emphasis disappears as in *al-ḥamdu li_llāh* 'praise to Allah,' *bi_smi_llāh* 'in the name of Allah.'

e. All consonants occur short and long. The long consonants are written double in the transcription. Take care to articulate long consonants really as long. Listen carefully to the examples on the CD.

mudarris	teacher	*kaḏḏāb*	liar
Muḥammad	Muḥammad	*fannān*	artist
sayyāṛa	car	*kuttāb*	Quran school
mutazawwiǧ	married	*šaqqa*	flat, appartment
naǧǧāṛ	carpenter	*ʿAmmān*	Amman
ǧidda	grandmother	*yatakallam*	he speaks

II. Vowels

1. Table

	short			long		
high	*i*		*u*	*ī*		*ū*
low		*a*			*ā*	

Contrary to Egyptian Colloquial, Written Arabic has only three vowels, which can be either long or short. Long vowels are written in transcription with a dash above.

2. Pronunciation of vowels

i like English {i} in 'bitter,' 'fill,' but a bit more tense and higher.

u like English {u} in 'butcher,' but a bit more tense and higher. Never as English {u} in 'but.'

ī like English {ee} in 'feel,' 'knee,' but a bit more tense and higher. Take care to pronounce it straight, not with the slight diphthongization you may hear in the English vowels.

ū like English {oo} in 'cool,' 'doom,' or {u} in 'rude,' but more tense and higher. Take care to articulate it straight, not with the slight diphthongization you may hear in the English vowels.

When articulated correctly, the emphatic consonants have a lowering and backing effect on neighboring vowels. This is particularly important for *a* and *ā*.

a and *ā* in a non-emphatic environment tend to be pronounced slightly fronted [æ], [æː], but more centralized toward [ɐ], [ɐː]), except before and after emphatic consonants. In this case, *a* and *ā* are pronounced farther back in the mouth and more open as [ɑ], [ɑː], respectively. Examples are *baṣala* [ƀɑsɑɫɑ] 'an onion,' *ṣabr* [sɑƀɍ] 'patience,' *balāṭ* [ƀɑɫɑːŧ] 'floor tile.' Listen again to the minimal pairs above.

As indicated above, *r* is often pronounced as *ṛ* when it is close to *a* or *ā* as in *marratan* → *maṛṛatan* 'once,' *ra'y* → *ṛa'y* 'opinion.' This has a clearly audible effect on the surrounding vowels, in particular *a* and *ā*, which are velarized and articulated farther back in the mouth, as common with emphatic consonants, see above. Listen to the examples on the CD.

sayyāṛa	car	*diṛāsa*	study
tiǧāṛa	trade	*nahāṛ*	daytime
kaṛam	generosity	*al-'ahṛām*	the pyramids
ḥaṛām	forbidden	*ʿašaṛa*	ten
'aṛbaʿa	four	*nahṛ*	river
maṛṛatan	once	*ṛa'y*	opinion
Aḷḷāh	God	but: *li-llāh*	for God
		bi-smillāh	in God's name

Note that this secondary velarizaton is avoided when an *i* or *ī* follow the *r* as in *bāriz* ‘prominent,’ *dāris* ‘studying,’ *ḥāris* ‘watchman,’ *tāğir* ‘merchant,’ *tiğārī* ‘commercial.’

III. Stress

The simplified stress assignment rules for non-pausal words are as follows:

1. Stress assignment in a word depends on whether it contains a vowel-consonant sequence of the structures -vCC- or -v̄C- or not.
2. If it contains one of these sequences, the one closest to the end of the word determines the position of the main stress.

a. If only one vowel follows this sequence, the vowel of this sequence takes the stress:

báytun	a house	*kā́nat*	she was
qálbī	my heart	*maqā́lun*	an article
karraráthu	she repeated it	*qāmū́sun*	a dictionary
nā́mī	sleep (f.)!	*miṣrī́yun*	Egyptian

b. If there are two or three vowels following, the first vowel following the sequence takes the stress:

mufīdátun	useful (f.)	*malāʾíkatun*	angels
ʾaṣdiqāʾúhu	his friends	*aʿmālúhumā*	their deeds
kānátā	they (both) were	*madrásatun*	a school

c. If four vowels follow, the second vowel counted from the end is stressed:

murtabiṭátun	connected (f.)	*ʾadwiyatúhu*	his medicines
mudarrisatúhā	her female teacher		

3. If a word does not contain sequences of the structures -vCC- or -v̄C-:

a. If a word has three or less vowels, the first one is stressed:

kútubun	books	*kátabat*	she wrote
yádun	a hand	*rámat*	she threw

b. If a word has four or six vowels, the stress is on the second vowel counted from the end:

saʾaláhu	he asked him	*šağaratuhúmā*	their (du.) tree
luğatúnā	our language	*katabátā*	they (f. du.) wrote
ʾaḥadúhum	one of them	*malikátun*	a queen
ḍarabánī	he hit me	*raqabátī*	my neck

c. If a word has five vowels, it is stressed on the third vowel counted from the end:

raqabátuhu	his neck	*šağarátuhā*	her tree
ʾaḥadúhumā	one of the two		

IV. Hyphen

A hyphen between two words indicates that these are written and pronounced together, e.g., the prepositions *bi-* and *li-* as in *bi-Miṣr* 'in Egypt,' *li-Ḥasan* 'for Ḥasan,' and the article *al-* 'the' as in *al-Qāhira* 'Cairo.'

Endings and suffixes in tables are separated by a hyphen for the sake of clarity. Examples are: *katab-tu* 'I wrote,' *yaktub-ūna* 'they write' etc.

Vowels and syllables that can be dropped in pause (→ 3.III), too, are also separated by a hyphen: *al-Qāhira-tu*, *kitāb-un*.

An underscore _ indicates the place where a vowel is elided: *bābu_l-bayt* 'the door of the house' instead of *bābu al-bayt*, → 3.X. The two words are linked together in pronunciation without a hiatus in between.

B. Symbols and abbreviations

⦿	on CD
∅	colloquial text to be translated into Written Arabic
→ 4.I.2	see Lesson 4.I.2
⇐	read from right to left
/	or
#	pause, i.e., the end of an utterance
...	followed by a noun in the genitive (construct phrase)
[...]	phonetic script (International Phonetic Alphabet)

acc.	accusative
adj.	adjective
adv.	adverb
C	consonant
c.	collective noun
def.	defective (verbs)
du.	dual
f.	feminine
gen.	genitive
m.	masculine
MWA	Modern Written Arabic
n.	noun
nom.	nominative
pers.	person
pl.	plural
sb	somebody
sg.	singular
sth	something
v	vowel

الدرس الأول

The alphabet – حروف الهجاء

Basic facts:

* the Arabic alphabet consists of 28 letters
* Arabic is written in a cursive script from right to left
* only consonants and long vowels are written
* doubled consonants are only written once
* short vowels and doubled consonants are sometimes indicated by special diacritical signs (→ 4.I.2)
* the Arabic script has no upper case letters

In Arabic the word *yaktub* 'he writes' is written {yktb} يـكـتـب, *mudarris* 'teacher' is {mdrs} مدرس, *kabīr* 'big' is {kbyr} = كبير, *surūr* 'pleasure' is {srwr} سرور. Since the short vowels are not written, most Arabic words can be read in more than one way. For example {ktb} كـتـب could represent both *katab* 'he wrote' and *kutub* 'books,' {mdrsh} مدرسة could be either *madrasa* 'school' or *mudarrisa* 'female teacher.' This is why reading fluently and correctly is only possible if you have a good knowledge of the language.

Because the Arabic script is a cursive script, most letters can be written in four different ways depending on whether they are written separately and stand on their own, or whether they occur at the beginning, middle, or end of a word and thus connect to another letter on the left, on the right, or on both sides. Some letters cannot connect on the left to the letter which follows them and so their medial form is the same as their final form.

Some letters differ from one another simply by the number of dots written above or below them. They fall naturally into four groups which will be described below.

Reading 1 – القراءة ١

⇐

اثنان	ثوم	انا	ابن
two	garlic	I	son
بيت	بابا	باب	انت
house	papa	door	you (m.)
توت	من	بنات	بنت
mulberry	who	girls	girl
ثاني	ثمن	ثابت	تين
second	price	fixed	figs
مات	ماما	اب	بوم
he died	mama	father	owls
يوم	نوم	نام	من
day	sleep	he slept	from
يونيو	مايو	تمام	موت
June	May	okay	death

⇐

iṯnān	*ṯūm*	*ʾanā*	*ibn*
bayt	*bābā*	*bāb*	*ʾanta*
tūt	*man*	*banāt*	*bint*
ṯānī	*ṯaman*	*ṯābit*	*tīn*
māt	*māmā*	*ʾab*	*būm*
yawm	*nawm*	*nām*	*min*
yūnyū	*māyū*	*tamām*	*mawt*

I. First group of letters

name	sound	separate	final	medial	initial
bāʾ	*b*	ب	ـب	ـبـ	بـ
yāʾ	*y, ī, ay, ā*	ى ~ ي	ـى ~ ـي	ـيـ	يـ
nūn	*n*	ن	ـن	ـنـ	نـ
tāʾ	*t*	ت	ـت	ـتـ	تـ
ṯāʾ	*ṯ*	ث	ـث	ـثـ	ثـ
ʾalif	*ā, a, i, u, ʾa, ʾi, ʾu*	ا	ـا	ـا	ا
wāw	*w, ū, aw, u*	و	ـو	ـو	و
mīm	*m*	م	ـم	ـمـ	مـ

* The letters ا and و are non-connectors and cannot be linked to the letter on their left.

* The letters ا , و and ي

– represent the long vowels *ā*, *ū* and *ī*

– often indicate the short vowels *a*, *u* and *i* in borrowings from other languages

* و and ي indicate as well the consonants *w*, and *y* respectively. A sequence ثـــوبـــي {ṯwby} thus can be read as *ṯūbī* 'return! (sg.f.)' as well as *ṯawbī* 'my garment,' and بيتي {byty} as *bītī* 'stay overnight! (sg.f.)' as well as *baytī* 'my house' (→ 3.I.3).

* Final *yāʾ* can be written with ي or without dots ى depending on whether it is to be pronounced *ī* or *ā* (*ʾalif maqṣūra*), e.g. with dots بـيـتـي *baytī* 'my house,' but without dots بنى *banā* 'he built.'

Note that in Egypt final *yāʾ* is almost always written without dots, irrespective of its pronunciation.

1. Writing exercise

يوم < م + و + يـ < *m + w + y* < *yawm* ⇐

ā + m + ā + m	*māmā*	*n + m*	*min*	*n + ū + n*	*nūn*
				نون	
n + m + ṯ	*ṯaman*	*t + ū + t*	*tūt*	*m + w + n*	*nawm*
				نوم	
ī + n + ā + ṯ	*ṯānī*	*b + ā + b*	*bāb*	*ī + t + y + b*	*baytī*
				بيتي	
t + n + ʾ	*ʾanta*	*n + ī + t*	*tīn*	*t + n + b*	*bint*
				بنت	
ā + b + ā + b	*bābā*	*m + ū + b*	*būm*	*n + b + i*	*ibn*
				ابن	
ū + y + ā + m	*māyū*	*t + ā + m*	*māt*	*ā + n + ʾ*	*ʾanā*
				انا	
n + m	*man*	*t + n + ʾ*	*ʾanti*	*ā + n + b*	*banā*
				بنى	

2. Writing exercise

باب --- باب

ابن --- ابن

بيت --- بيت

بنات --- بنات

نوم --- نوم

ثمن --- ثمن

يوم --- يوم

ابني ابني

يونيو يونيو

ثامن ثامن

منى منى

3. Writing exercise

ا ب ن ابن	ي و م يوم
م و ت	ب ي ت
م ن ا م	ث ا م ن
ب و م	ن و م
ب ن ت	ب ا ب ا
ا ن ا	ث و م
ن ب ي	ا م ي
ث ا ن ي	ا ب ي
ا ن ت	ا ث ن ا ن
ث ا ب ت	ت و ت
ن ا م	م ا م ا
ا م ي ن	م ا ي و

Reading 2 – القراءة ٢

⇐

كبير big	بريد mail	نار fire	برد cold
هرم pyramid	هلال crescent	لبنان Lebanon	بنك bank
المانيا Germany	كوكاكولا Coca Cola	لا no	ورد flowers
نهر river	لذيذ tasty	هوليود Hollywood	تذكرة ticket
ليمون lemon	راديو radio	ولد boy	زمن time
زهرة flower	زيتون olives	بركة blessing	اهل family
هي she (sg.f.)	هو he	كوداك Kodak	دكتور doctor
هم they (pl.m.)	انتم you (pl.m.)	تمرين exercise	ملك king

⇐

kabīr	*barīd*	*nār*	*bard*
haram	*hilāl*	*lubnān*	*bank*
almānyā	*kōkākōlā*	*lā*	*ward*
nahr	*laḏīḏ*	*hūlīwud*	*taḏkara*
laymūn	*rādyō*	*walad*	*zaman*
zahra	*zaytūn*	*baraka*	*ʾahl*
hiya	*huwa*	*kōdāk*	*duktūr*
hum	*ʾantum*	*tamrīn*	*malik*

II. Second group of letters

name	sound	separate	final	medial	initial
kāf	*k*	ك	ـك	ـكـ	كـ
lām	*l*	ل	ـل	ـلـ	لـ
dāl	*d*	د	ـد	ـد	د
ḏāl	*ḏ*	ذ	ـذ	ـذ	ذ
rā'	*r*	ر	ـر	ـر	ر
zayn	*z*	ز	ـز	ـز	ز
hā'	*h*	ه	ـه	ـهـ	هـ
tā' marbūṭa	*-a* (fem. ending)	ة	ـة		

* The letters د , ذ , ر and ز are non-connectors and cannot be linked to the letter on their left.

* The feminine ending *-a* is written ة (*tā' marbūṭa*): مكتبة *maktaba* 'library.'

* The article *al-* is always written ال : البيت *al-bayt* 'the house,' الكتاب *al-kitāb* 'the book,' even when the *l-* is assimilated with the following consonant as in النور *an-nūr* 'the light' (→ 2.II).

* When *'alif* ا follows ل *lām* it is written لا *lā* 'no.'

1. Writing exercise ⇐

كل ----- كل ------------------------------------
كان ----- كان ------------------------------------
كتاب ----- كتاب ------------------------------------
مكتبة ----- مكتبة ------------------------------------
كبير ----- كبير ------------------------------------
راية ----- راية ------------------------------------
هلال ----- هلال ------------------------------------
النهر ----- النهر ------------------------------------
زيتون ----- زيتون ------------------------------------
لذيذ ----- لذيذ ------------------------------------
تذكرة ----- تذكرة ------------------------------------
الابن ----- الابن ------------------------------------
كلام ----- كلام ------------------------------------
ليمون ----- ليمون ------------------------------------
زهرة ----- زهرة ------------------------------------
ملك ----- ملك ------------------------------------
البركة ----- البركة ------------------------------------
ديك ----- ديك ------------------------------------
كرة ----- كرة ------------------------------------
اليد ----- اليد ------------------------------------
كلب ----- كلب ------------------------------------

2. Writing exercise ⇐

ر و م ا ______ ل ن د ن ______

ل ب ن ا ن ______ ا ث ي ن ا ______

ب ر ل ي ن ______ ب ي ر و ت ______

ا ل م ا ن ي ا ______ ن ي و ي و ر ك ______

ه و ل ن د ا ______ ت ر ك ي ا ______

م ك ة ______ ا ل م د ي ن ة ______

ا ل ك و ي ت ______ م د ر ي د ______

3. Write the corresponding Arabic word in the space beneath each picture!

______

______

______

______

______

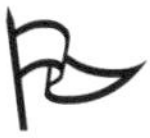
______

______

______

______

كلب	*kalb*	dog	اذن	*ʾudun*	ear	بيت	*bayt*	house
كتب	*kutub*	books	يد	*yad*	hand	كاميرا	*kāmērā*	camera
موبايل	*mūbāyl*	cellphone	وردة	*warda*	flower	راية	*rāya*	flag

الدرس الثاني

Reading 3 – القراءة ٣

⇐

شارع	ميعاد	قلم	عمل
street	appointment	pen	work
شهر	شمس	قمر	العرب
month	sun	moon	the Arabs
دخول	خروج	تدخين	جامع
entrance	exit	smoking	mosque
كيلوجرام	تليفون	القاهرة	روسيا
kilogram	telephone	Cairo	Russia
فندق	اسوان	معهد	جامعة
hotel	Aswan	institute	university
عالم	كنيسة	فرح	ممنوع
world	church	joy	forbidden
مفتاح	علم	حديث	دولار
key	flag	conversation	dollar

⇐

šāriʿ	*mīʿād*	*qalam*	*ʿamal*
šahr	*šams*	*qamar*	*alʿarab*
duxūl	*xurūǧ*	*tadxīn*	*ǧāmiʿ*
kīlūgrām	*tilīfōn*	*al-Qāhira*	*Rūsyā*
funduq	*ʾAswān*	*maʿhad*	*ǧāmiʿa*
ʿālam	*kanīsa*	*faraḥ*	*mamnūʿ*
miftāḥ	*ʿalam*	*ḥadīṯ*	*dūlār*

I. Third group of letters

name	sound	separate	final	medial	initial
ʿayn	ʿ	ع	ـع	ـعـ	عـ
ġayn	*ġ*	غ	ـغ	ـغـ	غـ
ḥāʾ	*ḥ*	ح	ـح	ـحـ	حـ
xāʾ	*x*	خ	ـخ	ـخـ	خـ
ǧīm	*ǧ*	ج	ـج	ـجـ	جـ
sīn	*s*	س	ـس	ـسـ	سـ
šīn	*š*	ش	ـش	ـشـ	شـ
fāʾ	*f*	ف	ـف	ـفـ	فـ
qāf	*q*	ق	ـق	ـقـ	قـ

1. Writing exercise ⇐

عادل --- عادل

عمل --- عمل

فندق --- فندق

المدير --- المدير

شمس --- شمس

القلم --- القلم

دخول --- دخول

العالم --- العالم

شهر --- شهر

خروج --- خروج --

علم --- علم --

ميدان --- ميدان --

2. Writing exercise

⇐

miftāḥ مفتاح	*al-ʿalam*	*šams*
tadxīn	*al-ʿarab*	*faraḥ*
nādī	*al-mudīr*	*māris*
mamnūʿ	*al-qamar*	*šahr*
xurūǧ	*al-ǧāmiʿ*	*ʿālam*
baqar	*al-fīl*	*šāriʿ*
mawʿid	*al-malḥ*	*šarq*

3. Writing exercise

⇐

ع م ر	---عمر-------	غ ا د ة	---غادة-------
س ا م ح	---------------	ح ا م د	---------------
ف ا ر و ق	---------------	ف ر ي د	---------------
س ا ر ة	---------------	ي ا س ر	---------------
ش م ا ل	---------------	ج ن و ب	---------------
ش ر ق	---------------	غ ر ب	---------------

م غ ر ب	....	غ ر ا ب	....
غ ر ا م	....	ح م ا ر	....
م ل ح	....	م ي د ا ن	....
م ث ل	....	ج ر س	....
ا ل ش م س	....	ا ل غ ز ا ل	....
ا ل ج م ل	....	ا ل س ي د	....
ا ل خ ر و ج	....	ا ل د خ و ل	....
ا ل س ا ع ة	....	ا ل ع ل م	....
ا ل ش ج ر	....	ا ل س ي ا ر ة	....
ا ل م ع ه د	....	ا ل ج ا م ع ة	....

4. Use the words below to fill in the spaces!

....

....

....

برق	*barq*	lightning	عين	*ʿayn*	eye	استاد	*istād*	stadium
ساعة	*sāʿa*	clock	حمامة	*ḥamāma*	pigeon	عنكبوت	*ʿankabūt*	spider
مفتاح	*miftāḥ*	key	سيارة	*sayyāra*	car	سفينة	*safīna*	ship

Reading 4 – القراءة ٤

⇐

مصر	أسيوط	موظف	مطار
Egypt	Asyut	employee	airport
مصنع	أرض	طالب	صباح
factory	earth	student	morning
رمضان	طعام	شرطة	صناعة
Ramadan	food	police	industry
ضيف	الأقصر	ايطاليا	صلح
guest	Luxor	Italy	reconciliation
مطعم	مصطفى	صديق	صبر
restaurant	Mustafa	friend	patience
ظهر	صيف	فصل	قصة
noon	summer	class	story
قصر	ظلام	وطن	القطار
palace	dark	homeland	the train

⇐

Miṣr	*ʾAsyūṭ*	*muwaḍḍaf*	*maṭār*
maṣnaʿ	*ʾarḍ*	*ṭālib*	*ṣabāḥ*
ramaḍān	*ṭaʿām*	*šurṭa*	*ṣināʿa*
ḍayf	*alʾuqṣur*	*ʾīṭālyā*	*ṣulḥ*
maṭʿam	*muṣṭafā*	*ṣadīq*	*ṣabr*
ḍuhr	*ṣayf*	*faṣl*	*qiṣṣa*
qaṣr	*ḍalām*	*waṭan*	*alqiṭār*

II. Fourth group of letters

name	sound	separate	final	medial	initial
ṣād	*ṣ*	ص	ـص	ـصـ	صـ
ḍād	*ḍ*	ض	ـض	ـضـ	ضـ
ṭā'	*ṭ*	ط	ـط	ـطـ	طـ
ḍā'	*ḍ*	ظ	ـظ	ـظـ	ظـ
hamza	ʾ	ء			أ ~ إ

When the *hamza* occurs at the beginning of a word, it is put above the *ʾalif* أ if the vowel that follows is *-a-* or *-u-*, and beneath the *ʾalif* إ when the following vowel is *-i-* (→ 3.I.3a).

1. Writing exercise ⇐

الفصل --- الفصل ------------------------------

الوقت --- الوقت ------------------------------

الخبر --- الخبر ------------------------------

المطار --- المطار ------------------------------

البركة --- البركة ------------------------------

الأرض --- الأرض ------------------------------

المصنع --- المصنع ------------------------------

القهوة --- القهوة ------------------------------

المساء --- المساء ------------------------------

القطار --- القطار ------------------------------

الوطن --- الوطن ------------------------------

التفاح --- التفاح ------------------------------

القلم --- القلم ------------------------------

2. Writing exercise ⇐

ṣulḥ	*ṣalāḥ*	*zaynab*
		زينب
al-waṭan	*ḍayf*	*salām*
ʿumar	*ḍalām*	*al-qiṭār*
ḍuhr	*al-maṭʿam*	*al-ʾarḍ*
ṯaʿlab	*ṭālib*	*šāriʿ*
ṣadīq	*ḍuyūf*	*ʾīṭālyā*

3. Writing exercise ⇐

صباح	ص ب ا ح	صلاح	ص ل ا ح
	ف ا ط م ة		ط ا ر ق
	ر م ض ا ن		م ص ط ف ى
	م ص ن ع		م ظ ه ر
	ظ ل ا م		ق ن ص ل
	ض ي ف		ظ ه ر
	أ ر ض		ض ا ب ط
	ا ل ق ط ا ر		ا ل ق ا ه ر ة
	أ س ط و ر ة		إ خ و ا ن

4. Fill in the corresponding city from the list below!

U.K.	....	Egypt	....
Germany	....	France	....
Greece	....	Iraq	....
Italy	....	Jordan	....
Yemen	....	Netherlands	....
Russia	....	Spain	....
Sudan	....	Syria	....

موسكو برلين عمان صنعاء دمشق
القاهرة الخرطوم أثينا بغداد مدريد
روما لاهاي باريس لندن

5. Write the corresponding Arabic word in the space beneath each picture!

....

....

....

....

....

....

....

....

....

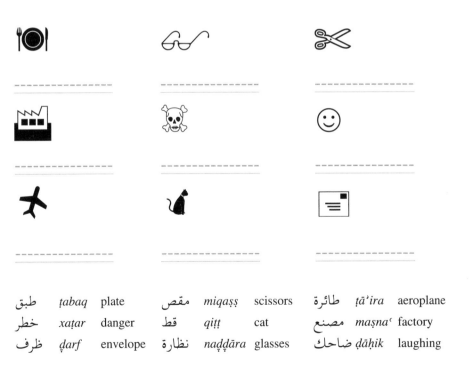

طبق	*ṭabaq*	plate	مقص	*miqaṣṣ*	scissors	طائرة	*ṭā'ira*	aeroplane
خطر	*xaṭar*	danger	قط	*qiṭṭ*	cat	مصنع	*maṣnaʿ*	factory
ظرف	*ḍarf*	envelope	نظارة	*naḍḍāra*	glasses	ضاحك	*ḍāḥik*	laughing

III. The alphabet – Table

value	name	letter	value	name	letter	⇐
		⇓			⇓	
ḍ [ᵭ]	*ḍād*	ض	*ā, ʾi, ʾa, ʾu* [aː]	*ʾalif*	ا	
ṭ [ᵵ]	*ṭāʾ*	ط	*b* [b]	*bāʾ*	ب	
ḏ̣ [ð̴]	*ḏ̣āʾ*	ظ	*t* [t]	*tāʾ*	ت	
ʿ [ʕ]	*ʿayn*	ع	*ṯ* [θ]	*ṯāʾ*	ث	
ġ [ɣ]	*ġayn*	غ	*ǧ* [dʒ]	*ǧīm*	ج	
f [f]	*fāʾ*	ف	*ḥ* [ħ]	*ḥāʾ*	ح	
q [q]	*qāf*	ق	*x* [x]	*xāʾ*	خ	
k [k]	*kāf*	ك	*d* [d]	*dāl*	د	
l [l]	*lām*	ل	*ḏ* [ð]	*ḏāl*	ذ	
m [m]	*mīm*	م	*r* [r]	*rāʾ*	ر	
n [n]	*nūn*	ن	*z* [z]	*zāy*	ز	
h [h]	*hāʾ*	ه	*s* [s]	*sīn*	س	
w [w]	*wāw*	و	*š* [ʃ]	*šīn*	ش	
y [j]	*yāʾ*	ي	*ṣ* [ᵴ]	*ṣād*	ص	

The phonetic value of the letters according to the International Phonetic Alphabet (IPA) is given between brackets. The glottal stop (*hamza*) is [ʔ].

IV. The numbers (→ Lesson 19)

⇐

٠	٩	٨	٧	٦	٥	٤	٣	٢	١
0	9	8	7	6	5	4	3	2	1
صفر	تسعة	ثمانية	سبعة	ستة	خمسة	أربعة	ثلاثة	اثنان	واحد
ṣifr	*tisʿa*	*ṯamāniya*	*sabʿa*	*sitta*	*xamsa*	*ʾarbaʿa*	*ṯalāṯa*	*iṯnān*	*wāḥid*

Note that groups of figures are written from left to right, as in English.

٧٤٠١	٢٧٥٤٦	٦٤٥	١٩٩٢	٦٨٤٠٢
7401	27546	645	1992	68402

In the case of dates, the figures of each group are written from left to right, but the date as a whole is read from right to left.

⇐

27-10-1998 = ١٩٩٨/١٠/٢٧

12-07-2007 = ٢٠٠٧/٧/١٢

1. Fill in the number of the respective country according to the list below!

الخرطوم	------	أسوان	------	دمشق	------
بيروت	------	طهران	------	حلب	------
الاسكندرية	------	الاقصر	------	صنعاء	------
مكة	------	الرباط	------	القاهرة	------
الرياض	------	عمان	------	بغداد	------

(١) مصر	(٢) العراق	(٣) اليمن	(٤) سوريا	(٥) الاردن
(٦) السودان	(٧) لبنان	(٨) المغرب	(٩) السعودية	(١٠) ايران

2. Do the sums!

⇐

٤ + ٣ =____	٨ – ٥ = ____	٢٠ X ٤ = ____	١٠ ÷ ٢ = ____
٥ + ٦ =____	٩٩ – ٤ = ____	٥٢ X ٥ = ____	٢٤ ÷ ٣ = ____
٩ + ٧ =____	٦٨ – ٢٤ = ____	٢٤ X ٣ = ____	٤٥ ÷ ٩ = ____
٨ + ١ =____	١٠٠ – ٩ = ____	٩ X ٩ = ____	٤٢ ÷ ٧ = ____

الدرس الثالث

النصوص

ما اسمك؟ ⊙

ا – حوار بين سامي وحسن ومها وصفاء.

سامي : أنا اسمي سامي، وأنتَ ما اسمك؟
حسن : أنا اسمي حسن، وأنتِ ما اسمك؟
مها : أنا اسمي مها.
سامي : وأنتِ اسمك مها أيضاً؟
صفاء : لا، ليس اسمي مها. أنا اسمي صفاء.

ب – حوار بين سامي ومها.

سامي : من هذا يا مها؟
مها : هذا طالب.
سامي : ما اسمه؟
مها : اسمه حسن.
سامي : ومن هذه يا مها؟
مها : هذه طالبة.
سامي : ما اسمها؟
مها : اسمها صفاء.

ج – حوار بين مها وصفاء.

مها : هل سامي طالب يا صفاء؟
صفاء : نعم، هو طالب.
مها : و حسن، هل هو طالب أيضاً؟
صفاء : لا، هو ليس طالباً، هو مدرّس.

هل هو موجود؟ ⊙

سامي : من هذا يا صفاء؟
صفاء : هذا ابني سمير.
سامي : ومن هذه؟
صفاء : هذه ابنتي مرفت.
سامي : هل زوجكِ موجود أيضاً؟
صفاء : لا، ليس زوجي موجوداً، هو في الاسكندرية الآن.

المفردات

أبٌ	father
ابْنٌ	son
ابنةٌ	daughter
أخٌ	brother
أختٌ	sister
أخواتٌ	sisters
إخوانٌ	brothers
اسمٌ	name
الاسكندريّة	Alexandria
الآن	now
الأولُ	the first
التمريناتُ	the excercices
ألفٌ	thousand
القواعدُ	the rules of grammar
المفرداتُ	the vocabulary
النصوصُ	the texts
إلى	to
أنا	I
أنتَ	you (m.)
أنتِ	you (f.)
إنسانٌ	human being
بابٌ	door
بينَ	between
ثلاثةٌ	three
ثلجٌ	snow, ice
حديثٌ	modern
حوارٌ	dialog
درسٌ	lesson
ذلكَ	those (m.)
زوجٌ	husband
شرحٌ	explanation
صيفٌ	summer
طالبٌ	student
طالبةٌ	student (fem.)
ظهرٌ	noon
غائبٌ	absent
كتابٌ	book
كذلكَ	too, as well
لا	no, not
ليسَ	is not (he)
ما	what?, that, what
متزوِّجٌ	married
مدرِّسٌ	teacher
مدينةٌ	city
مسافرٌ	traveler, traveling
ملكٌ	king
مَنْ . . . ؟	who?
مهمٌّ	important
مهندسٌ	engineer
موجودٌ	present
نعمْ	yes
نوعٌ	kind, sort
نومٌ	sleep
هذا	this (m.)
هذه	this (f.)
هلْ . . . ؟	(question particle)
هو	he
هي	she
وَ	and
وزيرٌ	minister

ʾab-un; ibn-un; ibna-tun; ʾax-un; ʾuxt-un; ʾaxawāt-un; ʾixwān-un; ism-un; al-ʾIskandarīya; al-ʾān-a; al-ʾawwal-u; at-tamrīnāt-u; ʾalf-un; al-qawāʿid-u; al-mufradāt-u; an-nuṣūṣ-u; ʾilā; ʾanā; ʾant-a; ʾanti; ʾinsān-un; bāb-un; bayna; ṯalāṯa-tun; ṯalǧ-un; ḥadīṯ-un; ḥiwār-un; dars-un; ḏālik-a; zawǧ-un; šarḥ-un; ṣayf-un; ṭālib-un; ṭāliba-tun; ḏuhr-un; ġāʾib-un; kitāb-un; kaḏālik-a; lā; laysa; mā; mutazawwiǧ-un; mudarris-un; madīna-tun; musāfir-un; malik-un; man; muhimm-un; muhandis-un; mawǧūd-un; naʿam; nawʿ-un; nawm-un; hāḏā; hāḏihi; hal; huwa; hiya; wa; wazīr-un.

Colloquial words and their equivalents in Modern Written Arabic (MWA)

gamʿa	→	جامعة	*ǧāmiʿa-tun*	university	*gidīd*	→	جديد	*ǧadīd-un*	new
zaki	→	ذكيّ	*ḏakīy-un*	intelligent	*ṣuġayyar*	→	صغير	*ṣaġīr-un*	small
ʾadīm	→	قديم	*qadīm-un*	old	*ʾulayyil*	→	قليل	*qalīl-un*	little
kibīr	→	كبير	*kabīr-un*	big	*kitīr*	→	كثير	*kaṯīr-un*	much
kinīsa	→	كنيسة	*kanīsa-tun*	church	*mabsūṭ*	→	مبسوط	*mabsūṭ-un*	cheerful
madrasa	→	مدرسة	*madrasa-tun*	school	*nāyim*	→	نائم	*nāʾim-un*	sleeping

New words in MWA

kamān	→	أيضا	*ʾayḍan*	also	*ḥilw*	→	جميل	*ǧamīl-un*	beautiful
kuwayyis	→	جيّد	*ǧayyid-un*	good	*šanṭa*	→	حقيبة	*ḥaqība-tun*	bag
bass	→	فقط	*faqaṭ*	only	*ʿēš*	→	خبز	*xubz-un*	bread
taʿbān	→	متعب	*mutʿab-un*	tired	*ʿayyān*	→	مريض	*marīḍ-un*	sick
bēt	→	منزل	*manzil-un*	house	*šibbāk*	→	نافذة	*nāfiḏa-tun*	window

شرح القواعد

I. Phonology

1. Interdental consonants

The interdental consonants *ṯ* ث , *ḏ* ذ and *ḏ̣* ظ of Modern Written Arabic الفصحى *al-fuṣḥā* do not occur in the colloquial العامية *al-ʿāmmīya*. They are replaced there by *t, d* and *ḍ* or, in the case of loanwords from MWA, by the sibilants *s, z, ẓ* as in مثلث *musallas* 'triangle,' كذب *kizb ~ kidb* 'lie(s),' ظرف *ẓarf* 'envelope.'

ظهر	هذه	هذا	ثلاثة	ثلج
ḏ̣uhr-un (*ḍuhr*)	*hāḏihi* (*di*)	*hāḏā* (*da*)	*ṯalāṯa-tun* (*talāta*)	*ṯalǧ-un* (*talg*)
noon	this sg.f.	this sg.m.	three	ice, snow

2. *ǧ* = ج

The *g* of the colloquial corresponds to *ǧ* = ج in MWA.

gidīd = *ǧadīd-un* جديد new *gamʿa* = *ǧāmiʿat-un* جامعة university

Nevertheless, most Egyptians keep their *g* when speaking in MWA.

3. Glottal stop ʾ : *hamza* ء or *qāf* ق

a. If the glottal stop ʾ of Cairo Arabic corresponds to *q* in MWA, it has to be written with the letter *qāf* ق: *ʾadīm* = *qadīm-un* قديم "old"; *ʾalb* = *qalb-un* قلب "heart".
b. If the glottal stop ʾ corresponds to a glottal stop in MWA, it has to be written with the letter ء *hamza*. This letter needs a helping letter which it is placed upon, see the examples below. For the orthographical details → 6.I.1.

لؤلؤ	أسئلة	سؤال	أخت	أخ
luʾluʾ-un	*ʾasʾila-tun*	*suʾāl-un*	*ʾuxt-un*	*ʾax-un*
pearls	questions	question	sister	brother

4. Diphthongs

The vowels *ē* and *ō* of the Egyptian colloquial correspond to *ay*, and *aw* resp. in MWA.

نوم	نوع	ليل	بيت	صيف
nawm-un (nōm)	*nawʿ-un (nōʿ)*	*layl-un (lēl)*	*bayt-un (bēt)*	*ṣayf-un (ṣēf)*
sleep	kind	night	house	summer

II. Nunation and grammatical cases

Nouns in MWA show declension, i.e., they have endings which indicate case (nominative, genitive, accusative) and definiteness (definite, indefinite). *-un*, for example, represents such an ending (إعراب *ʾiʿrāb*). *-u-* stands for the nominative case and *-n* for the nunation (تنوين *tanwīn*), which indicates that the word is indefinite: *mudarris-u-n* 'a teacher,' *ṭālib-u-n* 'a student.'
In modern language, proper names are generally used without *ʾiʿrāb* and *tanwīn*: *Muḥammad ibnuh* 'Muḥammad is his son.' In Classical language, however, proper names have *ʾiʿrāb*, and even *tanwīn* despite the fact that they are definite by definition: محمد ابنه *Muḥammad-un-i_bnuh.*

III. Context and pause

1. Whether vowel endings and *tanwīn* are pronounced or not depends on the position of a word in the sentence. If it occurs in context, which means when it is followed by another word, they will be pronounced. But they will be dropped when the noun occurs in pause (وقف *waqf*), i.e., at the end of a sentence or part of a sentence. The pause is indicated by a #. A word in pause without these endings is in the 'pausal form.'

context	→	pause
هو مدرّس أيضا		هو مدرّس
huwa mudarrisun ʾayḍan		*huwa mudarris#*
he is also a teacher		he is a teacher

2. The Arabic script writes the pausal forms. In order to write endings like *-un*, we need helping signs (تشكيل *taškīl*) which will be dealt with in Lesson 4.I.2.

3. In transcription, however, vowel endings and *tanwīn* will be written. In pause they will be separated by a hyphen: *kitāb-un* 'a book,' *ḏālik-a* 'that.'

IV. Feminine ending

1. The feminine ending is *-atun* in context, and *-a* in pause. This ending can be added to nouns, adjectives, and participles to make them feminine.

ibn# →	*ibn-atun*	*ṭālib#* →	*ṭālib-atun*	*mawǧūd#* →	*mawǧūd-atun*
son	daughter	student	student (sg.f.)	present (sg.m.)	present (sg.f.)

context →	pause
هي مدرّسة أيضا	هي مدرّسة
hiya mudarris-atun 'ayḍan	*hiya mudarrisa#*
she is a teacher, too	she is a teacher

In pause, the feminine ending is represented by the letter ه in accordance with an older pronunciation *-ah*. In order to distinguish this ه from other cases of final ه, for instance the possessive pronoun *-hu*, the two dots of the letter *tā'* ت are added to this ه which results in the letter ة (تاء مربوطة *tā' marbūṭa*).

2. Adjectives agree with the noun they qualify in gender and definiteness, in the same way as in the colloquial. In MWA they also agree in case.

جامعة جديدة أيضا	منزل صغير أيضا
ǧāmi'atun ǧadīdatun 'ayḍan	*manzilun ṣaǧīrun 'ayḍan*
a new university too	a little house too

V. Independent personal pronouns in the singular

Independent personal pronouns (الضمائر المنفصلة *aḍ-ḍamā'iru_l-munfaṣila*) differ considerably from the ones in the colloquial.

⇐	هو	هي	أنتَ	أنتِ	أنا
	huwa	*hiya*	*'anta*	*'anti*	*'anā*
	he	she	you (sg.m.)	you (sg.f.)	I

The final vowels *-a, -i* of *'anta, 'anti, huwa* and *hiya* are pronounced in general, even in pause. For *'anta* you may also hear *'ant#* in pause.

VI. Possessive suffixes in the singular

The following table shows the possessive suffixes (الضمائر المتّصلة *aḍ-ḍamā'iru_l-muttaṣila*) in the singular.

⇐	ـه	ـها	ـك	ـك	ـي
	-hu	*-hā*	*-ka*	*-ki*	*-ī*
	his	her	your (sg.m.)	your (sg.f.)	my

When suffixes are added to the noun, it becomes definite and drops the *-n* of nunation: *ismun* → *ismu* + suffix. The noun, then, is said to be in the 'construct state.'

اسمه	اسمها	اسمك	اسمك	اسمي
ismu-hu	*ismu-hā*	*ismu-ka*	*ismu-ki*	*ismī*
his name	her name	your (m.) name	your (f.) name	my name

Notice that the case vowel *-u* of the noun is deleted when the *-ī* of the 1st sg. possessive suffix is added: *ism-u* + *ī* → *ismī* 'my name.'

In the same way, possessive suffixes are added to feminine nouns ending with ة. As the feminine suffix now occurs in the middle of the word, it is written and pronounced as a ت.

مدرّسته	مدرّستها	مدرّستك	مدرّستك	مدرّستي
mudarrisatú-hu	*mudarrisatú-hā*	*mudarrisatú-ka*	*mudarrisatú-ki*	*mudarrísat-ī*
his teacher	her teacher	your (m.) eacher	your (f.) teacher	my teacher

The possessive suffixes *-ka* and *-hu* drop their final vowels in pause: *ismuk, ismuh,* whereas *-ki* keeps its *-i* in order to show the difference between masculine and feminine. Note the stress in *ísmī*, but *ismúka,* and *mudarrísatī,* but *mudarrisatúka.*

VII. Demonstrative pronouns

The following table shows the demonstrative pronouns in the singular.

⇐	هذا	هذه
	hāḏā	*hāḏihi*
	this/that (sg.m.)	this/that (sg.f.)

Notice that the *-ā-* in *hā-* is written without an *ʾalif.*

منْ هذا يا مها؟	←	هذا زوجي سمير
man hāḏā yā Mahā?		*hāḏā zawǧī Samīr*
who is this (m.), *Mahā*?		this is my husband *Samīr*
منْ هذه يا مرفت؟	←	هذه أختي سميرة
man hāḏihi yā Mirvat?		*hāḏihi ʾuxtī Samīra*
who is this (f.), *Mirvat*?		this is my sister *Samīra*

VIII. Equational sentences

In Arabic, simple equational sentences of the type 'A is B' such as 'this is my sister' or 'this is a student' do not need a copula such as 'is' in order to link the subject to the predicate. The predicate follows the subject without a copula.

هذا طالب	زوجي مهندس
hāḏā ṭālib	*zawǧī muhandis*
this [is] a student	my husband [is] an engineer

IX. Negation with *laysa* and the accusative

1. ليس *laysa* 'to not be' negates equational sentences and introduces the sentence.

ليس هذا حسن	←	هذا حسن	ليس اسمي مها	←	اسمي مها
laysa hāḏā Ḥasan		*hāḏā Ḥasan*	*laysa_smī Mahā*		*ismī Mahā*
this is not *Ḥasan*		this is *Ḥasan*	my name is not *Mahā*		my name is *Mahā*

ليس takes the same endings as the perfect (→ 7.III). Note that *lays-* changes to *las-* before endings beginning with a consonant.

لست	لست	لست	ليست	ليس	⇐
las-tu	*las-ti*	*las-ta*	*lays-at*	*lays-a*	
I am not	you (f.) are not	you (m.) are not	she is not	he is not	

2. A predicative noun following ليس takes the accusative (acc.), i.e., the *-u* of the nominative (nom.) changes to *-a*.

mudarris-u-n → *mudarris-a-n* *mudarrisat-u-n* → *mudarrisat-a-n*

a. Unlike *-un*, the *-an* of indefinite masculine substantives, adjectives and participles is not dropped in pause but pronounced as *-an*. In the script, the *-an* is indicated by an *ʾalif* (for the omission of this *ʾalif* → 6.I.5).

ليس سمير موجودا	←	سمير موجود	ليس هذا طالبا	←	هذا طالب
laysa Samīr mawǧūdan#		*Samīr mawǧūd#*	*laysa hāḏā ṭāliban#*		*hāḏā ṭālib#*
Samīr is not present		*Samīr* is present	this is not a student		this is a student

b. Indefinite nouns with the feminine ending ة do not take an *ʾalif* in the accusative. Their ending is *-atan* in the context and *-a* in pause.

ليست سميرة موجودة	←	سميرة موجودة	ليست هذه طالبة	←	هذه طالبة
laysat Samīra mawǧūda#		*Samīra mawǧūda#*	*laysat hāḏihi ṭāliba#*		*hāḏihi ṭāliba#*
Samīra is not present		*Samīra* is present	this is not a student		this is a student

X. *hamzatu_l-waṣl* and *hamzatu_l-qaṭʿ*

There are two different types of *hamza* (glottal stop) occurring at the beginning of a word: *hamzatu_l-qaṭʿ* (breaking *hamza*) and *hamzatu_l-waṣl* (connective *hamza*).

1. *hamzatu_l-qaṭʿ* is always pronounced as a glottal stop. In transcription, it is always indicated by the letter ʾ.

hāḏā + ʾaxī → *hāḏā ʾaxī*		*hāḏihi + ʾuxtī* → *hāḏihi ʾuxtī*	
هذا أخي		هذه أختي	
this is my brother		this is my sister	

2. *hamzatu_l-waṣl*, on the other hand, is dropped in pronunciation together with the following vowel, when preceded by a vowel. This is why we in this case do not write the letter ʾ in the transcription nor a *hamza* in the Arabic script: ابـــــن *ibn-un* 'son,' ابنة *ibna-tun* 'daughter,' اسم *ism-un* 'name.'
In transcription, the elision of *hamzatu_l-waṣl* with the following vowel is indicated by a _ .

mā + ismuka → *mā_smuka*		*hāḏā + ibnī* → *hāḏā_bnī*	
ما اسمك؟		هذا ابني	
what is your name?		this is my son	

In modern Arabic writing, أ represents both *ʾa* - and *ʾu* -, whereas إ with the *hamza* underneath the *ʾalif* stands for *ʾi*-.

إخوان	أخت	أخ	أم	إسلام
ʾixwān	*ʾuxt*	*ʾax*	*ʾumm*	*ʾislām*
brothers	sister	brother	mother	Islam

XI. Questions

Questions which expect an answer with 'yes' or 'no,' are introduced in MWA by the particles *hal* هـــل or *ʾa*- أ . أ can not be used before the article *al*-, in this case the use of *hal* is obligatory. With negational particles only أ *ʾa*- can be used, for instance with *laysa* ليس. With personal pronouns both أ and هل are possible.

هل محمود موجود؟
hal Maḥmūd mawǧūd?
Is *Maḥmūd* present?

أليس محمود موجودا؟
ʾa-laysa Maḥmūd mawǧūdan?
Is *Maḥmūd* not present?

أأنت مهندس؟
ʾa-ʾanta muhandis?
Are you (m.) an engineer?

ألست مهندسا؟
ʾa-lasta muhandisan?
Are you (m.) not an engineer?

هل مدرسك مريض؟
hal mudarrisuki marīḍ?
Is your (f.) teacher sick?

أليس مدرسك مريضاً؟
ʾa-laysa mudarrisuki marīḍan?
Is you teacher not sick?

أليس كذلك؟
ʾa-laysa kaḏālik?
Isn't it?

التمرينات

١– كوّن جملا على النحو الموضّح في المثال

Form sentences according to the example and read them aloud!

مثال: مدرّس ⇐ هو مدرسٌ أيضــاً.

طالب ⇐ ______

موجود ⇐ ______

مسافر ⇐ ______

متعب ⇐ ______

مريض ⇐ ______

متزوِّج ⇐ ______

نائم ⇐ ______

غائب ⇐ ______

ذكيّ ⇐ ______

٢– كوّن جملا على النحو الموضّح في المثال

مثال: مدرّسة ⇐ هي مدرسةٌ أيضــاً.

طالبة ⇐ ______

موجودة ⇐ ______

مسافرة ⇐ ______

متعبة ⇐ ______

مريضة ⇐ ______

متزوِّجة ⇐ ______

نائمة ⇐ ______

غائبة ⇐ ______

ذكيّة ⇐ ______

٣– كوّن جملا على النحو الموضّح في المثال

مثال: هو مريض ⇐ وهي مريضةٌ أيضــاً.

هو متعب ⇐ ______

هو ذكيّ ⇐ ______

هو صغير ⇐ ______

هو متزوِّج ⇐ ______

هو غائب ⇐ ______

هو موجود ⇐ ____________

هو مسافر ⇐ ____________

هو نائم ⇐ ____________

هو طيّب ⇐ ____________

٤- كوّن جملا على النحو الموضّح في المثال

مثال: هوموجود ⇐ هو موجودٌ وهي موجودة.

هو متعب ⇐ ____________

هو ذكيّ ⇐ ____________

هو صغير ⇐ ____________

هو متزوِّج ⇐ ____________

□□ مريض ⇐ ____________

هو غائب ⇐ ____________

هو مسافر ⇐ ____________

هو نائم ⇐ ____________

هو مدرّس ⇐ ____________

هو كبير ⇐ ____________

٥- كوّن عبارات على النحو الموضّح في المثال

مثال: طالب ⇐ طالبٌ و طالبة.

زوج ⇐ ____________

مدرّس ⇐ ____________

أخ ⇐ ____________

ملك ⇐ ____________

نائم ⇐ ____________

ابن ⇐ ____________

غائب ⇐ ____________

متزوِّج ⇐ ____________

طيّب ⇐ ____________

وزير ⇐ ____________

٦- كوّن جملا على النحو الموضّح في المثال

مثال: أنا + كتاب ⇐ أنا كتابي جديد.

هو ⇐ ________________

هي ⇐ ________________

أنتَ ⇐ ________________

أنتِ ⇐ ________________

مثال: أنا + حقيبة ⇐ أنا حقيبتي جديدة.

هو ⇐ ________________

هي ⇐ ________________

أنتَ ⇐ ________________

أنتِ ⇐ ________________

٧- كوّن جملا على النحو الموضّح في المثال

مثال: منزل ⇐ هذا منزلي.

مدرّس ⇐ ________________

أب ⇐ ________________

زوج ⇐ ________________

درس ⇐ ________________

كتاب ⇐ ________________

ابن ⇐ ________________

اسم ⇐ ________________

٨- كوّن جملا على النحو الموضّح في المثال

مثال: حقيبة ⇐ هذه حقيبتي.

مائدة ⇐ ________________

جامعة ⇐ ________________

مدرِّسة ⇐ ________________

ابنة ⇐ ________________

زوجة ⇐ ________________

مدينة ⇐ ________________

٩- كوّن جملا على النحو الموضّح في المثال

مثال: منزل ⇐ هذا منزلُها .

زوج ⇐ ________________

جامعة ⇐ ________________

درس ⇐ ________________

كتاب ⇐ ________________

حقيبة ⇐ ________________

مدرّسة ⇐ ________________

ابن ⇐ ________________

اسم ⇐ ________________

ابنة ⇐ ________________

١٠- كوّن جملا على النحو الموضّح في المثال

مثال: منزل ⇐ هذا منزلُه.

مدرّس ⇐ ________________

زوجة ⇐ ________________

جامعة ⇐ ________________

درس ⇐ ________________

كتاب ⇐ ________________

حقيبة ⇐ ________________

مدرّسة ⇐ ________________

ابن ⇐ ________________

اسم ⇐ ________________

ابنة ⇐ ________________

مدينة ⇐ ________________

١١- كوّن أسئلة على النحو الموضّح في المثال Ask questions as in the example!

مثال: هذا طالب ⇐ ما اسمه؟

هذه طالبة ⇐ ما اسمها؟

هذا مهندس ⇐ ________________

هذا مدرّس ⇐ ________________

هذه مدرِّسة ⇐ ________________

هذه مهندسة ⇐ ________________

هذه جامعة ⇐ ________________
هذه مدينة ⇐ ________________
هذا وزير ⇐ ________________
هذا ابني ⇐ ________________
هذه زوجته ⇐ ________________
هذا زوجها ⇐ ________________
هذه ابنتي ⇐ ________________

١٢– استعمل { ليس } في نفي الجمل التالية — Use *laysa* to negate the sentences!

مثال: هو موجود ⇐ هو ليس موجوداً.
هو غائب ⇐ ________________
هي مريضة ⇐ ________________
هو ذكيّ ⇐ ________________
هو نائم ⇐ ________________
أنتَ مدرّس ⇐ ________________
أنا صغير ⇐ ________________
أنتَ متعب ⇐ ________________
هو متزوِّج ⇐ ________________
أنت مسافر ⇐ ________________
أنتِ مهندسة ⇐ ________________
هي موجودة ⇐ ________________

١٣– أجب بالنفي على الأسئلة التالية — Give a negative answer to the questions!

مثال: هل هو مدرّسُكَ؟ ⇐ لا، هو ليس مدرّسي.
هل هو زوجك؟ ⇐ ________________
هل هي زوجتك؟ ⇐ ________________
هل ابنتك متزوِّجة ⇐ ________________
هل اسمها مها؟ ⇐ ________________
هل مدرّسك موجود؟ ⇐ ________________
هل منزله كبير؟ ⇐ ________________
هل زوجها غائب؟ ⇐ ________________
هل زوجته مريضة؟ ⇐ ________________
هل حقيبتها صغيرة؟ ⇐ ________________

١٤- كوّن جملا على النحو الموضّح في المثال

مثال: أنا مدرّس ⇐ هل هي مدرّسةٌ أيضاً؟

أنا مدرّسة ⇐ هل هو ________ أيضاً؟

أنا موجود ⇐ هل أنتِ ________ أيضاً؟

أنا غائبة ⇐ هل أنتَ ________ أيضاً؟

أنا متزوّج ⇐ هل هي ________ أيضاً؟

أنا طالبة ⇐ هل هو ________ أيضاً؟

أنا مبسوطة ⇐ هل هو ________ أيضاً؟

أنا مسافر ⇐ هل أنتِ ________ أيضاً؟

أنا ذكيّ ⇐ هل أنتِ ________ أيضاً؟

أنا مهندسة ⇐ هل هو ________ أيضاً؟

١٥- ترجم الجمل التالية إلى اللغة العربية الفصحى

∅ Translate into MWA!

1. *binti miš miggawwiza.*

____

2. *ismak ē?*

____

3. *gozha miš mawgūd?*

____

4. *di gamʿa.*

____

5. *di šanṭitha.*

____

6. *hiyya kamān ṭāliba.*

____

7. *Samīr kamān mawgūd.*

____

8. *mudarrisak ġāyib.*

____

9. *miš da ibnak Maḥmūd?*

____

10. *miš inta ṭālib?*

____

11. *ya-ṭaṛa šanṭitak ṣuġayyaṛa?*

____

12. *Maha miš mabsūṭa.*

____

الدرس الرابع

النصوص

من أين أنتَ؟ حوار بين سامي ومحمود ومشيرة

سامي : من أين أنتَ؟
محمود : أنا من سوريا.
سامي : هذا يعني أنّكَ سوريّ؟
محمود : نعم أنا سوريّ.
سامي : ومن أين أنتِ؟
مشيرة : أنا من المغرب.
سامي : هذا يعني أنّكِ مغربيّة؟
مشيرة : نعم، هذا صحيح، أنا مغربية.

من أين أنتِ؟ حوار مع سلوى ومها

سامي : من أين أنتِ يا سلوى؟
سلوى : أنا من مصر.
سامي : وهل أنتِ أيضاً من مصر، يا مها؟
مها : نعم، أنا أيضاً من مصر.
سامي : وأنا من مصر أيضاً. كلنا مصريّون.
سلوى : نعم، هذا صحيح. نحن من مصر ونحن مصريّون.

من أين هم؟ حوار بين مرفت وسامي

مرفت : من هؤلاء يا سامي؟
سامي : هؤلاء مهندسون مصريّون.
مرفت : ما اسمهم؟
سامي : هذا اسمه سمير وهذه اسمها مها وهذا اسمه محمود.
سامية : عفواً، لم أفهم من أين هم!
سامي : هم من مصر.
سامية : وهؤلاء، من مصر أيضا؟
سامي : لا، هؤلاء ليسوا مصريّين. هؤلاء من فرنسا، هم فرنسيّون.
سامية : هل يتكلّمون اللغة العربيّة بشكل جيّد.
سامي : نعم، هم جيّدون ومُتفوِّقون في العربية.

كيف حالك؟

محمود : أهلاً وسهلاً يا أحمد!
أحمد : أهلاً بكَ يا محمود!
محمود : كيف حالك؟
أحمد : لا بأس، وكيف حالك أنت؟
محمود : الحمد لله، الأحوال جيّدة.

المفردات

الحمدُ لله	thank heavens!
القرآنُ	the Qur'an
اللغةُ العربيّةُ	the Arabic language
ألمانيا	Germany
المستشفى	the hospital
النمسا	Austria
أنّ	that
أنتم	you (pl.m.)
أنتن	you (pl.f.)
أنّك	that you (sg.m.)
أهلاً وسهلاً	welcome!
بـ	in; with; by
بنتٌ	girl; daughter
جدٌّ	grandfather
جداً	very
جدّةٌ	grandmother
حالٌ، أحوالٌ	situation
زيارة، ـاتٌ	visit
شكلٌ	form, shape; way
شمسٌ	sun
صحيحٌ	correct
طويلٌ	long
عربيٌّ	Arab
عفواً	pardon!
عمٌّ	uncle (father's brother)
عمّةٌ	aunt (father's sister)
عن	of; about
قوّةٌ	strength, force
كلّنا	all of us
لا بأسَ	okay, not bad
لغةٌ، ـاتٌ	language
لم أفهمْ	I did not understand
متفوّقٌ	excellent
مشروعٌ	project
مصرُ	Egypt
مصريٌّ	Egyptian
مطارٌ	airport
من	from; than
هؤلاء	these (pl.m. + f.)
هم	they (pl.m.)
هنّ	they (pl.f.)
هنا	here
يتكلّمون	they speak (pl.m.)
يعنى	it means

al-ḥamdu li_llāh-i; al-qur'ān-u; al-luġatu_l-ʿaṛabīya-tu; Almānyā; al-mustašfā; an-Nimsā; ʾanna; ʾantum; ʾantunna; ʾannak-a; ʾahlan wa sahlan; bi; bint-un; ğadd-un; ğiddan; ğadda-tun; ḥāl-un, ʾaḥwāl-un; ziyāṛa-tun, -āt-un; šakl-un; šams-un; ṣaḥīḥ-

un; ṭawīl-un; ʿarabīy-un; ʿafwan; ʿamm-un; ʿamma-tun; ʿan; quwwa-tun; kullunā; lā baʾs-a; luġa-tun, -āt-un; lam ʾafham; mutafawwiq-un; mašrūʿ-un; Miṣr-u; miṣrīy-un; maṭār-un; min; hāʾulāʾ-i; hum; hunna; hunā; yatakallamūn-a; yaʿnī.

Colloquial words and their equivalents in MWA

ʾagnabi	→	أجنبي	*ʾağnabīy-un*	foreigner	*maʿna*	→	معنى	*maʿnā*	meaning
ʾumm	→	أم	*ʾumm-un*	mother	*biʿīd*	→	بعيد	*baʿīd-un*	far away
gāmiʿ	→	جامع	*ğāmiʿ-un*	mosque	*ṛāgil*	→	رجل	*rağul-un*	man
sahl	→	سهل	*sahl-un*	easy	*ṣaʿb*	→	صعب	*ṣaʿb-un*	difficult
kilma	→	كلمة	*kalima-tun*	word	*mukalma*	→	مكالمة	*mukālama-tun*	phone call

New words in MWA

dilwaʾti	→	الآن	*al-ʾān-a*	now	*imbāriḥ*	→	أمس	*ʾams-i*	yesterday
fēn	→	أين	*ʾayna*	where?	*gawāb*	→	رسالة	*risāla-tun*	letter
mirāt	→	زوجة	*zawğa-tun*	wife	*wiḥiš*	→	سيئ	*sayyiʾ-un*	bad
ḥāga	→	شيء	*šayʾ-un*	thing	*šuġl*	→	عمل	*ʿamal-un*	work
bukṛa	→	غدا	*ġadan*	tomorrow	*ʿala ṭūl*	→	فورا	*fawṛan*	immediately
izzāy	→	كيف	*kayfa*	how?	*ʿašān*	→	لـ	*li*	for
miš baṭṭāl	→	لا بأس	*lā baʾs-a*	not bad	*bass*	→	فقط	*faqaṭ*	only

شرح القواعد

I. Orthography

1. Final ى or ألف مقصورة *ʾalifun maqṣūra*

Final ى – this means a ي without dots – has to be read in pause as *-ā*.

المعنى	المستشفى	مصطفى	سلوى
al-maʿnā	*al-mustašfā*	*Muṣṭafā*	*Salwā*
the meaning	the hospital	Mustafa	Salwa

2. Vowel signs and other diacritics

In religious texts, in text books and in poetry diacritic signs are used in order to ensure the correct reading of the word (التشكيل *at-taškīl*). These diacritics indicate the short vowels, the absence of a vowel after a consonant and the doubling of a consonant. They are placed above or underneath the consonant letters.

a:	ـَ	فتحة	*fatḥa*	مَن	*man*	أنتَ	*ʾanta*
i:	ـِ	كسرة	*kasra*	مِن	*min*	أنتِ	*ʾanti*
u:	ـُ	ضمة	*ḍamma*	رَجُل	*rağul*	اسمُهُ	*ismuhu*
absence of vowel	ـْ	سكون	*sukūn*	أنْت	*ʾanta*	ليْس	*laysa*
consonant doubling	ـّ	شدّة	*šadda*	مدرِّس	*mudarris*	جدّةٌ	*ğadda*

Combined with a *šadda, kasra* is put directly below the *šadda*, whereas *fatḥa* and *ḍamma* are placed on the *šadda*: مـتـزوِّج *mutazawwiğ-un* 'married,' عـمَّـة *ʿamma-tun* 'aunt,' تمدُّن *tamaddun-un* 'civilization.' For how to write word-initial *hamza* → 6.I.1.
A *ʾalif* with the sign ~ مـدّة *madda* is written as آ and read as *-ʾā*: الآن *al-ʾān-a* 'now,' القرآن *al-qurʾān-u* 'the Qur'an.'
The *tanwīn* تنوين is marked in the case of *-an* by a double *fatḥa* ً, in the case of *-in* by a double *kasra* ٍ, whereas the *-un* takes a *ḍamma* with a 'tail.'

⇐	اسمٌ	اسمٍ	اسماً	ابنةٌ	ابنةٍ	ابنةً
	ism-un	*ism-in*	*ism-an*	*ibna-tun*	*ibna-tin*	*ibna-tan*

3. *-īy-* en *-ūw-*

The sounds *-īy-* and *-ūw-* are the equivalents of *-iyy-*, and *-uww-*. They represent thus a double consonant and are written correspondingly with one letter ي , or و respectively, with a *šadda*: قوّة *qūwa-tun* 'strength,' مصريّ *miṣrīy-un* 'Egyptian.'

II. Definite article أداة التعريف *ʾadātu_t-taʿrīf*

1. The definite article is *al-* الـ which is prefixed to the noun both in pronunciation and in writing: الـ + بيت → البيت 'the house,' الـ + كتاب → الكتاب 'the book.' As soon as a word becomes definite it drops the *-n* of the nunation which is the mark of indefiniteness (→ 3.II) but keeps the *-u* of the nominative.

manzil-u-n	a house	→	*al-manzil-u*	المنزل	the house
madrasa-tu-n	a school	→	*al-madrasa-tu*	المدرسة	the school
ḥaqība-tu-n	a bag	→	*al-ḥaqība-tu*	الحقيبة	the bag
madīna-tu-n	a city	→	*al-madīna-tu*	المدينة	the city
bāb-u-n	a door	→	*al-bāb-u*	الباب	the door

If the first consonant of a noun is one of the so-called sun-letters الحروف الشمسية *al-ḥurūfu_š-šamsīya*, the *-l-* of the article assimilates, just as in the colloquial, to this consonant. Unlike the colloquial, the *-l-* does not assimilate to ج *ğ* or ك *k*.

Table of the sun-letters

⇐	ت	ث	د	ذ	ر	ز	
	t	*ṯ*	*d*	*ḏ*	*r*	*z*	
	س	ش	ص	ض	ط	ظ	ن
	s	*š*	*ṣ*	*ḍ*	*ṭ*	*ẓ*	*n*

šams-un	→	*al + šams-u*	→	*aš-šams-u*	الشمس	the sun
risāla-tun	→	*al + risāla-tu*	→	*ar-risāla-tu*	الرسالة	the letter
ṭālib-un	→	*al + ṭālib-u*	→	*aṭ-ṭālib-u*	الطالب	the student
ẓuhr-un	→	*al + ẓuhr-u*	→	*aẓ-ẓuhr-u*	الظهر	the noon

Note that although the *-l-* of the article is assimilated in pronunciation to the following sun-letter, it is always written as الـ *al-*.

2. The *hamza* of the article is a *hamzatu_l-waṣl* and is dropped after a preceding vowel together with its vowel *a* (→ 3.X): *al-luġatu* + *al-ʿarabīya-tu* → *al-luġatu_l-ʿarabīya-tu* اللغة العربية 'the Arabic language.' The dropped *hamza* and the vowel are indicated in transcription by the sign _ if necessary.

3. When standing before a word beginning with the article, a number of words take a specific vowel at the end that elides in pronunciation the *a-* of the article.

a. The preposition من *min* 'of' becomes *mina*: من البيت *mina_l-bayt-i* 'of the house.'

b. The preposition عن *ʿan* 'about' becomes *ʿani*: عن الزيارة *ʿani_z-ziyāra-ti* 'about the visit.' The question words مـن *man* 'who' and هـل *hal* become *mani*, and *hali*, resectively: من الرجل؟ *mani_r-rağul-u?* 'who is the man?' هل الطالب موجود؟ *hali_ṭ-ṭālibu mawğūd-un* 'is the student present?' The conjunction أو *ʾaw* 'or' is treated the same way: الزوج أو الزوجة *az-zawğu ʾawi_z-zawğa-tu* 'the husband or the wife' (→ 5.III.1g), as well as the feminine ending *-at* of *laysat* "she is not": ليست الجامعة بعيدة *laysati_l-ğāmiʿatu baʿīda-tan* 'the university is not far away' (→ 10.IV.A.3.c).

c. The Personal Pronouns *ʾantum* and *hum* take *-u: ʾantumu*, and *humu*, respectivly: أنتم الطلاب وهم المدرسون *ʾantumu_ṭ-ṭullābu wa humu_l-mudarrisūn-a* 'you are the students and they are the teachers.' The same is true for the corresponding suffixes *-kum* and *-hum* and for the 2nd pl.m. ending *-tum* of *lastum:* عليكم السلام *ʿalaykumu_s-salām-u* 'peace be upon you!' (→ below V.2. and 4, and 10.IV.A.3.c).

III. *Nisba*-adjectives النسبة *an-nisba*

1. Names of countries can be combined with the *nisba*-ending *-īy-un* (m.), *-īya-tun* (f.) to form adjectives which show where something or someone comes from or belongs to. Amongst other things, the *nisba* is used to denote nationality.

Egypt, Egyptian	*miṣrīy-un*	مصريّ	←	*Miṣr-u*	مصر	⇐
America, American	*ʾamrīkīy-un*	أمريكيّ	←	*ʾAmrīkā*	أمريكا	
Netherlands, Dutch	*hūlandīy-un*	هولنديّ	←	*Hūlandā*	هولندا	
Syria, Syrian	*sūrīy-un*	سوريّ	←	*Sūryā*	سوريا	
France, French	*faransīy-un*	فرنسيّ	←	*Faransā*	فرنسا	
Palestine, Palestinian	*filasṭīnīy-un*	فلسطينيّ	←	*Filasṭīn-u*	فلسطين	
Italy, Italian	*ʾīṭālīy-un*	إيطاليّ	←	*ʾĪṭālyā*	إيطاليا	
Lebanon, Lebanese	*lubnānīy-un*	لبنانيّ	←	*Lubnān*	لبنان	
Iraq, Iraqi	*ʿirāqīy-un*	عراقيّ	←	*al-ʿIrāq*	العراق	

nisba-adjectives can also be derived from collective nouns.

English, Englishman	*ʾinğilīzīy-un*	إنجليزيّ	←	*ʾinğilīz-un*	إنجليز	⇐
Arabs, Arab	*ʿarabīy-un*	عربيّ	←	*ʿarab-un*	عرب	
Russians, Russian	*rūsīy-un*	روسيّ	←	*Rūs*	روس	

Languages are referred to with the definite sg.f. of the corresponding *nisba*-adjective.

العربية	الروسيّة	الألمانيّة	الإنجليزيّة	⇐
Arabic	Russian	German	English	

2. *nisba*-adjectives can be derived from other nouns as well.

eastern	*šarqīy-un*	شرقيّ	←	east	*šarq-un*	شرق	⇐
western	*ġarbīy-un*	غربيّ	←	west	*ġarb-un*	غرب	
formal	*šaklīy-un*	شكليّ	←	form	*šakl-un*	شكل	

Unlike their use in the colloquial, *nisba*-adjectives agree fully with the noun they qualify in MWA: *ilmadrasa l'almāni* → المدرسة الألمانية *al-madrasatu l-ʾalmāniyya-tu* 'the German school.'

IV. The genitive

Nouns following a preposition take the genitive. The genitive is indicated by the vowel *-i-*, which replaces the *-u-* of the nominative: *mudarris-u-n* > *mudarris-i-n*.

لمدرّستها	لمدرسك	بشكل جيّد	⇐
li-mudarrisat-i-hā	*li-mudarris-i-ka*	*bi-šakl-i-n ǧayyid-i-n*	
for her teacher (sg.f.)	for your (sg.m.) teacher	in an excellent way	

V. The plural الجمع *al-ǧamʿ*

1. Personal pronouns

Unlike the colloquial, personal pronouns in Written Arabic make a distinction between masculine and feminine in the 2nd and in the 3rd persons plural.

نحن	أنتنّ	أنتم	هنّ	هم	⇐
naḥnu	*ʾantunna*	*ʾantum*	*hunna*	*hum*	
we	you (pl.f.)	you (pl.m.)	they (pl.f.)	they (pl.m.)	

Paradigm of the independent personal pronouns

1st m. and f.	2nd f.	2nd m.	3rd f.	3rd m.	⇐
أنا	أنتِ	أنتَ	هي	هو	sg.
نحن	أنتنّ	أنتم	هنّ	هم	pl.

2. Possessive pronouns in the plural

MWA uses also two different suffixes to refer to the masculine and feminine forms of the 2nd and the 3rd persons plural.

ـنا	ـكنّ	ـكم	ـهنّ	ـهم	⇐
-nā	*-kunna*	*-kum*	*-hunna*	*-hum*	
our	your (pl.f.)	your (pl.m.)	they (pl.f.)	they (pl.m.)	

Paradigm of ابن *ibn-un* 'son' and ابنة *ibna-t-un* 'daughter' with possessive pronouns

1st m. and f.	2nd f.	2nd m.	3rd f.	3rd m.	⇐
ابني	ابنك	ابنك	ابنها	ابنه	sg.
ابننا	ابنكنّ	ابنكم	ابنهنّ	ابنهم	pl.
ابنتي	ابنتك	ابنتك	ابنتها	ابنته	sg.
ابنتنا	ابنتكنّ	ابنتكم	ابنتهنّ	ابنتهم	pl.

Note that أنتم ، ـكم and ـهم ، هم will be pronounced as *'antum-u, -kum-u, hum-u* and *-hum-u* when preceding *hamzatu_l-waṣl* of the article ال *al-* (→ above II.3.c).

3. Demonstrative pronouns

The demonstrative pronoun has only one plural form هؤلاء *hā'ulā'-i* for both masculine and feminine: من هؤلاء يا منى؟ *man hā'ulā'i yā Munā*? 'who are those [people], Mona?'

Paradigm of the demonstrative pronoun

هؤلاء	هذه	هذا	⇐
hā'ulā'-i	*hāḏihī*	*hāḏā*	
these/those (pl.)	this/that (sg.f.)	this/that (sg.m.)	

Note that the *hā-* of these demonstratives is written without an *'alif* (→ 7.II.)

4. Plural forms of ليس 'to not be'

لسنا	لستنّ	لستم	لسن	ليسوا	⇐
lasnā	*lastunna*	*lastum*	*lasna*	*laysū*	
we are not	you (pl.f.) are not	you (pl.m.) are not	they (pl.f.) are not	they (pl.m.) are not	

Compare the endings of *laysa* to those of the personal pronouns!

Paradigm of ليس *laysa*

1st m. and f.	2nd f.	2nd m.	3rd f.	3rd m.	⇐
لست	لست	لست	ليست	ليس	sg.
لسنا	لستن	لستم	لسن	ليسوا	pl.

5. Sound plural الجمع السالم *al-ǧamʿu_s-sālim*.

Just as colloquial Egyptian, MWA uses both sound and broken plurals with nouns and adjectives. Whereas the broken plural displays a number of patterns (→ 5.III), the sound plural is formed by means of endings.

The sound pl.m. ending ـون *-ūna* is mostly used with participles and *nisba*-adjectives which refer to people.

⇐

teachers	*mudarrisūn-a*	مدرّسون	←	*mudarris-un*	مدرّس
Egyptians	*miṣrīyūn-a*	مصريّون	←	*miṣrīy-un*	مصريّ

In pause the *-a* of *-ūn-a* is dropped. The *-n-* remains, even after the attachment of the article: *mudarrisūn-a* → *mudarrisūn#* ~ *al-mudarrisūn#*.

In order to form the sound pl.f., we replace the sg.f. ending ةٌ *-a-tun* by اتٌ *-āt-un*. Note that the ending اتٌ *-āt-un* is not only used for sg.f. nouns, but that many masculine nouns referring to inanimate objects or abstract notions form their plurals with *-āt-un*. The pausal form is *-āt*.

⇐

female students	*ṭālibāt-un*	طالبات	←	*ṭāliba-tun*	طالبة
universities	*ǧāmiʿāt-un*	جامعات	←	*ǧāmiʿa-tun*	جامعة
airports	*maṭārāt-un*	مطارات	←	*maṭār-un*	مطار
duties	*wāǧibāt-un*	واجبات	←	*wāǧib-un*	واجب

The sound plural shows only two forms in the plural: in the nominative ـون *-ūna* for the masculine, ات *-āt-un* for the feminine and in the genitive/accusative ـيـن *-īn-a* for the masculine, ات *-āt-in* for the feminine. The pausal forms are *-ūn*, *-īn*, and *-āt*.

⇐

هم مدرّسون *hum mudarrisūn-a* they are teachers	ليسوا مدرّسين *laysū mudarrisīn-a* they are not teachers	لمدرّسين *li-mudarrisīn-a* for teachers
هنّ مدرّسات *hunna mudarrisāt-un* they are teachers (f.)	لسن مدرّسات *lasna mudarrisāt-in* they are not teachers (f.)	لمدرّسات *li-mudarrisāt-in* for female teachers
نحن لبنانيّون *naḥnu lubnānīyūn-a* we are Lebanese	لسنا لبنانيّين *lasnā lubnānīyīn-a* we are not Lebanese	للبنانيّين *li-lubnānīyīn-a* for Lebanese
نحن فرنسيّات *naḥnu faransīyāt-un* we are Frenchwomen	لسنا فرنسيّات *lasnā faransīyāt-in* we are not Frenchwomen	لفرنسيّات *li-faransīyāt-in* for Frenchwomen

6. Agreement with the plural

When لـيـس introduces a sentence in order to negate it (→ 3.IX), it agrees only in gender with the subject, not in number.

ليست الطالبات في المدرسة	ليس الطلاّب في المدرسة
laysati_ṭ-ṭālibātu fi_l-madrasa	*laysa_ṭ-ṭullābu fi_l-madrasa*
the students (f.) are not at school	the students (m). are not at school

This rule applies to all verbal forms introducing a sentence (→ 11.II).

VI. Paradigms of the declensions

sg. and pl. of the indefinite noun
مهندس *muhandis-un* 'engineer' - طالبة *ṭāliba-tun* 'fem. student'

pl.f.	sg.f.	pl.m.	sg.m.	⇐
طالبات	طالبة	مهندسون	مهندس	nom.
ṭālibāt-un	*ṭāliba-t-un*	*muhandisūn-a*	*muhandis-un*	
طالبات	طالبة	مهندسين	مهندس	gen.
ṭālibāt-in	*ṭāliba-t-in*	*muhandisīn-a*	*muhandis-in*	
طالبات	طالبة	مهندسين	مهندساً	acc.
ṭālibāt-in	*ṭāliba-tan*	*muhandisīn-a*	*muhandis-an*	

Since the singular noun here has three different overt cases, this type of declension is called triptote.

sg. and pl. of the definite noun
المهندس *al-muhandis-u* 'the engineer' - الطالبة *aṭ-ṭāliba-tu* 'the student (f.)'

pl.f.	sg.f.	pl.m.	sg.m.	⇐
الطالبات	الطالبة	المهندسون	المهندس	nom.
aṭ-ṭālibāt-u	*aṭ-ṭāliba-t-u*	*al-muhandisūn-a*	*al-muhandis-u*	
الطالبات	الطالبة	المهندسين	المهندس	gen.
aṭ-ṭālibāt-i	*aṭ-ṭāliba-t-i*	*al-muhandisīn-a*	*al-muhandis-i*	
الطالبات	الطالبة	المهندسين	المهندس	acc.
aṭ-ṭālibāt-i	*aṭ-ṭāliba-t-a*	*al-muhandisīn-a*	*al-muhandis-a*	

VII. Possessive suffix 3rd person: *-hu* > *-hi*

After *-i* or *-y*, the *-u-* of the possessive suffixes *-hu, -hum* of the 3rd pers. sg. and pl. masculine, as well as *-hunna* of the 3rd pers. pl.f. assimilates and becomes *-i-*.

mudarris-u-hu	→	*li-mudarris-i-hi*	لمدرّسه	for his teacher
manzil-u-hum	→	*bi-manzil-i-him*	بمنزلهم	in their (m.) house
mudarrisāt-u-hunna	→	*li-mudarrisāt-i-hinna*	لمدرّساتهنّ	for their (f.) teachers

VIII. Agreement of adjectives

1. Attributive adjectives agree in gender, number, case and definiteness with the noun they refer to.

⇐

كلمةٌ جديدةٌ	←	كلمةٌ	درسٌ جديدٌ	←	درسٌ
a new word		word	a new lesson		lesson
الكلمةُ الجديدةُ	←	الكلمةُ	الدرسُ الجديدُ	←	الدرسُ
the new word		the word	the new lesson		the lesson
ليست هذه كلمةً جديدةً	←	كلمةٌ جديدةٌ	ليس هذا درساً جديداً	←	درسٌ جديدٌ
this is not a new word		a new word	this is not a new lesson		a new lesson

2. The pl. of nouns denoting inanimated objects is treated grammatically as sg.f.

كلماتٌ جديدةٌ	←	كلماتٌ	دروسٌ جديدةٌ	←	دروسٌ
new words		words	new lessons		lessons
الكلماتُ الجديدةُ	←	الكلماتُ	الدروسُ الجديدةُ	←	الدروسُ
the new words		the words	the new lessons		the lessons
ليست هذه كلماتٍ جديدةً	←	كلماتٌ جديدةٌ	ليست هذه دروساً جديدةً	←	دروسٌ جديدةٌ
these are not new words		new words	these are not new lessons		new lessons

Notice in the last example the difference in the endings of noun and adjective.

3. After a pl.m. noun referring to m. persons, the adjective follows in the pl.m., too.

طلاّبٌ مصريون	←	طلاّبٌ	مدرّسون عراقيّون	←	مدرّسون
الطلاّبُ المصريّون	←	الطلاّبُ	المدرّسون العراقيّون	←	المدرّسون
ليسوا طلاّبا مصريّين	←	طلاّبٌ مصريّون	ليسوا مدرّسين عراقيّين	←	مدرّسون عراقيّون

4. After a pl.f. noun referring to f. persons, the adjective follows in the pl.f., too.

مهندساتٌ جديداتٌ	←	مهندساتٌ	طالباتٌ سوريّاتٌ	←	طالباتٌ
المهندساتُ الجديداتُ	←	المهندساتُ	الطالباتُ السوريّاتُ	←	الطالباتُ
لسن مهندساتٍ جديداتٍ	←	مهندساتٌ جديداتٌ	لسن طالباتٍ سوريّاتٍ	←	طالباتٌ سوريّاتٌ

5. Pay attention to the difference in meaning between the two utterances:

equational (nominal) sentence	attributive noun phrase
الكلمة جديدة	الكلمة الجديدة
al-kalimatu ǧadīda-tun	*al-kalimatu l-ǧadīda-tu*
the word is new	the new word

التمرينات

١– أعد كتابة الجمل التالية بالتشكيل

Write the sentences with full vowels! Then read them aloud!

مها طالبة مصريّة أيضا ⇐ ______

الطالبات المصريّات جيّدات ومتفوّقات ⇐ ______

الحقيبة الجديدة كبيرة جدا ⇐ ______

أليست زوجتك مدرّسة بالقاهرة؟ ⇐ ______

ليست الكلمات الجديدة صعبة جدا ⇐ ______

أبي وأمّي بمنزلهم الآن ⇐ ______

الكتب في الحقيبة الصغيرة ⇐ ______

في الكتاب كلمات جديدة. ⇐ ______

٢– كوّن جملا على النحو الموضّح في المثال

Form sentences according to the example!

مثال: منزلٌ ⇐ المنزلُ هنا

مطار ⇐ ______

مستشفى ⇐ ______

حقيبة ⇐ ______

شمس ⇐ ______

نافذة ⇐ ______

طالب ⇐ ______

كنيسة ⇐ ______

جامعة ⇐ ______

رَجُل ⇐ ______

٣– كوّن جملا على النحو الموضّح في المثال

مثال: مدرّسٌ ⇐ المدرّسُ أوِ المدرّسة

زوج ⇐ ______

مهندس ⇐ ______

طالب ⇐ ______

مصريّ ⇐ ______________________

سوريّ ⇐ ______________________

روسيّ ⇐ ______________________

عربيّ ⇐ ______________________

مريض ⇐ ______________________

ابن ⇐ ______________________

٤– كوّن جملا على النحو الموضّح في المثال

مثال: مدرّسٌ ⇐ المدرّسُ موجود

زوج ⇐ ______________________

طالب ⇐ ______________________

حقيبة ⇐ ______________________

مهندس ⇐ ______________________

ابنة ⇐ ______________________

جدّة ⇐ ______________________

مريض ⇐ ______________________

مدرسة ⇐ ______________________

مهندسة ⇐ ______________________

٥– كوّن أسئلة على النحو الموضّح في المثال

مثال: مدرّسٌ أجنبيّ ⇐ هلِ المدرّسُ أجنبيّ؟

كلمة مهمّة ⇐ ______________________

مستشفى بعيد ⇐ ______________________

مكالمة طويلة ⇐ ______________________

زوج غائب ⇐ ______________________

نافذة مفتوحة ⇐ ______________________

أحوال جيّدة ⇐ ______________________

رجل موجود ⇐ ______________________

طالبة ذكيّة ⇐ ______________________

منزل كبير ⇐ ______________________

٦– كوّن جملا على النحو الموضّح في المثال

مثال:	زوج	⇐	مشيرة عندَ	زوجِها
	أخت	⇐	مشيرة عندَ	________
	جدّة	⇐	مشيرة عندَ	________
	عَمّ	⇐	مشيرة عندَ	________
	مدرّسة	⇐	مشيرة عندَ	________
	عمّة	⇐	مشيرة عندَ	________
	أمّ	⇐	مشيرة عندَ	________
	بنت	⇐	مشيرة عندَ	________
	ابنة	⇐	مشيرة عندَ	________
	مدرّس	⇐	مشيرة عندَ	________

٧– كوّن جملا على النحو الموضّح في المثال

مثال:	زوجة	⇐	محمود عندَ	زوجتِه
	مدرّس	⇐	محمود عندَ	________
	ابنة	⇐	محمود عندَ	________
	أمّ	⇐	محمود عندَ	________
	جَدّ	⇐	محمود عندَ	________
	أخت	⇐	محمود عندَ	________
	جَدّة	⇐	محمود عندَ	________
	عَمّ	⇐	محمود عندَ	________
	عمّة	⇐	محمود عندَ	________
	بنت	⇐	محمود عندَ	________

٨– كوّن جملا على النحو الموضّح في المثال

مثال:	زوج	⇐	الرسالةُ	لزوجِك
	أخت	⇐	الرسالةُ	________
	مدرّس	⇐	الرسالةُ	________
	مدرّسة	⇐	الرسالةُ	________
	جدّة	⇐	الرسالةُ	________

جدّ ⇐ الرسالةُ ________________

عَمّ ⇐ الرسالةُ ________________

أمّ ⇐ الرسالةُ ________________

بنت ⇐ الرسالةُ ________________

ابنة ⇐ الرسالةُ ________________

٩- كوّن جملا على النحو الموضّح في المثال

مثال : أنا ⇐ أنا منزلي جديد

أنتَ ⇐ ________________

نحن ⇐ ________________

أنتم ⇐ ________________

هم ⇐ ________________

هو ⇐ ________________

أنتنّ ⇐ ________________

هي ⇐ ________________

مثال : أنا ⇐ أنا جامعتي جديدة

نحن ⇐ ________________

هم ⇐ ________________

أنتنّ ⇐ ________________

أنتم ⇐ ________________

هنّ ⇐ ________________

أنت ⇐ ________________

هي ⇐ ________________

١٠- أعد كتابة الجمل الآتية على النحو الموضّح في المثال

Write new sentences using the pl. forms of the suffixes

مثال : جامعتي حديثة ⇐ جامعتنا حديثة

منزلي بعيد ⇐ ________________

مدرسي غائب ⇐ ________________

أختكَ في مصر ⇐ ________________

كتابكِ جديد ⇐ ________________

أحوالي سيّئة ⇐ ______________________

مكالمته طويلة ⇐ ______________________

مشروعكِ مهم ⇐ ______________________

رسالتها جيّدة ⇐ ______________________

مدرّستها مريضة ⇐ ______________________

بنتها موجودة ⇐ ______________________

مدرّسه مصريّ ⇐ ______________________

١١- كوّن عبارات على النحو الموضّح في المثال

مثال: أنتَ ⇐ منزلُكَ الجديد كبير

نحن ⇐ ______________________

أنتم ⇐ ______________________

هم ⇐ ______________________

هو ⇐ ______________________

هنّ ⇐ ______________________

أنتنّ ⇐ ______________________

هي ⇐ ______________________

١٢- أجب بالنفي على الأسئلة التالية مستعملا { ليس } Answer the questions using *laysa*

مثال: هل هم مدرّسون؟ ⇐ لا، ليسوا مدرسين

هل هم مهندسون؟ ⇐ لا، ______________________

هل هم سوريّون؟ ⇐ لا، ______________________

هل هم فرنسيّون؟ ⇐ لا، ______________________

هل هم مصريّون؟ ⇐ لا، ______________________

هل هم جيّدون؟ ⇐ لا، ______________________

هل هم موجودون؟ ⇐ لا، ______________________

هل هم مسافرون؟ ⇐ لا، ______________________

هل هم موجودن؟ ⇐ لا، ______________________

هل هم طيّبون؟ ⇐ لا، ______________________

١٣- أجب بالنفي على الأسئلة التالية مستعملا { ليس }

مثال: هل هُنّ مدرّسات؟ ⇐ لا، لسن مدرسات

هل هنّ زوجات؟ ⇐ لا، ______

هل هنّ مصريّات؟ ⇐ لا، ______

هل هنّ موجودات؟ ⇐ لا، ______

هل هنّ جيّدات؟ ⇐ لا، ______

هل هنّ هولنديّات؟ ⇐ لا، ______

هل هنّ غائبات؟ ⇐ لا، ______

هل هنّ متفوّقات؟ ⇐ لا، ______

١٤- أكمل الجمل على النحو الموضّح في المثال

مثال: أنا مدرّس ⇐ ونحن مدرّسون أيضاً

أنا مهندس ⇐ ______

أنا مصريّ ⇐ ______

أنا هولنديّ ⇐ ______

أنا سوريّ ⇐ ______

أنا موجود ⇐ ______

أنا جيّد ⇐ ______

أنا غائب ⇐ ______

١٥- أكمل الجمل على النحو الموَضّح في المثال

مثال: هي ليست موجودة ⇐ وهنّ لسن موجوداتٍ أيضاً

هي ليست جيّدة ⇐ ______

هي ليست متفوّقَة ⇐ ______

هي ليست مصريّة ⇐ ______

هي ليست مدرِّسة ⇐ ______

هي ليست سوريّة ⇐ ______

هي ليست غائبة ⇐ ______

هي ليست مهندسة ⇐ ______

١٦– ضع كل من الصفات التالية في المكان المناسب

Add the proper form of the adjectives to the nouns

جديد – حديث – بعيد – متفوّق – جيّد – سهل – صعب

كبير – مفتوح – طويل – مهمّ – غائب – متزوّج – ذكيّ – مُتعب

طالب	______	الطالبة	______
المهندسون	______	مطار	______
مطارات	______	الأحوال	______
دروس	______	نافذة	______
مشروع	______	نصوص	______
المنزل	______	مدرّسات	______
مدرّسون	______	كلمات	______
مكالمة	______	السيّدات	______
طالبات	______	المدرّسون	______
الجامعة	______	جامعات	______
كتاب	______	الحقيبة	______

١٧– ترجم الجمل التالية إلى اللغة العربيـــة الفصحى ∅

1. *iddarsi̊ miš gidīd.*

______

2. *iddurūs iggidīda ṭawīla.*

______

3. *kalāmak ṣaʿbi̊ ʾawi.*

______

4. *dōl miš maṣriyyīn.*

______

5. *ilʾaḥwāl miš kuwayyisa.*

______

6. *iṭṭālibāt miš ġaybīn.*

______

7. *izzayyi̊ ḥalkum?*

______

8. *Mušīra miš ʿandi̊ ʾummaha.*

______

9. *ilmuhandisīn issuriyyīn kuwayyisīn.*

______

10. *humma kamān miš taʿbanīn.*

---

11. *ilkalimāt iggidīda miš ṣaʿba.*

---

12. *ilmudarrisīn miš ġaybīn.*

---

13. *humma_kwayyisīn ʾawi.*

---

14. *inti miš maṣriyya?*

---

15. *iṭṭālibāt iggudād miš mawgudīn dilwaʾti.*

الدرس الخامس

النصوص

مدينة القاهرة

مصر اسمها الكامل هو جمهورية مصرَ العربيّة، وعاصمة مصرَ هي مدينة القاهرة.
تقع القاهرة على ضفاف نهر النيل، وهي مدينة تاريخيّة فيها آثار قديمة مشهورة في العالم كلّه، واسمها أيضاً عند بعض الناس «عروس النيل».
توجد في القاهرة معالم سياحيّة كثيرة منها المساجد المشهورة والكنائس القديمة ومقابر الخلفاء.
في القاهرة أحياء حديثة كالزمالك والمهندسين ومصر الجديدة والمعادي.
وهناك أيضا أحياء قديمة كالجَمالية والحُسَيْن والخَليفة. يوجد خان الخَليلي في الحسين وهو معروف بصناعاته التقليديّة ودكاكينه الصغيرة.

وزارة السياحة ترحّب بكم وتتمنّى لكم رحلة سعيدة إلى مصر وإقامة ممتعة في القاهرة وإلى اللقاء!

المهندس أحمد

المهندس أحمد مدير المكتب العامّ للسّياحة. مركزه مهمّ ومرتّبه كبير، وعليه واجبات كثيرة تجاه عمله. المهندس أحمد متزوّج ولديه ابن وابنة، وعنده سيّارة فاخرة وبيت في مصر الجديدة.
اليوم يوم الجمعة وليس لديه عمل. هو وزوجته وأولاده وأبوه وأمه موجودون في البيت وعندهم بعض الضيوف من الريف. هم جميعا جالسون في الشرفة وأمامهم الطعام والشراب.

المفردات

أبٌ، آباءٌ	father
آثارٌ	antiquities
أحدٌ	one, somebody
آخرُ (m.)، أخرى (f.)	other
إقامةٌ، ـاتٌ	residence
القاهرةُ	Cairo
النيلُ	the Nile
بريدٌ	mail
بعضٌ	part of, some
بلى	indeed
تاريخيٌّ	historical
تجاهَ	towards, with respect to
تَقْليديٌّ	traditional
جمهوريّةٌ، ـاتٌ	republic
جميعاً	altogether
جنوبٌ	south
حيٌّ ، أحياءٌ	quarter, district
خليفةٌ، خلفاءُ	caliph
دخلٌ	revenue
دكّانٌ، دكاكينُ	shop
دولةٌ، دولٌ	state
رحلةٌ، رحلاتٌ	travel, journey
ريفٌ، أريافٌ	countryside
سعيدٌ، سعداءُ	happy
سياحيٌّ	touristic
شرابٌ	beverage
شهادةٌ، ـاتٌ	certificate; diploma
صناعةٌ، ـاتٌ	industry
ضفّةٌ ، ضفافٌ	bank (river)
طعامٌ، أطعمةٌ	food
عاصمةٌ، عواصمُ	capital
عالٍ	high
عالمٌ، عوالمُ	world
عامٌّ	general
عروسٌ، عرائسُ	bride
فاخرٌ	luxurious
فندقٌ، فنادقُ	hotel
قريةٌ، قرًى	village
قلمٌ، أقلامٌ	pen
كَـ	as
كاملٌ	total, entire
لقاءٌ، ـاتٌ	encounter
مرّةٌ، ـاتٌ	time (instance)
مرتّبٌ، ـاتٌ	salary
مركزٌ، مراكزُ	position
مصنعٌ، مصانعُ	factory
مطعمٌ، مطاعمُ	restaurant
معالمُ	sights
معروفٌ ، ـون	well-known
معلّمٌ، ـون	teacher
معهدٌ، معاهدُ	institute
مقبرةٌ، مقابرُ	tomb
مكانٌ، أماكنُ	place
مكتبٌ، مكاتبُ	office
مكيّفٌ	air-conditioned
ممتعٌ	pleasant
موظّفٌ، ـون	civil servant, employee
ناسٌ	people
نهرٌ، أنهارٌ	river
هرمٌ، أهرامٌ	pyramid
هناكَ	there is
واجبٌ، ـاتٌ	duty
وزارةٌ، ـاتٌ	ministry
ولدٌ، أولادٌ	boy
يتمنّى	to wish
يُرحّب بـ	to welcome

there is	يوجدُ	to ask	يسألُ
Friday	يومُ الجمعة	to lie, to be situated	يقعُ

ʼab-un, ʼābāʼ-un; ʼāṯār-un; ʼaḥad-un; ʼāxaṛ-u, ʼuxṛā; ʼiqāma-tun, -āt-un; al-Qāhira-tu; an-Nīl-u; barīd-un; baʿḍ-un; balā; tārīxīy-un; tuğāh-a; taqlīdīy-un; ğumhūrīya-tun, -āt-un; ğamīʿan; ğanūb-un; ḥayy-un, ʼaḥyāʼ-un; xalīfa-tun, xulafāʼ-u; daxl-un; dukkān-un, dakākīn-u; dawla-tun, duwal-un; riḥla-tun, raḥalāt-un; rīf-un, ʼaryāf-un; saʿīd-un, suʿadāʼ-u; siyāḥīy-un; šaṛāb-un; šahāda-tun, -āt-un; ṣināʿa-tun, -āt-un; ḍiffa-tun, ḍifāf-un; ṭaʿām-un, ʼaṭʿima-tun; ʿāṣima-tun, ʿawāṣim-u; ʿālin; ʿālam-un, ʿawālim-u; ʿāmm-un; ʿaṛūs-un, ʿaṛāʼis-u; fāxir-un; funduq-un, fanādiq-u; qaṛya-tun, quṛan; qalam-un, ʼaqlām-un; ka-; kāmil-un; liqāʼ-un, -āt-un; maṛṛa-tun, -āt-un; murattab-un, -āt-un; markaz-un, marākiz-u; maṣnaʿ-un, maṣāniʿ-u; maṭʿam-un, maṭāʿim-u; maʿālim-u; maʿrūf-un, -ūna; muʿallim-un, -ūna; maʿhad-un, maʿāhid-u; maqbaṛa-tun, maqābir-u; makān-un, ʼamākin-u; maktab-un, makātib-u; mukayyaf-un; mumtiʿ-un; muwaḍḍaf-un, -ūna; nās-un; nahṛ-un, ʼanhāṛ-un; haṛam-un, ʼahṛām-un; hunāk-a; wāğib-un, -āt-un; wizāṛa-tun, -āt-un; walad-un, ʼawlād-un; yatamannā; yuraḥḥibu bi; yasʼal-u; yaqaʿ-u; yūğad-u; yawmu_l-ğumʿa-ti

Colloquial words and their equivalents in MWA

akbar	→ أكبر	*akbaṛ-u*	bigger	*awlād*	→ أولاد	*ʼawlād-un*	children
ziyāṛa	→ زيارة	*ziyāṛa-tun*	visit	*siyāḥa*	→ سياحة	*siyāḥa-tun*	tourism
šāriʿ	→ شارع	*šāriʿ-un*	street	*ḍēf*	→ ضيف	*ḍayf-un*	guest
ʿimāṛa	→ عمارة	*ʿimāṛa-tun*	building	*mudīr*	→ مدير	*mudīr-un*	director
mašhūr	→ مشهور	*mašhūṛ-un*	famous	*yōm*	→ يوم	*yawm-un*	day

New words in MWA

innahaṛda	→ اليوم	*al-yawm-a*	today	*ʼuddām*	→ أمام	*ʼamām-a*	in front of
ʿaṛabiyya	→ سيّارة	*sayyāṛa-tun*	car	*sitt*	→ سيدة	*sayyida-tun*	lady
ʼāʿid	→ جالس	*ğālis-un*	sitting	*balakōna*	→ شرفة	*šurfa-tun*	balcony
sana	→ عام	*ʿām-un*	year	*zaḥma*	→ مزدحم	*muzdaḥim-un*	crowded

شرح القواعد

I. Construct phrase الإضافة *al-ʼiḍāfa*

1. Form and use

As in the colloquial the construct phrase consists of a noun المضاف إليه *al-muḍāfu ʼilayh* as head followed by a noun as attribute المضاف *al-muḍāf-u* which specifies the head: *mudīru_l-madrasa-ti* 'the headmaster of the school.' In MWA, the head loses its nunation – but not its case vowel – and the attribute follows in the genitive. Noun and possessive suffix, as well, are linked by means of a construct phrase: *mudīr-u-hu* 'his director' (→ 3.VI), the suffix being the genitive of the pronoun.

The construct phrase as a whole is definite if the attribute is definite; if the latter is indefinite, the whole phrase is indefinite. The head never takes the article *al-*.

definite:	headmaster of the school = the headmaster of the school	*mudīru_l-madrasa-ti*	مدير المدرسة	⇐
definite:	headmaster of his school = the headmaster of his school	*mudīru madrasatih-i*	مدير مدرسته	
indefinite:	headmaster of a school = a (school) headmaster	*mudīru madrasa-tin*	مدير مدرسة	

a. The m. plural endings ون ، ين *-ūna, -īna* drop their ن *-na* in the contruct state.

the headmasters of the school	*mudīrū_l-madrasa-ti*	مديرو المدرسة	⇐
headmasters of a school	*mudīrū madrasa-tin*	مديرو مدرسة	

b. The f. endings sg. ة *-atun,* pl. ات *-ātun* drop the nunation in the construct state.

the headmistress of the school	*mudīratu_l-madrasa-ti*	مديرة المدرسة	⇐
the headmistresses of the school	*mudīrātu_l-madrasa-ti*	مديرات المدرسة	
headmistresses of a school	*mudirātu madrasa-tin*	مديرات مدرسة	

c. The head of the construct phrase takes the case endings according to its position in the sentence while the attribute remains in the genitive.

with the headmistress ...	*maʿa mudīrati_l-madrasa-ti*	مع مديرة المدرسة
with the headmasters ...	*maʿa mudīrī_l-madrasa-ti*	مع مديري المدرسة
I am not the headmistress ...	*lastu mudīrata_l-madrasa-ti*	لست مديرة المدرسة
they are not the headmasters ...	*laysū mudīrī_l-madrasa-ti*	ليسوا مديري المدرسة

d. The construct phrase forms a syntactic unit and does not allow other words to be inserted between the head and its attribute, cf. → 6.II for the demonstrative pronouns. Adjectives follow the construct phrase. When they refer to the head noun, they agree in gender, number and case with it.

مدير المدرسة الجديد	مدير المدرسة الجديد
mudīru_l-madrasati_l-ǧadīd-u	*mudīru_l-madrasati l-ǧadīda-ti*
the new director of the school	the director of the new school

For the use of the preposition ل *li-* instead of the construct phrase → 7.IV.

2. Sound pl. and 1st pers. sg. suffix *-ya*

As explained above in I.1, nouns form a construct phrase with possessive suffixes. So the the pl. endings *-ūna* and *-īna* drop the *-na* when a suffix is attached.

his teachers	*mudarrisūhu*	⇐ مدرّسون + ه ← مدرّسوه
with his teachers	*maʿa mudarrisīhi*	مع مدرّسين + ه ← مع مدرّسيه

After long vowels, the possessive suffix of the 1st sg. is ي *-ya* 'my.' When followed by this *-ya* ي , the nominative *ū* of the plural changes to *ī*. As a result of this transformation, nominative and genitive/accusative show the same form.

my teachers	*mudarrisīya*	⇐ مدرّسون + ي ← مدرّسيّ
with my teachers	*maʿa mudarrisīya*	مع مدرّسين + ي ← مع مدرّسيّ
they are not my teachers	*lays-ū mudarrisiya*	ليسوا مدرسين+ ي ← ليسوا مدرسي

3. Construct phrases with أب *ʾab-un*, أخ *ʾax-un*, حم *ḥam-un*

The nouns أب *ʾab-un* 'father,' أخ *ʾax-un* 'brother' and حـــــم *ḥam-un* 'father-in-law' take in the construct phrase the endings و *-ū* in the nominative, ي *-ī* in the genitive, and ا *-ā* in the accusative.

⇐ أبو علي	لأبي علي	لست أبا علي
ʾabū ʿAlī	*li-ʾabī ʿAlī*	*lastu ʾabā ʿAlī*
the father of *ʿAlī*	to the father of *ʿAlī*	I am not the father of *ʿAlī*
أخو علي	لأخي علي	لست أخا علي
ʾaxū ʿAlī	*li-ʾaxī ʿAlī*	*last-u ʾaxā ʿAlī*
the brother of *ʿAlī*	to the brother of *ʿAlī*	I am not the brother of *ʿAlī*

The ending *-ū* of the nominative of these nouns is dropped before the suffix *-ī* 'my': أخـــــو + ي → أخـــــي *ʾaxī* 'my brother.' Other suffixes can be added without causing any changes.

أخوك	أبوه	حموها	كيف حال أبيك؟
ʾaxūk-a	*ʾabūh-u*	*ḥamūhā*	*kayfa ḥālu ʾabīk-a*
your brother	his father	her father-in-law	how is your father?

II. Diptote nouns اسماء ممنوعة من الصرف *ʾasmāʾun mamnūʿatun mina_ṣ-ṣarf*

Apart from the triptote nouns, which indicate the three cases by means of the three short vowels *-a-*, *-i-*, *-u-* (*-un*, *-in*, *-an* with nunation), there are diptote nouns with only two vowels for the cases, i.e. *-u* for the nominative and *-a* for the genitive/accusative. They do not take the *-n* of nunation when indefinite.

Many place and proper names belong to the diptotes, as well as several other nominal forms, among which fall adjectives of the form aKTaB-u *aḥmar-u* "red", the elative (→ 17.I), and many plural forms (→ 5.III).

Place names and proper names

يوسف	إبراهيم	دمشق	بغداد	فلسطين	مصر
Yūsuf-u	*ʾIbrāhīm-u*	*Dimašq-u*	*Baġdād-u*	*Filasṭīn-u*	*Miṣr-u*
Joseph	Ibrahim	Damascus	Baghdad	Palestine	Egypt

أنا من بغداد أيضا	منزلي في مصر الجديدة
ʾana min Baġdāda ʾayḍan	*manzilī fī Miṣra_l-ǧadīda-ti*
I come also from Baghdad	my house is in Heliopolis

Adjectives of the form aKTaB-u

أخضر	أحمر	أصلع	آخر	أحسن	أكبر
ʾaxḍar-u	*ʾaḥmaṛ-u*	*ʾaṣlaʿ-u*	*ʾāxaṛ-u*	*ʾaḥsan-u*	*ʾakbaṛ-u*
green	red	bald	other	better	bigger

في حقيبتي قلم أحمر أيضا	لست أطول من أختك
fī ḥaqībatī qalamun ʾaḥmaru ʾayḍan	*lasta ʾaṭwala min ʾuxtik-a*
there is also a red pen in my bag	you are not taller than your sister

Please notice: If a diptote noun becomes definite by the article or if standing in the construct phrase, it behaves like a triptote noun. The genitive then ends with an *-i*.

أبي بأحسن حال يا علي	بالقلم الأحمر
ʾabī bi-ʾaḥsani ḥālin yā ʿAlī	*bi_l-qalami_l-ʾaḥmar-i*
my father is fine, *ʿAli*	with the red pen

III. Broken plural forms جمع التكسير *ǧamʿu_t-taksīr*

Next to the sound plural forms ending with *-ūn-a* or *-āt-un* (→ 4.V.5), Modern Written Arabic has, just as the colloquial, broken plurals. They are formed by an internal change of the vowels of nouns and adjectives. The broken plural forms are either triptote or diptote.

Forms of triptote plurals:

aKTāB-un	طفل	>	أطفالٌ	*ṭifl-un*	>	*ʾaṭfāl-un*	child, children
KuTūB-un	ملك	>	ملوكٌ	*malik-un*	>	*mulūk-un*	king, kings
KiTāB-un	بحر	>	بحارٌ	*baḥr-un*	>	*biḥār-un*	sea, seas
KuTuB-un	كتاب	>	كتبٌ	*kitāb-un*	>	*kutub-un*	book, books
KuTaB-un	غرفة	>	غرفٌ	*ġurfa-tun*	>	*ġuraf-un*	room, rooms

Forms of diptote plurals

KawāTiB-u	نافذة > نوافذ	*nāfiḏa-tun* > *nawāfiḏ-u*	window, windows
KaTāʾiB-u	كنيسة > كنائس	*kanīsa-tun* > *kanāʾis-u*	church, churches
KuTaBāʾ-u	وزير > وزراء	*wazīr-un* > *wuzarāʾ-u*	minister, ministers
maKāTiB-u	مسجد > مساجد	*masǧid-un* > *masāǧid-u*	mosque, mosques
maKāTīB-u	مشروع > مشاريع	*mašrūʿ-un* > *mašārīʿ-u*	project, projects
aKāTiB-u	مكان > أماكن	*makān-un* > *ʾamākin-u*	place, places
aKTiBāʾ-u	صديق > أصدقاء	*ṣadīq-un* > *ʾaṣdiqāʾ-u*	friend, friends

Note that when defined, the diptote nouns behave the same as triptotes.

قدماء المصريين ← عند قدماء المصريين

qudamāʾu_l-miṣrīyīn-a — *ʿinda qudamāʾi_l-miṣrīyīn-a*

the ancient Egyptians — with the ancient Egyptians

Diptote nouns and triptote adjectives may be combined with each other.

هناك منزل آخر — في مقابر قديمة جدا

hunāka manzilun ʾāxar-u — *fī maqābira qadīmatin ǧiddan*

there is another house — in very old graves

IV. Prepositions in combinaton with suffixes

1. Depending on their final vowel or consonant, the form of the prepositions may change when suffixes are added.

a. عند *ʿinda* ‘at’: the *-a* is dropped when *-ī* of the 1st pers. sg. is attached.

⇐

ʿindah-u	*ʿindak-a*	*ʿindī*	عندي	عندك	عنده
ʿindahā	*ʿindaki*			عندك	عندها
ʿindahum	*ʿindakum*	*ʿindanā*	عندنا	عندكم	عندهم
ʿindahunna	*ʿindakunna*			عندكن	عندهن

Other prepositions ending in *-a* are treated the same way: مع *maʿa* ‘with,’ أمام *ʾamāma* ‘in front of,’ تجاه *tuǧāha* ‘towards,’ بعد *baʿda* ‘after’ and قبل *qabla* ‘before.’

b. في *fī* ‘in’: the suffix of the 1st sg. after a long vowel is *-ya*: *fī* + *ya* > *fīya*; after *-ī-* the *-u* of the suffixes of the 3rd pers. changes to *-i:* *-hu, -hum, -humma, -hunna* > *-hi-,-him, -himma, -hinna.*

⇐

fīh-i	*fīk-a*	*fīya*	فيّ	فيك	فيه
fīhā	*fīki*			فيك	فيها
fīhim	*fīkum*	*fīnā*	فينا	فيكم	فيهم
fīhinna	*fīkunna*			فيكن	فيهن

c. لدى *ladā* 'at,' 'by': when suffixes are attached the *-ā* changes to *-ay-*. The suffix of the 1st sg. is *-ya*, and after *-ay-* the *-u* of the suffixes of the 3rd pers. changes to *-i: -hu, -hum,- humma, -hunna > -hi-,-him, -himma, -hinna* etc.

⇐

ladayh-i	*ladayk-a*	*ladayya*	لديّ	لديك	لديه
ladayhā	*ladayki*			لديك	لديها
ladayhim	*ladaykum*	*ladaynā*	لدينا	لديكم	لديهم
ladayhinna	*ladaykunna*			لديكن	لديهن

إلى *ʾilā* 'to,' 'towards' and على *ʿalā* 'up,' 'upon,' 'against' are treated the same way.

d. ـمـن *min* 'from': when the suffix *-ī* of the 1st pers. sg. is added, the final *-n* is doubled.

⇐

minhu	*minka*	*minnī*	منّي	منك	منه
minhā	*minki*			منك	منها
minhum	*minkum*	*minnā*	منّا	منكم	منهم
minhunna	*minkunna*			منكن	منهن

عـن *ʿan* 'away from,' 'about,' is treated the same way: *ʿannī* 'from me' etc. For *min* > *mina* and *ʿan* > *ʿani* before *hamzatu_l-waṣl* of the article → 4.II.2.

e. لـ *li-* 'to,' 'for': *li* changes to *la-* when suffixes are added. The *-a-* is dropped when the suffix *-ī* of the 1st pers. sg. is added.

⇐

lah-u	*lak-a*	*lī*	لي	لك	له
lahā	*laki*			لك	لها
lahum	*lakum*	*lanā*	لنا	لكم	لهم
lahunna	*lakunna*			لكن	لهن

f. بـ *bi-* 'with,' 'in': the short vowel *-i* is dropped before the suffix *-ī* of the 1st pers. sg. The *-u-* of *-hu*, *-hum* and *-hunna* changes to *-i-*.

⇐

bih-i	*bik-a*	*bī*	بي	بك	به
bihā	*biki*			بك	بها
bihim	*bikum*	*binā*	بنا	بكم	بهم
bihinna	*bikunna*			بكن	بهن

2. Spelling of بـ *bi-* and لـ *li-*: these prepositions cannot stand alone and must be attached to the word which follows.

a. بـ followed by the *ʾalif* of the article is written as ب + الـ → بالـ

يُرحّب بالضيوف	باللغة العربيّة
yuraḥḥibu bi_ḍ-ḍuyūf	*bi_l-luġati_l-ʿarabīya*
he welcomes the guests	in the Arabic language

b. When لـ *li-* precedes the article, the *ʾalif* of الـ is dropped: ل + الـ → للـ.

للسيّدات فقط	قف للتفتيش!	المعهد العالي للّغات
li_s-sayyidāti faqaṭ	*qif li_t-taftīš*	*al-maʿhadu_l-ʿālī li_l-luġāt*
for ladies only	stop for inspection!	The Higher Institute for Languages

V. هناك *hunāk-a* and يوجد *yūǧad-u* 'there is,' 'there are'

While the colloquial uses *fī-* to express existential sentences of the type 'there is,' 'there are,' MWA makes use of هناك *hunāk-a* and هنالك *hunālik-a*, or of the verbal form يوجد *yūǧad-u* (m.), توجد *tūǧad-u* (f.) 'is found' for the same purpose.

⇐

هناك أحياء قديمة	يوجد خان الخليلي في الحسين
hunāka ʾaḥyāʾun qadīma-tun	*yūǧadu Xānu_l-Xalīlī fī_l-Ḥusayn*
there are old quarters	Khan alKhalili is (found) in *al-Ḥusayn*

هناك is negated by ليس *laysa* (→ 3.IX), and يوجد by لا *lā*.

⇐

ليس هناك عمل	لا يوجد بالمنزل أحد
laysa hunaka ʿamal-un	*lā yūǧadu bi_l-manzili ʾaḥad-un*
there is no work	no one is at home (one is not found)

تـــــوجــــد *tūǧad-u* is used when the subject of the sentence is sg.f. or a pl. of an inanimate object (→ 4.VIII).

⇐

هل توجد في القاهرة جامعة؟	توجد في مصر آثار مشهورة
hal tūǧadu fī_l-Qāhirati ǧāmiʿa-tun	*tūǧadu fī miṣra ʾāṯārun mašhūra-tun*
is there a university in Cairo?	there are famous antiquities in Egypt

VI. Prepositional sentences: 'to have'

MWA forms existential sentences by means of prepositions which indicate a relationship between a possessor and a possessee: عند أحمد سيّارة *ʿinda ʾAḥmad sayyāra* 'with *Aḥmad* [is] a car' = '*Aḥmad* has a car.' Besides عند *ʿinda* 'at,' لـ *li-* 'for,' مع *maʿa* 'with,' لدي *ladā* 'at, by' may be used for the same purpose. As with *ʿinda*, they can often be translated by 'to have.' ليس *laysa* is used for the negation of this type of sentences (→ 4.V.4).

عنده سيّارة فاخرة	مها معها شهادة
ʿindahu sayyāratun fāxira-tun	*Mahā maʿahā šahāda-tun*
he has a luxury car	Maha has a certificate
عليه واجبات كثيرة	لك رسالة في البريد
ʿalayhi wāǧibātun kaṯīra-tun	*laka risālatun fī l-barīd-i*
he has many duties	there is a letter for you in the mail
ليست لديّ حقيبة	ليس لي دخل
laysat ladayya ḥaqība-tun	*laysa lī daxl-un*
I do not have a bag	I have no income

Unlike the colloquial, the topic-comment structure is not obligatory with prepositional phrases in MWA. This means that the sentence may start with a preposition followed by a noun (possessor) in the genitive and then the possessee in the nominative.

لدى محمود دخل كبير	في القاهرة أحياء قديمة
ladā Maḥmūd daxlun kabīr-un	*fī_l-qāhirat-i ʾaḥyāʾun qadīma-tun*
Maḥmūd has a high income	Cairo has old quarters

VII. بعض *baʿḍ* 'some' and كل *kull* 'all,' 'every,' 'each'

Quantifiers such as 'some,' 'a few,' 'all,' 'every' and 'whole' are expressed in MWA in the same way as in the colloquial, i.e. by means of *baʿḍ-un* and *kull-un*. They form a construct phrase with the following noun.

1. 'some' is expressed by بعض *baʿḍ-un* 'part' followed by a definite plural noun.

بعض الناس	بعض الضيوف	في بعض الأحيان
baʿḍu_n-nās-i	*baʿḍu_ḍ-ḍuyūf-i*	*fī baʿḍi_l-ʾaḥyān-i*
some people	some guests	sometimes

Of quite common use are the expressions بعض الشيء *baʿḍa_š-šayʾ-i* 'rather,' 'somewhat' and البعض *al-baʿḍ-u* 'some people.'

عند البعض	البعض منكم	قديم بعض الشيء
ʿinda_l-baʿḍ-i	*al-baʿḍu minkum*	*qadīmun baʿḍa_š-šayʾ-i*
for some people	some of you (pl.m.)	rather old

2. 'every,' 'each' and 'all' are expressed by كلّ *kull-un* 'whole' as head of a construct phrase with a following noun.

a. كل + indefinite noun sg. → every

كل رجل	كل شيء	كل ضيف	كل مرّة
kullu rağul-in	*kullu šayʾ-in*	*kullu ḍayf-in*	*kullu marra-tin*
every man	everything	every guest	every time

b. كل + definite noun sg. → whole

كل العالم	كل القرية	كل المدينة	كل العمارة
kullu_l-ʿālam-i	*kullu_l-qarya-ti*	*kullu_l-madīna-ti*	*kullu_l-ʿimāra-ti*
the whole world	the whole village	the whole city	the whole building

c. كل + definite noun pl. → all

كل الآثار	كل الناس	كل المطاعم	كل الشوارع
kullu_l-ʾāṯār-i	*kullu_n-nās-i*	*kullu_l-maṭāʿim-i*	*kullu_š-šawāriʿ-i*
all antiquities	all the people	all restaurants	all streets

d. When a definite noun follows كل (as in b. and c. above), this noun may be placed before كل. In such case كل has to be followed by a suffix which refers back to the noun. كل and the noun agree then as to the grammatical case.

⇐ كل العالم ←	العالم كله	في العالم كله
kullu_l-ʿālam-i	*al-ʿālamu kulluh-u*	*fī_l-ʿālami kullih-i*
the whole world	the whole world	in the whole world

Instead of كل meaning 'each,' 'all' (but not 'whole'), the word جميع *ǧamīʿ-un* can be used the same way and for the same purpose.

جميع الطلاّب ←	الطلاّب جميعهم	مع الطلاّب جميعهم
ǧamīʿ-u_ṯ-ṭullāb-i	*aṭ-ṭullābu ǧamīʿuhum*	*maʿa_ṯ-ṭullābi ǧamīʿihim*
all students	all students	with all students

VIII. Separating pronoun ضمير الفصل *ḍamīru_l-faṣl*

Arabic does not use a copula verb in a nominal sentence, i.e., in a sentence whose predicate consists of a noun, an adjective or a prepositional phrase (→ 3.VIII).

⇐ سيّارتي صغيرة	هؤلاء طلاب	هذه أحياء حديثة
sayyāratī ṣaġīra-tun	*hāʾulāʾi ṭullāb-un*	*hāḏihi ʾaḥyāʾun ḥadīṯa-tun*
my car [is] small	these [are] students	these [are] modern quarters

If the predicate is definite, subject and predicate must be separated from each other by means of a 3rd pers. pronoun, the so-called 'separating pronoun' in order to make clear the structure of the phrase. This pronoun agrees in gender and number with the preceding subject according to the general rules.

هؤلاء هم الطلاب	سيّارتي هي الصغيرة	هذه هي الأحياء الحديثة
hāʾulāʾi humu_ṯ-ṭullāb	*sayyāratī hiya_ṣ-ṣaġīra*	*hāḏihi hiya_l-ʾaḥyāʾ-u_l-ḥadīṯa*
these [are] the students	my car [is] the small one	these [are] the modern quarters

In questions introduced by ما *mā* 'what' or من *man* 'who' this pronoun agrees with the subject although the latter follows the pronoun.

⇐ ما هي العاصمة؟	من هم هؤلاء؟	من هو هذا ؟
mā hiya_l-ʿāṣima-tu	*man hum hāʾulāʾ-i*	*man huwa hāḏā*
what is the capital?	who are these?	who is he?

The separating pronoun may be used even after ليس *laysa*, the predicative noun remaining in the accusative.

⇐ ولكن ليس هذا هو المهمّ
walākin laysa hāḏā huwa_l-muhimm-a
but this is not important

For 'to be' كان ، يكون *kān-a, yakūn-u* cf. 11.VII.

التمرينات

١- كوّن عبارات بإضافة كلمة من القائمة (ا) إلى كلمة من القائمة (ب)
Combine a word from (ا) with one from (ب)

(ا) جامعة – مقابر – دكاكين – مطار – شرفة – آثار – فندق – معالم – ضفاف

(ب) المنزل – القاهرة – القدماء – المدينة – الأهرام – خان الخليلي – نهر النيل
الخلفاء – عين شمس

مثال: جامعة عين شمس the University of Ain Shams

______	______
______	______
______	______
______	______
______	______

٢- أجب على الأسئلة الآتية على النحو الموضّح في المثال Answer the questions

مثال: سيّارة مَنْ هذه؟ ⇐ هذه سيّارة أختي

منزل من هذا؟ ⇐ ______

زوجة من هذه؟ ⇐ ______

مقبرة من هذه؟ ⇐ ______

مكتب من هذا؟ ⇐ ______

عروس من هذه؟ ⇐ ______

دُكاّن من هذا؟ ⇐ ______

٣- كوّن جملا على النحو الموضّح في المثال

مثال: القاهرة معالمها كثيرة ⇐ معالم القاهرة كثيرة

الموظف حقيبته في المكتب ⇐ ______

المكتب مديره ليس موجوداً ⇐ ______

القاهرة شوارعها مزدحمة ⇐ ______

الخلفاء مقابرهم في الجنوب ⇐ ______

المدينة مساجدها مشهورة ⇐ ________________

المهندس أحمد مركزه مهمّ ⇐ ________________

المدير زوجته مدرّسة ⇐ ________________

٤- أجِبْ على الأسئلة الآتية على النحو الموضّح في المثال

مثال: هل هم مديرو المصنع؟ ⇐ لا، ليسوا مديري المصنع

هل أنتم مدرّسو المدرسة؟ ⇐ لا، ________________

هل هم موظّفو المكتب؟ ⇐ لا، ________________

هل هن مدرّسات المدرسة؟ ⇐ لا، ________________

هل أنتن مهندسات المصنع؟ ⇐ لا، ________________

هل هن موظّفات المكتب؟ ⇐ لا، ________________

هل هن زوجات المديرين؟ ⇐ لا، ________________

هل هم معلّمو الفصل؟ ⇐ لا، ________________

هل هن طالبات الجامعة؟ ⇐ لا، ________________

٥- استعمل كلمة { اب – اخ – حم } في تكوين الجمل التالية

Use the correct form *ʾab-un, ʾax-un, ḥam-un* in the following sentences

مثال: (أخ) ⇐ أين أخوك؟

(أخ) ⇐ ما اسم ________ك؟

(أب) ⇐ أليس هذا الرجل ________ سعد؟

(حم) ⇐ أليس ________ك من الريف؟

(أخ) ⇐ ليس هذا الرجل ________نا عمر.

(أخ) ⇐ ليس ________ ي متزوِّجاً.

(أب) ⇐ ________نا هو مدير المكتب.

(حم) ⇐ هل هذا الرجل الطويل ________ك؟

(أخ) ⇐ سامية في منزل ________ها.

(أب) ⇐ هل هذا الرجل ________محمد؟

(أب) ⇐ ليس ________نا مريضا.

٦- استفهم عن الحال على النحو الموضح في المثال

Ask after the health of the following persons

مثال: الأبُ	⇐	كيف حال أبيك؟
الأخ	⇐	________________
الحم	⇐	________________
المدرّس	⇐	________________
المدرّسون	⇐	________________
الزوجة	⇐	________________
المدير	⇐	________________
المديرون	⇐	________________
المدرّسات	⇐	________________
الأخوات	⇐	________________

٧- أجب على الأسئلة الآتية على النحو الموضّح في المثال

مثال: أليسوا مدرّسيكم؟	⇐	بلى، هم مدرّسونا
أليسوا مهندسيكم؟	⇐	________________
أليسوا موظّفيكم؟	⇐	________________
أليسوا معلّميكم؟	⇐	________________
أليسوا مديريكم؟	⇐	________________
مثال: أليسوا مدرّسيك؟	⇐	بلى، هم مدرّسيّ
أليسوا موظّفيك؟	⇐	________________
أليسوا معلّميك؟	⇐	________________
أليسوا مهندسيك؟	⇐	________________
أليسوا مديريك؟	⇐	________________

٨- كوّن عبارات على النحو الموضّح في المثال

مثال: منازلُ كثيرةٌ جدا	⇐	في منازلَ كثيرةٍ جدا
مشاريع كثيرة جدا	⇐	________________
عواصم كثيرة جدا	⇐	________________
دكاكين كثيرة جدا	⇐	________________

مطاعم كثيرة جدا ⇐ ________________
فنادق كثيرة جدا ⇐ ________________
مساجد كثيرة جدا ⇐ ________________
كنائس كثيرة جدا ⇐ ________________

٩– كوّن جملا على النحو الموضّح في المثال

مثال: مطعم ⇐ هناك مطاعمُ كثيرةٌ جدا
مسجد ⇐ ________________
فندق ⇐ ________________
مقبرة ⇐ ________________
منزل ⇐ ________________
مكتب ⇐ ________________
كنيسة ⇐ ________________
نافذة ⇐ ________________

١٠– كوّن عبارات على النحو الموضّح في المثال

مثال: منازلُ المدينة ⇐ في منازلِ المدينةِ أيضا.
شوارع المدينة ⇐ ________________
مساجد المدينة ⇐ ________________
فنادق المدينة ⇐ ________________
مطاعم المدينة ⇐ ________________
مصانع المدينة ⇐ ________________
مدارس المدينة ⇐ ________________
دكاكين المدينة ⇐ ________________

١١– كوّن جملا على النحو الموضّح في المثال

مثال: المصريّون ⇐ هناك غرفة للمصريين
السوريّون ⇐ ________________
الموظّفون ⇐ ________________
الكويتيّون ⇐ ________________

السودانيّون ⇐ ______________________
المهندسون ⇐ ______________________
المدرّسون ⇐ ______________________
الهولنديّون ⇐ ______________________
العراقيّون ⇐ ______________________
الفلسطينيّون ⇐ ______________________

١٢- كوّن جملا على النحو الموضّح في المثال

مثال: الغائبون ⇐ يسأل عن الغائبين
المتزوِّجون ⇐ ______________________
المسافرون ⇐ ______________________
المتفوِّقون ⇐ ______________________
المصريّون ⇐ ______________________
الموجودون ⇐ ______________________
الموظّفون ⇐ ______________________

١٣- حوّل الجملة على النحو الموضّح في المثال

مثال: في القاهرة أحياء حديثة ⇐ القاهرة فيها أحياء حديثة
في القاهرة معالم سياحية ⇐ ______________________
في القاهرة عمارات عالية ⇐ ______________________
في القاهرة آثار مشهورة ⇐ ______________________
في القاهرة أحياء قديمة ⇐ ______________________
في القاهرة شوارع مزدحمة ⇐ ______________________
في القاهرة مطاعم كبيرة ⇐ ______________________
في القاهرة مدارس جيّدة ⇐ ______________________

١٤- أنْفِ الجمل الآتية على النحو الموضّح في المثال

مثال: لدى حسن عمل ⇐ حسن ليس لديه عمل
لدى مشيرة ابن صغير ⇐ ______________________
لدى الأولاد أب ناجح ⇐ ______________________

لدى الرجل منزل في الجيزة ⇐ ________________

لدى المدير مكتب كبير ⇐ ________________

لدى المهندسين سيّارة فاخرة ⇐ ________________

لدى الطالبات كتب قيّمة ⇐ ________________

١٥– أجب بالنفي على الأسئلة التالية على النحو الموضح في المثال

مثال: هل الريف كلّه جميل؟ ⇐ لا، بعضه فقط

هل الضيوف كلّهم موجودون؟ ⇐ ________________

هل الطلاب كلّهم متعبون؟ ⇐ ________________

هل الفنادق كلّها مفتوحة؟ ⇐ ________________

هل الشوارع كلّها مزدحمة؟ ⇐ ________________

هل المساجد كلّها قديمة؟ ⇐ ________________

هل الرجال كلّهم غائبون؟ ⇐ ________________

هل الطعام كلّه جيّد؟ ⇐ ________________

١٦– أجب على الأسئلة الآتية على النحو الموضّح في المثال

مثال: هل يوجد مسجد في كلّ مدينة؟⇐ لا، في بعض المدن فقط

هل يوجد مطعم في كلّ شارع؟ ⇐ ________________

هل يوجد دكاّن في كلّ حيّ؟ ⇐ ________________

هل توجد سيّارة في كلّ مصنع؟ ⇐ ________________

هل يوجد مكتب في كلّ منزل؟ ⇐ ________________

هل يوجد جامع في كلّ قرية؟ ⇐ ________________

هل توجد مدرسة في كلّ مدينة؟ ⇐ ________________

١٧– ترجم الجمل التالية إلى اللغة العربية الفصحى

1. The capital of Egypt is Cairo.

____

2. Cairo lies on the banks of the Nile river.

____

3. There are famous antiquities in Cairo.

____

4. There are many cars in the streets of Damascus.

---

5. How is your brother *Muḥammad*?

---

6. *Xān al-Xalīli* is well known for its traditional handicrafts and its small shops.

---

7. There are may hotels and restaurants in all big cities.

---

8. They have many commitments with respect to their work.

---

9. She has a son and a daughter.

---

10. The guests are present and they are sitting on the balcony.

---

11. We have a big house and a luxury car.

---

12. Some of our teachers are absent today.

---

13. Some employees are not in their office now.

---

14. There are many rooms in my brother's house.

---

15. There are nice shops in *Ṣafīya Zaġlūl* Street.

الدرس السادس

النصوص

أين المحطة؟

وليم : لو سمحت، أين المحطة؟

الرجل : محطة السكة الحديد؟

وليم : نعم، هل هي بعيدة عن هنا؟

الرجل : لا، ليست بعيدة. امشِ على طول هذا الطريق
وفي آخر هذا الشارع ادخل إلى جهة اليسار
ومن هناك ستجد المحطة أمامك َمباشرةً.

وليم : شكراً جزيلاً يا سيِّدي.

الرجل : عفواً يا أُستاذ.

ماذا أفعل اليوم؟

أنا راقد في الفراش ولكنّي لست نائما. هناك عطلة اليومَ وليس عندي عمل. ماذا أفعل؟ كيف أقضي هذا اليوم؟ لا أعرف. هل أذهب إلى الشاطئ أم إلى المنتزه؟ سوف أنهض أولاً من الفراش وأفتح النافذة وأشمّ الهواء المنعش، وبعد ذلك أحضّر فنجاناً من القهوة وأفكّر فيما سأفعله اليوم. إنّ الشمس ساطعة والطقس جميل جدّا ويدعوني إلى جولة على الكورنيش، أو قد أسافر إلى أبو قير. وهذا فعلاً أفضل شيء. بعد عودتي إلى البيت في المساء سوف أقرأ بعض المقالات في الجريدة اليوميّة، ثمّ أتصل بوالدتي بالهاتف و ربّما أكتب رسالة إلى صديقي طارق. وسيكون هذا اليوم يوماً ممتعاً إن شاء الله!

المفردات

آخرٌ	end
أرضٌ، أراضٍ	earth
أستاذٌ، أساتذةٌ	mister, sir; professor
أغنيةٌ، أغانٍ	song
أفْضَلُ شيءٍ	the best
السكةُ الحديدُ	the railways
أمْ	or
إن شاء الله	God willing
أوّلاً	firstly
ثمّ	then
جريدةٌ، جرائدُ	newspaper
جهةٌ، ـاتٌ	direction; side
جولةٌ ، ـاتٌ	walk
حفلٌ ~ حفلةٌ، حفلاتٌ	party, feast
حياةٌ	life
راقدٌ ، ـون	lying (down)
رئيسٌ، رؤساءُ	president; chief
ساطعٌ	shining (sun)
سؤالٌ، أسئلةٌ	question
سماءٌ، سماواتٌ	sky
سيّدٌ، أسيادٌ	sir; mister
شاطئٌ، شواطئُ	shore; beach
شكراً جزيلاً	many thanks
طريقٌ، طرقٌ	way, road
طقسٌ	weather
طويلاً	long (in time)
عطلةٌ، ـاتٌ	holidays
على طولِ	along
عودةٌ	return
فعلاً	indeed
فنجانٌ، فناجينُ	cup
قارئٌ، قرّاءٌ	reader
قراءةٌ	reading
قصّةٌ، قصصٌ	story

قلمٌ، أقلامٌ	pen
لو سمحتَ	please
متأكدٌ	sure
مسألةٌ، مسائلُ	question
مسؤولٌ، ـون	responsible
مساءٌ	evening
مقالةٌ، ـاتٌ	article
مقرئٌ، ـون	Koran reader
منتزهٌ، ـاتٌ	park
منعشٌ	refreshing
مؤتمرٌ، ـاتٌ	conference
نبأٌ، أنباءٌ	news item
هاتفٌ، هواتفُ	telephone
هدوءٌ	silence
هكذا	so
هواءٌ	air
والدةٌ، ـاتٌ	mother
وقتٌ، أوقاتٌ	time
ولكنّ	but
يبقى	to remain
يبني ه	to build
يبيع ه	to sell
يتّصلُ بـ	to contact
يُحضّرُ ه	to prepare
يذهب إلى	to go to
يشكرُ ه	to thank
يعرفُ ه	to know
يعملُ	to work
يعودُ	to return
يعيشُ	to live
يفتحُ ه	to open
يُفكّرُ في	to think over
يفهمُ ه	to understand
يكونُ	to be

to rise, to get up	ينهضُ	to walk	يمشي
		to die	يموتُ

ʾāxir-un; ʾarḍ-un, ʾarāḍin; ʾustāḏ-un, ʾasātiḏa-tun; ʾuġniya-tun, ʾaġānin; ʾafḍalu šay'-in; as-sikkatu_l-ḥadīd-u; ʾam; ʾin šāʾa_llāh; ʾawwalan; ṯumma; ǧarīda-tun, ǧarāʾid-u; ǧiha-tun, -āt-un; ǧawla-tun, -āt-un; ḥafl-un ~ ḥafla-tun, ḥafalāt-un; ḥayā-tun; rāqid-un, -ūna; raʾīs-un, ruʾasāʾ-u; sāṭiʿ-un; suʾāl-un, ʾasʾila-tun; samāʾ-un, samawāt-un; sayīd-un, ʾasyād-un; šāṭiʾ-un, šawāṭiʾ-u; šukran ǧazīlan; ṭarīq-un, ṭuruq-un; ṭaqs-un; ṭawīlan; ʿuṭla-tun, -āt-un; ʿalā ṭūl-i; ʿawda-tun; fiʿlan; finǧān-un, fanāǧīn-u; qāriʾ-un, qurrāʾu; qirāʾa-tun; qiṣṣa-tun, qiṣaṣ-un; qalam-un, ʾaqlām-un; law samaḥt-a; mutaʾakkid-un; masʾala-tun, masāʾil-u; masʾūl-un, -ūna; masāʾ-un; maqāla-tun, -āt-un; muqriʾ-un, -ūna; muntazah-un, -āt-un; munʿiš-un; muʾtamar-un, -āt-un; nabaʾ-un, ʾanbāʾ-un; hātif-un, hawātif-u; hudūʾ-un; hākaḏā; hawāʾ-un; wālida-tun, -āt-un; waqt-un, ʾawqāt-un; wa lākinna; yabqā; yabnī; yabīʿ-u; yattaṣilu bi; yuḥaḍḍir-u; yaḏhabu ʾilā; yaškur-u; yaʿrif-u; yaʿmal-u; yaʿūd-u; yaʿīš-u; yaftaḥ-u; yufakkiru fī; yafham-u; yakūn-u; yamšī; yamūt-u; yanhaḍ-u.

Colloquial words and their equivalents in MWA

ʾusbūʿ	→	أسبوع	*ʾusbūʿ-un*	week	*rixīṣ*	→	رخيص	*raxīṣ-un*	cheap
ṣāḥib	→	صاحب	*ṣāḥib-un*	friend	*ṣēf*	→	صيف	*ṣayf-un*	summer
ʾaṭr	→	قطار	*qiṭār-un*	train	*maḥaṭṭa*	→	محطة	*maḥaṭṭa-tun*	station
hawa	→	هواء	*hawāʾ-un*	air	*yizūr*	→	يزور	*yazūr-u*	to visit
yisāfir	→	يسافر	*yusāfir-u*	to travel	*yišimm*	→	يشمّ	*yašumm-u*	to smell
yiʾra	→	يقرأ	*yaqraʾ-u*	to read	*yiktib*	→	يكتب	*yaktub-u*	to write

New words in MWA

yimkin	→	ربّما	*rubbamā*	maybe	*sirīr*	→	فراش	*firāš-un*	bed
ʾē	→	ماذا	*māḏā*	what?	*ṣāḥib*	→	صديق	*ṣadīq-un*	friend
yirūḥ	→	يذهب	*yaḏhab-u*	to go	*šimāl*	→	يسار	*yasār-un*	left
tilifōn	→	هاتف	*hātif-un*	telephone	*yiʿmil*	→	يفعل	*yafʿal-u*	to do
ʿala ṭūl	→	مباشرة	*mubāšaratan*	directly	*šuwayya*	→	بعض الشيء	*baʿḍa_š-šayʾ-i*	rather

شرح القواعد

I. Orthography of the *hamza*.

ء *hamza*, the sign for the glottal stop ʾ, often needs a support or 'chair,' which has to be chosen according to certain orthographic rules. This 'chair' can be an ا *ʾalif*, و *wāw* or ى *yāʾ* (without dots). In other cases the *hamza* will be simply placed on the line همزة على السطر '*hamza* on the line' without a 'chair.'

1. Initial position

The 'chair' for the initial *hamza* is *ʾalif*. The *hamza* is placed on the *ʾalif,* if the following vowel is an *a* or an *u* → أ, underneath the *ʾalif,* if this vowel is *i* → إ .

إخوان	إسلام	أخت	أستاذ	أين	أمام
ʾixwān-un	*ʾislām-un*	*ʾuxt-un*	*ʾustāḏ-un*	*ʾayna*	*ʾamām-a*
brothers	Islam	sister	Mr.	where	in front of

2. Medial position

Medially, the 'chair' for the *hamza* depends on the vowels surrounding the *hamza.*

a. If only one vowel occurs before or after the *hamza*, the 'chair' will be *ʾalif* أ in the case of *-a-*, ؤ *wāw* in the case of *-u-* and ئـ *yāʾ* without dots in the case of *-i-*.

hamza after a vowel and before a consonant

ذئب	بئر	مؤتمر	بؤس	رأس	رأي
ḏiʾb-un	*biʾr-un*	*muʾtamar-un*	*buʾs-un*	*raʾs-un*	*raʾy-un*
wolf	well	conference	misery	head	opinion

hamza after a consonant and before a vowel

جزئياً	أسئلة	مسؤول	مسألة	مرأة
ǧuzʾīyan	*ʾasʾila-tun*	*masʾūl-un*	*masʾala-tun*	*marʾa-tun*
partly	questions	responsible	question	woman

This is the traditional orthography. Today مسألة can also be written as مسئلة and مسؤول as مسئول with *yāʾ* as 'chair.' In *šayʾan* 'thing (acc.)' شيئا , the *hamza* is always placed on a *yāʾ*.

b. If the *hamza* stands between two vowels of different quality – irrespective of whether they are short or long – the *-i-* outweighs the *-u-* and the *-a-*, and the *-u-* outweighs the *-a-* with respect to the choice of the 'chair' of the *hamza.*

سؤال	سئل	مائدة	بيئة	رئيس
suʾāl-un	*suʾil-a*	*māʾida-tun*	*bīʾa-tun*	*raʾīs-un*
question	he was asked	dining table	environment	president
سأل	ابتدائي	تفاؤل	هؤلاء	رؤساء
saʾal-a	*ibtidāʾīy-un*	*tafāʾul-un*	*hāʾulāʾ-i*	*ruʾasāʾ-u*
he asked	preparatory	optimism	these	presidents

After the long vowels *-ā* and *-ū,* and before the short vowel *-a*, however, *hamza* is always placed on the line without a 'chair.'

مملوءة	مروءة	قراءة	براءة
mamlūʾa-tun	*murūʾa-tun*	*qirāʾa-tun*	*barāʾa-tun*
filled	generosity	reading	innocence

3. Final position

The rules for the choice of the 'chair' of the *hamza* in final position are based on the pausal forms.

a. If the final *hamza* is preceded by a short vowel the same rules as in the medial position are applied (→ 2.a above). The vowel preceding the *hamza* determines the choice of its 'chair.'

اقرأ	خطأ	تنبؤ	لؤلؤ	سيّئ	شاطئ
iqraʾ	*xaṭaʾ*	*tanabbuʾ*	*luʾluʾ*	*sayyiʾ*	*šāṭiʾ*
read!	error	prediction	pearls	bad	shore

Note that *sayyiʾ-un* 'bad' allows both spellings سيّء with a *hamza* on the line, and سيّئ with a *hamza* on the *yāʾ*.

b. After long vowels and after consonants *hamza* is placed on the line.

شيء	بطء	هواء	سماء	هدوء	بطيء
šayʾ	*buṭʾ*	*hawāʾ*	*samāʾ*	*hudūʾ*	*baṭīʾ*
thing	slowness	air	sky	silence	slow

4. Change of the 'chair': When a noun ending with a *hamza* receives a possessive suffix, the *hamza* falls between two vowels and the rules of (2) apply to the noun. The chair of the *hamza* changes with the case vowel.

وزراء ministers – وزراؤه his ministers

wuzarāʾuh-u	وزراؤه	*al-wuzarāʾ-u*	الوزراء	*wuzarāʾ-u*	وزراء	nom. ⇐
wuzarāʾih-i	وزرائه	*al-wuzarāʾ-i*	الوزراء	*wuzarāʾ-a*	وزراء	gen.
wuzarāʾah-u	وزراءه	*al-wuzarāʾ-a*	الوزراء	*wuzarāʾ-a*	وزراء	acc.

In principle, these rules apply also to verbs which end with a *hamza* such as يقرأ *yaqraʾ-u* 'he reads' and يبدأ *yabdaʾ-u* 'it begins.' In modern texts, however, they are often abbandoned, and *hamza* is left on the *ʾalif* when the endings *-ūna* and *-īna* are attached to the verb. Instead of يقرؤون *yaqraʾūn-a* 'they read' and تقرئين *taqraʾīn-a* 'you (sg.f.) read,' it is common to find يقرأون , and تقرأين (→ further III.1.).

5. Nouns ending with *-aʾ* or *-āʾ* do not take the *ʾalif* of the indefinite m. acc. (→ 3.VIII.2).

في السادسة مساءً	ليس هذا نبأً جديدا
fī_s-sādisati masāʾan	*laysa hāḏā nabaʾan ǧadīdan*
at six o'clock in the evening	this is not new news

II. Attributive demonstrative pronouns 'this,' 'these.'

The demonstrative pronouns 'this,' 'these' can be used attributively to the noun. In this case they are placed before the noun preceded by the article.

هؤلاء الطلاب	هذه الأيام	هذه المدينة	هذا الشارع
hāʾulāʾi_ṭ-ṭullāb-u	*hāḏihi_l-ʾayyām-u*	*hāḏihī_l-madīna-tu*	*hāḏā_š-šāriʿ-u*
these students	these days	this city	this street

Notice the difference:

هذا الشارع ضيّق	هذا شارع ضيّق
hāḏā_š-šāriʿu ḍayyiq-un	*hāḏā šāriʿun ḍayyiq-un*
this street is narrow	this is a narrow street

The demonstrative may also follow the noun, which still must be preceded by the article.

الشارع هذا	المدينة هذه	الأيام هذه	الطلاب هؤلاء
aš-šāriʿu hāḏā	*al-madīnatu hāḏihī*	*al-ʾayyāmu hāḏihi*	*aṭ-ṭullābu hāʾulāʾi*

The demonstratives follows the noun if this is defined by a suffix or a genitive.

في وقتنا هذا	كتاب القواعد هذا	أسئلة الطلاب هذه
fī waqtinā hāḏā	*kitābu_l-qawāʿidi hāḏā*	*ʾasʾilatu_ṭ-ṭullābi hāḏihi*
in this time of us	this grammar book	these questions of the students

III. The verb: Roots and stems

Like the colloquial, MWA has two inflected forms of the verb: the perfect الماضي *al-māḍī* (→ 10.III) and the imperfect المضارع *al-muḍāriʿ* . Unlike the colloquial, however, there are three different moods of the imperfect: the indicative, the subjunctive (→ 8.II), and the apocopate (→ 9.I). Moreover, all verbal forms of MWA may be put into the active and the passive voice (→ 15.I).

The indicative of the imperfect refers to an action or an event that has not ended yet, but is still going on at the point of speaking or any other point of reference, hence the name 'imperfect.' This means that no precise temporal equivalent can be given, but for the time being we may see it as corresponding to our present tense.

A. Roots: 'strong' and 'weak' roots

The indicative of the imperfect consists of a base that is inflected by means of prefixes and endings in order to express number and gender.

ya-	*fham*	*-u*	*ta-*	*škur*	*-ūna*	*ta-*	*ḥmil*	*-īna*
↓	↓	↓	↓	↓	↓	↓	↓	↓
prefix	base	ending	prefix	base	ending	prefix	base	ending
3rd		sg.m.	2nd		pl.m.	2nd		sg.f.
he understands			you thank			you carry		

1. Strong roots: the bases here above are *-fham-*, *-škur-* and *-ḥmil-*. Each of them has three consonants, or radicals, which form the root: *fhm*, *škr*, *ḥml*. A root with three different radicals is called a 'strong root,' and the verb with strong roots is a 'strong verb.'

2. Weak roots: some roots consist of two radicals only, the third being a *-w-* or a *-y-*, which may disappear or be represented by a long vowel when the base is

inflected. These roots are called 'weak roots' and the verbs 'weak verbs.' There are several types of weak verbs.

a. Doubled verbs (verba mediae geminatae in Latin terminology): with one long (doubled) final radical in the base: يمرّ *ya-murr-u* 'he passes by.'

b. Verbs with intial *w-*: يجد *ya-ǧid-u* 'he finds.' The root is *wǧd,* but the imperfect shows only the short base *-ǧid-* without *w.* This initial *w* appears in the perfect → 10.III.B.2.

c. Hollow verbs (verba mediae infirmae in Latin terminology): with a long vowel in the base in place of a second radical *w* or *y*: ينام *ya-nām-u* 'he sleeps,' يقول *ya-qūl-u* 'he says,' يسير *ya-sīr-u* 'he walks.'

d. Defective verbs (verba tertiae infirmae in Latin terminology): with a final long vowel in the base in place of the final radical *w* or *y*: يقضي *ya-qḍī* 'he spends (time),' يدعو *ya-dʿū* 'he invites,' ينسى *ya-nsā* 'he forgets.'

For further details → below, and for 4-radical-verbs → 12.I.

B. Verbal stems: Stem I

From the root of the verb, several stems can be derived by means of lengthening of cononants or vowels, by adding prefixes and infixes, conveying hereby additional meanings to the root (→ 7.V). Vowels and prefixes used for the derivation of the stems differ from those common in the colloquial. In MWA, mainly stems I to X are in use. In this chapter we deal with stem I, also called base stem.

1. Stem I or base stem of the strong verbs

The prefixes of the imperfect are *ya-* (3rd), *ta-* (3rd sg.f., 2nd), *ʾa-* (1st sg.), *na-* (1.pl). The *u*-ending is distinctive for the indicative mood.

Base stem of strong verbs يكتب *yaktub-u* he writes

1st		2nd		3rd		⇐
ʾa-ktub-u	أكتب	*ta-ktub-u*	تكتب	*ya-ktub-u*	يكتب	sg.m.
		ta-ktub-īn-a	تكتبين	*ta-ktub-u*	تكتب	sg.f.
na-ktub-u	نكتب	*ta-ktub-ūn-a*	تكتبون	*ya-ktub-ūn-a*	يكتبون	pl.m.
		ta-ktub-na	تكتبن	*ya-ktub-na*	يكتبن	pl.f.

Note that in pause (#) the final short vowels are deleted (→ 3.III), with the exception of the *-a* of the pl.f. ending *-na*: *yaktub-u* → *yaktub#*, *yaktubūn-a* → *yaktubūn#*; *yaktubna*, on the other hand, remains as it is.

2. Stem I or base stem of the weak verbs

a. Doubled verbs

The 2nd and 3rd radicals of these verbs are alike, which results in a long (doubled) consonant: يمرّ *ya-murr-u* 'he passes.' The ending *-na* of the pl.f. triggers a change in the base. From *ya-murr-* it becomes *ya-mrur-* in order to avoid a sequence of three consonants: *yamurr* + *na* → *yamrurna.*

Base stem of doubled verbs يمرّ *yamurr-u* he passes by

ʾamurr-u	أمرّ	*tamurr-u*	تمرّ	*yamurr-u*	يمرّ	⇐
		tamurr-īn-a	تمرّين	*tamurr-u*	تمرّ	
namurr-u	نمرّ	*tamurr-ūn-a*	تمرّون	*yamurr-ūn-a*	يمرّون	
		tamrur-na	تمررن	*yamrur-na*	يمررن	

b. Verbs with initial *w*

This *w* does not show up in the imperfect of these verbs, but will appear in the perfect (→ 10.III.B.2). The inflection is identical with the strong verbs above.

Base stem of verbs with initial *w* يجد *yağid-u* he finds

ʾağid-u	أجد	*tağid-u*	تجد	*yağid-u*	يجد	⇐
		tağid-īn-a	تجدين	*tağid-u*	تجد	
nağid-u	نجد	*tağid-ūn-a*	تجدون	*yağid-ūn-a*	يجدون	
		tağid-na	تجدن	*yağid-na*	يجدن	

c. Hollow verbs

The base contains the medial long vowel *ī, ū,* or *ā*, reflexes of a *w* or a *y* as 2nd radical: *ya-sīr-u* 'he goes,' *ya-qūl-u* 'he says,' *ya-nām-u* 'he sleeps.' This long vowel is shortenend when the ending *-na* of the pl.f. is added: *yasīr* + *na* → *yasirna*.

Hollow verbs with *-ī-* يسير *yasīr-u* he goes

ʾasīr-u	أسير	*tasīr-u*	تسير	*yasīr-u*	يسير	⇐
		tasīr-īn-a	تسيرين	*tasīr-u*	تسير	
nasīr-u	نسير	*tasīr-ūn-a*	تسيرون	*yasīr-ūn-a*	يسيرون	
		tasir-na	تسرن	*yasir-na*	يسرن	

Hollow verbs with *-ū-* يقول *yaqūl-u* he says

ʾaqūl-u	أقول	*taqūl-u*	تقول	*yaqūl-u*	يقول	⇐
		taqūl-īn-a	تقولين	*taqūl-u*	تقول	
naqūl-u	نقول	*taqūl-ūn-a*	تقولون	*yaqūl-ūn-a*	يقولون	
		taqul-na	تقلن	*yaqul-na*	يقلن	

Hollow verbs with *-ā-* ينام *yanām-u* he sleeps

ʾanām-u	أنام	*tanām-u*	تنام	*yanām-u*	ينام	⇐
		tanām-īn-a	تنامين	*tanām-u*	تنام	
nanām-u	ننام	*tanām-ūn-a*	تنامون	*yanām-ūn-a*	ينامون	
		tanam-na	تنمن	*yanam-na*	ينمن	

d. Defective verbs

These verbs end in a long vowel *ī*, *ū*, or, *ā*, which are the reflexes of *w* or *y* as 3rd radical.

(α) Bases with a final -*ī* or -*ū*

Final -*ī* and -*ū* of the base are dropped when -*ūna*, or -*īna* follow: *yaqḍī* + *ūna* → *yaqḍūna; taqḍī* + *īna* → *taqḍīna; tad‘ū* + *īna* → *tad‘īna; yad‘ū* + *ūna* → *yad‘ūna.* When the ending of the pl. f. -*na* is added, nothing changes but the stress: *yáqḍī* + *na* → *yaqḍī́na, yád‘ū* + *na* → *yad‘ū́na.*

Defective verbs with final *ī* يقضي *yaqḍī* he spends (time)

’aqḍī	أقضي	*taqḍī*	تقضي	*yaqḍī*	يقضي	⇐
		taqḍīna	تقضين	*taqḍī*	تقضي	
naqḍī	نقضي	*taqḍūna*	تقضون	*yaqḍūna*	يقضون	
		taqḍīna	تقضين	*yaqḍīna*	يقضين	

Defective verbs with final *ū* يدعو *yad‘ū* he invites

’ad‘ū	أدعو	*tad‘ū*	تدعو	*yad‘ū*	يدعو	⇐
		tad‘īna	تدعين	*tad‘ū*	تدعو	
nad‘ū	ندعو	*tad‘ūna*	تدعون	*yad‘ūna*	يدعون	
		tad‘ūna	تدعون	*yad‘ūna*	يدعون	

(β) Bases with final -*ā*

Final -*ā* forms in combination with the endings -*ūna* or -*īna* the corresponding diphthongs -*awna* or -*ayna*: *tansā* + *īna* → *tansayna; yansā* + *ūna* → *yansawna.* When the ending of the pl.f. -*na* is added, the final *y* reappears and -*ā* changes in -*ay*: *yánsā* + *na* → *yansay* + *na* → *yansáyna.*

Defective verbs with final *ā* ينسى *yansā* he forgets

’ansā	أنسى	*tansā*	تنسى	*yansā*	ينسى	⇐
		tansayna	تنسين	*tansā*	تنسى	
nansā	ننسى	*tansawna*	تنسون	*yansawna*	ينسون	
		tansayna	تنسين	*yansayna*	ينسين	

IV. سوف *sawfa,* سـ *sa-* and قد *qad* with the imperfect.

By using certain particles with the imperfect, its meaning can be altered.

1. The particle سوف *sawfa* or the prefix سـ *sa-* are placed before the imperfect to refer to the future. For the negation سوف لا *sawfa lā* and the imperfect are used.

سوف لا يدعو حسن	ستجدينني	سوف أنهض
sawfa lā yadʿū Ḥasan	*sa-tağidīnanī*	*sawfa ʾanhaḍ-u*
he will not invite *Ḥasan*	you (f.) will find me	I shall rise

2. With the verb in the imperfect, the particle قـد *qad* conveys that the action of the verb is possible or potential and can often be translated as 'perhaps,' 'maybe.'

قد لا أعود غدا	قد أعود غدا
qad lā ʾaʿūdu ġadan	*qad ʾaʿūdu ġadan*
perhaps I shall not return tomorrow	I shall perhaps return tomorrow

V. Object pronouns

The object pronouns are suffixes to the verb. They have the same form as the possessive pronouns except for the 1st pers. sg. which is *-nī* 'me' instead of *-ī* 'my.'

هل تعرفونني؟	يدعوهم	←	يدعو الأصدقاء
do you (pl.m.) know me?	he invites them		he invites the friends

VI. Use of the accusative

1. The direct object of transitive verbs takes the accusative.

سأفتح الباب والنافذة	نكتبُ رسالة طويلة
sa-ʾaftaḥu_l-bāba wa_n-nāfiḏa-ta	*naktubu risālatan ṭawīla-tan*
I shall open the door and the window	we write a long letter

Transitive verbs are followed by ه in the glossary to indicate that they can have an object: يجد ه 'he finds sth.'

2. After يـكـون *yakūn-u* the predicative noun takes, just as with لـيـس *lays-a*, the accusative.

سيكون الموظفون موجودين	سيكون يوما ممتعا
sa-yakūnu_l-muwaḍḍafūna mawǧūdīn-a	*sa-yakūnu yawman mumtiʿan*
the employees will be present	it will be a pleasant day

3. A noun following إنّ *ʾinna* 'indeed' takes the accusative, even if it functions as a subject of the sentence, and is followed by its predicate (→ 3.VI).

إنّ أخاه مدرس	←	أخوه مدرس
his brother is a teacher		
إنّ المهندسين جيدون	←	المهندسون جيدون
the engineers are good		
إنّ المهندسين يعملون في المصنع	←	يعمل المهندسون في المصنع
the engineers work in the factory		

التمرينات

١– ضع الهمزة في المكان المناسب — Put the *hamza* where necessary

مثال: استاذ ⇐ أستاذ

اخت	اين	اسم	اعمال
اذا	اليه	امس	النمسا
اقامة	انت	البيت	اخوان
ارض	ابن	امام	الى

٢– اكتب الكلمات التالية بالعربية على النحو الموضح في المثال — Write the words in Arabic

مثال: *ba'sun* بأس

ra's-un	________	*ra'īs-un*	________	*ru'ūs-un*	________
sa'al-a	________	*su'āl-un*	________	*'as'ila-tun*	________
sū'-un	________	*sayyi'-un*	________	*sayyi'a-tun*	________
masā'-un	________	*masā'an*	________	*masā'īy-un*	________
qirā'a-tun	________	*qāri'-un*	________	*muqri'-un*	________
'aṣdiqā'-u	________	*malā'ika-tun*	________	*hā'ulā'-i*	________

٣– حوّل الجمل التالية على النحو الموضح في المثال — Make an attributive use of the demonstrative.

مثال: هذا قلمٌ رخيص ⇐ هذا القلمُ رخيص

هذه مدينة كبيرة ⇐ ________

هذا بيت جديد ⇐ ________

هؤلاء طلاّب عرب ⇐ ________

هذا سؤال صعب ⇐ ________

هذه جامعة قديمة ⇐ ________

هؤلاء طالبات جيّدات ⇐ ________

هذا رجل طويل ⇐ ________

هذا منتزه جميل ⇐ ________

هذا هواء منعش ⇐ ________

هؤلاء ضيوف من الريف ⇐ ________

هذه أحياء حديثة ⇐ ________

هذا يوم ممتع ⇐ ____________________

هؤلاء مدرّسون جيدون ⇐ ____________________

٤– كوّن جملا على النحو الموضح في المثال

مثال: هو يعمل في مكتب ⇐ وهي تعمل في مكتب أيضا

هو يكتب رسالة ⇐ وهي ____________________

هو يدخل المطعم ⇐ وهم ____________________

هو يعرف المدير ⇐ وهن ____________________

هو يفتح النافذة ⇐ وأنتَ ____________________

هو يقرأ كتابا ⇐ وأنتِ ____________________

هو يدرس في الجامعة ⇐ وأنتم ____________________

هو يسأل سؤالا ⇐ وأنتن ____________________

هو ينهض من الفراش ⇐ ونحن ____________________

هو يفعل الخير ⇐ وأنا ____________________

هو يذهب إلى المحطة ⇐ وهن ____________________

هو يشرب فنجانا من القهوة ⇐ ونحن ____________________

٥– أجب بالنفي على الأسئلة التالية

مثال: هل ستنام مبكراً؟ ⇐ لا، سوف لا أنام مبكراً

هل سيعودون من القاهرة اليوم؟ ⇐ لا، ____________________

هل ستزورين صديقتك اليوم؟ ⇐ لا، ____________________

هل ستبيعون السيّارة؟ ⇐ لا، ____________________

هل ستقولين له الحقيقة؟ ⇐ لا، ____________________

هل الطالبات سيكنّ موجودات؟ ⇐ لا، ____________________

هل سنعود إلى المنزل قبل المساء؟ ⇐ لا، ____________________

هل ستنمن في هذه الغرفة؟ ⇐ لا، ____________________

هل سيكون أخوك موجودا؟ ⇐ لا، ____________________

هل ستعودين غدا؟ ⇐ لا، ____________________

٦– كون جملا على النحو الموضح في المثال

مثال: (أنا) ماذا أفعل اليوم؟ كيف أقضي هذا اليوم؟

(أنتِ) ماذا ____________ اليوم؟ كيف ____________ هذا اليوم؟

(أنتم) ماذا ____________ اليوم؟ كيف ____________ هذا اليوم؟

(هو) ماذا ____________ اليوم؟ كيف ____________ هذا اليوم؟

(هي) ماذا ____________ اليوم؟ كيف ____________ هذا اليوم؟

(هم) ماذا ____________ اليوم؟ كيف ____________ هذا اليوم؟

(هنّ) ماذا ____________ اليوم؟ كيف ____________ هذا اليوم؟

(أنتنّ) ماذا ____________ اليوم؟ كيف ____________ هذا اليوم؟

(نحن) ماذا ____________ اليوم؟ كيف ____________ هذا اليوم؟

٧– استعمل الضمير المناسب في الجمل التالية:

مثال: يسأل، المدرّس ⇐ يسألونه

يكتب، الرسالة ⇐ ____________

يزور، القاهرة ⇐ ____________

يشكر، الطالبات ⇐ ____________

يجد، المحطة ⇐ ____________

يقرأ، الكتب ⇐ ____________

يشرب، القهوة ⇐ ____________

يشمّ، الهواء المنعش ⇐ ____________

يفتح، النوافذ ⇐ ____________

يدعو، أنا ⇐ ____________

٨– أجب على الأسئلة التالية على النحو الموضح في المثال

مثال: سيبقى أسبوعا في بغداد، وهم؟ هم، سيبقون أسبوعا في بغداد أيضا

سيقضي الصيف في القاهرة، وهي؟ هي، ____________

سيدعو صديقه إلى الحفلة، وأنتم؟ نحن، ____________

سيمشي على طول هذا الطريق، وأنتَ؟ أنا، ____________

سوف لا ينسى اللغة العربيّة، وأنتم؟ نحن، ____________

سوف يبني بيتا في المعادي، وهنّ؟ هنّ، ____________

سوف لا يدعونا إلى الحفل، وأنتِ؟ أنا، ________________

سوف لا يحكي لصديقه القصّة، وهي؟ هي، ________________

سوف يبقى هنا حتى الصباح، وأنتِ؟ أنا، ________________

سوف ينسى صديقه، وأنتم؟ نحن، ________________

٩- أعد ترتيب الجمل التالية مع مراعاة قواعد النحو Make correct sentences!

مثال: الأولاد، مبكراً، إنّ، ينامون ⇐ إنّ الأولاد ينامون مبكراً

الطالبات، لا، الأسئلة، يفهمن، إنّ ⇐ ________________

بعض، يقرأ، سوف، سمير، المقالات ⇐ ________________

فنادق، توجد، كثيرة، القاهرة، في ⇐ ________________

الأستاذ، لدى، أعمال، أحمد، كثيرة ⇐ ________________

الجديد، ليس، الدرس، سهلا ⇐ ________________

ليسوا، مصريّين، الطلاب، هؤلاء ⇐ ________________

القاهرة، أحياء، في، جداً، قديمة ⇐ ________________

الموظّفين، في، جميع، المدير، مكتب ⇐ ________________

١٠- كون جملا على النحو الموضح في المثال

مثال: وزير ⇐ سيسأل وزيراً

طالب ⇐ ________________

مدرس ⇐ ________________

طالبة ⇐ ________________

معلّم ⇐ ________________

مدرّسون ⇐ ________________

طالبات ⇐ ________________

موظّفات ⇐ ________________

مهندسون ⇐ ________________

أولاد كثيرون ⇐ ________________

طلبة مصريّون ⇐ ________________

١١- أدخل { سيكون أو ستكون } على الجمل التالية

مثال: الباب مفتوح ⇐ سيكونُ البابُ مفتوحاً

البيت صغير ⇐ ________________

الطقس جميل ⇐ ________________

النافذة مفتوحة ⇐ ________________

الطلاّب متفوِّقون ⇐ ________________

المنزل كبير ⇐ ________________

الأصدقاء موجودون ⇐ ________________

الأخوات صغيرات ⇐ ________________

الرحلة طويلة ⇐ ________________

المعلّمون جيِّدون ⇐ ________________

الأبواب مفتوحة ⇐ ________________

الهواء منعش ⇐ ________________

المحطة بعيدة ⇐ ________________

١٢- أدخل { ليس } على الجمل التالية

مثال: الولد صغير ⇐ ليس الولد صغيراً

المصنع حديث ⇐ ________________

البنت جميلة ⇐ ________________

الباب مفتوح ⇐ ________________

الطلاب كثيرون ⇐ ________________

المنزل كبير ⇐ ________________

المطاعم حديثة ⇐ ________________

النوافذ مفتوحة ⇐ ________________

أنا نائم ⇐ ________________

هنّ طالبات ⇐ ________________

المحطة بعيدة ⇐ ________________

هم موجودون ⇐ ________________

المهندسون هولنديّون ⇐ ________________

∅ ١٣– ترجم الجمل التالية إلى الفصحى

1. *ilmaḥaṭṭa miš biʿīda min hina.*

---

2. *imši fi_ššāriʿ da ʿala ṭūl!*

---

3. *fi ʾāxir iššāriʿ da ḥatlāʾi maḥaṭṭit issikka_lḥadīd.*

---

4. *fī ʾagāza innahaṛda.*

---

5. *fī maṭāʿim kitīr fi Landan.*

---

6. *ḥaṛūḥ Iskindiriyya bukṛa_ṣṣubḥ.*

---

7. *ḥašṛab fingān ʾahwa baʿd iddars.*

---

8. *ḥaʾṛa_šwayyit maqalāt bi_llēl.*

---

9. *yimkin aṛūḥ Abu ʾĪr yōm iggumʿa.*

---

10. *ma-ʿandīš šuġl innahaṛda.*

---

11. *yimkin aktib gawāb li-ṃamti.*

---

12. *ḥayibnu bēt gidīd fi_gGīza.*

---

13. *ana miš ṛāyiḥ Iskindiriyya fi_ṣṣēf.*

---

14. *ma-fīš mustašfa fi_lbalad kullaha.*

---

15. *ya-taṛa ʿandukum suʾāl ʿan iddars?*

---

16. *iggawwi kān gamīl giddan imbāriḥ.*

الدرس السابع

النصوص

إعلان زواج

أعمل مهندساً بشركة أجنبيّة للاستيراد والتصدير. مرتّبي ألف وخمسمائة جنيه ويزيد في بعض الشهور إلى ألفين صافياً. عمري خمس وثلاثون سنةً، متوسّط الطول والوزن، ذو ثقافة اجتماعيّة ، مسلم ومواظب على الصلاة والصوم وكلّ الأسرة كذلك. أبحث عن فتاة جامعيّة من كلّيّة عمليّة، لا يزيد عمرها عن ثلاثين سنةً. وأريدها بيضاء البشرة، عسليّة العيون، طويلة الشعر، مناسبة الطول، من عائلة محافظة، وعلى استعداد للسفر معي إلى الخارج.
وشكراً لها ولكم مقدّماً.

المهندس م.م. القاهرة

الدراسة في الجامعة

سامية اسماعيل عوض طالبة بكلّيّة آداب جامعة الاسكندرية. إنها تقيم مع والدها ووالدتها وأخواتها في شقّة كبيرة في ضواحي المدينة. تنهض سامية كلّ يوم من الفراش في الصباح المبكّر فترتدي ثيابها بسرعة ثمّ تذهب إلى المطبخ لتناول وجبة الإفطار مع باقي أفراد الأسرة. بعد تناول الإفطار تودّع سامية والدتها وتأخذ حقيبتها وتذهب إلى الكلّيّة. تتابع المحاضرات حتّى الساعة الثانية ثمّ تذهب مع بعض الأصدقاء إلى الكافيتريا. يجلس الجميع حول المائدة لتناول طعام الغداء فيأكلون ويشربون ويتحدّثون عن دراستهم وعن أحداث اليوم. في الساعة الثالثة يعودون إلى المدرّج لمتابعة المحاضرات وعند الخامسة بعد الظهر تعود سامية إلى منزلها حيث تكون والدتها في انتظارها.

المفردات

آدابٌ (pl.)	arts
اجتماعيٌّ	social
أخيرٌ	last
استعدادٌ	willingness
استيرادٌ	import
أسرةٌ، أسرٌ	family
إعلانٌ، ـاتٌ	advertisement
إقليمٌ، أقاليمُ	area, region
الأزهرُ	Azhar (University)
الخارجُ	abroad
إمكانيةٌ، ـاتٌ	possibility
انتظارٌ	waiting
أهمّيّةٌ	importance
بإذنِ الله	God willing
باقٍ	remaining
بشرةٌ	complexion
بعد	after
بور سعيد	Port Said
تصديرٌ	export
تعليمٌ	education
تناولٌ	consumption
ثالثٌ	third
ثانٍ	second
ثقافةٌ اجتماعيّةٌ	social culture
ثلاثون	thirty
جامعيٌّ	university (adj.), academic
جنسيّةٌ، ـاتٌ	nationality
جنيهٌ، ـاتٌ	Egyptian pound
حدثٌ، أحداثٌ	event
حيثُ	where; when
خامسٌ	fifth
خبرةٌ	experience
خمسمائةٌ	five hundred
خمسٌ وثلاثون	thirty-five
دراسةٌ، ـاتٌ	study
زيٌّ، أزياءٌ	clothing
سائحٌ، سوّاحٌ	tourist
سرعةٌ	speed
سريعٌ	rapid, quick, fast
سفرٌ	traveling
سياسةٌ (sg.)	politics, policy
سينما، ـهات	movies
شايٌ	tea
شرقيٌّ	eastern
شركةٌ، ـاتٌ	company, firm
شقّةٌ، شققٌ	apartment
شيخٌ، شيوخٌ	older man
صافياً	net (sum)
صديقٌ ، أصدقاءُ	friend
صلاةٌ، صلواتٌ	prayer
صومٌ	fasting
ضاحيةٌ، ضواحٍ	suburb, outskirts
طولٌ	length
عالميٌّ	worldwide, international
عائلةٌ، ـاتٌ	family
علاقةٌ، ـاتٌ	relation
عمرٌ، أعمارٌ	lifetime, age
عمليٌّ	practical, applied
عندَ	around, about (time); by
عينٌ، عيونٌ	eye
غداءٌ	lunch
فتاةٌ، فتياتٌ	girl, young woman
فردٌ، أفرادٌ	individual, member (family)
فرصةٌ، فرصٌ	opportunity
قامةٌ، ـاتٌ	stature
كافيتريا	cafeteria
مبنًى، مبانٍ	building
متابعةٌ	continuing, continuation
متحفٌ، متاحفُ	museum
متديّنٌ	pious
متوسّطٌ	medium
محاضرةٌ، ـاتٌ	class, lecture

father	والدٌ	conservative	محافظٌ
meal	وجبةٌ، وجباتٌ	auditorium	مدرّجٌ، ـاتٌ
weight	وزنٌ	salary	مرتّبٌ، ـاتٌ
to take	يأخذُ ه	Muslim	مسلمٌ
to eat	يأكلُ ه	in advance	مقدّماً
to search for	يبحثُ عن	library	مكتبةٌ، ـاتٌ
to follow	يتابعُ ه	appropriate	مناسبٌ
to increase	يزيدُ	practicing	مواظبٌ على
to live, to stay	يقيم ب ~ في	topic, theme	موضوعٌ، ـاتٌ
to take leave of	يودّعُ ه	clear	واضحٌ

ʾādāb-un; ʾaxīr-un; iğtimāʿīy-un; istiʿdād-un; ʾistīrād-un; ʾusra-tun, ʾusar-un; ʾiʿlān-un, -āt-un; ʾiqlīm-un, ʾaqālīm-u; al-ʾazhar-u; al-xāriğ-u; ʾimkānīya-tun, -āt-un; intiḍār-un; ʾahammīya-tun; bi-ʾiḏni_llāh-i; bāqin; bašra-tun; baʿd-a; būr saʿīd; taṣdīr-un; taʿlīm-un; tanāwul-un; ṯāliṯ-un; ṯānin; ṯaqāfa-tun iğtimāʿīya-tun; ṯalāṯūn-a; ğāmiʿīy-un; ğinsīya-tun, -āt-un; ğunayh-un, -āt-un; ḥadaṯ-un, ʾaḥdāṯ-un; ḥayṯ-u; xāmis-un; xibra-tun; xamsumiʾa-tun; xams-un wa ṯalāṯūn-a; dirāsa-tun, -āt-un; zīy-un, ʾazyāʾ-un; sāʾiḥ-un, suwwāḥ-un; surʿa-tun; sarīʿ-un; safar-un; siyāsa-tun; sīnimā, -hāt; šāy-un; šarqīy-un; šarika-tun, -āt-un; šaqqa-tun, šuqaq-un; šayx-un, šuyūx-un; ṣāfiyan; ṣalā-tun, ṣalawāt-un; ṣawm-un; ḍāḥiya-tun, ḍawāḥin; ṭūl-un; ʿālamīy-un; ʿāʾila-tun, ʿāʾilāt-un; ʿalāqa-tun, -āt-un; ʿumr-un, ʾaʿmāṛ-un; ʿamalīy-un; ʿind-a; ʿayn-un, ʿuyūn-un; ġadāʾ-un; fatā-tun, fatayāt-un; fard-und, ʾafrād-un; furṣa-tun, furaṣ-un; qāma-tun, -āt-un; kāfītaryā; mabnan, mabānin; mutābaʿa-tun; mathaf-un, matāḥif-u; mutadayyin-un; mutawassiṭ-un; muḥāḍara-tun, -āt-un; muḥāfiḍ-un; mudarrağ-un, -āt-un; murattab-un, -āt-un; muslim-un; muqaddaman; maktaba-tun, -āt-un; munāsib-un; muwāḍib-un ʿalā; mawḍūʿ-un, -āt-un; wāḍiḥ-un; wālid-un; wağba-tun, wağabāt-un; wazn-un; yaʾxuḏ-u; yaʾkul-u; yabḥaṯ-u ʿan; yutābiʿ-u; yazīd-u; yuqīm-u bi ~ fī; yuwaddiʿ-u.

Colloquial words and their equivalents in MWA

ḥawalēn	→	حول	*ḥawla*	around	*xabaṛ*	→	خبر	*xabaṛ-un*	message
sāʿa	→	ساعة	*sāʿa-tun*	hour	*sana*	→	سنة	*sana-tun*	year
sūʾ	→	سوق	*sūq-un*	market	*šaʿr*	→	شعر	*šaʿr-un*	hair
šahr	→	شهر	*šahr-un*	month	*fiṭār*	→	إفطار	*ʾifṭār-un*	breakfast
kulliyya	→	كلّيّة	*kullīya-tun*	faculty	*lōn*	→	لون	*lawn-un*	color
maṭbax	→	مطبخ	*maṭbax-un*	kitchen	*yišrab*	→	يشرب	*yašrab-u*	to drink

New words in MWA

hidūm	→	ثياب	*ṯiyāb-un*	clothes	*liğāyit*	→	حتى	*ḥattā*	until
gawāz	→	زواج	*zawāğ-un*	marriage	*ṣubḥ*	→	صباح	*ṣabāḥ-un*	morning
badri	→	مبكرا	*mubakkiran*	early	*sitt*	→	مرأة	*marʾa-tun*	woman
yilbis	→	يرتدي	*yartadī*	to dress	*ʿāwiz*	→	يريد	*yurīd-u*	to want

شرح القواعد

I. Adjectives of the form aKTaB-u

Just as in the colloquial, the adjectives denoting the primary colors and conspicuous physical and moral characteristics, have a particular form aKTaB-u (sg.m.), KaTBāʾ-u (sg.f.), and KuTB-un (pl.m.). While the sg. forms belong to the diptote class, the pl. ones are triptote.

Adjectives of the form aKTaB-u

⇐	sg.m.	sg.f.	pl.m.	
	أحمر	حمراء	حمر	red
	أزرق	زرقاء	زرق	blue
	أخضر	خضراء	خضر	green
	أصفر	صفراء	صفر	yellow
	أبيض	بيضاء	بيض	white
	أسود	سوداء	سود	black
	أسمر	سمراء	سمر	dark (complexion)
	أشقر	شقراء	شقر	blond
	أصلع	صلعاء	صلع	bald(ing)
	أطرش	طرشاء	طرش	deaf
	أعمى	عمياء	عمي	blind
	أحمق	حمقاء	حمق	foolish, unwise

البحر الأحمر The Red Sea	الدار البيضاء Casablanca	السوق السوداء the black market
أشعّة تحت الحمراء infrared rays	البيت الأبيض the White House	البحر الأبيض المتوسط the Mediterranean Sea

Note that

(a) the plural forms of أبيض *ʾabyaḍ-u* 'white' and أسود *ʾaswad-u* 'black' are irregular: بيض *bīḍ-un* (not *buyḍ-un*), and سود *sūd-un* (not *suwd-un*).

(b) البيض means 'the white (people),' السود 'the black (people)' and الهنود الحمر 'the Red Indians.'

(c) There is a feminine plural as well: KaTBāwāt-un.

بنات شقراوات blonde girls	فتيات سمراوات dark young women	أنتنّ حمقاوات you (pl.f.) are unwise

II. Adjectives in a construct phrase

1. Sentences of the type لـونـه أبـيـض *lawnuhu ʾabyaḍ* 'his color is white,' can be transformed into a construct phrase of the type هو أبيض اللون *huwa ʾabyaḍu l-lawn-i.* 'he is white as to his colour' with the adjective as head of the construct phrase and the noun, always preceded by the definite article, in the genitive. This type of the genitive is called the specifying genitive, and the construction as such is known as the 'unreal' construct phrase إضافة غير حقيقية *ʾiḍāfatun ġayru ḥaqīqīya.*

الأقلام لونها أزرق ← هي زرقاءُ اللونِ	كتابي لونه أحمر ← هو أحمرُ اللون
the pencils are blue (as to their color)	my book is red (as to its color)

The 'unreal' construct phrase is often used to describe people's appearance, disposition or character.

هم قصيرو القامة	هي حمقاء الطبع	هو عسليّ العيون
they have a short stature	she has a foolish disposition	he has brown eyes

2. The 'unreal' construct phrase functions, as a whole, as an attribute to the noun. Unlike the possessive construct phrase, the adjective is preceded by the article when referring to a definite noun.

الرجل الطويل القامة	←	رجل طويل القامة
the man tall of stature		a man tall of stature
الفتاة الطويلة الشعر	←	فتاة طويلة الشعر
the girl with long hair		a girl with long hair

In modern journalistic writing the difference between 'real' and 'unreal' construct phrase is not always taken into account, and the article is often omitted where it should stand.

يمكن للسائح سريع الزيارة إلى الأقصر مشاهدة المتحف

the tourist who pays a short visit to Luxor can visit the museum

3. 'Unreal' construct phrases are often used to render English adjectives with prefixes as 'multi-,' or 'far-' and are then translated as one word.

بعيد المدى	ساري المفعول	متعدّد الجنسيّات	متعدّد الأطراف
far-reaching	valid	multinational	multilateral

III. ذو *ḏū* in a construct phrase

1. ذو *ḏū* (sg.m.), ذات *ḏātu* (sg.f.) in a construct phrase mean 'of,' 'who ~ that has,' 'endowed with' (an attribute). The construction as a whole is often rendered by an adjective in English.

ذو ثقافة عامة	ذو دخل محدود	ذو خبرة
cultivated	with a limited income	experienced

Paradigm of ذو *ḏū*

⇐	sg.m.		sg.f.		pl.m.		pl.f.	
(nom.)	ذو	*ḏū*	ذات	*ḏāt-u*	ذوو	*ḏawū*	ذوات	*ḏawāt-u*
(gen.)	ذي	*ḏī*	ذات	*ḏāt-i*	ذوي	*ḏawī*	ذوات	*ḏawāt-i*
(acc.)	ذا	*ḏā*	ذات	*ḏāt-a*	ذوي	*ḏawī*	ذوات	*ḏawāt-i*

2. As attribute to a noun, ذو *ḏū* agrees with it in gender, number, and case.

رجلٌ ذو خبرة	مع رجلٍ ذي خبرة	ليس رجلا ذا خبرة
a man of experience	with a man of experience	he is not a man of experience

3. If this noun is definite, the adjective following ذو *ḏū* will be preceded by the article.

الآثار ذات الشهرة العالمية	الأزياء ذات المستوى العالميّ
the antiquities of world fame	the clothes of international level

4. ذو *ḏū* with a noun can also be used as an independent phrase in the sense of 'one who' or 'those who' and changes its case ending according to the syntax of the sentence.

ذوو الدخل المحدود	يجب أن يكون المهندس ذا خبرة
those with lower incomes	the engineer should have experience

IV. لـ *li-* and the construct phrase

A construct phrase (→ 5.I) forms an entity which does not allow other words to be inserted between the head and the following noun. Adjectives and other attributes have to follow this entity, which may lead to confusion as to which noun the adjective applies to. MWA prefers in this case the use of the construction with لـ *li-*.

زيارة الولايات المتّحدة المهمّة ← الزيارة المهمّة للولايات المتّحدة
the important visit to the US

اليوم العالميّ للمرأة	الإقليم الشرقيّ للسودان
World Women's Day	the eastern region of Sudan

V. Verbal stems: Stems II to X.

Taking the three radicals KTB of the strong verb as a starting point, we can derive stems II to X by means of doubling the medial or final radical, inserting a long vowel or adding prefixes or infixes to the base.

A. Strong verbs – Base form of the stems (imperfect).

1. Stem II is formed by doubling the 2nd radical of the base. In stem III the 1st radical is followed by *-ā-*. The imperfect of stem IV is similar to the imperfect of stem I. The prefixes of these three stems are *yu-*, *tu-*, *nu-* and *ʾu-*. All three stems have an *-i-* in their final syllable.

II	yu-KaTTiB-u	*yuraḥḥib-u*	يرحّب	he welcomes
III	yu-KāTiB-u	*yusāfir-u*	يسافر	he travels
IV	yu-KTiB-u	*yu-rsil-u*	يرسل	he sends

2. Stems V and VI are derived from stems II and III, respectivley by prefixing *ta-* to the base and by replacing *-a-* by *-i-* in the final syllable.

V	ya-taKaTTaB-u	*yataḥaddaṯ-u*	يتحدّث	he speaks
VI	ya-taKāTaB-u	*yatabādal-u*	يتبادل	he exchanges

3. The base form of stems VII and VIII is -KaTiB-. VII prefixes *-n-*, which gives -nKaTiB-, whereas stem VIII takes the infix *-t-* after the 1st radical: -K-t-aTiB-.

VII	ya-nKaTiB-u	*yanfatiḥ-u*	ينفتح	it goes open
VIII	ya-KtaTiB-u	*yaštarik-u*	يشترك	he takes part

4. The base of stem IX is -KTaBB- with a doubled 3rd radical.

IX	ya-KTaBB-u	*yaḥmarr-u*	يحمرّ	he reddens

5. The distinctive feature of stem X is a prefixed *-sta-*.

X	ya-staKTiB-u	*yastaʿmil-u*	يستعمل	he uses

Notice that the personal prefixes of stems V to X contain *-a-*, in contrast to II, III, and IV which have *-u-*. The inflection of these stems, as to number and gender, remains the same as in the base stem (→ paradigms at the end of the book).

B. Weak verbs – Base form of the stems (imperfect)

1. Doubled verbs

In stems II and V, doubled verbs follow the rules of the strong verbs: yuKaTTiT-u and yataKaTTiT-u. In stems III and VI the *-i-* of the base is dropped: yuKāTiT-u > yuKāTT-u, yataKāTiT-u >yataKāTT-u. Stem IV is yuKiTT-u instead of yuKTiT-u.

II	yu-KaTTiT-u	*yugaddid-u*	يجدّد	he renews
III	yu-KāTT-u	*yumāss-u*	يماسّ	he touches
IV	yu-KiTT-u	*yuḥibb-u*	يحبّ	he loves
V	yataKaTTiT-u	*yataraddad-u*	يتردد	he hesitates
VI	yataKāTT-u	*yatamāss-ūna*	يتماسّون	they have mutual contact

2. Verbs with initial *w-*

These verbs keep their initial *w* and form their stems II and III, V and VI in the same way as strong verbs. As for stem IV, the *-u-* of the prefix combined with the *w*- of the root results in a -*ū*-: *yu* + WFD → *yūfid-u* يـــوفـــد 'to delegate,' *yūqif-u* يوقف 'to stop (s.th.).'

II	yu-KaTTiB-u	*yuwaḍḍiḥ-u*	يوضّح	he makes clear
III	yu-KāTiB-u	*yuwāṣil-u*	يواصل	he continues
IV	yūTiB-u	*yūqif-u*	يوقف	he stops (sb., sth.)

3. Hollow verbs

In stems II, III, V, and, VI a -*w*- or -*y*- reappears as second radical and the bases are treated as given for strong verbs.

II	yu-KawwiB-u	*yulawwin-u*	يلوّن	he colors
	yu-KayyiB-u	*yuġayyir-u*	يغيّر	he changes (sth)
III	yu-KāwiB-u	*yunāwil-u*	يناول	he hands over
V	ya-ta-KayyaB-u	*yataġayyar-u*	يتغيّر	he changes (self)
VI	ya-ta-KāwaB-u	*yatanāwal-u*	يتناول	he consumes

In contrast, the long vowel -*ī*- remains in stems IV and X, and is replaced by -*ā*- in stems VII and VIII.

IV	yu-KīB-u	*yu-qīm-u*	يقيم	he stays
X	ya-sta-KīB-u	*yastafīd-u*	يستفيد	he profits
VII	ya-n-KāB-u	*yanhār-u*	ينهار	he collapses
VIII	ya-K-t-āB-u	*yartāḥ-u*	يرتاح	he rests

4. Defective verbs

Stems II, III, VII, VIII and X end with an -*ī*, while stems V and VI show the ending -*ā*. The inflection follows the paradigm given above for *yaqḍī* and *yansā* (→ 6.III.B.2.d.)

II	yu-KaBBī	*yuṣallī*	يصلّي	he prays
III	yu-KāBī	*yudāwī*	يداوي	he heals
IV	yu-KBī	*yulqī*	يلقي	he throws
V	ya-ta-KaBBā	*yatamannā*	يتمنّى	he wishes
VI	ya-ta-KāBā	*yatafādā*	يتفادى	he avoids
VII	ya-n-KaBī	*yanḥanī*	ينحني	he bends
VIII	ya-K-t-aBī	*yaštarī*	يشتري	he buys
X	ya-sta-KBī	*yastaġnī*	يستغني	he does without

C. Meaning of the stems

The stems show a certain basical semantic content, but this is not always quite obvious. Some general tendencies include:

1. Stem II is often derived from nouns and adjectives, or from stem I. It has a variety of meanings such as 'to make sth sth' (factitive), 'to cause sth' (causative) or 'to do sth intensively.'

نظيف	← يُنظِّف	جديد	← يُجدِّد
clean	he cleans	new	he renews
رُتْبة	← يُرَتِّبُ	يأكُلُ	← يؤكِّلُ
rank	he arranges	he eats	he feeds
يَرْجَعُ	← يُرَجِّعُ	يَكْسِرُ	← يُكَسِّرُ
he comes back	he brings back	he breaks	he smashes

2. The action of stem III is often directed towards a person.

رسالة	← يُراسِلُ	لطيف	← يُلاطِفُ
letter	he exchanges letters	decent	he is decent to sb

3. Stem IV is mostly factitive and its meaning is close to that of stem II.

خبر	← يُخْبِرُ	صالح	← يُصْلِحُ
news item	he informs	suitable	he makes suitable

4. Stem V expresses the effect of an action on the subject. It reflects the intransitive or reflexive aspect of stem II.

يُكَرِّرُ	← يَتَكَرَّرُ	يُغَيِّرُ	← يَتَغَيَّرُ
he repeats	he repeats itself	he changes	he changes himself

5. Stem VI expresses reciprocity.

يُعامِلُ	← يَتَعامَلُ	يُقابِلُ	← يَتَقابَلُ
he treats	they treat each other	he meet	they meet each other

6. Stem VII is often intransitive and it expresses the passive aspect of the base stem.

يَسْحَبُ	← يَنْسَحِبُ	يَفْتَحُ	← يَنْفَتِحُ
he draws	he withdraws	he opens	it comes open

7. Stem VIII has a reflexive meaning.

يَجْمَعُ	← يَجْتَمِعُ	حَفْلة	← يَحْتَفِلُ
he collects	he convenes	party	he celebrates

8. Stem IX expresses colors as well as physical or moral characteristics (→ 7.I).

أَسْمَرُ	← يَسْمَرُّ	أَحْوَلُ	← يَحْوَلُّ
brown	he turns brown	cross-eyed	he bec. cross-eyed

9. Stem X has the meaning of 'seeking,' 'regarding as' or 'thinking that.'

يَفْهَمُ	← يَسْتَفْهِمُ	ثَمَرٌ	← يَسْتَثْمِرُ
he understands	he inquires	fruit	he invests

VI. Negation of the imperfect

The negational particle for the imperfect is لا *lā* 'not' as in لا أفهم *lā 'afham-u* 'I do not unterstand,' لا تعلم *lā taʿlam-u* 'she does not know' (→ 5.V).

التمرينات

١– أكمل الجمل على النحو الموضح في المثال

مثال : (بيت، أبيض)	ستجد هناك	بيتا أبيض.
(سيارة، أحمر)	ستجد هناك	________
(كتب، أزرق)	ستجد هناك	________
(باب، أصفر)	ستجد هناك	________
(نافذة، أحمر)	ستجد هناك	________
(رجل، أصلع)	ستجد هناك	________
(رجال، أصلع)	ستجد هناك	________
(نوافذ، أخضر)	ستجد هناك	________
(بيوت، أبيض)	ستجد هناك	________
(هنود، أحمر)	ستجد هناك	________
(فتيات، أسمر)	ستجد هناك	________

٢– كوّن جملا مستعملا كلمة من (ا) وكلمة من (ب)

(ا) باب – بنت – سيارة – فتيات – محطة – دكاكين – نهر
شيخ – رجال – نافذة – كتب – حقيبة – بيوت – سيدة.

(ب) أبيض – أسود – أصفر – أحمر – أسمر – أخضر – أزرق
أصلع – أعمى – أشقر – أطرش – أحمق.

مثال : ليس البابُ أحمرَ ولكنه أخضر.

____

____

____

____

____

____

____

____

____

٣- حول الجمل التالية على النحو الموضح في المثال

مثال: هذه الفتاة شعرها طويل ⇐ إنها طويلة الشعر

هذا القلم لونه أزرق ⇐ ______________

هذه الفتاة قامتها متوسّطة ⇐ ______________

أنا بشرتي سمراء ⇐ ______________

هؤلاء الرجال لونهم أسود ⇐ ______________

هؤلاء السيّدات طولهن مناسب ⇐ ______________

هذا الطالب عيونه عسليّة ⇐ ______________

هؤلاء الطلاّب جنسيّتهم مصريّة ⇐ ______________

هذا الطفل شعره أسود ⇐ ______________

هذا الأستاذ قامته طويلة ⇐ ______________

هؤلاء الطلاّب طولهم مناسب ⇐ ______________

نحن جنسيتنا هولنديّة ⇐ ______________

هؤلاء الأطفال عيونهم عسليّة ⇐ ______________

هذه السيّارة لونها أحمر ⇐ ______________

٤- أكمل الجمل الآتية مستعملا {ذو} على النحو الموضح في المثال

مثال: يعمل في الشركة مهندس ذو خبرة.

تعمل في الشركة مهندسة ________ خبرة.

يعمل في الشركة مهندسون ________ خبرة.

تعمل في الشركة مهندسات ________ خبرة.

تريد الشركة موظّفا ________ ثقافة اجتماعيّة.

تريد الشركة موظّفة ________ ثقافة اجتماعيّة.

تريد الشركة موظّفين ________ ثقافة اجتماعيّة.

تريد الشركة موظّفات ________ ثقافة اجتماعيّة.

يتحدّث الأستاذ مع طالب ________ مستوى متوسط.
يتحدّث الأستاذ مع طالبة ________ مستوى متوسط.
يتحدّث الأستاذ مع طلبة ________ مستوى متوسط.
يتحدّث الأستاذ مع طالبات ________ مستوى متوسط.

توجد في هذه المدينة آثار ________ أهمّية تاريخيّة.
هؤلاء موظّفون ________ دخل محدود.
ستدعو الجامعة أستاذا ________ مركز مهمّ.
هذه المنازل للموظّفين ________ الدخل المحدود.
توجد في هذا البلد معالم ________ شهرة عالميّة.

٥- كون جملا جديدة مستعملا { لـ }

مثال: رحلة طلاب الجامعة الماضية ⇐ الرحلة الماضية لطلاب الجامعة.
أسباب نجاحه المباشرة ⇐ ________________
روايات نجيب محفوظ الشهيرة ⇐ ________________
مرتبات موظفي شركة النصر المحدودة ⇐ ________________
زيارة رئيس الجمهورية القادمة ⇐ ________________
مكتب السياحة العامّ بالجيزة ⇐ ________________
إقامة السوّاح القصيرة بالاسكندرية ⇐ ________________
دكاكين سوق محمود الصغيرة ⇐ ________________
محاضرة الأستاذ أمين فرغلي السابقة ⇐ ________________
مدرّجات جامعة القاهرة الحديثة ⇐ ________________

٦- اختر عشر (١٠) جمل من الدروس السابقة وضعها في صيغة المستقبل
Choose 10 sentences from texts of lessons V to X and put them in the future.

مثال: مرتبي ألف وخمسمائة جنيه ⇐ سيكون مرتبي ألفا وخمسمائة جنيه.
________________ ⇐ ________________
________________ ⇐ ________________
________________ ⇐ ________________
________________ ⇐ ________________

____________	⇐	____________
____________	⇐	____________
____________	⇐	____________
____________	⇐	____________
____________	⇐	____________

٧- أدخل { ليس } على الجمل التالية

مثال: أنا مريض	⇐	أنا لست مريضاً .
أنا أجنبيّ	⇐	____________
أنتم من سوريا	⇐	____________
نحن مدرّسون	⇐	____________
هم جالسون في الشرفة	⇐	____________
أنتنّ من العراق	⇐	____________
هنّ أجنبيّات	⇐	____________
هي لبنانيّة	⇐	____________
نحن سوريّون	⇐	____________
هم مهندسون	⇐	____________
هو مصريّ	⇐	____________
هنّ مدرّسات	⇐	____________

٨- كوّن أسئلة على النحو الموضّح في المثال

مثال: صديقتي عندها حقيبة	⇐	وأين حقيبة صديقتك؟
مدير المكتب له سيّارة	⇐	____________
مدرسيّ لهم غرفة	⇐	____________
أستاذي عنده بيت	⇐	____________
أبوه عنده دكّان	⇐	____________
أخي عنده ابنة	⇐	____________
القاهرة فيها آثار	⇐	____________
المدرسة فيها مدرّسون	⇐	____________
أخوها عنده مكتب	⇐	____________

٩- أدخل { سيكون} أو {ستكون } على الجمل التالية

مثال: يوم ممتع ⇐ سيكون هذا اليوم يوما ممتعا.

عمل جيّد ⇐ ________

جولة جميلة ⇐ ________

عطلة مريحة ⇐ ________

مصانع حديثة ⇐ ________

رسالة طويلة ⇐ ________

شوارع مزدحمة ⇐ ________

مطعم كبير ⇐ ________

مكتب كبير ⇐ ________

مدينة تاريخيّة ⇐ ________

فنادق متوسطة ⇐ ________

١٠- كون جملا على النحو الموضح في المثال

مثال: يعمل ⇐ إن المهندسين يعملون في المصنع.

يكتب ⇐ إن سميرة ________ رسالة.

يتابع ⇐ إن الطالبات ________ الدراسة في الخارج.

يسافر ⇐ إن الطلبة ________ إلى مصر كل عام.

يتصل ⇐ إن البنات ________ بالهاتف.

يفتح ⇐ إنك ________ النافذة في الصباح.

يرتدي ⇐ إن السوّاح ________ ثيابا جميلة.

يدخل ⇐ إن المدرّسات ________ الفصل.

ينهض ⇐ إنكم ________ من الفراش.

يمرّ ⇐ إنكم ________ من هنا كل يوم.

يعرف ⇐ إن الأولاد ________ هذا الرجل.

يشرق ⇐ إن الشمس ________ مبكراً.

يقرأ ⇐ إنكِ ________ كتابا تاريخيا.

يكلّم ⇐ إن المدرّسين ________ الطلبة.

١١– أجب على الأسئلة على النحو الموضح في المثال

مثال: هل تعملين في الخارج؟ ⇐ لا، لا أعمل في الخارج.

هل تقضون يوم العطلة على الشاطئ؟ ⇐ لا، ________________

هل هنّ يعشن في مصر الجديدة؟ ⇐ لا، ________________

هل سيبيع أحمد سيّارته؟ ⇐ لا، ________________

هل تشرق الشمس مبكرا الآن؟ ⇐ لا، ________________

هل تتناول سامية الفطور الآن؟ ⇐ لا، ________________

هل تتبادلون الرسائل؟ ⇐ لا، ________________

هل ستمشون من هنا إلى الشاطئ؟ ⇐ لا، ________________

هل سيعودون من السفر اليوم؟ ⇐ لا، ________________

هل تشربون الشاي في الصباح؟ ⇐ لا، ________________

هل تفكّرين في أصدقائك؟ ⇐ لا، ________________

١٢– اقرأ النصوص مرة أخرى ثم أجب على الأسئلة التالية

Read the texts again carefully. Then answer the following questions.

إعلان زواج

أين يعمل المهندس م.م.؟ ________________

هل مرتّبه كبير؟ ________________

هل هو متزوِّج؟ ________________

هل هو متديّن؟ ________________

الدراسة في الجامعة

أين تدرس سامية؟ ________________

ماذا تفعل في الكافيتريا؟ ________________

متى تعود إلى منزلها؟ ________________

من يكون في انتظارها؟ ________________

أين تدرس أنت؟ ________________

١٣– ترجم الجمل التالية إلى الفصحى

1. Is your new car black?
2. I study at the Faculty of Arts of the American University of (in) Beirut.
3. The factory wants an experienced engineer.
4. There are many civil servants (female) with experience in this office.
5. They (m.) will buy a fast car.
6. *Samīr* will not go to school tomorrow.
7. The children come back from school early.
8. *Fāṭima* does not want the red pens (= the pens with the red color)
9. This is a man with social culture.
10. They are sitting all together around the table.
11. There are many lectures today.
12. *ʿUmar* takes leave of his friend.
13. Where is *Sāmiya*'s new house?
14. There are dark and blonde girls at our school.
15. They (f.) will not return before five o'clock.

الدرس الثامن

النصوص

البيت

يسكن الأستاذ محمود في المعادي. بيته قريب من المحطة ولكنّ الشارع مع ذلك هادئ وليس فيه ضجيج. بيته ليس بكبير وهناك حديقة حول البيت. في هذه الحديقة ورد وشجر ونخلتان أيضاً. البيت فيه غرفتان للنوم وصالة كما يوجد فيه مطبخ كبير وحمّام حديث.

محمود جالس في الشرفة المشمسة ينتظر صديقه حسن فهو لم يحضرْ حتّى الآن ولم يتّصلْ بالهاتف كي يعتذر عن تأخيره.

الشقة

مُنير لديه شقّة صغيرة في المهندسين. توجد هذه الشقّة في عمارة كبيرة في الطابق الثالث. في هذه العمارة مصعد ولكنه معطّل اليوم ويجب على منير أن يصعد السلالم على قدميه. إنّه متعب وكان يريد أن يستريح بعض الشيء ولكنه من الضروري أن يفتح أولاً جهاز التكييف لأن الطقس حارّ جداً، ثمّ أن يذهب إلى صاحب البيت كي يدفع له إيجار الشقّة.

الموعد

محمود : متى ستأتي لزيارتنا يا سامي؟ هل تستطيع أن تحضر غداً في المساء؟

سامي : غداً في المساء؟ أنا آسف، لن أستطيع الحضور لأنّه عندي موعد آخر.

محمود : تعال بعد غد إذاً!

سامي : في أيِّ وقت؟

محمود : كما تحبّ، ما رأيكَ في الساعة السادسة مساءً؟

سامي : لا بأس، إذاً في الساعة السادسة، إن شاء الله.

محمود : هل تعرف عنوان البيت؟

سامي : طبعاً، لا تخفْ! لن أضلّ عن الطريق!

المفردات

آسفٌ ، ـون	sorry
إجازةٌ، ـاتٌ	holiday
إذاً ~ إذن	then
أيٌّ	which
بلْ	but
بلدٌ، بلادٌ	land
تأخيرٌ	delay
جهازُ تكييفٍ ، أجْهزةُ تكييفٍ	air-conditioner
حضورٌ	presence
رأيٌ، آراءٌ	opinion
رجلٌ، أرجلٌ	foot
رحيلٌ	departure
سادسٌ	sixth
سعرٌ، أسعارٌ	price
سلّمٌ، سلالمُ	stair
شجرٌ (c.) ، أشجارٌ	trees
شيئاً ما	somewhat
صاحبُ ، أصحابُ بيتٍ	landlord
صالةٌ، ـاتٌ	hall
صورةٌ، صورٌ	photo, picture
ضجيجٌ	noise, uproar
ضروريٌّ	necessary
طبعاً	of course
عنوانٌ، عناوينُ	address; titel
فصلٌ، فصولٌ	classroom; season
قبلَ أنْ	before
كما	too, such as, as well
لا شيءَ	nothing
مرتفعٌ	high
مشمسٌ	sunny
مع ذلكَ	nevertheless
نخلةٌ (n.u.) ، ـاتٌ	palm tree
هادئٌ	quiet
وردٌ (c.) ، ورودٌ	flowers
وسعٌ	ability
يتفرّج على	to watch sth.
يتمكّن من	to be able to
يجب على	must
يحب ه	to like, to love
يحضُر ه	to come, to attend
يخاف ه	to be afraid of
يخرج منْ	to leave sth.
يرحل	to depart
يرمي ه	to throw sth.
يستريح	to rest
يستطيع ه	to be able to
يستعدّ لـ	to get ready to
يشاهد ه	to see, to watch
يشعُر بـ	to feel
يصعد ه	to climb
يصل	to arrive
يضلّ ه ~ عن ه	to lose one's way
يعتذر عن	to apologize for
يعدّ ه	to prepare
يغادر ه	to leave
يفضّل ه	to prefer to
يقدر على	to be able to
يقول ه	to say, to tell
يقوم بـ	to undertake sth.
يودّ ه	to wish

ʾāsif-un, -ūna; ʾiğāza-tun,-āt-un; ʾiḏan; ʾayy-un; bal; balad-un, bilād-un; taʾxīr-un; ğihāzu, ʾağhizatu takyīf-in; ḥuḍūr-un; raʾy-un, ʾārāʾ-un; riğl-un, ʾarğul-un; raḥīl-un; sādis-un; siʿr-un, ʾasʿār-un; sullam-un, salālim-u; šağar-un, ʾašğār-un; šayʾan mā; ṣāḥibu, ʾaṣḥābu bayt-in; ṣāla-tun, -āt-un; ṣūra-tun, ṣuwar-un; ḍağīğ-un; ḍarūrīy-un; ṭabʿan; ʿunwān-un, ʿanāwīn-u; faṣl-un, fuṣūl-un; qabl-a ʾan; kamā; lā šayʾ-a; murtafiʿ-un; mušmis-un; maʿa ḏālik-a; naxla-tun, -āt-un; hādiʾ-un; ward-un, wurūd-un; wusʿ-un; yatafarrağu ʿalā; yatamakkanu min; yağibu ʿalā; yuḥibb-u; yaḥḍur-u; yaxāf-u; yaxruğ-u min; yarḥal-u; yarmī; yastarīḥ-u; yastaṭīʿ-u; yastaʿiddu li; yušāhid-u; yašʿuru bi; yaṣʿad-u; yaṣil-u; yaḍill-u ʿan; yaʿtaḏiru ʿan; yuʿidd-u; yuġādir-u; yufaḍḍil-u; yaqdaru ʿalā; yaqūl-u; yaqūmu bi; yawadd-u.

Colloquial words and their equivalents in MWA

ʾigār	→ إيجار	*ʾīğār-un*	lease, rent	*bēt*	→ بيت	*bayt-un*	house
taʿāla	→ تعال	*taʿāla*	come!	*lākin*	→ لكنّ	*lākinna*	but
ḥarr	→ حارّ	*ḥārr-un*	hot, warm	*ḥammām*	→ حمام	*ḥammām-un*	bathroom
šibbāk	→ شبّاك	*šibbāk-un*	window	*ʾurayyib*	→ قريب	*qarīb-un*	close
imta	→ متى	*matā*	when?	*maʿād*	→ ميعاد	*mīʿād-un*	appointment
yidfaʿ	→ يدفع	*yadfaʿ-u*	to pay	*hādi*	→ هادئ	*hādiʾ-un*	calm, quiet

New words in MWA

ginēna	→ حديقة	*ḥadīqa-tun*	garden	*dōr*	→ طابق	*ṭābiq-un*	floor
rigl	→ قدم	*qadam-un*	foot	*ʿašān*	→ كي	*kay*	in order to
ʿašān kida	→ لذلك	*li-ḏālik-a*	therefore	*aṣansēr*	→ مصعد	*miṣʿad-un*	lift
ʿaṭlān	→ معطل	*muʿaṭṭal-un*	not working	*yistanna*	→ ينتظر	*yantaẓir-u*	to wait
gaww	→ طقس	*ṭaqs-un*	weather	*yiʾfil*	→ يغلق	*yuġliq-u*	to close

شرح القواعد

I. Dual of nouns and adjectives المثنّى *al-muṯannā*

To form the dual of nouns or adjectives, the suffix *-ān-i* ـان is added to the sg. for the nom., and the suffix *-ayn-i* ـيـن for the gen./acc. When added to f. nouns and adjectives, the dual suffix stands after the *tāʾ marbūṭa* ة , which then becomes ت.

acc.	gen.	nom.	
ستجد نخلتين	على نخلتين	نخلتان	نخلة
sa-tağidu naxlatayn-i	*ʿalā naxlatayn-i*	*naxlatān-i*	*naxla-tun*
you'll find two palm trees	on two palm trees	two palm trees	palm tree

In the construct phrase (→ 5.I), when a suffix or a noun follows a dual noun, the *-ni* of *-āni, -ayni* is dropped. In pause, these endings are *-ān, -ayn*.

acc.	gen.	nom.	
إنّ قدميّ كبيرتان	على قدميّ	قدماي	قدم
ʾinna qadamayya kabīratān-i	*ʿalā qadamayya*	*qadamāya*	*qadam-un*
my (two) feet are big	on my two feet	my two feet	foot

The rules of the dual are strictly followed in Written Arabic.

باللغتين العربية والانجليزية	أمامك حلاّن
in both the Arabic and the English languages	you have two solutions

II. Subjunctive المضارع المنصوب *al-muḍāriʿu_l-manṣūb*

Modal expressions such as 'will,' 'can,' 'must' (cf. further II.2) are followed by a subordinated clause. Modal expression and subordinated clause are connected by the conjunctions أن *ʾan* 'that' or ألا *ʾallā* 'that not.' The verb following these conjunctions appears in a verbal form called subjunctive, which ends in *-a*.

يجب عليه ألاّ يضلّ الطريق	يريد أن ينام مباشرةً
yağibu ʿalayhi ʾallā yaḍulla_ṭ-ṭarīq	*yurīdu ʾan yanāma mubāšaratan*
he mustn't lose his way	he wants to go to sleep immediately
ينبغي أن نكتب رسالة	هل تستطيع أن تحضر غداً ؟
yanbağī ʾan naktuba risāla	*hal tastaṭīʿu ʾan taḥḍura ġadan*
we must write a letter	can you come tomorrow?

1. Endings of the subjunctive

a. To obtain the subjunctive, we simply replace the *-u* of the imperfect indicative by *-a*. By the same token, the *-na* of the endings *-ī-na* and *-ū-na* is dropped: *yaktub-u* → *yaktub-a*, *taktubīna* → *taktubī* and *taktubūna* → *taktubū* etc.

Subjunctive of the strong verb

ʾa-ktub-a	أكتب	*ta-ktub-a*	تكتب	*ya-ktub-a*	يكتب	⇐
		ta-ktub-ī	تكتبي	*ta-ktub-a*	تكتب	
na-ktub-a	نكتب	*ta-ktub-ū*	تكتبوا	*ya-ktub-ū*	يكتبوا	
		ta-ktub-na	تكتبن	*ya-ktub-na*	يكتبن	

Indicative and subjunctive in comparative perspective

أريدُ أن أفتحَ البابَ	تريدُ أن تفتحَ البابَ	يريدُ أن يفتحَ البابَ	⇐
	تريدين أن تفتحي البابَ	تريدُ أن تفتحَ البابَ	
نريدُ أن نفتحَ البابَ	تريدون أن تفتحوا البابَ	يريدون أن يفتحوا البابَ	
	تردن أن تفتحن البابَ	يردن أن يفتحن البابَ	

Notice that the plural endings -*ū* are written with a final *ʾalif* ا : *yaktubū* يـكـتـبـوا. This *ʾalif* is dropped when followed by suffixes: *yanbaġī ʾan yaktubūhā* يـنـبـغـي أن يكتبوها 'they have to write it.'
The pl.f. forms of the subjunctive are identical to those of the indicative: *yaktubna* يكتبن 'they (f.) write,' *ʾan yaktubna* أن يكتبن 'that they (f.) write.'

b. Verbs with initial *w*, doubled verbs, and hollow verbs behave in the subjunctive like strong verbs.

عليك أن تمرّ غداً	أريد أن أزور أخي
ʿalayka ʾan tamurra ġadan	*ʾurīdu ʾan ʾazūra ʾaxī*
you (sg.m.) should come along tomorrow	I want to pay a visit to my brother
يمكننا أن نجد منزلاً آخر	يجب أن تقف هنا
yumkinunā ʾan naǧida manzilan ʾāxar-a	*yaǧibu ʾan taqifa hunā*
we can find another house	you (sg.m.) must stand here

c. With defective verbs (→ 6.III.2) the following changes occur, when adding the ending -*a* of the subjunctive to the long final vowel: -*ī* + -*a* → -*iya* and -*ū* + -*a* → -*uwa*. The long vowel -*ā*, however, remains unchanged.

أودّ أن أقضي اليوم هنا	لا أريد أن أغنّي الآن
ʾawadd-u ʾan ʾaqḍiya_l-yawma hunā	*lā nurīdu ʾan nuġanniya_l-ʾān-a*
I want to spend today here	we do not want to sing now
ينبغي أن ندعو أصحابنا	يجب ألا ينسى موعده
yanbaġī ʾan nadʿuwa ʾaṣḥābanā	*yaǧibu ʾallā yansā mawʿidah-u*
we must invite our friends	he should not forget his appointment

Subjunctive of defective verbs.
With final *ū* : أن يدعو ʾ *ʾan yadʿuw-a* that he invites

⇐	يدعو	*yadʿuw-a*	تدعو	*tadʿuw-a*	أدعو	*ʾadʿuw-a*
	تدعو	*tadʿuw-a*	تدعي	*tadʿī*		
	يدعوا	*yadʿū*	تدعوا	*tadʿū*	ندعو	*nadʿuw-a*
	يدعون	*yadʿūna*	تدعون	*tadʿūna*		

With final *ī* : أن يقضي *ʾan yaqḍiy-a* that he spends (time)

⇐	يقضي	*yaqḍiy-a*	تقضي	*taqḍiy-a*	أقضي	*ʾaqḍiy-a*
	تقضي	*taqḍiy-a*	تقضي	*taqḍī*		
	يقضوا	*yaqḍū*	تقضوا	*taqḍū*	نقضي	*naqḍiy-a*
	يقضين	*yaqḍīna*	تقضين	*taqḍīna*		

With final *ā* : أن ينسى *ʾan yansā* that he forgets

ʾansā	أنسى	*tansā*	تنسى	*yansā*	ينسى	⇐
		tansay	تنسى	*tansā*	تنسى	
nansā	ننسى	*tansaw*	تنسوا	*yansaw*	ينسوا	
		tansayna	تنسين	*yansayna*	ينسين	

2. Use of the subjunctive

a. The subjunctive is used with modal expressions such as

to want, to like to	يودّ أن، يتمنّى أن، يُحبّ أن، يريد أن
can, to be able to	في وسعه أن، يستطيع أن، يقدر على أن، يمكنه أن
must, have to	(يجب) عليه أن، من الضروري أن، ينبغي أن

هل تستطيعون أن تأتوا غداً؟
hal tastaṭīʿūna ʾan taʾtū ġadan
can you (pl.m.) come tomorrow?

هل يمكنك أن تحضري غداً؟
hal yumkinuki ʾan taḥḍurī ġadan
can you (sg.f.) be present tomorrow?

b. Conjunctions such as لـ *li*, كـي *kay*, لـكـي *likay* 'for ...,' 'in order to ...,' لـكـيـلا *likaylā*, كيلا (also كي لا) *kaylā* 'for not ...,' 'in order not to ... ...' and حتّى *ḥattā* 'so ...,' 'so that ...' are followed by a verb in the subjunctive.

سأنتظركم لكيلا تغضبوا
sa-ʾantaḍirukum likay lā taġḍabū
I shall wait for you (pl.) so that you do not get angry

سيحضر ليدفع الحساب
sa-yaḥḍuru li-yadfaʿa_l-ḥisāb-a
he will come to pay the bill

c. The conjunctions قبل أن *qabla ʾan* 'before,' دون أن *dūna ʾan* 'without,' بدلا من أن *badalan min ʾan* 'instead of' are also followed by a verb in the subjunctive.

سيغلقون الباب قبل أن يرحلوا
sa-yuġliqūna_l-bāba qabla ʾan yarḥalū
they will close the door before they leave

سنلتقي اليوم بدلا من أن نلتقي غداً
sa-naltaqī_l-yawma badalan min ʾan naltaqiya ġadan
we shall meet today instead of tomorrow

d. The particle لـن *lan*, used for negation of the future, is always followed by a verb in the subjunctive.

لن أذهب إلى الحفل
lan ʾaḏhaba ʾilā_l-ḥafl-i
I shall not go to the party

لن أرحل عن هذا المكان
lan ʾarḥala ʿan hāḏā_l-makān-i
I shall not leave this place

Note that the future can be negated by سـوف لا *sawfa lā*, as well (→ 6.v). The verb remains in the indicative in this case.

سوف لا نعمل غداً	سوف لا تندم
sawfa lā naʿmalu ġadan	*sawfa la tandam-u*
we shall not work tomorrow	you shall not regret

III. ليس combined with بـ

The predicate of لـيـس *laysa* follows in the accusative (→ 3.vii.3). It may also be introduced by the preposition بـ *bi-* with a following noun in the genitive.

ليس بيته كبيراً	←	ليس بيته بكبير
laysa baytuhu kabīran		*laysa baytuhu bi-kabīr-in*
his house is not big		
ليست الحقيبة رخيصة	←	الحقيبة ليست برخيصة
laysati_l-ḥaqībatu raxīṣa-tan		*laysati_l-ḥaqībatu bi-raxīṣa-tin*
the bag is not cheap		

IV. إنّ وأخواتها *ʾinna wa ʾaxawātuhā* ‘ʾ*inna* and her sisters’

1. إنّ *ʾinna* (→ 4.v) introduces any type of sentence. The subject has to follow إنّ directly and takes the accusative. In the case of verbal sentences introduced by إنّ the subject precedes thus the verb. It can sometimes be translated by ‘truly,’ or ‘indeed,’ but in most cases it be left untranslated.

أبوه مدرّس أيضا	←	إنّ أباه مدرّس أيضا
abūhu mudarrisun ʾayḍan		*ʾinna ʾabāhu mudarrisun ʾayḍan*
his father also is a teacher		
تعمل السيدة في المصنع	←	إنّ السيدة تعمل في المصنع
taʿmalu_s-sayyidatu fī_l-maṣnaʿ-i		*ʾinna_s-sayyidata taʿmalu fī_l-maṣnaʿ-i*
the lady works in the factory		

2. In existential and prepositional sentences, the subject follows the prepositional phrase and does stand not directly after إنّ *ʾinna* (→ 5.v, 5.vi). Nevertheless it takes the accusative.

عنده ولد وبنت	←	إنّ عنده ولداً وبنتاً
ʿindahu waladun wa bint-un		*ʾinna ʿindahu waladan wa bintan*
he has a daughter and a son		
عليه واجباتٌ كثيرةٌ	←	إنّ عليه واجباتٍ كثيرةً
ʿalayhi wāǧibātun kaṯīra-tun		*ʾinna ʿalayhi wāǧibātin kaṯīra-tan*
he has many obligations		
فيه غرفتان للنوم	←	إنّ فيه غرفتين للنوم
fīhi ġurfatāni li_n-nawm-i		*ʾinna fīhi ġurfatayni li_n-nawm-i*
it has two sleeping rooms		

3. Personal pronoun suffixes which function as subjects, can be added to إنّ.

إنّهم جالسون ← هم جالسون		إنه سعيد جداً	←	هو سعيد جداً
ʾinnahum ǧālisūn-a		*ʾinnahu saʿīdun ǧiddan*		
they are sitting		he is very happy		

In sentences starting with إنّ *ʾinna*, the particle ـــــلـ *la-* may introduce the predicate, giving more emphasis to the sentence. *la-* does not change the case of the predicate.

إنها لفرصة سعيدة حقًا	إني لسعيد جداً
ʾinnahā la-furṣatun saʿīdatun ḥaqqan	*ʾinnī la-saʿīdun ǧiddan*
this is truly a fine opportunity	I am (really) very happy

4. When the suffix of the 3rd pers. sg.m. ه *-hu* is attached to إنّ *ʾinna*, this *-hu* (ضمير الشأن *ḍamīru_š-šaʾn*) occupies the place of the subject, which remains in the nominative.

لأنّه عندي موعد آخر	←	لأنّ عندي موعدا آخر
liʾannahu ʿindī mawʿidun ʾāxar-u		*liʾanna ʿindī mawʿidan ʾāxar-a*
		because I have another appointment

5. Other particles, the so-called 'sisters' of إنّ *ʾinna* behave in the same way: أنّ *ʾanna* 'that,' لكنّ *lākinna* ~ ولكنّ *wa-lākinna* 'but,' لأنّ *liʾanna* 'because,' ليت *layta* 'would it be that ...,' and لعلّ *laʿalla* 'perhaps,' 'maybe.'

ولكنّ الشعب المصري ليس مثل كل الشعوب
walakinna_š-šaʿba_l-miṣrīya laysa miṯla kulli_š-šuʿūb-i
but the Egyptian people are not like all the other peoples

ليت الزمن يرجع للوراء	لعلها تكون مفيدة
layta_z-zamana yarǧiʿu li_l-warāʾ-i	*laʿallahā takūnu mufīda-tan*
if we only could go back in time!	she may perhaps be useful

Finally notice that for the 1st pers. sg. and pl. there are two variants of إنّ *ʾinna* and the suffix, namely إنّي *ʾinnī* and إنّني *ʾinnanī* 'I,' إنّا *ʾinnā* and إنّنا *ʾinnanā* 'we.'

V. Adverbs of time ظرف الزمان *ẓarf-u_z-zamān*

Temporal adverbs stand in general in the accusative of time.

مساءً	صباحاً	غداً	البارحة	اليوم
masāʾan	*ṣabāḥan*	*ġadan*	*al-bāriḥa-ta*	*al-yawm-a*
in the evening	in the morning	tomorrow	yesterday	today

صباح غد	أوّل أمس	بعد غد
ṣabāḥa ġad-in	*awwala ʾams-i*	*baʿda ġad-in*
tomorrow morning	the day before yesterday	the day after tomorrow
كثيراً	يوم الأحد	مساء أمس
kaṯīran	*yawma_l-ʾaḥad-i*	*masāʾa ʾams-i*
often	on Sunday	yesterday evening

مراراً	عدة مرات	مرّات كثيرة
mirāran	*ʿiddata marrāt-in*	*marrātin kaṯīra-tan*
many times	many times	many times
دائماً	يومياً	حالياً
dāʾiman	*yawmiyyan*	*ḥāliyyan*
always	daily	currently

سأقيم فيها أسبوعين	في الساعة الثامنة صباحاً
sa-ʾuqīmu fīhā ʾusbūʿayn-i	*fī_s-sāʿati_t-ṯāminati ṣabāḥan*
I shall stay there for two weeks	at eight o'clock in the morning
سأعود إلى منزلي مبكراً	سوف يحضرون مساء اليوم
sa-ʾaʿūdu ʾilā manzilī mubakkiran	*sawfa yaḥḍurūna masāʾa_l-yawm-i*
I shall return home early	they will arrive this evening

Notice that أمس *ʾams-i* 'yesterday' forms an exception and ends with an *-i*, instead of *-a*.

التمرينات

١- أكمل الجمل التالية على النحو الموضّح في المثال

مثال: ليس في الشقّة غرفة واحدة بل غرفتان

ليس في المدينة جامعة واحدة بل ____________

ليس في الشقّة حمّام واحد بل ____________

ليس في المدينة مدرسة واحدة بل ____________

السيّد منير ليس عنده ولد واحد بل ____________

ليس في العمارة مصعد واحد بل ____________

ليس في الحديقة نخلة واحدة بل ____________

لن أكتب رسالة واحدة بل ____________

لن نشتري بيتا واحدا بل ____________

لن أقرأ كتابا واحدا بل ____________

لن أحكي لك قصة واحدة بل ____________

لن نتفرّج على فيلم واحد بل ____________

لن يصل اليوم أستاذ واحد بل ____________

٢- حوّل الجمل التالية على النحو الموضّح في المثال

مثال: عنده ولدان صغيران ⇐ ولداه صغيران

⇐ إنّ ولديه صغيران

عنده سيّارتان سريعتان ⇐ ____________

⇐ إنّ ____________

عندها شقّتان كبيرتان ⇐ ____________

⇐ إنّ ____________

لديّ والدان طيّبان ⇐ ____________

⇐ إنّ ____________

للعمارة مصعدان حديثان ⇐ ____________

⇐ إنّ ____________

عندي كتابان جديدان ⇐ ____________

⇐ إنّ ____________

لديهم صورتان جميلتان ⇐ ______________________

⇐ إنّ ______________________

٣- ضع الفعل في المكان المناسب مع مراعاة القواعد

يعتذر	يضل	يستعد	يتصل	ينتظر
يدفع	يفتح	يستريح	يحضر	يصعد

مثال: يجب عليها أن تنتظر صديقتها.

يجب عليها أن ______________ عن التأخير.

يجب عليها ألا ______________ بالمصعد اليوم.

يجب عليها أن ______________ بالهاتف.

يجب عليها أن ______________ جهاز التكييف.

يجب عليها أن ______________ الإيجار.

يجب عليها ألا ______________ عن الطريق.

يجب عليها أن ______________ غداً في المساء.

يجب عليها أن ______________ للسفر اليوم.

يجب عليها أن ______________ قليلا الآن.

٤- ماذا يريدون أن يفعلوا؟ أجب على هذا السؤال على النحو الموضح في المثال

مثال: (يشرب) يريدون أن يشربوا فنجانا من القهوة.

(يذهب) يريدون أن ______________ إلى المطعم.

(يقرأ) يريدون أن ______________ مقالات جيّدة.

(يدفع) يريدون أن ______________ الإيجار.

(يصعد) يريدون أن ______________ بالمصعد.

(يحضر) يريدون أن ______________ إلى الحفلة.

(يفتح) يريدون أن ______________ جهاز التكييف.

(يعتذر) يريدون أن ______________ عن التأخير.

(يتّصل) يريدون أن ______________ بالهاتف.

(ينام) يريدون أن ______________ مباشرةً.

(يعدّ) يريدون أن ______________ الطعام.

٥- ماذا تفضّلون؟ أجب على هذا السؤال على النحو الموضح في المثال

مثال : (يزور) نفضّل أن نزور أصدقاءنا .

(يقضي) نفضّل أن ________ اليوم في المنتزه .

(يشاهد) نفضّل أن ________ فيلما آخر .

(يدعو) نفضّل أن ________ الضيوف إلى الحفلة .

(يسافر) نفضّل أن ________ إلى أسوان .

(يعود) نفضّل أن ________ بالسيّارة في المساء .

(يكتب) نفضّل أن ________ رسالة قصيرة .

(يشرب) نفضّل أن ________ القهوة مع أصدقائنا .

(يأكل) نفضّل أن ________ وجبة خفيفة اليوم .

(يصعد) نفضّل أن ________ السلالم على قدمينا .

(يبيع) نفضّل أن ________ هذه الكتب .

٦- أكمل الجمل التالية مستعملا الصيغة المناسبة للفعل

مثال : (يرحل) سنبيع منزلنا قبل أن نرحل من القاهرة .

(يكمل) هل ستتزوّجين قبل أن ________ دراستك الجامعيّة؟

(يسافر) هل تريدين أن ________ إلى القاهرة؟

(يأتي) هل تستطيع أن ________ لزيارتنا اليوم؟

(يذهب) هل تحبين أن ________ معي إلى السوق؟

(يعتذر) نتّصل بصديقنا كي ________ له عن التأخير .

(يفهم) نكتب الكلمات دون أن ________ معناها!

(يعود) سيشاهدون الآثار قبل أن ________ إلى هولندا .

(يشمّ) هل تريدين أن ________ الهواء المنعش؟

(يستعدّ) يجب عليك يا راندا أن ________ للسفر الآن .

(يشتري) هل تريدون حقًا أن ________ هذه السيّارة؟

٧- أجب على الأسئلة التالية بالنفي

مثال : هل ستسافرون مساء اليوم؟ ⇐ لا ، لن نسافر مساء اليوم .

هل ستعملون غداً؟ ⇐ لا ، ________

هل ستعودون إلى مصر؟ ⇐ لا ، ________

هل ستنتظرون طويلا؟ ⇐ لا، ________________

هل ستدعون المدير إلى الحفل؟ ⇐ لا، ________________

هل ستفتحون النافذة؟ ⇐ لا، ________________

هل ستغادرون البلاد؟ ⇐ لا، ________________

هل ستذهبون إلى الشاطئ؟ ⇐ لا، ________________

هل ستقضون اليوم في المنتزه؟ ⇐ لا، ________________

هل ستشاهدون هذا الفيلم؟ ⇐ لا، ________________

هل ستعتذرون لأخيكم؟ ⇐ لا، ________________

٨- أجب على الأسئلة التالية بالنفي

مثال: هل ستصلين مساء اليوم؟ ⇐ لا، لن أصل مساء اليوم

هل ستأتين غدا في الصباح؟ ⇐ لا، ________________

هل ستصعدين بالمصعد؟ ⇐ لا، ________________

هل ستدعين منيرة؟ ⇐ لا، ________________

هل ستشترين كتبا جديدة؟ ⇐ لا، ________________

هل ستشاهدين الأهرام؟ ⇐ لا، ________________

هل ستنتظرين حتى المساء؟ ⇐ لا، ________________

هل ستدفعين الإيجار اليوم؟ ⇐ لا، ________________

هل ستبيعين منزلك في الصيف؟ ⇐ لا، ________________

هل ستذهبين إلى القاهرة؟ ⇐ لا، ________________

هل ستتصلين بأخيك اليوم؟ ⇐ لا، ________________

٩- أجب عن الأسئلة التالية مستعملا { لأنّ }

مثال: لماذا اشتريت هذا البيت؟ ⇐ لأن البيت رخيص (البيت رخيص)

لماذا اشتريت هذا البيت؟ ⇐ ________________ (هو حديث)

لماذا اشتريت هذا البيت؟ ⇐ ________________ (فيه غرفتان للنوم)

لماذا اشتريت هذا البيت؟ ⇐ ________________ (فيه حمّام كبير)

لماذا اشتريت هذا البيت؟ ⇐ ________________ (شرفته جميلة)

لماذا اشتريت هذا البيت؟ ⇐ ________________ (هو قريب من المحطة)

لماذا اشتريت هذا البيت؟ ⇐ ________________ (أمامه منتزه جميل)

لماذا اشتريت هذا البيت؟ ⇐ ______________ (فيه مطبخ حديث)

لماذا اشتريت هذا البيت؟ ⇐ ______________ (هو في شارع هادئ)

لماذا اشتريت هذا البيت؟ ⇐ ______________ (فيه نوافذ كثيرة)

لماذا اشتريت هذا البيت؟ ⇐ ______________ (هو في شارع هادئ)

١٠- كون جملا مفيدة بواسطة الكلمات الآتية مع مراعاة قواعد النحو

مثال: القاهرة ، عدة ، إلى ، مرات ، ذهبنا ⇐ ذهبنا إلى القاهرة عدة مرات.

أسبوعين ، في ، سأقيم ، أمستردام ⇐ ______________

عدتُ ، مساء ، السفر ، أمس ، مِنْ ⇐ ______________

يوم ، هناك ، عطلة ، الجمعة ⇐ ______________

في ، تقابلنا ، البارحة ، النادي ⇐ ______________

غد ، سوف ، أتّصل ، صباح ، بأخي ⇐ ______________

يعود ، مبكّرا ، منزله ، سوف ، إلى ⇐ ______________

مرتين ، إلى ، ذهبنا ، العراق ⇐ ______________

المصعد ، صباح ، كان ، معطّلا ، اليوم ⇐ ______________

غد ، لدينا ، ليس ، بعد ، عمل ⇐ ______________

الثامنة ، المنزل ، في ، صباحًا ، غادرنا ⇐ ______________

١١- كيف تقضي يوم عطلتك؟

Use the following sentences to tell how do you intend to spend your day off. Make the right connections using {و – بعد ذلك – كي – لكي – ولكن – ربّما}

أشاهد فيلما	اليوم يوم اجازتي	أحضّر فنجانا من القهوة و بعض الطعام
أقوم بجولة في الريف	أنا راقد في الفراش الآن	أذهب بعد الظهر إلى السينما
سأخرج من البيت	سوف أنهض من الفراش	سوف أعود إلى منزلي في المساء
		أقرأ كتابا قبل أن أنام بإذن الله

____

____

____

____

____

____

____

____

____

١٢– اقرأ النصوص مرة أخرى ثم أجب على الأسئلة الآتية

البيت

أين يسكن الأستاذ محمود؟ ____________________

ما يوجد في حديقة الأستاذ محمود؟ ____________________

في بيته كم غرفة للنوم؟ ____________________

ماذا يفعل الأستاذ محمود في الشرفة؟ ____________________

الشقّة

هل شقّة منير كبيرة؟ ____________________

في أيّ طابق توجد الشقّة؟ ____________________

كيف يصعد منير إلى شقّته؟ ____________________

هل لديه تكييف في الشقّة؟ ____________________

الموعد

متى سيذهب سامي لزيارة محمود؟ ____________________

هل هو يعرف عنوان محمود؟ ____________________

ما هو عنوانك أنت بالكامل؟ ____________________

١٣– ترجم الجمل التالية إلى الفصحى ∅

1. *ilʿimāṛa di fīha ʾaṣanṣēr.*

____

2. *tiʾdaṛ tīgi bukṛa bi_llēl?*

____

3. *miš ʿāwiz aṛūḥ ilḥafla di.*

____

4. *ʿawza tišṛabi fingān ʾahwa?*

____

5. *iggawwi gamīl giddan innahaṛda.*

____

6. *fī šuġlī lākin ilmuwaẓẓafīn miš mawgudīn.*

---

7. *iššanṭa di miš rixīṣa.*

---

8. *ma-fīš durūs liʾann ilmudarrisīn ġaybīn.*

---

9. *ya Samya, imta ḥatrūḥi_lmadrasa?*

---

10. *lāzim timurrī ʿalēna bukṛa!*

---

11. *ma-ʿandīš waʾt ilʾusbūʿ da.*

---

12. *ilʾōḍa di līha šibbakēn kubāṛ.*

---

13. *miš ʿawzīn yiṛūḥu_lmadrasa nnahaṛda.*

---

14. *ilʾaṣanṣēr kān imbāriḥ ʿaṭlān.*

---

15. *ya-taṛa fī_gnēna ḥawalēn ilbēt?*

الدرس التاسع

النصوص

الانترنت

لتسجيل عضويّتك في المنتدى يجب عليك أن تتّبع الخطوات التالية :

١– اقرأ الشروط جيدا

٢– اضغطْ على زر التسجيل الموجود بالصفحة الرئيسيّة

٣– املأ استمارة التسجيل

٤– أدخلْ كلمة المرور الخاصّة بك

٥– أعدْ كتابة كلمة المرور للتأكيد

٦– أدخلْ بريدك الإلكتروني مرّة أخرى

٧– قمْ باختيار ما يناسبك من التوقيتات

٨– عليك بالضغط على احد الروابط لطلب تنشيط العضويّة

٩– وبالضغط على الرابط تكون قد انهيت عمليّة التسجيل.

السلامة في المرور

– لا تسمح لطفلك بالوقوف أو الجلوس فى المقاعد الأماميّة للسيارة

– لا تترك الأطفال وحدهم فى السيارة

– ضع طفلك فى المقعد المخصّص له واربط حزام الأمان

– علّم أطفالك أصول السلامة المروريّة

– احذر من أن يخاطر الأطفال في قطع الطريق.

عبور المشاة: الإضاءة غير المتقطّعة

اللون الأخضر يعني السماح للمشاة بعبور الطريق

اللون الأحمر يعني حظر عبور الطريق على المشاة

ويمكن استخدام اللون البرتقالي للدلالة على نفس هذا المعنى

المفردات

اختيارٌ، ـاتٌ	choice	عبورٌ	crossing
إرشاداتٌ	prescriptions	عضويةٌ، ـاتُ	membership
استمارةٌ، ـاتٌ	applicatiom form	عمليّةٌ، ـاتٌ	operation
أصولٌ	principles, basic rules	غيرٌ	not; no
إضاءةٌ	illumination	قاموسٌ، قواميسُ	dictionary
أماميٌّ	front, frontal	قطعٌ	crossing
انترنت	internet	كلمةُ المرورِ	password
بحيثُ	so that, in order to	ماشٍ، مشاةٌ	pedestrian
برتقالي	orange (color)	متقطّعٌ	intermittent
بريدٌ إلكترونيٌّ	e-mail	محبّةٌ	love
تأكيدٌ	confirmation	مخصّصٌ لـ	pertaining to
تسجيلٌ	registration	مرورٌ	traffic; passing by
تنشيطٌ	activation	مقعدٌ، مقاعدُ	chair
توقيتٌ، ـاتٌ	time, timing	ممنوعٌ	forbidden, prohibited
جلوسٌ	sitting, taking a seat	منتدىً، منتدياتٌ	forum
حزامُ، أحزمةُ الأمان	safety belt	نقلٌ	transport
حظرٌ	prohibition, ban	وحدَه	alone, by oneself
خاصٌّ بـ	pertaining to	وقوفٌ	standing; stopping
خطوةٌ، ـاتٌ	step	يتّبع ه	to follow
خلفٌ	behind, in the back	يترك ه	to leave
دلالةٌ على	indication of	يتعرّف على	to get acquainted with
رابطٌ، روابطُ	link	يجدّد ه	to renew
رئيسيٌّ	main	يحذر ه	to be cautious of
زرٌّ، أزرارٌ	button	يخاطر	to risk
سلامةٌ	safety	يُدخل ه	to introduce
سماحٌ	permission, allowing	يربط ه	to fasten
شرطٌ، شروطٌ	condition	يستخدم ه	to use
صفحةٌ، ـاتٌ	page	يسمح لـ . . . بـ	to allow sb to
طلبٌ ، ـاتٌ	request	يضغط على	to press

to fill in	يملأ ه	to repeat	يُعيد ه
to fit	يناسب ه	to accept	يقبل ه
to complete	ينهي ه	to drive	يقود ه
		to lie to	يكذب على

ixtiyāṛ-un, -āt-un; ʾiršadāt-un; istimāṛa-tun, -āt-un; ʾuṣūl-un; ʾiḍāʾa-tun; ʾamāmīy-un; internet; bi-ḥaytu̱; burtuqālīy-un; barīd-un ʾilikturūnīy-un; taʾkīd-un; tasğīl-un; tanšīṭ-un; tawqīt-un, -āt-un; ğulūs-un; ḥizām-un, ʾaḥzimatu_n-nağā-ti; ḥaḏr-un; xāṣṣ-un bi; xaṭwa-tun, xaṭawāt-un; xalf-un; dalāla-tun ʿalā; rābiṭ-un, rawābiṭ-u; raʾīsīy-un; zirr-un, ʾazṛāṛ-un; salāma-tun; samāḥ-un; šarṭ-un, šurūṭ-un; ṣafḥa-tun, ṣafaḥāt-un; ṭalab-un, -āt-un; ʿubūr-un; ʿuḏwīya-tun, -āt-un; ʿamalīya-tun, -āt-un; ġayr-un; qāmūs-un, qawāmīs-u; qaṭʿ-un; kalimatu_l-murūr-i; māšin, mušā-tun; mutaqaṭṭiʿ-un; maḥabba-tun; muxaṣṣaṣ-un li; murūr-un; maqʿad-un, maqāʿid-u; mamnūʿ-un; muntadan, muntadayāt-un; naql-un; waḥdah-u; wuqūf-un; yattabiʿ-u; yatruk-u; yataʿaṛṛafu ʿalā; yuğaddid-u; yaḥḏir-u; yuxāṭir-u; yudxil-u; yarbuṭ-u; yastaxdim-u; yasmaḥu li ... bi; yaḏġaṭu ʿalā; yuʿīd-u; yaqbal-u; yaqūd-u; yakḏib-u ʿalā; yamlaʾ-u; yunāsib-u; yunhī.

شرح القواعد

I. Apocopate المضارع المجزوم *al-muḍāriʿu_l-mağzūm*

The apocopate – also called jussive – is just as the indicative and the subjunctive a modal variant of the imperfect verb and can be derived from it.

A. Base and endings

1. Strong verbs

To derive the apocopate from the indicative imperfect verb the ending *-u* as well as the ن *-na* of the suffixes يـــــن *-īna* and ون *-ūna* are dropped: *yaktub-u* → *yaktub*, *taktubīna* → *taktubī*, *taktubūna* → *taktubū*, *yaktubūna* → *yaktubū*.

Apocopate of the strong verb: يكتب *yaktub* he writes

ʾaktub	أكتب	*taktub*	تكتب	*yaktub*	يكتب	⇐
		taktubī	تكتبي	*taktub*	تكتب	
naktub	نكتب	*taktubū*	تكتبوا	*yaktubū*	يكتبوا	
		taktubna	تكتبن	*yaktubna*	يكتبن	

2. Weak verbs

Doubled verbs, hollow verbs with a medial long vowel in the base (med. *w* and *y*), and defective verbs with a final long vowel (tert. *w* or *y*) show some inflectional peculiarities because of the dropping of the final *-u*. Verbs with *w* as first radical behave like strong verbs: *yağid-u* 'he finds' → *yağid*, see above.

a. Doubled verbs

يمرّ *yamurr-u* 'let him pass by' → *yamurr*. The feminin forms of the plural remain unchanged: *yamrurna* يمررن 'let them (f.) pass by,' *tamrurna* تمررن 'you (f.) pass by' → III.B.2.a. 6

Apocopate of doubled verbs: يمرّ *yamurr* he passes by

'amurr	أمرّ	*tamurr*	تمرّ	*yamurr*	يمرّ	⇐
		tamurrī	تمرّي	*tamurr*	تمرّ	
namurr	نمرّ	*tamurrū*	تمرّوا	*yamurrū*	يمرّوا	
		tamrurna	تمررن	*yamrurna*	يمررن	

In context, but not in pause, an *-a* or an *-i* is added to the vowelless forms, if the following word starts with a consonant: *ya-murr(-a, -i)*. لم تمرّ عليها *lam tamurr-a/i ʿalayhā* 'she did not pass by her.'
In Classical Arabic, but rarely so in MWA, the vowelless forms *yamurr, tamurr* etc. may be – by analogy with the strong verb – replaced by *yamrur, tamrur* etc.

b. Hollow verbs

Hollow verbs with a medial long vowel in the base (med. *w* and *y*) shorten the long vowel in the apocopate: يقول *yaqūl-u* 'he says' → *yaqul*, يسير *yasīr-u* 'he goes' → *yasir*, ينام *yanām-u* 'he sleeps" → *yanam*. The prefixes receive the stress: *yáqul* etc. The vowel remains long when followed by an *-ī* or *-ū* ending.

Apocopate hollow verbs with *-ī-*: يسر *yasir* he walks

'asir	أسر	*tasir*	تسر	*yasir*	يسر	⇐
		tasīrī	تسيري	*tasir*	تسر	
nasir	نسر	*tasīrū*	تسيروا	*yasīrū*	يسيروا	
		tasirna	تسرن	*yasirna*	يسرن	

Apocopate hollow verbs with *-ū-* : يقل *yaqul* he says

'aqul	أقل	*taqul*	تقل	*yaqul*	يقل	⇐
		taqūlī	تقولي	*taqul*	تقل	
naqul	نقل	*taqūlū*	تقولوا	*yaqūlū*	يقولوا	
		taqulna	تقلن	*yaqulna*	يقلن	

Apocopate hollow verbs with *-ā-* : ينم *yanam* he sleeps

ʾanam	أنم	*tanam*	تنم	*yanam*	ينم	⇐
		tanāmī	تنامي	*tanam*	تنم	
nanam	ننم	*tanāmū*	تناموا	*yanāmū*	يناموا	
		tanamna	تنمن	*yanamna*	ينمن	

c. Defective verbs

Defective verbs with a final long vowel (tert. *w* or *y*) shorten the long vowel in the apocopate: يدعو *yadʿū* 'he calls' → يدع *yadʿu*, يقضي *yaqḍī* 'he spends time' → يقض *yaqḍi*, ينسى *yansā* 'he forgets' → ينس *yansa*. The prefix receives the stress: *yádʿu, yábni, yánsa*.

Apocopate defective verbs with *ī* : يقض *yaqḍi* he spends (time)

ʾa-qḍi	أقض	*ta-qḍi*	تقض	*ya-qḍi*	يقض	⇐
		ta-qḍ-ī	تقضي	*ta-qḍi*	تقض	
na-qḍi	نقض	*ta-qḍ-ū*	تقضوا	*ya-qḍ-ū*	يقضوا	
		ta-qḍī-na	تقضين	*ya-qḍī-na*	يقضين	

Apocopate defective verbs with *ū* : يدع *yadʿu* he invites

ʾadʿu	أدع	*tadʿu*	تدع	*yadʿu*	يدع	⇐
		tadʿī	تدعي	*tadʿu*	تدع	
nadʿu	ندع	*tadʿū*	تدعوا	*yadʿū*	يدعوا	
		tadʿūna	تدعون	*yadʿūna*	يدعون	

Apocopate defective verbs with *ā* : ينس *yansa* he forgets

ʾansa	أنس	*tansa*	تنس	*yansa*	ينس	⇐
		tansay	تنسي	*tansa*	تنس	
nansa	ننس	*tansaw*	تنسوا	*yansaw*	ينسوا	
		tansayna	تنسين	*yansayna*	ينسين	

Note that the short final vowels of the apocopate are not dropped in pause and remain short when suffixes are added.

لا تنس أخاك	←	لا تنسه#
lā tansa ʾaxāk		*lā tansah-u#*
do not forget your brother!		do not forget him!
لا تشتر السيارة	←	لا تشترها
lā taštari_s-sayyāra-ta		*lā taštarihā*
do not buy the car!		do not buy it!

3. The rules mentioned above apply in principle for all derived forms of both strong and weak verbs. For details compare the paradigms at the end of the book.

B. Use of the apocopate

1. To form the prohibitive mood الـنـهـي *an-nahy,* the 2nd pers. sg. and pl. of the apocopate are used with the negational particle لا *lā*.

لا تكتب الرسالة	لا تبيعي سيارتك	لا تخف منه
lā taktubi_rrisāla	*lā tabīʿī sayyārataki*	*lā taxaf minhu*
do not write the letter!	do (f.) not sell your car!	do not be afraid of him!
لا تنسين كلمة المرور		لا تمررن من هذا الطريق
lā tansayna kalimata_l-murūr		*lā tamrurna min hāḏā_ṭ-ṭarīq*
do (pl.f.) not forget the password!		do not (pl.f.) go this way!

Note thet before *hamzatu_l-waṣl* of the article the vowelless forms of the apocopate receive an *-i*. This *-i* elides the *a-* of the article (→ 4.II.2).

2. In combination with the particle لـم *lam* the apocopate negates the perfect form of the verb (→ 10.III).

3. In a conditional sentence introduced by إن *ʾin* 'if' the apocopate may replace the perfect (→ 11.IV.2).

4. Preceded by لـ *li-* the apocopate may express a wish, a request or a warning (→ 20.III).

II. Imperative الأمر *al-ʾamr*

The imperative mood الأمـر *al-ʾamr* is derived from the apocopate. For prohibitions the apocopate is used, see I.B.1 above.

1. Strong verbs

a. To obtain the base of the imperative, the prefix *ta-* or *tu-* of the 2nd pers. sg.m. of the apocopate is dropped.

ta-ftaḥ → *-ftaḥ*   *tu-sāfir* → *-sāfir*   *ta-ktub* → *-ktub*

b. If the base begins with a single consonant, it remains unchanged.

tu-naḍḍif	→	*naḍḍif*	نظّفْ	clean!
tu-sāfir	→	*sāfir*	سافرْ	travel!
ta-taḥaddaṯ	→	*taḥaddaṯ*	تحدّثْ	speak!

c. A base with two initial consonants needs a helping vowel. This will be *i-* if the vowel of the following syllable is *-a-* or *-i-*, and *u-* if the following vowel is *-u-*. In both cases the helping vowel is written as a *hamzatu_l-waṣl* ا.

ta-ǧlis	→	*-ǧlis*	→	*i-ǧlis*	اجلسْ	sit down!
ta-ftaḥ	→	*-ftaḥ*	→	*i-ftaḥ*	افتحْ	open!
ta-ktub	→	*-ktub*	→	*u-ktub*	اكتبْ	write!

The rules mentioned above apply for all derived stems of the strong verbs except for stem IV which takes an initial *ʾa-* أ *hamzatu_l-qaṭʿ* that does not elide (→ 10.III).

tu-ġliq	→	*-ġliq*	→	*ʾa-ġliq*	أغلقْ	shut!
tu-dxil	→	*-dxil*	→	*ʾa-dxil*	أدخلْ	bring in!

2. Endings: The endings added to the imperative to form the personal forms are the same as with the apocopate.

Imperative of the strong verbs

travel	*sāfir*	سافر	write	*uktub*	اكتب	⇐
travel (sg.f.)	*sāfirī*	سافري	write (sg.f.)	*uktubī*	اكتبي	
travel (pl.m.)	*sāfirū*	سافروا	write (pl.m.)	*uktubū*	اكتبوا	
travel (pl.f.)	*sāfirna*	سافرن	write (pl.f.)	*uktubna*	اكتبن	

If a vowel precedes the helping vowel in the context of a sentence, it will elide this helping vowel in pronunciation (→ 3.X).

yaqūl-u + *iǧlis* → *yaqūlu_ǧlis* يقول اجلس he says: sit down!

3. Weak verbs

The same rules apply in principle to the weak verbs in both base and derived stems.

a. Imperative of doubled verbs: مرّ *murr* pass by!

umrur	امرر (II)	*murr*	مرّ (I)	⇐
murrī	مرّي	*murrī*	مرّي	
murrū	مرّوا	*murrū*	مرّوا	
umrurna	امررن	*umrurna*	امررن	

As with the apocopate, the imperative of the doubled verbs shows a splitting of the doubled radical of the base before the ending *-na* of the pl.f.: *umrur-na*. In context مرّ *murr* takes a helping vowel *-a* or *-i*: مرَّ *murr-a*, مرِّ *murr-i*.
In Classical language, the 3rd sg.m., too, may be split (→ paradigm II above).

Derived stems:

IV	*tu-ʿidd*	→ *ʾaʿidd(-a, -i)* ~ *ʾaʿdid*	أعدّ ~ أعددْ	prepare!
X	*ta-staʿidd*	→ *istaʿidd(-a, -i)* ~ *istaʿdid*	استعدّ ~ استعددْ	prepare yourself!

b. Imperative of verbs with initial *w* : قف *qif* stop!, ضع *ḍaʿ* let!, صف *ṣif* describe!

⇐	قف	*qif*	ضع	*ḍaʿ*	صف	*ṣif*
	قفي	*qifī*	ضعي	*ḍaʿī*	صفي	*ṣifī*
	قفوا	*qifū*	ضعوا	*ḍaʿū*	صفوا	*ṣifū*
	قفن	*qifna*	ضعن	*ḍaʿna*	صفن	*ṣifna*

II	*tu-wabbix*	→	*wabbix*	وبّخ	reproach!
IV	*tū-fid*	→	*ʾawfid*	أوفد	dispatch!

Note that the imperative of stem IV begins with *ʾa-*: *tūfid* = **tu-wfid* → *ʾawfid!* The *hamza* is a *hamzatu_l-qaṭʿ*.

c. Imperative of hollow verbs : سر *sir* walk!, قل *qul* say!, نم *nam* sleep!

⇐	سر	*sir*	قل	*qul*	نم	*nam*
	سيري	*sīrī*	قولي	*qūlī*	نامي	*nāmī*
	سيروا	*sīrū*	قولوا	*qūlū*	ناموا	*nāmū*
	سرن	*sirna*	قلن	*qulna*	نمن	*namna*

IV	*tu-qim*	→	*ʾaqim*	أقم	stay!
VIII	*ta-rtaḥ*	→	*irtaḥ*	ارتح	relax!
X	*ta-stafid*	→	*istafid*	استفد	profit!

Note again that the imperative of stem IV begins with *ʾa-*.

d. Imperative of defective verbs : اقض *iqḍi* spend (time)!, ادع *udʿu* invite!, انس *insa* 'forget!'

⇐	اقض	*iqḍi*	ادع	*udʿu*	انس	*insa*
	اقضي	*iqḍī*	ادعي	*udʿī*	انسي	*insay*
	اقضوا	*iqḍū*	ادعوا	*udʿū*	انسوا	*insaw*
	اقضين	*iqḍīna*	ادعون	*udʿūna*	انسين	*insayna*

II	*tu-ġanni*	→	*ġanni*	غنِّ	sing!
IV	*tu-lqi*	→	*ʾalqi*	ألْقِ	throw!
VIII	*ta-štari*	→	*ištari*	اشترِ	buy!

Note again that the imperative of stem IV begins with *ʾa-*.

III. Reflexivity and Identity: نفس *nafs* 'self' and 'same'

1. To express reflexivity Modern Written Arabic uses, like the colloquial, the feminine noun نفس *nafs-un* (sg.), أنفس *'anfus-un* (pl.) 'soul, spirit' in combination with a possessive suffix which refers to the subject: نفسه *nafsuhu* 'himself,' نفسك *nafsuka* 'yourself' etc.

هل ترى نفسك في المرآة؟
hal tarā nafsaka fi_l-mir'ā-ti
do you see yourself in the mirror?

يتحدث مع نفسه
yataḥaddaṯu ma'a nafsih-i
he talks with himself

هل تعتبرون أنفسكم شجعانا؟
hal ta'tabirūna 'anfusakum šuǧ'ānan
do you consider yourselves brave?

يدافعون عن أنفسهم
yudāfi'ūna 'an 'anfusihim
they defend themselves

2. To express identity (the same) نفس *nafs-un* forms a construct phrase with a noun.

بنفس الطريقة
bi-nafsi_ṭ-ṭarīqa-ti
in the same way

في نفس الوقت
fī nafsi_l-waqt-i
at the same time

Notice that نفس *nafs-un* just like *kull-un* (→ 5.VI) may follow its noun as an attribute and must agree with it in case. In such a case نفس *nafs-un* must be followed by a suffix which refers back to the noun.

بالطريقة نفسها
bi_ṭ-ṭarīqati nafsihā
in the same way

في الوقت نفسه
fī_l-waqti nafsih-i
at the same time

An adjective that follows this construct phrase agrees with the noun, not with نفس *nafs-un*.

نفس المؤتمر الصحفي
nafsu_l-mu'tamari_ṣ-ṣuḥufīy-i
the same press conference

نفس النتائج الإيجابيّة
nafsu_n-natā'iǧi_l-'īǧābīya-ti
the same positive results

3. The same attributive construction with نفس *nafs-un* as mentioned above in 2 may be used in order to lay stress upon a noun or a pronoun. In such case the plural أنفس *'anfus-un* is used if the noun refers to a plural of persons.

في أمريكا نفسها
fī 'Amrīkā nafsihā
in America herself

من أجل المواطنين أنفسهم
min 'aǧli_l-muwāṭinīna 'anfusihim
on behalf of the citizens themselves

أنتم أنفسكم لا تعلمون
'antum 'anfusukum lā ta'lamūn-a
you yourselves do not know it

هو نفسه الطفل غير الشرعي
huwa nafsuhu_ṭ-ṭiflu ġayru_š-šar'īy-i
he himself is the illegitimate child

As in the colloquial بنفس *bi-nafs-* + a possessive suffix is used to express concepts like 'I myself,' 'he himself' etc.

يشرف بنفسه على الأبحاث	سيجدون الحلّ بأنفسهم
yušrifu bi-nafsihi ʿalā_l-ʾabḥāṯ-i	*sa-yağidūna_l-ḥalla bi-ʾanfusihim*
he himself supervises the research	they themselves will find the solution

IV. Reciprocity with بعض *baʿḍ* 'each other.'

1. In Modern Written Arabic as in colloquial, the word بعض *baʿḍ-un* 'part of sth' is used to express reciprocity (→ 5.VI). In such case بعض is followed by a possessive suffix which refers to the subject, and it takes a case ending according to its position in the sentence.

كانوا يساعدون بعضهم	نعرف بعضنا معرفةً جيّدةً
kānū yusāʿidūna baʿḍahum	*naʿrifu baʿḍanā maʿrifatan ğayyida-tan*
they helped each other	we know each other well

2. Often a formula consisting of two consecutive بعض *baʿḍ-un*, i.e., *baʿḍ-* with a suffix + *baʿḍ* or *al-baʿḍ*, is used for the same purpose. The suffix refers back to the subject, and each *baʿḍ-un* receives the case according to its position in the sentence: *yusāʿidūna baʿḍuhum baʿḍan* ~ *albaʿḍ-a* 'they help part of them the (other) part' = 'they help each other.'

لا يعرفون بعضهم البعض	نهنّئ بعضنا البعض
lā yaʿrifūna baʿḍuhumu_l-baʿḍ-a	*nuhanniʾu baʿḍunā_l-baʿḍ-a*
they know each other	we congratulate each other
نجلس مع بعضنا البعض	يتحدثون مع بعضهم بعضا
nağlisu maʿa baʿḍinā_l-baʿḍ-a	*yataḥaddaṯūna maʿa baʿḍihim baʿḍan*
we are sitting with each other	they talk to each other

It is important to note that both *baʿḍ-un* can stand in the accusative, in particular when the subject is a pl. noun as in يقاتلون بعضهم بعضا *yuqātilūna baʿḍahum baʿḍan* 'they fight with each other.' Even if the first *baʿḍ-un* follows a preposition, the second one can still stand in the accusative: يتعرفون على بعضهم البعض *yataʿarrafūna ʿalā baʿḍihimu_l-baʿḍ-a* 'they make acquaintance with each other.'

Note that reciprocity can also be expressed by stem VI stem of the verb: يتعانق *yataʿānaq-u* 'to embrace each other,' يتبادل *yatabādal-u* 'to exchange,' يتسامح *yatasāmaḥ-u* 'to forgive each other.'

التمرينات

١- كوّن جملا مفيدة مستعملا { لم } والصيغة المناسبة للفعل على النحو الموضح في المثال

مثال: إنّه	لم يركب	القطار	وهي	لم تركبه	أيضا	(يركب)
إنّكِ	________	الباب	وهي	________	أيضا	(يفتح)
إنّني	________	الحساب	وأنتَ	________	أيضا	(يدفع)
إنّكم	________	كلامه	وأنا	________	أيضا	(يفهم)
إنّكَ	________	الصوت	وهم	________	أيضا	(يسمع)
إنّهم	________	الرسالة	ونحن	________	أيضا	(يكتب)
إنّهن	________	الاستمارة	وهم	________	أيضا	(ملأ)
إنّنا	________	الشروط	وأنتم	________	أيضا	(يقرأ)
إنّها	________	الطريق	وهو	________	أيضا	(يعبر)
إنّكن	________	القهوة	وأنتم	________	أيضا	(يشرب)
إنّني	________	بلادي	ومنيرة	________	أيضا	(يترك)

٢- أكمل الجمل بواسطة أحد الأفعال التالية

يدعو - يبني - يقضي - يمشي - يقول - يستطيع
يختار - يصوم - يستعدّ - يردّ - يمرّ - يحرّر

إن حسن لم ________ أخاه إلى حفل عيد ميلاده.
إن مهندسي المصنع لم ________ هذا البيت الجميل.
إن الطالبات لم ________ يومهن في الجامعة.
إنك لم ________ في الطريق المخصّص للمشاة.
إن البنات لم ________ لأمهن شيئا عن حادث التصادم.
إن صديقي مراد لم ________ أن يشتري منزلا في الزمالك.
إنني لا أعرف لماذا لم ________ سميحة هذا الكتاب.
إنكم لم ________ البارحة لأنكم كنتم على سفر.
إنكم لم ________ استعدادا كاملا لرحلتكم إلى فرنسا.
لماذا لم ________ الطلاب على أسئلة الأستاذ؟

لم ____________ المدير على كل مكاتب الشركة.

إن المدير لم ____________ خطاب توصية لموظفه حسن.

٣- استعمل صيغة الأمر على النحو الموضح في المثال

مثال: لا أستطيع أن أذهب إلى الجامع ⇐ اذهب أنتَ!

لا أستطيع أن أدرّس هنا ⇐ ________ أنتم!

لا أستطيع أن أشرب شيئا ⇐ ________ أنتِ!

لا أستطيع أن أتحدث معك ⇐ ________ أنتَ!

لا أستطيع أن أنتظر طويلا ⇐ ________ أنتن!

لا أستطيع أن أعتذر لهن ⇐ ________ أنتم!

لا أستطيع أن أعمل هنا ⇐ ________ أنتِ!

لا أستطيع أن أحضر مبكرا ⇐ ________ أنتم!

لا أستطيع أن أدخل المبنى ⇐ ________ أنتَ!

لا أستطيع أن أسافر إلى الخارج ⇐ ________ أنتِ!

لا أستطيع أن أخرج من هنا ⇐ ________ أنتن!

٤- مر بعمل الآتي على النحو الموضح في المثال

مثال: أريد أن أعود إلى منزلي ⇐ عد إليه يا أحمد!

أريد أن أشتري هذه السيّارة ⇐ ____________ يا طارق!

أريد أن أسير في هذا الطريق ⇐ ____________ يا سلمى!

نريد أن نبيع هذه الأشياء ⇐ ____________ يا شباب!

أريد أن أقود سيّارتك ⇐ ____________ يا أختي!

أريد أن أقول الحقيقة ⇐ ____________ يا عزيزة!

نريد أن نعود إلى الوطن ⇐ ____________ يا أصدقائي!

أريد أن أعيش في هذا المكان ⇐ ____________ يا علي!

أريد أن أزور أصدقائي ⇐ ____________ يا سامي!

نريد أن نرتاح قليلا ⇐ ____________ يا بنات!

أريد أن أنام الآن ⇐ ____________ يا أخي العزيز!

٥- أنه عن عمل الآتي على النحو الموضح في المثال

مثال: أأبيع سيّارتي؟ ⇐ لا يا حسن، لا تبع السيّارة!

أأعود غداً؟ ⇐ لا يا ماجدة، ____________

أأسير في هذا الطريق؟ ⇐ لا يا فاطمة، ____________

أأزور أختك في اليابان؟ ⇐ لا يا منير، ____________

أأقول لسامي الحقيقة؟ ⇐ لا يا علي، ____________

أأقضي يومي في الفراش؟ ⇐ لا يا شريفة، ____________

أأحكي لك القصة بأكملها؟ ⇐ لا يا طارق، ____________

أأنسى كلامك هذا؟ ⇐ لا يا فريدة، ____________

أأدعو أصدقائي؟ ⇐ لا يا كريم، ____________

أأمرّ عليكم غداً؟ ⇐ لا يا صلاح، ____________

أأعدّ لكم الطعام؟ ⇐ لا يا أمي، ____________

أأستعدد الآن للسفر؟ ⇐ لا يا أبي، ____________

أأحلّ المشكلة الآن؟ ⇐ لا يا شهرزاد، ____________

٦- خالفْ تُعرفْ: أنهِ عن عمل الآتي على النحو الموضح في المثال

مثال: ابعث دعوة لأخيك في فرنسا! ⇐ لا، لن أبعث دعوة لأخي في فرنسا!

اذهبوا إلى المكتب الآن! ⇐ لا، ____________

احضري قبل الساعة السادسة! ⇐ لا، ____________

ابحث عن كتابك! ⇐ لا، ____________

اركبوا القطار في الصباح! ⇐ لا، ____________

ادخل من هذا الباب! ⇐ لا، ____________

ارحلن عن هذه المدينة! ⇐ لا، ____________

افتح النوافذ والأبواب! ⇐ لا، ____________

اقرأ هذا الكتاب! ⇐ لا، ____________

انهضوا من الفراش مبكراً! ⇐ لا، ____________

اسأل أخاك هذا السؤال! ⇐ لا، ____________

اعتذري لهم عن التأخير! ⇐ لا، ____________

ارحلوا من هذا المكان! ⇐ لا، ____________

٧- استعمل الكلمات التالية في تكوّين جمل مفيدة

البعض ، مسؤولين ، لم ، بعضنا ، نكن ، عن ⇐ ______
أن ، يستطع ، عضويته ، لم ، يسجّل ⇐ ______
يريدون ، شيئا ، لا ، يحكوا ، أنفسهم ، أن ، عن ⇐ ______
ستقرئين ، الكتاب ، بـ ، هل ، هذا ، نفسك ⇐ ______
بعضكم ، تكذبوا ، بعض ، على ، لا ⇐ ______
التوقيتات ، بـ ، سيختارون ، المناسبة ، أنفسهم ⇐ ______
المكان ، إلى ، نعود ، أخرى ، هذا ، لن ، مرّة ⇐ ______
مهمة ، المرور ، لـ ، سلامتك ، إرشادات ⇐ ______
بعضها ، تتعرّف ، على ، الشعوب ، البعض ⇐ ______

٨- علّم على المعنى الصحيح لـ { نفس } في الجمل التالية

	(himself, yourself etc.)	same
لن أتحدث عن نفسي في هذا الاجتماع .	☐	☐
اضغط على نفس الزرّ مرة أخرى!	☐	☐
ادخلوا وشاهدوا التغيّرات بأنفسكم!	☐	☐
هناك كلمات أخرى بنفس المعنى .	☐	☐
يدير الأستاذ فرغلي كل أعماله بنفسه .	☐	☐
سيبنون بيتهم الجديد بأنفسهم .	☐	☐
على كل شعب أن يدافع عن نفسه بالطرق المتاحة .	☐	☐
كان حسن يعيش لنفسه ولنفسه فقط .	☐	☐
تعدّ صفاء نفسها للسفر مع زوجها إلى الخارج .	☐	☐
اختر بنفسك كلمة المرور الخاصّة بك!	☐	☐

٩- اقرأ النصوص جيدا ثم أجب على الأسئلة التالية بجمل مفيدة

الانترنت

أين يوجد زرّ التسجيل؟ ______
هل لديك كلمة مرور خاصة بك؟ ما هي؟ ______
هل تفضّل التوقيت الصباحيّ أم المسائيّ؟ ______

كيف يمكنك تنشيط العضوية بالمنتدى؟ ________________

كيف تنتهي عمليّة التسجيل؟ ________________

الأطفال والمرور

هل يمكن للطفل أن يقف في المقعد الأماميّ؟ ________________

هل يوجد حزام أمان في كل سيارة في هولندا؟ ________________

عبور المشاة

هل العبور مسموح عندما تكون الإضاءة حمراء؟ ________________

ما معنى اللون البرتقاليّ للمشاة؟ ________________

١٠- ترجم الجمل التالية إلى الفصحى

1. Read the conditions well before you press the button!

____

2. You should not leave the children in the car.

____

3. The students will not study the same books this year.

____

4. The child wants to fasten his safety belt himself.

____

5. Will they accept our membership in the forum?

____

6. You (sg.m.) have to follow the traffic rules.

____

7. It is forbidden to cross the road because the traffic light is red.

____

8. Did you (pl.m.) (already) make acquaintance with each other?

____

9. Do (sg.m.) not forget to renew your membership!

____

10. Answer yourself the following questions!

____

11. Do you (sg.m.) speak now about yourself or about the others?

____

12. Close (sg.m.) the doors and do not open them before noon!

____

13. We could not find *Samīra*'s address.

____

14. I did not spend more than two days in Cairo.

____

15. Put (sg.m.) your books on the table and go to the kitchen!

____

16. *ʿUmar* did not come to visit us in our new home.

____

الدرس العاشر

النصوص

رسالة إلى صديق

الاسكندرية في ٢٧ ابريل ٢٠٠٧

عزيزي محمود

أبعث إليك هذه الرسالة بعد انقطاع طويل متمنّياً أن تكون بخير وأن يكون كل شيء على ما يرام.

أمّا بعد، أريد أولاً يا صديقي أن أعتذر لعدم المراسلة، فكانت لديّ مشاغل كثيرة وكان الوقت ضيّقاً. أنا والحمد لله بخير وبصحّة جيّدة. أودّ أن أحكيَ لك في خطابي هذا عمّا فعلته في الأسبوع الماضي. إنّني ركبت القطار في الصباح وتوجّهت إلى أبو قير، وهي مدينة صغيرة على البحر الأبيض المتوسّط. عند وصولي ذهبت إلى الشاطئ مباشرةً ومشيت كثيراً. عندما أحسست بالتعب دخلت إلى أحد المقاهي فشربت فنجاناً من القهوة وتناولت وجبة خفيفة. بعد ذلك عدت إلى الشاطئ وتفرّجت على قوارب الصيد والصيّادين، ثم تابعت سيْري إلى المدينة، واشتريت بعض الهدايا لآخذها معي إلى البيت. في الساعة الثانية ذهبت إلى أحد المطاعم واخترت سمكة طازجة وطلبت من الطبّاخ أن يعدّها لي، وقد نظّف الطبّاخ السمكة وأشعل النار ووضع السمكة على الفحم وبعد ذلك أحضرها لي مع بعض الخبز والسلاطات والبيرة. أكلت وشربت ثمّ دفعت الحساب وعدت إلى الاسكندرية مبكّراً لأن القطار مزدحم في المساء وأنا لا أحب الازدحام.

ختاماً أرجو يا صديقي دوام المراسلة، وعلى أمل اللقاء القريب

صديقك المخلص

كمال يسري

المفردات

أبريل	April
أبو قير	Abū Qīr
أحضر ، يُحضر ه	to bring
اختار ، يختار ه	to choose
ازدحامٌ	crowd, jam
اطمأنّ ، يطمئنّ على	to feel reassured
إعدادٌ	preparation
البارحةَ	yesterday
أمر ، يأمر بـ	to order sth
أملٌ ، آمالٌ	hope
انقطاعٌ	break, interruption
اهتمّ ، يهتمّ بـ	to be interested in
بحرٌ، بحورٌ	sea
بعث ، يبعث ه	to send
بعدَ ذلكَ	afterward
بيرة	beer
تعبٌ	tiredness, exhaustion
توجّه ، يتوجّه إلى	to head toward
ثامنٌ	eighth
حاول ، يحاول ه	to try
حسابٌ ، ـاتٌ	bill, check
حظيرةٌ ، حظائرُ	stable; enclosure
حكى ، يحكي ه	to tell
خبزٌ	bread
ختاماً	finally; to conclude
خطابٌ، ـاتٌ	letter, message
خفيفٌ	light (not heavy)
خيرٌ	good, blessing
دوامٌ	continuance, perpetuity
ذهابٌ	departure, going
رائحةٌ ، روائحُ	smell
رجا ، يرجو ه	to hope, to wish
رجع ، يرجع	to return (to)
رسالةٌ ، رسائلُ	letter, message
ركب ، يركب ه	to get in, to embark
رمضانُ	Ramadan
سلاطةٌ ، ـاتٌ	salad
سمكٌ (.c) ، أسماكٌ	fish
سيرٌ	walk, trip
صام ، يصوم	to fast
صحّةٌ	health
صيّادٌ، ـون	hunter; fisherman
صيدٌ	fishing; hunting
ضيّقٌ	narrow
طازجٌ	fresh
طبّاخٌ ، ـون	cook
عدمٌ	non-existence
عزيزي	my dear
على ما يرام	fine, all right
عندما	when
فترةٌ ، فتراتٌ	period
فحمٌ	coal
قاربٌ ، قواربُ	boat
قهوةٌ	coffee
كالعادة	as usual
كلّ شيءٍ	everything
لاحظ ، يلاحظ ه	to notice
ماءٌ ، مياهٌ	water
ماضٍ	past
متمنّياً	wishing
مخلصٌ، ـون	sincere
مراراً	repeatedly
مراسلةٌ	correspondence
مرّةً أخرى	again
مشغلةٌ ، مشاغلُ	occupation
مشكلةٌ ، مشاكلُ	problem

gift, present	هديّةٌ ، هدايا	café	مقهًى ، مقاهٍ
arrival	وصولٌ	fire	نارٌ ، نيرانٌ
to stand (up), to stop	وقف ، يقف	to grow	نما ، ينمو

Note: Beginning with this lesson, all verbs will be listed with the perfect first.

ʾabrīl; ʾAbū Qīr; ʾaḥḍar-a, yuḥḍir-u; ixtāṛ-a, yaxtāṛ-u; izdiḥām-un; iṭmaʾann-a, yaṭmaʾinnu; ʾiʿdād-un; al-bāriḥa-ta; ʾamaṛ-a, yaʾmuru bi; ʾamal-un, ʾāmāl-un; inqiṭāʿ-un; ihtamm-a, yahtammu bi; baḥr-un, buḥūr-un; baʿaṯ-a, yabʿaṯ-u; baʿda ḏālik-a; bīra; taʿab-un; tawağğah-a, yatawağğahu ʾilā; ṯāmin-un; ḥāwal-a, yuḥāwil-u; ḥisāb-un, -āt-un; ḥaḍīra-tun, ḥaḍāʾir-u; ḥakā, yaḥkī; xubz-un; xitāman; xiṭāb-un, -āt-un; xafīf-un; xayr-un; dawām-un; ḏahāb-un; ṛāʾiḥa-tun, ṛawāʾiḥ-u; rağā, yaṛğū; rağaʿ-a, yarğiʿ-u; risāla-tun, rasāʾil-u; rakib-a, yaṛkab-u; ramaḍān-u; salāṭa-tun, -āt-un; samak-un, ʾasmāk-un; sayr-un; ṣām-a, yaṣūm-u ʿalā; ṣiḥḥa-tun; ṣayyād-un, -ūna; ṣayd-un; ḍayyiq-un; ṭāzağ-un; ṭabbāx-un, -ūna; ʿadam-un; ʿazīzī; ʿalā mā yuṛām-u; ʿindamā; fatṛa-tun, fataṛāt-un; faḥm-un; qārib-un, qawārib-u; qahwa-tun; ka_l-ʿāda-ti; kullu šayʾ-in; lāḥaḍ,-a, yulāḥiḍ-u; māʾ-un, miyāh-un; māḍin; mutamanniyan; muxliṣ-un, -ūna; miṛāṛan; muṛāsala-tun; maṛṛatan ʾuxṛā; mašġala-tun, mašāġil-u; muškila-tun, mašākil-u; maqhan, maqāhin; nāṛ-un, nīrān-un; namā, yanmū; hadīya-tun, hadāyā; wuṣūl, -un; waqaf-a, yaqif-u.

شرح القواعد

I. Collective nouns

Collectives (c.) are names for groups of things, plants, or animals rather than one single item or unit: سمكٌ *samak-un* and نخلٌ *naxl-un* are ‘fish’ and ‘date palms’ in general. In order to indicate ‘one single fish’ or ‘one date palm tree,’ the sg.f. ending -ة is added to the collective giving سمكة *samaka-tun* ‘a fish,’ and نخلة *naxla-tun* ‘a date palm tree.’ In the same way, from mass nouns or names of materials, words for units or single pieces are formed: بيضٌ *bayḍ-un* ‘eggs’ gives بيضةٌ *bayḍa-tun* ‘an egg,’ and خشبٌ *xašab-un* ‘wood’ gives خشبةٌ *xašaba-tun* ‘a piece of wood.’

‘a cow’	*baqara-tun*	بقرة	←	‘cows’	*baqar-un*	(c.)	بقر
‘a duck’	*baṭṭ-tun*	بطّة	←	‘ducks’	*baṭṭ-un*	(c.)	بطّ
‘a bee’	*naḥla-tun*	نحلة	←	‘bees’	*naḥl-un*	(c.)	نحل
‘a flower’	*warda-tun*	وردة	←	‘flowers’	*ward-un*	(c.)	ورد
‘a tree’	*šağara-tun*	شجرة	←	‘trees’	*šağar-un*	(c.)	شجر
‘a sheet of paper’	*waraqa-tun*	ورقة	←	‘paper’	*waraq-un*	(c.)	ورق
‘a piece of lead, a bullet’	*raṣāṣa-tun*	رصاصة	←	‘lead’	*raṣāṣ-un*	(c.)	رصاص

These unit nouns are countable and their pl., mostly formed with *-āt-un* as in بيضات ‘a number of eggs,’ is used, among others, with the numerals, → 19.I.3. The dual (→ 8.I) is always formed from the unit noun: بيضتان *bayḍatān-i* ‘two eggs.’

Some collectives have a pl. form usually used for stylistic effects: شجرٌ ، اشجارٌ *šağar-un, 'ašğār-un* 'kinds of trees', سمكٌ ، اسماكٌ *samak-un, 'asmāk-un* 'types of fish'. With كم *kam* 'how many?' the unit noun must be used in the accusative: كم بيضةً *kam baydatan* 'how many eggs?' (→ 18.I).

II. أحدٌ *'aḥad* 'one,' 'a'

1. أحدٌ for indefiniteness

The Arabic language has no indefinite article, since a noun with *tanwīn* and without a definite article is indefinite by definition: *xiṭāb-un* 'a letter,' *ḥisāb-un* 'a bill.' Modern Written Arabic, however, makes frequent use of a circumscription of the indefinite article by a construct phrase with أحدٌ *'aḥad-un* (m.), or إحدى *'iḥdā* (f.) 'one' as its head and a definite plural noun following in the genitive. أحدٌ agrees in this case in gender with the sg. of this noun.

إلى أحد المقاهي
'ilā 'aḥadi_l-maqāhī
to one of the cafés
= to a café

في إحدى المدن السورية
fī 'iḥdā_l-muduni_s-sūrīya-ti
in one of the Syrian towns
= in a Syrian town

2. أحدٌ with negation 'nobody'

In a negated sentence, أحد is rendered as 'nobody' or 'no one.'

ليس في المنزل أحد
laysa fī_l-manzili 'aḥad-un
there is nobody at home

لا أعرف أحداً من الحاضرين
lā 'a'rifu 'aḥadan mina_ḍ-ḍuyūf-i
I do not know any of the guests

أحدٌ may follow directly on إنّ or one of her 'sisters' in the accusative with a following negative sentence denoting 'nobody.'

لاحظتُ أنّ أحداً لا يهتّمُ بي
I realized that nobody took any notice of me

ولكنّ أحداً من الناس لا يعرفه بهذا الاسم
but nobody knows him under this name (not: but one does not know ...)

For لا أحد *lā 'aḥada* → 14.III.3.

III. Verbs with initial *hamza*

يأكل *ya'kul-u* 'to eat,' يأخذ *ya'xuḏ-u* 'to take,' يأمر *ya'mur-u* 'to order,' يأمل *ya'mul-u* 'to hope' have in common that the first consonant of their root is ' *hamza* (glottal stop). Their conjugation follows that of the strong verb, except for the 1st pers. sg. Since Arabic does not allow two successive *hamza*'s, the second *hamza* is elided with a concomitant lengthening of the corresponding vowel: *'a'kul-u* → *'ākul-u* آكل 'I eat.'

In the imperative the first three of these verbs lose their *hamza* to give كل *kul!* 'eat!,' خذ *xuḏ* 'take!,' مر *mur* 'order!' whereas the imperative of *ya'mul-u* is أومل

ʾūmul 'hope!' instead of *ʾuʾmul-u* (see the above mentioned rule). Note that instead of مر *mur* 'order!' اؤمر *uʾmur* is very common in MWA.

Verbs with initial *hamza*

imperative			imperfect					⇐
eat!	*kul*	كل	I eat	*ʾākul-u*	←	آكل	*yaʾkul-u*	يأكل
take!	*xuḏ*	خذ	I take	*ʾāxuḏ-u*	←	آخذ	*yaʾxuḏ-u*	يأخذ
order!	*mur*	مر	I order	*ʾāmur-u*	←	آمر	*yaʾmur-u*	يأمر
hope!	*ʾūmul*	أومل	I hope	*ʾāmul-u*	←	آمل	*yaʾmul-u*	يأمل

IV. Perfect – Past tense الماضي *al-māḍī*

The perfect gives account of an event or an action that took place in the past and is considered at the moment of speaking as an accomplished fact. The perfect consists of a base to which endings are added to indicate number and gender. These endings are the same as those of *laysa* (→ 4.V.4).

A. Strong verbs: base and derived stems

1. Stem I or base stem

a. The base of the perfect can have the patterns KaTaB-a, KaTiB-a or KaTuB-a. These can be derived from the imperfect base by dropping first the prefix and the ending, and then inserting the vowel *-a-* between the first and the second radical: (ya-)KTvB(-u) → -KTvB → KaTvB. It is more difficult to predict the vowel after the second consonant as this can be *-a-*, *-i-*, or *-u-*. The ending of the 3rd person sg.m. is *-a*.

KaTaB-a	KaTiB-a	KaTuB-a
waṣal-a	*fahim-a*	*kabur-a*
he arrived	he understood	he became old/big

As a rule of thumb we may say that an imperfect base with an *-i-* (*i*-imperfect) corresponds to a perfect base with *-a-* (*a*-perfect) and, vice versa, an *a*-imperfect goes with an *i*-perfect. An *u*-imperfect can have an *a*- or *u*-perfect. Just as in the colloquial there are exceptions to these rules.

ya-ktub-u	→	*-ktub-*	→	*katab-a*	كتب	he wrote
ya-ʿrif-u	→	*-ʿrif-*	→	*ʿaraf-a*	عرف	he knew
ya-qraʾ-u	→	*-qraʾ-*	→	*qaraʾ-a*	قرأ	he read
ya-šrab-u	→	*-šrab-*	→	*šarib-a*	شرب	he drank
ya-fham-u	→	*-fham-*	→	*fahim-a*	فهم	he understood
ya-kbur-u	→	*-kbur-*	→	*kabur-a*	كبر	he became big ~ old
ya-ḥsun-u	→	*-ḥsun-*	→	*ḥasun-a*	حسن	he became good

Verbs of the type KaTuB-a, ya-KTub-u are not very common, and they are in general intransitive. فصحى *fuṣḥā* and عامّيّة *ʿāmmīya* sometimes show different patterns, e.g., *ʿarafa, yaʿrifu* in *fuṣḥā*, but *ʿirif, yiʿṛaf* in Cairo Arabic.
It is advisable to memorize perfect and imperfect forms of a verb together: *kataba, yaktubu* 'to write,' *šarib-a, yašrab-u* 'to drink,' *qaraʾ-a, yaqraʾ-u* 'to read.'
In dictionaries, it is common practice to enter verbs as 3rd sg.m. perfect, but to translate them as infinitives: *ʿaraf-a* 'to know' (not 'he knew').

b. Verbs with initial *hamza* behave in the same way as strong verbs.

ya-ʾkul-u	→	*-ʾkul-*	→	*ʾakal-a*	أكل	to eat
ya-ʾxuḏ-u	→	*-ʾxuḏ-*	→	*ʾaxaḏ-a*	أخذ	to take
ya-ʾmur-u	→	*-ʾmur*	→	*ʾamar-a*	أمر	to order

2. Derived stems

The perfect base can be derived from the imperfect base by

(a) dropping all prefixes and endings *yu-naḍḍif-u* → *naḍḍif*
(b) replacing all short vowels by *-a-* *naḍḍif* → *naḍḍaf*
(c) adding the ending *-a* of the 3rd pers.sg.m. *naḍḍaf* → *naḍḍaf-a* to clean
(d) prefixing an initial *i-* ا to bases starting with two consonants:
ya-nqaṭiʿ-u → *-nqaṭaʿ-* → *inqaṭaʿ-a* 'to be interrupted'

Note that stem IV does not take an initial *i-* ا, but begins with *ʾa-* أ.

Applying these rules, we get the following perfect forms for the derived stems.

II	KaTTaB-a	*yu-naḍḍif-u*	→	*naḍḍif*	→	*naḍḍaf-a*	نظّف، ينظّف	to clean
III	KāTaB-a	*yu-sāfir-u*	→	*sāfir*	→	*sāfar-a*	سافر، يسافر	to travel
IV	'aKTaB-a	*yu-rsil-u*	→	*rsil*	→	*ʾa-rsal-a*	أرسل، يرسل	to send
V	taKaTTaB-a	*ya-tafarraǧ-u*	→	*tafarraǧ*	→	*tafarraǧ-a*	تفرّج، يتفرّج	to watch
VI	taKāTaB-a	*ya-tanāwal-u*	→	*tanāwal*	→	*tanāwal-a*	تناول، يتناول	to have, to take
VII	inKaTaB-a	*ya-nqaṭiʿ-u*	→	*nqaṭiʿ*	→	*i-nqaṭaʿ-a*	انقطع، ينقطع	to be interrupted
VIII	iKtaTaB-a	*ya-ʿtaḏir-u*	→	*ʿtaḏir*	→	*i-ʿtaḏar-a*	اعتذر، يعتذر	to apologize
X	istaKTaB-a	*ya-stayqiḍ-u*	→	*stayqiḍ*	→	*i-stayqaḍ-a*	استيقظ، يستيقظ	to wake up

Notice that the ا of the stems VII to X is a *hamzat-u_l-waṣl* which will be elided together with its vowel if the preceding word ends with a vowel.

ʿindamā + istayqaḍ-a → *ʿindamā_stayqaḍ-a* عندما استيقظ when he woke up

The أ *ʾa-* of stem IV, however, is a *hamzatu_l-qaṭʿ* which is preserved in all cases.

ʿindamā + ʾaqbal-a → *ʿindamā ʾaqbal-a* عندما أقبل when he arrived

3. Conjugation of the perfect

The endings of the perfect are the same as those of ليس *laysa* (→ 3.IX).

Perfect of the strong verb: *kataba* كتب *kataba* 'he wrote'

1st		2nd		3rd		⇐
katab-tu	كتبت	*katab-ta*	كتبت	*katab-a*	كتب	sg.m.
		katab-ti	كتبت	*katab-at*	كتبت	sg.f.
katab-nā	كتبنا	*katab-tum*	كتبتم	*katab-ū*	كتبوا	pl.m.
		katab-tunna	كتبتنّ	*katab-na*	كتبن	pl.f.

Endings of the perfect and their particularities:

a. The ا *'alif* of the ending ـوا of the 2nd and 3rd pl.m. has no phonetic value but serves as an orthographic mark for the plural. It drops when followed by a suffix: كتبوا + ها → كتبوها 'they wrote it' (→ 8.II.1)

b. The ending *-tum* of the 2nd pl.m. becomes *-tumū* when followed by a suffix: *katabtum* + *hum* → *katabtumūhu* كتبتم + ه → كتبموه 'you (pl.m.) wrote it.'

c. The endings *-at* of the 3rd sg.f. and *-tum* of the 2nd pl.m. acquire a helping vowel when they are followed by a noun preceded by the article الـ *al-*: *-at* → *-ati* and *-tum* → *-tumu* (→ 4.II.3.c).

katabat + *ar-risāla-ta* → *katabati_r-risāla-ta*	كتبت الرسالة	she wrote the letter
katabtum + *ar-risāla-ta* → *katabtumu_r-risāla-ta*	كتبتم الرسالة	you (pl.m.) wrote the letter

d. In pause, the endings of the 3rd sg.m., the 2nd sg.m. and the 1st sg. may lose their short final vowel in pronunciation: *katab-a* → *katab#*, *katabt-a* → *katabt#* and *katabt-u* → *katabt#*. This does not apply to the pl.f. forms *katabna#*, *katabtunna#* nor to the 2nd sg.f. *katabti#*.

B. Weak verbs: base stem and derived stems

1. Doubled verbs

a. Stem I or base stem

Doubled verbs form their perfect base from the imperfect by replacing the vowel of the imperfect base with an *-a-*: يمرّ *yamurr-u* → *-murr-u* becomes *marr-a* مرّ 'to pass by,' and *yawadd-u* يودّ *wadd-a* ودّ 'to like.'

Vowel-initial endings are added to this base without any changes:

marr + *at*	→	*marrat*	مرّت	she passed by
wadd + *ū*	→	*waddū*	ودّوا	they wished

Consonant-initial endings trigger the insertion of an *a* or an *i* between the consonantal cluster.

marr + *tu*	→	*marar-tu*	مررت	I passed by
wadd + *ta*	→	*wadid-ta*	وددت	you (sg.m.) wished

Perfect of the doubled verbs: مرّ *marra* 'he passed by'

marar-tu	مررت	*marar-ta*	مررت	*marr-a*	مرّ
		marar-ti	مررت	*marr-at*	مرّت
marar-nā	مررنا	*marar-tum*	مررتم	*marr-ū*	مرّوا
		marar-tunna	مررتنّ	*marar-na*	مررن

Perfect of the doubled verbs: ودّ *wadda* 'he wished'

wadid-tu	وددت	*wadid-ta*	وددت	*wadd-a*	ودّ
		wadid-ti	وددت	*wadd-at*	ودّت
wadid-nā	وددنا	*wadid-tum*	وددتم	*wadd-ū*	ودّوا
		wadid-tunna	وددتنّ	*wadid-na*	وددن

b. Derived stems of the doubled verbs

Stems II and V: As with strong verbs, the *-i-* of the imperfect base of stem II is replaced by *-a-* in the perfect.

II *yuqarrir-u* → *qarrar-a* 'to decide' V *yataqarrar-u* → *taqarrar-a* 'to be decided'

Stems III and VI: Imperfect and perfect bases are the same: *yumāss-u* → *māss-a* ماسّ 'to touch,' *yatamāss-u* → *tamāss-a* 'to touch each other.' As for the conjugation, no changes occur with the vowel-initial endings.

III	*māss-* + *at*	→	*māss-at*	ماسّت	she touched
VI	*tamāss* + *ū*	→	*tamāss-ū*	تماسّوا	they (m.) touched each other

With consonant-initial endings an *-a-* is inserted into the consonant cluster of the base, as in stem I (cf. stem I *marr-a*, but *marart-u* 'I passed by').

māss- + *-tu*	→	*māsas-tu*	ماسست	I have touched
tamāss + *nā*	→	*tamāsasnā*	تماسسنا	we touched each other

In stems IV, VII, VIII and X, the characteristic doubled consonant of the doubled verbs is present: *yuḥiss-u* → *ʾaḥass-a* 'to feel,' *yanġašš-u* → *inġašš-a* 'to be cheated,' *yaḥtall-u* → *iḥtall-a* 'to occupy,' *yastaʿidd-u* → *istaʿadd-a* 'to get ready.' Again, when consonant-initial endings are added to the base, an *-a-* is inserted into the consonant cluster of the base.

IV	*ʾaḥass* + *tu*	→	*ʾaḥsas-tu*	أحسست	I felt
VII	*inġašš* + *nā*	→	*inġašaš-nā*	انغششنا	we were cheated
VIII	*iḥtall* + *tum*	→	*iḥtalal-tum*	احتللتم	you (pl.m.) occupied
X	*istaʿadd* + *tu*	→	*istaʿdad-tu*	استعددت	I got ready

2. Verbs with initial *w*

يضع	يقف	يقع	يجد	يصل
ya-ḍaʿ-u	*ya-qif-u*	*ya-qaʿ-u*	*ya-ğid-u*	*ya-ṣil-u*
to put	to stand	to fall	to find	to arrive

The perfect base can be derived by replacing an *-i-* of the imperfect base by *-a-*, sometimes *-i-*, and by adding the syllable و *wa-* as a first syllable.

ya-ṣil-u	→	*-ṣil-*	→	*waṣal-a*	وصل	to arrive
ya-ğid-u	→	*-ğid-*	→	*wağad-a*	وجد	to find

Verbs with initial *w* are further conjugated as strong verbs, and the same rules apply to the derived stems.

Perfect of verbs with initial *w* : وجد *wağada* 'he found'

wağad-tu	وجدت	*wağad-ta*	وجدت	*wağad-a*	وجد
		wağad-ti	وجدت	*wağad-at*	وجدت
wağad-nā	وجدنا	*wağad-tum*	وجدتم	*wağad-ū*	وجدوا
		wağad-tunna	وجدتنّ	*wağad-na*	وجدن

3. Hollow verbs

med. *w*	med. *w*	med. *y*	med. *w*
ينام	يخاف	يسير	يقول
ya-nām-u	*ya-xāf-u*	*ya-sīr-u*	*ya-qūl-u*
to sleep	to be afraid	to walk	to say

a. Stem I or base stem

The long vowel of the imperfect base is replaced by an *ā*.

ya-kūn-u	→	*-kūn-*	→	*kān-a*	كان	to be, to become
ya-qūl-u	→	*-qūl*	→	*qāl-a*	قال	to say
ya-sīr-u	→	*-sīr-*	→	*sār-a*	سار	to walk
ya-nām-u	→	*-nām-*	→	*nām-a*	نام	to sleep

In the conjugation, no changes occur with vowel-initial endings. With consonant-initial endings, however, the *-ā-* of the base is replaced by the corresponding short vowel of the imperfect base of the verb.

qāl-a, ya-qūl-u	→	*qul-tu*	قلت	I said
sār-a, ya-sīr-u	→	*sir-tu*	سرت	I walked

Note that if the vowel of the imperfect base is an *-ā-*, this will be replaced by *-i-*.

nām-a, ya-nām-u	→	*nim-tu*	نمت	I slept
xāf-a, ya-xāf-u	→	*xif-tu*	خفت	I was afraid

Perfect of hollow verbs with medial *-ū-*: *qāla* 'to say'

qul-tu	قلت	*qul-ta*	قلت	*qāl-a*	قال
		qul-ti	قلت	*qāl-at*	قالت
qul-nā	قلنا	*qul-tum*	قلتم	*qāl-ū*	قالوا
		qul-tunna	قلتنّ	*qul-na*	قلن

Perfect of hollow verbs with medial *-i-*: *sāra* 'to walk'

sir-tu	سرت	*sir-ta*	سرت	*sār-a*	سار
		sir-ti	سرت	*sār-at*	سارت
sir-nā	سرنا	*sir-tum*	سرتم	*sār-ū*	ساروا
		sir-tunna	سرتنّ	*sir-na*	سرن

Perfect of hollow verbs with medial *-ā-*: *nāma* 'to sleep'

nim-tu	نمت	*nim-ta*	نمت	*nām-a*	نام
		nim-ti	نمت	*nām-at*	نامت
nim-nā	نمنا	*nim-tum*	نمتم	*nām-ū*	ناموا
		nim-tunna	نمتنّ	*nim-na*	نمن

b. Derived stems of the hollow verbs.

The weak radicals *w* و of *y* ي of these words show up again in stems II, III, V and VI. They are conjugated as strong verbs.

II	*ġayyar-a, yuġayyir-u*	غيّر، يغيّر	to change sth
V	*taġayyar-a, yataġayyar-u*	تغيّر، يتغيّر	to change (oneself)
III	*nāwal-a, yunāwil-u*	ناول، يناول	to hand over
VI	*tanāwal-a, yatanāwal-u*	تناول، يتناول	to take (eat)

In the conjugation of the other stems, the *-ā-* of the base remains, but it is shortened to *-a-* before a cluster of consonants.

VIII	*ixtār-a* → *ixtart-u*	اخترت	to choose
X	*istaṭāʿ-a* → *istaṭaʿt-u*	استطعت	can, to be able

3. Defective verbs

a. Perfect base

(α) Defective verbs form their perfect base from the imperfect by inserting *-a-* between the 1st and 2nd consonants and by replacing their final *-ū* or *-ī* by *-ā*.

final *ū*	*ya-dʿū*	→	*-dʿū*	→	*daʿā*	دعا	to invite
	ya-nmū	→	*-nmū*	→	*namā*	نما	to grow
final *ī*	*ya-ḥkī*	→	*-ḥkī*	→	*ḥakā*	حكى	to tell
	ya-rmī	→	*-rmī*	→	*ramā*	رمى	to throw

Notice that this *-ā* is written with ا *ʾalif* when derived from an imperfect with *-ū*, and with ى *ʾalif maqṣūra* when derived from an imperfect with *-ī*.

(β) Defective verbs with a final *-ā* in the imperfect change this to *-iya* ي .

yansā	→	*-nsā*	→	*nasiy-a*	نسي	to forget
yabqā	→	*-bqā*	→	*baqiy-a*	بقي	to remain, to stay

b. Conjugation

The attachment of the conjugational endings causes some important changes to the base. Consonant-initial endings such as *-tu, -na,* trigger the original radicals *w* and *y* of the base as in:

(yadʿū) daʿā	→	*daʿaw-tu*	دعوت	I called
(yarmī) ramā	→	*ramay-tu*	رميت	I threw

whereas *-iy* changes into the long vowel *-ī-*:

(yansā) nasiya	→	*nasī-tu*	نسيت	I forgot

The *-ā* of the base combines with the vowel-initial ending *-at* (3rd sg.f.) to *-at*, and with the *-ū* (3rd pl.m.) to *-aw*.

daʿā + at	→	*daʿat*	دعت	*ḥakā + at*	→	*ḥakat*	حكت
daʿā + ū	→	*daʿaw*	دعوا	*ḥakā + ū*	→	*ḥakaw*	حكوا

The *-iy* of the defective bases remains intact before *-at*, but is elided before *-ū*.

nasiy + at	→	*nasiyat*	نسيت	*nasiy + ū*	→	*nasū*	نسوا

Perfect of defective verbs with *-ū* : *daʿā* 'to invite'

daʿaw-tu	دعوت	*daʿaw-ta*	دعوت	*daʿā*	دعا
		daʿaw-ti	دعوت	*daʿ-at*	دعت
daʿaw-nā	دعونا	*daʿaw-tum*	دعوتم	*daʿa-w*	دعوا
		daʿaw-tunna	دعوتنّ	*daʿaw-na*	دعون

Perfect of defective verbs with *-ī* : *ḥakā* 'to tell'

ḥakay-tu	حكيت	*ḥakay-ta*	حكيت	*ḥakā*	حكى
		ḥakay-ti	حكيت	*ḥak-at*	حكت
ḥakay-nā	حكينا	*ḥakay-tum*	حكيتم	*ḥaka-w*	حكوا
		ḥakay-tunna	حكيتنّ	*ḥakay-na*	حكين

Perfect of defective verbs with *-iya*: *nasiya* 'to forget'

nasī-tu	نسيت	*nasī-ta*	نسيت	*nasiy-a*	نسي
		nasī-ti	نسيت	*nasiy-at*	نسيت
nasī-nā	نسينا	*nasī-tum*	نسيتم	*nas-ū*	نسوا
		nasī-tunna	نسيتنّ	*nasī-na*	نسين

c. The derived stems of the defective verbs are formed by replacing the final *-ī* of the imperfect basis by *-ā*, if necessary.

II	*yu-ġannī*	→	*-ġannī*	→	*ġannā*	غنّى	to sing
III	*yusāwi*	→	*-sāwī*	→	*sāwā*	ساوى	to be worth
IV	*yulqī*	→	*-lqī*	→	*ʾalqā*	ألقى	to throw
V	*yatamannā*	→	*-tamannā*	→	*tamannā*	تمنّى	to wish
VI	*yatafādā*	→	*-tafādā*	→	*tafādā*	تفادى	to avoid
VII	*yanqaḍī*	→	*-nqaḍī*	→	*inqaḍā*	انقضى	to go by
VIII	*yaštarī*	→	*-štarī*	→	*ištarā*	اشترى	to buy
X	*yastadʿī*	→	*-stadʿī*	→	*istadʿā*	استدعى	to summon

The conjugation is the same as with the base stem of defective verbs with *-ā* (→ above حكى *ḥakā*).

ألقينا	تمنّوا	غنّيت	اشترت
ʾalqaynā	*tamannaw*	*ġannaytu*	*ištarat*
we threw	they wished	I sang	she bought

For verbs with four radicals → 12.I.

C. Use of the perfect

1. The perfect is used to express past tense. It is further used in conditional sentences (→ 11.IX, 13.II) and to express wishes (→ 14.III.2).

2. Negation with ما *mā* and لم *lam* + apocopate

The perfect can be simply negated with the particle *mā* 'not' as in ما استطاعت الحصول على حقوقها 'she could not obtain her rights.'

In Modern Written Arabic, however, it is more common to use لم *lam* + apocopate for this purpose (→ 9.I.B).

هل وصلت؟ ← لا، لم تصل بعد	فهمت ؟ ← لا، لم افهم
no, she did not arrive yet	no, I did not understand

التمرينات

١– استفهم عن العدد Ask how much!

مثال: في الحقل نخل عال ⇐ كم نخلةً بالضبط؟

يحتاج الموظّف إلى أوراق ⇐ كم ________ بالضبط؟

الحظيرة فيها أبقار عديدة ⇐ كم ________ بالضبط؟

في الثلاجة بيض كثير ⇐ كم ________ بالضبط؟

في البحيرة بطٌّ ⇐ كم ________ بالضبط؟

أطلقوا الرصاص على اللصّ ⇐ كم ________ بالضبط؟

هذه الموزات لا تكفي ⇐ تحتاجين إلى كم ________؟

في حديقتي شجر كثير ⇐ كم ________ بالضبط؟

٢– حوّل الجمل التالية على النحو الموضّح في المثال

مثال: دخلنا مطعما من المطاعم الشرقيّة ⇐ دخلنا أحد المطاعم الشرقيّة

ذكرت أحمد في رسالة من رسائلي ⇐ ________

أعدّ الطبّاخ وجبة من الوجبات الشعبيّة ⇐ ________

كان مهندسا من مهندسي المصنع ⇐ ________

ذهبنا إلى منتزه من منتزهات المدينة ⇐ ________

وجدوا الهديّة في دكّان من الدكاكين ⇐ ________

كانت تعيش في قرية من القرى البعيدة ⇐ ________

جلس الضيوف في شرفة من شرف المنزل ⇐ ________

التقيت بها في رحلة من رحلاتي ⇐ ________

قرأت ليلى مقالة من مقالات الجريدة ⇐ ________

صفاء طالبة من طالبات جامعة القاهرة ⇐ ________

٣– حوّل الجمل التالية على النحو الموضّح في المثال

مثال: وجدت هذا الاسم في رسالة من مراسلتي ⇐ وجدت هذا الاسم في إحدى رسائل مراسلتي

كان عمرو عبد الرازق صديقا لأبي ⇐ ________

كانت عفاف موظّفة في شركة للاستيراد ⇐ ________

تناولنا وجبة خفيفة في مطعم في قريتنا ⇐ ____________

كانت سامية طالبة في كلّيّة الآداب ⇐ ____________

كان علاء عضوا في منتدى الشباب ⇐ ____________

قرأ لنا الأستاذ نصّا من هذا الكتاب ⇐ ____________

لم أذكر اسمك في خطاب لي ⇐ ____________

كنّا نعيش في حي في القاهرة ⇐ ____________

كتب حسن عن الحادث في مقالة له ⇐ ____________

غنت لنا منى أغنية للمطربة أم كلثوم ⇐ ____________

٤– أجب بالنفي على النحو الموضّح في المثال

مثال: هل أكلت طعامك يا حسن ⇐ لا، لم آكل طعامي

هل أملت منا المساعدة يا حسن ⇐ لا، ____________

هل أخذت حقائبك يا سناء ⇐ لا، ____________

هل أكلتم كل التفّاح يا أطفال ⇐ لا، ____________

هل أخذتن الهدايا يا بنات ⇐ لا، ____________

هل ستأكل طعامك يا حسن ⇐ لا، ____________

هل ستأخذ معك كلبك يا حسن ⇐ لا، ____________

هل ستأخذين حقائبك يا سناء ⇐ لا، ____________

هل ستأكلون كلّ التفاح يا أطفال ⇐ لا، ____________

هل ستأخذن هذه الهدايا يا بنات ⇐ لا، ____________

٥– أجب على الأسئلة الآتية مستعملا صيغة الماضي

مثال: هل ستكتب الرسالة اليوم؟ ⇐ لقد كتبت الرسالة أمس

هل ستركب القطار اليوم؟ ⇐ ____________

هل ستدفعين الحساب اليوم؟ ⇐ ____________

هل ستشرب فنجانا من القهوة اليوم؟ ⇐ ____________

هل ستأخذ معك حقائبك اليوم؟ ⇐ ____________

هل ستذهب إلى الشاطئ اليوم؟ ⇐ ____________

هل سترجع أختك من أبي قير اليوم؟ ⇐ ____________

هل ستسافر اليوم؟ ⇐ ____________________

هل ستُرسل الرسالة اليوم؟ ⇐ ____________________

هل ستتفرّج على الصيّادين اليوم؟ ⇐ ____________________

هل ستأكلين سمكا اليوم؟ ⇐ ____________________

هل ستعتذر لحسن عن تأخيرك اليوم؟ ⇐ ____________________

هل ستكلّمين الوالد بالهاتف اليوم؟ ⇐ ____________________

هل ستنظّف غرفتك اليوم؟ ⇐ ____________________

هل ستأخذين جميع كتبك اليوم؟ ⇐ ____________________

٦- حوّل الجمل التالية من المضارع إلى الماضي

مثال: ماذا تقولون لها؟ ⇐ ماذا قلتم لها؟

متى تبيعون هذا المنزل؟ ⇐ ____________________

هل تختارون سمكا طازجا؟ ⇐ ____________________

متى تعودون من السفر؟ ⇐ ____________________

هل تستطيعون السيْر على الأقدام؟ ⇐ ____________________

هل تريدون شيئا؟ ⇐ ____________________

هل تخافون من اللصوص؟ ⇐ ____________________

هل تنامون مبكراً؟ ⇐ ____________________

هل تقومون ▯▯عداد الطعام؟ ⇐ ____________________

هل تصومون في رمضان؟ ⇐ ____________________

٧- حوّل الجمل التالية إلى الماضي

مثال: أمشي كثيراً ⇐ مشيتُ كثيراً

أشتري بعض الهدايا ⇐ ____________________

أتمنّى أن تكون بخير ⇐ ____________________

أنسى كل شيء ⇐ ____________________

أحكي لكم عن رحلتي ⇐ ____________________

أقضي يوما جميلا ⇐ ____________________

أدعو صديقتي إلى الحفلة ⇐ ____________________

أغنّي أغنية جميلة ⇐ ________________

أرجو دوام المراسلة ⇐ ________________

آتي لزيارتكم ⇐ ________________

٨- أجب على الجمل التالية بواسطة { لا }

مثال: هل حلّ أخوك المشكلة؟ ⇐ لا، لقد حللت المشكلة بنفسي

هل مرّ حسن بالمستشفى؟ ⇐ لا، لقد ________ أختُه

هل ردّ المدير على الرسالة؟ ⇐ لا، لقد ________ عليها المديرةُ

هل أعدّ الطبّاخ الطعام؟ ⇐ لا، لقد ________ الطعام بنفسي

هل أحسّ محمد بالتعب؟ ⇐ لا، لقد ________ أنا بالتعب

هل ودّ أحمد الرحيل؟ ⇐ لا، لقد ________ نحن الرحيل

هل استعدّ أبوك للسفر؟ ⇐ لا، لقد ________ أنا للسفر

هل شمّ كمال رائحة الفحم؟ ⇐ لا، لقد ________ الرائحة بأنفسنا

٩- أجب على الأسئلة التالية على النحو الموضح في المثال

مثال: هل تعلّموا اللغة العربية؟ ⇐ نعم، تعلّموها

هل ركبوا القطار في الصباح؟ ⇐ نعم، ________________

هل سألوا المدرّسين؟ ⇐ نعم، ________________

هل شاهدوا الآثار؟ نعم، ________________

هل تفرّجوا على قوارب الصيد؟ ⇐ نعم، ________________

هل توجّهوا إلى أبي قير؟ ⇐ نعم، ________________

هل أحضروا الطعام؟ ⇐ نعم، ________________

هل أشعلوا النار؟ ⇐ نعم، ________________

هل تناولوا الطعام؟ ⇐ نعم، ________________

هل وجدوا محطة السكة الحديد؟ ⇐ نعم، ________________

هل نظّفوا الغرفة؟ ⇐ نعم، ________________

هل تابعوا سيرهم بعد ذلك؟ ⇐ نعم، ________________

هل طلبوا الحساب؟ ⇐ نعم، ________________

١٠- أجب على الأسئلة التالية بكلمة { نعم }

مثال: هل كتبتم الرسالة؟ ⇐ نعم، كتبناها
هل أرسلتم الخطاب؟ ⇐ نعم، ________________
هل سألتم المدرّسات؟ ⇐ نعم، ________________
هل دخلتم الكنيسة؟ ⇐ نعم، ________________
هل أحضرتم الطعام؟ ⇐ نعم، ________________
هل غادرتم القاهرة؟ ⇐ نعم، ________________
هل اشتريتم الكتب؟ ⇐ نعم، ________________
هل شرِبتم الماء؟ ⇐ نعم، ________________
هل تفرّجتم على قوارب الصيد؟ ⇐ نعم، ________________
هل شكرتمُ أباكم؟ ⇐ نعم، ________________
هل وضعتم السمك على الفحم؟ ⇐ نعم، ________________
هل تابعتم سيْركم؟ ⇐ نعم، ________________
هل أكلتم الطعام كله؟ ⇐ نعم، ________________
هل سألتم الأصدقاء؟ ⇐ نعم، ________________
هل كلّمتم الصديقات بالهاتف؟ ⇐ نعم، ________________

١١- أجب على الأسئلة التالية مستعملا { نعم }

مثال: هل سمعتني؟ ⇐ نعم، سمعتُك
هل تسمعني؟ ⇐ نعم، ________________
هل أحسستم بالتعب؟ ⇐ نعم، ________________
هل تحسّون بالتعب؟ ⇐ نعم، ________________
هل سمعتم كلامه؟ ⇐ نعم، ________________
هل تسمعون كلامه؟ ⇐ نعم، ________________
هل دعوتم الطالبات؟ ⇐ نعم، ________________
هل تدعون الطالبات كل عام؟ ⇐ نعم، ________________
هل حكيتم القصة للأولاد؟ ⇐ نعم، ________________
هل تحكون القصة للأولاد؟ ⇐ نعم، ________________
هل قرأتم المقالات؟ ⇐ نعم، ________________
هل تقرؤون المقالات؟ ⇐ نعم، ________________

١٢– أجب على الأسئلة التالية مستعملاً أداة النفي { لا } والضمير المناسب

مثال: هل دخلت البيت؟ ⇐ لا، ولكني حاولت أن أدخله

هل كتبت الرسالة؟ ⇐ لا، ولكني حاولت أن ____________

هل دفعتم الحساب؟ ⇐ لا، ولكنّا حاولنا أن ____________

هل غادروا البلاد؟ ⇐ لا، ولكنهم حاولوا أن ____________

هل تفرّجت على الصيّادين؟ ⇐ لا، ولكني حاولت أن ____________

هل أشعلتم النار؟ ⇐ لا، ولكنّا حاولنا أن ____________

هل خرج الأولاد من البيت؟ ⇐ لا، ولكنهم حاولوا أن ____________

هل عدتم إلى المنزل مبكراً؟ ⇐ لا، ولكنّا حاولنا أن ____________

١٣– أجب على الأسئلة التالية مستعملاً { سـ } مع الفعل

مثال: هل كتبت الرسالة؟ ⇐ سأكتبها غداً

هل حضروا إلى الحفلة؟ ⇐ ____________

هل اعتذرت لأختك؟ ⇐ ____________

هل أعددتم الطعام؟ ⇐ ____________

هل تحدّثوا مع مدرسيهم؟ ⇐ ____________

هل قرأن جريدة اليوم؟ ⇐ ____________

هل اتّصلتم بمدير الشركة؟ ⇐ ____________

هل سألت عن أحوالها؟ ⇐ ____________

هل فهمتم الدروس؟ ⇐ ____________

هل سافروا إلى الخارج؟ ⇐ ____________

هل فتح حسن نافذة الغرفة؟ ⇐ ____________

هل شاهد السوّاح الأهرام؟ ⇐ ____________

١٤– ∅ Choose from the previous texts eight words which correspond with the colloquial and eight others which differ, and write them down as in the example

رسالة (*risāla-tun*)	*gawāb*
بيت (*bayt-un*)	*bēt*
____________	____________
____________	____________
____________	____________

١٥– اقرأ النص مرةً أخرى ثم أجب على الأسئلة التالية بجملة مفيدة

أين تقع أبو قير؟

هل هي بعيدة عن الاسكندرية؟

ماذا يفعل الطبّاخ بالسمكة؟

هل هناك ركّاب كثيرون في القطار في المساء؟

ما اسم كاتب الرسالة؟

كيف ذهب كمال إلى مدينة أبو قير؟

ماذا فعل كمال في المقهى؟

متى عاد إلى منزله؟

١٦– ترجم الجمل التالية إلى الفصحى.

1. He sent me this letter after a long break.

2. I shall stay two days in *Baġdād*.

3. I hope that you are well and that everything is all right.

4. She returned from Egypt yesterday evening.

5. She told me that she was fine and in good health.

6. You have to pay the bill.

7. She wished to tell us a long story.

8. Did you hear anything about our friend *ʿAlī*?

9. They will stay one week in Cairo.

10. *ʿAlī* will come along tomorrow in the evening.

11. I eat an apple every day.

12. I shall take two suitcases with me.

13. We used to live in one of the old districts in Cairo.

14. When I felt hungry, I entered one of the restaurants.

15. When I arrived at the station, I found my brother there.

١٧– رسالة إلى صديق

Write a short letter to a friend with the following contents

1. Send him your greetings and wish him good health.
2. Tell him that you are safe and sound and that everything is okay.
3. Tell him about the walk you had in the busy streets of your town.
4. Tell him how you returned home in the evening and what you did then:
   - you read the newspaper
   - you phoned your friend *ʾAḥmad*
   - you watched a tv program before you went to bed.
5. Give him your best regards at the end of the letter using the correct expressions.
6. Do not forget to sign your letter.

الدرس الحادي عشر

النصوص

المنحة

السيد عمرو عبد الباقي

تحية طيبة وبعد، نحيطك علما بأننا قد تسلمنا طلبك للحصول على منحة لمواصلة دراساتك العليا بجامعة السوربون بفرنسا . ومرفق بالطلب ملف يحتوي على سيرتك الذاتية وشهاداتك العلمية كما يضم الملف موضوعات الدورات العلمية التي اشتركت فيها وعناوين المقالات التي ظهرت باسمك، وكنا لم نجد بالملف خطاب توصية من الأستاذ المشرف على الرسالة.

الرجاء إرسال المستند المطلوب قبل نهاية الشهر الجاري إذا كنت تريد عرض ملف كامل على لجنة البعثات في اجتماعها القادم .

وتفضل بقبول فائق الاحترام .

مدير الإدارة العامة للبعثات

علي أحمد السيد

تحريرا في ٢٧/٥/٢٠٠٧

السلامة في السباحة

كثير من الناس يحبون الماء ولكن معظمهم لا يجيد السباحة .

فإن أقدمت على السباحة يجب عليك أن تأخذ في الاعتبار قواعد السلامة التالية :

- احرص دائما على أن يكون معك رفيق فقد تحتاج إلى مساعدته
- لا تسبح في المياه العميقة إن لم تكن تجيد السباحة
- لا تقدم على السباحة إن كنت تشعر بالتعب الشديد
- لا تسبح بعد الأكل مباشرة

المفردات

أجاب على	to answer
أجاد ه	to master, to be good in
اجتماعٌ، ـاتٌ	meeting
اجتهادٌ	endeavor, diligence
أحاط ه علماً بـ	to inform sb of
احتاج إلى	to need
أخذ في الاعتبار	to take into account
إدارةٌ، ـاتٌ	administration
إرسالٌ	forwarding, sending
أضاف ه إلى	to add sth to
أقدم على	to undertake
أمكن ه	to be able to
بدأ، يبدأ بـ	to start (with); to begin
بدون شكّ	sure, without any doubt
بعثةٌ، ـاتٌ	mission, delegation
بعدُ	yet, until now
بكلِ سرورٍ	with pleasure
تحريرٌ	editing
تحيّةٌ، ـاتٌ	greeting
تساؤلاتٌ (pl.)	query, doubt
تسلّم ه	to receive
تمشّى	to take a walk
تنظيمٌ	organization
توصيةٌ	recommendation
توفيقٌ	success
جارٍ	current
جاهزٌ ،ـون	ready
حرّر ه	to write; to liberate
حرص، يحرُص على	to strive for
حصَل، يحصُل على	to obtain
حقيقةٌ، حقائقُ	truth
خلالَ	during
دراساتٌ عليا	postdoctoral studies
درَس، يدرُس ه	to study
دورةٌ، ـاتٌ	course
ذكرٌ	mentioning
ردّ، يرُدّ على	to answer
رسالةٌ، ـاتٌ	thesis
رفيقٌ، رفاقٌ	companion
سباحةٌ	swimming
سبح، يسبح	to swim
سيرةٌ ذاتيّةٌ	curriculum vitae
شديدٌ ، أشدّاءُ	heavy, severe
صدر، يصدُر	to appear
ضمّ، يضمّ ه	to contain
طيّبٌ ، ـون	good, fine
ظهر ، يظهَر	to appear
عرضٌ	presentation
عظيمٌ ، عظماء	great
عميقٌ	deep, profound
عيدٌ، أعيادٌ	feast, celebration
قادمٌ	coming
قدّم ه	to submit
كتابةٌ	writing
لجنةٌ، لجانٌ	committee
مرفقٌ بـ	attached to
مساعدةٌ، ـاتٌ	help
مستندٌ، مستنداتٌ	document
مشرفٌ على	supervising
مطلوبٌ	required
معظمٌ	major part; most
ملفٌّ، ـاتٌ	dossier
منحةٌ، منحٌ	scholarship
مواصلةٌ	continuation
نشاطٌ	activity
نهايةٌ، ـاتٌ	end

ʾaǧāba ʿalā; ʾaǧād-a; iǧtimāʿ-un, -āt-un; iǧtihād-un; ʾaḥāṭa ʿilman bi; iḥtāǧa ʾilā; ʾaxada fī_l-iʿtibāṛ-i; ʾidāṛa-tun, -āt-un; ʾirsāl-un; ʾaḍāfa ʾilā; ʾaqdama ʿalā; ʾamkan-a; bada ʾ-a, yabda ʾ-u (bi); bidūni šakk-in; biʿṯat-un, -āt-un; baʿd-u; bi kulli surūr-in; taḥrīr-un; taḥīya-tun, -āt-un; tasāʾulāt-un; tasallam-a; tamaššā; tanḏ̣īm-un; tawṣiya-tun; tawfīq-un; ǧārin; ǧāhiz-un; ḥaṛṛaṛ-a; ḥaraṣ-a, yaḥruṣ-u ʿalā; ḥaṣal-a, yaḥṣul-u ʿalā; ḥaqīqa-tun, ḥaqāʾiq-u; xilāl-a; dirāsātun ʿulyā; daras-a, yadrus-u; dawṛa-tun, -āt-un; ḏikr-un; ṛadd-a, yarudd-u ʿalā; risāla-tun, -āt-un; rafīq-un, rifāq-un; sibāḥa-tun; sabaḥ-a, yasbaḥ-u; sīratun ḏātīya-tun; šadīd-un, ʾašiddāʾ-u; ṣadar-a, yaṣdur-u; ḍamm-a, yaḍumm-u; ṭayyib-un, -ūna; ḍahar-a, yaḍhar-u; ʿarḍ-un; ʿaḏ̣īm-un, ʿuḏ̣amāʾ-u; ʿamīq-un; ʿīd-un, ʾaʿyād-un; qādim-un; qaddam-a; kitāba-tun; laǧna-tun, liǧān-un; murfaq-un bi; musāʿada-tun, -āt-un; mustanad-un, -āt-un; mušrifun ʿalā; maṭlūb-un; muʿḍam-un; malaff-un, -āt-un; minḥa-tun, minaḥ-un; muwāṣala-tun; našāṭ-un; nihāya-tun, -āt-un.

شرح القواعد

I. Arabic script: النسخ والرقعة *an-nasxu wa_r-ruqʿa*

The Arabic letters used so far in this book represent the *nasx*-script. This script is mainly used in printed texts, whereas in handwriting another type of script called *ruqʿa* is in use in Egypt.

final	medial	initial	separate	final	medial	initial	separate
ـط	ـطـ	طـ	ط	ـا	ـا	ا	ا
ـظ	ـظـ	ظـ	ظ	ـب	ـبـ	بـ	ب
ـع	ـعـ	عـ	ع	ـت	ـتـ	تـ	ت
ـغ	ـغـ	غـ	غ	ـث	ـثـ	ثـ	ث
ـف	ـفـ	فـ	ف	ـج	ـجـ	جـ	ج
ـق	ـقـ	قـ	ق	ـح	ـحـ	حـ	ح
ـك	ـكـ	كـ	ك	ـخ	ـخـ	خـ	خ
ـل	ـلـ	لـ	ل	ـد	ـد	د	د
ـم	ـمـ	مـ	م	ـذ	ـذ	ذ	ذ
ـن	ـنـ	نـ	ن	ـر	ـر	ر	ر
ـه	ـهـ	هـ	ه	ـز	ـز	ز	ز
ـو	ـو	و	و	ـس	ـسـ	سـ	س
ـلا	ـلا	لا	لا	ـش	ـشـ	شـ	ش
ـى	ـيـ	يـ	ى	ـص	ـصـ	صـ	ص
ـة			ة	ـض	ـضـ	ضـ	ض

II. Arabic script: ligatures

In Arabic handwriting certain letters in sequence are combined in a particular way. For instance, the letters ـب *bā'*, ـت *tā'*, ـث *ṯā'*, ـن *nūn*, ـي *yā'* or ـئ *hamza ʿalā_l-yā'* are placed above a following ـج *ǧīm*, ـح *ḥā'* or ـخ *xā'* and not beside them. The same happens when a م *mīm* follows. The resulting combinations of letters are called ligatures. When ل *lām* or ا *'alif* follow a ك *kāf* they form ligatures, as well.

نُجومٌ	ماتَحَف	صَحيفة	سا ئِح	تَحَت
nuǧūm-un	*matḥaf-un*	*ṣaḥīfa-tun*	*sā'iḥ-un*	*taḥt-a*
stars	museum	newspaper	tourist	beneath
أئِمة	ثمَن	أنتُم	بينما	نِمر
'a'ima-tun	*ṯaman-un*	*'antum*	*baynamā*	*nimr-un*
imams	price	you (pl.m.)	while	tiger
كامِل	كل	مكاتِب	كاتِب	كلب
kāmil-un	*kull-un*	*makātib-u*	*kātib-un*	*kalb-un*
complete	all	desks	writer	dog

Handwritten numbers look also slightly different from the printed ones.

٥	٤	٣	٢	١
xamsa-tun	*'arbaʿa-tun*	*ṯalāṯa-tun*	*iṯnān-i*	*wāḥid-un*
five	four	three	two	one
١٠	٩	٨	٧	٦
ʿašara-tun	*tisʿa-tun*	*ṯamāniya-tun*	*sabʿa-tun*	*sitta-tun*
ten	nine	eight	seven	six

III. Demonstrative pronouns 'that,' 'those.'

1. Beside هـذا ، هـذه and هـؤلاء 'this,' 'these,' MWA has other demonstratives which refer to something more distant and which can be rendered by 'that,' 'those.'

'ulā'ik-a (pl.) أولئك	tilk-a (f.) تلك	ḏālik-a (m.) ذلك

Note that just as with هذا *hāḏā*, the -ā - of ذلك *ḏālik-a* and أولئك *'ulā'ik-a* is not written with *'alif* (→ 3.VII). On the other hand, although pronounced as a short vowel, the -u- of أولئك *'ulā'ik-a* is represented by a و *wāw*.

2. As in the colloquial, demonstratives agree with the noun they refer to in number and gender. This includes the pl. of inanimate objects agreeing with a sg.f. demonstrative (→ 4.VIII). The pl. forms of the demonstrative pronouns refer only to human beings.

3. When used attributively the demonstratives are placed before a definite noun preceded by the article ال *al-* (→ 7.II).

ذلك الولد	في تلك الأيام	مع أولئك الأصدقاء
ḏālika_l-walad-u	*fī tilka_l-ʾayyām-i*	*maʿa ʾulāʾika_l-ʾaṣdiqāʾ-i*
that boy	in those days	with those friends

4. Demonstratives can also be used independently when referring to something already mentioned in the text.

هذا صحيح فعلاً	تلك تساؤلات يُجيب عليها هذا الكتاب
hāḏā ṣaḥīḥun fiʿlan	*tilka tasāʾulātun yuğību ʿalayhā hāḏā_l-kitāb-u*
this is true indeed	those are questions that this book answers

ذلك *ḏālik-a* quite often refers back to a past or earlier mentioned event as in:

لذلك	مع ذلك	كذلك
li-ḏālik-a	*maʿa ḏālik-a*	*ka-ḏālik-a*
therefore	nevertheless	likewise
بعد ذلك	قبل ذلك	منذ ذلك
baʿda ḏālik-a	*qabla ḏālik-a*	*munḏu ḏālik-a*
thereafter	before that	since then

Notice that ذلك here corresponds to *kida* in the colloquial. *kida* is equivalent to هكذا *hākaḏā* 'so,' as well, in written Arabic.

IV. Word order and agreement

1. Predicate – subject: reduced agreement

In Modern Written Arabic, a verb as predicate normally introduces the sentence, being placed before its subject. In such cases the verb agrees with the subject in gender only, not in number. This means that it remains in the 3rd. sg.m. if the subject is masculine, and changes to the 3rd sg.f. if the subject is feminine or refers to a pl. of inanimate objects.

حصل الطالب على منحة	حصل الطلاّب على منح
the student (sg.m.) got a scholarship	the students (pl.m.) got scholarships
حصلت الطالبة على منحة	حصلت الطالبات على منح
the student (sg.f.) got a scholarship	the students (pl.f.) got scholarships

تقع القاهرة على ضفاف نهر النيل
Cairo is located on the banks of the River Nile

تبدأ الامتحانات يوم السبت
the exams start on Saturday

2. Subject – predicate: full agreement

In headlines and subtitles of the modern media, the subject often introduces the sentence. In such cases the predicate must agree fully with the subject in gender and number, if it refers to human beings.

الطلاّب يتسلمون الشهادات
the students (pl.m.) receive the diplomas

الطالبات يتسلمن الشهادات
the students (pl.f.) receive the diplomas

Note that if the subject refers to a pl. of inanimate objects, the predicate will remain in the 3rd sg.f.

الجامعات تفتح أبوابها اليوم
the universities open their doors today

القوارب تحمل السواح
the boats carry the tourists

The process of fronting the subject is obligatory when particles and conjunctions as إنّ ، لكنّ ، أمّا...ف etc. are used (→ 8.IV).

أمّا البنات فقد قرأن الكتاب ولكنّ الصبيان لم يقرؤوه
as to the girls, they have read the book, but the boys have not

V. كان *kān-a* , يكون *yakūn-u* and the nominal sentence

Equational sentences (→ 3.VIII) and prepositional sentences (→ 5.VI) are nominal sentences, since their predicate is not a verb but a noun or a prepositional phrase. These can be transformed into a verbal sentence by means of كان *kān-a*, يكون *yakūn-u* in order to express past time or future time. If the predicate is a noun, this takes the accusative (→ 6.VI). For the agreement rules see above IV.

زوجها مهندس ← كان زوجها مهندساً
zawǧuhā muhandis-un — *kāna zawǧuhā muhandisan*
her husband [is] an engineer — her husband was an engineer

هذا يوم ممتع ← سيكون هذا يوما ممتعا
hāḏā yawmun mumtiʿ-un — *sa-yakūnu hāḏā yawman mumtiʿan*
this is a pleasant day — this will be a pleasant day

في القاهرة أحياء قديمة ← كانت في القاهرة أحياء قديمة
fī_l-qāhirati ʾaḥyāʾun qadīma-tun — *kānat fī_l-qāhirati ʾaḥyāʾun qadīma-tun*
Cairo has old quarters — Cairo had old quarters

كان لدى محمود دخل كبير	←	لدى محمود دخل كبير
kāna ladā Maḥmūd daxlun kabīr-un		*ladā Maḥmūd daxlun kabīr-un*
Maḥmūd had a high income		*Maḥmūd* has a high income

By means of the proper form of كـــان *kāna* a nominal sentence can be transformed into a verbal one in contexts which require the use of a verb, for instance, with modal expressions with أن *ʾan*:

أتعشّم أن يكون هذا اليوم ممتعاً	←	هذا اليوم ممتع
ʾataʿaššam ʾan yakūna hāḏā_l-yaumu mumtiʿan		*hāḏā_l-yawmu mumtiʿ-un*
I hope that this will be a pleasant day		this day is pleasant
ينبغي أن تكون ذكيّاً	←	أنت ذكيّ
yanbaġī ʾan takūna ḏakīyan		*ʾanta ḏakīy-un*
you have to be clever		you are clever

Similarly, كن *kun* "be ...!" has to be used for the imperative

كوني ملكة فى بيتك	←	أنت ملكة فى بيتك
kūnī malikatan fī baytiki		*ʾanti malikatun fī baytiki*
be (sg.f.) a queen in your (own) house!		you are a queen in your house

VI. كان *kān-a*, يكون *yakūn-u* in combination with other verbal forms

1. As in the colloquial كـــان *kān-a* may be combined with the imperfect to express duration and repetition in the past, or with the perfect to express the past perfect tense. In this case the subject is placed directly after كـــان and before the conjugated verb. Each part of the predicate may, therefore, agree differently according to its position. Whereas كـــــان shows reduced agreement (see above V.1), the verb which follows the subject may agree fully (see above V.2).

وكانت الطالبات يردن ذلك أيضاً	كان الطلاب يريدون الدراسة في الخارج
the students (pl.f.), too, wanted this	the students (pl.m.) wanted to study abroad

2. The past perfect is expressed by كان *kāna* + قد *qad* + perfect.

كان الطلاب قد اشتركوا في بعض الدورات العلميّة

the students had taken part in various scientific training courses

عندما وصلنا إلى القرية كانت الشمس قد أشرقت

when we arrived at the village, the sun had already risen

Note that the subject is placed directly after كان *kān-a* and before قد *qad*.

3. The negation of a combined predicate takes place by negating either كـــان or the inflected verb, using for each case the appropriate negative particle.

لم أكن أعرف شيئًا عن المطربة أم كلثوم	كنت لا أعرف شيئًا عن المطربة أم كلثوم

I did not know anything about the singer *ʾUmm Kulṯūm*

VII. كان *kān-a*, يكون *yakūn-u* and the separating pronoun

If both subject and predicate of an equational sentence are definite, they are separated by means of a separating pronoun (→ 5.VIII.). When كـان comes to introduce such a sentence, the separating pronoun may remain without the predicate taking the accusative:

حتى وإن كان العرب هم ساميون
ḥattā wa-ʾin kāna_l-ʿarabu hum sāmīyūn-a
even if the Arabs are Semites

كان ابني محمود هو الرجل الوحيد في البيت
kāna_bni Maḥmūd huwa_r-raǵulu_l-waḥīd-u
my son *Maḥmūd* was the only man in the house

Nevertheless, the predicate of كان may stand in the accusative according to the rules.

قبل ان يكون العرب والمسلمون هم المسؤولين عن ذلك
qabla ʾan yakūna_l-ʿarabu wa_l-muslimūna humu_l-masʾūlīna ʿan ḏālik-a
before the Arabs and the Muslims were held responsible for that

VIII. Conditional propositions الجملة الشرطيّة *al-ǧumlatu_š-šarṭīya*

Conditional propositions fall into two broad categories: those which refer to a real possibility which can be realized (realis), and those which are hypothetical (contrafactive) and cannot be realized (irrealis). For the latter → 13.II.

A full conditional proposition starts with a conditional clause الـشـرط *aš-šarṭ* followed by the main clause جـواب الـشـرط *ǧawābu_š-šarṭ* which specifies the consequence of the condition. A conditional clause in the realis can be introduced by إذا *ʾiḏā* or by إن *ʾin* 'if,' 'in case that.' In modern usage إن is less common than إذا.

1. Conditional clauses with إذا

a. As in the colloquial, the verbal form used in a conditional clause with إذا is either a perfect, or كـان with a verb in the imperfect, a prepositional or a nominal phrase. Nevertheless these clauses do not refer to the past, but describe a general condition.

إذا أردت مواصلة دراستك . . .
if you want to continue your study ...

إذا كان الأولاد يحبّون الماء . . .
if the children love water ...

إذا كانت المياه عميقة . . .
if the water is deep ...

إذا كان لديك وقت . . .
if you have time ...

كـان with an imperfect occurs mostly in combination with modal expressions such as أمكن ، استطاع 'can,' رغب 'to want,' أحبّ 'to like,' and with verbs having the meaning of 'to mean,' 'to think' such as رأى ، عنى ، اعتقد ، قصد.

b. The main clause follows in general the conditional clause and consists of a verbal, a nominal, or a prepositional phrase.

(α) If the main clause starts with a verb in the perfect or the imperfect, or with لم + apocopate, it follows directly on the conditional clause.

إذا حضرت الآن وجدتها في المنزل
if you come now, you'll find her at home

إذا أردت الحضور يجب عليك إخباري
if you intend to come, you have to tell me

إذا رحلت رحلت أيضاً
if you (sg.m.) leave, I'll leave, too

إذا غضب لم يظهر عليه من أثر
if he gets angry, it does not show on him

(β) In all other cases, i.e., when it starts with an imperative, a noun, a preposition, a particle such as سوف ، سـ ، لن ، لا ، قد or with ليس or إنّ , the main clause is introduced by فـ *fa*.

إذا كانت لك عند الكلب حاجة فقل له يا سيّدي!
if you need something from a dog, call him 'master'!

إذا وجّهوا إليك السؤال فعليك أن تجيء بجواب منطقيّ
if they address a question to you, you have to come up with a logical answer

إذا حضرتم بالقطار فسوف تجدونه في انتظاركم
if you (pl.m.) come by train, you will find him waiting for you

إذا عض كلب رجلا فليس في هذا خبر. ولكن إذا كان الرجل هو الذي عض الكلب، فهذا خبر
when a dog bites a man, it is no news, but when a man bites a dog, this is newsworthy

d. The order of the clauses may be changed, i.e., main sentence first followed by the conditional clause. In such cases no فـ is used.

لا تنس أن تمرّ على أختك بأسوان إذا أتيحت لك الفرصة
do not forget to call in at your sister's in Aswan, if you get the opportunity

سيحضر قطعاً إذا طلبت منه ذلك
he will come for sure, if you (sg.m.) ask him

2. Conditional clauses with إن

Conditional clauses starting with إن *'in* are built in the same way as the ones with إذا, but they may have in addition a verb in the apocopate.

إن تعملْ تنجحْ
if you work, you will succeed (who works succeeds)

The particle فـ *fa* functions in the same way as with إذا-clauses.

إن كنت كذوبا فكن ذكوراً
if you lie frequently, you must have a good memory!

إن لم تجدوه في مكانه المعتاد فاخبروني على الفور!
if you (pl.m.) do not find him at his normal place, inform me immediately!

إن ألّفوا أو شعروا أو كتبوا فبالعربيّة
whenever they write novels or poetry, they do it in Arabic

سوف أدرس العربيّة في جامعة القاهرة إن شاء الله
I am going to study Arabic at the University of Cairo, God willing

3. Past tense

When the condition relates to the past, إن and إذا are followed by كـــان *kāna* + قـــد + perfect.

إذا كنتم قد تقدّمتم بطلب فسنفعل اللازم
if you (pl.m) have already made an appeal, we shall do the necessary

إن كان قد ترك المنزل فعليك إخبار أبيه على الفور
if he has left the house, you (sg.m.) must inform his father immediately

4. Negation: Conditional clauses introduced by إذا or إن are negated by means of ما *mā* + perfect or لم *lam* + apocopate.

إذا ما استطعت الحضور اليوم . . .
if you (sg.m.) cannot come today ...

إذا لم تكن هناك فرصة . . .
if there is no chance ...

إن لم نحضر اليوم في المساء حضرنا غداً في الصباح
if we do not come this evening, we shall come tomorrow morning

In the case of كان + imperfect in the conditional clause, the negation is usually لا + imperfect.

إذا كنت لا تريدين السفر . . .
if you (sg.f.) do not want to travel...

إذا كنتم لا تجدون الملفّ . . .
if you (pl.m.) cannot find the file...

إن كان لا يراها يتسلى بمراقبة النجوم
whenever he did not see her, he found comfort in observing the stars

The negation of a conditional clause in the past is done by negating the inflected verb in the proper way.

إن كنت قد فهمت كلامي فقل لي ذلك بكل صراحة
if you (sg.m.) understood my words, tell me this frankly

← إن كنت ما فهمت ~ لم تفهم كلامي فقل لي ذلك بكل صراحة
if you did not understand my words, tell me this frankly

IX. رأى، يرى *ra'ā, yarā* 'to see'

The verb رأى، يـــرى *ra'ā, yarā* 'to see' follows the pattern of the defective verbs (→ 10.III.3).

perfect رأى *ra'ā* 'he saw'

ra'ay-tu	رأيت	*ra'ay-ta*	رأيت	*ra'ā*	رأى
		ra'ay-ti	رأيت	*ra'-at*	رأت
ra'aynā	رأينا	*ra'ay-tum*	رأيتم	*ra'a-w*	رأوا
		ra'ay-tunna	رأيتن	*ra'ay-na*	رأين

In the imperfect رأى *ra'ā* loses its *hamza* and remains with only one radical, i.e., ر -*r*-: يــــــــرى *yarā* 'he sees.' Its conjugation follows that of the defective verbs (→ 6.III.B.2.d.β).

imperfect يرى *yarā* 'he sees'

'arā	أرى	*tarā*	ترى	*yarā*	يرى
		tarayna	ترين	*tarā*	ترى
narā	نرى	*tarawna*	ترون	*yarawna*	يرون
		tarayna	ترين	*yarayna*	يرين

The subjunctive follows the common rules (→ 8.II.1.c).
Note that the final ى -*ā* changes to ا when followed by a suffix (→ 14.II.2.e): يرى + ه → يراه and رأى + ها → رآها.
Notice the very short form of the basis of the apocopate يــرَ *yara* where the final -*ā* is reduced to -*a*.

apocopate *yara* يَرَ

'ara	أر	*tara*	تر	*yara*	ير
		taray	تري	*tara*	تر
nara	نر	*taraw*	تروا	*yaraw*	يروا
		tarayna	ترين	*yarayna*	يرين

Stem IV أرى، يـرى *'arā, yurī* 'to show' loses the *hamza* in both perfect and imperfect. The imperative is أر *'ari*, أري *'arī*, أروا *'arū*, أرين *'arīna* 'show!'

التمرينات

١- أجب بالنفي على الأسئلة التالية على النحو الموضح في المثال

مثال: هل كتب أحمد الخطاب؟ ⇐ لا، لم يكتبه بعد.

هل طلب عمرو المنحة؟ ⇐ ________

هل دخل الشيخ المسجد؟ ⇐ ________

هل قرأ الأستاذ المقالة؟ ⇐ ________

هل ركب الموظّف القطار؟ ⇐ ________

هل حصل الطالب على المنحة؟ ⇐ ________

هل نشر الكاتب المقالة؟ ⇐ ________

هل دفع صديقك الحساب؟ ⇐ ________

هل فتح ماجد النافذة؟ ⇐ ________

هل شرب الموظّف القهوة؟ ⇐ ________

٢- أكمل الجمل التالية على النحو الموضح في المثال

مثال: لم أكتب الرسالة بعد ⇐ وهي لم تكتبها أيضاً!

لم أحصل على الشهادة بعد ⇐ وأنتم ________ أيضاً!

لم أنظّف الغرفة بعد ⇐ وهم ________ أيضاً!

لم أفهم هذا الدرس بعد ⇐ وأنتَ ________ أيضاً!

لم أتّصل بسامية بعد ⇐ وأنتِ ________ أيضاً!

لم أسأل الأستاذ بعد ⇐ وهم ________ أيضاً!

لم أعتذر عن التأخير بعد ⇐ وأنتِ ________ أيضاً!

لم أُرسل الرسالة بعد ⇐ وهي ________ أيضاً!

لم أفتح باب الشقّة بعد ⇐ وهن ________ أيضاً!

٣- انهِ عن عمل الآتي على النحو الموضح في المثال

مثال: أأبيع السيّارة؟ ⇐ لا، لا تبع السيّارة يا محمد!

أأنام مبكراً؟ ⇐ لا، ________ يا محمد!

أأعود غدا؟ ⇐ لا، ________ يا محمد!

أأقول الحقيقة؟ ⇐ لا، ________ يا محمد!

أأعيش هنا؟	⇐	لا،	________	يا محمد!
أأسير في هذا الطريق؟	⇐	لا،	________	يا محمد!
أأصوم اليوم؟	⇐	لا،	________	يا محمد!
أأقوم من مكاني؟	⇐	لا،	________	يا محمد!
أأزور ماجدة؟	⇐	لا،	________	يا محمد!
أأخون العهد؟	⇐	لا،	________	يا محمد!

٤– أجب على الأسئلة التالية بالنفي على النحو الموضح في المثال

مثال: هل اشتريتم هدية جميلة أمس؟	⇐	لا،	لم نشتر هدية جميلة أمس
هل أتيتم في وقت مبكر؟	⇐	لا،	________
هل قضيتم العطلة على الشاطئ؟	⇐	لا،	________
هل حكيتم لحسن القصة كلها؟	⇐	لا،	________
هل دعوتم جميع الأصدقاء؟	⇐	لا،	________
هل تمنّيتم لهم عيداً سعيداً؟	⇐	لا،	________
هل نسيتم الكتب في المنزل؟	⇐	لا،	________
هل غنّيتم أغاني جديدة؟	⇐	لا،	________
هل بنيتم بيتاً في الزمالك؟	⇐	لا،	________
هل تمشّيتم على الشاطئ؟	⇐	لا،	________

٥– استعمل الصيغة المناسبة للفعل في الجمل التالية

مثال: (حلّ)	إن المديرة قد	حلّت	المشكلة.
(مرّ)	إن الطالبات قد	________	بالمحطة صباح اليوم.
(أحسّ)	إنني قد	________	بالتعب.
(ودّ)	إنني لا	________	أن أسافر إلى الخارج.
(شمّ)	إن البنات قد	________	رائحة السمك.
(ردّ)	هل استطعتم أن	________	على جميع الأسئلة؟
(أعدّ)	يجب علينا أن	________	الطعام اليوم.
(استعدّ)	يجب عليكن أن	________	للسفر الآن!
(أحبّ)	إنني قد	________	منى حبا عميقا.
(استمرّ)	يجب عليكم ألا	________	في هذا الطريق الخطأ!

٦- أدخل الصيغة المناسبة لـ {كان} على الجمل التالية

مثال: يكتب الأستاذ خطاب توصية ⇐ كان الأستاذ يكتب خطاب توصية.

يحب الأطفال السباحة في البحر ⇐ ________________

حصل عمرو على المنحة ⇐ ________________

قدّمنا طلب المنحة إلي اللجنة ⇐ ________________

ستشترك الطالبات في هذه الدورة ⇐ ________________

قرأنا بعض المقالات ⇐ ________________

يسبح طارق مع رفيق له ⇐ ________________

ذكرت شهاداتها في سيرتها الذاتيّة ⇐ ________________

يضمّ الملف بعض الأوراق المهمة ⇐ ________________

لا تجيد فاطمة السباحة ⇐ ________________

سيبيع نبيل سيارته لرفيق له ⇐ ________________

٧- أدخِلْ { أمـّا . . . فـ} على الجمل التالية

مثال: يذهب الأولاد إلى المدرسة ⇐ أما الأولاد فيذهبون إلى المدرسة.

يدخل حسن إلى الغرفة ⇐ ________________

تنهض السيّدة من الفراش مبكرا ⇐ ________________

تقدم الفتيات على السباحة ⇐ ________________

ستعمل السيّدات في المصنع ⇐ ________________

سيسافر المهندسون إلى هولندا ⇐ ________________

سيشمّ الأولاد الهواء المنعش ⇐ ________________

سيعرض الطلاب الملفات على اللجنة⇐ ________________

قد حلّت المهندسة المشكلة ⇐ ________________

لقد اشترك الطلاّب في المؤتمر ⇐ ________________

اختار الطبّاخ سمكة طازجة ⇐ ________________

٨- كوّن جملا مفيدة بواسطة الكلمات التالية مع مراعاة قواعد النحو والإعراب

مثال: إنّ ، يشرب ، خمر ، لا ، مسلمون ⇐ إنّ المسلمين لا يشربون الخمر.

إنّ ، احتوى ، طلب ، منحة ، على ، ملفّ ⇐ ________________

إنّ ، يتعلّم ، طالبات ، جديد ، دروس ⇐ ________________

إنّ ، كان ، أمان ، مرتخٍ ، حزام ⇐ ________________

إنّ ، سافر ، قد ، البارحة ، الطلاب ⇐ ________________

إنّ ، سباحة ، سيدات ، أجاد ، لا ⇐ ________________

إنّ ، فقد ، حماره ، جحا ، كان ، قد ⇐ ________________

إنّ ، طالبات ، سافر ، غدا ، سوف ⇐ ________________

إنّ ، أعدّ ، طبّاخون ، طعام ، قد ⇐ ________________

إنّ ، حساب ، موظفون ، لم ، دفع ⇐ ________________

٩- حوّل الجمل التالية على النحو الموضح في المثال مستعملا { فـ } عند اللزوم

مثال: سنأخذ في الاعتبار قواعد السلامة إذا أقدمنا على السباحة

⇐ إذا أقدمنا على السباحة فسنأخذ في الاعتبار قواعد السلامة

سأدخل إلى أحد المطاعم إذا أحسست بالجوع

⇐ ________________

يستطيع الطالب أن يحصل على منحة إذا وافقت لجنة البعثات على ذلك

⇐ ________________

سنسافر إلى الولايات المتحدة إذا حصلنا على منحة

⇐ ________________

لا تقدموا على السباحة في المياه العميقة إن لم يكن معكم رفيق!

⇐ ________________

لا تنس أن تضع سيرتك الذاتيّة في الملّف إذا أردته أن يكون كاملا!

⇐ ________________

لن أساعدك إن لم تساعدني!

⇐ ________________

لن نذهب إلى سيناء إذا كان الطقس حاراً

⇐ ________________

يجب عليك أن تملأ الاستمارة إذا أردت تسجيل عضويّتك في المنتدى

⇐ ________________

علّم أولادك أصول المرور إذا كنت حريصا على سلامتهم!

⇐ ________________

لن نركب هذا القطار إذا كان شديد الازدحام

⇐ ________________

١٠– أجب على الأسئلة التالية مرة باثبات ومرة بالنفي

مثال: هل رأيتموه؟ ⇐ نعم، رأيناه. لا، لم نره.

هل رأيت منزلي الجديد؟ ⇐ نعم، ________ لا، ________

هل رأت الموظّفة أمها؟ ⇐ نعم، ________ لا، ________

هل رأى الطالب أستاذه؟ ⇐ نعم، ________ لا، ________

هل رأيتم السيّدة العجوز؟ ⇐ نعم، ________ لا، ________

هل رأيتموني أمس؟ ⇐ نعم، ________ لا، ________

هل رأوا المهندسين الجدد؟ ⇐ نعم، ________ لا، ________

هل رأيتموهم فعلا؟ ⇐ نعم، ________ لا، ________

هل ترون هذه العمارة العالية؟ ⇐ نعم، ________ لا، ________

هل ترين هذين الرجلين؟ ⇐ نعم، ________ لا، ________

هل تروننى الآن؟ ⇐ نعم، ________ لا، ________

هل ترى هؤلاء الطالبات؟ ⇐ نعم، ________ لا، ________

هل ترى الموظّفةُ رجالَ المباحث؟ ⇐ نعم، ________ لا، ________

هل ترون هذه الكمّيّة من الذهب؟ ⇐ نعم، ________ لا، ________

هل ترين الشاطئ من بعيد؟ ⇐ نعم، ________ لا، ________

١١– اقرأ النصوص مرة أخرى ثم أجب على الأسئلة الآتية بجمل مفيدة

المنحة

ما هي وظيفة كاتب هذه الرسالة؟ ________________

أين يريد عمرو أن يواصل دراسته؟ ________________

هل يحتوي ملّف عمرو على سيرته الذاتيّة؟ ________________

متى يجب على عمرو إرسال المستند المطلوب؟ ________________

ما هو المستند المطلوب؟ ________________

السباحة

هل تجيد السباحة؟ ________________

هل تعوّدت أن تأخذ في الاعتبار قواعد السلامة؟ ________________

متى يجب عليك ألا تقدم على السباحة؟ ________________

هل تسبح في المياه العميقة بعد الأكل مباشرة؟ ______________________

هل تفضّل السباحة في البحر أم في حمّام السباحة؟ ______________________

١٢- ترجم الجمل التالية إلى الفصحى

1. As for *Aḥmad*, he did not get the scholarship.

____

2. Do (pl.m.) not buy this house because it is small!

____

3. If you (pl.m.) want to go to *ʾAswān*, you have to take (lit. mount) this train.

____

4. When the children arrived at school, the lesson had already started.

____

5. He forgot to add his curriculum vitae to his file.

____

6. You (sg.m.) should not swim in the sea if you are not good at swimming!

____

7. *ʿAmr* will not go to France if his file is not complete.

____

8. We saw a very beautiful house in *al-Maʿādī* yesterday.

____

9. Did (any) articles appear in the newspapers under your name?

____

10. Come (Pass) by (us) tomorrow, *Nādiya*!

____

11. *ʿAfāf* took part in a pedagogical course in Alexandria.

____

12. The students received their diploma.

____

13. If you (pl.m) have (some) time, you (pl.m) must read this article!

____

14. I was writing a letter when *ʿAwāṭif* entered the room.

____

15. As for me, I am going to continue my study in Cairo.

____

١٣- اكتب الكلمات التالية بالرقعة

بيوت	ابن	مبنى	منتدى	ثلاثة
تمام	ثمن	لئيم	سينما	قيمة
كبير	مكتب	مكان	كلام	كلب
اسم	سلام	شمس	مشروع	أطرس
أرض	عرض	مضمون	صلاح	مصباح
نجوم	بحر	ملح	نجاح	مجدى
أهرام	مهم	هلال	فتره	تهنئة
فوق	قلم	قرآن	مقبل	موقف

الدرس الثاني عشر

النصوص

حوادث ... وقضايا

الصدفة ... تُحْبِط جريمة قتل في شبرا – مكالمة هاتفية من الابنة أنقذت حياة الأم.

أرادت الموظّفة ‹ايلين جرجس عزمي› أن تطمئنّ على أمّها العجوز التي تقيم بمفردها في شبرا. حاولت أن تتصل بها بالهاتف عدّة مرّات دون جدوى. فأسرعت الموظّفة إلى منزل أمّها. طرقت الباب فتحته لها سيّدة شابّة لم ترها من قبل.

قبل أن تسأل الموظّفة عن تلك السيّدة كانت عيناها قد سبقتاها إلى حجرة نوم أمّها حيث وجدتها ملقاة على الفراش . وما أن رأت الأمّ ابنتها حتّى صاحت: هذه المرأة كانت تحاول قتلي. فصرخت الابنة وأغلقت باب الشقّة.

وأقبل الجاران اللذان يسكنان في الشقّة المقابلة فأمسكا بالسيّدة التي اتّهمتها العجوز بمحاولة قتلها ... وأبلغا مفتّش المباحث الذي أسرع إلى مكان الحادث وألقى القبض عليها.

في التحقيق تبيّن أنّ السيّدة تعمل خيّاطة وكانت قد حضرت إلى منزل العجوز لعمل "بروفة فستان" . رأت الخياطة عند العجوز كمّيّة من المجوهرات فأغواها الشيطان بسرقة الذهب وارتكاب الجريمة ...

أحيلت السيّدة إلى النيابة التي أمرت بحبسها.

حوادث بسبب الجوّ

بسبب سوء الأحوال الجويّة التي شهدتها البلاد أمس وهطول الأمطار:

- توقّفت حركة مترو الأنفاق في القاهرة لمدّة ساعتين ونصف
  كما حدث ماسّ كهربائيّ بحيّ شرق القاهرة
- انقلبت سيّارتان إحداهما أتوبيس وأصيب اثنان من ركّابه
  والسيّارة الأخرى ميكروباس تابع لمكتب سياحة فرنسي.

المفردات

أبلغ ه	to inform, to notify
اتّهم ه	to accuse, to charge
أتوبيس، ـات	coach, bus
أحال، يحيل ه	to hand over
أحبط ه	to thwart, foil
ارتكب ه	to commit (a crime)
أسرع إلى	to rush, to hasten to
أُصيب، يُصاب	to be wounded
أغوى، يغوي ه	to tempt
أقبل	to arrive, to come
ألقى، يلقي القبض على	to arrest
أمسك بـ	to grasp, to seize
انتهى ، ينتهي	to end
أنقذ ه	to save
انقلبَ	to turn upside down
باشر ه	to practice, to carry out
بدنٌ، أبدانٌ	body
بروفة، ـات	fitting (tailor)
بسبب	because of, due to
بمفرده	alone (sg.m.)
تابعٌ لـ	pertaining to
تباهى بـ	to brag about
تبختر	to swagger
تبعثر	to be scattered
تبيّن	to become clear, to turn out
تحقيقٌ	investigation, inquiry
توقّف	to come to a standstill, to stop
جارٌ، جيرانٌ	neighbor
جريمةٌ، جرائمُ	crime
حادثٌ، حوادثُ	accident
حبسٌ	arrest, imprisonment
حجرةٌ، ـاتٌ	room
حدث، يحدث	to happen
حربٌ، حروبٌ	war
حركةٌ، ـاتٌ	movement
خيّاطةٌ، ـاتٌ	seamstress
دونَ جدوى	in vain
ذهبٌ	gold
راكبٌ، ركّابٌ	passenger
رسميٌّ	official
زبونٌ، زبائنُ	client
سبَق، يسبُق ه	to go ahead of
سرق، يسرِق ه، سرقةٌ	to steal
سرقةٌ	theft, stealing
سوءٌ	evil, bad
شابٌّ ، شَبابٌ ~ شُبّانٌ	young
شرقٌ	east
شهد، يشهد ه	to witness
شيطانٌ، شياطينُ	devil
صاح، يصيح	to scream, to yell
صدفةٌ، صدفٌ	coincidence
صرَخ، يصرُخ	to scream, to yell
صوتٌ، أصواتٌ	voice
ضابطٌ، ضبّاطٌ	officer
طرَق، يطرُق ه	to knock
عجوزٌ	old woman
عينٌ، عيونٌ (f.)	eye
غريبٌ، غرباءُ	foreigner; unfamiliar
فستانٌ، فساتينُ	skirt
قابل ه	to meet
قتلٌ	killing
قضيّةٌ، قضايا	legal case
قطٌّ	yet

inspector	مفتّشٌ، ـون	to repeat	كرّر ه
opposite to	مقابلٌ	quantity	كمّيّةٌ، ـاتٌ
telephone call	مكالمةٌ هاتفيّةٌ	hardly ... when	ما أنْ . . . حتى
travel agency	مكتبُ سياحةٍ	short-circuit	ماسٌ كهربائيٌّ
earlier, before	من قبلُ	police investigations department	مباحثُ (pl.)
microbus	ميكروباس	subway	مترو الأنفاقِ
half	نصفٌ، أنصافٌ	jewelry	مجوهراتٌ (pl.)
public prosecutor's office	نيابةٌ	attempt	محاولةٌ، ـاتٌ
heavy rain fall	هطولُ الأمطارِ	period	مدّةٌ، مددٌ

ʾablaġ-a; ittaham-a; ʾaḥāl-a, yuḥīl-u; ʾutūbīs, -āt; ʾaḥbaṭ-a; irtakab-a; ʾasraʿa ʾilā; ʾuṣīb-a, yuṣāb-u; ʾaġwā, yuġwī; ʾaqbal-a; ʾalqā, yulqī_l-qabḍa ʿalā; ʾamsaka bi; intahā, yantahī; ʾanqaḏ-a; inqalab-a; bāšaṛ-a; badan-un, ʾabdān-un; birōfa, -āt; bi-sabab-i; bi-mufṛadihi; tābiʿ-un li; tabāhā bi-; tabaxtaṛ-a; tabaʿṭaṛ-a; tabayyan-a; taḥqīq-un; tawaqqafa-a; ǧāṛ-un, ǧīrān-un; ǧarīma-tun, ǧaṛāʾim-u; ḥādiṯ-un, ḥawādiṯ-u; ḥabs-un; ḥuǧra-tun, ḥuǧuṛāt-un; ḥadaṯ-a, yaḥduṯ-u; ḥarb-un, ḥurūb-un; ḥaṛaka-tun, -āt-un; xayyāṭa-tun, -āt-un; dūna ǧadwā; ḏahab-un; rākib-un, rukkāb-un; rasmīy-un; zabūn-un, zabāʾin-u; sabaq-a, yasbuq-u; saṛaq-a, yasriq-u; sariqa-tun; sūʾ-un; šābb-un, šabāb-un ~ šubbān-un; šaṛq-un; šahid-a, yašhad-u; šayṭān-un, šayāṭīn-u; ṣāḥ-a, yaṣīḥ-u; ṣudfa-tun, ṣudaf-un; ṣarax-a, yaṣrux-u; ṣawt-un, ʾaṣwāt-un; ḍābiṭ-un, ḍubbāṭ-un; ṭaraq-a, yaṭruq-u; ʿaǧūz-un; ʿayn-un, ʿuyūn-un; ġarīb-un, ġuṛabāʾ-u; fustān-un, fasātīn-u; qābal-a; qatl-un; qaḍīya-tun, qaḍāyā; qaṭṭ-u; kaṛṛar-a; kammīya-tun, -āt-un; mā ʾan . . . ḥattā; māssun kahṛabāʾīy-un; mabāḥiṯ-u; mitrū_l-ʾanfāq-i; muǧawharāt-un; muḥāwala-tun, -āt-un; mudda-tun, mudad-un; mufattiš-un, -ūn-a; muqābil-un; mukālamatun hātifīya-tun; maktabu siyāḥa-tin; min qabl-u; mīkrōbās; niṣf-un, ʾanṣāf-un; niyāba-tun; huṭūlu_l-ʾamṭār-i.

شرح القواعد

I. Verbs with four radicals (quadriliterals)

Verbs with four radicals are quite frequent. Their vowels are identical with those of stem II.

stem II	علّم ⇓	*ʿallam-a*	يعلّم ⇓	*yuʿallim-u*	to teach
4-rad.	سيطر	*sayṭar-a*	يسيطر	*yusayṭir-u*	to take hold of
	عرقل	*ʿarqal-a*	يعرقل	*yuʿarqil-u*	to obstruct

سيطر عليها الحزن واليأس
grief and desperation took hold of her

حاولت أحزاب أن تعرقل القرارات الحكوميّة
some parties tried to obstruct the resolutions of the government

Four-radical verbs may have a *ta*-prefix, their vowels are identical to those of stem V.

stem V	تعلّم	*taʿallam-a*	يتعلّم	*yataʿallam-u*	to learn
	⇓		⇓		
4-rad. t-stam	تزلزل	*tazalzal-a*	يتزلزل	*yatazalzal-u*	to quake (earth)
	تدهور	*tadahwar-a*	يتدهور	*yatadahwar-u*	to deteriorate

تراكمت السحب وتزلزلت الأرض
the clouds piled up and the earth quaked

لم تتدهور الحالة الاجتماعيّة في البلاد
the social conditions in the country did not deteriorate

Another less frequent type of quadriliteral verb is formed by doubling the last radical of the root: iKTaBaLL-a, yaKTaBiLL-u. They follow the doubled verbs in their conjugation: اقشعررت *iqšaʿrart-u* 'I got goose pimples.'

اطمأنّ	*iṭmaʾann-a*	يطمئنّ	*yaṭmaʾinn-u*	to set one's mind at rest
اقشعرّ	*iqšaʿarr-a*	يقشعرّ	*yaqšaʿirr-u*	to get goose pimples

هل اطمأننت على والدتك؟
did you reassure yourself about your mother?

يقشعرّ جسمه كلّما يفكّر في الحادث
every time he remembers the accident, he gets goose pimples

II. The dual المثنّى *al-muṯannā*

1. Demonstratives and the dual

In lesson 8.I we saw that the dual endings of the noun and the adjective are *-āni* (nom.), *-ayni* (acc./gen.). The demonstratives show the same endings in the dual.

Dual of the demonstratives

		f.		m.	⇐
proximity	*hātāni*	هاتان	*hāḏāni*	هذان	nom.
	hātayni	هاتين	*hāḏayni*	هذين	gen./acc.
distance	*tānika*	تانك	*ḏānika*	ذانك	nom.
	taynika	تينك	*ḏaynika*	ذينك	gen./acc.

Unlike the sg. and the pl. forms, which show no inflection, the dual of the demonstrative pronoun is inflected for case.

هذان الطالبان متفوّقان	هل تعرفين هاتين السيدتين؟
hāḏāni_ṭ-ṭālibāni mutafawwiqāni	*hal taʿrifīna hātayni_s-sayyidatayni*
these two students are excellent	do you know these two ladies?

Note that in Modern Written Arabic هاتان and هاتين the long vowel *-ā-* is written with an ا *ʾalif*, whereas the classical orthography is هتان، هتين.

2. ذو *ḏū* and the dual (→ 7.III)

The dual of ذو *ḏū* is ذوا *ḏawā* (nom.), ذوي *ḏaway* (acc./gen.) in the masculine, and ذاتا *ḏātā* (nom.), ذاتي *ḏātay* (acc./gen.) in the feminine, as well as ذواتا *ḏawātā*, ذواتي *ḏawātay*.

3. Personal pronouns and the dual

Only the 2nd and 3rd pers. of the personal pronouns have a dual which is formed by adding *-ā* to the pl.m. There is no difference between m. and f. in the dual.

Dual of the personal pronouns

suffixed		independent		⇐
humā (-himā)-	ـهما	*humā*	هما	3rd pers.du.
kumā-	ـكما	*ʾantumā*	أنتما	2nd pers.du.

4. Verbs and the dual

There is a dual only in the 3rd and the 2nd persons of the verb. The ending is *-ā* in the perfect and the imperative, and *-āni* in the imperfect. *-āni* is treated like *-ūna* and *-īna* in the subjunctive and the apocopate, and loses its *-ni*.

Dual of the verb: فتح *fataḥ-a, yaftaḥ-u* 'to open'

imperative	subj./apoc.	imperfect	perfect	⇐
	يفتحا	يفتحان	فتحا	3rd pers.du.m.
	yaftaḥā	*yaftaḥāni*	*fataḥā*	
	تفتحا	تفتحان	فتحتا	3rd pers.du.f.
	taftaḥā	*taftaḥāni*	*fataḥatā*	
افتحا	تفتحا	تفتحان	فتحتما	2nd pers.du.
iftaḥā	*taftaḥā*	*taftaḥāni*	*fataḥtumā*	

Note that with the weak verbs the weak radicals *w* or *y* show up again when the dual endings are added.

they both told	*ḥakayā*	حكيا	←	حكى
they both forgot	*nasiyā*	نسيا	←	نسي
they both invited	*daʿawā*	دعوا	←	دعا
they both tell	*yaḥkiyāni*	يحكيان	←	يحكي
they both forget	*yansayāni*	ينسيان	←	ينسى
they both invite	*yadʿuwāni*	يدعوان	←	يدعو

III. كلا *kilā*, كلتا *kiltā* 'both'

Another way to express duality is the word كلا *kilā* (sg.m.), كلتا *kiltā* (sg.f.) 'both,' 'the two of them.'

1. كلا en كلتا function as heads of a genitive construction whose noun is definite and takes the dual ending. كلا and كلتا are in such a case not inflected.

في كلا الاتجاهين	مع كلتا السيدتين
in both directions	with both women

Note that كلا and كلتا may also be followed by من *min* and a dual, or by من *min* and two nouns linked by the preposition و *wa* to express duality. In this case it can be rendered by 'both ... and ....'

كلا من السيدات والسادة	كلتا من القيادتين الروسية والصينية
both ladies and gentlemen	both the French and the Chinese leaders

2. كلا and كلتا can be followed by the suffixes of the dual ـهما *-humā*, ـكما *-kumā*, as well as the suffix of the 1st pers. pl. ـنا *-nā*. In this case كلا and كلتا are inflected and change to كلي *kilay* (m.), كلتي *kiltay* (f.) in the acc./gen.

كلتاهما أحبتا أحمد	رأيت كلتيهما
they both loved *ʾAḥmad*	I saw both of them (f.)

3. A predicate after كلا stands generally in the sg. However in modern language, many examples show that the predicate can also agree with كلا and stand in the dual.

كلاهما متفّق في الأهداف	كلتاهما مجتهدتان
both of them agree as to the aims	both (f.) are industrious

IV. Relative clause الصلة *aṣ-ṣila*

1. The relative clause in Modern Written Arabic has the same structure as in the colloquial. There are in fact two types of relative clauses:

a. the clause that follows on a definite antecedent (noun or pronoun) and which is introduced by a relative pronoun, hence called 'syndetic relative clause.'

b. the clause that follows on a indefinite antecedent and which is not introduced by any pronoun, hence called 'asyndetic relative clause.'
If the antecedent is not the subject of the relative clause, it must be referred to in the relative clause by a personal pronoun suffix العائد *al-ʿāʾid*, the 'resumptive pronoun.'

2. Unlike the uninflected colloquial *illi*, Modern Written Arabic uses different forms of the relative pronoun, which have to agree with the antecedent in number and gender; the dual agrees in case as well.

The relative pronoun

	f.		m.	
allatī	التي	*allaḏī*	الذي	sg.
allawātī	اللواتي	*allaḏīna*	الذين	pl.
allatāni	اللتان	*allaḏāni*	اللذان	dual.nom.
allatayni	اللتين	*allaḏayni*	اللذين	dual.acc./gen.

Note (a) the two variants of the pl.f. relative pronoun اللاتي *allātī* and اللائي *allāʾī*.

(b) The pl.f. and the dual forms which are written with two ل اللواتي.

(c) The initial *hamza* of these pronouns is *hamzatu_l-waṣl* just like the *hamza* of the article (→ 3.IX).

3. If the relative clause is separated from its antecedent by an adjective or another attribute, the conjunction و *wa* 'and' precedes the relative pronoun. This is often, but not always, the equivalent of what is called in English grammar, a 'non-restrictive' relative clause.

انتهت زيارتنا الرسميّة للبنان والتي استمرت يومين
our official visit to Lebanon, which lasted two days, has ended

4. The relative pronoun may be used independently without any antecedent in the sense of 'the one who,' 'those who.'

ذهبت بعيداً عن عيون الذين يعرفونني
I went away from the sight of those who know me

حدّثني بالذي رآه أمس
he told me about what he had seen yesterday

5. Examples of syndetic relative clauses

a. Without resumptive pronoun

أقبل الجار الذي يسكن في الشقّة المقابلة
the neighbor who lives in the opposite apartment arrived

أقبل الجيران الذين يسكنون في العمارة
the neighbors who live in the building arrived

تحدّثت مع الجارين اللذين يسكنان هنا
I talked to both neighbors who live here

أنا الذي طرقت على باب شقّتك
it was I who knocked at the door of your apartment

b. With resumptive pronoun العائد *al-ʿāʾid*

انتهى التحقيق الذي باشره ضابط المباحث
the interrogation that the inspector conducted has ended

أمسكوا بالسيّدة التي اتّهمتها العجوزُ
they caught the women whom the old lady had accused (who was accused by the old lady)

كانت السيّدة التي ألقى الضابط القبض عليها تعمل خيّاطة
the woman whom the officer arrested worked as seamstress

6. Examples of asyndetic relative clauses

a. Without resumptive pronoun

قابلنا طالبا أجنبيّا يدرس في القاهرة
we met a foreign student who studies in Cairo

تحدّثنا مع أستاذ يدرّس في جامعة عين شمس
we talked to a teacher who taught at the University of *ʿAyn Šams*

b. With resumptive pronoun العائد *al-ʿāʾid*

فتحت الباب سيّدة لم ترها من قبل
a woman she had never seen before opened the door

وجد كمّيّة من الكتب لم يقرأها قط
he found a number of books he had not read yet

For من *man* and ما *mā* as relative pronouns → 15.II.

التمرينات

١- أجب على الأسئلة التالية على النحو الموضح في المثال

مثال: من هؤلاء يا منى؟ (طالب) ⇐ هذان طالبان وهتان طالبتان

من هؤلاء يا منى؟ (موظّف) ⇐ ________________

من هؤلاء يا منى؟ (ولد) ⇐ ________________

من هؤلاء يا منى؟ (أستاذ) ⇐ ________________

من هؤلاء يا منى؟ (رجل) ⇐ ________________

من هؤلاء يا منى؟ (سائح) ⇐ ________________

من هؤلاء يا منى؟ (طفل) ⇐ ________________

من هؤلاء يا منى؟ (وزير) ⇐ ________________

من هؤلاء يا منى؟ (جار) ⇐ ________________

من هؤلاء يا منى؟ (مهندس) ⇐ ________________

من هؤلاء يا منى؟ (صديق) ⇐ ________________

٢- أجب على الأسئلة الآتية على النحو الموضح في المثال

مثال: هل انقلبت السيارتان؟ ⇐ نعم، لقد انقلبت كلتاهما.

هل دعت السيّدتان المفتّش؟ ⇐ ________________

هل اتّصلتَ بأخيك وأختك؟ ⇐ ________________

هل أسرع الجاران إلى شقّة؟ ⇐ ________________

هل التقيتَ بصديقيك أمس؟ ⇐ ________________

هل صاحت السيدتان؟ ⇐ ________________

هل أنت وأختك مسافران؟ ⇐ ________________

هل وجدتم الرجلين في الشقّة؟ ⇐ ________________

هل مدرسك ومدرستك غائبان؟ ⇐ ________________

هل حضرت الطالبتان المحاضرة؟ ⇐ ________________

هل حصل هذان الطالبان على منح؟ ⇐ ________________

هل اعتذرتم لسامية ومنى؟ ⇐ ________________

هل ذهب حسن وزوجته إلى أبي قير؟ ⇐ ________________

هل دعوتم سامية وسعاد إلى الحفلة؟ ⇐ ________________

٣- أجب على الأسئلة التالية بالنفي على النحو الموضح في المثال

مثال: يا محمد، هل فتحت الباب؟ ⇐ لا، هما اللذان فتحا الباب
⇐ لا، هما اللتان فتحتا الباب

يامحمد، هل أكلت الطعام؟ ⇐ لا، ______________
⇐ لا، ______________

يا محمد، هل اعتذرت عن التأخير؟ ⇐ لا، ______________
⇐ لا، ______________

يا محمد، هل حاولت قتل السيّدة؟ ⇐ لا، ______________
⇐ لا، ______________

يا محمد، هل شربت القهوة؟ ⇐ لا، ______________
⇐ لا، ______________

يا محمد، هل ارتكبت الجريمة؟ ⇐ لا، ______________
⇐ لا، ______________

يا منى، هل ستقرئين المقالات؟ ⇐ لا، ______________
⇐ لا، ______________

يا منى، هل ستطرقين الباب؟ ⇐ لا، ______________
⇐ لا، ______________

يا منى، هل ستتّصلين بي بالهاتف؟ ⇐ لا، ______________
⇐ لا، ______________

يا منى، هل ستقيمين بالزمالك؟ ⇐ لا، ______________
⇐ لا، ______________

يا منى، هل ستحكين للأطفال قصة؟ ⇐ لا، ______________
⇐ لا، ______________

٤- ضع الصيغة المناسبة للفعل في المكان المناسب

مثال: (درس) ⇐ كانت الطالبتان تدرسان في الجامعة.
(عمل) ⇐ كان المهندسان ______________ في المصنع.
(نظّم) ⇐ كان الطالبان ______________ مؤتمرا علميا.
(تحدث) ⇐ كانت السيّدتان ______________ مع الجارين.

(أعدّ) ⇐ كان الطبّاخان ________ الطعام.
(شرب) ⇐ كانت الصديقتان ________ فنجانا من القهوة.
(تناول) ⇐ كان الطفلان ________ وجبة العشاء.

(شكر) ⇐ يريد الموظّفان أن ________ المدير.
(سافر) ⇐ تريد المهندستان أن ________ إلى العراق.
(ارتكب) ⇐ يريد الرجلان أن ________ جريمة قتل.
(اطمأنّ) ⇐ تريد الطفلتان أن ________ على أمهما.
(اتّصل) ⇐ يريد الصديقان أن ________ بالهاتف.
(حصل) ⇐ تريد الطالبتان أن ________ على منحة.

٥- أكمل الأسئلة الآتية على النحو الموضح في المثال

مثال: أين الفلاحون الذين وصلوا صباح اليوم؟
أين المهندسون ________ صباح اليوم؟
أين الطالبات ________ صباح اليوم؟
أين الوزير ________ صباح اليوم؟
أين السيّدات ________ صباح اليوم؟
أين الموظّفة ________ صباح اليوم؟
أين الموظّفان ________ صباح اليوم؟
أين الطلاب الأجانب ________ صباح اليوم؟
أين العجوز ________ صباح اليوم؟
أين الرسائل ________ صباح اليوم؟
أين المدرّسات ________ صباح اليوم؟
أين الصديقتان ________ صباح اليوم؟

٦- كون جملا على النحو الموضح في المثال

مثال: هل تعرفون الرجل الذي رأيناه في الشارع؟
هل تعرفون المهندس ________ في الشارع؟
هل تعرفون الموظّفة ________ في المكتب؟

هل تعرفون الطالبات ______________ في الجامعة؟
هل تعرفون الموظّف ______________ في المكتب؟
هل تعرفون المهندسين ______________ في الشركة؟
هل تعرفون الطالب ______________ في المطعم؟
هل تعرفون الطالبتين ______________ في المكتبة؟
هل تعرفون الرجلين ______________ في النادي؟

٧- كون جملا على النحو الموضح في المثال

مثال: التقينا بطلاب كثيرين – يدرس الطلاب اللغة العربية.
⇐ التقينا بطلاب كثيرين يدرسون اللغة العربية.

رددنا على رسالتين – كان المدير قد أرسل الرسالتين.
⇐ ______________________________

لا أتحدث مع مدرّسين – لا يردّ المدرّسون على أسئلتي.
⇐ ______________________________

كتب الأستاذ مقالات – لم نقرأ هذه المقالات بعد.
⇐ ______________________________

كان هناك ناس كثيرون – يريد الناس أن ينقذوا حياتي.
⇐ ______________________________

نبحث عن بيت صغير – في هذا البيت غرفتان للنوم.
⇐ ______________________________

لا نريد أن نشتري بيتا – سعر هذا البيت مرتفع.
⇐ ______________________________

أمسك الجار بسيّدة – كانت السيّدة قد حاولت قتل العجوز.
⇐ ______________________________

نشرت المجلة المقالات – كتب الطالب هذه المقالات.
⇐ ______________________________

٨- كون جملا صحيحة مستعملا الصيغة الصحيحة للعبارات التالية

فتح البابَ	أمرت النيابةُ بحبسه	ألقت الشرطةُ القبضَ عله	طرق باب الشقة
سرق الذهبَ	اتّهمته العجوزُ	يقيم بمفرده في شبرا	اتّصل بالهاتف
أغواه الشيطانُ	أمسك به الجيرانُ	كانت العجوزُ إحدى زبائنه	كان يخدم العجوز

ارتكبت الجريمة السيّدتان اللتان فتحتا الباب

ارتكب الجريمة الرجلان ____________________

ارتكبت الجريمة السيّدتان ____________________

ارتكب الجريمة الرجلان ____________________

ارتكبت الجريمة السيّدتان ____________________

ارتكب الجريمة الرجلان ____________________

ارتكبت الجريمة السيّدتان ____________________

ارتكب الجريمة الرجلان ____________________

ارتكبت الجريمة السيّدتان ____________________

ارتكب الجريمة الرجلان ____________________

ارتكبت الجريمة السيّدتان ____________________

ارتكب الجريمة الرجلان ____________________

٩- أجب على الأسئلة الآتية مستعملا: يجب أن – ينبغي أن – من الضروري أن – من الأفضل أن

مثال: يا مها، هل أنت متفوّقة في دراستك؟ ⇐ نعم، من الضروري أن أكون متفوّقة في دراستي.

يا شباب، هل أنتم صادقون؟ ⇐ نعم، ____________________

يا أحمد، هل أنت حريص في السباحة؟ ⇐ نعم، ____________________

يا بنات، هل أنتن سعيدات الآن؟ ⇐ نعم، ____________________

يا أطفال، هل أنتم فرحون؟ ⇐ نعم، ____________________

يا منى، هل أنت مخلصة في صداقتك؟ ⇐ نعم، ____________________

يا أبي، هل أنت كريم؟ ⇐ نعم، ____________________

يا محمود، هل أنت غاضب علينا؟ ⇐ نعم، ____________________

يا علي، هل إجابتك صحيحة؟ ⇐ نعم، ____________________

يا أولاد، هل والدكم موجود؟ ⇐ نعم، ____________________

يا سيّدتي، هل لديك خطاب توصية؟ ⇐ نعم، ____________________

١٠- أدخل الصيغة المناسبة لـ{كان} على الجمل الآتية

لا ــــــــــ كذوبا في أقوالك يا أحمد!

ــــــــــ حريصة في القيادة يا منى واحترمي قواعد المرور!

لا ــــــــــ حزينات يا بنات بسبب سفر أخيكم إلى الخارج!

يا طلاب، اعملوا جيدا وــــــــــ دائما من المتفوقين في الدراسة!

سامحني يا أبي ولا ــــــــــ غاضبا عليّ!

يا محمود ــــــــــ كريما وساعد أخاك!

لا ــــــــــ خائفات يا بنات فليس هناك خطر!

افرحي واضحكي يا ابنتي وــــــــــ سعيدة في حياتك!

١١- استعمل الكلمات التالية في تكوين جمل مفيدة

أنْ ، أمها ، على ، الموظفة ، أرادت ، تطمئنّ

⇐ ــ

الصحية ، تدهورت ، بسرعة ، حالتها

⇐ ــ

الحاضرين ، على ، سيطر ، جميع ، الخوف

⇐ ــ

بالأرض ، أقدامهم ، تحت ، شعروا ، تتزلزل

⇐ ــ

جرائم ، في ، الأبدان ، تحدث ، الحروب ، لها ، تقشعر

⇐ ــ

الفتاة ، الطريق ، تتبختر ، سارت ، في

⇐ ــ

١٢- أعد كتابة الجمل والعبارات التالية مستعملا الرقعة

نجح منجد في الامتحان   سوف نحصل على المنحة

ــ

هناك تحف في المتحف   تحب خديجة البطيخ

ــ

نحن من نادي الاتحاد سنحضر الافتتاح

نما نموا سريعا أيمن في اليمن الآن

يجب الرفق باليتيم لستم متشائمين

أتمنى لك النجاح لم ينم النمر

نحن صائمون هذا خاتم ثمين

١٣– اقرأ النص مرة أخرى ثم أجب على الأسئلة التالية

حوادث وقضايا

ما الذي أحبط جريمة القتل هذه؟ ____________________

أين تقيم أم الموظفة ايلين جرجس عزمي؟ ____________________

مَنْ وجدت الابنة في شقة أمها؟ ____________________

ماذا فعلته الموظّفة عندما رأت الخياطة؟ ____________________

مَنْ حضر لمساعدة الموظّفة؟ ____________________

ما الذي أرادت الخيّاطة أن تسرقه؟ ____________________

حوادث بسبب الجو

ما الذي تسبب في توقف حركة المترو؟ ____________________

أين حدث الماس الكهربائي؟ ____________________

كم سيارة انقلبت في الحادث؟ ____________________

١٤– ترجم الجمل التالية إلى الفصحى

1. A telephone call saved the life of the old lady.

____

2. *Sālim* wanted to put his mind to rest about his son *Muḥammad*.

____

3. The economic conditions in the country deteriorated rapidly.

---

4. The employee put on her clothes and went to the office.

---

5. These are the two friends whom I met yesterday.

---

6. We have tried to phone you (pl.) several times.

---

7. The man who had heard the screaming rushed to the flat of the lady.

---

8. Because of the bad weather conditions two cars turned upside down.

---

9. Both students will not attend the conference.

---

10. The seamstress wanted to steal the jewels of the old lady.

---

11. A little girl whom she had never seen before opened the door.

---

12. The two neighbors could not tell the story.

---

13. We do not want to eat in one of these restaurants.

---

14. *Samīr* told me that he would arrive tomorrow evening.

---

15. I went to the library in order to look for two books.

الدرس الثالث عشر

النصوص

حزام الأمان

- حزام الأمان مجهّز لشخص واحد فقط
- حزام الأمان يفقد فاعليته إذا كان مرتخيا
- يجب عليك تعويد نفسك وأطفالك على ربط حزام الأمان
- يجب استخدام مقعد خاص للمولود بحيث يكون الطفل مواجها للخلف
- يجب تثبيت الأطفال حديثي العهد بالمشي في مقعد أمان موجّه للأمام
- يجلس الأطفال الذين تتراوح أعمارهم من أربع إلى ثماني سنوات في مقعد بحيث يمكن ربط الأحزمة حول الخصر وفوق الكتف
- الأطفال الذين تزيد أعمارهم عن ثماني سنوات يستخدمون حزام الأمان الخاصّ بالكبار.

المقهى الثقافى

سيعود المقهى الثقافى للظهور فى بعض الأحياء الشعبية بالقاهرة وذلك لتقديم خدمات متنوعة للشباب فى مجالات القراءة والمسرح والفنون الشعبية. وقد تقرر ذلك فى اجتماع لجنة الثقافة والاعلام بالمجلس الشعبى لمحافظة القاهرة.

من نوادر جحا

ضاع يوما حمار جحا فأخذ يفتّش عليه ويحمد الله شاكرا.

فسأله الناس: ولماذا تشكر الله يا جحا؟

فقال: أشكره لأني لم أكن راكبا على الحمار ... فلو كنت راكبا لضعت معه.

المفردات

ارتداءٌ	putting on, wearing
استخدامٌ	use, usage
إعلامٌ	media
أمامٌ	front
تثبيتٌ	fixing
تراوحَ	to vary
تعويدٌ	accustoming
تقديمٌ	offering
تقرّرَ	to be decided
ثقافيٌّ	cultural
حديثُ العهدِ بـ	recently started with
حمارٌ، حميرٌ	donkey
حمد، يحمد ه	to praise
حولَ	around
خدمةٌ، ـاتٌ	service
خصرٌ، خصورٌ	middle, waist
راكبٌ	riding
ربطٌ	fastening
سلّم ه ه	to hand over, to deliver
شاكرٌ	grateful
شبابٌ	youth
شخصٌ، أشخاصٌ	person
ضاع، يضيع	to lose one's way
ظهورٌ	appearance, rise
فاعليّةٌ	effectiveness
فتّش على	to search
فقد، يفقد ه	to lose
فنٌّ، فنونٌ	art
فوقَ	on, above
قراءةٌ	reading
كتفٌ، أكتافٌ	shoulder
متنوّعٌ	various
مجالٌ، ـاتٌ	field, domain
مجلسٌ شعبيٌّ	parliament
مجهّزٌ بـ	equipped with
محافظةٌ، ـاتٌ	province
مرتخٍ	loose, slack
مسرحٌ، مسارحُ	theater; stage
مشيٌ	walking
موجّهٌ لـ	facing
مولودٌ، مواليدُ	infant
نادرةٌ، نوادرُ	anecdote

irtidāʾ-un; istixdām-un; ʾiʿlām-un; ʾamām-un; taṯbīt-un; taṛāwaḥ-a; taʿwīd-un; taqdīm-un; taqaṛṛaṛ-a; ṯaqāfīy-un; ḥadīṯu_l-ʿahdi bi; ḥimāṛ-un, ḥamīr-un; ḥamad-a, yaḥmid-u; ḥawl-a; xidma-tun, -āt-un; xaṣr-un, xuṣūr-un; rākib-un; rabṭ-un; sallam-a; šākir-un; šabāb-un; šaxṣ-un, ʾašxāṣ-un; ḍāʿ-a, yaḍīʿ-u; ḍuhūr-un; fāʿilīya-tun; fattaš-a ʿalā; faqad-a, yafqid-u; fann-un, funūn-un; fawq-a; qiṛāʾ-atun; katif-un, ʾaktāf-un; mutanawwiʿ-un; maǧāl-un, -āt-un; maǧlisun šaʿbīy-un; muǧahhazun bi; muḥāfaḍa-tun, -āt-un; murtaxin; masṛaḥ-un, masāriḥ-u; mašy-un; muwaǧǧahun li; mawlūd-un, mawālīd-u; nādira-tun, nawādir-u.

شرح القواعد

I. Verbal nouns المصدر *al-maṣdar*

The verbal noun derives in Modern Written Arabic from the verb with largely the same patterns as in the colloquial. It often corresponds in English to an infinitive or a subordinated clause. Some verbal nouns have developped a specific concrete meaning and have, like other nouns, plurals.

A. Patterns of the verbal nouns

Whereas the derived stems form their verbal noun in a rather regular and predictable way, the base stem displays a variety of possibilites, which makes predictions difficult. It is advisable to memorize the verbal noun together with the perfect and the imperfect: درس، يدرس، درس *daras-a, yadrus-u, dars-un* 'to study.'

1. Patterns of verbal nouns of stem I

KaTB(a) –	طرق ، يطرق ، طرقٌ	to knock	أكل ، يأكل ، أكلٌ	to eat
	قال ، يقول ، قولٌ	to say	خاف ، يخاف ، خوفٌ	to fear
	رد ، يرد ، ردٌّ	to give back	مشى ، يمشي ، مشيٌ	to walk
	عاد ، يعود ، عودةٌ	to return	دعا ، يدعو ، دعوةٌ	to invite
KiTB –	فعل ، يفعل ، فعلٌ	to do	ذكر ، يذكر ، ذكرٌ	to mention
KuTB –	شكر ، يشكُر ، شكرٌ	to thank	شرب ، يشرب ، شربٌ	to drink
KaTaB –	أمل ، يأمل ، أملٌ	to hope	طلب ، يطلب ، طلبٌ	to request
KaTiB(a) –	كذب، يكذب، كذبٌ	to lie	سرِق، يسرق، سرِقةٌ	to steal
KaTāB -	سمع ، يسمع ، سماعٌ	to hear	سمح ، يسمح ، سماحٌ	to allow
	ضاع ، يضيع ، ضياعٌ	to get lost	قضى ، يقضي ، قضاءٌ	to spend
	ضلّ ، يضلّ ، ضلالٌ	to go astray	ذهب ، يذهب ، ذهابٌ	to go
KaTīB(a) –	رحل، يرحل، رحيلٌ	to depart	سار ، يسير ، مسيرة	to march
KiTāB(a) –	قام ، يقوم ، قيامٌ	to stand up	صاح، يصيح، صياحٌ	to shout
	قرأ ، يقرأ ، قراءةٌ	to read	كتب ، يكتب ، كتابةٌ	to write
	زار ، يزور ، زيارةٌ	to visit	حكى ، يحكي ، حكايةٌ	to tell
KuTāB –	دعا ، يدعو ، دعاءٌ	to call	سأل، يسأل، سؤالٌ	to ask
	صرخ ، يصرخ ، صراخٌ	to shout		

KuTūB -	رجع ، يرجِع ، رجوعٌ	to come back	وصل ، يصل ، وصولٌ	to arrive
	حضر، يحضر، حضورٌ	to attend	ركب، يركب، ركوبٌ	to mount
	دخل ، يدخل ، دخولٌ	to come in	خرج ، يخرج ، خروجٌ	to go out
	عبر، يعبر، عبورٌ	to cross	نما، ينمو، نموٌّ	to grow
maKTiBa –	عرف ، يعرف ، معرِفةٌ	to know	قدر، يقدر، مقدرةٌ	to be able

2. Patterns of the derived stems

These are quite regular and predictable, every stem has its pattern. There are, however, variants. In particular weak roots show some deviations.

stem II	taKTīB-un ~ taKTiBa-tun		-	تدريسٌ ، تدخينٌ ، تكملةٌ
		(def. verbs)		تربيةٌ ، تنميةٌ
stem III	muKāTaBa-tun		-	موافقةٌ ، معالجةٌ ، محافظةٌ
		(hollow verbs)		مشاورةٌ
	muKāTā-tun	(def. verbs)		مباراةٌ
	KiTāB-un			علاجٌ ، حفاظٌ
stem IV	'iKTāB-un		-	إبلاغٌ ، إصلاحٌ ، إتمامٌ
	'iKāBa-tun	(hollow verbs)		إجازةٌ ، إقامةٌ
	'iKTā'-un	(def. verbs)		إلقاءٌ
stem V	taKaTTuB-un		-	تسرّبٌ ، تأكّدٌ ، تلوّثٌ
	taKaTT-in	(def. verbs)		تمنٍ
stem VI	taKāTuB-un		-	تعادلٌ ، تبادلٌ ، تناولٌ
	taKāT-in	(def. verbs)		تفادٍ
stem VII	inKiTāB-un		-	انقطاعٌ ، انقلابٌ ، انفتاحٌ
stem VIII	iKtiTāB-un		-	اجتماعٌ ، اعتذارٌ
				اتّصالٌ ، احتلالٌ ، اختيارٌ
	iKtiTā'-un	(def. verbs)		التقاءٌ ، ارتداءٌ
stem X	istiKTāB-un		-	استبدالٌ ، استعدادٌ ، استخدامٌ
	istiKāTa-tun	(hollow verbs)		استطاعةٌ
	istiKTā'-un	(def. verbs)		استدعاءٌ

Try to find the meaning of the verbal nouns mentioned above in your dictionary!

3. Weak roots and patterns of verbal nouns

a. To form their verbal noun, verbs with initial *w* change the ʾiW- of stem IV and the -iW- of stem X to *ʾī-* and *ī*, resp.

stem IV	ʾiKTāB-un	→ ʾiWTāB-un	→ ʾīTāB-un	*ʾīqāf-un*	إيقاف	stopping
stem X	istiKTāB-un	→ istiWTāB-un	→ istīTāB-un	*istīrād*	استيراد	import

b. In the same way, verbs with *hamza* as first radical lose this *hamza* in the verbal noun of stem IV replacing *-iʾ-* by *-ī-* .

stem IV	ʾiKTāB-un	→ ʾiʾTāB-un	→ ʾīTāB-un	*ʾīǧār-un*	إيجار	rent

4. Patterns of verbal nouns of four-radical verbs

Four-radical verbs form their verbal noun following the patterns:

KiTKāT-un	*zilzāl-un*	زلزال	earthquaking
KaTKaTa-tun	*sayṭara-tun*	سيطرة	rule, command
iKTiBLāL-un	*iṭmiʾnān-un*	اطمئنان	reassurance

5. Deviating verbal nouns: The pattern of a verbal noun differs in some cases from that of its stem.

أدّى ، يؤدّي	→	أداء	*ʾadāʾ-un*	rendering, performance
اشترى ، يشتري	→	شراء	*širāʾ-un*	buying
أحبّ ، يحبّ	→	حبّ	*ḥubb-un*	love
توفّي ، يتوفّى	→	وفاة	*wafā-tun*	decease, death

As you have already noticed above in I.A.1, some verbs in the base stem may have more than one verbal noun: طلبٌ *ṭalab-un* and مطلبٌ *maṭlab-un* 'request,' سيرٌ *sayr-un* and مسيرةٌ *masīra-tun* 'march,' شكرٌ *šukr-un* and شُكْرانٌ *šukrān-un* 'thank,' etc.

B. Use of the verbal noun

1. Replacing a subordinate clause: A verbal noun, always made definite by the article or as head of a construct phrase, may replace a subordinate clause introduced by أنْ *ʾan* or أنّ *ʾanna*. It functions then as object of the verb and takes the same preposition as in its verbal form.

لا يستطيع حسن أن يحضر اليوم ← لا يستطيع حسن الحضورَ اليوم

Ḥasan cannot be present today

قرّرت الكلّيّة أن تقبل الطلاب الجدد ← قرّرت الكلّيّة قبولَ الطلاب الجدد

the faculty decided to accept the new students

يجب أن تعوّد نفسك على ارتداء حزام الأمان ← يجب تعويد نفسك على ارتداء حزام الأمان

you have to get accustomed to putting on a safety belt

In the same way, a verbal noun may replace a أنْ-clause depending from prepositions such as عن – بعد – قبل or conjunctions such as لـ.

before the rise of the 'cultural café'	قبل ظهورِ المقهى الثقافي	←	قبل أنْ يظهرَ المقهى الثقافي
after the loss of the donkey	بعد ضياع الحمار	←	بعد أنْ ضاع الحمار
in order to get the diploma	للحصول على الشهادة	←	ليحصل على الشهادة

2. Transformation of the verbal clause: As the examples above show, this transformation leads to a construct phrase with the verbal noun as its head and a following noun as its attribute.

a. The original nominative subject follows the verbal noun as a genitive attribute.

before the return of his father	قبل عودة أبيه	←	قبل أن يعود أبوه

b. The original accusative object follows the verbal noun as a genitive attribute.

she came to say goodbye to her brother	حضرت لتوديع أخيها	←	حضرت لتودّع أخاها

c. If both subject and object have to be expressed, the subject will follow as a genitive attribute whereas the object will be introduced by the preposition لِـ *li-*, as in (a), or, in a more classical style, it will remain in the accusative (b).

قبل أن تربطَ السيدةُ حزامَ الأمان ← (a) قبل ربط السيدةِ لحزامِ الأمان

← (b) قبل ربط السيدةِ حزامَ الأمان

before the lady fastens the safety belt

3. Periphrastic constructions: In a modern journalistic and scientific style of writing, it is common practice to replace the simple verb forms by periphrastic constructions with قام ، يقوم بـ *qām-a, yaqūm-u bi* 'to perform' (active) and تمّ ، يتمّ *tamm-a, yatimm-u* 'to happen' (passive) followed by the proper verbal noun. For the passive voice (→ 15.I).

درّس الأستاذ أحمد اللغة الانجليزيّة ← قام الأستاذ أحمد بتدريس اللغة الانجليزيّة

Mr. Ahmad taught the English language

يقدّم المقهى الثقافي خدمات متنوعة ← يقوم المقهى الثقافي بتقديمِ خدمات متنوعة

the 'cultural café' offers various services

4. Negation of verbal noun phrases: The verbal noun can be negated by means of the noun عدم *ʿadam-un* 'non-existence' as head of a construct phrase followed by a definite verbal noun in the genitive.

الرجاء التدخين هنا ← الرجاء عدم التدخين هنا

it is requested not to smoke here

قرّرت الكلّيّة قبول الطلاب الجدد ← قرّرت الكلّيّة عدم قبول الطلاب الجدد

the faculty decided not to accept the new students

الرجاء ربط أحزمة الأمان الآن ← الرجاء عدم ربط أحزمة الأمان الآن

please do not fasten the safety belts now

5. Semantics of the verbal nouns: Some verbal nouns have developed concrete meanings and may form plurals. Examples are: تمرين ، تمارين and تمرينات 'exercise,' تمنٍّ ، لقاء ، لقاءات 'encounter,' طلب ، طلبات 'request, order,' مباراة ، مباريات 'match,' تمنيات 'wishes,' اجتماع ، اجتماعات 'meeting' etc.

For the verbal noun as an 'inner object' *al-maf'ūlu_l-muṭlaq* (→ 16.II.2).

II. Conditional clauses with لو *law* 'if'

As explained in Lesson 11.VII, there are conditional clauses that refer to a real possibility that can be realized, and others that are hypothetical, i.e., their conditions do not correspond to reality (contrafactive) and cannot be realized. In MWA the latter are introduced by the particles لو *law*, لو أنّ *law 'anna* or لولا *lawlā;* the following conclusion (main clause) will be, in most cases, introduced by the particle لَ *la-*.

1. Contrafactive clauses with لو *law*

a. Contrafactive clauses are introduced by لو *law* directly followed by a verb. In both clauses, i.e., in the condition and in the main clause, the verb must be in the perfect.

لو رآك لأحبّك

if he had seen you, he would have loved you

لو كان من الحاضرين لتكلّم

if he had been present, he would have talked

b. For the negation ما *mā* + perfect may be used in both clauses. Instead of ما *mā* لم *lam* + apocopate may be used in the conditional clause.

لو كان نبيا لما مات

if he had been a prophet, he would not have died

لو ما كانت لديها نقود لما اشترت هذه السيّارة

had she not had money, she would not have bought this car

لو لم تتصل بأمها لما أنقذت حياتها

had she not phoned her mother she would not have saved her life

لو لم أرها بعيني لما صدّقت كلامك

if I had not seen her with my own eyes, I would not have believed you

c. The use of كان *kāna* with قد *qad* + the perfect lays particular stress upon the fact that it is meant as a condition for the past.

لو كان قد أرسل خطابا لكنت قد تسلمته الآن

if he had sent a letter, I would have received it by now

2. Contrafactive clauses with لو أنّ *law 'anna*

لو أنّ *law 'anna* is used in order to front and stress the subject of the clause. Note that in this case the rules of أنّ *'anna* and إنّ *'inna* and their 'sisters' have to be taken into account (→ 6.V).

لو أن الحياة منحتنا ما نريد لطلبنا من أحلامنا المزيد
even if life were to grant us all we desire, we would ask more in our dreams

لو أنّ لثقافة الكون أمّا لكانت سورية بالتأكيد
if there was a mother (cradle) of world civilization
it would certainly have been Syria

3. Contrafactive clauses with لولا *lawlā*

لـــــــولا *lawlā* followed by a definite noun in the nominative expresses an existential negation that can be rendered by 'if it were not for ...' or 'had it not been for ....'

لولا النسيانُ لمات الإنسان
were it not for the human capacity to forget, mankind would be extinct

لولا الحياءُ لصرخت بأعلى صوتي
were it not for my shame, I would have screamed at the top of my voice

لولا ذكاؤهم لما صاروا أغنياء
were it not for their intelligence, they would not have become rich

لولا مساعدتك لما أنهيت العمل
were it not your help, I would not have achieved this work

لولا can be followed by personal pronoun suffixes.

لولاه لمتنا جوعا
had it not been for him, we would have died of hunger

4. لـــــــو *law* for the expression of wishes, concessions, and comparisons: Besides the contrafactive clauses, لـــو introduces clauses which express wishes, desires, concessions, or hypothetical comparisons.

a. Verbs expressing a wish, desire, or preference such as ودّ 'to like to,' 'to want' or تمنّى 'to wish,' are followed by a subordinate clause introduced by لو.

أتمنّى لو كنت أعرف مثل هذا الحبّ
I would like to experience such a love

ودّ لو وجد السبيل إلى الهرب
he wished he could find a way to escape

The same occurs after exclamations such as يـا حـبّـذا *yā ḥabbaḏā* 'how nice would it be if ...!'

يا حبذا لو جئت لزرتنا هنا في امريكا
how nice it would be if you came to visit us here in the States

يا حبذا لو اهتمت مصر أكثر بالآثار الإسلامية
how good it would be if Egypt cared more for Islamic antiquities

b. ولـــــو *wa-law*, often reinforced by a preceding حـــتّـــى *ḥattā* 'even,' expresses a concession which can be rendered as 'even if.' As the clause as such remains grammatically a conditional clause, it is followed by a verb in the perfect, i.e. mostly by كان *kāna*.

أستطيب طعامي ولو كان خبزاً وزيتوناً
I enjoy my food, even if it consists of (only) bread and olives

الغريب أعمى ولو كان بصيراً
the stranger is blind, even if he is endowed with insight

On the other hand, ولو can be placed in a clause and function as a particle.

اطلب العلم ولو في الصين!	لم نعرف الطمأنينة حتى ولو من بعيد
look for knowledge even in China!	we did not feel even the slightest reassurance

Note that وإن *wa ʾin* 'even,' 'even if,' 'albeit' conveys the same meaning.

هذه أول جلسة وإن كانت غير رسميّة

this is the first meeting, albeit an unofficial one

c. كـمـا *kamā* and لـو combine to كـمـا لـو *kamā law* 'as if' in order to express a hypothetical comparison.

إنّك تخاطبني كما لو كنت تعرفني من قبل أو كما لو كنت لي بعلاً

you address me as if you knew me from before, or as if you were my master

نحكي حكاياتنا كما لو كانت تخصّ آخرين

we tell our stories as if they involved other people

When كما لو is used in a comparative clause, it does not have to be followed by كان or a verb in the perfect as is the case above in 4.b.

مظهرك كما لو عندك عشرون سنة

you look as if you were twenty years old

التمرينات

١– حوّل المصادر التالية إلى أفعال على النحو الموضح في المثال

مثال: تدخينٌ	⇐	دَخّنَ	تبادُلٌ	⇐	تبادَلَ
احترام	⇐	________	إرسال	⇐	________
مشاهدة	⇐	________	تقديم	⇐	________
إذاعة	⇐	________	تكرّم	⇐	________
تثبيت	⇐	________	ظهور	⇐	________
ارتداء	⇐	________	استيراد	⇐	________
ضياع	⇐	________	مفاجأة	⇐	________
تفتيش	⇐	________	استخدام	⇐	________
مساواة	⇐	________	تعويد	⇐	________
اتّهام	⇐	________	انقطاع	⇐	________
إلقاء	⇐	________	إتمام	⇐	________
فقدان	⇐	________	إصابة	⇐	________
ربط	⇐	________	معالجة	⇐	________
اختيار	⇐	________	تحقيق	⇐	________
إبلاغ	⇐	________	جلوس	⇐	________
إعداد	⇐	________	شكر	⇐	________

٢– أعد تكوين الجمل مستعملا المصدر المناسب على النحو الموضح في المثال

مثال: حاولت الخياطة أن تقتل العجوز	⇐	حاولت الخياطة قتل العجوز.
أراد السائق أن يرتدي حزام الأمان	⇐	________________
قرّر الجاران أن يُبلغا مفتّش المباحث	⇐	________________
أردنا أن نشتري كتبا جديدة	⇐	________________
حاول أن يربط حزام الأمان لأولاده	⇐	________________
أراد أن يستخدم المقعد الخاص به	⇐	________________
حاولوا أن يقدّموا خدمات متنوعة	⇐	________________
حاولت الموظفة أن تتّصل بأمها	⇐	________________

أراد علي أن يضغط على زر التسجيل ⇐ ____________

حاولت الشرطة أن تقبض على السيدة ⇐ ____________

أراد الشاب أن يشترك في المنتدى ⇐ ____________

استطاعوا أن يُقيموا بالخارج طويلا ⇐ ____________

حاولنا أن يعود إلى المنزل مبكرا ⇐ ____________

٣– كون جملا جديدة مستعملا الصيغة المناسبة للفعل على النحو الموضح في المثال

مثال: تقوم فاطمة بقراءة كتاب مثير ⇐ تقرأ فاطمة كتابا مثيرا.

يقوم جحا بالبحث عن حماره ⇐ ____________

يقوم الأستاذ بتدريس القواعد ⇐ ____________

يقوم الطالب بعرض ملفه على اللجنة ⇐ ____________

تقوم لجنة البعثات بدراسة الملفّ ⇐ ____________

يقوم جحا بحمد ربه ⇐ ____________

يقوم الطبّاخ بإشعال النار ⇐ ____________

تقوم المكتبة بشراء كتب جديدة ⇐ ____________

يقوم حسن بتعليم أطفاله قواعد المرور ⇐ ____________

يقوم الطبّاخ بإعداد الطعام ⇐ ____________

يقوم المقهى بتقديم خدمات للشباب ⇐ ____________

يقوم الأستاذ بإلقاء محاضرة عن البيئة ⇐ ____________

يقوم الطلاب بحلّ تمرين صعب ⇐ ____________

٤– أعد تكوين الجمل مستعملا الصيغة الصحيحة لـ{ قام بـ } والمصدر المناسب

مثال: سيزور أحمد الولايات المتحدة ⇐ سيقوم أحمد بزيارة الولايات المتحدة

سيشتري عادل بعض الهدايا ⇐ ____________

لم ينظّف الطباخ السمك جيدا ⇐ ____________

لا تُشعلوا النار الآن! ⇐ ____________

لن يركب جحا حماره بعد اليوم ⇐ ____________

سجّل الطالب عضويته في المنتدى ⇐ ____________

سيدفع حسن الحساب بعد الأكل ⇐ ____________

لم يرتكب الرجل جريمة قتل ⇐ ____________

ثبّت أحمد طفله في مقعد الأمان ⇐ ____________

سوف لا نعتذر عن تأخّرنا ⇐ ____________

سترحل منى إلى السودان غدا ⇐ ____________

أجابوا على جميع أسئلة الامتحان ⇐ ____________

اشتركنا في أحد المؤتمرات العلمية ⇐ ____________

قبضت الشرطة على اللص ⇐ ____________

لن يشرف الأستاذ على رسالة بعد اليوم ⇐ ____________

لا تضغط على زر التسجيل يا حسن! ⇐ ____________

دافع المحامي عن المتهم ⇐ ____________

٥- كون عبارات جديدة مستعملا { بعد ، قبل ، منذ } و المصدر المناسب

مثال: شربتُ هذا الماء ⇐ منذ شربي لهذا الماء

سمعتُ هذه الأخبار السعيدة ⇐ ____________

قرأ الحاضرون نوادر جحا ⇐ ____________

اتبعنا جميع التعليمات ⇐ ____________

عالج الطبيب المصابين في الحادث ⇐ ____________

استخدمتْ كلمة المرور الصحيحة ⇐ ____________

اشترت الفتيات بعض الهدايا ⇐ ____________

شرح الأستاذ جميع الدروس ⇐ ____________

شاهدنا قوارب الصيد ⇐ ____________

ودّع حسن أباه ⇐ ____________

تسلّمت اللجنة طلب المنحة ⇐ ____________

٦- انهِ عن أداء الآتي على النحو الموضح في المثال

مثال: لا تُقدموا على السباحة بعد الأكل! ⇐ الرجاء عدم الإقدام على السباحة بعد الأكل.

لا تذهبوا إلى أسوان اليوم! ⇐ ____________

لا تركبوا هذا القطار! ⇐ ____________

لا توقفوا السيّارات في هذا الميدان! ⇐ ____________

لا تدخنوا في هذه الساحة! ⇐ ____________

لا تصرخوا في أطفالكم! ⇐ ____________

لا تأكلوا هذه المأكولات! ⇐ ________________

لا تسبحوا في المياه العميقة! ⇐ ________________

لا تلقوا المهملات في الشوارع! ⇐ ________________

لا تقطفوا ورود الحديقة! ⇐ ________________

لا تغادروا هذا المبنى! ⇐ ________________

لا تضعوا الكتب على المكتب! ⇐ ________________

لا تشربوا هذا الماء! ⇐ ________________

لا تقفوا في هذا المكان! ⇐ ________________

٧- كون جملا شرطية منطقية مستعملا { لو } مرة و { لو أنّ } مرة أخرى

مثال: لم يكن جحا راكبا على الحمار فلم يضع معه.

(ا) لو كان جحا راكبا على الحمار لضاع معه / لو لم يكن جحا راكبا على الحمار لما ضاع معه

(ب) لو أنّ جحا كان راكبا على الحمار لضاع معه / لو أنّ جحا لم يكن راكبا على الحمار لما ضاع معه

لم يقدّم الطالب ملفّا كاملا فلم يحصل على المنحة.

(ا) ________________

(ب) ________________

لم يكن الطقس جميلا فلم يذهب كمال إلى أبي قير.

(ا) ________________

(ب) ________________

لم تكن الأحوال الجوّيّة سيئة فلم تتوقّف حركة مترو الأنفاق.

(ا) ________________

(ب) ________________

لم يعوّد أولاده على احترام قواعد المرور فلم يقوموا بربط أحزمة الأمان.

(ا) ________________

(ب) ________________

لم يتعلّم السباحة جيّدا فلم يسبح معنا في المياه العميقة.

(ا) ________________

(ب) ________________

لم يفتّش جحا على حماره فلم يجده فى الحظيرة.

(ا) ________________________________

(ب) ________________________________

لم يكن لديّ وقت كافٍ فلم أحضر مناقشة رسالة ابن عمّي هشام.

(ا) ________________________________

(ب) ________________________________

لم يكن لدينا في الحي مقهى ثقافيّ فلم نتمتّع بخدماته المتنوّعة.

(ا) ________________________________

(ب) ________________________________

٨- كون جملا شرطية منطقيّة مستعملا { لولا } على النحو الموضح في المثال

مثال قام الجاران بإبلاغ مفتّش المباحث بسبب صراخ الموظّفة.

لولا صراخ الموظّفة لما قام الجاران بإبلاغ مفتّش المباحث.

انقلبت السيارتان بسبب سوء الأحوال الجوّيّة.

⇐ ________________________________

حصل أحمد على منحة دراسيّة بسبب مساعدة الأستاذ له.

⇐ ________________________________

نجح طارق بتفوّق في جميع الامتحانات بسبب ذكائه.

⇐ ________________________________

دخل أحمد أحد المطاعم بسبب إحساسه بالجوع.

⇐ ________________________________

استطاع أحمد أن ينقذ رفيقه بسبب إجادته للسباحة.

⇐ ________________________________

التقى أحمد بهشام بسبب انتمائهما إلى نفس المجموعة.

⇐ ________________________________

ربطت سَلوى حزام أمان مقعد ابنها بسبب حرصها على سلامته.

⇐ ________________________________

زار السوّاح الأقصر بسبب وجود آثار تاريخيّة بالمدينة.

⇐ ________________________________

استطاع أحمد أن يتغلّب على أحزانه بسبب أصدقائه.

⇐ ______________________________

لم تنقلب السيارة بسبب تهدئتنا للسرعة.

⇐ ______________________________

٩– اقرأ النصوص مرة أخرى ثم أجب على الأسئلة التالية بجمل مفيدة

حزام الأمان

هل حزام الأمان مجهز لأكثر من شخص واحد؟ ______________________________

متى يفقد الحزام فاعليته؟ ______________________________

كيف يجلس المولود في السيّارة؟ ______________________________

كيف يجلس الطفل الحديث العهد بالمشي؟ ______________________________

كيف يجب ربط الحزام للطفل البالغ سبع سنوات؟ ______________________________

هل هناك حزام خاص بالطفل البالغ تسع سنوات؟ ______________________________

المقهى الثقافي

أين سيعود المقهى الثقافي للظهور؟ ______________________________

لمَنْ يقدّم المقهى خدماته؟ ______________________________

ما هي مجالات الخدمة؟ ______________________________

من نوادر جحا

ماذا فعل جحا عندما ضاع حماره؟ ______________________________

لماذا كان جحا يحمد الله؟ ______________________________

ما رأيك في جواب جحا؟ ______________________________

١٠– ترجم الجمل التالية إلى الفصحى

1. Do you have a 'cultural café' in the district?

____

2. Please close the doors and the windows!

____

3. Please do not throw away rubbish in the streets of the city!

____

4. If he was not good in swimming, he would have told me that.

____

5. If he were an Egyptian, he would have answered you in Arabic.

____

6. If there were no ‘cultural café’ here, the young people would stay in the streets.

____

7. Had it not been for the two policemen, the thief would have stolen your car.

____

8. The library will buy new books, if it has enough money.

____

9. There are many anecdotes about *Goḥā* and his donkey.

____

10. The safety belt must be fastened above the shoulder and around the waist.

____

11. The director came himself to hand over the diplomas to the students.

____

12. You (sg.f.) have to get used to wearing long clothes!

____

13. Children between four and eight years old must learn to swim.

____

14. If I did not have money, I would not have bought this fine car.

____

الدرس الرابع عشر

النصوص

شوارع القاهرة

تقدّم شوارع القاهرة صورة حيّة لحياة سكانها. فتعمّ فيها بوادر والبهجة والفرح كما تنتشر فيها علامات الفوضى واللامبالاة. فلا القوانين ولا السلطة ولا قواعد المرور تستطيع ضبط حركة الناس والسيّارات في شوارع العاصمة وتفادي الحوادث والأحداث فيها.

مطاردة في شوارع القاهرة

شهد شارع سوريا بالمهندسين مطاردة مثيرة بين الممثّل أحمد السقّا ولص كان قد سرق تليفونه المحمول من داخل سيّارته المركونة بالقرب من مقهى من المقاهي.
تمكّن الممثّل من ضبط اللص وتسليمه إلى مكتب الشرطة بالجيزة. وتبيّن في التحقيق أن اللص له شريك وأنّ الرجلين احترفا سرقة أجهزة المحمول. أُحيل المتّهمان إلى النيابة التي تولّت التحقيق.

سيّارات أجرة حديثة تنطلق في شوارع القاهرة

انطلقت من ميدان التحرير أمس مئات من سيّارات الأجرة الحديثة الصفراء اللون والمجهّزة بعدّادات وهواتف وأجهزة تكييف. ومن أهم ما يميّز السيّارات الجديدة العدّاد الذكي الذي يحدّد الأجرة ويقدّم إيصالات مطبوعة وينقل المعلومات إلكترونيّا إلى مقر الشركة التي تتبع لها السيّارة. ويقوم بقيادة هذه السيّارات سائقون تتوافر فيهم معايير خاصّة من حيث التأهيل المهنيّ والمظهر اللائق. وبموجب المشروع الجديد سيُمنع سائقو سيّارات الأجرة من التدخين خلال فترة العمل.

المفردات

ابتسم	to smile
أبديٌّ	eternal
أجرةٌ ، أجرٌ	fare
احترف ه	to practice professionally
اختناقٌ مروريٌّ	traffic jam, congestion
أدّى ، يؤدي إلى	to lead to
ازدحم بـ	to swarm, to teem with
اصطاد ه	to fish; to hunt
اضطرّ	to be forced
اطّلع على	to consult, to learn about
إلكترونيٌّ	electronic
أمرٌ ، أمورٌ	matter, affair
انطلق	to start off, to depart
إيصالٌ ، ـاتٌ	receipt
بادرةٌ ، بوادرُ	symptom, sign
بموجبِ	by virtue of
بهجةٌ	joy
تاجرٌ ، تجّارٌ	shopkeeper, tradesman
تأهيلٌ مهنيٌّ	professional training
تبع ، يتبع لـ ، تبعٌ	to belong to
تحريرٌ	liberation; emancipation
تدخينٌ	smoking
تسليمٌ	delivery, handing over
تفادٍ	avoidance
تليفون محمول	cell-phone
تميّز بـ	to distinguish oneself by
توافر في	to abound in; to be fulfilled
تولّى ه	to take over
جهازٌ ، أجهزةٌ	apparatus, tool
حدّد ه	to fix, to delimit
حركةٌ	action
حركةُ المرورِ	traffic
حيٌّ	living
خلافٌ ، ـاتٌ	controversy, dispute
داخلٌ	inner
زائرٌ ، ـون / زوّارٌ	visitor
زيّن ه	to decorate
سائقٌ ، ـون	driver
سلطةٌ ، ـاتٌ	authority
سيّارةُ أجرةٍ	taxi
شريكٌ ، شركاءُ	companion; accomplice
ضبط ، يضبط ه ، ضبطٌ	to regulate
عادةٌ ، ـاتٌ	habit, custom
عدّادٌ ، ـاتٌ	counter, meter (taxi)
عداوةٌ ، ـاتٌ	hostility
عدوٌّ ، أعداءٌ	enemy
علامةٌ ، ـاتٌ	sign
علّق ه	to hang up; to comment
عمّ ، يعمّ ، عمومٌ	to prevail
فانوسٌ ، فوانيسُ	lantern
فجرٌ	dawn, daybreak
فرحٌ	joy, delight
فوضى	chaos
قانونٌ ، قوانينُ	law
لائقٌ	appropriate, proper
لامبالاةٌ	carelessness, indifference
لصٌّ ، لصوصٌ	thief, robber
لعب ، يلعب دوراً في	to play a role in
مئةٌ / مائةٌ ، ـاتٌ	hundred
متّهمٌ ، ـون	accused

police station	مكتبُ الشرطةِ	exciting	مثيرٌ
colored	ملوّنٌ	equipped with	مجهّز بـ
actor	ممثّلٌ، ـون	needy	محتاجٌ، ـون
as to, regarding	من حيثُ	shop	محلٌّ، ـاتٌ
view	منظرٌ، مناظرُ	chase, pursuit	مطاردةٌ، ـاتٌ
to forbid	منع، يمنع ه، منعٌ	printed	مطبوعٌ
square	ميدانٌ، ميادينُ	exterior, look(s)	مظهرٌ، مظاهرُ
to distinguish	ميّز ه	norm	معيارٌ، معاييرُ
to transfer, to carry	نقل، ينقل ه، نقلٌ	spread; furnished	مفروشٌ
to slow down	هدّأ السرعة	headquarters, site	مقرٌّ، مقارٌّ

ibtasam-a; ʾabadīy-un; ʾuǧṛa-tun, ʾuǧaṛ-un; iḥtaraf-a; ixtināqun murūrīy-un; ʾaddā, yuʾaddī ʾilā; izdaḥama bi; iṣṭād-a; iḍṭarra; iṭṭalaʿa ʿalā; ʾiliktirūnīy-un; ʾamṛ-un, ʾumūr-un; inṭalaq-a; ʾīṣāl-un, -āt-un; bādira-tun, bawādir-u; bi-mūǧib-i; bahǧa-tun; tāǧir-un, tuǧǧāṛ-un; taʾhīlun mihanīy-un; tabiʿa, yatbaʿu li, tabaʿ-un; taḥrīr-un; tadxīn-un; taslīm-un; tafādin; tilifōn maḥmūl; tamayyaza bi; tawāfaṛa fī; tawall-a; ǧihāz-un, ʾaǧhiza-tun; ḥaddad-a; ḥaṛaka-tun; ḥarakatu_l-murūr-i; ḥayy-un; xilāf-un, -āt-un; dāxil-un; zāʾir-un, -ūn-a, zuwwāṛ-un; zayyan-a; sāʾiq-un, -ūn-a; sulṭa-tun, suluṭāt-un; sayyāṛatu ʾuǧṛa-tin; šarīk-un, šuṛakāʾ-u; ḍabaṭ-a, yaḍbuṭ-u, ḍabṭ-un; ʿāda-tun, -āt-un; ʿaddād-un, -āt-un; ʿadāwa-tun, -āt-un; ʿaduww-un, ʾaʿdāʾ-u; ʿalāma-tun, -āt-un; ʿallaq-a; ʿamm-a, yaʿumm-u, ʿumūm-un; fānūs-un, fawānīs-u; faǧr-un; faṛaḥ-un; fawḍā; qānūn-un, qawānīn-u; lāʾiq-un; lā-mubālā-tun; liṣṣ-un, luṣūṣ-un; laʿiba, yalʿabu dawṛan fī; miʾa-tun, -āt-un; muttaham-un, -ūn-a; muṯīr-un; muǧahhazun bi; muḥtāǧ-un, -ūn-a; maḥall-un, -āt-un; muṭārada-tun, -āt-un; maṭbūʿ-un; maḏhar-un, maḏāhir-u; miʿyāṛ-un, maʿāyīr-u; mafrūš-un; maqaṛṛ-un, maqāṛṛ-u; maktabu_š-šurṭa-ti; mulawwan-un; mumaṯṯil-un, -ūn-a; min ḥayṯ-u; manḏar-un, manāḏir-u; manaʿ-a, yamnaʿ-u, manʿ-un; maydān-un, mayādīn-u; mayyaz-a; naqal-a, yanqul-u, naql-un; haddaʾa_s-surʿa-ta.

شرح القواعد

I. Specific cases of stem VIII

To obtain stem VIII we add the infix ـــتـ *-ta-* between the first and the second radicals of stem I: جمع *ǧamaʿ-a* 'to collect,' اجتمع *iǧtamaʿ-a* 'to come together' (→ 7.V.A). The *-t-* of this infix assimilates to the first radical (→ 1 and 2 below). Verbs with *w* as first radical replace this *w* with *-t-* in stem VIII (→ 3 below).

1. Total assimilation of *-t-*: Verbs with *-d-*, *-t-*, *-ṯ-*, *-ṭ-*, *-ḍ-* as first radicals assimilate the *-t-* totally: Stem I طبع *ṭabaʿ-a* 'to print' and stem VIII اطبع *iṭṭabaʿ-a* 'to be printed. For the sake of convenience a *šadda* may be put on the first radical: اطّبع. This *šadda,* however, is omitted more often than not.

-t- + *-t-* → *-tt-* = تّ	*tabaʿ-a*	تبع	to follow	→	*ittabaʿ-a*	اتّبع	to pursue
-ṯ- + *-t-* → *-ṯṯ* = ثّ	*ṯaʾar-a*	ثأر	to avenge	→	*iṯṯaʾar-a*	اثّأر	to be avenged
-ṭ- + *-t-* → *-ṭṭ-* = طّ	*ṭalaʿ-a*	طلع	to climb	→	*iṭṭalaʿ-a*	اطّلع	to consult
-d- + *-t-* → *-dd-* = دّ	*daʿā*	دعا	to call	→	*iddaʿā*	ادّعى	to claim
-ḍ- + *-t-* → *-ḍḍ-* = ظّ	*ḍalam-a*	ظلم	to oppress	→	*iḍḍalam-a*	اظّلم	to be oppressed

2. Partial assimilition of *-t-*: In combination with *-z-* and *-ḏ-*, the infix *-t-* changes to *-d-* = د . And after *-ṣ-* and *-ḍ-*, the infix *-t-* becomes *-ṭ-* = ط .

-z- + *-t-* → *-zd-* = زد	*zaḥam-a*	زحم	to crowd	→	*izdaḥam-a*	ازدحم	to swarm
-ḏ- + *-t-* → *-dd-* = دّ	*ḏaxar-a*	ذخر	to keep	→	*iddaxar-a*	ادّخر	to save
-ṣ- + *-t-* → *-ṣṭ-* = صط	*ṣanaʿ-a*	صنع	to produce	→	*iṣṭanaʿ-a*	اصطنع	to pose as
-ḍ- + *-t-* → *-ḍṭ-* = ضط	*ḍarab-a*	ضرب	to hit	→	*iḍṭarab-a*	اضطرب	to be agitated

3. Verbs with initial *w*: *w* + *-t-* → *-tt-* = تّ

waṣal-a	وصل	to arrive	→	*ittaṣal-a*	اتّصل	to contact
waḥad-a	وحد	to be unique	→	*ittaḥad-a*	اتّحد	to unite

Note that the same applies vor *ʾaxaḏ-a* أخذ 'to take' → *ittaxaḏ-a* اتّخذ 'to take on' in stem VIII.

II. Nouns with final *-in* and *-an*

From defective roots not only verbs are derived, but nouns and adjectives as well. These weak nouns have the endings *-in* or *-an* when nunated: عالٍ *ʿālin* 'high,' مبنًى *mabnan* 'building.' In pause, when nunation is dropped, these endings change, only in pronunciation, into *-ī*, and *-ā* respectively: بصوت عالٍ *bi-ṣawt-in ʿālī#* 'with a loud voice,' هناك مبنى *hunāka mabnā#* 'there is a building.' In Modern Arabic, however, it is not rare to encounter بصوت عالي written with the letter ي.

The long vowels *-ī* and *-ā* appear in any case when nunation is dropped in connection with definiteness (→ 3.VI and 4.II) or in a construct phrase, written in the normal way with ي and ى, respectively.

هناك مبنًى عالٍ جدا	هل رأيتم هذا المبنى العالي؟
hunāka mabnan ʿālin ǧiddan	*hal raʾaytum hāḏā_l-mabnā_l-ʿālī*
there is a very high building	did you see this high building?

ليس نادي الزمالك بعيدا	ما معنى هذه الكلمة؟
laysa nādī_z-zamālik ba'īdan	*mā ma'nā hāḏihi_l-kalima*
Zamalek Club is not far away	what is the meaning of this word?

1. Nouns with final *-in* الاسم المنقوص *al-'ismu_l-manqūṣ*

a. The sequences *-iy-un* (nom.) and *-iy-in* (gen.) of nouns formed from defective roots, e.g. with the pattern KāTiB-un, develop to *-in*, whereas the sequence *-iy-an* (acc.) remains unchanged.

	'āliy	+	*un* / *-in*	→	*'ālin*	عال	high
	māḍiy	+	*un* / *-in*	→	*māḍin*	ماض	past
But:	*qāḍiy*	+	*an* (acc.)	→	*qāḍiyan*	قاضيا	judge

Other examples

واد	قاض	محام	غال	تال	كاف	خال	مواز
wādin	*qāḍin*	*muḥāmin*	*ġālin*	*tālin*	*kāfin*	*xālin*	*muwāzin*
valley	judge	sollicitor	expensive	following	enough	empty	parallel

b. The final *-iy* of these nouns is dropped before the pl. endings *-ūna* (nom.) and *-īna* (gen./acc.).

muḥāmiy	+	*ūna*	→	*muḥāmūna*	محامون	solicitors
muḥāmiy	+	*īna*	→	*muḥāmīna*	محامين	

c. With endings starting with *-a* or *-ā*, i.e., the feminine, the dual endings and the accusative (→ 1 above), the *-iy* remains unchanged.

muḥāmiy-atun	محامية	*muḥāmiy-ātun*	محاميات
muḥāmiy-āni	محاميان	*muḥāmiy-ayni*	محاميين

Nouns with final *-in*

pl.m.def.	sg.m.def.	pl.m.indef.	sg.m.indef.	⇐
المحامون	المحامي	محامون	محام	nom.
المحامين	المحامي	محامين	محام	gen.
المحامين	المحامي	محامين	محامياً	acc.

muḥāmin, muḥāmin, muḥāmiyan; muḥāmūn-a, muḥāmīn-a, muḥāmīn-a;
al-muḥāmī, al-muḥāmī, al-muḥāmiy-a; al-muḥāmūn-a, al-muḥāmīn-a, al-muḥāmīn-a

2. Nouns with final *-an* الاسم المقصور *al-'ismu_l-maqṣūr*

a. The sequences *-ay-un* (nom.), *-ay-in* (gen.), and *-ay-an* (acc.) of nouns formed from defective roots, e.g., with the patterns maKTaB-un or muKTaB-un, all develop to *-an*:

mabnay + *un* / *-in* / *-an* → *mabnan* مبنًى building

maʿnay + *un* / *-in* / *-an* → *maʿnan* معنًى meaning

Other examples

ملتقى	منحنى	منتدى	مستشفى	مستوى
multaqan	*munḥanan*	*muntadan*	*mustašfan*	*mustawan*
meeting place	curve	forum (internet)	hospital	level

b. Simple nouns, i.e., derived from the basic root with final *w*, write their *-ā* with a final ا *ʾalif,* not with ى .

رضا	صبا	قفا	عصا	ربا
riḍan	*ṣiban*	*qafan*	*ʿaṣan*	*riban*
contentment	youth	neck	stick	usury

c. Nouns ending in *-an* do not inflect for case in the sg. and their pausal form ends in *-ā* : *mustašfā#*.

هذا مستشفى عظيم	في مستشفى عظيم	دخلت مستشفى عظيما
hāḏā mustašfan ʿaḏīm-un	*fī mustašfan ʿaḏīm-in*	*daxalt-u mustašfan ʿaḏīman*
this is a great hospital	in a great hospital	I entered a great hospital

d. When the pl. endings *-ūna* and *-īna* are added to the nouns ending in *-an*, they form the diphthongs *-awna*, or *-ayna*: ملقًى *mulqan* 'lying' → ملقون *mulqawna*, or ملقين *mulqayna*.

When the sg.f. ending *-a-tun* is added to the ending *-an*, it becomes *-ā-tun*: ملقًى *mulqan* + *-a-tun* → ملقاة *mulqā-tun*.

And finally, when the pl.f. ending *-āt-un* or the dual endings *-ān-i/-ayn-i* are added to *-an*, the *-y-* of the root reappears: ملقًى *mulqan* + *-ā-tun* → ملقيات *mulqayāt-un*; or ملقيان *mulqayān-i*, ملقيين *mulqayayn-i.*

Notice that both the sg.f. and the pl.f. forms end in *-ātun*. The sg.f. is inflected normally with three cases: *mulqā-tun* (nom.), *mulqā-tin* (gen.), *mulqā-tan* (acc.), whereas the pl.f. displays as expected only two forms *mulqayāt-un* (nom.) and *mulqayāt-in* (acc./gen.) (→ 4.V.5).

Nouns with final *-an*

pl.m.def.	sg.m.def.	pl.m.indef.	sg.m.indef.	⇐
الملقون	الملقى	ملقون	ملقى	nom.
الملقين	الملقى	ملقين	ملقى	gen.
الملقين	الملقى	ملقين	ملقى	acc.

mulqan, mulqan, mulqan; mulqawn-a, mulqayn-a, mulqayn-a

al-mulqā, al-mulqā, al-mulqā; al-mulqawn-a, al-mulqayn-a, al-mulqayn-a

e. When followed by possessive pronoun suffixes, the final *-ā* remains, but is then written with ا *ʾalif* (→ 11.II). As usual, when following a vowel, the suffix of the 1st pers. sg. is *-ya*.

our forum	*muntadānā*	منتدانا	←	*muntadan*	منتدًى
its meaning	*maʿnāhu*	معناه	←	*maʿnan*	معنًى
my hospital	*mustašfāya*	مستشفاي	←	*mustašfan*	مستشفًى
my stick	*ʿaṣāya*	عصاي	←	*ʿaṣan*	عصاً

3. Broken plurals ending with *-in*

a. Broken plurals of the pattern maKāTiB-u are, as already stated (→ V.III), diptotes and get therefore no nunation when indefinite. However, when these plurals are derived from defective roots, they have an *-in* ending in the nom. and the gen., whereas the ending is *-iy-a* in the accusative.

⇐

هذه مبان حديثة	في مبان حديثة	رأيت مباني حديثة
hāḏihi mabānin ḥadīṯa-tun	*fī mabānin ḥadīṯa-tin*	*raʾaytu mabāniya ḥadīṯa-tan*
these are modern buildings	in modern buildings	I saw modern buildings

b. When made definite by means of an article or as a head of a construct phrase, these plurals behave like all other nouns ending with *-in*: المباني *al-mabānī* 'the buildings,' مباني الجامعة *mabānī_l-ǧāmiʿa-ti* 'the buildings of the university,' مبانيها *mabānīhā* 'her buildings.'

Broken plurals with *-in*

⇐	indefinite		definite	
nom.	مبان	*mabānin*	المباني	*al-mabānī*
gen.	مبان	*mabānin*	المباني	*al-mabānī*
acc.	مباني	*mabāniy-a*	المباني	*al-mabāniy-a*

III. Negation النفي *an-nafy*

We have so far met different particles for negation depending on the type of the predicate in question: ليس for the nominal or prepositional predicate and, when appropriate, with a predicative noun in the accusative (→ 3.IX, 4.V.6, 5.VI, 8.III); لم + apocopate negates the past tense (→ 9.I.B); ما + perfect, as well, is a negation for the past tense (10.III.C); لن + subjunctive negates the future tense (8.II.2.d); لا + imperfect negates the present tense (7.VI); لا + apocopate is used for the prohibitive (→ 9.I.B.1)

More complex types of negation include

1. ما / لم / لن . . . ولا and ... لا ... ولا 'neither ... nor ...'

a. Two negated clauses are linked to each other by ولا *walā*, which may stand before any form of the verb.

أنها لم تكترثْ بي ولا فكّرت في
she paid no attention to me nor did she think of me

لن أكتب شيئًا عن الموضوع ولا أفاتح به أحداً
I shall neither write anything on the subject nor shall I talk to anyone about it

لم يكن الشيخ يكتب ولا يقرأ
the old man could not write nor read

ما رأى ولا سمع شيئًا
he had neither seen nor heard anything

b. Two or more parallel phrases to which the negation applies are linked to each other by means of ولا (not only و *wa*)

لا نعرف للوقت ثمناً ولا قيمة
we do not know price nor value of time

ما في ذلك ريبٌ ولا شكٌّ
there is neither doubt nor suspicion

ليس لنا عنوان ولا مقر ثابت
we have no address and no permanent domicile

لم أره في النادي ولا في الجامعة اليوم
I did not see him at the club nor at the university today

c. Instead of the current negational particles, لا may stand at the beginning of a clause to form the conjunction لا . . . ولا . . . 'neither ... nor ...,' and may be followed by a noun, a pronoun, a preposition, or a verb.

لا هو بالطالب ولا بالفلاح
he is neither a student nor a farmer

لا هي ذكيّة ولا حسنة المظهر
she is neither intelligent nor good-looking

لا رأينا ولا سمعنا الطفل
we neither saw nor heard the child

لا أنت ولا أمثالك تهمّونني
I am not interested in you nor in your kind of people

d. Beside the current negation, an additional لا may be placed in front of the coordinated phrase in order to emphasize it.

لا نعرف للوقت لا ثمناً ولا قيمةً
we do not know price nor value of time

لم يكن هناك لا نور ولا ظلمة
there was neither light nor darkness

Note that these negational particles do not cancel each other's effect, but rather add emphasis to negation.

2. لا with the perfect

Unlike the colloquial, where wishes are expressed by means of an imperfect, Written Arabic makes use of the perfect for this purpose: *Aḷḷā yirḥamu* → *raḥimahu_ḷḷāh* رحمه الله 'may God have mercy upon him.' To negate this kind of sentence لا is placed before the perfect. It is important to note that this kind of wish forms many set phrases.

لا قدّر الله
lā qaddara_ḷḷāh
may God prevent this!

لا خيّب الله قصدك
lā xayyaba_ḷḷāh-u qaṣdak
may God not thwart your intention!

3. Existential negation: لا النافية للجنس *lā an-nāfiyatu li_l-ǧins* 'there is no ...'

a. لا followed by an indefinite noun in the accusative and without the *-n* of the nunation negates the existence of something in the sense of 'there is no ....'

ليس هناك جديدٌ تحت الشمس ← لا جديدَ تحت الشمس
lā ǧadīda taḥta_š-šams-i
there is nothing new under the sun

لا إله إلاّ الله
lā 'ilāha 'illā_ḷḷāh-u
there is no god except God

لاحول ولاقوة إلا بالله
lā ḥawla walā quwwata 'illā bi_llāh-i
there is no power nor strength save in God

أكّد مبارك أنّ لا اعتذاراتِ رسميةَ قُدّمت حتى أمس
Mubārak asserted that no official apologies were presented until yesterday

b. When *lā an-nāfiyatu li_l-ǧins* is used to negate more than one noun, they all stand in the accusative without nunation.

لا إنسان ولا حيوان في الحقل
lā 'insāna walā ḥayawāna fi_l-ḥaql-i
there is no human being nor animal in the field

c. Adjectives related to nouns negated by *lā an-nāfiyatu li_l-ǧins* agree in all aspects with these nouns.

لا حيوان كبير أو صغير في الحقل
lā ḥayawāna kabīra 'aw ṣaġīra fi_l-ḥaql-i
there are no animals, big or small, in the field

4. أحد and شيء with negation: 'nobody' and 'nothing'

a. أحد *'aḥad-un* 'someone' and شيء *šay'-un* 'something' in a negated sentence are rendered by 'no one,' 'nobody' (= not 'anybody') and 'nothing' (= not 'anything'), respectively.

لم يكن أحدٌ بجواري
there was no one on my side

لا أعرف أحدا من الحاضرين
I know nobody of the persons present

لم يتّفقوا على شيء
they did not agree upon anything

لم يستطع أن يأكل شيئاً
he could not eat anything

Notice that in order to say 'I do not know a certain person (someone)' we have to periphrase this as 'there is one whom I do not know' هناك أحدٌ لا أعرفه.

b. لا *lā an-nāfiyatu li_l-ǧins* can be used with أحد to form لا أحد *lā 'aḥad-a* 'nobody.' Similarly شيء with لا gives لا شيء *lā šay'-a* 'nothing.' These expressions function mostly as subjects in the clauses where they stand.

ليس هناك أحدٌ	←	لا أحدَ هناك *lā ʾaḥada hunāka* nobody is there

لا أحدَ يستطيع الحصول على منحة nobody can get a scholarship	لا أحدَ لديه الشروط المطلوبة nobody meets the demands
لا شيء يهمّ nothing (really) matters	حبّ الناس ليس أبدياً ولا شيءَ أبديّ human love is not endless, in fact nothing is endless

c. In clauses with initial إنّ *ʾinna* or one of her 'sisters' (→ VI.VI.3), أحـــد and شـــيء follow directly and, like other nouns, take the accusative.

لاحظت أنّ أحداً لا يهتمّ بي
I realized that nobody took any interest in me

5. لا prefixed to a noun: لا may be prefixed to a noun in the same way as the prefixes in- or un- in English. For definiteness, the article stands before لا.

اتصالات لاسلكية wireless communication	نشاط لاشعوري للذهن an unconscious activity of the brain
حالة اللاحرب واللاسلام the state of no-war and no-peace	حالة لامبالاة كاملة a state of complete carelessness

IV. Use of قد *qad* and لقد *la-qad*

The meaning of the particle قـــد *qad* depends on whether it is used with a perfect or an imperfect.

1. When قـــد is followed by an imperfect it expresses a presumption and corresponds with the English 'perhaps,' 'maybe,' or 'it could be that ...' (→ 6.V.2).

قد أحضر غداً في المساء perhaps I shall come tomorrow in the evening	قد أُصاب بالاختناق إذا أُغلقت النافذة I would probably suffocate if the window was closed

2. a. قد or لقد with perfect stresses the fact that something has already occurred and is completed.

لقد اجتمع الرئيس بوزير الخارجية أمس
the president met yesterday with the minister of foreign affairs

b. When used with كـان + perfect, قـد reinforces the past anterior. قـد is then inserted between كان and the perfect (→ 11.III.2). As such, it can be rendered with the adverb 'already' in English.

كنا قد تحدثنا عنه we had already talked about him	إحدي المدارس التي كنت قد قمت بزيارتها one of the schools which I had visited

قبل أن تسأل عن شيء كانت عيناها قد سبقتاها إلى حجرة نوم أمها
before she could ask anything, her eyes had already gone ahead to her mother's bedroom

3. قد and negation

a. If an imperfect preceded by قـد has to be negated, لا *lā* is placed between قـد and the imperfect.

قد لا تكون هناك فرصة أخرى	قد لا يكون له شريك آخر
there may be no other opportunity	maybe he has no other partner

b. To negate a clause with قـد *qad* and perfect, قـد *qad* is dropped and the perfect is negated in the usual way.

قد اشتركنا في الدورة التربوية السابقة	لم نشترك في الدورة التربوية السابقة
we took part in the earlier course	we did not take part in the earlier course

c. As for the negation of *kāna* + *qad* + perfect, it is *kāna* that is negated in the proper way.

لم أكن قد سمعت به أبداً	لم نكن قد سمعنا بهذا الخبر
I had never heard of him	we had not heard this news

V. امرؤ *imru'-un* and المرء *al-mar'-u*

The vowel of the last syllable of the noun امـــرؤ *imru'-un* 'man,' 'one' changes with its case vowel (→ 6.I.4): *imru'un* امـرؤ, *imri'in* امـرئ and *imra'an* امـرءاً which can also be written as امرأً . The feminine form of امرؤ is امرأة *imra'a-t-un*.

مررت بامرئ جالس في صمت وخشوع	سميرة امرأة ذكيّة ومتعلّمة
I came accross a man who was sitting there quietly and humbly	*Samīra* is an intelligent and well-educated woman

Note that the initial *hamza* is *hamzatu_l-waṣl* and the *i-* may elide in pronunciation when preceded by a vowel.

When preceded by the article, امرؤ and امرأة change to الـمـرء *al-mar'-u* 'human beings,' 'men,' and الـمـرأة *al-mar'a-tu* 'the woman,' 'women.' Both convey the individual as well as the general meanings.

هكذا يستطيع المرء أن يدرك أسرار الكون	ينبغي أحيانا أن يتبع المرء مزاجه
in this way men can understand the secrets of the universe	sometimes it is necessary to follow one's mood
تكافح المرأة للحصول على حقوقها	كانت الاخبار تزيد المرء حيرا
women fight to get their rights	the news confused people even more

VI. جاء، يجيء *ǧā'-a, yaǧī'-u* and أتى، يأتي *'atā, ya'tī* 'to come'

The verbs جاء، يجيء *ǧā'a, yaǧī'u* and أتى، يأتي *'atā, ya'tī,* which both mean 'to come,' contain a *hamza* which may disappear (cf. the verbs with initial *hamza* → 10.II).

1. جاء، يجيء *ǧā'a, yaǧī'u* follows the medially weak verbs and needs some attention because of the orthography of the *hamza*. It takes different 'chairs' according to the adjacent vowels (→ 3.I.3).

perfect جاء *ǧā'-a* he came

⇐	جاء	*ǧā'-a*	جئت	*ǧi'-ta*	جئت	*ǧi'-tu*
	جاءت	*ǧā'-at*	جئت	*ǧi'-ti*		
	جاؤوا	*ǧā'-ū*	جئتم	*ǧi'-tum*	جئنا	*ǧi'-nā*
	جئن	*ǧi'-na*	جئتنّ	*ǧi'-tunna*		

imperfect يجيء *yaǧī'-u* he comes

⇐	يجيء	*yaǧī'-u*	تجيء	*taǧī'-u*	أجيئ	*'aǧī'-u*
	تجيء	*taǧī'-u*	تجيئين	*taǧī'-īna*		
	يجيئون	*yaǧī'-ūna*	تجيئون	*taǧī'-ūna*	نجيئ	*naǧī'-u*
	يجئن	*yaǧi'na*	تجئن	*taǧi'na*		

The apocopate shortens the internal long vowel as usual with hollow verbs: يجئ *yaǧi'*, تجئ *taǧi'*. For the imperative another root is used: تعالَ *ta'āl-a* (m.) 'come!,' تعالي *ta'ālay* (f.), تعالوا *ta'ālaw* (pl.m.), تعالين *ta'ālayna* (pl.f.), تعاليا *ta'ālayā* (dual). The active participle is formed like the participle of defective verbs and ends in *-in:* جاءٍ *ǧā'in* (m.), and جائيَة *ǧā'iya-tun* (f.) → 16.I.A.2.

2. أتى، يأتي *'atā, ya'tī* conjugates in the perfect just like a defective verb ending in ى *ā* (→ 10.III.B.4). In the 1st person imperfect it loses its second *hamza*: آتي **'a'tī* → *'ātī* 'I come.'

imperfect يأتي *ya'tī* he comes

⇐	يأتي	*ya'tī*	تأتي	*ta'tī*	آتي	*'ātī*
	تأتي	*ta'tī*	تأتين	*ta't-īna*		
	يأتون	*ya't-ūna*	تأتون	*ta't-ūna*	نأتي	*na'tī*
	يأتين	*ya'tī-na*	تأتين	*ta'tī-na*		

The apocopate shortens its final vowel as usual with defective verbs and is يأت، تأت *ya'ti, ta'ti* etc. The imperative is ايت *'īti* (m.) 'come!,' ايتي *'ītī* (f.), etc., just as with defective verbs. The active participle is آتٍ *'ātin* (m.) and آتية *'ātiya-tun* (f.).

التمرينات

١- كوّن جملا مفيدة بواسطة الصيغة الصحيحة للكلمات الآتية

اتّبع – اصطاد – اتّخذ – اتّصل – ادّخر – ادّعى – ازدحم – اضطر – اطّلع

كانت الموظفة تريد أن ________________ بوالدتها العجوز.

لم يستطع أحمد أن ____________ مبلغا كافيا لشراء سيّارة جديدة.

________ الموظّفة أن تسافر إلى القرية لتسوية بعض الأمور المهمة.

لم ________ في يوم من الأيام أنّنا لا نريد أن نتعلّم اللغة العربيّة.

لا أعرف كيف ____________ شوارع المدينة بهذه السرعة.

هل ________ الطلاب على جميع الكتب المفروضة دراستها هذا العام؟

سوف ____________ إدارة الجامعة قرارا نهائيا لإنشاء مكتبة حديثة.

لسحب كتاب من كتب المكتبة عليك أن __________ الخطوات التالية.

لقد ________ سامي البارحة ما يزيد عن عشرين كيلو من السمك.

٢- استعمل الصيغة المناسبة للاسم في الجمل التالية

موازٍ تالٍ ماضٍ عالٍ كافٍ محامٍ

مستشفًى مستوًى معنًى منحنًى ملتقًى

سافر أخي إلى فرنسا في السنة ____________ لمواصلة دراساته العليا.

يجب اتّباع الخطوات ____________ لتسجيل عضويّتك في المنتدى.

هذه كلمة أجنبية الأصل لم أجد ____________ في قاموس اللغة العربية.

كان الأستاذ علي عبد الجبّار ____________ مشهوراً في مدينة حلب.

يجب على سائقي السيارات تهدئة السرعة في هذا ____________ الخطر.

بقينا سائرين في طريق ____________ للشاطئ لمدة ساعة أو أكثر.

هناك العديد من المباني ____________ في المدن الأوروبية الكبرى.

ليس هذا المبلغ ____________ لشراء هدية مناسبة في عيد ميلاد أبي.

كنا نريد الاشتراك في المناقشات الجارية ▯▯حدى ____________ العربية.

اشترك في هذا المؤتمر العلمي أساتذة وباحثون من مختلف ____________.

دخل عادل أحد ____________ الكبرى بعد أن أصيب في حادث التصادم.

٣– أعد ترتيب الجمل التالية مع مراعاة قواعد النحو والإعراب

ذهب ، عام ، انجلترا ، إلى ، في ، أخوك ، هل ، ماضٍ؟

___

التقى ، سوف ، نادٍ ، الزمالك ، في ، الأصدقاء ، غداً.

___

ممتع ، ليالٍ ، في ، بلادي ، صيف.

___

و ، شوارع ، سيّارات ، مدينة ، بـ ، ازدحم ، ناس.

___

بعض ، طارق ، ادّخر ، سيّارة ، شراء ، لـ ، نقود.

___

اطّلع ، كتب ، طلاب ، على ، هل ، مقرّر؟

___

تكلّم ، محمود ، ادّعي ، أنّه ، الفرنسيّة ، لم.

___

لكيلا ، ذهب ، فاطمة ، إلى ، مرض ، اصطنع ، مدرسة.

___

٤– أجب على الأسئلة التالية بالنفي على النحو الموضح في المثال

مثال : هل تحسنين الكتابة والقراءة؟ ⇐ لا أحسن الكتابة ولا القراءة.

أأنت طالب أم موظف؟ ⇐ ___

هل سرق اللص المحمول والحقيبة؟ ⇐ ___

هل بلّغت أخاك وأختك خبر زواجي؟ ⇐ ___

أركبتم سيّارة أجرة أم أتوبيسا؟ ⇐ ___

هل لديكم أقارب أو أصدقاء هنا؟ ⇐ ___

هل ستسافرون بالطائرة أم بالسفينة؟ ⇐ ___

هل تعرف عنوان حسن ورقم تليفونه؟ ⇐ ___

هل رندا طويلة القامة وزرقاء العيون؟ ⇐ ___

أأنت مستعدة للسفر أم للبقاء هنا؟ ⇐ ____________________

هل كان أحمد رجلا طيبًا وكريما؟ ⇐ ____________________

٥- أكمل الجمل التالية مستعملا الصيغة الصحيحة لكلمة { شيء } أو { أحد }

لم ير __________ اللص الذي سرق التليفون المحمول من السيّارة.

إنّني متعب غاية التعب ولا أستطيع أن آكل أو أشرب __________ الآن.

سرق اللص وشريكه كل ما في الشقة ولم يتركا بها __________ ذا قيمة.

بقي أحمد مدّة طويلة بالدار لا يتصل بأحد ولا يكلّم __________.

خرج الأستاذ مصطفى من المكتب دون أن يلقي نظرة إلى __________.

حكى لنا الكثير ولكن لم يكن __________ مما حكاه صحيحا.

وصلنا في الموعد المتّفق عليه ولكنّا لم نجد __________ في انتظارنا.

اضطر محمود أن يبيع كل ما يمتلكه وليس لديه __________ الآن.

٦- أجب على الأسئلة التالية بواسطة لا النافية للجنس

مثال: ما هو الجديد تحت الشمس؟ ⇐ لا جديدَ تحت الشمس.

ما هو الشيء الأبديّ؟ ⇐ ____________________

من هم أصحاب هذا البيت؟ ⇐ ____________________

هل هناك شروط للعمل هنا؟ ⇐ ____________________

هل لك أعداء في هذا المكان؟ ⇐ ____________________

هل هناك خلاف بينك وبين أخيك؟ ⇐ ____________________

ما شأنك في الأمر؟ ⇐ ____________________

أين أزرار هذا الجهاز؟ ⇐ ____________________

أين مقاهي القرية ومنتزهاتها؟ ⇐ ____________________

ما هي مطالبكم؟ ⇐ ____________________

٧- ضع الأفعال التالية في المكان المناسب مع مراعاة قواعد النحو والإعراب

سبّب فاز اجتمع غادر زار ذهب فهم طالب أسرع سافر

قد __________ أحمد أصدقاءه غداً في الصباح.

قد ــــــــــــــــــــ رئيس الجمهوريّة بوزير الداخليّة أمس.

لقد ــــــــــــــــــــ طلاب القسم جميع قواعد اللغة.

قد ــــــــــــــــــــ فتحُ النافذة الرشحَ للسيّدة.

لقد ــــــــــــــــــــ الوفد القاهرة متوجّها إلى بغداد.

قد ــــــــــــــــــــ الجاران لمساعدة العجوز.

قد ــــــــــــــــــــ طارق إلى أمريكا في المستقبل.

قد ــــــــــــــــــــ الأولمبي في مباريات السنة المقبلة.

لقد ــــــــــــــــــــ الطالبات بحقّهن في ارتداء الحجاب.

قد لا ــــــــــــــــــــ الأستاذ منير إلى مكتبه اليوم.

٨- حوّل النص التالي إلى الفصحى ∅

šawāriʿ ilQāhira fi-Ramaḍān

šahri̊ Ramaḍān fi-Maṣri̊ luh ʿadātu_w bahgitu_lxāṣṣa. ʾabli̊ Ramaḍān bi_šwayya ilʾahāli (i = ī) biyzayyinu_ššawāriʿ wi_lmasāgid, wi_ttuggār biyʿallaʾu (ʾ = q) ʾuddām maḥallathum (at = āt) ilʾanwāṛ wi_lfawanīs (wa = wā) ilmilawwina. fi_ssūʾ ilbayyaʿīn biybīʿu maʾkulāt (ku = kū) wi ḥalawiyyāt wi mašṛubāt (ru = rū) xāṣṣa bi-Ramaḍān. ʾagmal šēʾ fi_ššawāriʿ fi-Ramaḍān huwwa manẓar (ẓ = ḍ) mawāʾid arraḥmān (ā = a) ilmafrūša li_lgamīʿ: li_lmisāfir wi li_lmiḥtāg wi ġerhum (e = ē).

____

____

____

____

____

____

____

____

____

____

____

____

٩- اقرأ النصوص مرة أخرى ثم أجب على الأسئلة الآتية بجمل مفيدة

شوارع القاهرة

ما هي الصورة التي تقدمها شوارع القاهرة؟ ______

هل تتميّز شوارع القاهرة بالهدوء؟ ______

هل يحترم سكّان القاهرة قواعد المرور دائماً؟ ______

مطاردة في شوارع القاهرة

أين حدثت المطاردة؟ ______

لماذا كان أحمد السقّا يطارد اللص؟ ______

هل كان اللص يعمل بمفرده؟ ______

من تولّى التحقيق مع اللصين؟ ______

سيارات أجرة حديثة تنطلق في شوارع القاهرة

ما هو لون سيّارات الأجرة الجديدة؟ ______

ما هي الأجهزة التي توجد بسيّارات الأجرة الجديدة؟ ______

ما هو العدّاد الذكي؟ ______

ما هي المعايير التي يتميّز بها السائقون الجدد؟ ______

هل يمكن للسائق التدخين بداخل السيّارة؟ ______

١٠- ترجم الجمل التالية إلى الفصحى

1. The streets of Cairo swarmed with people and cars all of a sudden.

______

2. Give me the meaning of these two words in English!

______

3. The crowd led to a traffic jam.

______

4. The employees were forced to leave their old office.

______

5. Did the students consult these important books?

______

6. Slow down (the speed)! There is a dangerous curve (coming).

______

7. I do not see any food or drink on the table.

---

8. Nobody could arrest the thief nor his accomplice.

---

9. Smoking is forbidden in the new taxis.

---

10. There are neither films nor serials in the late evening program.

---

11. There are many empty flats in this popular area.

---

12. *Qāsim ʾAmīn* played an important role in the emancipation of the Egyptian woman.

---

13. The new taxi drivers distinguish themselves by their professional training.

---

14. Neither authorities nor laws can regulate the traffic in the streets of Cairo.

---

15. Their car was parked in front of one of the cafés.

الدرس الخامس عشر

النصوص

الحل المعقول

حدثت مشادّة في القطار بين امرأتين بسبب النافذة، وفي النهاية دعت كلتاهما المفتّش لحلّ النزاع. عندما وصل المفتّش قالت الأولى: إذا فُتحت النافذة أُصاب بالرشح الذي قد يسبّب لي الوفاة. وقالت الأخرى: إذا أُغلقت النافذة فقد أُصاب بالاختناق. وهنا وقع المفتّش في حيرة لم ينقذه منها سوى رجل جالس بالقرب منهما وكان قد سمع مناقشتهما. قال الرجل: افتح النافذة أولاً فتموت الأولى ثمّ أغلقها بعدئذ فتموت الثانية وبذلك نتخلّص من إزعاجهما.

الرجل الذي يصرخ

طوكيو – فاز رجل يابانيّ يُدْعَى يوشيهيكو كاتو بمسابقة الصراخ التي تُعقد سنويّاً في اليابان ويفوز بها مَنْ يطلق أعلى صراخ. وقد أرجع كاتو فوزه إلى أنّه يصرخ يوميّاً في أطفاله لأنّه حادّ المزاج ولا يتحمّل ضجيجهم وأنّ ذلك كان تمريناً جيّداً على الصراخ.

بتصرّف عن جريدة الاهرام.

إنذار هامّ!

تُوجَد في بعض الدكاكين الملحوظة التالية التي كُتبت على الخزينة:

البضاعة المباعة لا تُردّ ولا تُستبدل!

المفردات

اختناقٌ	suffocation
أرجع ه إلى	to attribute to
إزعاجٌ	trouble, annoyance
استبدل ه	to exchange
استشار ه	to consult
أصاب ه	to afflict
أطلق ه	to emit
أعلى	higher; highest
اليابانُ	Japan
امرأةٌ	woman
إنذارٌ، ـاتٌ	warning
بالقربِ من	close to
بذلك	in this way
بضاعةٌ ، بضائعُ	merchandise
بعدئذ	then, later
تحمّل ه	to bear, to endure
تخلّص من	to get rid of
تشاجر	to quarrel
تصرّفٌ	disposal
تعوّد على	to get accustomed to
تعويدٌ على	accustoming to
جريدةٌ، جرائدُ	journal
حادُّ المزاج	hot-tempered
حلٌّ، حلولٌ	solution
حيرةٌ	embarrassment, confusion
خزينةٌ، خزائنُ	cash desk
دعا، يدعو ه، دعوةٌ	to invite, to call
رجلٌ، رجالٌ	man
رشحٌ	common cold
سبّبَ ه	to cause
سنويّاً	annually
سوى	except
طبعٌ، طباعٌ	character
عادةً	usually
عقد، يعقِد ه ، عقدٌ	to hold (a conference)
فاز، يفوز (بـ)، فوزٌ	to win (sth)
قطارٌ، قطاراتٌ	train
مات، يموت، موتٌ	to die
مباعٌ	sold
مسابقةٌ، ـاتٌ	contest
مشادّةٌ، ـاتٌ	quarrel, row
مصابٌ، ـون	wounded
معقولٌ	reasonable
مقترحٌ	proposed
ملحوظةٌ، ـاتٌ	remark
مناقشةٌ، ـاتٌ	discussion
نجاحٌ	success
نزاعٌ، نزاعاتٌ	quarrel, dispute
هامٌّ	important
واحةٌ، ـاتٌ	oasis
وفاةٌ، وفياتٌ	decease, death
يابانيٌّ	Japanese
يوميّا	daily

ixtināq-un; ʾarǧaʿa ʾilā; ʾizʿāǧ-un; istabdal-a; istašāṛ-a; ʾaṣāb-a; ʾaṭlaq-a; ʾaʿlā; al-yābān-u; imṛaʾa-tun; ʾinḏār-un, -āt-un; bi_l-qurbi min; bi-ḏālika; biḍāʿa-tun, baḍāʾiʿ-u; baʿda ʾiḏ; taḥammal-a; taxallaṣ-a min; tašāǧaṛ-a; taṣarruf-un; taʿawwad-a ʿalā; taʿwīd-un ʿalā; ǧarīda-tun, ǧaṛāʾid-u; ḥāddu_l-mizāǧ-i; ḥall-un, ḥulūl-un; ḥayra-tun; xazīna-tun, xazāʾin-u; daʿā, yadʿū, daʿwa-tun; raǧul-un, riǧāl-un; rašḥ-un; sabbab-a; sanawīyan; siwā; ṭabʿ-un, ṭibāʿ-un; ʿādatan; ʿaqad-a, yaʿqid-u, ʿaqd-un; fāz-a, yafūzu bi, fawz-un; qiṭār-un, -ātun; māt-a, yamūt-u, mawt-un; mubāʿ-un;

musābaqa-tun, -āt-un; mušādda-tun, -āt-un; muṣāb-un, -ūn-a; maʿqūl-un; muqtaraḥ-un; malḥūḍa-tun, -āt-un; munāqaša-tun, -āt-un; naǧāḥ-un; nizāʿ-un, -āt-un; hāmm-un; wāḥa-tun, -āt-un; wafā-tun, wafayāt-un; yābānīy-un; yawmīyan.

شرح القواعد

I. Passive voice المبني للمجهول *al-mabnī li_l-maǧhūl*

Stems V and VII convey sometimes a passive sense: تأثّر *taʼaṯṯar-a* 'to be influenced,' تغيّر *taġayyar-a* 'to be changed,' انقاد *inqād-a* 'to be led,' انضرب *inḍarab-a* 'to be hit.' However, when talking about passive in Written Arabic, we mean the so-called internal passive voice. Unlike the colloquial which makes use of *in-* or *it*-prefixes for the passive, in Written Arabic the passive differs from the active in the vowel patterns of the base of the verbs.
As a rule of thumb, we may say that the vowel pattern of the perfect is *u-i*, and that of the imperfect is *u-a*. Passive verbs take the same endings and follow the same rules of conjugation as active verbs.

A. Passive of the strong verbs

1. Perfect: The basis of the perfect shows in the passive voice the vowel pattern *u–i* instead of the *a–a*, or *a–i* of the active, not only in stem I, but in the derived stems as well. Note that the perfect of stem III shows in the passive the vowels *ū–i*.
2. Imperfect: The prefixes contain *-u-*, and the inflectional base *-a-*, in both stem I and the derived stems. Stems I and IV have identical forms in the imperfect: يـنـكـر *yunkar-u* 'is not known' (I) and 'is denied' (IV).
3. Stem VII cannot be put in the passive voice since it conveys in itself a passive-intransitive sense without an agent.

Strong Verbs

		active	→	passive		
I	perf.	*kataba*	→	*kutiba*	كُتب	to be written
	imperf.	*yaktubu*	→	*yuktabu*	يُكتب	
	perf.	*fahima*	→	*fuhima*	فُهم	to be understood
	imperf.	*yafhamu*	→	*yufhamu*	يُفهم	
II	perf.	*faḍḍala*	→	*fuḍḍila*	فضِّل	to be preferred
	imperf.	*yufaḍḍilu*	→	*yufaḍḍalu*	يُفضَّل	
III	perf.	*fāǧaʼa*	→	*fūǧiʼa*	فوجئ	to be surprised
	imperf.	*yufāǧiʼu*	→	*yufāǧaʼu*	يُفاجأ	
IV	perf.	*ʼarsala*	→	*ʼursila*	أرسِل	to be sent
	imperf.	*yursilu*	→	*yursalu*	يُرسل	

V	perf.	*taʿallama*	→	*tuʿullima*	تعلّم	to be learned
	imperf.	*yataʿallamu*	→	*yutaʿallamu*	يُتعلّم	
VI	perf.	*tabādala*	→	*tubūdila*	تبودل	to be exchanged
	imperf.	*yatabādalu*	→	*yutabādalu*	يُتبادل	
VIII	perf.	*iʿtaḏara*	→	*uʿtuḏira*	اعتُذر	to be excused
	imperf.	*yaʿtaḏiru*	→	*yuʿtaḏaru*	يُعتذر	
X	perf.	*istabdala*	→	*ustubdila*	استُبدل	to be exchanged
	imperf.	*yastabdilu*	→	*yustabdalu*	يُستبدل	

Notice the change in the orthography of the *hamza* in stem III (→ 4.I).

B. Passive of the weak verbs

Weak verbs follow in principle the same patterns as strong verbs, i.e. *u–i* for the perfect and *u–a* for the imperfect, except for some changes due to the internal structure of the different types of verbs.

1. Doubled verbs

The perfect base displays only *-u-* (*rudida* > *rudda*), the *-i-* showing up again when consonantal endings are combined with the base: *rudidtu* 'I was returned.' The imperfect shows the normal pattern *u–a* with *-u-* in the prefix and *-a-* in the base.

Passive voice of the doubled verbs

		active		passive		
I	perf.	*radda*	→	*rudda*	ردّ	to be returned
	imperf	*yaruddu*	→	*yuraddu*	يردّ	
II	perf.	*qarrara*	→	*qurrira*	قرّر	to be decided
	imperf.	*yuqarriru*	→	*yqarraru*	يقرّر	
III	perf.	*māssa*	→	*mūsisa*	موسس	to be touched
	imperf.	*yumāssu*	→	*yumāssu*	يماسّ	
IV	perf	*ʾaʿadda*	→	*ʾuʿidda*	أعدّ	to be prepared
	imperf.	*yuʿiddu*	→	*yuʿaddu*	يُعدّ	
V	perf.	*taraddada*	→	*turuddida*	تردّد	
	imperf.	*yataraddadu*	→	*yutaraddadu*	يتردّد	
VI	perf.	*tamāssa*	→	*tumūsisa*	تُموسس	to be brought in
	imperf.	*yatamāssu*	→	*yutamāssu*	يُتماسّ	mutual contact
VIII	perf.	*iḥtalla*	→	*uḥtulla*	احتلّ	to be occupied
	imperf.	*yaḥtallu*	→	*yuḥtallu*	يُحتلّ	
X	perf.	*istaradda*	→	*usturidda*	استُردّ	to be reclaimed
	imperf.	*yastariddu*	→	*yustaraddu*	يُستردّ	

2. Hollow verbs

The long medial vowel is replaced by *-ī-* in the perfect and by *-ā-* in the imperfect, the latter with *-u-* in the prefixes. Stems II, III, V, VI follow the patterns of the strong verb.

Passive voice of the hollow verbs

		Active		Passive		
I	perf.	*qāla*	→	*qīla*	قيل	to be said
	imperf.	*yaqūlu*	→	*yuqālu*	يقال	
	perf.	*bāʿa*	→	*bīʿa*	بيع	to be sold
	imperf.	*yabīʿu*	→	*yubāʿu*	يباع	
II	perf.	*kayyala*	→	*kuyyila*	كيّل	to be measured
	imperf.	*yukayyilu*	→	*yukayyalu*	يكيّل	or weighed
III	perf.	*bāyaʿa*	→	*būyiʿa*	بويع	to be acknowleged
	imperf.	*yubāyiʿu*	→	*yubāyaʿu*	يبايع	as leader
IV	perf.	*ʾaṣāba*	→	*ʾuṣība*	أصيب	to be wounded
	imperf.	*yuṣību*	→	*yuṣābu*	يصاب	
V	perf.	*taxayyala*	→	*tuxuyyila*	تخيّل	to be imagined
	imperf.	*yataxayyalu*	→	*yutaxayyalu*	يتخيّل	
VI	perf.	*taqāyaḍa*	→	*tuqūyiḍa*	تقويض	to be bartered
	imperf.	*yataqāyaḍu*	→	*yutaqāyaḍu*	يتقايض	
VIII	perf.	*ixtāra*	→	*uxtīra*	اختير	to be chosen
	imperf.	*yaxtāru*	→	*yuxtāru*	يختار	
X	perf.	*istašāra*	→	*ustušīra*	استشير	to be sought for
	imperf.	*yastašīru*	→	*yustašāru*	يستشار	advice

3. Defective verbs

The perfect displays the vowels *u–i*, and its conjugation follows that of the active verbs with final *-iya*, like نسي *nasiya* (→ 10.III.B.3). In the imperfect, the final long vowel is replaced by *-ā*, and the prefix always contains *-u-*, which results in the general pattern *u–ā*. The conjugation follows that of ينسى *yansā* (→ 6.III.B.2.d).

Passive voice of the defective verbs

		Active		Passive		
I	perf.	*ramā*	→	*rumiy-a*	رمي	to be thrown
	imperf.	*yarmī*	→	*yurmā*	يرمى	
	perf.	*daʿā*	→	*duʿiy-a*	دعي	to be called
	imperf.	*yadʿū*	→	*yudʿā*	يدعى	

	perf.	*nasiya*	→	*nusiy-a*	نسي	to be forgotten
	imperf.	*yansā*	→	*yunsā*	ينسى	
	perf.	*ra'ā*	→	*ru'iy-a*	رئي	to be seen
	imperf.	*yarā*	→	*yurā*	يرى	
II	perf.	*ġannā*	→	*ġunniy-a*	غنّي	to be sung
	imperf.	*yuġannī*	→	*yuġannā*	يغنّى	
III	perf.	*nadā*	→	*nūdiy-a*	نودي	to be called
	imperf.	*yunādī*	→	*yunādā*	ينادى	
IV	perf.	*'alqā*	→	*'ulqiy-a*	ألقي	to be thrown
	imperf.	*yulqī*	→	*yulqā*	يلقى	
V	perf.	*tabannā*	→	*tubunniy-a*	تبنّي	to be adopted
	imperf.	*yatabannā*	→	*yutabannā*	يتبنّى	
VI	perf.	*tafādā*	→	*tufūdiy-a*	تفودي	to be avoided
	imperf.	*yatafādā*	→	*yutafādā*	يتفادى	
VIII	perf.	*irtadā*	→	*urtudiy-a*	ارتدي	to be worn
	imperf.	*yartadā*	→	*yurtadā*	يرتدى	(clothes)
X	perf.	*istad'ā*	→	*ustud'iy-a*	استدعي	to be summoned
	imperf.	*yastad'ā*	→	*yustad'ā*	يستدعى	

4. Verbs with intial *w* keep in the passive voice the و *w* in the imperfect of stem I: *yuw-* develops to *yū-*. The same applies for stem IV.

		Active		Passive		
I	imperf.	*yaḍa'u*	→	*yūḍa'u* (*yuwḍa'u*)	يُوضع	he is being put
		yağidu	→	*yūğadu* (*yuwğadu*)	يُوجد	he is being found
IV	imperf.	*yūqifu*	→	*yūqafu* (*yuwqafu*)	يُوقف	he is being stopped

5. In unvowelled texts it is often difficult to distinguish between active and passive verbs. The reader has to decide from the context how to read a verb. When long vowels are involved, however, active and passive are written differently (see stem III of hollow and defective verbs above). Likewise when one of the radicals is a *hamza* which needs a different 'chair' according to its vowel context (→ 6.I). In these cases the passive can be seen from the orthography.

يؤكل	←	يأكل	سئل	←	سأل
yu'kalu		*ya'kulu*	*su'ila*		*sa'ala*
he is being eaten		he eats	he was asked		he asked
يفاجأ	←	يفاجئ	فوجئ	←	فاجأ
yufāğa'u		*yufāği'u*	*fūği'a*		*fāğa'a*
he is being surprised		he surprises	he was surprised		he surprised

C. Use of the passive voice

1. Passive transformation: An active sentence can be made passive by:

(a) giving the accusative object of an active phrase the role of a subject in the passive one, and taking into account the corresponding change of case vowels.

(b) transforming the active form of the verb into the passive, taking into account the rules of agreemant.

فتحت الباب سيّدة شابّة	→	فتح الباب
fataḥati_l-bāba sayyidatun šābba-tun		*futiḥa_l-bāb-u*
a young woman opened the door		the door was opened
أغلق المفتّش النافذة	→	أغلقت النافذة
ʾaġlaqa_l-mufattišu_n-nāfiḏa-ta		*ʾuġliqati_n-nāfiḏa-tu*
the conductor closed the window		the window was closed

If the verb is followed by more than one accusative object, one of which refers to a person, the other to an inanimate object, the former is transformed to subject whereas the latter remains as it is.

أعطى المدرس الطالب الكتاب	→	أعطي الطالب الكتاب
ʾaʿṭā_l-mudarrisu_ṭ-ṭālib-a_l-kitāb-a		*ʾuʿṭiya_ṭ-ṭālibu_l-kitāb-a*
the teacher gave the student the book		the student was given the book
أبلغ أحمد المدير الخبر	→	أبلغ المدير الخبر
ʾablaġa ʾAḥmad al-mudīra_l-xabar-a		*ʾubliġa_l-mudīru_l-xabar-a*
Aḥmad told the director the news		the director was told the news

2. Agent: The passive in Arabic is generally speaking impersonal, and the agent is not mentioned, hence its name المبني للمجهول 'the based on the unknown' in traditional grammar. However, in modern usage, and in particular in the media, the agent may be introduced by means of prepositions such as من *min,* من قبل *min qibali,* من جانب *min ǧānibi* 'by,' 'through,' and بـ *bi* 'by.'

طعنها طالب بسكّين	→	طُعنت بسكّين من طالب
ṭaʿanahā ṭālibun bi-sikkīn-in		*ṭuʿinat bi-sikkīnin min ṭālib-in*
a student stabbed her with a knife		she was stabbed by a student with a knife
كان البعض ينتقدها	→	كانت تنتقد من قبل البعض
kāna_l-baʿḍu yantaqiduhā		*kānat tuntaqadu min qibali_l-baʿḍ-i*
some people criticised her		she was criticised by some people
أصابه مرضٌ	→	أصيب بمرضٍ
ʾaṣābahu maraḍ-un		*ʾuṣība bi-maraḍ-in*
a disease afflicted him		he was afflicted by a disease

3. Verbs with a prepositional object: These can also be set in the passive voice. Due to the fact that they do not have an accusative object which could take the role of the subject in the passive sentence, the verb stands here invariably in the 3rd sg.m.

عثروا على كمّيّة من الذهب	←	عُثِرَ على كمّيّة من الذهب
they found a quantity of gold		a quantity of gold was found
أمسكوا باللصوص	←	أُمْسِكَ باللصوص
they seized the thieves		the thieves were seized

4. Passive imperfect: This is sometimes used to render an obligation, and when negated it indicates an impossibility.

يُحفظ في الثلاجة	تعاد إلى مرسلها
to be kept in the fridge	to be returned to the sender
هذا الماء لا يُشرب	شخصية لا تُنسى
this water is not drinkable	an unforgettable personality

5. Periphrastic passive: The verb تـمّ ، يـتـمّ *tamm-a, yatimm-u* 'to be carried out' with a definite verbal noun often replaces the passive in Modern Written Arabic, in particular in journalistic style (cf. قام بـ ، يقوم بـ for the active voice → 13.I.B.3).

عُقدت مسابقة الصراخ بطوكيو	←	تمّ عقدُ مسابقة الصراخ بطوكيو
the competion for screaming was held in Tokyo		
سيعالَج المصابون بالمستشفى	←	ستتمّ معالجةُ المصابين بالمستشفى
the wounded will be treated in the hospital		

II. من *man* and ما *mā* as relative pronouns

1. من and ما as independent relative pronouns

مـن *man* and مـا *mā* introduce independent relative clauses (→ 12.IV). مـن refers to people in the sense of 'who,' 'whoever,' whereas مـا points to objects in the sense of 'what,' 'whatever.' They fulfill the functions of subject, predicate, or object within a clause, and may be annexed to a noun in a construct phrase.

أوجّه السؤال إلى من يفهمونه	محاكمة من يرتكبون الجرائم
I put this question to those who understand it	the judgment of the ones who commit crimes
يفوز من يطلق أعلى صراخ	هذا ما قاله الرئيس
the one who screams the loudest wins	this is what the president said
تمكن من شراء ما يرغبه	أنقذ ما أمكن إنقاذه
he was able to buy what he wanted	he saved what could be saved

2. مَن ... مِن *man . . . min* and ما ... مِن *mā . . . min* as paraphrases

A restrictive relative clause can be paraphrased by مَـن ... مـن *man . . . min* 'who ... of ...' (people) or مـا ... مـن *mā . . . min* 'what ... of ...' (objects). The noun phrase introduced by *min* defines more precisely the scope of the propositional content.

أكلنا الطعام الذي أعددناه ← أكلنا ما أعددناه من طعام

we have eaten what we had prepared (as to food)

عاد الطلاب الذين سافروا إلى الخارج ← عاد من سافر إلى الخارج من الطلاب

the ones who had gone abroad (as to the students), have returned

فقد كل النقود التي كانت معه ← فقد كل ما كان معه من النقود

he lost all he had (as to the money)

3. من and ما following prepositions

When مـن *man* and مـا *mā* follow the prepositions مـن *min*, عـن *ʿan*, or فـي *fī*, they are attached to them and written as one word: مـمّا *mimmā*, ممّن *mimman*, عمّا *ʿammā*, عمّن *ʿamman*, and فيما *fīmā*, فيمن *fīman*.

إنّني أفكّر فيما سأفعله غداً	لقد شكر فيمن معه
I am thinking about what I'll do tomorrow	he praised those who were with him
هي مسؤولة عمّا يحدث	وفيما يلي نص الحديث
she is responsible for what happens	in what follows is the text of the speech

4. Dropping of the resumptive pronoun

The resumptive pronoun العائد *al-ʿāʾid*, which must be used according to the rules of the relative clause (→ 12.IV), may be dropped when it refers back to مـن *min* or مـا *mā*.

نستورد أكثر مما نصدّره ← نستورد أكثر مما نصدّر

we import more than we export

هذا في الحقيقة كل ما أريده ← هذا في الحقيقة كل ما أريد

this is indeed all I want

III. Exceptive expressions الاستثناء *al-istiṯnāʾ*

Expressions with the meaning of 'except for,' 'exluding,' 'but' in Written Arabic include the preposition سوى *siwā*, the phrase ما عدا *mā ʿadā*, and the particle إلاّ *ʾillā*, all of which having their own rules. Often the whole phrase can be rendered in English by the adverb 'only.'

1. سوى *siwā*

سـوى *siwā* introduces an exception to a negative statement. It can be followed by a noun in the genitive, by a suffixed pronoun or by a prepositional phrase.

لم ينقذ المفتّش سوى رجلٍ جالس بالقرب من السيدتين

nobody except a man sitting close to the two ladies could save the conductor

الحمد لله الذي لا يُحْمَد على مكروه سواه

praise to God, who is the only one to be praised (even) for adversities

لا يمكن إطلاقها سوى من منصّات ومراكز معروفة

they can only be started from well-known platforms and centers

Notice that ى is replaced by ا when suffixes are attached (→ 11.II).

2. ما عدا *mā ʿadā* 'excluding'

If the item excepted is a noun phrase it follows in the accusative.

نعمل كلّ أيام الأسبوع ما عدا يومَيْ الجمعة والسبت

we work all days of the week but for Friday and Saturday

ومعظم المقاهي اختفى ما عدا في الأحياء الشعبية

most cafés disappeared except in popular quarters

3. إلاّ *ʾillā* 'except' or 'but'

a. In a clause which contains no negation, a noun follows إلاّ in the accusative.

سوف نصل في الساعة الخامسة إلاّ الربعَ

we will arrive at a quarter to five

b. If the main clause contains a negation, the noun which follows إلاّ takes the case of the part of the clause from which it is excepted.

لم يحضر (أحدٌ) إلى الاجتماع إلاّ مديرو المدارس الابتدائيّة

nobody attended the meeting except the directors of the Preparatory Schools

لم يصطحب (أحداً) في رحلته الطويلة إلا ابنَه الأصغر

on his long trip he did not take with him anybody but his youngest son

لن نقضي هنا إلا أيّاما قليلة

we will stay here only a few days

c. The excepted item may be a subordinated clause.

ما أرادوا إلاّ أن يعودوا إلى منازلهم سالمين

they wanted only to safely return to their houses

d. إلاّ cannot take suffixes. If necessary, the particle إيّـا *ʾiyyā* serves as a carrier for a suffix (→ 14.IV).

لم ترعيناي في الحفل إلا إياك

at the party my eyes saw only you

Notice the difference (cf. b. above):

لم أزر أحداً إلاّ إيّاك

I visited nobody but you

لم يزرني أحدٌ إلاّ أنتَ

nobody visited me but you

التمرينات

١- اختر من الدروس الخمسة الأخيرة عشر (١٠) جمل وضعها في صيغة المبني للمجهول

مثال: أبلغ الجاران مفتش المباحث ⇐ أُبلِغَ مفتش المباحث

________ ⇐ ________
________ ⇐ ________
________ ⇐ ________
________ ⇐ ________
________ ⇐ ________
________ ⇐ ________
________ ⇐ ________
________ ⇐ ________
________ ⇐ ________
________ ⇐ ________

٢- أجب على الأسئلة التالية مستعملا صيغة المبني للمجهول

مثال: هل أنقذت الموظّفة أمها؟ ⇐ نعم، لقد أُنقذت الأم

هل أدخل الطالب كلمة المرور؟ ⇐ نعم، ________
هل شكر الموظّفون المدير؟ ⇐ نعم، ________
هل أرسلتم المقالة إلى الجريدة؟ ⇐ نعم، ________
هل ربط الأب أحزمة الأمان لأولاده؟ ⇐ نعم، ________
هل استبدلت السيّدة البضاعة؟ ⇐ نعم، ________
هل فتحت السيّدة الباب؟ ⇐ نعم، ________
هل بعث الطالب الرسالة؟ ⇐ نعم، ________
هل سمعتم أقوال الأستاذ؟ ⇐ نعم، ________
هل ارتكب الرجلان الجريمة؟ ⇐ نعم، ________

هل سيبعثون الرسالة اليوم؟ ⇐ نعم، ________
هل سيرتكبون الجريمة؟ ⇐ نعم، ________

هل ستنظّفون الغرفة؟ ⇐ نعم، ________________

هل ستستخدمين هذه المعلومات؟ ⇐ نعم، ________________

هل سيشرب الضيوف القهوة؟ ⇐ نعم، ________________

هل سيبلّغن مفتّش المباحث؟ ⇐ نعم، ________________

هل ستغلقين النوافذ والأبواب؟ ⇐ نعم، ________________

هل سترسلين طلب الإجازة اليوم؟ ⇐ نعم، ________________

هل ستأكل عائشة هذا الطعام؟ ⇐ نعم، ________________

هل سيكتب الأطفال هذه الكلمات؟ ⇐ نعم، ________________

٣- أجب عن الأسئلة التالية مستعملا صيغة المبني للمجهول

مثال: هل أحالوا السيّدة إلى النيابة؟ ⇐ نعم، لقد أُحيلتْ إلى النيابة.

هل باعوا السيّارة القديمة؟ ⇐ نعم، ________________

هل أعادت فاطمة إدخال كلمة المرور؟⇐ نعم، ________________

هل اختار حسن سمكا طازجا؟ ⇐ نعم، ________________

هل زيّن السكّان شارعهم؟ ⇐ نعم، ________________

هل غيّرت سميرة عنوان منزلها؟ ⇐ نعم، ________________

هل استشار الطالب الأستاذ؟ ⇐ نعم، ________________

هل قال حسن هذه الأقوال؟ ⇐ نعم، ________________

هل استطعتم الرحيل؟ ⇐ نعم، ________________

هل بنت رشيدة بيتا جديدا؟ ⇐ نعم، ________________

هل دعوتم فاطمة إلى الحفل؟ ⇐ نعم، ________________

هل غنّيتم هذه الأغنية من قبلُ؟ ⇐ نعم، ________________

هل ألقى الضابط القبض على الرجل؟ ⇐ نعم، ________________

هل ارتدت الموظّفة الملابس؟ ⇐ نعم، ________________

هل استدعت النيابة السيّدة؟ ⇐ نعم، ________________

هل سمّيتم طفلكم أحمد؟ ⇐ نعم، ________________

هل أمضت سلمى الإجازة في الخارج؟ ⇐ نعم، ________________

هل حلّ المفتش المشكلة؟ ⇐ نعم، ________________

هل احتلّت الجماهير الساحة؟ ⇐ نعم، ________________

هل استرددتم البضاعة المباعة؟ ⇐ نعم، ________________

هل فاجأ الأولاد أباهم بهدية؟ ⇐ نعم، ________________

هل وضع طارق الكتب في الحقيبة؟ ⇐ نعم، ________________

هل ملأ عاطف استمارة التسجيل؟ ⇐ نعم، ________________

هل وجدت المباحث عنوان الخيّاطة؟ ⇐ نعم، ________________

هل قرأ المدير الرسائل؟ ⇐ نعم، ________________

٤- حوّل الجمل التالية إلى صيغة المبني للمجهول

مثال: أجاب الطلاب على الأسئلة ⇐ أُجيب على الأسئلة.

حصل حسن على المنحة المطلوبة ⇐ ____________________

وافق المدير على منح الموظف إجازة ⇐ ____________________

عثرت الخيّاطة على كمّيّة من الذهب ⇐ ____________________

احتفظت خديجة بصور طارق ⇐ ____________________

أقدموا على السباحة بعد الأكل ⇐ ____________________

حافظ الشبّان على نظافة المكان ⇐ ____________________

اعتذرت الطالبة عن التأخير ⇐ ____________________

أمسك الجاران بالخيّاطة ⇐ ____________________

حكم القاضي على السيدة بالحبس ⇐ ____________________

قبضت الشرطة على رجلين ⇐ ____________________

٥- أعد تكوين الجمل مستعملا { تم } والمصدر المناسب

مثال: أُغلقت النافذة ⇐ تّم إغلاق النافذة.

أُبلغت الشرطة ⇐ ____________________

أُلقي القبض على السيّدة ⇐ ____________________

عولج المريض بالمستشفى ⇐ ____________________

أُحيلت السيدة إلى النيابة ⇐ ____________________

أُستبدلت البضاعة المباعة ⇐ ____________________

أُشتريت جميع الهدايا ⇐ ____________________

أُرسل وفد رسميّ إلى العراق ⇐ ____________________

أُعيدت كتابة كلمة المرور ⇐ ________
ووفق على منح الطالب منحة ⇐ ________
أُختيرت الكتب بدقّة ⇐ ________
أُعدّ الطعام والشراب للضيوف ⇐ ________
بُنيت مساكن جديدة بأسوان ⇐ ________

٦- كون جملا جديدة مستعملا الصيغة المناسبة للفعل على النحو الموضح في المثال

مثال: تمّ اكتشافُ آثارٍ جديدةٍ بالجيزة ⇐ أُكتشفت آثارٌ جديدةٌ بالجيزة.
تمّ تحرير خطاب توصية للطالب ⇐ ________
تمّ تسجيل عضوية رشيدة بالمنتدى ⇐ ________
تمّ إنذار جميع سكان العمارة ⇐ ________
تمّ إغلاق جميع نوافذ المكتب ⇐ ________
تمّت معالجة المرضى بالمستشفى ⇐ ________
تمّت إعادة المسروقات إلى أصحابها ⇐ ________
تمّ تثبيت الأطفال في مقاعدهم ⇐ ________
تمّ استبدال البضائع ⇐ ________
تم اختيار المبعوثين إلى الخارج ⇐ ________
تمّت كتابة جميع الرسائل ⇐ ________

٧- أجب عن الأسئلة التالية على النحو الموضح في المثال

مثال: هل تريدين أن تبيعي هذه السيارة؟ ⇐ هذه السيارة لا تُباع!
هل تريدين أن تشربي هذا الماء؟ ⇐ ________
هل تريدون أن تأكلوا هذا الطعام؟ ⇐ ________
هل تريد أن تقول هذا الكلام؟ ⇐ ________
هل تودّون أن تنسوا هذه الفتاة؟ ⇐ ________
هل تستطيعون أن تفهموا هذه اللغة؟ ⇐ ________
هل تريدين أن تردّي هذه البضاعة؟ ⇐ ________
هل تريد أن تغلق هذه النافذة؟ ⇐ ________
هل تريدين أن تستبدلي هذا الكتاب؟ ⇐ ________
هل تريدون أن تناقشوا أقوالي؟ ⇐ ________

٨- أعد كتابة الجمل مستعملا { إلا } وصيغة النفي

مثال : اشترينا كتابا واحدا فقط ⇐ لم نشتر إلا كتابا واحدا.
تشاجرت هتان السيدتان فقط ⇐ ______
يدرس هؤلاء الطلاب اللغة العربيّة فقط ⇐ ______
سيفوز اليابانيّ في مسابقة واحدة فقط ⇐ ______
سيدعو منير أصدقاءه فقط ⇐ ______
رأينا في القرية عمارة واحدة فقط ⇐ ______
حضر إلى منزل العجوز جارها فقط ⇐ ______
يصرخ اليابانيّ في أولاده فقط ⇐ ______
سيكتبون الإنذار على الخزينة فقط ⇐ ______
أغلقت نادية نافذة واحدة فقط ⇐ ______
سرقت السيّدة ذهب العجوز فقط ⇐ ______

٩- أعد كتابة الجمل التالية على النحو الموضح في المثال

مثال : دعونا جميع السكان ⇐ دعونا جميع السكان إلا ساكنا واحدا
فهمنا كل كلمات النص ⇐ ______
نزل جميع الركاب من الأتوبيس ⇐ ______
قرأ محمود كل كتب المكتبة ⇐ ______
أغلقنا كل أبواب المبنى ⇐ ______
درسوا جميع الموضوعات ⇐ ______
فهموا كل قواعد المرور ⇐ ______
أغلقوا كل مقاهي المدينة ⇐ ______
حضروا كل المحاضرات ⇐ ______
زار الوزير جميع القرى ⇐ ______
حضر كل الجيران لمساعدة العجوز ⇐ ______
كان اليابانيّ يصرخ في كل أطفاله ⇐ ______

١٠- أعد كتابة الجمل التالية على النحو الموضح في المثال

مثال: (أطفال ضاحكون) ⇐ لم أر في شوارع القرية إلاّ أطفالا ضاحكين.

(سيدة عجوز) ⇐ لم تره في الشقّة سوى ________

(باب واحد) ⇐ فتحنا كل الأبواب ماعدا ________

(طالب واحد) ⇐ أخبرنا جميع الطلاب إلاّ ________

(أبو عمّار) ⇐ حضر جميع الضيوف ماعدا ________

(الموظفون الجدد) ⇐ لم يدع المدير إلى مكتبه إلا ________

(كتاب واحد) ⇐ لم يأخذ معه في رحلته إلاّ ________

(طفل واحد) ⇐ قرأ الأطفال نوادر جحا ماعدا ________

(ساكن واحد) ⇐ لم ألتقي في العمارة إلاّ بـ ________

١١- أعد كتابة الجمل التالية مستعملا { ما ... مِن } أو { مَن ... مِن }

مثال: سرقوا النقود التي كانت في السيّارة ⇐ سرقوا ما كان ~ كانت في السيّارة من نقود

بِعتُ الكتب التي كانت لديّ ⇐ ________

أكلتُ الطعام الذي أعددته ⇐ ________

هل تقرؤون الصحف التي تظهر يوميّا؟ ⇐ ________

لن نستبدل الآن البضائع التي معنا ⇐ ________

أُصيب الركّاب الذين كانوا في السيّارة ⇐ ________

ارتدى عمرو الملابس التي اشتراها ⇐ ________

سجّلوا الآثار التي عثروا عليها في الواحات ⇐ ________

سندعو الأصدقاء الذين عادوا من الخارج ⇐ ________

صاح الأطفال الذين سيشتركون في المسابقة ⇐ ________

سوف نلتقي بالزوّار الذين حضروا أمس ⇐ ________

١٢- حوّل النص التالي إلى الفصحى

∅ Write the following text in *fuṣḥā*.

tarīx Maṣr ilḥadīs
kānit Maṣri min ʾahamm idduwal_liqtiṣādiyya fi_lmāḍi, fi ʿahdi̊_Mḥammad ʿAli.
lākin baʿdi̊ kida ḥaṣal tadahwur fi_lbalad bi-sabab ilistiʿmāṛ wi_lḥukm ilfāsid.
fa ʾām iggēš bi-sawṛa fi 23 yulyu sanat 1952 wi ṭarad ilmalik.
baʿd issawṛa ḥāwil iṛṛaʾīs Gamāl ʿAbd inNāṣir yibni_liqtiṣād ilmaṣri min gidīd wi yirfaʿ min mustawa_lmaʿīša fa-ʾammim Qanāt isSuwēs ʿašān yinammi_ddaxl ilqawmi

wi bana kamān isSadd ilʿāli ʿašān yišaggaʿ iṣṣināʿa wi_zziṛāʿa fi_lbalad. dilwaʾti Maṣri ʿandaha maṣādir tanya muhimma zayy issiyāḥa wi_lbitrōl.

____

____

____

____

____

____

____

____

____

١٣– اقرأ النصوص جيّداً ثم أجب على الأسئلة التالية

الحل المعقول

أين حدثت المشادة؟ ______________________

من سبّب هذه المشادة؟ ______________________

من جاء بالحلّ لهذه المشكلة؟ ______________________

ما رأيك في الحلّ المقترح؟ ______________________

الرجل الذي يصرخ

أين تعقد مسابقة الصراخ سنويّا؟ ______________________

من يفوز عادةً في المسابقة؟ ______________________

كيف كان طبع يوشيهيكو كاتو؟ ______________________

فيمن كان يصرخ يوميّا؟ ______________________

لماذا كان يصرخ يوميّا؟ ______________________

إنذار هامّ

أين توجد هذه الملحوظة؟ ______________________

ماذا كُتب في هذا الإنذار؟ ______________________

هل يمكن استبدال البضاعة المباعة؟ ______________________

١٤- ترجم الجمل التالية إلى الفصحى

1. Did you write in your article about those who have stolen the car?

2. A Syrian (man) called *Aḥmad Farġalī* won (in) the previous competion.

3. *Ṣafā'* could not exchange what she had bought (as to the goods).

4. This food cannot be eaten.

5. All questions of the police investigator were answered.

6. All the wounded will be treated at the hospital.

7. Only (the) children can take part in this competition.

8. My neighbor (f.) is hot-tempered and cannot endure noise.

9. All students but *Muḥammad Murād* attended the lecture.

10. My brother gave me what he had bought (as to the books).

11. Can you tell me something about the jewelry that was found with the seamstress?

12. The Japanese felt confused because he could hear the voices of his children without seeing them.

13. Do you know that these excercises are very difficult?

14. *Aḥmad Farġalī* attributed his success to his endeavor.

15. Children must get accustomed to fastening their safety belt.

الدرس السادس عشر

النصوص

بطاقة تهنئة

أخي الكريم، صديقي العزيز

بمناسبة الأعياد المجيدة، نبعث إليكم بأطيب التهاني وأجمل التمنيات راجين لكم عيدا سعيدا وعاما حافلا بالنجاح والسعادة والتوفيق لكم ولجميع أفراد الأسرة الكريمة، آملين أن نلتقي بكم عن قريب. وكل عام وأنتم بخير.

أخوك مجدي

رسالة رسمية

الأستاذ الفاضل السيد مدير المكتب العام للسياحة

تحية طيبة وبعد،

نرجو من سيادتكم التكرم بالموافقة على منحي اجازة لمدة اسبوعين بسبب وفاة والدي، مما يضطرني إلى السفر إلى القرية لحضور مراسم الدفن وتسوية أمور الوراثة وبعض الأمور الأخرى المتعلقة بذلك.

وتفضلوا بقبول فائق الاحترام والشكر.

خطاب تعزية

السيدة الكريمة عليّة عبد الرازق

نشاطركم الأحزان وللأسرة الصبر والسلوان. كان والدكم – رحمه الله – من أعز الإخوان وأطيب الأصدقاء، أحبه كل من عرفه وقدّره كل من عامله.

نطلب من الله للفقيد المغفرة والرحمة ولكم الصبر، وتقبّلوا منّا خالص العزاء.

المفردات

آت ، ـون	coming
آملٌ، ـون	hoping
اتّخذ ه	to take (measures)
اتّفق على	to agree with
إجراءٌ ، ـاتٌ	measure
احترامٌ	respect
استلقى	to lie down
أطيبُ	best
أعلن ه	to declare, to announce
اكتشف ه	to discover
التقى بـ	to meet
انتظر (ه)	to expect (sb); to wait
بترول	gasoline, petrol
برنامجٌ ، برامجُ	program
بطاقةٌ ، ـاتٌ	card
بعث ، يبعث ه إلى، بعثٌ	to send
بمناسبةِ	on the occasion of
تحديدٌ	fixing
تسويةٌ	settling
تعزيةٌ ، تعازٍ	condolence
تفضّل بِـ	to be so kind as to
تقبّل ه	to accept
تكرّم بـ	to be so kind as to
تكلّم ه	to speak
تمنٍّ ، تمنّياتٌ	wish
تهنئةٌ ، تهانٍ	felicitation
جلس ، يجلس، جلوسٌ	to sit down
حافلٌ بـ	full of
حزنٌ ، أحزانٌ	grief, sorrow
حسبَ	according to
خالصٌ	sincere
خطرٌ ، أخطارٌ	danger
راجٍ ، ـون	hoping, wishing
رجا ، يرجو ، رجاءٌ	to wish; to request
رحم، يرحم ه، رحمةٌ	to have mercy upon
رحمه اللهُ	mercy upon him!
سعادةٌ	happiness
سلوانٌ	consolation
سيادةٌ	excellency
شاطر ه ه	to share
شكرٌ	thank
صبرٌ	patience
طيّبٌ ، ـون	good
ظهر ، يظهر، ظهورٌ	to appear
عامل ه	to deal with sb; to treat
عزاءٌ	comfort
عن قريبٍ	in the near future, soon
فائقٌ	superior, greatest
فاجأ ه	to surprise
فاضلٌ ، فضلاءُ	distinguished
فجأةً	suddenly
فقيدٌ ، ـون	deceased person
قبل، يقبل ه ، قبولٌ	to accept
قدّر ه	to esteem, to appreciate
كريمٌ، كرامٌ	noble
متعلقٌ بـ	related to
مجيدٌ	glorious
مراسمُ الدفنِ	burial ceremony
مغفرةٌ	forgiveness
مقرّرٌ	settled
منح ، يمنح ه ه ، مَنْحٌ	to grant
موافقةٌ	consent, agreement
موعدٌ ، مواعدُ	appointment
نجح ، ينجح ، نجاحٌ	to succeed

estate; inheritance	وراثةٌ	money	نقدٌ ، نقودٌ
		existence	وجودٌ

ʾātin, -ūna; ʾāmil-un, -ūna; ittaxaḏ-a; ittafaqa ʿalā; ʾiğṛā ʾ-un, -āt-un; iḥtiṛām-un; istalqā; ʾaṭyab-u; ʾaʿlan-a; iktašaf-a; iltaqā bi; intaḍar-a; bitrōl; barnāmağ-un, baṛāmiğ-u; biṭāqa-tun, -āt-un; baʿaṯ-a, yabʿaṯu ʾilā, baʿṯ-un; bi-munāsaba-ti; taḥdīd-un; taswiya-tun; taʿziya-tun, taʿāzin; tafaḍḍala bi; taqabbal-a; takarrama bi; takallam-a; tamannin, tamanniyāt-un; tahniʾa-tun, tahānin; ğalas-a, yağlis-u, ğulūs-un; ḥāfil-un bi; ḥuzn-un, ʾaḥzān-un; ḥasab-a; xāliṣ-un; xaṭar-un, ʾaxṭār-un; rāğin, -ūna; rağā, yarğū, rağāʾ-un; ṛaḥima, yaṛḥam-u, ṛaḥma-tun; raḥimahu_ḷḷāh-u; saʿāda-tun; sulwān-un; siyāda-tun; šāṭar-a; šukr-un; ṣabr-un; ṭayyib-un, -ūna; ḍahar-a, yaḍhar-u, ḍuhūr-un; ʿāmal-a; ʿazāʾ-un; ʿan qarīb-in; fāʾiq-un; fāğaʾ-a; fāḍil-un, fuḍalāʾ-u; fağʾa-tan; faqīd-un, -ūna; qabil-a, yaqbal-u, qabūl-un; qaddaṛ-a; karīm-un, kiṛām-un; mutaʿalliqun bi; mağīd-un; marāsimu_d-dafn-i; maġfira-tun; muqaṛṛaṛ-un; manaḥ-a, yamnaḥ-u, manḥ-un; muwāfaqa-tun; mawʿid-un, mawāʿid-u; nağaḥ-a, yanğaḥ-u, nağāḥ-un; naqd-un, nuqūd-un; wuğūd-un; wiṛāṯa-tun

شرح القواعد

I. The participle

The participle is derived from the root of the verb and functions partly as adjective, partly as noun, being inflected as such for case and definiteness. Unlike the colloquial, Modern Written Arabic makes a clear distinction between active and passive participles for derived stems.

A. Participle of stem I

1. The strong verb

Stem I derives its participles according to the same patterns as the colloquial, i.e., KāTiB-un for the active participle (اسم الفاعل *ismu_l-fāʿil*) and maKTūB-un for the passive (اسم المفعول *ismu_l-mafʿūl*).

Active and passive participles of the strong verb - Stem I

pl.f.	pl.m.	sg.f.	sg.m.	⇐
كاتبات	كاتبون	كاتبة	كاتب	active
kātibāt-un	*kātibūn-a*	*kātiba-tun*	*kātib-un*	
مكتوبات	مكتوبون	مكتوبة	مكتوب	passive
maktūbāt-un	*maktūbūn-a*	*maktūba-tun*	*maktūb-un*	

2. The weak verbs

a. Doubled verbs: the pattern of the active participle is KāTT-un whereby the medial *-i-* is dropped.

marr-a, yumurr-u	→	*mārr-un*	مارّ	passing
hamm-a, yahimm-u	→	*hāmm-un*	هامّ	important
samm-a, yasimm-u	→	*sāmm-un*	سامّ	poisonous

The passive participle shows the same pattern as with the strong verb: maKTūT-un

ḥall-a, yaḥill-u	→	*maḥlūl-un*	محلول	solved
ball-a, yabill-u	→	*mablūl-un*	مبلول	wet

b. Hollow verbs: to form the active participle, the medial *-y-* or *-w-* of these verbs is replaced by a *hamza*: Kā'iB-un.

bāʿ-a, yabīʿ-u	→	*bāʾiʿ-un*	بائع	selling
zār-a, yazūr-u	→	*zāʾir-un*	زائر	visiting

When forming the passive participle, the long medial vowel *-ū-* appears for the verbs with *w*: maKūB-un. Verbs with *y* show an *-ī-* as medial vowel: maKīB-un.

dās-a, yadūs-u	→	*madūs-un*	مدوس	run over
ṣān-a, yaṣūn-u	→	*maṣūn-un*	مصون	virtuous
dān-a, yadīn-u	→	*madīn-un*	مدين	indebted
bāʿ-a, yabīʿ-u	→	*mabīʿ-un*	مبيع	sold

Note that instead of maKūK and maKīK the pattern muKāK may be used for the passive participle as well: *mudās-un* مداس 'run over' and *mubāʿ-un* مباع 'sold.'

c. Defective verbs: the active participle of these verbs ends with *-in* and is inflected in the same way as the nouns with final *-in* (→ 13.III.1).

raǧā	→	*rāǧiy-un*	→	*rāǧin*	راجٍ	hoping, wishing
talā	→	*tāliy-un*	→	*tālin*	تالٍ	following

Active participle of the defective verbs – Stem I

pl.f.	pl.m.	sg.f.	sg.m.	⇐
راجيات	راجون	راجية	راجٍ	
rāǧiyāt-un	*rāǧūn-a*	*rāǧiya-tun*	*rāǧin*	

The passive participle of the defective verbs follows the pattern maKTūB-un of the strong verb. The only difference is that verbs with final *y* replace the *-ū-* by *-ī-* when forming their passive participle.

daʿā, yadʿū	→	*madʿūw-un*	مدعوّ	invited
raǧā, yarǧū	→	*marǧūw-un*	مرجوّ	expected
ramā, yarmī	→	*marmīy-un*	مرميّ	thrown
nasiy-a, yansā	→	*mansīy-un*	منسيّ	forgotten

B. Participle of the derived stems

1. The strong verb

The participles of the different stems are derived from the inflectional base of the active and passive verbs through replacing the prefix *yu-* or *ya-* of the imperfect by the prefix *mu-*.

active:	*yudarris-u* →	*mudarris-un*	مدرّس	teacher
	yuṣaddir-u →	*muṣaddir-un*	مصدّر	exporter
passive:	*yurāqab-u* →	*murāqab-un*	مراقب	controlled

Active participle of the strong verbs – Derived stems

II	*mukattib-un*	*mudarris-un*	مدرّس	teacher
III	*mukātib-un*	*mušāhid-un*	مشاهد	viewer
IV	*muktib-un*	*muntiǧ-un*	منتج	producer
V	*mutakattib-un*	*mutaʿallim-un*	متعلّم	educated
VI	*mutakātib-un*	*mutafāʾil-un*	متفائل	optimistic
VII	*munkatib-un*	*munʿazil-un*	منعزل	isolated
VIII	*muktatib-un*	*muxtalif-un*	مختلف	different
X	*mustaktib-un*	*mustaxdim-un*	مستخدم	employer; user

Passive participle of the strong verbs – Derived stems

II	*mukattab-un*	*muwaḍḍaf-un*	موظّف	employee
III	*mukātab-un*	*murāqab-un*	مراقب	controlled
IV	*muktab-un*	*muġlaq-un*	مغلق	closed
V	*mutakattab-un*	*mutawaqqaʿ-un*	متوقّع	expected
VI	*mutakātab-un*	*mutanāwal-un*	متناول	attainable
VII	*munkatab-un*	*munxafaḍ-un*	منخفض	depression
VIII	*muktatab-un*	*muntaḍar-un*	منتظر	awaited
X	*mustaktab-un*	*mustaxdam-un*	مستخدم	used

Stems V and VI follow the rule only partly, since when forming the active participle, they replace the *-a-* of the last syllable by *-i-*.

yataʿallam-u	→	*mutaʿallim-un*	متعلِّم	educated (not *mutaʿallam-un*)
yatafāʾal-u	→	*mutafāʾil-un*	متفائل	optimistic

Notice the existence of a passive participle of stem VII, whereas the passive of the verb is not in use (→ 15.I.A). For the meaning of the participles cf. below C.1.

2. The weak verbs

As with the strong verbs, *yu-* or *ya-* of the imperfect are replaced by *mu-* in order to form the participles (see above paradigm tables).

a. Doubled verbs: For stems III, VI and VIII the above rule results in a form which shows no difference between active and passive participles because the crucial vowel *-i-* or *-a-* is dropped in these stems: *yaḥtall-u* 'he occupies' and *yuḥtall-u* 'he is being occupied,' both give *muḥtall-un* as participle.

ضدّ الجيوش المحتلّة	في الأراضي المحتلّة
ḍidda_l-ǧuyūš-i_l-muḥtalla	*fī_l-ʾarāḍī_l-muḥtalla*
against the occupying forces	in the occupied territories

Stems IV and X maintain the difference between active and passive forms.

IV	*muʿidd-un*	معدّ	preparing	*muʿadd-un*	معدّ	prepared
X	*mustaqirr-un*	مستقرّ	being stable	*mustaqarr-un*	مستقرّ	location

b. Verbs with initial *w* replace in stem IV the *yū-* of the imperfect by *mū-*.

IV	يوجز *yūǧiz-u* 'to summarize'	→	موجز *mūǧiz-un* 'summarizing'
	يوجز *yūǧaz-u* 'to be summarized'	→	موجز *mūǧaz-un* 'summary'

c. Hollow verbs: In stems VII and VIII active and passive are alike.

VII	*yanhār-u*	→	*munhār-un*	منهار	collapsing; collapsed
VIII	*yaxtār-u*	→	*muxtār-un*	مختار	choosing; chosen

In stems IV and X the difference is maintained.

IV	*murīd-un*	مريد	desiring	*murād-un*	مراد	desired
X	*mustaʿīn-un*	مستعين	seeking help	*mustaʿān-un*	مستعان	sought for help (God)

d. Defective verbs: The active participle ends in *-in*, the passive in *-an*. The feminine and plural forms, and the cases can be derived according to the rules given in 14.II.2.d.

active:	*ġannā, yuġannī*	→	*muġannin*	مغنّ	singer
	tamannā, yatamannā	→	*mutamannin*	متمنّ	wishing
	iddaʿā, yaddaʿī	→	*muddaʿin*	مدّع	prosecutor
passive:	*sammā, yusammī*	→	*musamman*	مسمّى	called
	ʾalqā, yulqī	→	*mulqan*	ملقى	thrown
	iddaʿā, yaddaʿī	→	*muddaʿan*	مدّعى	claimed

Active and passive participles of the defective verbs – Stem VIII

pl.f.	pl.m.	sg.f.	sg.m.	⇐
مدّعيات *mudda'iyāt-un*	مدّعون *mudda'ūn-a*	مدّعية *mudda'iya-tun*	مدّعٍ *mudda'in*	active
مدّعيات *mudda'ayāt-un*	مدّعون *mudda'awn-a*	مدّعاة *mudda'ā-tun*	مدّعًى *mudda'an*	passive

C. Use of the participle

Beside their verbal function, participles can function in Modern Written Arabic as nouns, having as such their own plurals, as adjectives, or as predicate.

1. Participles as nouns

a. As a noun, the active participle means 'the one who' and often indicates a person who carries out a job, a duty, or a profession. Used as such, the participles of the derived stems form their pl. regularly by means of *-ūna/-īna*, whereas those of the first stem have broken plurals.

	plural			singular			⇐
traveler	*musāfirūn-a*	←	مسافرون	*musāfir-un*	مسافر	←	سافر
teacher	*mudarrisūn-a*	←	مدرّسون	*mudarris-un*	مدرّس	←	درّس
worker	*'ummāl-un*	←	عمّال	*'āmil-un*	عامل	←	عمل
passenger	*rukkāb-un*	←	ركّاب	*rākib-un*	راكب	←	ركب
judge	*quḍā-tun*	←	قضاة	*qāḍin*	قاض	←	قضى
pedestrian	*mušā-tun*	←	مشاة	*māšin*	ماش	←	مشى

b. As a noun the passive participle often indicates places, sites, and locations. Its pl. ends then in *-āt*.

depression	*munxafaḍ-un*	منخفض	←	to be lowered	انخفض
curve	*munḥanan*	منحنى	←	to bend	انحنى
slope	*munḥaḍar-un*	منحدر	←	to descend	انحدر
resort	*muntağa'-un*	منتجع	←	to resort	انتجع
hospital	*mustašfan*	مستشفى	←	to seek cure	استشفى

2. Participles as attributes

a. Participles are used attributively as adjectives according to the rules in → 4.VIII.

الكلمة المكتوبة	آلة كاتبة	العام المقبل
al-kalimatu_l-maktūba	*'ālatun kātiba-tun*	*al-'āmu_l-muqbil-u*
the written word	a typewriter (writing machine)	next (coming) year

b. Verbs with a prepositional object can also form a passive participle. When used as an attribute to a noun, the participle agrees with this noun in case and definiteness, but remains invariable in the sg.m. (→ 14.I.C.3). A personal pronoun suffixed to the preposition refers back to the noun and agrees with it in gender and number.

عُثر على آثار في الجيزة	←	الآثارُ المعثورُ عليها في الجيزة
ʿuṯira ʿalā ʾāṯārin fi_l-ǧīza		*al-ʾāṯāru_l-maʿṯūru ʿalayhā fi_l-ǧīza*
antiquities were found in Giza		the antiquities found in Giza
أُتّفق على أجرة	←	الأجرة المتّفَقُ عليها
uttufiqa ʿalā ʾuğra-tin		*al-ʾuğratu_l-muttafaqu ʿalayhā*
a rent was agreed upon		the rent agreed upon

3. The active participle as a predicate

As in the colloquial, but not to the same extent, in Modern Written Arabic the active participle is used with certain types of verbs instead of the imperfect.

a. Verbs of 'translocation' (movement)

من أين أنت قادم؟	إنهن عائدات من الخارج
where are you coming from?	they (pl.f.) are returning from abroad
أنا ذاهب إلى بغداد	حازم مسافر إلى الولايات المتحدة
I am going to Baghdad	*Ḥāzim* is travelling to the United States

b. Verbs expressing intentions

أأنت شارع في الزواج حقّاً؟	طارق عازم على السفر
do you really intend to marry?	*Ṭāriq* is dertermined to travel

c. As in the colloquial, an active participle is used to express a situation, often mental or physical, considered as a resultant effect of an action (resultative).

سامي راقد في الفراش	أنا آسف شديد الأسف
Sāmī is lying in bed	I am very sorry

d. For the past كان is used with the participle.

لم يكن راضيا عن أفعالي	كان الضيوف جالسين في الشرفة
he did not approve of my deeds	the guests were sitting on the balcony

II. The participle as short relative clause

A participle can be used as a short relative clause instead of the conjugated verb. It is then attributed to its antecedent and agrees with it in case and definiteness, while gender and number agree with the subject of the relative clause.

1. If the antecedent is at the same time subject of the relative clause it agrees in all aspects.

أقبل الجاران اللذان يسكنان في العمارة ← أقبل الجاران الساكنان في العمارة

the two neighbors living in the flat arrived

عاد الأساتذة الذين يعملون في لبنان ← عاد الأساتذة العاملون في لبنان

the professors working in Lebanon have come back

2. If the antecedent is not at the same time subject of the relative clause, a personal pronoun suffix (*al-ʿā'id*) is used to refer back to this subject. The participle agrees then with the antecedent as to case and definiteness, and with the subject as to gender and number (النعت السببي *an-naʿtu_s-sababīy*).

الإجراءاتُ التي يلزم اتخاذُها ← الإجراءات اللازم اتخاذها

al-'iǧrā'ātu_l-lāzimu_ttixāḏuhā

the measure to be taken (the taking of which is necessary)

في الكتبِ التي سبق ذكرُها ← في الكتب السابق ذكرها

fī_l-kutubi_s-sābiqi ḏikruhā

in the afore-mentioned books (in the books whose mention has preceded)

الكتابُ الذي تفرض دراستُه ← الكتاب المفروضة دراسته

al-kitābu_l-mafrūḍatu dirāsatuhu

the books to be studied (the studying of which is required)

3. If the verb to be replaced by a participle has an object in the accusative, Modern Written Arabic often introduces this object with the preposition لـ *li-* (→ 7.IV). In a more classical style, however, this object may remain in the accusative.

الدول التي تصدّر البترولَ ← الدولُ المصدّرةُ للبترول / البترولَ

the petrol-exporting states

الميكروباتُ التي تسبّب الأمراضَ ← الميكروباتُ المسببةُ للأمراضِ / الأمراضَ

the disease-causing microbes

When the object is a pronominal suffix, it is introduced by the preposition لـ *li-*.

الوفد الذي يرافقه ← الوفد المرافق له

the delegation accompanying him

الفرع الذي يصدرها ← الفرع المصدر لها

the branch exporting it

III. The participle and the accusative الحال *al-ḥāl*

Two verbal clauses related to each other in their meaning in a way that makes it possible to see one of them as the main clause and the other as a complement, can be joined to form one sentence. The complement is expressed by an indefinite participle which follows the main verb and takes the accusative (circumstantial accusative). This so-called *ḥāl*-phrase gives additional information about the main clause by telling something about the circumstances surrounding its subject or object.

1. *ḥāl*-phrases related to the subject

قدم الوزير من الرياض	+	وصل الوزير إلى القاهرة أمس
the minister came from Riad		the minister arrived in Cairo yesterday

⇐ وصل الوزير إلى القاهرة أمس قادماً من الرياض

the minister arrived yesterday in Cairo, coming from Riad

توجّه الرئيس إلى بغداد	+	غادر الرئيس القاهرة صباح اليوم
the president headed for Baghdad		the president left Cairo this morning

⇐ غادر الرئيس القاهرة صباح اليوم متوجّهاً إلى بغداد

the president left Cairo this morning, heading for Baghdad

2. *ḥāl*-phrases related to the object. These arre often found with verbs meaning 'to find,' 'to encounter,' 'to come across,' 'to see.'

كان الأطفال ينامون	+	وجدتُ الأطفال في الغرفة
the children were sleeping		I found the children in the room

⇐ وجدت الأطفال في الغرفة نائمين

I found the children sleeping in the room

أُلقيت أمّها على الفراش	+	فوجئت بأمّها
her mother was flung on the bed		she was surprised by her mother

⇐ فوجئت بأمّها ملقاةً على الفراش

she was surprised (to find) her mother flung on the bed

3. Adjectives as *ḥāl*-phrase

Not only participles, but adjectives as well, can be used as *ḥāl*-phrases taking the circumstantial accusative.

عاش فيها حزينا طوال خَمْسِ سنوات	قامت البنت فرَحةً
he has been living there sadly for five years	gladly the girl stood up

التمرينات

١- حوّل الجمل التالية مستعملا اسم الفاعل

مثال: المرأة التي تعمل في هذا المصنع ⇐ المرأة العاملة في هذا المصنع

الموظف الذي يجلس في مكتبه ⇐ ________

الأطفال الذين يضحكون ⇐ ________

الطالبات اللواتي يحصلن على شهادات ⇐ ________

الطلاب الذين يرحلون في الصباح ⇐ ________

الطفلان اللذان يلعبان في الحديقة ⇐ ________

الفتاتان اللتان ترجعان من الخارج ⇐ ________

الكتب التي تصدر هذا العام ⇐ ________

٢- حوّل الجمل التالية مستعملا اسم الفاعل

مثال: الطلاب الذين يشتركون في الرحلة ⇐ الطلاب المشتركون في الرحلة

الطلاب الذين يتعلّمون في الخارج ⇐ ________

في العام الذي يُقبل ⇐ ________

الركّاب الذين ينتظرون في المحطة ⇐ ________

الأحوال التي تتدهور ⇐ ________

الرجال الذين يضطربون ⇐ ________

الشوارع التي تزدحم ⇐ ________

الألوان التي تختلف ⇐ ________

٣- حوّل الجمل التالية مستعملا اسم الفاعل

مثال: السيدة التي تقف في مدخل العمارة ⇐ السيدة الواقفة في مدخل العمارة

القطار الذي يتوجه إلى أسوان ⇐ ________

القرى التي تقع على طول الساحل ⇐ ________

الفتيات اللواتي يوجّهن الحديث إليك ⇐ ________

الرسائل التي ترد اليوم ⇐ ________

الشابان اللذان يتواجدان في مكان الحادث ⇐ ________

الوزيران اللذان يوافقان على القرار ⇐ ________________

الفتاة التي تواظب على الصلاة والصوم ⇐ ________________

٤- حوّل الجمل التالية مستعملا اسم الفاعل

مثال: الرجال الذين يسيرون في الطريق ⇐ الرجل السائرون في الطريق

الفتاة التي تصيح بأعلى صوتها ⇐ ________________

الموظّفات اللواتي يصمن ⇐ ________________

الطفل الذي ينام في فراشه ⇐ ________________

الأطفال الذين يخافون ⇐ ________________

المدرسة التي تقيم في حي الزمالك ⇐ ________________

الطلاب الذين يعودون من السفر ⇐ ________________

الأحوال التي تتغيّر ⇐ ________________

٥- حوّل الجمل التالية مستعملا اسم الفاعل

مثال: الدول التي تنمو ⇐ الدول النامية

الأسبوع الذي مضى ⇐ ________________

الدرس الذي يأتي ⇐ ________________

المبالغ التي تكفي ⇐ ________________

التمرينات التي تتلو ⇐ ________________

الرجال الذين يصلّون ⇐ ________________

الأيام التي تنقضي ⇐ ________________

الطريق الذي يؤدّي إلى الجامع ⇐ ________________

٦- حوّل الجمل التالية مستعملا اسم المفعول

مثال: الكتب التي ذُكرت ⇐ الكتب المذكورة

البرقية التي بُعثت ⇐ ________________

الحساب الذي دُفع ⇐ ________________

النوافذ التي فُتحت ⇐ ________________

المعلومات التي طُلبت منّا ⇐ ________________

المفردات التي وُجدت في هذا النص ⇐ ________________

الواجبات التي فُرضت علينا ⇐ ____________

الشعوب التي ظُلمت ⇐ ____________

٧- حوّل الجمل التالية مستعملا اسم المفعول

مثال: الطعام الذي يُعدّ للضيوف ⇐ الطعام المعدّ للضيوف

المواد التي تُدرّس في الصفّ الأول ⇐ ____________

السيدة التي تُتّهم بالسرقة ⇐ ____________

القرارات التي تُتّخذ في بداية العام ⇐ ____________

الجرائم التي تُرتكَبت يومياً ⇐ ____________

البضائع التي تُصدّر إلى الخارج ⇐ ____________

الأغاني التي تُسجّل كل أسبوع ⇐ ____________

الخدمات التي تُقدّم للشباب ⇐ ____________

٨- حوّل الجمل التالية مستعملا اسم المفعول

مثال: البضاعة التي بيعت أمس ⇐ البضاعة المباعة أمس

الرجل الذي أُصيب في الحادث ⇐ ____________

الفرص التي أُتيحت لهما ⇐ ____________

الحفلات التي أُقيمت خلال الأعياد ⇐ ____________

النصوص التي أُختيرت ⇐ ____________

المياه التي لُوّثت ⇐ ____________

المهملات التي أُلقيت في الشوارع ⇐ ____________

الصديقة التي دُعيت إلى الحفل ⇐ ____________

العمارة التي بُنيت في المعادي ⇐ ____________

الأغاني التي غُنّيت هذا العام ⇐ ____________

٩- حوّل الجمل التالية على النحو الموضّح في المثال

مثال: المواعيد التي أُتُفق عليها ⇐ المواعيد المتّفَق عليها

الآثار التي عُثر عليها ⇐ ____________

الزيارات التي سُمح بها ⇐ ____________

الخطابات التي وُقّع عليها ⇐ ____________

السيدات اللواتي حُكِم عليهن بالحبس ⇐ ________________

القرارات التي ووفق عليها ⇐ ________________

الدراسات التي أُعلِن عنها ⇐ ________________

الشهادة التي حُصل عليها ⇐ ________________

القرارات التي يجب اتّخاذها ⇐ ________________

الحقوق التي طولب بها ⇐ ________________

١٠– كوّن جملا على النحو الموضّح في المثال

مثال: وصل الوزير أمس - قدم الوزير من الرياض

⇐ وصل الوزير أمس قادماً من الرياض

نرسل إليكم أحرّ التهاني - نأمل أن تكونوا بخير

⇐ ________________

تابعنا سيرنا - عُدنا إلى المدينة

⇐ ________________

غادر السوّاح القاهرة - توجّه السوّاح إلى الأقصر

⇐ ________________

وجدتُ نادية - كانت تنتظر في المحطة

⇐ ________________

دعا الرجل الياباني أولاده - كان الرجل يصيح

⇐ ________________

أسرعن □□غلاق باب الشقة - كن يصرُخن

⇐ ________________

ذهبت سميرة إلى الشاطئ - كانت تسير على الأقدام

⇐ ________________

وجد أباه - استلقى أبوه على الفراش

⇐ ________________

ادخلوا مصر - أنتم سالمون!

⇐ ________________

١١- أعد تكوين الخطاب مستعملا العبارت و الجمل الآتية

حضرت إلى مكتبك	تحياتي وإلى اللقاء	عزيزي محمد
ولكنك لم تكن موجوداً	تحية طيبة وبعد	حسب الموعد
صديقك المخلص أحمد	الرجاء منك	في الساعة الثانية
لتحديد موعد جديد	الاتصال بي هاتفياً	المتّفق عليه

____

____

____

____

____

____

١٢- اقرأ النصوص مرة أخرى ثم أجب على الأسئلة التالية

بطاقة تهنئة

من أرسل هذه التهاني؟ ______________

بأيّة مناسبة أُرسلت هذه التهاني؟ ______________

هل وجّه مجدي البطاقة إلى صديقه فقط؟ ______________

رسالة رسمية

إلى من وجّهت هذه الرسالة؟ ______________

لماذا يطلب الموظّف من مديره إجازة؟ ______________

ما هي مدّة الإجازة المطلوبة؟ ______________

ماذا يريد الموظّف أن يفعله في القرية؟ ______________

خطاب تعزية

إلى من وجّه هذا الخطاب؟ ______________

ما هي علاقة السيدة عليّة بالفقيد؟ ______________

ما هي علاقة كاتب الرسالة بالفقيد؟ ______________

١٣- ترجم الجمل التالية إلى الفصحى

1. We wish to every one of you a happy new year.

2. The director sent his finest felicitations and best wishes to all employees.

3. Sold merchandise is not to be exchanged.

4. They were surprised by the presence of two frightened children.

5. I came at the agreed upon time, but you were not there (present).

6. The deceased had neither family nor friends.

7. These are not the antiquities that were found in Egypt.

8. The measures that were announced have changed.

9. The deceased was a good and noble man.

10. Did you send your teacher a greeting card on the occasion of his wedding?

11. *Zaynab* arranged the affairs related to her father's funeral.

12. From the begining of the month of April the working hours have changed.

13. *Aḥmad* had (was obliged) to return to the village because of his mother's illness.

14. When the employee arrived in the village, his father had already died.

الدرس السابع عشر

النصوص

مقتطفات من الصحف العربيّة

مظاهرات من أجل الحجاب

تظاهرت حوالي مائة طالبة اندونيسيّة أمام محكمة جاكارتا العليا للمطالبة بحقّهنّ في ارتداء الحجاب والملابس الإسلاميّة مثل الجلباب بالمدارس.
وصرّح مسؤول بوزارة التعليم بأنّه لا يوجد حظر على ارتداء الجلباب في اندونيسيا التي يوجد بها أكبر عدد من المسلمين في العالم إلاّ أنّه يتعيّن على الطالبات عامّة ارتداء زيّ المدارس الموحّد.

مباراة مثيرة في كرة القدم

اقتنص نادي الأولمبي نقطة غالية أمس وعاد بها إلى الاسكندرية بعد تعادله مع السكّة الحديد بدون أهداف. وجاءت المباراة حماسيّةً ومثيرةً فسيطر فيها نادي السكة الحديد على مجريات اللعب إلى حدّ ما ولكنّه لم يحسن استغلال الفرص التي أتيحت له، بينما لعب الأولمبي مدافعاً ممّا أدّى إلى خروجه بالتعادل.

الطب البديل

إنّ الطب البديل ظاهرة تنتشر انتشارا واسعا في العالم. وهو يدلّ على مجموعة من أنواع العلاج والوصفات الطبيّة الخارجة عن نطاق الطب الرسميّ. والطب البديل ترجع أصوله إلى طرق قديمة من العلاج قد عرفتها البشريّة منذ وجودها. فهو يشمل العلاج بالأعشاب والعلاج بالإبر الصينيّة وكذا العلاج بمسبّبات المرض.

المفردات

أتاح الفرصةَ لِـ	to give the opportunity to
أحسن ه	to master, to be good in
أدّى، يؤدّي إلى	to lead to
استغلالٌ	exploitation
أصلٌ، أصولٌ	origin
أفضلُ	better; best
اقتنص ه	to hunt, to get hold of
إلاّ أنّ	however
إلى حدّ ما	to a certain extent
انتشر	to spread out
انتقم (من)	to take revenge (on)
أيّد ه	to support
بدون	without
بشريّةٌ	mankind
بينما	while
تظاهر	to demonstrate
تعادلٌ (مع)	draw (with), tie
تعدّى ه	to transgress, to exceed
تعيّن على	to have to, to ought to
جاء، يجيء، مجيءٌ	to come, to proceed
جلبابٌ، جلاليبُ	robe-like garment
جمهورٌ، جماهيرُ	public
جوعٌ	hunger
حجابٌ، أحجبةٌ	veil
حقٌّ، حقوقٌ	right
حقًا	indeed
حماسيٌّ	enthusiastic
حوالي	approximately
خارجٌ عن	outside of
خطورةٌ	danger
درجةُ الحرارة	temperature
دقيقٌ	precise
دلّ، يدلّ على، دلالةٌ	to point at; to designate
زيُّ المدارسِ الموحّد	school uniform
ساء، يسوء، سوء	to become bad/worse
شجّع ه	to encourage; to cheer
شمل، يشمل ه، شملٌ	to comprise
صحيفةٌ، صحفٌ	newspaper
صرّح بـ	to declare
طبٌّ بديلٌ	alternative medicine
طريقةٌ، طرقٌ	method, way
ظاهرةٌ، ظواهرُ	phenomenon
عامّةً	in general
عددٌ ، أعدادٌ	number
علاجٌ بالإبر الصينيّة	acupuncture
علاجٌ بالأعشاب	herbal medicine
كرةُ القدم	football
لعِب، يلعَب (ه)، لعبٌ	to play
مباراةٌ، مبارياتٌ	match (sports)
مبدأٌ، مبادئُ	principle
مجتهدٌ	hardworking, industrious
مجرى، مجرياتٌ	course
مجموعةٌ، ـاتٌ	group, set
محكمةٌ، محاكمُ	court
مدافعاً	defending
مرضٌ، أمراضٌ	illness, disease
مسؤولٌ، ـون	responsible

point	نقطةٌ، نقطٌ ~ نقاطٌ	disease-causing	مسبّب المرض
goal	هدفٌ، أهدافٌ	demand, claim	مطالبةٌ
broad	واسعٌ	demonstration	مظاهرةٌ، ـاتٌ
aspect	وجهٌ ، أوجهٌ	selection	مقتطفٌ، ـاتٌ
prescription, recipe	وصفةٌ، ـاتٌ	because of	منْ أجلِ
		field, scope	نطاقٌ

ʼatāḥa_l-furṣata li; ʼaḥsan-a; ʼaddā, yuʼaddī ʼilā; istiġlāl-un; ʼaṣl-un, ʼuṣūl-un; ʼafḍal-u; iqtanaṣ-a; ʼillā ʼanna; ʼilā ḥaddin mā; intašar-a; intaqama min; ʼayyad-a; bidūn-i; bašarīya-tun; baynamā; taḍāhar-a; taʻādul-un; taʻaddā; taʻayyana ʻalā; ǧāʼ-a, yaǧīʼ-u, maǧīʼ-un; ǧilbāb-un, ǧalālīb-u; ǧumhūr-un, ǧamāhīr-u; ǧūʻ-un; ḥiǧāb-un, ʼaḥǧiba-tun; ḥaqq-un, ḥuqūq-un; ḥamāsīy-un; ḥawālay; xāriǧ-un ʻan; xuṭūra-tun; daṛaǧatu_l-ḥaṛāṛa-ti; daqīq-un; dall-a, yadull-u ʻalā, dalāla-tun; ziyyu_l-madārisi_l-muwaḥḥad-u; sāʼ-a, yasūʼ-u, sūʼ-un; šaǧǧaʻ-a; šamil-a, yašmal-u, šaml-un; ṣaḥīfa-tun, ṣuḥuf-un; ṣarraḥ-a bi; ṭibb-un badīl-un; ṭarīqa-tun, ṭuruq-un; ḍāhira-tun, ḍawāhir-u; ʻāmma-tan; ʻadad-un, ʼaʻdād-un; ʻilāǧun bi_l-ʼibari_ṣ-ṣīnīya-ti; ʻilāǧun bi_l-ʼaʻšāb-i; kuratu_l-qadam-i; laʻib-a, yalʻab-u, laʻib-un; mabdaʼ-un, mabādiʼ-u; mubāṛā-tun, mubāṛāyāt-un; maǧṛan, maǧṛayāt-un; maǧmūʻa-tun, -āt-un; maḥkama-tun, maḥākim-u; mudāfiʻan; maraḍ-un, ʼamrāḍ-un; masʼūl-un, -ūn-a; musabbibu_l-maraḍ-i; muṭālaba-tun; muḍāhara-tun, -āt-un; muqtaṭaf-un, -āt-un; min ʼaǧl-i; niṭāq-un; nuqṭa-tun, nuqaṭ-un ~ niqāṭ-un; hadaf-un, ʼahdāf-un; wāsiʻ-un; waǧh-un, ʼawǧuh-un; waṣfa-tun, waṣafāt-un

شرح القواعد

I. The elative اسم التفضيل *ismu_t-tafḍīl*

To express the comparative and the superlative of adjectives both colloquial and Modern Written Arabic make use of the elative with the diptotic pattern ʼaKTaB-u.

A. Form

Elative – strong roots

					⇐
bigger; biggest	*ʼakbar-u*	أكبر	←	كبر	(كبير)
easier; easiest	*ʼashal-u*	أسهل	←	سهل	(سهل)
clearer; clearest	*ʼawḍaḥ-u*	أوضح	←	وضح	(واضح)
more ~ most famous	*ʼašhar-u*	أشهر	←	شهر	(مشهور)

Elative – weak roots

					⇐	
more ~ most precise	*ʾadaqq-u*	أدقّ	←	دقّ	(دقيق)	doubled
less; least	*ʾaqall-u*	أقلّ	←	قلّ	(قليل)	
more ~ most beloved	*ʾaʿazz-u*	أعزّ	←	عزّ	(عزيز)	
more ~ most tremendous	*ʾarwaʿ-u*	أروع	←	روع	(رائع)	hollow
worse; worst	*ʾaswaʾ-u*	أسوأ	←	سوء	(سّيئ)	
best; better	*ʾaṭyab-u*	أطيب	←	طيب	(طيّب)	
more ~ most expensive	*ʾaġlā*	أغلى	←	غلو	(غال)	defective
more ~ most intelligent	*ʾaḏkā*	أذكى	←	ذكو	(ذكيّ)	

Unlike the colloquial the elative is inflected in MWA for gender and number according to the patterns of the following paradigm. The pl.m. is either sound ʾaKTaB-ūna or broken ʾaKātiB-u, the sg.f. is KuTBā with the feminine ending *-ā* which can not be inflected, and with KuTBay-āt-un as its pl. There is also a dual ʾaKTaB-āni for the m. and KuTBay-āni for the f.

dual.f.	dual.m.	pl.f.	pl.m.	sg.f.	sg.m.
كبريان	أكبران	كبريات	كبرى	أكبرون ~ أكابر	أكبر
فضلتان	أفضلان	فضليات	فضلى	أفضلون ~ أفاضل	أفضل

B. Use of the elative form

1. The elative as comparative

a. For the simple comparison an indefinite elative sg.m. is used.

هذا الكتاب أحدثُ
hāḏā_l-kitābu ʾaḥdaṯ-u
this book is more modern

من سيئ إلى أسوأ
min sayyiʾin ʾilā ʾaswaʾ-a
from bad to worse

على مستوى أفضل
ʿalā mustawan ʾafḍal-a
on a better level

بوجه أدقّ
bi-waǧhin ʾadaqq-a
to be more specific

Sometimes the Arabic elative has to be rendered by a verb and an adverb such as 'more' or 'better' because there is no corresponding adjective in English.

أنت أعلم منّا بذلك
ʾanta ʾaʿlamu minnā bi-ḏālik-a
you know that better than we

لونه أميل إلى السواد
lawnuhu ʾamyalu ʾilā_s-sawād-i
its color tends more to black

b. The second term of the comparison is introduced by من *min* which corresponds to 'than' in English.

أنا أطول من أخي
anā ʾaṭwalu min ʾaxī
I am taller than my brother

بسرعة أكثر من اللازم
bi-surʿatin ʾakṯara mina_l-lāzim-i
with a higher speed than necessary

Note that if this second term is a clause, it starts with ممـا *mimmā* (= مـا + مـن) 'than what.'

هذا أصعب مما كنت أتصوّر
this is more difficult than I imagined

نستورد أكثر مما نصدّر
we import more than we export

c. The two nouns خـيـر *xayr-un* 'good, better' and شـرّ *šarr-un* 'evil, bad, worse' are used like elatives despite the fact that they have a different pattern.

الوقاية خير من العلاج
prevention is better than treatment

هذا شرّ من الموت
this is worse than death

2. The elative as superlative

a. The use of an elative sg.m. as head of a noun phrase with an indefinite sg. noun in the genitive corresponds to a superlative in English.

أسرع سيارة في العالم
the fastest car in the world

أكبر عدد من المسلمين
the largest number of Muslims

أعلى مبنى في الحي
the highest building in the quarter

مَنْ يطلق أعلى صراخ
the one who emits the loudest scream

b. The noun phrase which renders the superlative can also consist of an elative followed by a definite noun sg. or pl. It indicates then the highest degree of a certain characteristic.

صاح بأعلى صوته
he shouted as loud as he could

كان له أعمق الأثر في نفسي
it made the deepest impression on me

من أعاظم رؤسائنا
one of our greatest leaders

أحدث الطرق العلميّة
the most modern scientific methods

In the same way the elative is used with personal pronoun suffixes and with clauses introduced by relative ما *mā* 'what' and من *man* 'who.'

أكثرنا
most of us

أشهر مَنْ في العالم
the most famous person in the world

أعزّ ما عندها
the most beloved thing she has

أكثر ما يعجبني
what pleases me most

c. The elative phrase can also be combined with ordinal numbers (→ 17.II).

ثاني أهمّ منصب في الشركة
the most important rank but one in the company

ثالث أكبر المدن التركية
the third biggest Turkish city

Note that an elative made definite by the article can express both the comparative and the superlative, depending on the context.

الحلّ الأفضل	من الأفضل أن ...
the better ~ the best solution	it is better that ... ~ it is the best that ...

3. The elative as an attribute

a. Here, too, an elative made definite by the article can express both the comparative and the superlative.

الحلّ الأفضل	أريني الحقائب الأكبر
the better ~ best solution	show me the bigger ~ biggest bags

b. Used attributively, the elatives may agree with their noun in gender and even in number. This is mostly the case with geographical and historical expressions, but not only.

الشرق الأوسط	القرون الوسطى	محكمة جاكارتا العليا
the Near East	the Middle Ages	the High Court of Jakarta
الهرم الأكبر	القاهرة الكبرى	درجة الحرارة العظمى
the Great Pyramid	Greater Cairo	the maximum temperature

ولداه الأكبران يعملان في الحقل	سيدات المجلس الفضليات
his two older ~ oldest sons work in the field	more ~ most esteemed ladies of the assembly

4. Specification التمييز *at-tamyīz*

a. The elative may be followed by an indefinite noun in the accusative. This noun is called الـتـمـيـيـز *at-tamyīz* 'specification' because it specifies the object to which the elative applies.

أصغر أنفاً	أجمل منظرا	أكثر ألماً
ʾaṣġar-u ʾanfan	*ʾağmalu manẓaran*	*ʾakṯaru ʾalaman*
smaller as to nose	more beautiful as to view	more as to pain (more painful)

Generally speaking, no elative can be derived from participles with initial *mu-*, from *nisba*-adjectives or adjectives with the pattern ʾaKTaB-u, or from an adjective with four radicals. Therefore is the *tamyīz* with elatives as أكثر 'more,' أشدّ 'stronger,' أقلّ 'less' etc. in use followed by a verbal noun (→ 13.I) derived from these adjectives or participles.

منتشر (انتشار) ←	أكثر انتشاراً	متدهور (تدهور) ←	أشدّ تدهورا
muntašir-un	*ʾakṯaru_ntišāran*	*mutadahwir-un*	*ʾašaddu tadahwuran*
widespread	more widespread	deteriorated	more deteriorated
مزدحم (ازدحام) ←	أقلّ ازدحاماً	ابيض (بياض) ←	أكثر بياضاً
muzdaḥim-un	*ʾaqallu_zdiḥāman*	*ʾabyaḍ*	*ʾakṯaru bayāḍan*
crowded	less crowded	white	whiter

It happens that adjectives which normally form elatives, are used in this construction, so we may read أجمل besides أكثر جمالاً, both meaning 'more beautiful,' or أقوى besides أشدّ قوّةً 'stronger.'

b. This *tamyīz*-noun may follow an elative phrase such as described above in (2), in order to specify the relation between the elative and the following noun: أكثر الناس خبرةً 'the most of the people as to experience' = 'the most experienced people".

إنها من أكثر الدول تقدّماً	كانت من أشدّ البلدان فقراً
it belongs to the most progressive states	it belonged to the poorest countries
أكثر عشر فتاوى قراءةً	أشدّهم تعباً
the ten most read fatwas	the most tired of them

The relationship between the two parts of the elative phrase can also be specified by means of a prepositional phrase with في *fī*.

أكبر الزملاء في السنّ (سنّاً)	أقلّ أقراص منع الحمل في كمّيّة الهرمون
the oldest of the colleagues	the contraceptive pill with the fewest hormons

II. Use of the accusative

Up to now we studied the accusative in connection with *kāna, ʾinna* and their 'sisters,' with the verbal object (→ 6.VI), with temporal and local adverbs (→ 8.V), in *ḥāl*-phrases (→ 16.III), and with the *tamyīz* (→ above I.B.4).

1. Circumstantial accusative

The circumstantial accusative is not limited to *ḥāl*-phrases such as قامت الفتاة مسرعةً 'the young woman stood up quickly' where an action has a main aspect (stand up) and a secondary aspect (she did it quickly). It may, as well, indicate in which capacity a person is acting or speaking.

نحن خريجي كلية الآداب ...	بصفتي مديراً لهذا المكتب ...
we, the alumni of the faculty	in my capacity as director of this office
بصفته ممثّلاً للشعب ...	أعمل مهندساً في المصنع
as a representative of the people	I work as an engineer in the factory

Note that for the last example the use of the preposition كـ *ka-* is possible as well: أعمل كمهندسٍ في المصنع.

2. Adverbial accusative

a. An indefinite verbal noun (*maṣdar*) in the accusative is used to express the way, the reason or the goal of an action.

مات جُوعاً	كانت ملازمة الفراش حزناً عليك
he died from hunger	she was confined to bed out of sorrow for you
أقام حفلا صغيرا تكريما لضيوفه	
he organized a small party in honor of his guests	

b. A small number of adjectives such as جـيّـد *ǧayyid-un* 'good,' سـريـع *sarīʿ-un* 'quick,' كـثـيـر *kaṯīr-un* 'much' may be used as adverbs and take as such the accusative.

يمرّ الوقت سريعاً	لم نذهب كثيراً إلى الشاطئ
time passes quickly	we did not go to the beach often

3. Accusative and verbs meaning 'to fill'

With verbs having the meaning 'to fill' an indefinite noun in the accusative points to 'that with which' something is filled: ملأ الكوبَ ماءً 'he filled the glass with water.'

ملأ الكوبَ ماءً	ملأ قلوبهم زعراً	ملأ رؤوسنا خرافاتٍ
he filled the glass with water	he filled their hearts with fear	he filled our heads with myths

III. Absolute object المفعول المطلق *al-mafʿūlu_l-muṭlaq*

A. Definition

The 'absolute object' is the verbal noun used as an accusative object to its verb: اهتمّ اهتماماً كبيراً *ihtamma_htimāman kabīran* 'he cared a huge caring' = 'he cared a lot.' Note that verb and verbal noun are from the same root and the same stem.

B. Use

1. Indefinite verbal noun

An indefinite verbal noun (*maṣdar*) as an object intensifies the meaning of the verb.

يدّعي انه مصاب بالسكري ويبتلع الحلويات بلعاً
he claims to be diabetic, but he bolts down sweets

حمل رجال البوليس المتظاهرين حملا
the policemen dragged off the protesters

2. Attributes to the absolute object

This 'absolute object' can be qualified by an attribute such as:

a. an adjective

التدخين ممنوع منعاً باتّاً	نام نوما هادئا حتى الصباح
it is strictly forbidden to smoke	he slept calmly till the morning

Notice that the verbal noun may be dropped with the adjective remaining in the accusative and functioning as an adverb.

انسحبت بريطانيا (انسحاباً) عسكرياً	معوّق بَصَريّاً
Britain withdrew militarily	visually handicapped

b. a noun in a construct phrase

سوف نموت موت الكلاب	لا يعامَلون معاملة البشر
we shall die as dogs	they are not treated as humans

c. a relative clause

أهين إهانةً لا يغسلها سوى الموت
he suffered a humiliation which can only be washed away with blood

3. Definite verbal noun

The definite verbal noun can form a construct phrase as an attribute to nouns such as غاية 'utmost,' تمام 'complete,' منتهى 'end,' حق 'truth.'

رضي عنه غاية الرضا
he was really content with him

كانت تثق فيه كامل الثقة
she trusted him entirely

يسرني منتهى السرور
it makes me extremely happy

كان يعرفه حق المعرفة
he knew him really well

For the construct phrases with كلّ 'all' and بعض 'part of' → 5.VI.

كانت تعرفه بعض المعرفة
she knew him partly

نثق فيهم كل الثقة
we fully trust them

4. In an elative phrase

When combined with the elative in a construct phrase, the verbal noun expresses the superlative (→ I.B.20) and may follow a verb or an adjective as 'absolute object.'

عاملونا أحسنَ معاملةٍ
they gave us the best treatment

عالمٌ مختلفٌ أشدُّ الاختلافِ
a very different world

IV. غير *ġayr-un* 'other than'

غـيـر *ġayr-un* 'other than' is a noun that functions as head of a construct phrase with a following noun in the genitive: غيرُ العربِ *ġayru_l-ʿarab-i* 'others than the Arabs.'

1. غير as a negation

غير serves as a negation when prefixed to participles, adjectives and nouns. It can be translated by 'un-' or 'in-' 'non-.'

موجودٌ	←	غيرُ موجودٍ	رسميٌّ	←	غيرُ رسميٍ
present		not present (absent)	official		unofficial
واضحٌ	←	غيرُ واضحٍ	مباشرٌ	←	غيرُ مباشرٍ
clear		unclear	direct		indirect

As it is a genitive construction, the phrase is made definite by prefixing the article to the dependent adjective or noun.

مدخّنٌ	←	غيرُ مدخّنٍ	غيرُ المدخّنِ	غيرُ المدخّنين
smoker		non-smoker	the non-smoker	the non-smokers

غير takes the case required by the function of the phrase in the sentence.

لغيرِ القادرين
for those who are not able

انّ المنظّمات غيرَ الحكومية . . .
the non-governmental organizations are ...

An adjective or participle negated by غير agrees as normal with the noun it refers to.

بشكل غير طبيعي
in an unnatural way

بيئة غير طبيعية
an unnatural environment

Following a noun as an attribute غير takes the same case as this noun.

هذا قولٌ غيرُ منطقيّ
this statement is not logical

في الهيئات غيرِ الحكوميّة
in the non-governmental agencies

2. غير-phrase following a negation

A غير-phrase following a negation, can be rendered by 'nobody ~ nothing else but ...,' or shorter as 'only,' just as in the colloquial.

لا أقول غيرَ هذا
I do not say anything else than this = I only say this

لم يجد غيرَ هذه المرأة الطيّبة
he found nobody else than this nice woman

3. غير as an exclusive particle

In an affirmative clause always takes the accusative when it functions as a particle that excludes something from a whole (cf. → 15.III).

وصل الجميعُ غيرَ سمير
they all arrived but Samir

وضع كل شيء على المائدة غيرَ الماء
he put everything on the table except the water

4. غير with suffixes

غير can also be followed by suffixed pronouns. It functions then as a whole and is rendered by 'something else,' 'others.'

وغيرهم كثيرون!
and there are many others!

مع غيرِهم
with others than them

غيرُ ذلك
something else than that

لا أحدَ غيرُنا
nobody else than us

لا أرى غيرَها
I see nobody else than her

Notice that الغير *al-ġayr-u* means 'other people,' 'the others.'

عاملْ الغيرَ كما تريد أن يعاملوك
treat others as you wish them to treat you

On checks and the like, it is usual to write فقط لا غير *faqaṭ lā ġayr* after a given amount: خمسون جُنيها فقط لا غير *xamsūna ğunayhan faqaṭ lā ġayr* 'fifty pounds only nothing else.'

V. أيّ *ʾayy-un* 'which one?,' 'which ... ever'

أيّ *ʾayy-un* (m.), أيّـــة *ʾayya-tun* (f.) function as heads of a construct phrase followed by a noun in the genitive. أيّ precedes m. nouns, أيّـــة f. nouns, though in modern language this is not compulsory. Both take the required case in the sentence.

1. أيّ as a question word

As a question word initiates the sentence no matter what its function is, with a preposed preposition if necessary. It takes the required case in the sentence and there is no pronoun referring back to it.

فى أيِّ وقتٍ؟	مع أيِّ شخصٍ؟	لأيِّ سببٍ؟
at what time?	with which person?	for which reason?
أيّةُ لغةٍ هذه؟	أيَّ كتابٍ تقرئين؟	أيةَ لغاتٍ تتكلمين؟
which language is that?	which book are you reading?	which languages do you speak?

أيّ may carry personal pronoun suffixes.

أيّهم أفضل؟	أيُّكما سيلقي المحاضرة؟
which one of them is better?	which one of you two will give the lecture?

2. أيّ for indefiniteness

أيّ in statements conveys indefiniteness and vagueness like the English 'any.'

يمكنك الحضور في أيّ وقت	إنّه مستعدّ أن يعمل في أيّ مكان
you can come any time	he is ready to work in any place

3. أيّ to emphasize negation

When used in a negative statement, أيّ emphasizes the negation.

لم تتح له أيّة فرصة	ليس عندهم أيُّ سؤالٍ
he got no chance at all	they do not have any question at all

4. أيّ من *ʾayyun min* 'everyone of,' 'none of'

The construct phrase with أيّ can be paraphrased as أيّ مـــــن *ʾayyun min* meaning 'every one of.' In a negative sentence, it means 'not a single one of...,' 'none of...'

لكنّ أيّاً منّا يدرك هذا الأمر	هل تعرّفتم على أيٍّ من الحاضرين؟
but none of us understands this matter	did you make acquaintance with any of the persons here present?
إنّه لم يحقّق أيّاً من أهدافه	ليس لأيّ منا في ذلك مصلحة
he did not achieve any of his goals	it is not in the interest of any of us

VI. ممّا *mimmā* 'what,' 'something which'

ـمـمّـا *mimmā* (→ 15.II.3) introduces a comment on a statement, i.e., a complete sentence, which may precede or follow the *mimmā*-clause.

انقلبت السيّارة ممّا أدّى إلى إصابة سائقها
the car turned upside down, which led to the injury of the driver

ممّا يُذكر أنّ الفيل هو الرمز الوطني لتايلاند
it has to be reported that the elephant is the national symbol of Thailand

Notice that the phrase الأمر الذي conveys the same meaning.

لم يكن ارتداء هذه الملابس مسموحا به الأمر الذي جعل الطالبات يتظاهرن
it was not allowed to wear these clothes, (a fact) which triggered the protest of the students

VII. ما *mā* 'some ...' حرف إبهام *ḥarf-u ʾibhām*

ـما *mā* attached as a kind of clitic to an indefinite noun emphasizes this indefiniteness and conveys a vagueness which can be rendered in English by 'a certain ...,' 'some ...,' 'some ... or other,' 'sort of ... .'

وستعود في يوم ما
she will come back some day

شعرت بذنب ما
I felt somewhat guilty

تنتظر شخصا ما
she is waiting for somebody

بمكالمة هاتفية ما
in some phone conversation or other

Some very common expressions of this type include:

بشكل ما
some way or other

إلى حد ما
to a certain extent

في يوم ما
one day

التمرينات

١- كوّن جملا مفيدة مستخدما وزن { أفعل }

مثال: إن ، طائرة ، سيارة ، سريع ، من	⇐	إن الطائرة أسرع من السيارة
إن ، نهر النيل ، نهر الراين ، طويل ، من	⇐	________
إن ، عمارة ، بيت ، عالٍ ، من	⇐	________
إن ، افريقيا ، أوربا ، كبير ، من	⇐	________
إن، عدد الطلاب ، عدد الطالبات ، قليل ، من	⇐	________
إن ، ذهب ، حديد ، غالٍ ، من	⇐	________
إن ، حقيبتي ، حقيبتك ، خفيف ، من	⇐	________
إن ، الصحة ، المال ، مهمّ ، من	⇐	________
إن ، القراءة ، القواعد ، سهل ، من	⇐	________
إن ، جو اليوم ، جو الأمس ، جميل ، من	⇐	________
إن ، الطب البديل ، الطب الرسمي ، قديم ، من	⇐	________

٢- أكمل الجمل التالية مستخدما وزن { أفعل }

مثال: هذه العمارة عالية ولكن هل تعرف ما هي	أعلى عمارة	في العالم؟
هذه السيارة سريعة ولكن هل تعرف ما هي	________	في العالم؟
هذا الأمر مهمّ ولكن هل تعرف ما هو	________	في الحياة؟
هذا الجامع قديم ولكن هل تعرف ما هو	________	في القاهرة؟
هذه اللغة صعبة ولكن هل تعرف ما هي	________	في العالم؟
هذا الطعام لذيذ ولكن هل تعرف ما هو	________	في المطعم؟
هذه الوجبة خفيفة ولكن هل تعرف ما هي	________	في المطعم؟
هذه المدرسة قريبة ولكن هل تعرف ما هي	________	من منزلنا؟
هذا الحيّ هادئ ولكن هل تعرف ما هو	________	في المدينة؟
هذه الفتاة طويلة ولكن هل تعرف من هي	________	في الفصل؟
هذه الشقّة غالية ولكن هل تعرف ما هي	________	في العمارة؟

٣- أكمل الجمل التالية مستخدما وزن { أفعل }

مثال: قضينا يوما جميلا جدا في أبي قير	⇐	كان فعلا	أجمل يوم قضيناه
تلقّى التلميذ معلومات مهمّة جدا	⇐	كانت فعلا	________
شاهدنا جامعا قديما جدا	⇐	كان فعلا	________
دخلنا مطعما غاليا جدا	⇐	كان فعلا	________

اشترى حسن سيارة سريعة جدا	⇐	كانت فعلا	________________
مشينا في طريق صعب جدا	⇐	كان فعلا	________________
أكلنا طعاما لذيذا جدا	⇐	كان فعلا	________________
قابلت رجلا غنيّا جدا	⇐	كان فعلا	________________
قرأنا درسا سهلا جدا	⇐	كان فعلا	________________
ركبنا قطارا حديثا جدا	⇐	كان فعلا	________________
التقينا بطالبة فرنسيّة ذكيّة جدا	⇐	كانت فعلا	________________

٤– ضع الصيغة الصحيحة لاسم التفضيل في المكان المناسب

كبير فاضل وسط محدود عالٍ عظيم

لدينا الكثير من المعلومات عن تاريخ العرب في العصور ________________.

لم تشترك في المظاهرات الأخيرة إلا مجموعة ________________ من الطالبات.

أراد عبد اللطيف أن يواصل دراساته ________________ في الولايات المتحدة.

إنّ بناتي ________________ لسن موجودات بالمنزل الآن ولكن أخاهم موجود.

تعدّت درجة الحرارة ________________ الأربعين درجة في الصيف الماضي.

السادة ________________ ، يسرنا أن نقدم لكم الآن عرضا لبعض الرقصات الشعبية.

٥– أكمل الجمل التالية مع استعمال التمييز

مثال: كان العام الماضي حارا	⇐	ولكن عامنا هذا	أشد حرارةً
شوارع أمستردام مزدحمة	⇐	ولكن شوارع القاهرة	________________
هذا مشروع مهم حقا	⇐	ولكن المشروع القادم	________________
إن الطبيعة هنا جميلة	⇐	ولكنها في بلادي	________________
الطلاب هنا مجتهدون فعلا	⇐	ولكنّا بدون شك	________________
توفيق الحكيم كاتب مشهور	⇐	ولكن نجيب محفوظ	________________
تمرينات الدرس القادم صعبة	⇐	ولكن هذه التمرينات	________________
هذا المقهى مزدحم	⇐	ولكن المقاهي الأخرى	________________
إنكم متعبون فعلا	⇐	ولكنني	________________
هؤلاء الشبّان متفوقون	⇐	ولكن الشابات	________________
كانت المباراة السابقة حماسيّة	⇐	ولكن هذه المباراة	________________

٦– استعمل الصيغة المناسبة لمصدر الأفعال الآتية على النحو الموضح في المثال

مثال: (حزن) ماتت والدته العجوز حزنا عليه.

(خاف) لم تسمح له بالسفر __________ من أخطار الطريق.

(حافظ) الرجاء عدم تلويث المنطقة __________ على البيئة.

(استعدّ) وضع ملابسه في الحقيبة __________ للسفر.

(أحبّ) لم يصرف شيئا من نقوده __________ منه في المال.

(احترم) قام من مكانه __________ لأبيه.

(شجّع) بُنيت قرًى حديثة __________ للسياحة في مصر.

(كرّم) أقام حفلا صغيرا __________ لضيوفه.

(انتقم) قتل السيدّة __________ منها

(أيّد) سار الطلاب في المظاهرة __________ لمبادئ زميلهم

(رحّب) أعددنا الطعام والشراب __________ منا بضيوفنا الكرام

٧– كوّن جملا مفيدة مستعملا إحدى الصفات التالية والصيغة الصحيحة لمصادر الأفعال

بالغ عظيم كامل هنيّ باهر عميق عريض سيّء

مثال: إن تربيته الدينيّة قد أثّرت على تصرّفاته تأثيرا بالغا

لقد ساهم محمد عبده في حركة التنوير __________

لقد تغيّرت الأحوال الاقتصاديّة في البلاد __________

تزوّج حسن زميلته منى وعاشوا في الريف __________

لقد نجح الأستاذ أحمد في حياته العمليّة __________

استلقت بملابس العمل على الفراش ونامت __________

وجدت أخاها منتظرا بالمطار فنادته وابتسمت له __________

لم يكن المدير يعامل موظّفي المكتب __________

٨– أكمل الجمل التالية مستعملا { غاية - تمام - منتهى - حق } والصيغة المناسبة للمصدر

لقد سررنا __________ بفوزنا في المباراة. (منتهى)

أسفت منى __________ لما سببته من ضرر. (غاية)

لم تكن تعرفهم __________ ولكنّها أحبّتهم. (حقّ)

إنهنّ يثقن __________ في أقوال أستاذهن. (تمام)

كانت العجوز تخاف __________ من أعمال الجان. (منتهى)

كانوا راضين __________ عن حياتهم في الريف. (تمام)

أدركوا حقيقة الأمر __________. (تمام)

حزن العرب __________ لخبر وفاة أم كلثوم. (غاية)

٩- كوّن جملا صحيحة بواسطة الكلمات التالية مع مراعاة قواعد النحو

هذا ، غير ، كلمة ، واضح ________________

أي ، لم ، حصل (أنا) ، معلومات ، على ________________

غرفة ، مدخنين ، غير ، ل ، هذه ________________

لم ، لماذا ، شئ ، قال (أنت) ، أي ، لي؟ ________________

تكلّم ، محمود ، لا ، أيّ ، أجنبيّ ، لغة ________________

استعمل ، غير ، مفهوم ، الأستاذ ، كلمات ________________

أي ، تعملين ، في ، مدرسة؟ ________________

الصور ، حديث ، غير ، هذه ________________

هذه ، كتب ، معروف ، غير ________________

أسئلة ، هل ، أي ، لدى(أنتم)؟ ________________

١٠- حوّل النص التالي إلى الفصحى ∅

ḥādis fazīʿ (s = ṯ; z = ḍ)
yōm ilxamīs illi fāt ṣiḥīt min innōm badri. libisti̊_hdūmi_b-surʿa_w xadti̊ šanṭiti wi_rkibt ilʿaṛabiyya ʿašān arūḥ iššuġl. iggawwi̊ kān wiḥiš xāliṣ wi kān fi_zdiḥām šidīd fi-ḥaṛakit ilmurūr. fagʾa_smiʿti̊ ṣōt muzʿig ma-lūš masīl (s = ṯ) wi šufti̊ ʾuddāmi ḥādis taṣādum fazīʿ bēn ʿaṛabiyya naʾli̊ _w bāṣ li_ssiyāḥa. ilbāṣ inʾalab wi_rrukkāb kānu_byibku wi_yṣraxxu_f-nafs ilwaʾt. ilmanẓar (z = ḍ) kān muʾlim li_lġāya. wāḥid min ilwaʾfīn fi_ššāriʿ ittaṣal bi-bulīs innagda_w baʿdi̊_šwayya wiṣil ilbulīs wi_lʾisʿāf. ʿaṛabiyyit ilʾisʿāf naʾalit ilgaṛḥa (a = ى) li-ʾaʾṛab mustašfa wi_lbulīs ʾām bi-ʿamal ittaḥarriyāt illazma_w baʿdi̊ kida ḥāwil yinaẓẓam (z = ḍ) ilmurūr.

____

____

____

____

____

____

____

____

١١– اقرأ النصوص مرة أخرى ثم أجب على الأسئلة الآتية بجمل مفيدة

مظاهرات من أجل ارتداء الحجاب

أين يعيش أكبر عدد من المسلمين؟

أين تظاهرت الطالبات الاندونيسيات؟

ماذا كن يطالبن به؟

ما يتعيّن ارتداؤه في المدارس الاندونيسية؟

الأولمبي والسكة الحديد

كيف جاءت المباراة بين الناديين؟

مَنْ سيطر فيها على مجريات اللعب؟

كيف خرج نادي الأولمبي من المباراة؟

الطب البديل

هل تعرف البلاد الغربيّة ظاهرة الطب البديل؟

ما هو أقدم، الطب البديل أم الطب الرسمي؟

إلى متى ترجع أصول الطب البديل؟

ما هي أنواع العلاج التي يشملها الطب البديل؟

١٢– ترجم الجمل التالية إلى الفصحى

1. The origins of alternative medicine go back to old methods of treatment.

2. The director treated his workers well.

3. Alternative medicine spread quickly in the western countries.

4. They did not succeed (were not good) in exploiting the opportunities given to them.

5. I am industrious indeed, but my brother is more industrious.

---

6. I address you in my capacity of director of this school.

---

7. The biggest number of tourists is in Cairo now.

---

8. The students (f.) demonstrated in order to claim their rights.

---

9. The minister of education has decided to change the programs.

---

10. You can find here various kinds of flowers.

---

11. Students (pl.m.) do not wear school uniforms in French schools.

---

12. Which language do Americans speak?

---

13. His health deteriorated, which led to his transfer (نقل إلى) to the hospital.

---

14. Do you know which countries are the most developed in Africa?

---

15. At the end of the match the public stood up cheering.

---

16. Our country is the most important producer of cars but one.

---

17. This method of treatment will spread some day.

---

18. None (not any) of the students (f.) took part in these demonstrations.

الدرس الثامن عشر

النصوص

يسبق الحصان

ذات يوم ركب الممثّل الكوميدي المشهور اسماعيل ياسين عربة حنطور ليتنزه بها في شارع الكورنيش بالاسكندريّة. كانت العربة تسير ببطء شديد فخشي سائق العربة أن يكون الممثّل الشهير على موعد هامّ، فسأله: "هل تحبّ أن نسير بسرعة أكبر؟" نظر اسماعيل ياسين إلى الحصان فوجده هزيلاً لايكاد يقوى على السير، فابتسم وقال لسائق العربة: "من الأفضل أن نستمرّ هكذا حتى لا نسبق الحصان."

ضبط قطع أثرية نادرة بخان الخليلي

ألقت مباحث الآثار القبض على صاحب مطعم فول بشبرا وبحوزته بعض القطع الأثرية النادرة

كانت قد وردت لمدير مباحث السياحة والآثار معلومات عن قيام أحد الأشخاص بمنطقة خان الخليلي بعرض قطع أثريّة نادرة على السوّاح للبيع. فتنكّر اثنان من رجال المباحث وأوهماه باستعدادهما لشراء كلّ ما لديه من قطع أثريّة. وتبيّن أنه كانت بحوزته لوحة نادرة تمثّل الملك رمسيس وهو يقدّم القرابين للإله آمون ورأس تمثال من البازلت الأسود النادر وجعران كبير الحجم عليه خاتم ملك من الملوك. واتفق الرجلان على شراء القطع المعروضة بمليون جنيه مصريّ. وأثناء استلام البضاعة المتّفق عليها تمكّن رجال المباحث من القبض على صاحب المطعم وهو متلبّس بالجريمة.

أحيل المتهم إلى النيابة التي أمرت بحبسه لمدّة أربعة أيام على ذمّة التحقيق والتحفّظ على المضبوطات وتسليمها للمجلس الأعلى للآثار.

المفردات

أثريٌّ	antique, ancient
استلم ه	to receive
اعترض (على)	to protest (against)
أعجب ه	to please, to delight
ألمٌ، آلامٌ	pain
آمون	Amoon
أوهم ه بـ	to make believe
بازلت	basalt
ببطء	slowly
بكى، يبكي، بكاءٌ	to cry
تحفّظ بـ	to take into custody
تحقيق	investigation, inquiry
تعجّب	to be amazed
تمثالٌ، تماثيلُ	statue
تناقش (في)	to discuss (on)
تنزّه	to take a walk, to promenade
تنكّر	to disguise oneself
جعران	scarab
حجمٌ، أحجامٌ	size
حصانٌ، أحصنةٌ	horse
حوزةٌ	possession
خاتِمٌ، خواتمُ	seal ring
خشي، يخشى ه، خشيةٌ	to fear
دخّانٌ	smoke
ذمّةٌ	disposal, purpose
ذاتَ يومٍ	one day, once
رأسٌ، رؤوسٌ	head
رمسيس	Ramses
زرعٌ، زروعٌ	crops
شهيرٌ، ـون	famous
صحفيٌّ، ـون	journalist
صدّق ه	to believe
ضحك، يضحَك، ضحكٌ	to laugh
عبارةً عن	equivalent to
عربةٌ، ـاتٌ	carriage, coach
عربة حنطور	horse carriage
عرض، يعرض ه على	to offer
فولٌ	broad beans
قبض، يقبض على	to arrest
قربانٌ، قرابينُ	offering, sacrifice
قصَد، يقصُد ه، قصدٌ	to intend, to aim
قطعةٌ، قطعٌ	piece
قويَ، يقوى على، قوةٌ	to be strong enough
لوحةٌ، ـاتٌ	picture, pane
متعجبٌ	astonished
متلبسٌ بالجريمة	in the act
مثّل ه	to represent
مجلسٌ أعلى	High Council
مزح، يمزح، مزحٌ	to joke, to make fun
مضبوطاتٌ	seized objects
مليون، ملايين	million
نادرٌ	rare
هزيلٌ، هزلى	lean, skinny
واجهةٌ، ـاتٌ	front, façade
ورَد، يرِد، ورود	to be reported

ʾaṯarīy-un; istalam-a; iʿtaraḏa ʿalā; ʾaʿǧab-a; ʾalam-un, ʾālām-un; ʾāmūn; ʾawhama bi; bāzalt; bi-buṭʾ-in; bakā, yabkī, bukāʾ-un; taḥaffaḏa bi; taḥqīq-un; taʿaǧǧab-a; timṯāl-un, tamāṯīl-u; tanāqaš-a (fī); tanazzah-a; tanakkaṛ-a; ǧuʿṛān; ḥaǧm-un,

ʾaḥǧām-un; ḥiṣān-un, ʾaḥṣina-tun; ḥawza-tun; xātim-un, xawātim-u; xašiy-a, yaxšā, xašya-tun; duxxān-un; ḏāta yawm-in; ḏimma-tun; raʾs-un, ruʾūs-un; ramsīs; zarʿ-un, zurūʿ-un; šahīr-un, -ūn-a; ṣuḥufīy-un, -ūn-a; ṣaddaq-a; ḍaḥik-a, yaḍḥak-u, ḍaḥik-un; ʿibāṛatan ʿan; ʿaṛaba-tun, -āt-un; ʿaṛaba ḥanṭūr; ʿaraḍ-a, yaʿriḍ-u ʿalā, ʿarḍ-un; fūl-un; qabaḍ-a, yaqbuḍu ʿalā; qurbān-un, qaṛābīn-u; qaṣad-a, yaqṣud-u, qaṣd-un; qiṭʿa-tun, qiṭaʿ-un; qawiy-a, yaqwā ʿalā, qūwa-tun; lawḥa-tun, -āt-un; mutaʿaǧǧib-un; mutalabbisun bi_l-ǧarīma-ti; maṯṯal-a; maǧlisun ʾaʿlā; mazaḥ-a, yamzaḥ-u, mazḥ-un; maḍbūṭāt-un; milyōn, malāyīn; nādir-un; hazīl-un, hazlā; wāǧiha-tun, -āt-un; warad-a, yarid-u, wurūd-un.

شرح القواعد

I. Cardinal numerals from 1 through 10

When used independently, the numerals 1 to 10 are very similar to those of the colloquial. However, the rules of *ʾiʿrāb* and *tanwīn* are applied in MWA.

(١) واحدٌ	(٢) اثنان	(٣) ثلاثةٌ	(٤) أربعةٌ	(٥) خمسةٌ
wāḥid-un	*iṯnān-i*	*ṯalāṯa-tun*	*ʾarbaʿa-tun*	*xamsa-tun*
(٦) ستّةٌ	(٧) سبعةٌ	(٨) ثمانيةٌ	(٩) تسعةٌ	(١٠) عشرةٌ
sitta-tun	*sabʿa-tun*	*ṯamāniya-tun*	*tisʿa-tun*	*ʿašara-tun*

'How many ...' is expressed in Written Arabic by means of the interrogative كم *kam* followed by a sg. indefinite noun in the accusative.

كم يوماً؟	كم سنةً؟	كم درساً؟
kam yawman	*kam sanatan*	*kam darsan*
how many days?	how many years?	how many lessons?

II. Stem IX

Stem IX has the pattern iKTaBB-a, yaKTaBB-u with a doubled third radical. It indicates mostly that something 'has got' or 'developed' a certain characteristic or color.

أحمر ← احمرّ	أسمر ← اسمرّ	أصفر ← اصفرّ
iḥmarr-a	*ismarr-a*	*iṣfarr-a*
to go red, redden	to go brow, tan	to go yellow
أبيض ← ابيضّ	أسود ← اسودّ	أحول ← احولّ
ibyaḍḍ-a	*iswadd-a*	*iḥwall-a*
to whiten	to blacken	to squint

Stem IX is conjugated the same way as the doubled verbs.

لقد اسمررت	إنهن سيسمررن	إنّك لم تسمرْ
la-qadi_smarart-a	*ʾinnahunna sayasmarirna*	*ʾinnaka lam tasmarr-a*
you (sg.m.) tanned	they (f.) will tan	you (sg.m.) didn't tan

The verbal noun or *maṣdar* of stem IX has the pattern iKTiBāB-un.

احمرار	اسمرار	اصفرار
turning red, redness	going brown, tan	yellowness, paleness

The participle has the pattern muKTaBB-un.

مصفرّ	مخضرّ	مسودّ
yellowish	greenish	blackish

As with stems VII, VIII and X, the initial *hamza* here is *hamzatu_l-waṣl.*

شعرت بشيء من الخجل واحمرّ وجهها

šaʿarat bi-šayʾin mina_l-xağali wa_ḥmarra wağhuhā

she felt a little ashamed and blushed

III. Use of فـ *fa-*

1. فـ as a conjunction

فـــــ connects sentences which follow each other in time, or are in some way related logically. Unlike other conjunctions, the meaning of فـــــ is not explicit. It has to be derived to a great extent from the context.

a. Consecutive: 'and,' 'and then,' or simply a comma

نظر الممثّل اسماعيل ياسين إلى الحصان فوجده هزيلاً

the actor *Ismāʿīl Yāsīn* looked at the horse and found it skinny

كانت العربة تسير ببطء شديد فخشي السائق أن يكون الممثل على موعد هام

the coach went very slowly, and the coachman feared that the actor had an important appointment

b. Concluding: 'thus,' 'therefore,' 'so that'

أنا أفكّر فأنا موجود	من ليس معي فهو ضدّي
I think, therefore I am	who is not with me is therefore against me

c. adversative: فـــــ followed by a negational particle denotes a contrast and can be translated by 'but,' 'however.'

جعلت أبحث عنه فلم أجده في القرية ولا في أي مكان آخر

I kept on searching for him, but I did not find him in the village or anywhere else

2. فـ as a connector after adverbials

When adverbial phrases such as لذلك 'therefore' or رغم ذلك 'nethertheless' introduce the sentence, they are connected to the latter by فـ.

لذلك فمن المهم أن نستغل هذه الفرصة

it is therefore important to make use of this opportunity

رغم ذلك فأنا أشكر ربّي على ما أعطاني

I nevertheless thank God for what He has given me

IV. Circumstantial clause الجملة الحالية *al-ǧumlatu_l-ḥālīya*

A. General aspects

The circumstantial clause, henceforth called *ḥāl*-clause following the Arabic terminology, gives background information about an action or an event described in a main clause. This background can be temporal (something that took place or was happening when ...) or modal (something that took place or was happening in a particular way).

1. Temporal *ḥāl*-clause

The background given in the temporal *ḥāl*-clause is in most cases simultaneous with the main clause, but may precede it as an anterior past, too (→ B.1.c below): قاموا بدراسة العربيّة وهم في دمشق 'they studied Arabic when they were in Damascus.' The clauses 'studied Arabic' and 'they were in Damascus' are independent in the sense that their simultaneity is coincidental. A simultaneous *ḥāl*-clause can generally be replaced by a temporal clause introduced by عندما *ʿindamā* 'when': قاموا بدراسة العربيّة عندما كانوا في دمشق.

2. Modal *ḥāl*-clause

Unlike the temporal *ḥāl*-clause, the modal one gives information intrinsic to the event or action of the main clause. An event can be seen as having a primary aspect and a secondary aspect. On sentence level, the primary aspect is described by the main clause, whereas the secondary aspect is provided by the *ḥāl*-clause. In most cases the secondary aspect concerns a circumstance or a condition which the subject or object – in Arabic called ذو الحال *ḏū_l-ḥāl* – is subjected to in the time that the event or action takes place. Cf. the following example where the 'entering of the employee' is the primary aspect, the fact that the employee did this when he was in an 'upset condition' is the secondary one: دخل الموظّف مكتبه وهو منفعل 'the employee entered his office upset.' The modal *ḥāl*-clause may generally be replaced by a *ḥāl*-accusative (→ 15.IV.3): دخل الموظّف مكتبه منفعلا.

B. Form and use of the *ḥāl*-clause

There are two types of the *ḥāl*-clause: the syndetic and the asyndetic. Syndetic means that the *ḥāl*-clause is introduced by و *wa* 'and,' asyndetic means that there is no such introduction, and that the *ḥāl*-clause follows immediately on the main clause.

1. Syndetic *ḥāl*-clause

There are three types of syndetic clauses with regard to structure.

a. *wa* + subject + predicate: this type can be temporal or modal. The predicate may be a noun, a verb in the imperfect, a participle, or a prepositional phrase.

Temporal *ḥāl*-clauses:

كل هذا وقع وأنا في السنوات الأولى من عمري

it all happened during the first years of my life

في الصورة تبدو البيغوم وهي تسلّم الشيك للرئيس

the picture shows the beghum while she presents the check to the president

In modern usage a temporal *ḥāl*-clause of this type may precede the main clause.

وهو يغادر المسجد لمح سميرة

while leaving the mosque, he saw *Samīra*

ونحن في الطريق إلي الكويت قال الرئيس . . .

on our way to Kuwait, the president said ...

Modal *ḥāl*-clause: a modal *ḥāl*-clause always contains a pronoun referring back to the *ḏū_l-ḥāl*.

أقبلت علينا وهي فرحة

she came to us cheerfully

نظرت إلينا وهي تبكي

she looked at us crying

نُقل بسيارة الإسعاف إلى المستشفى وهو في حالة سيئة

he was taken to the hospital in a bad condition

سألته عن علاقته بهدى وأنا لا أنتظر منه جواباً

I asked him about his relationship with *Hudā* without expecting any answer from him

Note that a negative modal *ḥāl*-clause may best be translated by 'without ....'

b. *wa* + prepositional phrase: This type of clause is modal. It always contains a pronoun referring back to the *ḏū_l-ḥāl*.

ألقت المباحث القبض على التاجر وبحوزته بعض القطع الأثريّة

the police arrested the dealer, who was in possession of some antique objects

دخل المطعم وما في جيبه إلاّ ثلاثون جنيها

he entered the restaurant with only thirty pounds in his pocket

c. *wa* + *qad* + perfect: This type is temporal and refers to the anterior past. It has to be translated with 'after ....'

دخلنا متعجبين القصر وقد فتحت أبوابه للجمهور

we entered the palace amazed, after its doors had been opened to the public

عادت إلينا وقد أعيتها الأحزان

she returned to us after grief had exhausted her

For the negation of this type of *ḥāl*-clause ما *mā* + perfect or لم + apocopate can be used, both without قد *qad* (→ 19.v).

توفّي والدها وما رأته في يوم من الأيّام
her father had died without her ever having seen him

ترك المحكمة ولم يردّ على أىّ سؤال
he left the court without having answered any question

2. Asyndetic *ḥāl*-clause

The asyndetic *ḥāl*-clause are always modal and refer to the subject of the main clause. The asyndetic *ḥāl*-clause begins with a verb in the imperfect and follows directly on the main clause if this clause contains:

a. a translocational verb indicating movement into a direction:

حضرت السيّدة تحمل ابنها المريض بين ذراعيها
the woman appeared carrying her sick son in her arms

خرجت المرأة من البيت تقصد زيارة أختها
the woman left the house intending to visit her sister

نزلت تجري على السلم
she came down the stairs running

b. verbs indicating a physical position such as 'stand,' 'sit,' 'stay'

وقف أبي بجواري ينظر إليّ بحنان
my father stood beside me looking tenderly at me

جلس يفكّر فيما أصابه
he was sitting pondering about what had struck him

كان المرض مقيماً بجسدي لايزول إلاّ ليعود
the disease dwelt in my body, disappearing only to reappear

3. Variation between syndetic and asyndetic

Some verbs allow the use of both syndetic and asyndetic *ḥāl*-clauses.

a. A prepositional *ḥāl*-clause (see above 1,b) with or without و *wa* may follow the main clause after a translocal verb.

خرجت من المحطة وفي يدها حقيبة ثقيلة
she left the station with a heavy suitcase in her hand

دخل الشيخ المقهى حوله رجاله أجمعين
the sheikh entered the coffeehouse surrounded by all his men

b. A *ḥāl*-clause with an imperfect referring to the object (direct or indirect) of the main clause may follow syndetic or asyndetic if it contains (a) an expression pointing to a mental or a physical perception such as 'feel,' 'realize,' 'see,' 'hear,' 'smell' etc., (b) a verb meaning 'find,' 'leave,' or 'leave behind.'

(a) شاهدوا المبنى وهو يهوى ببطء
they saw the building collapsing slowly

قد أذهلني منظر الأطفال وهم يتشاجرون كالوحوش

the scene of the children fighting like beasts baffled me

فوجئ بابنه يطلق عليه الرصاص بوحشيّة

he was surprised by his son firing at him ferociously

لم يشعر بالدموع تسيل على خديه ببطء

he did not feel the tears flowing slowly down his cheeks

(b) خرج غاضباً من المنزل وتركها وهي تبكي وتتحسّر

he left the house angry and left her behind crying and sighing

انسحب من الغرفة وترك زوجته وأصدقاءها يتحدّثون ويتناقشون

he quit the room and left his wife and her friends behind talking and discussing

4. Semantic interpretations of the *ḥāl*-clause

a. A *ḥāl*-clause may give an additional piece of information relevant to the sentence by means of an apposition.

لم يكن لها – وهي الغريبة – من سند إلاّ زوجها

she had – as a foreigner – no support except her husband

حُسب هذا المبلغ على أساس السعر الرسميّ للدولار ، وهو سبعون قرشاً

this amount was calculated based on the official rate of the dollar, which is seventy piasters

b. A *ḥāl*-clause may have causal, adversative, or conditional interpretation.

أظنّ أنّه نادي البحرية وهو النادي الوحيد هنا

I think this is the Naval Club, because this is the only one here

كانت تثير اهتمام الباريسيين وقد خرجت بهم عمّا تعودوه

she aroused the attention of the Parisians, because she had come to them with something they were not used to

كيف استطعتم المجيء إلى هذا المكان وليست لديكم سيّارة؟

how could you come to this place, given that you do not have a car?

5. In modern language, temporal adverbs may precede the clause and be followed by a *ḥāl*-clause of the structure *wa* + subject + predicate. This is common in the colloquial as well.

إنني أنتظر حضورك منذ الصباح الباكر ← منذ الصباح الباكر وأنا أنتظر حضورك

since the early morning I am waiting for your arrival

ومن يومها ونحن نعمل هنا

since then we work here

منذ ذلك اليوم وأنا أزور أسوان مرةً كلّ عام

since this day I visit Aswan once a year

V. Verbs with two accusative-objects

1. Verbs meaning 'make sth sth'

Verbs meaning 'make sth sth,' 'know sth/sb as,' 'leave sth as,' 'regard sth as,' 'take sth for,' 'call sth sth,' 'appoint sb to,' 'find sth sth,' 'let sb sth' take two objects, both of them in the accusative. The second object is an indefinite adjective or a participle. The verb سمى، يسمي *sammā, yusammī* 'to call,' 'to name' may have a proper name as second object.

النافذةُ مفتوحةٌ	←	ترك النافذةَ مفتوحةً
the window is open		he left the window open
سمّاه محمدا		كنت أظنّك خيراً من ذلك
he called him *Muḥammad*		I thought you better than that
وجد البابَ مغلقاً		عرفته القاهرة مدافعاً عنيداً عن مصلحة الأزهر
he found the door closed		Cairo knew him as a fierce defender of the interests of the Azhar

When put in the passive voice, the first object becomes subject of the passive sentence taking the nominative, whereas the second object remains in the accusative.

وجد الباب مغلقاً	←	وجد الباب مغلقاً
wağada_l-bāba muġlaqan		*wuğida_l-bābu muġlaqan*
he found the door closed		the door was found closed
سمّى الولد محمدا	←	سمّيَ الولد محمدا
sammā_l-walada Muḥammadan		*summiya_l-waladu Muḥammadan*
he called the boy Muḥammad		the boy was called Muḥammad

2. Verbs meaning 'give sth to sb'

Verbs having the meaning 'give sth to sb,' 'show sth to sb,' 'report sth to sb' have a direct object which generally points to an inanimate object, and an indirect object which refers to people involved in the action. Both objects stand in the accusative in Arabic.

أبلغت المدير النبأ	سلّم التاجر البضاعة
'ablağtu_l-mudīra_n-naba'-a	*sallama_t-tāğira_l-biḍā'a-ta*
I reported the news to the director	he presented the goods to the dealer

When transformed into the passive voice, the first object designating a person becomes subject of the passive sentence while the other object follows as such in the accusative, as in (a). However, it is possible to make the inanimate object the subject of the passive clause followed by the object designating the person preceded by the prepositions *li-* لـ or *'ilā* إلى (b).

(a) أبلغ المدير النبأ
'ubliġa_l-mudīru_n-naba'-a
the director was told the news

(b) سلّمت البضاعة للتاجر
sullimati_l-biḍā'atu li_t-tāğir-i
the goods were delivered to the dealer

(a) سلّم التاجر البضاعة
sullima_t-tāğiru_l-biḍā'a-ta
the dealer was delivered the goods

(b) أبلغ النبأ إلى المدير
'ubliġa_n-naba'u 'ilā_l-mudīr-i
the news was reported to the director

Both objects may, one at a time or both together, be replaced by personal pronoun suffixes (→ 19.IV).

التمرينات

١- استعمل الأفعال الآتية في تكوين جمل مفيدة

مثال: (احمرّ) لقد احمرّ وجه الطالبة من شدّة الخجل.

(اصفرّ) ماذا فعلتِ كي ________ شعرك هكذا؟

(ابيضّ) صارت والدتي عجوزا و ________ شعرها.

(اسمرّ) لقد ________ من طول جلوسي في الشمس.

(اصفرّ) ________ وجوه الأطفال من شدّة الجوع والتعب.

(اخضرّ) سقطت الأمطار وبدأت الأرض ________.

(احمرّ) لقد ________ عيناها من شدة البكاء.

(اسودّ) ماذا فعلتم كي ________ أيديكم هكذا؟

(اسمرّ) لن نجلس في الشمس كي لا ________ بشرتنا.

(احمرّ) أما السواح فـ ________ وجوههم من الحرّ.

٢- احسب التالي

واحدٌ + ثلاثةٌ = ________ أربعةٌ + خمسةٌ = ________

ستةٌ + اثنان = ________ اثنان + سبعةٌ = ________

ثمانيةٌ - ثلاثةٌ = ________ تسعةٌ - واحدٌ = ________

عشرةٌ - ثمانيةٌ = ________ ستةٌ - خمسةٌ = ________

ثلاثةٌ x ثلاثةٌ = ________ أربعةٌ x اثنان = ________

خمسةٌ x اثنان = ________ ثلاثةٌ x واحد = ________

٣- حول الجمل التالية على النحو الموضح في المثال

مثال: نظروا إلى القطع الأثريّة متعجبين ⇐ نظروا إلى القطع الأثريّة و هم يتعجبون

نظرت إلى الطلاب الجدد مبتسمة ⇐ ________

دخلوا حجرة نوم أبيهم صائحين ⇐ ________

تركونا متمنين لنا يوماً سعيداً ⇐ ______________

خرج من المنزل باكيا ⇐ ______________

وجّهوا إلينا الحديث ضاحكين ⇐ ______________

نظر إلى أطفاله متعجبا ⇐ ______________

خاطبها مازحا ⇐ ______________

استيقظت فجأة من نومي صارخة ⇐ ______________

وجّه إليها الكلام معتذراً لما حدث ⇐ ______________

وقفت أمامه معترضة ⇐ ______________

٤- حول الجمل التالية إلى جمل حالية منطقيّة على النحو الموضح في المثال

مثال: عندما كنت في الاسكندريّة مررت على أصدقائي

⇐ مررت على أصدقائي وأنا في الاسكندريّة

عندما كنّا في الأقصر شاهدنا الآثار القديمة

⇐ ______________

عندما كان في الاسكندريّة ركب اسماعيل ياسين عربة حنطور

⇐ ______________

عندما كان صاحب المطعم يبيع القطع الأثريّة ألقت الشرطة القبض عليه

⇐ ______________

عندما كان حسن يتمشّى على شاطئ البحر قابل صديقته منى

⇐ ______________

عندما كنّا في زيارة رسميّة إلى مصر اشتركنا في رحلة على نهر النيل

⇐ ______________

عندما كنّا نتناول الطعام في مطعم على الكورنيش تزلزلت الأرض تحتنا

⇐ ______________

عندما كنت طالباً في السنة الأخيرة من دراستي حصلت على المنحة

⇐ ______________

عندما كانت السيارة تسير بميدان التحرير انقلبت فجأة

⇐ ______________

عندما كان حسن في السابع والعشرين من عمره تزوّج زميلته ماجدة

⇐ ______________________________

عندما كان ابراهيم طالباً في قسم اللغة الانجليزيّة كتب هذه المقالة

⇐ ______________________________

٥- كون جملا على النحو الموضح في المثال

مثال: رأينا رجلاً طويل القامة – كان الرجل يسير في وسط الطريق

⇐ رأينا رجلاً طويل القامة يسير في وسط الطريق .

غادرنا المنزل وتركنا الأولاد – كان الأولاد يلعبون في الحديقة

⇐ ______________________________

سمع حسن أخاه – كان أخوه يبكي في حجرة النوم

⇐ ______________________________

رأى الممثل المشهور حصانا – كان الحصان يسير ببطء شديد

⇐ ______________________________

أُلقي القبض على السيّدة – كان بحوزتها ذهب العجوز

⇐ ______________________________

مازال الطفل واقفاً في المحطة – كان الطفل ينتظر حضور أبيه

⇐ ______________________________

نظرت سامية إلى صديقتها – كانت سامية تبتسم

⇐ ______________________________

دخلتْ إلى الغرفة – كانت تحمل تمثالاً من البازلت الأسود

⇐ ______________________________

خرجتْ مسرعةً من المنزل – كانت معها حقيبة سوداء اللون

⇐ ______________________________

٦- حوّل الجمل التالية على النحو الموضح في المثال

مثال: عندما قبضوا على صاحب المطعم كانت بحوزته بعض القطع الأثرية
⇐ قبضوا على صاحب المطعم وبحوزته بعض القطع الأثرية

عندما حضرت إلى النادي كان معها العديد من الأصدقاء
⇐ ________________

عندما رحل عمرو إلى انجلترا كانت معه ثلاث حقائب
⇐ ________________

عندما غادرت سامية المنزل كان معها اثنان من أولادها
⇐ ________________

عندما عاد حسن إلى بلاده كان قد حصل على الدكتوراه
⇐ ________________

عندما شاهدنا الأولاد كانوا يلعبون في الحديقة
⇐ ________________

عندما تركت سامية الدراسة كانت في التاسعة عشرة من عمرها
⇐ ________________

عندما سمعت أخي كان يضحك بصوت عالٍ
⇐ ________________

عندما توجّهت أمينة إلى المحطة كانت تحمل في يدها حقيبة صغيرة
⇐ ________________

عندما تركت السيدة منزل العجوز ما كان معها لا ذهب ولا نقود
⇐ ________________

عندما التقيت بصديقي أحمد كان قد عاد من الولايات المتحدة
⇐ ________________

٧- استعمل الكلمات التالية في تكوين جمل مفيدة

له ، عجوز ، الباب ، ف ، سيدة ، طرق ، فتحته
⇐ ________________

نظر ، هزيلا ، وجده ، سائق ، الحصان ، إلى ، العربة ، ف
⇐ ________________

فنجانا ، ف ، أحد ، القهوة ، المقاهي ، شربت ، من ، دخلت

⇐ ______________________________

اللصوص ، ترك ، دخلها ، الشقة ، ف ، باب ، مفتوحا ، محمد

⇐ ______________________________

أصيب ، السيارة ، ركابها ، ف ، من ، انقلبت ، اثنان

⇐ ______________________________

ف ، تشربوا ، الماء ، ملوّث ، لا ، هذا ، هو

⇐ ______________________________

مريضا ، ف ، قليلا ، تكون ، استرح ، قد

⇐ ______________________________

العجوز ، شقتها ، إلى ، سمع ، ف ، الجيران ، أسرعوا ، صراخ

⇐ ______________________________

٨- حوّل الجمل الآتية إلى المبني للمجهول على النحو الموضّح في المثال

مثال: أعطى المدرّس كتبا جديدة للطلاب ⇐ أعطي الطلاب كتبا جديدة

سلّم التاجر البضاعة للبائعين ⇐ ______________

أهدت منى كرة لأطفالها ⇐ ______________

أهدى المؤلّف كتابه لوالدته ⇐ ______________

منحت الجامعة جوائز تقديريّة للأساتذة ⇐ ______________

أورثني عمّي ثروة كبيرة ⇐ ______________

أعطينا مالا كافيا لأخينا ⇐ ______________

وهب العجوز ثروته للفقراء ⇐ ______________

منح القسم منحا دراسيّة للطلاب ⇐ ______________

بلّغ المدير القرارات الجديدة للموظفين ⇐ ______________

٩- اقرأ النصوص مرة أخرى ثم أجب على الأسئلة الآتية بجمل مفيدة

يسبق الحصان

من كان اسماعيل ياسين؟ ______________

أين كان يريد أن يتنزه؟ ______________

هل كان الممثل على موعد هام؟ ______________

كيف كان حال الحصان؟ ______________

حوادث وقضايا

على مَنْ كان صاحب المطعم يعرض القطع الأثرية؟ ______________________

أين كان يعرضها عليهم؟ ______________________

ماهي القطع التي كانت بحوزة صاحب المطعم؟ ______________________

ما كان يفعله الملك رمسيس؟ ______________________

متى قبض رجال المباحث على الرجل؟ ______________________

ماذا فعلته المباحث بالمضبوطات؟ ______________________

١٠- ترجم الجمل التالية إلى الفصحى

1. The police inspector arrested him while he was selling antique pieces.

____

2. The two men decided to buy the antique pieces.

____

3. The ancient Egyptians had many gods.

____

4. He met the policemen (the men of the police) while they were disguised.

____

5. I heard the Japanese man (while he was) screaming in the match.

____

6. The professor himself presented the students with their diplomas.

____

7. He left the house and left all windows open.

____

8. The façades of the buildings turned black from the smoke.

____

9. The spring came and the crops in the fields turned green.

____

10. He went to look for *Munā* and found her sitting on the beach.

____

11. *Nabīl*, how many cars did you buy up to now?

____

12. When I arrived, my brother was waiting for me at the airport.

____

الدرس التاسع عشر

النصوص

شهادة

مدرسة الحلميّة الثانويّة الجديدة بنين – بنات

١٠ شارع البطالسة – بالاسكندريّة

تشهد إدارة المدرسة أن الاستاذ منير حسن غالي الحاصل على درجة الليسانس في الآداب عام ألف وتسعمائة وسبع وتسعين قد قام بتدريس اللغة الانجليزيّة وآدابها منذ يناير عام ألف وتسعمائة وثمان وتسعين حتى أكتوبر عام ألفين وستة ولمدّة تسعة أعوام. وقد تابع سيادته في هذه الأثناء عدّة دورات تربويّة ونحن نشهد لسيادته بالكفاءة والخبرة الممتازة في عمله.

وهذه شهادة منّا بذلك، وقد حرّرت بناءً على طلبه.

تحريراً في ١٨ / ٧ / ٢٠٠٦ — الوكيل

محمد علي الفار

التلفزيون

أعزائي المشاهدين مساء الخير. من تليفزيون جمهوريّة مصرالعربيّة نحّييكم ونبدأ معكم إرسالنا لفترتي المساء والسهرة. وبرامجنا لهذا اليوم تتضمّن الفقرات التالية: في تمام الساعة السابعة نقدّم لكم نشرة الأخبار ويليها برنامج الأطفال <افتح يا سمسم>. في الساعة الثامنة نقدم لكم الحلقة الثالثة من مسلسل <الأيام>، ويلي ذلك مباشرةً ندوة حول تلوّث البيئة وأثره المباشر على الصحة. وفي تمام الساعة التاسعة تبدأ برامج السهرة ونستهلّها بوصلة من الأغاني الأجنبية ويليها فيلم السهرة. في نهاية برامجنا سوف نقدّم لكم ملخّصاً لأهمّ أنباء اليوم.

المفردات

ابنٌ، أبناءٌ ~ بنون	son
أثرٌ، آثارٌ	effect, trace
أثناءَ	while, during
إرسالٌ	broadcast
استغرق	to take (time)
استهلّ ه	to begin
أغنيةٌ، أغانٍ	song
البطالسة	Ptolemies
انتباهٌ	attention
بالضبطِ	exactly
بدأ، يبدأ ه، بدأٌ	to begin
بناءً على	according to
بيئةٌ، ـاتٌ	environment
تربويٌّ	pedagogic
تضمّن ه	to contain
تلفزيونٌ ، ـاتٌ	television
تلوّثٌ	pollution
جزيرةٌ، جزرٌ	island
حتّى	until
حلقةٌ، ـاتٌ	episode
حيّا، يحيّي ه	to greet
رقمٌ، أرقامٌ	number
سمسمٌ	sesame
سهرةٌ ، ـاتٌ	late evening
شأنٌ، شؤونٌ	matter, affair
شهادةٌ، ـاتٌ	certificate
شهد، يشهد، شهادةٌ	to declare
طلبٌ، ـاتٌ	request
عدةُ (+ m. bep.)	numerous
عددٌ، أعدادٌ	number
عنوانٌ، عناوينُ	title
فترةٌ، فتراتٌ	period
فقْرةٌ، فقراتٌ	section
في تمامِ	precisely at (hour)
في هذه الأثناءِ	in this period
فيلمٌ، أفلامٌ	film
قدّم ه لـ	present
كفاءةٌ	competence
ليسانس	licence (acad.)
مباشرةً	direct
مدرسةٌ ثانويّةٌ	secondary school
مسلسلٌ، ـاتٌ	series, soap opera
مشاهدٌ، ـون	viewer
ملخّصٌ، ـاتٌ	summary
ممتازٌ	excellent
منذُ	since
نبأٌ، أنباءٌ	news item
ندوةٌ، ندواتٌ	symposium
نشرةُ الأخبارِ	newscast
وصْلةٌ، وصلٌ	compilation
وكيلٌ، وكلاءُ	vice-dean
ولي، يلي ه، وليٌ	to follow on

ibn-un, ʾabnāʾ-un ~ banūn-a; ʾaṯar-un, ʾāṯāṛ-un; ʾaṯnāʾ-a; ʾirsāl-un; istaġṛaq-a; istahall-a; ʾuġnīya-tun, ʾaġān-in; al-baṭālisa; intibāh-un; bi_ḍ-ḍabṭ-i; badaʾ-a, yabdaʾ-u, badʾ-un; bināʾan ʿalā; bīʾa-tun, -āt-un; tarbawīy-un; taḍamman-a; tilifizyōn, -āt; talawwuṯ-un; ǧazīra-tun, ǧuzur-un; ḥattā; ḥalqa-tun, ḥalaqāt-un; ḥayyā, yuḥayyī; xilāf-un, -āt-un; ṛaqm-un, ʾaṛqām-un; simsim; sahṛa-tun, sahaṛāt-un; šaʾn-un, šuʾūn-un; šahāda-tun, -āt-un; šahid-a, yašhad-u, šahāda-tun; ṭalabun, -āt-un; ʿidda-tu; ʿadad-un, ʾaʿdād-un; ʿunwān-un, ʿanāwīn-u; fatṛa-tun, fataṛāt-un;

faqṛa-tun, faqaṛāt-un; fī tamām-i; fī hāḏihi_l-ʾaṯnāʾ-i; film-un, ʾaflām-un; qaddam-a li; kafāʾa-tun, -āt-un; līsans; mubāšaṛa-tan; madrasatun ṯānawīya-tun; musalsal-un, -āt-un; mušāhid-un, -ūn-a; mulaxxaṣ-un, -āt-un; mumtāẓ-un; munḏ-u; nabaʾ-un, ʾanbāʾ-un; nadwa-tun, nadawāt-un; našratu_l-ʾaxbār-i; wuṣla-tun, wuṣal-un; wakīl-un, wukalāʾ-u; waliy-a, yalī, waly-un.

شرح القواعد

I. Cardinal numerals اسم العدد *ismu_l-ʿadad*

1. صفر *ṣifr-un* 'zero,' واحد *wāḥid-un* 'one,' اثنان *iṯnān-i* 'two'

a. صفرٌ *ṣifr-un* (sg.), أصفارٌ *ʾaṣfār-un* (pl.) 'zero' is a noun and is therefore treated as such: ثلاثة أصفار *ṯalāṯatu ʾaṣfār-in* 'three zeros.'

b. واحدٌ *wāḥid-un* (m.), واحدة *wāḥida-tun* (f.) 'one'

wāḥid-un follows the noun and agrees with it as an adjective does, when singleness is emphasized.

هناك سيّارةٌ واحدةٌ فقط	لم يكن في الفصل طالبٌ واحدٌ
there is only one car	there was not a single student in the class

واحد *wāḥid-un* can also be used as an independent pronoun with the meaning of 'one,' 'an individual.'

أنا واحدٌ منكم	أنا واحدة منكنّ
I am one (m.) of you	I am one (f.) of you

أحدٌ، إحدى *ʾaḥad-un, ʾiḥdā* 'one of' is a noun and can be followed by personal pronoun suffixes. For its use as a paraphrase of the indefinite article → 10.I.

أحدهم	إحدانا	إحداهنّ
ʾaḥaduhum	*ʾiḥdānā*	*ʾiḥdāhunna*
one (m.) of them	one (f.) of us	one (f.) of them (pl.f.)

c. Beside the dual, which is applied very strictly in Written Arabic to express duality, there is the numeral اثنان، اثنين *iṯnāni, iṯnayni* (m.), اثنتان، اثنتين *iṯnatāni, iṯnatayni* (vr.) 'two' which may follow a dual noun as an adjective to emphasize the duality.

كل هذا الخبز بقرشين اثنين فقط	حمل حقيبتيه الاثنتين وانصرف
all this bread for only two piasters	he packed his two bags and went away

اثنان *iṯnān-i* can be used as an independent noun and as such be followed by personal pronoun suffixes.

اثنان آخران	اثنتان أخريان	أعطني اثنيهما!
two others (m.)	two others (f.)	give me both of them!

2. Numerals from 3 to 10

Numerals 3–10 form the head of a construct phrase with the counted noun which follows as an indefinite pl. in the genitive.

Numerals with a final *tā' marbūṭa* (→ 18.I) combine with m. nouns as in *ṯalāṯatu 'ayyām-in* 'three days,' whereas f. nouns combine with the m. form of the numeral as in *ṯalāṯu sanawāt-in* 'three years.' This phenomenon is called 'polarity.'

Numerals 3–10 with a m. noun

seven days	سبعة أيّام	three days	ثلاثة أيّام
eight days	ثمانية أيّام	four days	أربعة أيّام
nine days	تسعة أيّام	five days	خمسة أيّام
ten days	عشرة أيّام	six days	ستة أيّام

Numerals 3–10 with a f. noun

seven years	سبع سنوات	three years	ثلاث سنوات
eight years	ثماني سنوات	four years	أربع سنوات
nine years	تسع سنوات	five years	خمس سنوات
ten years	عشر سنوات	six years	ست سنوات

Note that the m. form of the numeral 'eight' ثمان *ṯamānin* ends with *-in* and follows the rules of the nouns with final *-in* (→ 13.III.1).

ثماني سنوات	ثماني سيدات	ثمانية أعوام
ṯamānī sanawāt-in	*ṯamānī sayyidāt-in*	*ṯamāniya-tu 'a'wām-in*
eight years	eight ladies	eight years

Note further that the m. form of 'ten' is عشر *'ašr-un* (with one *a*), while the f. form is عشرة *'ašara-tun* (with two *a*).

3. Numerals from 11 to 99

The use of these numerals is more complicated with regard to both polarity and case. In the spoken variety of Written Arabic, therefore, speakers tend to use the colloquial forms of these numerals. Numerals are, for the same reason, mostly written as cyphers in written texts.

In combination with the counted noun, the numerals 11 to 99 are followed by an indefinite sg. noun in the accusative as a kind of specification (→ examples below).

a. The numerals 11 to 19 are composed of units and a fixed form of the numeral 'ten' عشرة *'ašra-ta* (f.), resp. عشر *'ašar-a* (m.). Both parts of the compound are invariable and end with *-a*, except for 11 and 12 which are treated differently.

(α) 11 and 12 show no polarity, and both units and 'tens' agree with the counted noun which nevertheless follows in the accusative.

Numerals 11–12

eleven years	إِحْدَى عَشْرَةَ سنةً	eleven days	أحَدَ عَشَرَ يوماً
twelve years	اثْنَتا عَشْرَةَ سنةً	twelve days	اثْنا عَشَرَ يوماً
منذ اثنتي عشرة سنة		هناك اثنتا عشرة سيّارة	
mundu tnatay ʿašrata sana-tan		*hunāka tnatā ʿašrata sayyāra-tan*	
twelve years ago		there are twelve cars	

Notice that in 12, the unit 'two' is inflected for case: اثـنـا (m. nom.), اثـنـي (m. acc./gen.), اثنتا (f. nom.), اثنتي (f. acc./gen.).

(β) Numerals 13 to 19 show polarity again. The unit of the compound numeral takes the opposite gender of the counted noun while the 'tens' agree with it.

Numerals 13–19

thirteen years	ثلاثَ عشرةَ سنةً	thirteen days	ثلاثةَ عشْرَ يوماً
fourteen years	أربعَ عشرةَ سنةً	fourteen days	أربعةَ عشْرَ يوماً
fifteen years	خمسَ عشرةَ سنةً	fifteen days	خمسةَ عشْرَ يوماً
sixteen years	ستَّ عشرةَ سنةً	sixteen days	ستّةَ عشْرَ يوماً
seventeen years	سبعَ عشرةَ سنةً	seventeen days	سبعةَ عشْرَ يوماً
eighteen years	ثمانيَ عشرةَ سنةً	eighteen days	ثمانيةَ عشْرَ يوماً
nineteen years	تسعَ عشرةَ سنةً	nineteen days	تسعةَ عشْرَ يوماً

b. Numerals from 20 to 99

(α) The 'tens' from 30 to 90 are formed by the corresponding units and the pl.-suffix *-ūna* (nom.), *-īna* (acc./gen.) respectively.

ثلاثون / ثلاثين	خمسون / خمسين	سبعون / سبعين
ṯalāṯūn-a/ṯalāṯīn-a	*xamsūn-a/xamsīn-a*	*sabʿūn-a/sabʿīn-a*

(β) The numeral 20, however, is derived from عشر *ʿašr-un* 'ten' with the pl.-suffix: عشرون/عشرين *ʿišrūn-a/ʿišrīn-a*.

The 'tens' show no polarity and the counted noun follows as sg. accusative.

في الفصل ثلاثون تلميذاً
there are 30 pupils in the class

بقينا عشرين يوما في روما
we spent twenty days in Rome

The 'tens'

sixty pounds	ستّون جنيهاً	twenty pounds	عشرون جنيهاً
seventy pounds	سبعون جنيهاً	thirty pounds	ثلاثون جنيهاً
eighty pounds	ثمانون جنيهاً	forty pounds	أربعون جنيهاً
ninety pounds	تسعون جنيهاً	fifty pounds	خمسون جنيهاً

(γ) Compound numerals such as 'twenty-one,' 'seventy-six' ..., begin with the unit, then the 'ten' linked with و *wa* 'and': *wāḥidun wa ʿišrūna* 'twenty-one.'

خمسة وسبعون	اثنان وخمسون	ثلاثة وثلاثون
seventy-five	fifty-two	thirty-three

From 3 onward the units show polarity to the counted noun. Both unit and 'tens' are inflected according to their position in the sentence.

لدينا أربعة وعشرون يوما	في أربع وعشرين ساعة
ladaynā ʾarbaʿatun wa ʿišrūna yawman	*fī ʾarbaʿin wa ʿišrīna sāʿa-tan*
we have twenty-four days (time)	in twenty-four hours

Note the use of the numeral 'two' in في اثنتين وعشرين ساعة *fī_tnatayni wa ʿišrīna sāʿa-tan* 'in twenty-two hours' (without polarity, but with agreement and case).

4. Hundreds

The numeral 'hundred' مائة *miʾa-tun* (sg.), مئات *miʾāt-un* (pl.). *miʾa-tun* is a feminine noun which is the head of a construct phrase with the counted noun.

مئات المرّات	مائة يومٍ	مائة مرّة
miʾātu_l-marrāt-i	*miʾatu yawm-in*	*miʾatu marra-tin*
hundreds of times	a hundred days	a hundred times

Notice the unusual orthography of مائة with an *ʾalif* that is not pronounced. But مئة written without this *ʾalif* is also quite common.

The numeral 'two hundred' is the dual of مائة 'hundred': مائتان / مائتين *miʾatān-i*/ *miʾatayn-i*; sometimes spelled as مئتان / مئتين as well.

For the other 'hundreds' 300, 400 and so on, the units function as the head of a construct phrase with مائة annexed in the sg. genitive and according the rules of polarity: ثلاث مائة *talāt-u miʾa-tin* 'three hundred' which can also be written as one word ثلاثمائة. With all hundreds the counted noun follows as sg. genitive.

في مائتي يوم	ثلاث مائة صفحة	ثلاث مائة ~ ثلاثمائة
fī miʾatay yawm-in	*talātu miʾati ṣafḥat-in*	*talātu miʾa-tin*
in two hundred days	three hundred pages	three hundred

Hundreds 200–900

seven hundred	سبعمائة	three hundred	ثلاثمائة
eight hundred	ثمانيمائة	four hundred	أربعمائة
nine hundred	تسعمائة	five hundred	خمسمائة
		six hundred	ستمائة

5. Thousands

The numeral 'thousand' أَلْفٌ *ʾalf-un* (sg.), آلافٌ *ʾālāf-un* (pl.) is a masculine noun. For the other thousands, أَلْفٌ *ʾalf-un* functions as a counted noun and follows the rules above in I.2: ثـــلاثـــة آلافٍ *ṯalāṯatu ʾālāf-in* 'three thousand.' From 11000 onward the sg. accusative ألفاً has to be used.

ألفان = ٢٠٠٠	ثلاثة آلاف = ٣٠٠٠	عشرون ألفا = ٢٠٠٠٠
two thousand	three thousand	twenty thousand

The counted noun, again, is sg. genitive.

ألف ليلة و ليلة	عشرون ألف مجموعة
ʾalfu laylatin wa layla-tun	*ʿišrūna ʾalfa mağmūʿa-tin*
a thousand and one nights	twenty thousand groups

6. Composed numerals

Composed numerals take the following order: thousands, hundreds, tens (with the units first if necessary), all joined by و *wa* 'and.'

٣٥٤٥ ثلاثة آلاف وخمس مائة وخمسة وأربعونَ

ṯalāṯatu ʾālāfin wa xamsu miʾatin wa xamsatun wa ʾarbaʿūn-a

٧٩٨٦٢ تسعة وسبعون ألفا وثماني مائة واثنان وستِون

tisʿatun wa sabʿūna ʾalfan wa ṯamānī miʾatin wa ṯnāni wa sittūn-a

Notice that the order of these composed numerals is read from left to right as in western languages.

The last numeral in the phrase determines the number of the counted noun (sg. or pl.) and its case.

ألف وثلاثة أيّام	أربع مائة وتسعون عاما
ʾalfun wa ṯalāṯatu ʾayyām-in	*ʾarbaʿu miʾatin wa tisʿūna ʿāman*
a thousand and three days	four hundred and ninety years

Dates of the years form a construct phrase with the words عـــــام *ʿām-un* or *sana-tun* 'year' as heads, and the numerals in the genitive. عـام and سـنـة are either used in the accusative of time (→ 8.V) or with فـــي. Note that the rules for gender polarity for the numbers 3–10 and gender agreement for 1–2 apply here depending on the use of سنة or عام:

عام ألفين وواحد	في سنة الفين وإحدى عشرة
ʿāma ʾalfayni wa wāḥid-in	*fī sanati ʾalfayni wa ʾiḥdā ʿašra-ta*
in the year 2001	in the year 2011
سنة ألفين وعشر	في عام الف تسعمائة وستّة وتسعين
sanata ʾalfayni wa ʿašr-in	*fī ʿāmi ʾalfin wa tisʿimiʾatin wa sittatin wa tisʿīn-a*
in the year 2010	in the year 1996

7. Numerals and definiteness

a. Numerals can take the article الـ *al-* for definiteness.

علي بابا والأربعون حرامياً	الخمسة أيام الأولى من شهر مارس
ʿAlī Bābā wa_l-ʾarbaʿūna ḥarāmīyan	*al-xamsatu ʾayyāmi_l-ʾūlā min šahri māris*
Ali Baba and the forty thieves	the first five days of the month of March

When units and 'tens' are used, they both take the article.

السبعة والثلاثون سطرا
as-sabʿatu wa_t-ṯalāṯūna saṭran
the thirty-seven lines

في الخمس والعشرين سنةً الأخيرة
fī_l-xamsi wa_l-ʿišrīna sanatani_l-ʾaxīra-ti
in the last twenty-five years

b. The numerals can be followed by personal pronoun suffixes in expressions such as 'the three of us,' 'the five of them.'

ثلاثنا
ṯalāṯunā
the three of us

أربعهم
ʾarbaʿuhum
the four of them

اثناكما
iṯnākumā
both of you

Note that 'three of us' can also be rendered by ثلاثة منّا *ṯalāṯa-tun minnā.*

8. Attributive numerals

In general, the counted noun follows the numeral. But it is also possible to join the numeral to the counted noun as an adjective. Numerals agree then with the noun in definiteness and case, but not in gender, as the rule of polarity is applied.

في السنوات الخمس الأخيرة
fī_s-sanawāti_l-xamsi_l-ʾaxīra-ti
in the last five years

في الوصايا العشر
fī_l-waṣāyā_l-ʿašr-i
in the Ten Commandments

الأركان الخمسة
al-ʾarkānu_l-xamsa-tu
the five pillars (of Islam)

في الدقائق العشرة الأولى
fī_d-daqāʾiqi_l-ʿašrati_l-ʾūlā
in the first ten minutes

II. بضع *biḍʿ* and بضعة *biḍʿa* 'some,' 'a couple of'

Like the numerals from 3 to 10 بـضـع *biḍʿ-un* functions as head of a construct phrase and shows polarity with its noun: بضع accompanies f. nouns, and بضعة m. ones.

لم يقل لي سوى بضع كلمات
he said only a few words to me

أعطني بضع دقائق من وقتك؟
give me a few minutes of your time!

بضع can be used with other numerals 'ten' to indicate an approximative number.

بضع عشرة طالبة
some tens of students (f.)

بضعة وعشرون طالبا
twenty or some more students

III. Ordinal numerals اسم العدد الترتيبيّ *ismu_l-ʿadadi_t-tartībī*

A. Form

1. Ordinals from 1st to 10th

a. أوّل *ʾawwal-u* 'first' has the same pattern as the elative (→ 16.I). Its sg.f. form is أولى *ʾūlā*, the pl.m. أوّلون *ʾawwalūn-a*, the pl.f. أوليات *ʾūlayāt-un.*

b. From 2nd to 10th the ordinal numerals have the pattern KāTiB-un: ثـالـث *ṯāliṯ-un* 'third.'

Ordinal numerals 1st–10th

خامس	رابع	ثالث	ثان	أوّل
xāmis-un	*rābiʿ-un*	*ṯāliṯ-un*	*ṯānin*	*ʾawwal-u*
عاشر	تاسع	ثامن	سابع	سادس
ʿāšir-un	*tāsiʿ-un*	*ṯāmin-un*	*sābiʿ-un*	*sādis-un*

2. Ordinals from 11th onward

a. With the ordinal numerals from 11th to 19th, both units and 'tens' are invariable and end with *-a*. أوّل is replaced by حـــادي *ḥādiya* (m.), and حـــاديـــة *ḥādiyata* (f.), while 'ten' takes the forms عشر *ʿašar-a* (m.) and عشرة *ʿašra-ta* (f.).

Ordinal numerals 11th–19th

	f.	m.
the eleventh	الحاديةَ عشْرةَ	الحاديَ عشَرَ
the twelfth	الثانيةَ عشْرةَ	الثانيَ عشَرَ
the fifteenth	الخامسةَ عشْرةَ	الخامسَ عشَرَ
the eighteenth	الثامنةَ عشْرةَ	الثامنَ عشَرَ
the nineteenth	التاسعةَ عشْرةَ	التاسعَ عشَرَ

b. For the 'tens,' 'hundreds,' and 'thousands' the cardinal numerals serve as ordinals as well.

المرة الخمسون	في الصف الثلاثين	القرن العشرون
al-marratu_l-xamsūn-a	*fī_ṣ-ṣaffi_t-ṯalāṯīn-a*	*al-qarnu_l-ʿišrūn-a*
the fiftieth time	in the thirtieth row	the twentieth century

c. When combined with 'tens,' 'hundreds,' and 'thousands,' the units of the ordinals get the pattern KāTiB-un, and both the unit and the other term receive the article.

الفصل العاشر والمائة	المرة الرابعة والخمسون	القرن الحادي والعشرون
the hundred-tenth chapter	the fifty-fourth time	the twenty-first century

B. Use of the ordinal numerals

1. From 1st to 10th

From 1st to 10th the ordinals function either as the head of a construct phrase with the noun, or they follow the noun as adjectives.

a. In the construct state the ordinal remains masculine irrespective of the gender of the noun which follows in the genitive.

ثاني من صعدوا إلى القمر	أول كلمة في النص
the second of those who flew to the moon	the first word in the text

b. As an adjective the ordinal follows the general rules of agreement.

للعمارة طابق ثان	ألم يكن لك أخت ثالثة؟
the flat has a second floor	didn't you have a third sister?
الملك الحسن الثاني	الأيام العشرة الأولى
King Hassan the Second	the first ten days

In phrases of time, Modern Written Arabic makes use of the ordinals as adjectives:

في الساعة السادسة مساءً	القرن الحادي والعشرون
at six o'clock in the evening	the twenty-first century

Also as predicate: الساعة الآن الثالثة 'it is three o'clock now.'

2. From 11th onward

From 11th onward the ordinals can be only used as adjectives.

في القرن العشرين	في الليلة الخامسةَ عشرةَ
in the twentieth century	in the fifteenth night

Notice that the ordinals from the 11th to 19th are invariable and always end with *a*.

3. Composed ordinals

In ordinals composed of units and tens such as 'twenty-one,' 'forty-four' etc., the units agree with their noun in gender, number, case, and in definiteness, when the article precedes both members of the numeral phrase.

الطابق الثالث والعشرون	في الصفحة الحادية والتسعين
the twenty-third floor	on page ninety-one

4. Dates are read in Modern Written Arabic as follows:

إيماء إلى خطابكم المؤرّخ في ٢٤ / ٧ / ١٩٩١

ʾīmāʾan ʾilā xiṭābikumu_l-muʾarraxi fi_r-rābiʿi wa_l-ʿišrīna min šahri yūlyū sanata ʾalfin wa tisʿi miʾatin wa ʾiḥdā wa tisʿīn-a

referring to your letter dated from 24/7/1991

IV. لعلّ *laʿalla* 'maybe,' 'perhaps,' and ليت *layta* 'if only ...'

لعلّ and ليت are both 'sisters' of إنّ and all rules which apply to the latter are applied to them (→ 8.IV).

لعلّه هو القاتل	لعلّ لكلّ منهم قصّتَه
maybe he is the murderer	perhaps everyone of them has his own story
لعلّني أجد شيئا من العزاء	لعلّ أبانا في حاجة إلينا
maybe I find some consolation	perhaps our father needs us
ليتني كنت عصفوراً	ليت هنداً أنجزتنا ما تعد!
if only I were a bird	if only *Hind* would fullfill what she promises

التمرينات

١– استعمل الصيغة المناسبة لاسم العدد في الجمل التالية

مثال: ألّف أنيس منصور الكاتب المصري المعروف كتابا عن رحلته حول العالم بعنوان

(٢٠٠ ، يوم) رحلة حول العالم في مائتي يوم

(٤٢ ، أسبوع) استغرقت رحلتنا حول العالم ____________ تقريبا .

(١٤ ، يوم) وقد قضينا منها ____________ في اليابان،

(٢ ، أسبوع) أي ____________ بالضبط .

(٧ ، أسبوع) وبعد اليابان زرنا أمريكا حيث قضينا ____________ ،

(٣ ، يوم) و ____________ ،

(٥٢ ، يوم) أي ____________ أو ما يقرب من

(٢ ، شهر) ____________

(٢٠٦ ، يوم) وعُدنا إلى أوروبّا بعد رحلة استغرقت ____________ .

٢– كوّن جُملا مفيدة واكتب أسماء الأعداد بالكامل على النحو الموضح في المثال

مثال: العراق ، أحمد ، من ، سيعود ، ٥ ، بعد ، شهر

⇐ سيعود أحمد من العراق بعد خمسة أشهر

٩ ، هولنديين ، وصل ، اليوم ، في ، مهندسين ، صباح ، مطار القاهرة الدولي

⇐ ____________

نافذة ، أبواب ، هذا ، له ، ٦٢ ، ٧ ، و ، المبنى

⇐ ____________

الطلاب ، اللغة ، سيدرس ، عربية ، لمدة ، سنوات ، ٣ ، هؤلاء

⇐ ____________

الشركة ، في ، مسكن ، ٢٠٠ ، ستبني ، جديد ، المعادي

⇐ ____________

عاما ، حامد ، اللغة ، لمدة ، الأستاذ ، بتدريس ، ١٢ ، الانجليزية ، قام

⇐ ____________

خديجة ، شهادة ، عام ، ١٩٩٨ ، حصلت ، الليسانس ، في ، على

⇐ ____________

مدرسو ، دورات ، في ، ٣ ، تربويّة ، هذه ، اشترك ، المدرسة

⇐ ______________________________

أسابيع ، العلميّة ، إلى ، استغرقت ، اليونان ، رحلتنا ، ٧

⇐ ______________________________

٣– استعمل اسم العدد الترتيبي المناسب في تكوين جمل صحيحة

مثال: (٥) سوف يكون الاجتماع القادم خامس اجتماع لنا هذا العام.

(٢) يلتقي الأصدقاء في كل __________ أسبوع من الشهر.

(٣) كان يوشيهيكو كاتو __________ مَنْ فازوا في مسابقة الصراخ.

(١) إنك __________ شخص يهنئني بمناسبة عيد ميلادي اليوم.

(٦) إن هذه الشركة هي __________ أكبر شركة منتجة للسيارات.

(٢) هذه هي __________ دورة تربويّة أشترك فيها هذا العام.

مثال: (١٥) تقيم مها وأسرتها في الطابق الخامس عشر من هذه العمارة.

(٧) سوف تقام الحفلات في اليوم __________ من شهر يوليو.

(١١) لن يعود أحمد إلى منزله قبل الساعة __________ مساءً.

(١٩) لقد ولد المُصلح الشهير رشيد رضا في القرن __________.

(١٠) نقدم لكم اليوم الحلقة __________ من مسلسل الأيام.

(٢) حصل نادي الأولمبي على المكانة __________ في المباراة.

٤– اختر الصيغة المناسبة لاسم العدد الترتيبي في الجمل الآتية

(١) ستقام الحفلات في الثلاثة أيام __________ من الشهر القادم.

(٢) إن وزير التعليم هو __________ أهم شخصيّة في الحكومة الحاليّة.

(٢١) نأمل أن يتحقق السلام في العالم في القرن __________.

(٦) ولد الرسول صلّى الله عليه وسلم في القرن __________ الميلادي.

(١٢) سوف تجتمع الأسرة حول مائدة الغداء في الساعة __________.

(٣) قرّر الأستاذ طارق أن يقضي عاما __________ في الخارج.

(٢٣) لقد استطعنا بصعوبة أن نجد مكانا في الصف __________.

(١) ستكون هذه __________ وآخر مرة أطلب منكم فيها الانتباه!

٥– اقرأ النصوص جيّدا ثم أجب على الأسئلة التالية بجمل مفيدة

شهادة

أين يعمل طالب الشهادة؟ ____________________

أين توجد مدرسة الحلميّة؟ ____________________

متى حصل منير على الليسانس؟ ____________________

كم سنة قام فيها بالتدريس في الحلميّة؟ ____________________

مَن حرّر هذه الشهادة؟ ____________________

التلفزيون

ما هو موعد نشرة الأخبار؟ ____________________

ما اسم برنامج الأطفال؟ ____________________

كم حلقة من المسلسل تمّ تقديمها؟ ____________________

ما هو موضوع الندوة؟ ____________________

متى تبدأ برامج السهرة؟ ____________________

هل الأغاني المقدّمة في السهرة عربية؟ ____________________

ما اسم فيلم السهرة؟ ____________________

كيف تنتهي برامج التليفزيون؟ ____________________

٦– ترجم الجمل التالية إلى الفصحى

1. The president sent a telegram to King Hassan the Second.

____

2. He was born in the year nineteen hundred and seventy-three.

____

3. We shall go to Cairo in the first ten days of March.

____

4. I lived in this house for twelve years.

____

5. The train will arrive tomorrow at nine o'clock in the evening.

____

6. Did the Dutch author Simon Vestdijk live in the 20th century?

____

7. *Samīra* participated in various pedagogical courses.

---

8. The television of the Arab Republic of Egypt welcomes the viewers.

---

9. I only read some stories of this book.

---

10. This certificate has been issued on his request.

---

11. Professor *Muṣṭafā ʿAbbādī* has thirty years of experience in teaching.

---

12. The late evening program begins with a compilation of popular songs.

---

13. We spent a couple of years in Indonesia.

---

14. Maybe has our brother written this article.

الدرس العشرون

النصوص

رسالة إلى نبيل

السيد المحترم نبيل

تحية طيبة وبعد، اسمح لي أن أنتهز هذه الفرصة كي أتشرف بدعوتك إلى حفل صغير في منزلي مساء يوم الخميس اعتبارا من الساعة العاشرة. وليكن في علمك أنّ العديد من الأصدقاء والمعارف سوف يحضرون إلى الحفل أيضا.
إنّني كما تعرف أقيم بالدقّي، شارع فيصل رقم ٢٩ في الطابق الثالث.

ختاما أرجو أن أسمع منك ما إذا كنت ستشرفنا بحضورك، وتفضل بقبول أطيب السلام.

الصديق المخلص

أمين سليمان

الصرّاف الآليّ

آلة الصرّاف الآليّ هي الآلة التي توفّر للعملاء المعاملات الماليّة في الأماكن العامّة دون الحاجة إلى الرجوع إلى المصارف. وكيفيّة استعمال الصرّاف الآليّ بسيطة.
فإذا أردت سحب مبلغ معيّن من حسابك الجاري عليك اتّباع الخطوات التالية:

- أدخل بطاقتك الائتمانيّة في الفتحة المخصّصة لها
- أدخل رقم التعريف الخاصّ بك
- اختر إمكانيّة سحب النقود
- حدّد المبلغ المُراد سحبه
- اسحب بطاقتك الائتمانيّة من الصرّاف
- اسحب نقودك من الفتحة المخصّصة لها
- لا تنس أن تسحب إيصالك قبل مغادرة المكان.

المفردات

آلةٌ، آلاتٌ	tool, device
اعتباراً من	starting from
أمكن ه ه	to be able
انتهز ه	to seize
بسيطٌ، بسطاءُ	simple
بطاقةٌ ائتمانيّةٌ	credit card
تذكّر ه	to remember
تشرّف بـ	to have the honor
تيسيرٌ	facilitation
ثمنٌ، أثمانٌ	price
حاجةٌ، ـاتٌ	need
حسابٌ جارٍ	account
حفلٌ، ـاتُ	celebration, party
دام، يدوم، دوامٌ	to take time
درى، يدري ه، درايةٌ	to know
دعوةٌ، دعواتٌ	invitation
دقيقةٌ، دقائقُ	minute
دونَ	without
رجع، يرجع إلى، رجوعٌ	to return to
رخصةٌ، رخصٌ	permission, licence
رخصةُ قيادةٍ	driver's licence
رقمُ التعريفِ	pin code
ساري المفعولِ	valid
سحب، يسحب ه، سحبٌ	to pull out
سلامٌ، ـاتٌ	greeting
سمح، يسمح لـ ، سماحٌ	to allow
سيّارةٌ ملاّكي	private car

شرّف ه (بـ)	to give the honor
صرّافٌ آليٌّ	cash dispenser, money machine
ظَنّ، يظُنّ، ظنٌّ	to think
عامٌّ	public
عديدٌ، ـون	many, numerous
علم، يعلم، علمٌ	to know
على الفورِ	on the spot, promptly
عميلٌ، عملاءُ	client
فتحةٌ، ـاتٌ	slot
فحص، يفحص ه، فحصٌ	to check
فنّيٌّ	technical
كسلٌ	laziness
كيفيّةُ الاستعمالِ	directions for use
ماليٌّ	financial
مبلغٌ، مبالغُ	amount
محترمٌ، ـون	honored
محطةُ بنزينٍ	gas station
مخالفةٌ، ـاتٌ	fine
مخصّصٌ، ـون	special
مصرفٌ، مصارفُ	bank
معاملةٌ، ـاتٌ	transaction
معرفةٌ، معارفُ	acquaintance
معيّنٌ	certain
نظامٌ، أنظمةٌ ~ نظمٌ	system, structure
نموذجٌ، نماذجُ	example, model
وزارةُ الداخليّةِ	ministry of the interior
وفّر ه ... لـ	to provide (sth to sb)

ʾāla-tun, ʾālāt-un; iʿtibāṛan min; ʾamkan-a; intahaz-a; ʾīṣāl-un, -āt-un; basīṭ-un, busaṭāʾ-u; biṭāqatun iʾtimānīya-tun; taḏakkaṛ-a; tašaṛṛaf-a bi; taysīr-un; ṯaman-un, ʾaṯmān-un; ḥāğa-tun, -āt-un; ḥisāb-un ğār-in; ḥafl-un, ḥafalāt-un; dām-a, yadūm-u, dawām-un; darā, yadrī, diṛāya-tun; daʿwa-tun, daʿawāt-un; daqīqa-tun, daqāʾiq-u;

dūn-a; rağaʿ-a, yarğaʿ-u ʾilā, ruğūʿ-un; ruxṣa-tun, ruxaṣ-un; ruxṣatu qiyāda-tin; raqmu_t-taʿrīf-i; sārī_l-mafʿūl-i; saḥab-a, yasḥab-u, saḥb-un; salām-un, -āt-un; samaḥ-a, yasmaḥu li-, samāḥ-un; sayyāṛatun mallākīy-un; šaṛṛaf-a (bi); ṣarrāf-un ʾālīy-un; ḍann-a, yaḍunn-u, ḍann-un; ʿāmm-un; ʿadīd-un, -ūn-a; ʿalim-a, yaʿlam-u, ʿilm-un; ʿalā_l-fawr-i; ʿamīl-un, ʿumalāʾ-u; faḥaṣa, yafḥas-u, faḥṣ-un; futḥa-tun, -āt-un; fannīy-un; kasal-un; kayfīyatu_l-istiʿmāl-i; mālīy-un; mablaġ-un, mabāliġ-u; muḥtaṛam-un, -ūn-a; maḥaṭṭatu banzīn-in; muxālafa-tun, -āt-un; muxaṣṣaṣ-un, -ūn-a; maṣraf-un, maṣārif-u; muʿāmala-tun, -āt-un; maʿrifa-tun, maʿārif-u; muʿayyan-un; niḍām-un, ʾanḍima-tun ~ nuḍum-un; namūḏağ-un, namāḏiğ-u; wizāratu_d-dāxilīya-ti; waffaṛa li-.

شرح القواعد

I. Indirect questions

1. Wh-questions

A wh-question introduced by an interrogative pronoun or adverb such as من 'who,' ما *mā* 'what,' كيف 'how,' متى 'when' etc., can be subordinated to an appropriate verb without undergoing any change, except for the required change of persons (see example 3).

أين يسكنون؟	←	لا أدري أين يسكنون
where do they live?		I do not know where they live
ما ذا أفعل اليوم	←	أتساءل المرء ما ذا أفعل اليوم
what should I do today?		I wonder what I should do today
ما هو سبب حضورك اليوم؟	←	سألني ما هو سبب حضوري اليوم
why did you come today?		he asked me why I had come today

2. Yes-no questions

a. In Modern Written Arabic yes-no questions are generally introduced by the interrogative particle هل *hal.* When subordinated to a verb this *hal* is replaced by ما إذا *mā ʾiḏā* or إنْ *ʾin* 'whether,' which are followed, as in the conditional sentence, by كان and a verb in the imperfect, noun phrase, or a prepositional phrase, or by a verb in the perfect.

هل لديهم منزل في المعادي؟ ← لا ندري ما إذا كان لديهم منزل في المعادي أم لا

we do not know whether they have a house in *alMaʿādī* or not

هل تجيدون اللغة الانجليزيّة؟ ← من غير الواضح ما إذا كنتم تجيدون الانجليزيّة أم لا

it is not clear whether you have a thorough command of English or not

Notice the phrase أم لا *ʾam lā* which corresponds to English 'or not.'

b. ما إذا *mā ʾiḏā* can be combined with prepositions such as في or عن : *fī + mā ʾiḏā* → *fīmā ʾiḏā* فيما إذا and *ʿan + mā ʾiḏā* → *ʿammā ʾiḏā* عما إذا. Not so إنْ.

أرجو أن أسمع منك فيما إذا كنت ستشرفنا بحضورك

I'd like to hear from you if you'd give us the honor of your presence

سألنا عمّا إذا كنا نعرف عنوانه الجديد أم لا

he asked us if we knew his new address or not

II. Auxiliary verbs with the imperfect

There are a number of verbs used both independently and as auxiliaries with a following verb in the imperfect. Semantically these verbs cover the fields of 'become,' 'begin,' 'seem,' 'be on the point,' 'stay,' 'keep on with,' 'remain' etc.

1. كان و أخواتها *kāna wa ʾaxawātuhā*

To the group كان و أخواتها *kāna wa ʾaxawātuhā* ('*kāna* and her sisters') belong صار and أصبح 'to become,' بات and ظلّ 'to remain,' 'to keep on with,' عاد 'to do ~ to take up again,' the latter with negation corresponding to 'no longer' in English. ما زال، لا يزال convey the sense of 'still.'

صاروا يتناقشون في كلّ كبيرة وصغيرة

they started to argue about everything

أصبح لايتحدّث في المواضيع السياسيّة

he stopped talking about political subjects

ظلّوا يبحثون عن حلّ مناسب حتى وجدوه

they went on looking for a proper solution until they found one

باتت الحكومة تسيطر على الموقف

the government still has the situation in hand

عاد يعمل مع أبيه في المصنع

he took up working again with his father at the factory

ما زال and لم يزل are used for past as well as the present, while ما يزال and لا يزال modify the present alone.

مازال يشعر بآلام شديدة من حين إلى آخر

he still feels heavy pains from time to time

لم يزل يحبّها كأوّل يوم رآها فيه

he still loves her as much as on the first day he saw her

لا يزال يبيع قطعاً أثريّةً للسوّاح

he still sells antique objects to tourists

Notice that as 'sisters' of كان, these auxiliary verbs can also have a predicate in the accusative (→ 6.VI.2).

لم نعد خائفين منك	إنه مازال حيّا
we are no longer afraid of you	he is still alive

The auxiliary verbs may also have a prepositional phrase as predicate.

لا يزال على قيد الحياة	هذه الشقة لم تعد للإيجار
he is still alive	this flat is no longer for hire

2. كاد وأخواتها *kāda wa ʾaxawātuhā*

a. the verb كاد، كِدْتُ ، يكاد ، *kāda, kidtu, yakādu* 'to be on the point of' or 'almost,' 'nearly' appears in the perfect, the imperfect, or as apocopate when negated by لم. It is followed by a verb in the imperfect or by أن *ʾan* with a subjunctive.

قد حان الأوان وكاد أن يفوتَ

the time had come and almost slipped by

كادت الشمس تغرب ونحن مازلنا جالسين في الحديقة

the sun was close to setting, and we were still sitting in the garden

When negated, كاد takes either the negational particle or the subordinated verb. It is then often translated by 'hardly.'

لم أكد أصدّق عينيّ = كدّت لا أصدّق عينيّ

I could hardly believe my eyes

كان الحصان هزيلاً لايكاد يقوى على السير

the horse was so emaciated that it could hardly move forward

A set expression often used in Modern Written Arabic is ما كاد ... حتى *mā kāda ... ḥattā* which is to be rendered by 'hardly ... when ....'

ما كادت قوات السلام تغادر المدينة حتى قام العدو بالهجوم عليها

the peace troops had hardly left the town, when the enemy attacked it

b. 'Sisters' of كاد are verbs such as أخذ , شرع , بدأ and جعل. They are used exclusively in the perfect with the meaning of 'to begin with ....'

بدأت برامج التعليم تتغيّر منذ الستينيّات

the teaching programs began to change since the sixties

شرعوا يرحلون عن الواحة قبل شروق الشمس

they started to move from the oasis before sunrise

أخذت تحدثنا عمّا رأته خلال رحلتها

she began to tell us about what she had seen during her journey

جعل يفكّر حتى وجد الحلّ المناسب

he began to ponder until he had found the suitable solution

3. بدا، يبدو *badā, yabdū* 'to seem'

Auxiliary verbs such as بدا، يبدو 'to seem' take a noun in the accusative.

هذا القولُ مَنْطقيٌّ	←	يبدو هذا القولُ مَنْطقيّاً
these words are logical		these words seem logical

III. لـ *li-* and the apocopate

As stated earlier, the apocopate occurs with لـــــم *lam*, لا *lā* (→ 9.I) and إن *ʾin* (→ 11.IV). Another way to use it is with the conjunction لـــ *li-*, often combined with و *wa* or فـ *fa*, in order to express a wish, a request or a warning.

لنتركْ هذا المكان	لنستمرّ في العمل
let us leave this place!	let us go on working
وليكنْ في علمك أنّني ثائر!	فليكنْ ما تريد
take note that I am furious!	may your wish come true

IV. Indefiniteness and the use of لـ *li-*

1. A noun to which a definite noun in the genitive or a possessive suffix is annexed, becomes definite: صديقي 'my friend,' صديق أبي 'the friend of my father,' صاحب البيت 'the landlord.' In order to keep indefiniteness with possession Modern Written Arabic makes use of the indefinite noun followed by the preposition لـ *li-* to which a definite noun or a possessive suffix is annexed.

صديق لي	صديق لأبي	مع جارة لها
ṣadīqun lī	*ṣadīqun li-ʾabī*	*maʿa ǧāratin lahā*
a friend of mine	a friend of my father	with a neighbor of hers

2. The use of this paraphrase with لـــ *li-* is especially important when a noun has to remain grammatically indefinite in a given construction.

This is the case with the elative phrase (→ 16.I.B.2.a), the ordinals (→ 18.II.B.1), the existential negation *lā an-nāfiyatu li_l-ǧins* (→ 14.III.3) and the *kull*-phrase in the sense of 'each,' 'every' (→ 5.VII.2).

a. The elative

أطول إقامة له في مصر	أهمّ شريك تجاري لمصر
his longest stay in Egypt	the most important trade partner of Egypt
أعزّ صديق لنا	أحسن طريقة لكتابة المذكّرات
our dearest friend	the best method to write memories

b. The ordinals

في أوّل اجتماع لنا	ثاني امتحان للطلبة
at our first meeting	the second examination of the students

c. The existential negation

لا شأن لك بهذا	لا مطالب لنا
this is no concern of yours	we have no demands

d. *kull* + indef. noun 'every,' 'each'

في كل كتاب له	كل صديق لك صديق لنا
in every book of his	every friend of yours is a friend of ours

V. إيّا *'iyyā*

If a personal pronoun suffix cannot be attached to a verb or a particle إيّـــــ *'iyyā* serves as a link between them: إيّـــــاك *'iyyāka*. This is for instance the case when a verb is followed by two object suffixes (→ 17.IV.2), or with a particle such as إلا *'illā* (→ 14.III.3) which does not allow suffixes.

إيّا *'iyyā* with suffixes

⇐ إياه	إياها	إياهم	إياهن
إياكَ	إياكِ	إياكم	إياكن
إيايَ			إيانا

1. Some verbs may have two objects (→ 18.V) and thus two personal pronoun suffixes. In such case, the suffix referring to the person (receiver) is attached to the verb directly while the other one is introduced by إيّـــــ *'iyyā*. Unlike the colloquial, MWA does not allow a verb to annex two suffixes simultaneously.

أعطيت الطالبةَ القلمَ	←	أعطيتها إيّاه
I gave the student the pen		I gave her it = I gave it to her

Or when the slot of the verb is already filled by another suffix as in the following example:

قتلوا الرجلَ والمرأةَ	←	قَتَلوه وإيّاها
they killed the man and the woman		they killed him and her

2. A particle like إلاّ *'illā* 'except' cannot have suffixes. If necessary, إيّا is used.

لم أزر إلاّ إيّاك	لا تصدقوا إلا إياي!
I visited nobody but you	do not believe anyone else but me!

3. In more classical language a paraphrase with إيّـــــ lays the stress on the pronominal suffix. The إيّـــــ-phrase then introduces the sentence, as in the following verse taken from the first Sura of the Qur'an.

إيّاك نعبد وإيّاك نستعين
'iyyāka naʿbudu wa 'iyyāka nastaʿīn-u
it is to you that we pray and to you that we ask for help

4. In exclamations إيّـــــ with a suffix functions as a warning particle. The item which someone is warned against follows in the accusative with or without و *wa*.

إياك والكسلَ	إياكم الكذبَ
be aware of laziness!	be aware of lying!

A whole phrase introduced by أن 'that' may follow إيّـا taking the sense of a wish or hope.

إياك أن تصبح مثلي
you will not become like me, I hope!

VI. عديد *ʿadīdun,* كثير *kaṯīrun* 'much of,' 'many of,' 'a large number of'

To express quantity, MWA uses words such as عـديـد *ʿadīd-un* 'numerous' and كـثـيـر *kaṯīr-un* 'much,' 'many' followed by the preposition مـن min 'of' and a definite noun. Used as such عـديـد and كـثـيـر may also be preceded by the article, and they are inflected according to their position in the sentence. While كـثـيـر applies to countable and uncountable things or persons, عديد is only used for countable ones.

عديد من البرامج	العديد من السياح	كثير من الناس	الكثير من الوقت
many programs	many tourists	many people	much time

Being used here as sg.m. nouns, their predicate should agree with the sg.m. But in modern language, agreement more often occurs with the noun they precede.

كثير من الرجال يفضّل عدم الجدال
many men prefer to avoid discussions

هذا ما أكّده العديد من المصادر
it has been confirmed by several sources

العديد من أصدقائنا سوف يحضرون
many of our friends will be present

إنّ العديد من الدول العربية لم تكن سعيدة بالنص
numerous Arab states were not happy with the text

إنّ كثيرا من الإجابات لم يكن لها علاقة بالأسئلة
many answers had no relation to the questions

التمرينات

١- كون جملا صحيحة مستعملا { ما إذا } على النحو الموضح في المثال

مثال: هل سيحضر جميع الأصدقاء إلى الحفل؟ هذا من غير الواضح.

⇐ من غير الواضح ما إذا كان جميع الأصدقاء سيحضرون إلى الحفل.

هل ستشرفنا بحضورك إلى حفل عيد ميلادي؟ أرجو أن أسمع منك في ذلك.

⇐ ____________________

متى حصلت حفيظة على شهادتها الجامعيّة؟ لا يعرف المدير ذلك.

⇐ ____________________

هل ستوافق على منحي إجازة؟ أرجو أن تخبرني بذلك.

⇐ ____________________

كيف ستذهبون إلى أسوان؟ هذا من غير الواضح.

⇐ ____________________

هل الطالبات قد تظاهرن أمس؟ لم تصلني أخبار عن ذلك.

⇐ ____________________

أين تقع المملكة العربيّة السعوديّة؟ إنهم لا يعلمون ذلك.

⇐ ____________________

هل لديكم في القرية صرّاف آليّ؟ لا أدري ذلك.

⇐ ____________________

هل هناك مقهى ثقافي في حي الزمالك؟ لم تعلن محافظة القاهرة عن ذلك.

⇐ ____________________

هل هناك حمّام سباحة في الفندق؟ لم يخبرني مكتب السياحة عن ذلك.

⇐ ____________________

هل قد أدخلت الرقم السري الخاصّ بي؟ لا أتذكّر ذلك.

⇐ ____________________

أية لغة يتكلمها هؤلاء السائحون؟ لا أعلم ذلك.

⇐ ____________________

٢- كون جملا مفيدة بواسطة إحدى أخوات { كان } أو { كاد }

مثال: لم تعد تتذكر شيئاً من ماضيها.

____________ الطلاب يفهمون الكثير من الكلمات العربيّة.

____________ الأولاد يموتون من شدّة الجوع والبرد.

ما ____________ النيابة تحقّق في قضية سرقة الذهب.

______________ أبواب المكتبة مفتوحة حتى التاسعة مساءً.

______________ يدرس و يجتهد حتى حصل على الشهادة.

لا ____________ هذا الحصان يقوى على السير.

لم ____________ الأستاذ مصطفى يعمل في هذا المكتب.

______________ الأب يعمل ليلَ نهارَ حتى آخر يوم في حياته.

______________ السيّدتان تتناقشان حتى وصل القطار إلى المحطة.

لم ____________ مسابقة الصراخ تعقد في اليابان ولا في أيّ مكان آخر.

______________ كيفيّة استعمال الصرّاف الآليّ سهلة وبسيطة.

٣- استعمل الكلمات التالية في تكوين جمل مفيدة

مثال: ليكن ، إذا ، ما ، فـ ، الرحيل ، تودّ ، تريد ، كنت!

⇐ إذا كنت تودّ الرحيل فليكن ما تريد!

سنوات ، في ، أطول ، لي ، دامت ، خمس ، الخارج ، إقامة.

⇐ ______________________________

سيذهبون ، أستاذهم ، لم يقل ، متى ، سورية ، لـ ، إلى ، الطلاب.

⇐ ______________________________

لا أدري ، حسن ، حي الدقي ، يسكن ، في ، ما إذا ، كان ، أم لا.

⇐ ______________________________

إياكم ، يا ، و ، السرقة ، أطفال!

⇐ ______________________________

الأجنبيّة ، إلى ، نجيب محفوظ ، العديد ، تُرجمت ، من ، كتب ، اللغات.

⇐ ______________________________

الطب ، العلاج ، من ، عديدا ، يشمل ، البديل ، طرق.

⇐ ______________________________

لم يخبرني ، في ، سنذهب ، المساء ، أين ، أحد.

⇐ ______________________________

قد ، منح ، على ، إجازة ، يوافق ، الموظّف ، لا ، المدير.

⇐ ______________________________

الجيزة ، لنا ، كان ، حيوانات ، في ، أوّل ، حديقة ، لقاء.

⇐ ______________________________

من ، لم ، شيئاً ، ليتني ، كلامك ، أصدّق ، هذا!

⇐ ______________________________

٤- حوّل الجمل التالية مستعملا {لِـ} على النحو الموضح في المثال

مثال: كتب ذلك في أحدى مقالاته ⇐ كتب ذلك في مقالة له

شرحت القاعدة في أحد كتبها ⇐ ________________

أعلن الخبر في أحد خطاباته ⇐ ________________

قالت ذلك لإحدى صديقاتها ⇐ ________________

كتبا هذا الكلام في أحد كتبهما ⇐ ________________

تشاجروا مع أحد أصدقائهم ⇐ ________________

ساعدن إحدى جاراتهن ⇐ ________________

التقينا به خلال إحدى زياراته ⇐ ________________

كتب ذلك في إحدى برقياته ⇐ ________________

قلت ذلك في أحد اجتماعتنا ⇐ ________________

عادوا من أحدى رحلاتهم الطويلة ⇐ ________________

٥- ضع الصيغة الصحيحة للكلمات الآتية في المكان المناسب

مما - عديد - لعلّ - ظلّ - كاد - إيّا - ليت - ذو

١- ________ المباحث تبحث عن القطع المسروقة حتى وجدتها في حوزة صاحب مطعم الفول.

٢- طلبت العجوز المساعدة بصوت ضعيف لا ________ يُسمع.

٣- ________لي حصاناً أبيض أركبه في الصباح المبكر وعند الغروب!

٤- يعمل حسن كثيراً ________ سيؤدي إلى نجاحه.

٥- عثرت المباحث على قطع أثريّة ________ أهمّيّة تاريخيّة.

٦- دعى منير ________ من الأصدقاء إلى حفل عيد ميلاده.

٧- ________ لكلّ من الحاضرين قصّة كهذه.

٨- يا شباب، ________ والسرقة!

٦– حوّل الجمل التالية إلى الفصحى على النحو الموّضح في المثال ∅

Example: *ya Sāra, iddēti ʾaxūki_lkutub bitaʿtu? aywa, iddethālu.*

⇐ يا سارة، هل أعطيت أخاكي كتبه؟ نعم، أعطيته إياها.

1. *ya ʿĀdil, iddēt iṭṭalaba_kkutub bitaʿithum? aywa, iddethalhum.*

⇐ ______________________________

2. *ya_wlād, iddētu ʾabūkum ilhidiyya_btaʿtu? aywa, iddenahālu.*

⇐ ______________________________

3. *ya Sāmi, iddēt ilmuwwaẓẓaf kull iṭṭalabāt? aywa, iddethālu.*

⇐ ______________________________

4. *ya Samāḥ, iddetīna ṣuwar irriḥla? aywa, iddethalku.*

⇐ ______________________________

5. *ya ʿĀdil, iddēt ilbayyāʿ taman iššanṭa di? aywa, iddethūlu.*

⇐ ______________________________

6. *ya Sāṛa, iddēti_ssabbāk ʾugritu? aywa, iddethālu.*

⇐ ______________________________

7. *ya_xūya, iddēt ilbawwāb ʾigār ilbēt? aywa, iddethūlu.*

⇐ ______________________________

٧– حوّل الجمل التالية على النحو الموضح في المثال

مثال: يقيم النادي حفلات عديدة ⇐ يقيم النادي عديدا من الحفلات

لديّ أصدقاء عديدون في مصر ⇐ ______________________________

التقينا بطلاب أجانب كثيرين ⇐ ______________________________

يقدّم التلفزيون برامج أجنبيّة عديدة ⇐ ______________________________

أقام وليم في مدن عربيّة كثيرة ⇐ ______________________________

لم أر من المسلسل حلقات عديدة ⇐ ______________________________

يجيد أطفال كثيرون السباحة ⇐ ______________________________

تابع أحمد دورات علميّة عديدة ⇐ ______________________________

كتب الشاعر قصائد كثيرة عن الحب ⇐ ______________________________

سرق اللصّ قطعا أثريّة عديدة ⇐ ______________________________

٨- ضع المصادر التالية في المكان المناسب

تسليم - حصول - فحص - شراء - تيسير - إرسال

تدرس وزارة الداخليّة نظاماً جديداً لـ______________ الإجراءات على أصحاب السيّارات بحيث يمكنهم ____________ على رخصة السيّارة في عشر دقائق. يقوم صاحب السيّارة بـ____________ النماذج الخاصة بالرخصة من مكاتب البريد ويتم ____________ الفني للسيّارات الملاّكي كل ثلاث سنوات في محطات البنزين كما يتم ____________ مخالفات المرور إلى المنازل وتقوم إدارة المرور بـ____________ الرخصة فوراً.

٩- اقرأ النصوص مرة أخرى ثم أجب على الأسئلة التالية

رسالة

ماهو عنوان السيد منير؟ ______________________________

ما طلبه من صديقه نبيل؟ ______________________________

متى سيُقام الحفل؟ ______________________________

من هم المدعوون إلى الحفل؟ ______________________________

الصرّاف الآليّ

ماذا يوفّره الصرّاف الآلي للعملاء؟ ______________________________

هل طريقة استعمال الصرّاف صعبة؟ ______________________________

هل لك حساب جار في أحد البنوك المصرية؟ ______________________________

هل لديك بطاقة ائتمانيّة واحدة فقط؟ ______________________________

١٠- ترجم الجمل التالية إلى الفصحى

1. *Musṭafā* has lots of friends and acquaintances.

____

2. If you (sg.m.) want to study Arabic, may your wish come true!

____

3. We do not know whether we shall attend the meeting or not.

____

4. Do you (pl.m.) know where the nearest cash dispenser is?

5. *ʿAlī* works now at an international bank in Alexandria.

6. You (sg.m.) can find the directions for the use of the cash dispenser on the internet.

7. *ʿAliyya* went on searching for her credit card until she found it in one of her bags.

8. Beware of theft, my brothers!

9. This is the most beautiful song of the singer *ʾUmm Kalṯūm.*

10. Do you (sg.m.) have a bank account in one of the Egyptian banks?

11. Let us leave this house and its occupiers immediately!

12. There are many empty houses in this old quarter of the city.

13. The cash dispenser offers numerous possibilities for the clients.

14. Many of my colleagues live in this district.

15. The police are still searching for the antique objects.

16. This house is no longer for sale.

الدرس الحادي والعشرون

النصوص

في ذكرى وفاة عبد الناصر

(من) خطاب الرئيس أنور السادات، رئيس جمهورية مصر العربية
القاهرة في ٢٨ سبتمبر ١٩٧٣

أيها الإخوة ... يا جماهير أمتنا العربية. في مثل هذا اليوم، منذ ثلاث سنوات، ذهب عنا إلى رحاب الله شهيد من أنبل شهداء هذه الأمة، وبطل من أعز أبطالها ... رجل حمل قضية أمته في عصر من أخطر عصور الإنسانية ... رجل عاش لقضية أمته وذهب إلى رحاب ربّه وهو يناضل من أجل انتصارها. ولعل أكبر إشارة إلى دوره التاريخي أنّه وهو حامل القضية في حياته، أصبح رمزاً لها بعد رحيله، وهذه دلالة قاطعة على الصدق التاريخي لحياة ودور جمال عبد الناصر.

الفصحى والعاميّة

إنّ النزاع حول قضيّة الفصحى والعاميّة من أهم القضايا التي تواجهها اللغة العربيّة في العصر الحديث. والمشكلة تتلخص في وجود مستويين في اللغة لكل منهما وظائف مختلفة. فالفصحى لغة تجريد والعاميّة على العكس لغة عينيّة حسّيّة.
هكذا لا يجد التعبير العاطفيّ وفن الضحك والسخريّة طريقه لوجدان الفرد إلاّ من خلال اللغة المتخاطب بها بينما تتحقّق الأمور الإداريّة والإنتاجيّة عن طريق الفصحى. ولا يلبث المرء حينما يتحدّث بالعاميّة أن ينتقل تلقائيّا إلى الفصحى عندما يحاول أن يحلّل ما يتناوله من موضوعات. فلا يبدو من الخير في شيء أن يجري الدفاع عن الأولى على أساس مقاطعة الأخرى.

المفردات

أخٌ، إخوانٌ ~ إخوةٌ	brother
إشارةٌ، ـاتٌ	sign, indication
اقتحم ه	to invade, to storm
اقتراحٌ، ـاتٌ	proposal
أمّةٌ، أممٌ	nation
إنتاجيٌّ	concerning production
انتصارٌ، ـاتٌ	victory, triumph
انتقل إلى	to shift
أهمل ه	to neglect
بجانبِ	besides
بطلٌ، أبطالٌ	hero
تجريدٌ	abstraction
تحقّقَ	to be carried out, realized
تعبيرٌ	expression
تلخّص	to be summarized
تلقائيٌّ	spontaneous
تناولَ ه	to treat
جمهورٌ، جماهيرُ	public
حسّيٌّ	sensory, perceptible
حلّلَ ه	to analyze
حملَ، يحملُ ه، حملٌ	to carry
حينما	when
خضع، يخضع لـ ، خضوعٌ	to follow, submit
دفاعٌ (عن)	defense
دورٌ، أدوارٌ	role
ذكرى، ذكرياتٌ	memory
ربٌّ	God
رحبةٌ، رحابٌ	magnanimity
رفض، يرفض ه، رفضٌ	to refuse
رمزٌ، رموزٌ	symbol
سخريّةٌ	irony
شبابٌ	youth
شهيدٌ، شهداءُ	martyr, killed in action
صدقٌ	sincerity
طالما	as long as
ظلمٌ	injustice, tyranny
عاطفيٌّ	emotional
عامّيّةٌ	colloquial
عصرٌ، عصورٌ	age, period
على أساسِ	on the basis of
على العكسِ	on the contrary
عن طريقِ	by means of
عينيٌّ	real
فردٌ، أفرادٌ	individual
فصحى	Standard Arabic
قاطعٌ	sharp, definite
قلق (على)	to be anxious (about)
كفّ، يكفّ عن	to desist, to give up
لا يلبثُ أنْ	to not hesitate to
لعينٌ، لعناءُ	cursed, damned
مواطنٌ، ـون	citizen, compatriot
متخاطبٌ بـ	spoken with
مثلَ	just as
محنةٌ، محنٌ	hardship, misfortune
مستوًى، مستوياتٌ	level, standard
مقاطعةٌ	boycot
من خلالِ	through
منذُ	since
ناضلَ	to fight
نبيلٌ، نبلاءُ	noble
نحويٌّ، ـون ~ نحاةٌ	grammarian
نزاعٌ، ـاتٌ	conflict

to let	ودع، يدع، ودعٌ	to be confronted with	واجهَ ه
homeland	وطنٌ، أوطانٌ	feeling, sentiment	وجدانٌ
function, role	وظيفةٌ، وظائفُ	presence	وجودٌ

ʼax-un, ʼixwān-un ~ ʼixwa-tun; ʼišāṛa-tun, -āt-un; iqtaḥam-a; iqtiṛāḥ-un, -āt-un ʼumma-tun, ʼumam-un; ʼintāǧīy-un; intiṣār-un, -āt-un; intaqal-a ʼilā; ʼahmal-a; bi-ǧānib-i; baṭal-un, ʼabṭāl-un; taǧrīd-un; taḥaqqaq-a; taʿbīr-un; talaxxaṣ-a; tilqāʼīy-un; tanāwal-a; ǧumhūr-un, ǧamāhīr-u; ḥissīy-un; ḥallal-a; ḥamal-a, yaḥmil-u, ḥaml-un; ḥīnamā; xaḍaʿ-a, yaxḍaʿ-u li, xuḍūʿ-un; difāʿ-un ʿan; dawṛ-un, ʼadwāṛ-un; ḏikrā, ḏikrayāt-un; ṛabb-un; raḥba-tun, riḥāb-un; rafaḍ-a, yarfuḍ-u, rafḍ-un; ramz-un, rumūz-un; suxrīya-tun; šabāb-un; šahīd-un, šuhadāʼ-u; ṣidq-un; ṭālamā; ḍulm-un; ʿāṭifīy-un; ʿāmmīya-tun; ʿaṣr-un, ʿuṣūr-un; ʿalā ʼasās-i; ʿalā ʿaks-i; ʿan ṭarīq-i; ʿaynīy-un; fard-un, ʼafṛād-un; fuṣḥā; qāṭiʿ-un; qalaq-un (ʿalā); kaff-a, yakuff-u ʿan; lā yalbaṯu ʼan; laʿīn-un, luʿanāʼ-u; muwāṭin-un, -ūna; mutaxāṭabun bi; miṯl-a; miḥna-tun, miḥan-un; mustawan, mustawayāt-un; muqāṭaʿa-tun; min xilāl-i; munḏ-u; nāḍal-a; nabīl-un, nubalāʼ-u; naḥawīy-un, -ūna ~ nuḥā-tun; nizāʿ-un, -āt-un; waǧah-a; wiǧdān-un; wuǧūd-un; wadaʿ-a, yadaʿ-u, wadʿ-un; waṭan-un, ʼawṭān-un; waḍīfa-tun, waḍāʼif-u.

شرح القواعد

I. Vocative حروف النداء *ḥurūfu_n-nidāʼ*

In addressing someone one of the following vocative particles is used: يـــا *yā*, أيّـــهـــا *ʼayyuhā* or يا أيّها *yā ʼayyuhā*.

1. يا *yā*

a. يا is followed by the noun in the nominative without article and without *tanwīn*.

ألا توافقني يا شيخ؟	شكرا يا جيهان	يا محمد
ʼalā tuwāfiqunī yā šayx-u?	*šukran yā Ǧīhān-u!*	*yā Muḥammad-u!*
don't you agree with me, Sheikh?	thanks, Gihan!	Muḥammad!

b. When an adjective accompanies the noun, يا is repeated before the adjective: يا سادة يا كرام *yā sāda-tu yā kirām-u* 'Esteemed Gentlemen!'

c. When يـــا *yā* is used to introduce a construct phrase, the head of this phrase stands in the accusative.

مصر يا أمّ البلاد	يا جماهير أمتنا	يا أبا زيد
Miṣru yā ʼumma_l-bilād	*yā ǧamāhīra ʼummatinā*	*yā ʼabā zayd*
Egypt, mother of the countries!	people of our nation!	Abu Zayd!

d. يـا *yā* is also used to introduce exclamations. In such cases an additional لـ *li-* often precedes the noun.

يا محاسن الصدف	يا خسارة	يا للعجب
yā maḥāsina_ṣ-ṣudaf-i	*yā xusāra-tu*	*yā li_l-ʿağab-i*
what a nice coincidence!	what a pity!	how strange!

e. Note the special use of following phrase with يا *yā* + لـ *li-* + من *min* 'what a ...!'

يا لها من مصادفة	يا لك من حمار	يا لها من ضوضاء
yā lahā min muṣādafa-tin	*yā laka min ḥimār-in*	*yā lahā min ḍawḍāʾ-in*
what a coincidence!	how stupid you are!	what a noise!

2. أيّها *ʾayyuhā*

أيّـهـا *ʾayyuhā* (m.), أيّـتـهـا *ʾayyutuhā* (f.) is followed by by a definite noun with the article in the nominative.

أيّها القارئ الكريم	أيّها السادة	أيها الأصدقاء
ʾayyuhā_l-qāriʾu_l-karīm-u	*ʾayyuhā_s-sāda-tu*	*ʾayyuhā_l-ʾaṣdiqāʾ-u*
Honorable reader!	Gentlemen!	Dear friends!
أيتها الأخت العربية	أيتها القارئاتُ العزيزات	
ʾayyatuhā_l-ʾuxtu_l-ʿarabīya-tu	*ʾayyatuhā_l-qāriʾātu_l-ʿazīzāt-u*	
Arab sister!	Dear readers (pl.f.)!	

Note that when starting a speech, it is usual to say سـيّـداتـي سـادتـي *sayyidātī, sādatī* 'Ladies and Gentlemen!,' and television viewers are addressed with أعـزّائـي الـمـشـاهـديـن *ʾaʿizzāʾī_l-mušāhidīn-a* 'Dear viewers!,' in both cases without particle.

3. يا أيها *yā ʾayyuhā*

يا *yā* and أيها *ʾayyuhā* may be joined to form يا أيها *yā ʾayyuhā,* يا أيتها *yā ʾayyatuhā.*

يا أيها الأب الغالي	يا أيتها المواطنات
yā ʾayyuhā_l-ʾabu_l-ġālī	*yā ʾayyatuhā_l-muwāṭināt-u*
My dear father!	Fellow citizens (pl.f.)!

II. أن *ʾan* with perfect

Modal expressions followed by أنْ and the subjunctive (→ 8.II) point out that something 'must,' 'should,' or 'can' happen. However, when the modal expression refers explicitly to the past, the verb which follows أنْ stands in the perfect. Such expressions are: سبـق أن *sabaqa ʾan* 'as previously ~ already ...,' لـم يـلـبـث أن *lam yalbaṯ ʾan* and مـا لـبـث أنْ *mā labiṯ-a ʾan* 'it dit not take long before ...,' بـعـد أن *baʿda ʾan* 'after that' and منذ أن *munḏu ʾan* 'since ... that.'

قال ما سبق أن قيل	لقد سبق أن توقّعت ذلك
he said what had already been said	I had already expected this
لم يلبث أن مرض	لم يلبث أن وقع على الأرض
he became immediately sick	he fell to the ground straightaway

منذ أن غادر هذا البيت
since he left this house

منذ أن كنت طالبا
since my studenthood

وتلك صورتنا معا بعد أن نجحت في امتحان الثانوية العامة
and this is our picture together after I had taken my school certificate

أعادت لي القلم بعد أن انتهت من ملء استمارتها
she returned the pen to me after having filled in her form

Note that the subjunctive is used whenever the modal expression does not refer to the past.

لا يلبث المرء أن ينتقل إلى العاميّة حينما يريد الضحك والسخرية
people switch to the colloquial instantly when they want to laugh or mock

III. Temporal clauses ظرف الزمان *ḍarfu_z-zamān*

Arabic has numerous conjunctions with temporal meaning. The most common are:

1. Temporal clauses with perfect or imperfect

حين *ḥīna*, حينما *ḥīna mā*, عندما *ʿinda mā* 'when,'and بعدما *baʿda mā* 'after' are followed by a verb in the perfect or imperfect according to their meaning.

حين كنّا أصدقاء
when we were friends

حينما يتحدّث المرء بالعاميّة
when you speak in the colloquial

حين يسمع اجنبي هذه الكلمات لن يفهم منها شيئا
when a stranger hears these words, he will understand nothing

عندما عاد زوجها
when her husband returned

عندما يكفّون عن الضحك
when they stop laughing

بعدما رأيت وبعدما سمعت
after I had seen and heard

يبحث عن زوجة جديدة بعدما يصبح ثريّا
he will be looking for a new wife after having become rich

2. Temporal clauses with perfect

إذ *ʾiḏ* and لمّا *lammā* 'when': إذ is generally, but not always, followed by a perfect. لمّا can only be used with a perfect.

لمّا لم تسمع سارة صوتا
when Sarah heard no voice

لمّا جاءني أكرمته
when he came to me, I treated him hospitably

دهشت إذ وجدته جالساً أمام طبق من الفول المدمّس
I was surprised when I saw him sitting in front of a plate of stewed beans

يغالطونك إذ يقولون ...
they deceive you when they say ...

Note that إذ may have a causal meaning which is rendered by 'since' or 'because.'

لا بد حماية الشباب إذ هم المستقبل
it is necessary to protect the youth because it is the future

3. حتّى *ḥattā* 'until'

حـتّـى *ḥattā* 'until' is followed by a verb in the perfect when it refers to an event in the past.

أكلوا حتى شبعوا
they ate until they were full

جعل يبحث عنها حتّى وجدها
he went on looking for her until he found her

For حـتّـى with subjunctive see (→ 8.II). Note that حـتّـى *ḥattā* is also often used with the meaning of 'even.'

حتى أنت يا صلاح تقول ذلك
even you, *Ṣalāḥ*, say this

حتى ولو كان قليلا
even if it is only a little bit

4. ما إن .... حتى *mā ʾin . . . ḥattā . . .* 'no sooner ... than ...'

مـــا إن .... حـــتـــى 'no sooner ... than ...,' 'hardly,' 'as soon as,' in modern language mostly ما أن , is followed by the verb in the perfect or imperfect.

ماإن انتهت أيام العيد حتى عاد الباعة يفرشون بضاعتهم
hardly had the feast days passed when the vendors spread their wares again

مأن عاد الي بلاده حتي قاموا باعتقاله
as soon as he had returned to his country he was assassinated

5. ما لم *mā lam* + apocopate 'as long as ... not ...'

ما لم with a verb in the apocopate negated by لـم *lam* means 'as long as ... not ....' It may have a conditional meaning as well.

أنت حرّ ما لم تضرّ
you are free as long as you do no harm

ما لم تحاول كل دولة صنع تطوّرها لن تتقدّم الأمة العربيّة
as long as every state does not try to achieve its own development, the Arab Nation will not progress

غزة أرض محتلّة ما لم تحلّ مسألة الحدود
Ġazza remains an occupied territory, as long as the border question is not solved

6. Other temporal conjunctions

For بعد أن *baʿda ʾan* 'after' en منذ أن *mundu ʾan* 'since' see above II, and for قبل أن *qabla ʾan* 'before' → 8.II.2.

IV. *badal*-phrase البدل *al-badal*

A noun can simply be joined to another noun as its attribute in order to modify its meaning: الـسـكـة الـحـديـد *as-sikka-tu_l-ḥadīd-u* = the way the iron, meaning 'the railway,' (cf. the French *chemin de fer*). This type of phrase is called the *badal*-

phrase. The appositive noun agrees in definiteness and case with the head noun, but unlike the adjective, it remains invariable as to gender and number (→ 2 below for exceptions). The *badal*-phrase is used for several purposes.

1. The *badal*-phrase is commonly used to indicate what something is made of.

فستانها الأزرق الحرير her blue silk dress	الجسر الخشب القديم the old wooden bridge	صينيّة نحاس جميلة a beautiful copper dish
التماثيل الألبستر the alabaster figures	الطائرات الورق the paper planes	أقلام رصاص وحبر lead pens and fountain pens

Note this can also be rendered by means of a construct phrase: أسلاك الفضّة 'the silver threads,' a *nisba*-adjective: السكك الحديديّة 'the railway,' النمر الورقيّ 'the paper tiger,' or an apposition with مـــن + noun (definite or indefinite). The last is only possibile when the head noun is indefinite.

ثوب من الحرير الصينيّ a Chinese silk dress	على طبق من الفضّة on a silver plate	منضدة من خشب a wooden table

2. Appositions which add a specification to the head noun.

الفريق الضيف the visiting team	المدينة التوأم the twin city	البلد الامّ the motherland
الشركات الأم the mother companies	الدول الاعضاء the member states	الفنّانون الشباب the young artists

If the head noun refers to a person, agreement takes place, and the use of the plural and the dual must be taken in account.

إخوانه الصبيان his brothers	أخواتي البنات my sisters	الشقيقان التوأمان the twin brothers

3. Appositions are used as well to state someone's titles followed by his name.

جلالة الملك فاروق His Highness King *Fārūq*	السيد الدكتور علي Mr. Doctor *ʿAlī*	السيد الرئيس مبارك Mr. President *Mubārak*
فضيلة الشيخ محمود His Reverence *šayx Maḥmūd*		

They are also used to link proper names to the head noun.

أخوها محمود her brother *Maḥmūd*	ابن عمي عمرو my cousin *ʿAmr*	صديقة العمر ليلى my best friend *Laylā*

Adjectives may be placed after the head noun, the title or the proper name.

الدكتورة جيهان المحترمة Dear Dr. *Gīhān*	صديقتي الفنّانة الكبيرة سميحة أيوب my friend, the great artist *Samīḥa ʾAyyūb*
الصديقة الحميمة فيروز my dearest friend *Fayrūz*	السيدة المحترمة منال Dear Mrs. *Manāl*

V. مثل *miṯl* 'such,' 'like'

1. مثل *miṯl-un* 'equivalent' forms the head of a construct phrase and denotes alikeness and similarity. As a whole, the construct phrase can be subject, object, or predicate of a sentence. It can also be dependent on a preposition. مـــــثـــــل *miṯl-un* is then translated as 'like' or 'such.'

بمثل هذه الأكاذيب	في مثل هذه الظروف	مثل كل عربي
bi-miṯli hāḏihi_l-ʼakāḏīb-i	*fī miṯli hāḏihi_ḏ-ḏurūf-i*	*miṯlu kulli ʻarabīy-in*
with such lies	under such circumstances	like every Arab

When used attributively to an indefinite noun, *miṯl-un* is followed by a suffix which refers back to this noun. It agrees in case with the noun.

لا يأتي شاعر مثلُه لسنوات	لم يقابل امرأة مثلها
lā yaʼtī šāʻirun miṯluhu li-sanawāt-in	*lam yuqābili_mraʼatan miṯlahā*
no poet like him will come for years	he never met a woman like her

مثل *miṯl-un* takes personal pronoun suffixes to express 'like you, like me, etc..'

أنا صحفيّ مثلك	مثلنا تماما
ana ṣuḥufīyun miṯluka	*miṯlunā tamāman*
I am a journalist like you	exactly like us

مثل *miṯl-un* has a pl. أمثال *ʼamṯāl-un* which is used if it refers to a pl.

هذه الأسئلة وأمثالها	أشخاص أمثالكم
hāḏihi_l-ʼasʼilatu wa ʼamṯāluhā	*ʼašxāṣun ʼamṯālukum*
these and similar questions	people like you (pl.m.)

2. When comparing two things to each other, مـــــثـــــل *miṯl-un* may introduce each of them.

مثله مثل الذين سبقوه	مثلهم مثل غيرهم
miṯluhu miṯlu_llaḏīna sabaqūhu	*miṯluhum miṯlu ġayrihim*
he is like the ones who preceded him	they are like the others

3. مثل *miṯl-un* may be combined with ك *ka-* 'as,' and takes the genitive.

لم يكن كمثل فرحه شيء	ليس كمثله أحد
lam yakun ka-miṯli faraḥihi šayʼ-un	*laysa ka-miṯlihi ʼaḥad-un*
nothing could be compared to his delight	nobody is like him

Note that there is a preposition مـــثـــل *miṯla* 'like' always ending in *-a*. The phrase is used as an adverbial as in:

يتبعك مثل الكلب	هذا واضح مثل الشمس
yatbaʻuka miṯla_l-kalb-i	*hāḏā wāḍiḥun miṯla_š-šams-i*
he follows you like a dog	this is as clear as daylight

التمرينات

١– أكمل الجمل التالية بواسطة { يا } والصيغة الصحيحة للعبارات الآتية

مثال: أصبحت للجميع رمزا للصمود والكفاح يا أبا عمّار. (أبو عمّار)

لا تقلق علينا يا ________ العزيز فنحن بخير والحمد لله. (أخونا)

يا ________ لا تهملوا دراسة العاميّة بجانب الفصحى. (نحاة)

لك شكري يا ________ وقفت بجانبي في أشد المحن. (مَنْ)

لا تصدّقوا ما قيل عنّا من سوء يا ________ الأعزاء. (أصدقاؤنا)

مرحبا بك يا ________ العزيزة في منزلي الجديد. (أختي)

يا ________ هذه الأمة العظيمة لا تخضعوا للظلم! (مواطنون)

كيف وافقتم على هذا القرار السيء يا ________ يا محترمون؟ (مسؤولون)

هل لديكم الآن أيّة أسئلة أو اقتراحات يا ________؟ (شباب)

ما أجملك وأحبك في أنفسنا يا ________ يا كريم! (شهر رمضان)

نتمنى لكم عاما سعيدا يا ________ الشركة وعمّالها. (موظّفون)

٢– أكمل الجمل الآتية مستعملا { أيها } أو { أيتها } على النحو الموّضح في المثال

مثال: أيها الإخوة والأخوات، نقدم لكم الآن عرضا لبعض رقصاتنا الشعبيّة.

________ الشهيد البطل، لن ننسى عطاءك وتضحياتك في سبيل الوطن.

اخرج من بيتي على الفور ________ اللصّ اللعين!

عودي من حيث جئت ________ العجوز ولا تنظري إلى الخلف!

أشكرك غاية الشكر على عطائك ________ السيدة الكريمة.

________ الزملاء والزميلات، دعنا نبدأ اجتماعنا هذا على الفور!

________ الوالدان الحبيبان، أرسل إليكم خطابي هذا من بيروت.

________ الشعوب النبيلة، يا جماهير أمتنا إليك أوّجه خطابي هذا.

لن نغادرك بعد اليوم ________ الأرض الحبيبة الغالية.

اتركوني وحالي يا ________ الأصدقاء المخلصون!

________ الأوطان، نرجو أنا وزملائي أن نعود إليك سالمين!

٣- كوّن جملا مفيدة بواسطة إحدى العبارات: منذ أن – بعد أن – سبق أن – لم يلبث أن

عاش عبد الناصر لقضيّة أمّته وأصبح رمزا لها ________ ذهب إلى رحاب ربه.

لم يعد حسين يذكر اسم أخته صفيّة ________ تركت بيت الأسرة بلا عودة.

لقد كتب أحمد في بطاقة التهنئة ما ________ كتبه في العام الماضي.

لم ير أحد منّا سامية فرغلي ________ التحقت بكليّة الطبّ في بيروت.

لم تعد أم مسعود إلى قريتها الحبيبة ________ تركتها في عام ١٩٤٨.

فرحت عبير قليلا ولكنّ فرحها ________ اختفى عند رؤية منظر والدتها.

________ بدأ هذا المهرجان في ١٩٥٠ وهو يعتبر من أهم النشاطات هنا.

يا علي، ألم ________ تقدّمت بنفس هذا الطلب منذ عام مضى ورفضناه؟

رحل الشيخ عتمان إلى حيث تعيش ابنته ولكنه ________ توفي.

يا كريمة، ألا تذكرين أنك كنتِ تحبين القراءة ________ كنت صبيّة؟

٤- أجب على الأسئلة التالية مستعملا: حين - حينما - عندما - بعدما - لمّا - حتّى

مثال: يا أحمد، هل تتذكر متى بدأت بتدريس اللغة العربية؟ (كان مقيما في لندن)

⇐ بدأت بتدريس اللغة العربية حينما كنت مقيما في لندن.

يا شباب، هل تتذكرون متى التقيتم بأستاذكم هذا؟ (كان في الجامعة)

⇐ ________

يا أحمد، هل تتذكر متى صاحت أختك بأعلى صوتها؟ (وجد سيّدة غريبة في الشقة)

⇐ ________

يا أحمد، هل تعرف إلى متى ظلّت الشرطة تطارد اللصوص؟ (ألقى القبض عليه)

⇐ ________

يا مريم، هل تتذكرين إلى متى درست في جامعة السوربون؟ (حصل على الشهادة)

⇐ ________

يا أحمد، هل تتذكر متى أحسست بألم في قدمك اليسار؟ (حاول الوقوف)

⇐ ________

يا مريم، متى جئت إلى أسوان؟ (وجد فيها شقة مناسبة)

⇐ ________

مثال: يا أحمد، هل تعرف متى يترك الموظّفون المكتب؟ (انتهى من جميع أعماله)

⇐ يترك الموظّفون المكتب بعدما ينتهون من جميع أعمالهم

يا أولاد، هل قررتم متى ستقومون بزيارة خالتكم؟ (عاد من المدرسة)

⇐ ________

يا مريم، هل تعرفين متى سيذهب السوّاح إلى المطعم؟ (أحسّ بالجوع والتعب)

⇐ ________________________________

يا أحمد، هل قررت متى ستشتري هذه السيّارة؟ (باع سيّارته القديمة)

⇐ ________________________________

يا بنات، هل تعرفن متى ستذهبن إلى الكليّة؟ (تناول وجبة الإفطار)

⇐ ________________________________

يا مريم، هل تعرفين متى تتناول أختك وجبة الإفطار؟ (نهض من الفراش)

⇐ ________________________________

٥- استعمل الكلمات التالية في تكوين جمل مفيدة على النحو الموّضح في المثال

مثال: إلى ، يريد ، تلقائيّا ، العاميّة ، ينتقل ، السخرية ، حينما ، المرء

⇐ ينتقل المرء تلقائيّا إلى العاميّة حينما يريد السخرية

سمعا ، الجاران ، صراخها ، شقة ، إلى ، عندما ، العجوز ، أسرع

⇐ ________________________________

صرخ ، رأى ، كالعادة ، فيهم ، الياباني ، أولاده ، حينما

⇐ ________________________________

اقتحمت ، وجدته ، الشرطة ، خاليا ، المبنى ، لمّا

⇐ ________________________________

تبحث ، وجدتها ، حتّى ، الأثريّة ، الشرطة ، القطع ، عن ، ظلّت

⇐ ________________________________

سوف ، الصرّاف ، نفهم ، استعماله ، كيفيّة ، الآليّ ، بعدما ، نستخدم

⇐ ________________________________

لم ، أباه ، قلق ، في ، بعض ، انتظاره ، حين ، يجد ، القلق

⇐ ________________________________

بعدما ، إلى ، منير ، دراسته ، الجامعيّة ، يكمل ، القرية ، سيعود

⇐ ________________________________

سارت ، بلغت ، الخروج ، المجموعة ، باب ، حتّى ، ببطء

⇐ ________________________________

٦- ضع الصيغة المناسبة للكلمات الآتية في المكان المناسب على النحو الموّضح في المثال

خشب	قطن	نحاس	فضّة	ذهب	حديد
حرير	بلاط	جرانيت	رخام	عاج	لؤلؤ

مثال: فانوس من النحاس الأصفر — عقد من لؤلؤ الحرّ

قميص من ________ المصريّ — تمثال من ________ الأسوانيّ

فساتين من ________ الصينيّ — أبواب من ________ الغليظ

أرضيّة من ________ الأبيض — طبق من ________ المنقوشة

نقود من ________ الخالص — علب من ________ الرفيع

سلاسل من ________ الثقيل — مائدة من ________ الأسود

٧- حوّل العبارات التالية على النحو الموّضح في المثال

مثال: الثياب الحرير الجديدة ⇐ الثياب الحريريّة الجديدة

السلاسل الحديد الثقيلة ⇐ ________

الموائد الخشب الصغيرة ⇐ ________

الخواتم الذهب القيّمة ⇐ ________

الأطباق الفضّة المنقوشة ⇐ ________

التماثيل البرونز الحديثة ⇐ ________

الفساتين القطن الجميلة ⇐ ________

السكك الحديد المصريّة ⇐ ________

الصواني النحاس الكبيرة ⇐ ________

٨- صل {ا} بـ{ب} لتكوين جمل مفيدة

{ا}	{ب}
١- تعقد سنويّا ندوات للأطباء	ولأمثالها من الأطفال اليتامى
٢- اصطاد خالد سمكة تزن كيلو ونصف	كتبت مثلها عشرات المرّات
٣- لا يمكن للأستاذ أحمد	مثل لون سيّارات الأجرة في نيويورك
٤- الرسائل التي كتبتها اليوم	مثل الحياة في السجون أو أسوأ
٥- لولا جهود أمثالي من اللاعبين	كعلاقة أمثالي بعلوم الذرة

٦– كانت علاقته بالثقافة — مثل الفشل واليأس والهزيمة

٧– هناك أشياء لا أفكر فيها أبدا — وأمثاله الاستفادة من القانون الجديد

٨– وعدنا عبير بهدية لطيفة لها — لم ير أحد مثلها من قبل

٩– سيكون لون سيّارات الأجرة أصفر — لما فاز فريق كرة القدم في المباراة

١٠– أصبحت حياتنا في القرية — أمثالنا لرفع مستوانا الطبيّ

١ +	٢ +	٣ +	٤ +	٥ +
٦ +	٧ +	٨ +	٩ +	١٠ +

٩– اقرأ النصوص مرة أخرى ثم أجب على الأسئلة التالية

في ذكرى وفاة عبد الناصر

من كان أنور السادات؟ ________________

متى ألقى السادات خطابه هذا؟ ________________

في أية مناسبة ألقى السادات هذا الخطاب؟ ________________

متى توفي الرئيس عبد الناصر؟ ________________

هل كان لعبد الناصر دور مهم في تاريخ مصر؟ ________________

الفصحى والعاميّة

في اللغة العربيّة كم مستوى؟ ________________

هل هناك فرق بين الفصحى والعاميّة؟ ________________

كيف يتم التعبير عن السخرية؟ ________________

كيف يحلّل المرء الموضوعات الإداريّة؟ ________________

هل يجب مقاطعة العاميّة؟ ________________

١٠– ترجم الجمل التالية إلى الفصحى

1. Dear viewers, the evening programs will start at eight o'clock sharp.

____

2. Administrative things are carried out in Standard Arabic.

____

3. People like you (pl.m.) cannot be friends of ours.

---

4. We expected such results.

---

5. Could you (pl.m.) close the door well before you leave?

---

6. I did not see *ʿĀdil* since my return from England.

---

7. When he wants to make jokes, he speaks (in) the colloquial.

---

8. The directorial board of the Egyptian railways welcomes you!

---

9. The tourists bought a number of bronze statues.

---

10. I saw him after all travelers had left the station.

---

11. Did you (pl.m.) buy a car like ours?

---

12. He spent in one day all the money he had earned earlier.

---

13. The visiting team who played against our team won.

---

14. *ʾAnwar as-Sādāt* gave a speech on the occasion of the decease of President *Gamāl ʿAbd an-Nāṣir.*

---

15. *Sāmiya* refuses to help *Ṣalāḥ* as long as he does not stop smoking.

الدرس الثاني والعشرون

النصوص

الأرصاد الجوية

عمّان – يطرأ ارتفاع على درجات الحرارة نهار غد حيث تصل درجة الحرارة العظمى إلى ٣٢ درجة مئويّة والصغرى إلى ١٩ درجة. ويكون الطقس أكثر اعتدالا في المناطق الجبليّة منه في المناطق الأخرى، وتكون الرياح شماليّة شرقيّة الى شماليّة غربيّة معتدلة السرعة. ويستمرّ الطقس خلال اليومين المقبلين حارًا نسبيًّا بوجه عامّ، والرياح شماليّة شرقيّة معتدلة السرعة.

سياحة المؤتمرات

تتمتّع مصر بتنوّع في مجالات السياحة. فبجانب السياحة الثقافيّة والأثريّة ظهرت أخيرا أنماط سياحيّة جديدة منها سياحة المؤتمرات. ولقد حقّق هذا النوع من السياحة في مصر زيادة ملحوظة خلال الأعوام الستة الماضية حيث بلغ إجماليّ الأحداث التي عقدت بمركز القاهرة الدوليّ للمؤتمرات حوالي ٦٦٥ حدثاً.
وفي عام ٢٠٠٨ شهدت مصر انتعاشة هائلة لسياحة المؤتمرات حيث عُقد على أرضها عدد من المؤتمرات العالميّة أبرزها منتدى دافوس للاقتصاد بشرم الشيخ والمؤتمر القومىّ للسكّان ومؤتمر القمّة الإفريقيّة.

القنوات الفضائية

تبنّت الدول العربيّة وثيقة تفرض قواعد تنظيميّة على قنواتها الفضائيّة تمنع فيها التهجّم على أنظمة بعضها البعض او التطاول على الرموز الوطنيّة والدينيّة. وتنصّ الوثيقة على احترام حريّة التعبير لكنها تطالب بممارستها في إطار الوعي والمسؤوليّة.
وأتت الموافقة على الاقتراح المصريّ السعوديّ بشبه إجماع حيث لم تعترض سوى قطر التي يوجد بها مقر قناة الجزيرة.
وأعلن وزير الإعلام أن مصر ستكون أول دولة عربية تطبّق الوثيقة الجديدة.

المفردات

اتّفق	to agree
إجماعٌ	unanimity
إجماليٌ . . .	total
أحاط بـ	to surround
ارتفاعٌ	increase
أرصادٌ جوّيّةٌ	meteorology
استمرّ	to continue
أصغرُ، صغرى	minimum
إطارٌ، ـاتٌ	frame, framework
اعتدال	temperance, moderation
اعترض على	to object to
أعظمُ، عظمى	maximum
اقتراحٌ، ـاتٌ	suggestion
اقتصادٌ	economy
انتعاشةٌ، ـاتٌ	revival
بارزٌ	prominent
بشبهِ	almost
بلغ، يبلغ ہ، بلوغٌ	to amount to
بوجهٍ عامٍّ	in general
تبنّى ہ	to adopt
تطاول على	to hit out against
تمتّع بـ	to enjoy
تنظيميٌّ	regulative
تنوّعٌ	diversity
تهجّم على	to attack
جبليٌّ	mountainous
حريّة التعبيرِ	freedom of expression
حقّق ہ	to realize, to carry out
حوى، يحوي ہ، حوايةٌ	to contain
حيّ، يحيا، حياةٌ	to live
دوليٌّ	international
روى، يروي ہ، روايةٌ	to tell, to report
ريحٌ، رياحٌ	wind
زيادةٌ	increase
شبهٌ	similar to
شماليٌّ	northern
شوى، يشوي ہ، شوي	to roast
طبّق ہ	to implement, to apply
طرأ، يطرأ، طروءٌ	to take place
طوى، يطوي ہ، طيٌّ	to fold up
عاصفةٌ، عواصفُ	storm
عوى، يعوي، عواءٌ	to howl, to wail
فرض، يفرض ہ، فرضٌ	to impose
قرارٌ، ـاتٌ	decision, resolution
قناةٌ فضائيّةٌ ، قنواتٌ ف.	satellite station
مارس ہ	to practice
مؤتمرُ قمّةٍ	summit conference
مئويٌّ	centigrade; Celsius
محليٌّ	local
مركزٌ، مراكزُ	center
مسؤوليّةٌ، ـاتٌ	responsibility
معتدلٌ	moderate
معرضٌ، معارضُ	exhibition
مقبلٌ	coming
ملحوظٌ	remarkable, noticeable
منطقةٌ، مناطقُ	region
منع، يمنع ہ، منعٌ	to forbid
نسبيًّا	relatively
نصّ، ينصّ، نصٌّ	to stipulate
نمطٌ، أنماطٌ	form, mode

to like	هوي، يهوى، هوًى	daytime	نهارٌ
contract, document	وثيقةٌ، وثائقُ	to intend	نوى، ينوي ه، نيّةٌ
national	وطنيٌّ	tremendous	هائلٌ
consciousness, awareness	وعيٌ	to fall down	هوى، يهوي، هويٌّ

ittafaq-a; ʾiǧmāʿ-un, ʾiǧmālīy-un; ʾaḥāṭa bi; irtifāʿ-un; ʾaršādun ǧawwīya-tun; istamar-a, ʾaṣġar-u, ṣuġrā; ʾiṭār-un, -āt-un; iʿtidāl-un; iʿtaraḍa ʿalā; ʾaʿḍam-u, ʿuḍmā; iqtirāḥ-un, -āt-un; iqtiṣād-un; intiʿāša-tun, -āt-un; bāriz-un; bi-ǧānib-i; bi-šibh-i; balaġ-a, yabluġ-u, bulūġ-un, bi-waǧhin ʿāmm-in; tabannā; taṭāwala ʿalā; tamattaʿa bi, tanḍīmīy-un; tanawwuʿ-un; tahaǧǧama ʿalā; ǧabalīy-un; ḥurrīyatu_t-taʿbīr-i; ḥaqqaq-a; ḥawā, yaḥwī, ḥawāya-tun; ḥayy-a, yaḥyā, ḥayā-tun; dawlīy-un; rawā, yarwī, riwāya-tun; rīḥ-un, riyāḥ-un; ziyāda-tun; šabah-un; šamālīy-un; šawā, yašwī, šawy-un; ṭabbaq-a; ṭaraʾ-a, yaṭruʾ-u, ṭurūʾ-un; ṭawā, yaṭwī, ṭayy-un; ʿāṣifa-tun, ʿawāṣif-u; ʿawā, yaʿwī, ʿuwāʾ-un; faraḍ-a, yafruḍ-u, farḍ-un; qaṛāṛ-un, -āt-un; qanā-tun, qanawāt-un faḍāʾīya-tun; māras-a; muʾtamaṛu qimma-tin; miʾawīy-un; maḥallīy-un; markaz-un, marākiz-u; masʾūlīya-tun, -āt-un; muʿtadil-un; maʿraḍ-un, maʿārid-u; muqbil-un; malḥūḍ-un; minṭaqa-tun, manāṭiq-u; manaʿ-a, yamnaʿ-u, manʿ-un; nisbīyan; naṣṣ-a, yanuṣṣ-u, naṣṣ-un; namaṭ-un, ʾanmāṭ-un; nahār-un; nawā, yanwī, nīya-tun; hāʾil-un; hawā, yahwī, huwīy-un; hawiy-a, yahwā, hawan; waṯīqa-tun, waṯāʾiq-u; waṭanīy-un; waʿy-un.

شرح القواعد

I. Doubly weak verbs

1. Initial *w* and defective verbs

Verbs such as ولـى، يـلـي *walā, yalī* ‘to follow’ belong to both the initial *w* type (→ 6.III.B.2.b) and the defective type (→ 6.III.B.2.d). The perfect of these verbs follows the rules of the defective verbs. In the imperfect they loose their initial و *wāw* just as the other initial *w* verbs do. Common examples of this kind of verb include: وقـى، يـقـي *waqā, yaqī* ‘to guard,’ ‘to protect,’ وفى، يـفـي (بـ) *wafā, yafī* (*bi-*) ‘to fulfill,’ وعى، يعي *waʿā, yaʿī* ‘to be aware of.’

perfect ولى *walā* ‘he followed’

					⇐
walay-tu	وليت	*walay-ta*	وليت	*walā*	ولى
		walay-ti	وليت	*wal-at*	ولت
walaynā	ولينا	*walay-tum*	وليتم	*wala-w*	ولوا
		walay-tunna	وليتن	*walay-na*	ولين

imperfect يلي *yalī* 'he follows'

					⇐
'alī	ألي	*talī*	تلي	*yalī*	يلي
		talayna	تلين	*talī*	تلي
nalī	نلي	*talawna*	تلون	*yalawna*	يلون
		talayna	تلين	*yalayna*	يلين

In the imperfect only the medial radical is left. The subjunctive and the apocopate are formed correspondingly, e.g., أن يَلِيَ *'an yaliya* and لـم يلِ *lam yali;* the imperative is لِه *qih* 'follow!'

2. Strong radicals *w* and *y*

Other verbs such as قـوي، يـقـوى *qawiy-a, yaqwā* 'to become strong' and نـوى، يـنـوي *nawā, yanwī* 'to intend to' have *w* and *y* as 2nd and 3rd radicals. Those verbs keep their 2nd radical *w* when inflected, and behave further as other defective verb of the type رمى، يرمي *ramā, yirmī* 'to throw.'

3. حيَّ، يحيا *ḥayya, yaḥyā* 'to live'

The verb يـحـيـا، حـيَّ *ḥayya, yaḥyā* 'to live' has ي *y* as both 2nd and 3rd radicals. When inflected, it follows in the perfect the paradigm of the doubled verbs (→ 10.III.B.1.a). The 1st and 2nd persons are formed in the same way as وددُّت *wadidtu*, i.e., **ḥayiytu*, the *-iy-* being pronounced as *-ī-*: حييتم، حييت *ḥayītu* 'I lived.'

perfect حيَّ *ḥayya* 'he lived'

					⇐
ḥayīt-u	حييت	*ḥayīt-a*	حييت	*ḥayy-a*	حيَّ
		ḥayīt-i	حييت	*ḥayyat*	حيت
ḥayīnā	حيينا	*ḥayītum*	حييتم	*ḥayyū*	حيوا
		ḥayītunna	حييتن	*ḥayīna*	حيين

The imperfect follows the paradigm of the defective verb يـنـسـى 'he forgets' (→ 6.III.B,2,d,β). Note that the final ي *yā'* is written as ا *'alif* (cf. عـلـيـا 'higher' → 17.I.A).

imperfect يحيا *yaḥyā* 'he lives'

					⇐
'aḥyā	أحيا	*taḥyā*	تحيا	*yaḥyā*	يحيا
		taḥyayna	تحيين	*taḥyā*	تحيا
naḥyā	نحيا	*taḥyawna*	تحيون	*yaḥyawna*	يحيون
		taḥyayna	تحيين	*yaḥyayna*	يحيين

II. حيث *ḥayṯu* 'where,' بحيث *bi-ḥayṯu* 'so that'

1. حيث *ḥayṯu* 'where,' 'when'

حيث as a conjunction can have a local, temporal, or causal meaning.

a. حيث as a local conjunction

حيث may be used independently and without antecedent with the meaning 'where,' 'the place where.'

قف حيث تشاء!
stop where you want to!

نعود من حيث بدأنا
we come back to where we have begun

عودي من حيث جئت!
go back to where you came from!

قادته إلى حيث يريد
she led him to where he wanted to be

It may follow an antecedent and introduces in this case a relative sentence.

دعته إلى البار حيث تقدّم البيرة
she invited him to the bar where beer was served

انتقل إلى القاهرة حيث عمل محرّرا
he went to Cairo where he worked as an editor

b. A clause introduced by حيث may be interpreted as temporal and حيث translated as 'when.'

تقام اليوم آخر المباريات حيث يلتقي طنطا مع المصري
today the last match takes place when *Ṭanṭa* meets *al-Maṣrī*

التقى بها قبل عامين حيث كان كلاهما يقيم في عمّان
he met her two years ago when they were both residing in Amman

c. A clause introduced by حيث or حيث أنّ may give a reason why something happened and can be rendered as 'given the fact that,' 'because.'

فهم القضيّة تمام الفهم حيث كان مؤهّلا لذلك
he understood the issue very well given the fact that he was qualified for it

تغلّب بسهولة على الآخرين حيث أنّه كان أقوى منهم بمراحل
he easily got the upperhand of the others, because he was by far stronger than them

2. بحيث *bi-ḥayṯu* 'so that'

A clause introduced by بحيث *bi-ḥayṯu* indicates the consequence of a fact and can be rendered by 'so that' or 'to the extent that.'

وضعت بوّابة أمام كل مدخل بحيث يتمّ الفحص مرّتين
a gate was placed before each entrance so that the control would take place twice

كانت من الجمال بحيث لم يجرؤ أن يحلم بها
she was so beautiful that he did not even dare to dream of her

لسنا من السذاجة بحيث نعتقد أنّ ...
we are not so naïve as to believe that ...

3. من حيث *min ḥaytu* 'with regard to'

من حيث *min ḥaytu* is a preposition and is used in the sense of 'with regard to,' 'in terms of.'

انها فكرة جيدة من حيث المبدأ
this is a good idea in principle

إندونيسيا أكبر بلد مسلم في العالم من حيث عدد السكان
Indonesia is the largest Islamic country on the globe in terms of number of inhabitants

III. واو المعيّة *wāwu_l-maʿīya*

Some verbs of which the semantics allow concomitance or 'togetherness' use مع *maʿa* 'with' to introduce their indirect object. In a somewhat classicizing style this object may be replaced by و *wa* + a noun in the accusative: : → يتناسب مع الصورة يتناسب و الصورةَ 'it goes well with the picture.' When a pronominal suffix is used, it is introduced by إيّا, see → 20.v.

التقيت مع المدير ← التقيت والمديرَ
iltaqaytu maʿa_l-mudīr-i *iltaqaytu wa_l-mudīr-a*
I met the director

Cf. the following examples:

تتنازع ونفسها
tatanāzaʿu wa nafsahā
she is fighting with herself

هل هذا يتفق و الأهداف المرجوّة؟
hal hāḏā yattafiqu wa_l-ʾahdāfa_l-marǧūwa
does this agree with the desired aims?

سافرت وإياها إلى لبنان
sāfartu wa ʾiyyāhā ʾilā Lubnān
I traveled with her to Lebanon

تتناسب الآلة ومتطلباتك
tatanāsabu_l-ʾālatu wa mutaṭallabātik-a
this machine meets with your requirements

IV. Comparison with منه *minhu*, عنه *ʿanhu*, من أن *min ʾan*

1. In a comparative phrase with the elative, the second term of the comparison is introduced by the preposition من *min* 'than' as in أحمد أكبر سنّاً من علي '*Aḥmad* is older in age than *ʿAlī*' (→ 17.I.B.1.b.). If the second term of the comparison is an adverb or a prepositional phrase, it can no longer be introduced by من *min* because من *min* must be followed by a noun phrase. Therefore the subject of the comparison must be repeated as a personal pronoun suffixed to من *min*.

كانت أقرب إلى القصر منها إلى الطول
she was closer to shortness than to tallness (she was rather short)

كان أكثر شبها بالغورللا منه بالإنسان
he looked more like a gorilla than a human being

يرتبط بالماضي أكثر منه بالمستقبل
he is more connected to the past than to the future

إنك أقرب إلى رجل الأعمال منك إلى الفنّان
you are more of a businessman than an artist

انّني لأكثر إشفاقا على أغنيائكم مني على فقرائكم
I have more pity with your rich than with your poor

2. When this من *min* precedes another *min,* it is replaced by عن *ʿan.*

هذا الأمر أقرب من القاعدة عنه من الشواذّ
this is rather the rule than the exception

3. من أن introduces comparative clauses with a verb in the subjunctive in the sense of 'too ... to ....'

إن السلام اخطر من أن يترك للحكومات
peace is too important to be left to governments

إن الجواب أوضح من أن يقال
the answer is too clear to be said

V. Connectors الروابط *ar-rawābiṭ*

1. Connectors based on إلاّ *ʾillā,* إذ *ʾiḏ,* or كما *kamā*

Connectors are used to combine sentences in order to form larger units. The most common ones include:

a. إلاّ أنّ *ʾillā ʾann-a* 'but,' 'however'

دعاها إلى العشاء إلاّ أنها رفضت الدعوة
he invited her for dinner, but she refused the invitation

إلاّ أنّه هناك مدارس أخرى
but there are other schools

b. وإلاّ *wa ʾillā* and وإلاّ ف *wa ʾillā fa-* 'otherwise'

wa ʾillā is followed by a verb in the perfect. فـــ is used the same way as with the conditional clauses (→ 11.v).

يجب ان تتصرف بسرعة وإلاّ ضاع كلّ شيء
you have to act quickly, otherwise everything will be lost

عد إلى بيتك وإلاّ كسرت رأسك
go home, otherwise I shall smash your head

اترك هذا المكان على الفور وإلاّ فسنستدعي البوليس
leave this place immediately, otherwise we shall call the police!

c. إذ أنّ ~ إنّ *'iḏ 'ann-a ~ 'inn-a* 'because,' 'since,' 'in view of'

تأجّلت القضية إذ أنّ المتهم لم يكن لديه محام
the case was postponed, since the accused had no lawyer

لا يمكننا دخول المبنى إذ أنّ جميع أبوابه مغلقة
we cannot enter the building, because all doors are closed

d. كما أنّ *kamā 'anna* 'as well,' 'just as'

كما أنّ الحجاب ليس هو الدليل علي الفضيلة
just as the headscarf is no proof of virtue

كما أنّ الوثيقة تنصّ على احترام حريّة التعبير
just as the document stipulates the respect of the freedom of expression

2. بما أنّ . . . فـ *bi-mā 'anna ... fa-* and لا ... فحسب بل... *lā ... fa-ḥasb bal*

A number of connectors require the use of فـ *fa-*, حتى *ḥattā* or بل *bal* in the second part of the sentence.

a. بما أنّ . . . فـ... *bi-mā 'anna ... fa-* 'in view of the fact'

بما أنّه قرار لجنة التحكيم فأنا أحترمه
in view of the fact that it is a decision of the jury, I respect it

بما أنّني رجل حر فلا أرغب في أن أخضع
in view of the fact that I am a free man, I do not want to submit myself

b. لا ... فحسب بل... *lā ... fa-ḥasb bal* 'not only ... but also'

لا في اسبانيا فحسب بل في كل أنحاء العالم
not only in Spain but all over the world

ليس على المستوى السياسيّ فحسب بل في المجال الاجتماعيّ أيضا
not only on the political level, but in the social field as well

VI. Exclamations التعجّب *at-ta'aǧǧub*

1. ما *mā* + elative

Exclamation can be expressed in MWA by using the particle مـــا *mā* followed by an elative and a noun or a pronoun suffixed to the elative. Both elative and noun stand in the accusative case.

الفتاة جميلة ← ما أجمل الفتاة!
mā 'aǧmala_l-fatā-ta
what a beautiful girl!

هي جميلة ← ما أجملها!
mā 'aǧmalahā
how beautiful she is!

ما أجمل قصص الحب
mā 'aǧmala qiṣaṣa_l-ḥubb-i
how beautiful the love stories are!

ما أسوأ الشيطان!
mā 'aswa'a_š-šayṭān-a
how bad the devil is!

ما أحوجنا إليك الآن!
mā 'aḥwaǧanā 'ilayka_l-'āna!
how seriously we need you now!

ما أغربك!
mā 'aġrabaka
how strange you are!

2. Exclamatory يا *yā*

The vocative يـــا *yā* (→ 20.I) is used to derive to exclamatory clauses by means of the prepositions لـ *li-* and من *min* from simple clauses.

أنت حمار ← يا لك من حمار!	هم سعداء ← يا لهم من سعداء!
yā laka min ḥimār-in	*yā lahum min suʿadāʾ-a*
what a donkey/fool you are!	how happy they are!
يا لك من امرأة رائعة!	يا لي من مسكين!
yā laki min imraʾatin rāʾiʿa-tin	*yā lī min miskīn-in*
what a formidable woman you are!	how poor I am!
يا لها من خسارة!	يا لها من فكرة جنونية!
yā lahā min xusāra-tin	*yā lahā min fikratin ǧunūniyya-tin*
what a loss!	what a crazy idea!

3. و *wa* + noun 'by ...'

و *wa* 'by ...' with a following noun in the genitive expresses an oath.

والله	والنبيّ	وشرفي	وحياة أمي
wa_llāh-i	*wa_n-nabīy-i*	*wa šarafī*	*wa ḥayāti ʾummī*
by God!	by the Prophet!	by my honor!	by the life of my mother!

التمرينات

١- ضع الصيغة المناسبة للكلمات الآتية في المكان المناسب على النحو الموضح في المثال

حيّ، يحيا شوى، يشوي حوى، يحوي قوي، يقوى هوي، يهوى

عوى، يعوي نوى، ينوي روى، يروي هوى، يهوي طوى، يطوي

مثال: هل سبق لكم أن سمعتم الكلاب وهي تعوي في ظلام الليل؟

إن المصريين يحبّون المزح والسخرية و ____________ المداعبة والضحك.

لم ________ لنا حسن القصة بأكملها لكي لا يثير في أنفسنا الغضب.

كان حصان العربة الحنطور هزيلا يكاد لا ____________ على السير.

هل ____________ يا أصدقائي الحج في العام القادم إن شاء الله؟

____________ كتاب ألف ليلة وليلة العديد من القصص الخياليّة الطريفة.

تريد كلّ الشعوب أن ____________ حياة حرّة كريمة بعيدا عن الظلم.

كان منظر منازلنا وهي ____________ في الفضاء من أبشع المناظر.

____________ المصلّون سجاجيدهم وتوجّهوا إلى باب المسجد.

أحضر الطباخ الأسماك واللحوم و ____________ها على الفحم.

٢- ضع رقم الجملة في المربّع المناسب لمعنى { حيث } فيها

where	when	so that	in view

١- توجّه أحمد إلى المطار حيث كان زملاؤه في انتظاره.

٢- أعدّ التجّار البضاعة بحيث تجد طريقها إلى الأسواق بسهولة.

٣- لا تذاع هذه البرامج إلاّ في شهر رمضان حيث يحلى السهر.

٤- فجأةً ظهر أمامنا شخص طويل من حيث لا نعلم

٥- توجّهوا إلى مركز القاهرة الدوليّ حيث يُعقد المؤتمر.

٦- كان يجلس في مكان آمن بحيث يرى الآخرين دون أن يروه.

٧- عدنا إلى قريتنا حيث لا يصلنا من المدينة إلا ضجيجها.

٨- يا عادل، عد الآن من حيث جئت!

٣- صل {ا} بـ {ب} و {ج} لتكوين جمل صحيحة

ا	ب	ج
١- عمل منير بجديّة حتى وصل	بحيث	كانت والدتها في انتظارها
٢- وافقت الدول الأعضاء بشبه إجماع	حيث	أصبحنا نعرف كل شارع
٣- سترحل سامية إلى أمريكا	إلى حيث	توقّف أجدادكم
٤- وقفنا في دائرة حول السيّارة	من حيث	ما هو الآن
٥- اتّجهت نادية بهدوء	بحيث	لم يتوقّع العدو هجماتها
٦- كانت المقاومة من الذكاء	حيث	نترقّب الطريق من كل اتّجاه
٧- أُلقي القبض على المجرمين في مايو	حيث	يكمل زوجها دراسته العليا
٨- عيلكم أن تبدؤوا	بحيث	تمت محاكمتهم على الفور
٩- عادت فاطمة إلى المنزل	حيث	لم تعترض على القرار سوى فرنسا
١٠- سرنا طويلا في شوارع المدينة	إلى حيث	يجلس صديقها كريم

١ + +	٢ + +	٣ + +	٤ + +	٥ + +
٦ + +	٧ + +	٨ + +	٩ + +	١٠ + +

٤- أكمل الجمل مستعملا الصيغة الصحيحة لـ{ من } أو { عن } على النحو الموضح في المثال

مثال: الطفل في حاجة إلى الحنان والعطف أكثر منه إلى الحزم والعقاب.

كان الرجال الذين يحيطون بنا أشبه بالغوريللا __________ بالإنسان.

إنّ المحاضر يوجّه حديثه إلي الجماعة أكثر __________ إلي الأفراد.

كانت بشرة أهل هذه القرية أميل إلي البياض __________ إلي السواد.

هذه الأعمال العدائيّة تعود علينا بالضرر أكثر __________ بالنفع.

وجدت الشرطة العجوز في حالة أقرب من الموت __________ من الحياة.

إنّ المحمول في مصر أكثر انتشارا __________ في انجلترا.

أصبح واضحا أنك أقرب إلي العالم __________ إلي الأستاذ.

إنّ الطقس هنا في الشتاء أقرب من الاعتدال __________ من البرودة.

استعمل الكاتب في روايته لغة أقرب إلي العامية __________ إلي الفصحى.

٥- استعمل العبارات التالية في تكوين جمل مفيدة على النحو الموّضح في المثال

مثال: وإلاّ ، قراءة ، نقرأها ، الصحف ، فائدة ، فلم ، من ، هناك

⇐ هناك فائدة من قراءة الصحف وإلاّ فلم نقرأها

رأى ، صرخ ، أولاده ، فيهم ، اليابانيّ ، حتى ، كعادته ، ما أن

⇐ ________________

لا في ، فحسب ، النظام ، العربيّة ، بل في ، مصر ، سيطبّق ، كل الدول

⇐ ________________

لا يبقى ، أخرى ، لأولاده ، إلاّ أن ، يبحث عن ، مدرسة ، لعادل

⇐ ________________

بما أنّنا ، في ، العميقة ، لن نسبح ، المياه ، السباحة ، لا نجيد

⇐ ________________

على ، وافق ، حتّى ، بتطبيقه ، الشركة ، المجلس ، بدأت ، القرار ، ما أن

⇐ ________________

كان ، كانت ، معتدلا ، عنيفة ، الرياح ، بعض الشيء ، إلاّ أنّ ، الطقس

⇐ ________________

حديثة ، هذه ، سيّارات أجرة ، ذكيّة ، مجهزة بـ ، إذ أنّها ، عدّادات

⇐ ________________

بالعامّية ، عن ، اللغة الأم ، المصريّ ، أحاسيسه ، حيث أنّها ، يعبّر ، بالنسبة له

⇐ ________________

٦- كوّن جملا صحيحة مستعملا { وإلاّ } أو { وإلاّ فـ } على النحو الموضح في المثال

مثال: يجب أن تملأ هذه الاستمارة وإلاّ فـ لن يعرض ملفك على اللجنة.

يجب أن تهربوا بسرعة ________ الشرطة ستلقي القبض عليكم.

يجب أن تلتزم بقواعد المرور ________ عرّضت نفسك والآخرين للخطر.

يجب أن تتقدّم بملف كامل ________ ضاعت منك فرصة السفر هذا العام.

يجب أن ننقذ هؤلاء الأطفال ________ إنهم سيموتون جوعا وعطشا.

يجب علينا أن نتصرّف بحكمة ________ ما تركنا في هذا المكان إلاّ الخسائر.

يجب نقل المصابين على الفور ________ سيفقد الكثيرون منهم حياتهم.

يجب أن تتعلّم من أخطائك ________ ستظل ترتكبها طوال حياتك.

يجب أن تحسن معاملتك للآخرين ________ ابتعد عنك العديد من معارفك.

٧- كوّن جملا صحيحة مستعملا إحدى الروابط التالية:

إلاّ أن – كما أنّ – إذ أنّ – بما أنّ – ما أن – ... فحسب

مثال: لم يكن للمواطنين العرب إلاّ أن يقبلوا الأوضاع الحالية بما فيها من محاسن وأخطاء.

________ سمع الجاران صراخ السيّدة العجوز حتى أسرعا إلإغلاق باب الشقة.

لم تكن القطع الأثريّة نادرة ________ بل كانت ذات قيمة تاريخية كبرى.

تتمتع مصر بتنوّع في مجالات السياحة ________ الطقس فيها رائع طوال العام.

________ مصر هي التي تقدّمت بهذا الاقتراح فستكون أوّل دولة تقوم بتطبيقه.

للصرّاف الآليّ فوائد عدة ________ كيفيّة استعماله سهلة وبسيطة.

لا يمكننا تنفيذ هذه المعاملات الماليّة ________ البنوك المحليّة مغلقة اليوم.

لتلوّث البيئة أضرار ليس على المدى القريب ________ بل في المستقبل أيضا.

أراد اللص أن يبيع القطع الأثرية للسوّاح ________ المباحث منعته من ذلك.

٨- استعمل صيغة التعجّب على النحو الموضح في المثال

مثال: هذا الرجل طويل ⇐ ما أطول هذا الرجل!

الطقس رائع اليوم ⇐ ________

هي طيبة وكريمة ⇐ ________

أعمالك عجيبة ⇐ ________

هؤلاء الموظفون جيّدون ⇐ ________

هنّ جميلات ⇐ ________

سكّان هذا الحي أغنياء ⇐ ________

أخلاقك نبيلة ⇐ ________

هذه الغرف واسعة ⇐ ________

هذه الوجبة لذيذة ⇐ ________

بضاعة هذا المحل غالية ⇐ ________

٩- استعمل صيغة التعجّب على النحو الموضح في المثال

مثال: القصة عجيبة ⇐ يا لها من قصة عجيبة!

الأطفال سعداء ⇐ ________

الطلاب مجتهدون ⇐ ________

الوثيقة مهمة ⇐ ________________

الطعام لذيذ ⇐ ________________

أنتم متشائمون ⇐ ________________

السبّاحون جيدون ⇐ ________________

أنت قويّ ⇐ ________________

أنتم شجعان ⇐ ________________

١٠- اقرأ النصوص جيّدا ثم أجب على الأسئلة التالية بجمل مفيدة

الأرصاد الجوية

في أية مدينة صدر هذا البيان؟ ________________

أين تقع مدينة عمّان؟ ________________

كيف يكون الطقس في المناطق الجبليّة؟ ________________

هل يطرأ على الطقس تغيير في اليومين المقبلين؟ ________________

ما هي درجات الحرارة العظمى والصغرى في بلادك اليوم؟ ________________

سياحة المؤتمرات

هل هناك نوع واحد من السياحة في مصر؟ ________________

ما هو النوع الجديد من السياحة فيها؟ ________________

متى ظهر هذا النوع من السياحة؟ ________________

أين عقدت أبرز المؤتمرات في عام ٢٠٠٨؟ ________________

ما كان موضوع منتدى دافوس؟ ________________

القنوات الفضائيّة

من يريد تنظيم القنوات الفضائية؟ ________________

ما هي الأمور التي تمنعها الوثيقة؟ ________________

ما هو الأمر الذي تحترمه؟ ________________

ما هي الدولة التي اعترضت على قواعد الوثيقة؟ ________________

ما اسم أهم القنوات الفضائيّة في هذه الدولة؟ ________________

١١- ترجم الجمل التالية إلى الفصحى

1. This document forbids the attacking of national symbols.

2. *Farīd* lived for himself and for the realization of his own aims.

3. The weather will remain relatively warm in the coming two weeks.

4. *Suʿād* was sitting in the garden, so that she did not hear anything.

5. How seriously do we need peace and love!

6. The economic situation did not deteriorate in Europe alone, but in America as well.

7. There are numerous congresses organized in *Šarm išŠēx*.

8. Attacking the systems of others does not fit into our aims.

9. You have to open the window, otherwise the woman will die.

10. Egypt enjoys diversity on the touristic level (field).

11. It is not possible to take this resolution without the consent of the director.

12. This man was different as to his outer appearance and his way of talking.

13. The minimum temperature will be three degrees below zero.

14. What a strange man you are!

15. These stories relate to the past rather than to the present.

Key to the Exercises

حل التمرينات

Lesson 3 الدرس الثالث

١– هو طالبٌ أيضا – هو موجودٌ أيضا – هو مسافرٌ أيضا – هو متعبٌ أيضا – هو مريضٌ أيضا – هو متزوجٌ أيضا – هو نائمٌ أيضا – هو غائبٌ أيضا – هو ذكيٌّ أيضا

٢– هي طالبةٌ أيضا – هي موجودةٌ أيضا – هي مسافرةٌ أيضا – هي متعبةٌ أيضا – هي مريضةٌ أيضا – هي متزوِّجةٌ أيضا – هي نائمةٌ أيضا – هي غائبةٌ أيضا – هي ذكيّةٌ أيضا

٣– هو متعبٌ وهي متعبةٌ أيضا – هو ذكيٌّ وهي ذكيّةٌ أيضا – هو صغيرٌ وهي صغيرةٌ أيضا – هو متزوجٌ وهي متزوجةٌ أيضا – هو غائبٌ وهي غائبةٌ أيضا – هو موجودٌ وهي موجودةٌ أيضا – هو مسافرٌ وهي مسافرةٌ أيضا – هو نائمٌ وهي نائمةٌ أيضا – هو طيّبٌ وهي طيّبةٌ أيضا

٤– هو متعبٌ وهي متعبة – هو ذكيٌّ وهي ذكيّة – هو صغيرٌ وهي صغيرة – هو متزوجٌ وهي متزوجة – هو مريضٌ وهي مريضة – هو غائبٌ وهي غائبة – هو مسافرٌ وهي مسافرة – هو نائمٌ وهي نائمة – هو مدرّسٌ وهي مدرّسة – هو كبيرٌ وهي كبيرة

٥– زوجٌ و زوجة – مدرّسٌ و مدرّسة – أخٌ و أخت – ملكٌ و ملكة – نائمٌ ونائمة – ابنٌ وابنة – غائبٌ و غائبة – متزوّجٌ ومتزوّجة – طيّبٌ وطيّبة – وزيرٌ ووزيرة

٦– هو كتابُهُ جديد – هي كتابُها جديد – أنتَ كتابُكَ جديد – أنت كتابُكِ جديد
هو حقيبتُه جديدة – هي حقيبتُها جديدة – أنتَ حقيبتُكَ جديدة – أنتِ حقيبتُكِ جديدة

٧– هذا مدرّسي – هذا أبي – هذا زوجي – هذا درسي – هذا كتابي – هذا ابني – هذا اسمي

٨– هذه مائدتي – هذه جامعتي – هذه مدرّستي – هذه ابنتي – هذه زوجتي – هذه مدينتي

٩– هذا زوجُها – هذه جامعتُها – هذا درسُها – هذا كتابُها – هذه حقيبتُها – هذه مدرّستُها – هذا ابنُها – هذا اسمُها – هذه ابنتُها

١٠– هذا مدرّسُه – هذه زوجتُه – هذه جامعتُه – هذا درسُه – هذا كتابُه – هذه حقيبتُه – هذه مدرّستُه – هذا ابنُه – هذا اسمُه – هذه ابنتُه – هذه مدينتُه

١١– هذا مهندس. ما اسمُه؟ – هذا مدرس. ما اسمُه؟ – هذه مدرسة. ما اسمُها؟ – هذه مهندسة. ما اسمُها؟ – هذه جامعة. ما اسمُها؟ – هذه مدينة. ما اسمُها؟ – هذا وزير. ما اسمُه؟ – هذا ابني. ما اسمُه؟ – هذه زوجته. ما اسمُها؟ – هذا زوجها. ما اسمُه؟ – هذه ابنتي. ما اسمُها؟

١٢– هو ليس غائبا – هي ليست مريضة – هو ليس ذكيّا – هو ليس نائما – أنت لست مدرّسا – أنا لست صغيرا – أنت لست متعبا – هو ليس متزوجا – أنت لست مسافرا – أنت لست مهندسة – هي ليست موجودة

١٣– لا، هو ليس زوجي – لا، هي ليست زوجتي – لا، ليست ابنتي متزوّجة – لا، ليس اسمها مها – لا، ليس مدرّسي موجودا – لا، ليس منزله كبيرا – لا، ليس زوجها غائبا – لا، ليست زوجته مريضة – لا، ليست حقيبتها صغيرة

١٤– هل هو مدرّسٌ أيضا؟ – هل أنتِ موجودةٌ أيضا؟ – هل أنتَ غائبٌ أيضا؟ – هل هي متزوجةٌ أيضا؟ – هل هو طالبٌ أيضا؟ – هل هو مبسوَط أيضا؟ – هل أنتِ مسافرةٌ أيضا؟ – هل أنتِ ذكيّةٌ أيضا؟ – هل هو مهندسٌ أيضا؟

١٥– ليست ابنتي متزوجة – ما اسمك – أليس زوجها موجودا – هذه جامعة – هذه حقيبتها – هي طالبة أيضا – سمير موجود أيضا – مدرسك غائب – أليس هذا ابنك محمود – ألست طالبا – هل حقيبتك صغيرة – ليست مها مبسوطة

الدرس الرابع Lesson 4

١– مها طالبةٌ مصريّةٌ أيضاً – الطالباتُ المصريّاتُ جيّداتٌ ومتفوّقات – الحقيبةُ الجديدةُ كبيرةٌ جداً – أليستْ زوجتُكَ مدرّسةٌ بالقاهرة؟ – ليست الكلماتُ الجديدةُ صعبةً جداً – أبي وأمّي بمنزلِهم الآن – الكتبُ في الحقيبةِ الصغيرة – في الكتابِ كلماتٌ جديدة

٢– المطارُ هنا – المستشفى هنا – الحقيبةُ هنا – الشمسُ هنا – النافذةُ هنا – الطالبُ هنا – الكنيسةُ هنا – الجامعةُ هنا – الرجلُ هنا

٣– الزوجُ أو الزوجة – المهندسُ أوِ المهندسة – الطالبُ أوِ الطالبة – المصريُّ أوِ المصريّة – السوريُّ أوِ السوريّة – الروسيُّ أوِ الروسيّة – العربيُّ أوِ العربيّة – المريضُ أوِ المريضة – الابنُ أوِ الابنة

٤– الزوجُ موجود – الطالبُ موجود – الحقيبةُ موجودة – المهندسُ موجود – الابنةُ موجودة – الجدّةُ موجودة – المريضُ موجود – المدرّسةُ موجودة – المهندسةُ موجودة

٥– هلِ الكلمةُ مهمة؟ – هلِ المستشفى بعيد؟ – هلِ المكالمةُ طويلة؟ – هلِ الزوجُ غائب؟ – هلِ النافذةُ مفتوحة؟ – هلِ الأحوالُ جيّدة؟ – هلِ الرجلُ موجود؟ – هلِ الطالبةُ ذكيّة؟ – هلِ المنزلُ كبير؟

٦– مشيرة عند أختِها – مشيرة عند جدّتِها – مشيرة عند عمِّها – مشيرة عند مدرّستِها – مشيرة عند عمّتِها – مشيرة عندَ أمِها – مشيرة عند بنتِها – مشيرة عند ابنتِها – مشيرة عند مدرّسِها

٧– محمود عند مدرّسه – محمود عند ابنته – محمود عند أمِّه – محمود عند جدّه – محمود عند أختِه – محمود عند جدّته – محمود عند عمّه – محمود عند عمّته – محمود عند بنته

٨– الرسالةُ لأختك – الرسالةُ لمدرّسك – الرسالةُ لمدرّستك – الرسالةُ لجدّتك – الرسالةُ لجدّك – الرسالةُ لعمّك – الرسالةُ لأمّك – الرسالةُ لبنتك – الرسالةُ لابنتك

٩– أنت منزلك جديد – نحن منزلنا جديد – أنتم منزلكم جديد – هم منزلهم جديد – هو منزله جديد – أنتن منزلكن جديد – هي منزلها جديد – نحن جامعتنا جديدة – هم جامعتهم جديدة – أنتن جامعتكن جديدة – أنتم جامعتكم جديدة – هن جامعتهن جديدة – أنت جامعتك جديدة – هي جامعتها جديدة

١٠– منزلنا بعيد – مدرّسنا غائب – أختكم في مصر – كتابكم جديد – أحوالنا سيّئة – مكالمتهم طويلة – مشروعكن مهم – رسالتهن جيّدة – مدرّستهن مريضة – بنتهن موجودة – مدرسهم مصريّ

١١– منزلُنا الجديدُ كبير – منزلُكمُ الجديدُ كبير – منزلُهمُ الجديدُ كبير – منزلُه الجديدُ كبير – منزلُهنَّ الجديدُ كبير – منزلُكنَّ الجديدُ كبير – منزلُها الجديدُ كبير

١٢– ليسوا مهندسين – ليسوا سوريين – ليسوا فرنسيين – ليسوا مصريين – ليسوا جيّدين – ليسوا موجودين – ليسوا مسافرين – ليسوا موجودين – ليسوا طيّبين

١٣– لسن زوجات – لسن مصريات – لسن موجودات – لسن جيّدات – لسن هولنديات – لسن غائبات – لسن متفوّقات

١٤– ونحن مهندسون أيضا – ونحن مصريون أيضا – ونحن هولنديون أيضا – ونحن سوريون أيضا – ونحن موجودون أيضا – ونحن جيّدون أيضا – ونحن غائبون أيضا

١٥- وهنّ لسن جيّدات أيضا – وهنّ لسن متفوقات أيضا – وهنّ لسن مصريات أيضا – وهنّ لسن مدرّسات أيضا – وهنّ لسن سوريات أيضا – وهنّ لسن غائبات أيضا – وهنّ لسن مهندسات أيضا

١٦- طالب متفوّق – الطالبة الغائبة – المهندسون الجديدون – مطار كبير – مطارات حديثة – الأحوال الجيّدة – دروس صعبة – نافذة مفتوحة – مشروع مهمّ – نصوص طويلة – المنزل البعيد – مدرّسات متعبات – مدرّسون جديدون – كلمات سهلة – مكالمة طويلة – السيّدات المتزوّجات – طالبات ذكيّات – المدرّسون الجيّدون – الجامعة الحديثة – جامعات مهمّة – كتاب جيّد – الحقيبة المفتوحة

١٧- ١- ليس الدرس جديدا ٢- الدروس الجديدة طويلة ٣- كلامك صعب جدا ٤- هؤلاء ليسوا مصريين ٥- ليست الأحوال جيدة ٦- ليست الطالبات غائبات ٧- كيف حالكم ٨- ليست مشيرة عند أمها ٩- المهندسون السوريون جيدون ١٠- هم أيضا ليسوا متعبين ١١- ليست الكلمات الجديدة صعبة ١٢- ليس المدرسون غائبين ١٣- هم جيدون جدا ١٤- ألستِ مصريّة ١٥- ليست الطالبات الجديدات موجودات الآن

الدرس الخامس Lesson 5

١- مقابر الخلفاء – دكاكين خان الخليلي – مطار القاهرة – شرفة المنزل – آثار القدماء – فندق الأهرام – معالم المدينة – ضفاف نهر النيل

٢- هذا منزلُ أخي – هذه زوجةُ حسن – هذه مقبرةُ أبي – هذا مكتبُ المدير – هذه عروسُ أحمد – هذا دكانُ منى

٣- حقيبة الموظّف في المكتب – مدير المكتب ليس موجودا – شوارع القاهرة مزدحمة – مقابر الخلفاء في الجنوب – مساجد المدينة مشهورة – مركز المهندس أحمد مهم – زوجة المدير مدرسة

٤- لا، لسنا مدرسي المدرسة – لا، ليسوا موظفي المكتب – لا، لسن مدرسات المدرسة – لا، لسنا مهندسات المصنع – لا، لسن موظفاتِ المكتب – لا، لسن زوجاتِ المديرين – لا، ليسوا معلمي الفصل – لا، لسن طالباتِ الجامعة

٥- ما اسم أخيك؟ – أليس هذا الرجل أبا سعد؟ – أليس حموك من الريف؟ – ليس هذا الرجل أخانا عمر – ليس أخي متزوِّجا – أبونا هو مدير المكتب – هل هذا الرجل الطويل حموك؟ – سامية في منزل أخيها – هل هذا الرجل أبو محمد؟ – ليس أبونا مريضا

٦- كيف حالُ أخيك؟ – كيف حالُ حميك؟ – كيف حالُ مدرسك؟ – كيف حالُ مدرسيك؟ – كيف حالُ زوجتك؟ – كيف حالُ مديرِك؟ – كيف حالُ مديريك؟ – كَيف حالُ مدرساتِك؟ – كيف حالُ أخواتِك؟

٧- بلى، هم مهندسونا – بلى، هم موظفونا – بلى، هم معلمونا – بلى، هم مديرونا بلى، هم موظفيَّ – بلى، هم معلميَّ – بلى، هم مهندسي – بلى، هم مديريَّ

٨- في مشاريعَ كثيرةٍ جدا – في عواصمَ كثيرةٍ جدا – في دكاكينَ كثيرةٍ جدا – في مطاعمَ كثيرةٍ جدا – في فنادقَ كثيرةٍ جدا – في مساجدَ كثيرةٍ جدا – في كنائسَ كثيرةٍ جدا

٩- هناك مساجدُ كثيرةٌ جدا – هناك فنادقُ كثيرةٌ جدا – هناك مقابرُ كثيرةٌ جدا – هناك منازلُ كثيرةٌ جدا – هناك مكاتبُ كثيرةٌ جدا – هناك كنائسُ كثيرةٌ جدا – هناك نوافذُ كثيرةٌ جدا

١٠- في شوارعِ المدينة أيضا – في مساجد المدينة أيضا – في فنادق المدينة أيضا – في مطاعمِ المدينةِ أيضا – في مصانعِ المدينةِ أيضا – في مدارسِ المدينةِ أيضا – في دكاكينِ المدينةِ أيضا

١١- هناك غرفة للسوريين – هناك غرفة للموظفين – هناك غرفة للكويتيين – هناك غرفة للسودانيين –

هناك غرفة للمهندسين – هناك غرفة للمدرسين – هناك غرفة للهولنديين – هناك غرفة للعراقيين – هناك غرفة للفلسطينيين

١٢– يسأل عن المتزوّجين – يسأل عن المسافرين – يسأل عن المتفوقين – يسأل عن المصريين – يسأل عن الموجودين – يسأل عن الموظفين

١٣– القاهرة فيها معالمُ سياحية – القاهرة فيها عماراتٌ عالية – القاهرة فيها آثارٌ مشهورة – القاهرة فيها أحياءٌ قديمة – القاهرة فيها شوارعُ مزدحمة – القاهرة فيها مطاعمُ كبيرة – القاهرة فيها مدارسُ جيدة

١٤– مشيرة ليس لديها ابن صغير – الأولاد ليس لديهم أب ناجح – الرجل ليس لديه منزل في الجيزة – المدير ليس لديه مكتب كبير – المهندسون ليست لديهم سيّارة فاخرة – الطالبات ليست لديهن كتب قيّمة

١٥– لا، بعضهم فقط – لا، بعضهم فقط – لا، بعضها فقط – لا، بعضها فقط – لا، بعضها فقط – لا، بعضهم فقط – لا، بعضه فقط

١٦– لا، في بعضِ الشوارعِ فقط – لا، في بعضِ الأحياءِ فقط – لا، في بعضِ المصانعِ فقط – لا، في بعضِ المنازلِ فقطَ – لا، في بعضِ القرى فقط – لا، في بعضِ المدنِ فقط

١٧ – ١– عاصمة مصر هي القاهرة ٢– تقع القاهرة على ضفاف نهر النيل ٣– توجد في القاهرة آثار مشهورة ٤– هناك سيارات كثيرة في شوارع دمشق ٥– كيف حال أخيك محمد ٦– خان الخليلي مشهور بصناعاته التقليدية ودكاكينه الصغيرة ٧– هناك فنادق ومطاعم كثيرة في كل المدن الكبيرة ٨– عليهم واجباتٌ كثيرةٌ تجاه عملهم ٩– لديها ابنٌ وابنة ١٠– الضيوف موجودون وهم جالسون في الشرفة ١١– لدينا منزل كبير وسيارة فاخرة ١٢– بعض مدرسينا غائبون اليوم ١٣– بعض الموظفين ليسوا في مكتبهم الآن ١٤– في منزل أخي غرفٌ كثيرة ١٥– هناك دكاكين جميلة في شارع صفيّة زغلول

الدرس السادس Lesson 6

١– أخت – أين – اسم – أعمال – إذا – إليه – أمس – النمسا – إقامة – أنت – البيت – إخوان – أرض – ابن – أمام – إلى

٢– رأس – رئيس – رؤوس – سأل – سؤال – أسئلة – سوء – سيّئ – سيئات – مساء – مساء – مسائيّ – قراءة – قارئ – مقرئ – أصدقاء – ملائكة – هؤلاء

٣– هذه المدينةُ كبيرة – هذا البيتُ جديد – هؤلاء الطلاّبُ عرب – هذا السؤالُ صعب – هذه الجامعةُ قديمة – هؤلاء الطالباتُ جيّدات – هذا الرجلُ طويل – هذا المنتزهُ جميل – هذا الهواءُ منعش – هؤلاء الضيوفُ من الريف – هذه الأحياءُ حديثة – هذا اليومُ ممتع – هؤلاء المدرّسون جيّدون

٤– وهي تكتب رسالة أيضا – وهم يدخلون المطعم أيضا – وهن يعرفن المدير أيضا – وأنتَ تفتح النافذة أيضا – وأنت تقرئين كتابا أيضا – وأنتم تدرسون في الجامعة أيضا – وأنتن تسألن سؤالا أيضا – ونحن ننهض من الفرَاش أيضا – وأنا أفعل الخير أيضا – وهن يذهبن إلى المحطة أيضا – ونحن نشرب فنجانا من القهوة أيضا

٥– لا، سوف لايعودون من القاهرة اليوم – لا، سوف لا أزور صديقتي اليوم – لا، سوف لا نبيع السيّارة – لا، سوف لا أقول له الحقيقة – لا، الطالبات سوف لا يكنَّ موجودات – لا، سوف لا تعودون/نعود إلى المنزل قبل المساء – لا، سوف لا ننام في هذه الغرفة – لا سوف لا يكون أخي موجودا – لا سوف لا أعود غدا

٦– ماذا تفعلين اليوم؟ كيف تقضين هذا اليوم؟ – ماذا تفعلون اليوم؟ كيف تقضون هذا اليوم؟ – ماذا يفعل اليوم؟ كيف يقضي هذا اليوم؟ – ماذا تفعل اليوم؟ كيف تقضي هذا اليوم؟ – ماذا يفعلون اليوم؟ كيف يقضون هذا اليوم؟ – ماذا يفعلن اليوم؟ كيف يقضين هذا اليوم؟ – ماذا تفعلن اليوم؟ كيف تقضين هذا اليوم؟ – ماذا نفعل اليوم؟ كيف نقضي هذا اليوم؟

٧– يكتبونها – يزورونها – يشكرونهن – يجدونها – يقرؤونها – يشربونها – يشمّونه – يفتحونها – يدعونني

٨– هي ستقضي الصيف في القاهرة أيضا – نحن سندعو صديقنا إلى الحفلة أيضا – أنا سأمشي على طول هذا الطريق أيضا – نحن سوف لا ننسى اللغة العربيّة أيضا – هنّ سوف يبنين بيتا في المعادي أيضا – أنا سوف لا أدعوكم إلى الحفل أيضا – هي سوف لا تحكي لصديقها القصّة أيضا – أنا سوف أبقى هنا حتى الصباح أيضا – نحن سوف ننسى صديقنا أيضا

٩– إنّ الطالبات لا يفهمن الأسئلة – سوف يقرأ سمير بعض المقالات – توجدفي القاهرة فنادق كثيرة – لدى الأستاذ أحمد أعمال كثيرة – ليس الدرس الجديد سهلا – هؤلاء الطلاب ليسوا مصريّين – في القاهرة أحياء قديمة جداً – جميع الموظّفين في مكتب المدير

١٠– سيسأل طالبا – سيسأل مدرسا – سيسأل طالبةً – سيسأل معلّما – سيسأل مدرسين – سيسأل طالباتٍ – سيسأل موظفاتٍ – سيسأل مهندسين – سيسأل أولادا كثيرين – سيسأل طلابا مصريين

١١– سيكون البيتُ صغيرا – سيكون الطقسُ جميلا – ستكون النافذةُ مفتوحةً – سيكون الطلابُ متفوقين – سيكون المنزلُ كبيرا – سيكون الأصدقاءُ موجودين – ستكون الأخواتُ صغيرات – ستكون الرحلةُ طويلةً – سيكون المعلمون جيدين – ستكون الأبوابُ مفتوحةً – سيكون الهواء منعشًا – ستكون المحطةُ بعيدةً

١٢– ليس المصنعُ حديثا – ليست البنتُ جميلة – ليس البابُ مفتوحا – ليس الطلابُ كثيرين – ليس المنزلُ كبيرا – ليست المطاعمُ حديثةً – ليست النوافذُ مفتوحةً – لست نائما – لسن طالبات – ليست المحطةُ بعيدةً – ليسوا موجودين – ليس المهندسون هولنديين

١٣– ١– ليست المحطة بعيدة عن هنا ٢– امش على طول هذا الشارع ٣– ستجد محطة السكة الحديد في آخر هذا الشارع ٤– هناك عطلة اليوم ٥– هناك مطاعم كثيرة/الكثير من المطاعم في لندن ٦– سوف أذهب إلى الاسكندرية صباح غد ٧– سأشرب فنجانا من القهوة بعد الدرس ٨– سوف أقرأ بعض المقالات في المساء ٩– قد أسافر إلى أبي قير يوم الجمعة ١٠– ليس لدي عمل اليوم ١١– قد أكتب خطابا لوالدتي ١٢– سوف يبنون منزلا جديدا في الجيزة ١٣– سوف لا أذهب إلى الاسكندرية في الصيف ١٤– لا يوجد مستشفى في المدينة كلها ١٥– هل لديكم سؤال عن الدرس ١٦– كان الطقس جميلا جدا البارحة

Lesson 7 **الدرس السابع**

١– ستجد هناك سيارةً حمراءَ – ستجد هناك كتبا زرقاءَ – ستجد هناك بابا أصفرَ – ستجد هناك نافذةً حمراءَ – ستجد هناك رجلا أصلع – ستجد هناك رجالا صلعا – ستجد هناك نوافذَ خضراءَ – ستجد هناك بيوتا بيضاءَ – ستجد هناك هنودا حمرا – ستجد هناك فتياتٍ سمراوات

٢– ليست البنتُ سمراءَ ولكنها بيضاءُ – ليست السيارةُ حمراءَ ولكنها زرقاءُ – ليست الفتياتُ شقراوات ولكنهن سمراواتٌ – ليست المحطةُ سوداءَ ولكنها بيضاءُ – ليست الدكاكينُ صفراءَ ولكنها خضراءُ – ليس النهرُ أحمرَ ولكنه أزرقُ – ليس الشيخُ أعمى ولكنه أطرشُ – ليس الرجالُ سوداً ولكنهم بيضٌ – ليست النافذةُ خضراءَ ولكنها حمراءُ – ليست الكتب سوداءَ ولكنها خضراءُ – ليست الحقيبةُ

صفراءَ ولكنها حمراءُ – ليست البيوتُ بيضاءَ ولكنها زرقاءُ – ليست السيّدةُ شقراءَ ولكنها سمراءُ

٣– إنه أزرقُ اللون – إنها متوسطةُ القامة – إنني أسمرُ البشرة – إنهم سودُ اللون – إنهن مناسباتُ الطول – إنه عسليُّ العيون – إنهم مصريّو الجنسيّة – إنه أسودُ الشعر – إنه طويلُ القامة – إنهم مناسبو الطول – إننا هولنديّو الجنسيّة – إنهم عسليّو العيون – إنها حمراءُ اللون

٤– تعمل في الشركة مهندسة ذاتُ خبرة – يعمل في الشركة مهندسون ذوو خبرة – تعملُ في الشركة مهندسات ذواتُ خبرة – تريد الشركة موظّفا ذا ثقافة اجتماعيّة – تريد الشركة موظّفة ذاتَ ثقافة اجتماعيّة – تريد الشركة موظّفين ذوي ثقافة اجتماعيّة – تريد الشركة موظّفات ذوات ثقافة اجتماعيّة يتحدّث الأستاذ مع طالب ذي مستوى متوسط – يتحدّث الأستاذ مع طالبة ذات مستوىً متوسط – يتحدّث الأستاذ مع طلاب ذوي مستوى متوسط – يتحدّث الأستاذ مع طالبات ذَوات مستوى متوسط توجد في هذه المدينة آثار ذاتُ أهمّية تاريخيّة – هؤلاء موظّفون ذوو دخل محدود – ستدعو الجامعة أستاذا ذا مركز مهمّ – هذه المنازل للموظّفين ذوي الدخل المحدود – توجد في هذا البلد معالم ذاتُ شهرة عالميّة

٥– الأسباب المباشرة لنجاحه – الروايات الشهيرة لنجيب محفوظ – المرتبات المحدودة لموظفي شركة النقل – الزيارة القادمة لرئيس الجمهورية – المكتب العامّ للسياحة بالجيزة – الإقامة القصيرة للسوّاح بالاسكندرية – الدكاكين الصغيرة لسوق خان الخليلي – المحاضرة السابقة للأستاذ أمين فرغلي – المدرّجات الحديثة لجامعة القاهرة

٦– أعمل كمهندس بشركة أجنبية/سأعمل كمهندس بشركة أجنبية – لا يزيد عمرها عن ثلاثين سنة/سوف لا يزيد عمرها عن ثلاثين سنة – أبحث عن فتاة جامعية/سوف أبحث عن فتاة جامعية – ترتدي ثيابها بسرعة/سترتدي ثيابها بسرعة – تذهب إلى المطبخ لتناول الإفطار/ستذهب إلى المطبخ لتناول الإفطار – يجلس الجميع حول المائدة/سوف يجلس الجميع حول المائدة – يعودون إلى المدرج/سيعودون إلى المدرج – الطقس جميل جدا/سيكون الطقس جميلا جدا – أنا راقد في الفراش/سأكون راقدا في الفراش

٧– لست أجنبيا – لستم من سوريا – لسنا مدرّسِين – لست أمريكيا – ليسوا جالسين في الشرفة – لستن من العراق – لسن أجنبيّات – ليست لبنانيّةً – لسنا سوريّين – ليسوا مهندسين – ليس مصريّا – لسن مدرّساتٍ

٨– وأين سيارة مدير المكتب؟ – وأين غرفة مدرسيّك؟ – وأين بيت أستاذك؟ – وأين دكان أبيه؟ – وأين ابنة أخيك؟ – وأين آثار القاهرة؟ – وأين مدرسو المدرسة؟ – وأين مكتب أخيها؟

٩– سيكون هذا العملُ عملا جيّدا – ستكونِ هذه الجولةُ جولةً جميلةً – ستكونِ هذه العطلةُ عطلةً مريحة – ستكونِ هذه المصانعُ مصانعَ حديثةً – ستكون هذه الرسالةُ رسالةً طويلةً – ستكون هذه الشوارعُ شوارعَ مزدحمةً – سيكونِ هذا المطعمُ مطعما كبيرا – سيكون هذا المكتبُ مكتبا صغيرا – ستكون هذه المدينةُ مدينةً تاريخيّةً – ستكون هذه الفنادقُ فنادقَ متوسطةً

١٠– إن سميرة تكتب رسالة – إن الطالبات يتابعن الدراسة في الخارج – إن الطلاب يسافرون إلى مصر كل عام – إن البنات يتصلن بالهاتف – إنك تفتح النافذة في الصباح – إن السوّاح يرتدون ثيابا جميلة – إن المدرّسات يدخلن الفصل – إنكم تنهضون من الفراش – إنكم تمرّون من هنا كل يوم – إن الأولاد يعرفون هذا الرجل – إن الشمس تشرق مبكرا – إنك تقرئين كتابا تاريخيا – إن المدرّسين يكلّمون الطلاب

١١– لا، لا نقضي يوم العطلة على الشاطئ – لا، لا يعشن في مصر الجديدة – لا، سوف لا يبيع أحمد سيارته – لا، لا تشرق الشمس مبكرا الآن – لا، لا تتناول سامية الفطور الآن – لا، لا نتبادل الرسائل – لا، سوف لا نمشي من هنا إلى الشاطئ – لا، سوف لا يعودون من السفر اليوم – لا، لا نشرب الشاي في الصباح – لا، لا أفكر في أصدقائي

١٢– يعمل المهندس م.م. في شركة أجنبية للاستيراد والتصدير – نعم، مرتبه كبير – لا، هو ليس متزوجا – نعم، هو متديّن وكل أسرته كذلك
تدرس سامية في كلية آداب جامعة الاسكندرية – تجلس في الكافيتريا مع بعض الأصدقاء – تعود إلى منزلها في الخامسة بعد الظهر – تكون والدتها في انتظارها – أدرس في جامعة امستردام

١٣– ١– هل سيارتكم الجديدة سوداء اللون ٢– أدرس في كلية الآداب بالجامعة الامريكية في بيروت ٣– تريد الشركة مهندسا ذا خبرة ٤– توجد في هذا المكتب موظفات كثيرات ذوات خبرة ٥– سوف يشترون سيارة سريعة ٦– سوف لا يذهب سمير إلى المدرسة غدا ٧– يعود الأطفال من المدرسة مبكرا ٨– لا تريد فاطمة الأقلام ذات اللون الأحمر ٩– هذا رجل ذو ثقافة اجتماعية ١٠– يجلس الجميع حول المائدة ١١– هناك محاضرات كثيرة اليوم ١٢– يودع عمر صديقه ١٣– أين منزل سامية الجديد ١٤– في مدرستنا فتيات سمراوات وفتيات شقروات. ١٥– سوف لا نعود قبل الساعة الخامسة

الدرس الثامن Lesson 8

١– ليس في المدينة جامعة واحدة بل جامعتان – ليس في الشقّة حمّام واحد بل حمّامان – ليس في المدينة مدرسة واحدة بل مدرستان – السيّد منير ليس عنده ولد واحد بل ولدان – ليس في العمارة مصعد واحد بل مصعدان – ليس في الحديقة نخلة واحدة بل نخلتان – لن أكتب رسالة واحدة بل رسالتين – لن نشتري بيتا واحدا بل بيتين – لن أقرأ كتابا واحدا بل كتابين – لن أحكي لك قصة واحدة بل قصتين – لن نتفرّج على فيلم واحد بل على فلمين – لن يصل اليوم أستاذ واحد بل أستاذان

٢– سيارتاه سريعتان / إنّ سيارتيه سريعتان – شقتاها كبيرتان / إنّ شقتيها كبيرتان – والداي طيّبان / إنّ والديّ طيّبان – مصعدا العمارة حديثان / إنّ مصعدي العمارة حديثان – كتاباي جديدان / إنّ كتابيّ جديدان – صورتاهم جميلتان / إنّ صورتيهم جميلتان

٣– يجب عليها أن تعتذر عن التأخير – يجب عليها ألا تصعد بالمصعد اليوم – يجب عليها أن تتصل بالهاتف – يجب عليها أن تفتح جهاز التكييف – يجب عليها أن تدفع الإيجار – يجب عليها ألا تضل عن الطريق – يجب عليها أن تحضر غدا في المساء – يجب عليها أن تستعدّ للسفر اليوم – يجب عليها أن تستريح قليلا الآن.

٤– يريدون أن يذهبوا إلى المطعم – يريدون أن يقرؤوا مقالات جيّدة – يريدون أن يدفعوا الإيجار – يريدون أن يصعدوا بالمصعد – يريدون أن يحضروا إلى الحفلة – يريدون أن يفتحوا جهاز التكييف – يريدون أن يعتذروا عن التأخير – يريدون أن يتصلوا بالهاتف – يريدون أن يناموا مباشرة – يريدون أن يعدّوا الطعام

٥– نفضّل أن نقضيَ اليومَ في المنتزه – نفضّل أن نشاهدَ فيلما آخر – نفضّل أن ندعوَ الضيوف إلى الحفلة – نفضّل أن نسافرَ إلى أسوان – نفضّل أن نعودَ بالسيّارة في المساء – نفضّل أن نكتبَ رسالة قصيرة – نفضّل أن نشربَ القهوة مع أصدقائنا – نفضّل أن نأكلَ وجبة خفيفة اليوم – نفضّل أن نصعد السلالم على قدمينا – نفضّل أن نبيع هذه الكتب

٦– هل ستتزوّجين قبل أن تكملي دراستك الجامعيّة؟ – هل تريدين أن تسافري إلى القاهرة؟ – هل تستطيع أن تأتيَ لزيارتنا اليوم؟ – هل تحبين أن تذهبي معي إلى السوق؟ – نتّصل بصديقنا كي نعتذر له عن التأخير – نكتب الكلمات دون أن نفهم معناها – سيشاهدون الآثار قبل أن يعودوا إلى هولندا – هل تريدين أن تشمّي الهواء المنعش؟ – يجب عليك يا راندا أن تستعدّي للسفر الآن – هل تريدون حقا أن تشتروا هذه السيّارة؟

٧– لا، لن نعملَ غدا – لا، لن نعودَ إلى مصر – لا، لن ننتظرَ طويلا – لا، لن ندعوَ المدير إلى الحفل – لا، لن نفتحَ النافذة – لا، لن نغادرَ البلاد – لا، لن نذهبَ إلى الشاطئ – لا، لن نقضي اليوم في المنتزه – لا، لن نشاهد هذا الفيلم – لا، لن نعتذر لأخينا

٨– لا، لن آتيَ غدا في الصباح – لا، لن أصعدَ بالمصعد – لا، لن أدعوَ منيرة – لا، لن أشتريَ كتبا جديدة – لا، لن أشاهدَ الأهرام – لا، لن أنتظرَ حتى المساء – لا، لن أدفعَ الإيجار اليوم – لا، لن أبيعَ منزلي في الصيف – لا، لن أذهبَ إلى القاهرة – لا، لن أتّصل بأخي اليوم

٩– لأنه حديثٌ – لأن فيه غرفتين للنوم – لأن فيه حماما كبيرا – لأن شرفتَه جميلةٌ – لأنه قريبٌ من المحطة – لأن أمامه منتزها جميلا – لأن فيه مطبخا حديثا – لأنه في شارع هادئ – لأن فيه نوافذَ كثيرةً – لأنه في شارع هادئ

١٠– سأقيم أسبوعين في أمستردام – عدت من السفر مساء أمس – هناك عطلة يوم الجمعة – تقابلنا في النادي البارحة – سوف أتّصل بأخي صباح غد – سوف يعود إلى منزله مبكّرا – ذهبنا إلى العراق مرتين – كان المصعد معطّلا صباح اليوم – ليس لدينا عمل بعد غد – غادرنا المنزل في الثامنة صباحا

١١– اليوم يوم إجازتي. أنا راقد في الفراش الآن ولكني سوف أنهض من الفراش وأحضّر فنجانا من القهوة وبعض الطعام. بعد ذلك سأخرج من البيت وأقوم بجولة في الريف وربما أذهب بعد الظهر إلى السينما كي أشاهد فيلما بوليسيا. سوف أعود إلى منزلي في المساء وأقرأ كتابا قبل أن أنام بإذن الله.

١٢– يسكن الأستاذ محمود في المعادي – يوجد في حديقة الأستاذ محمود ورد وشجر ونخلتان – في بيته غرفتان للنوم – الأستاذ محمود جالس في الشرفة ينتظر حضور صديقه حسن
لا، شقة منير صغيرة – توجد الشقة في الطابق الثالث – يصعد منير إلى شقته على قدميه – نعم لديه تكييف في الشقة
سيذهب سامي لزيارة محمود بعد غد – نعم يعرف عنوان محمود – عنواني هو: ١٥ طريق أبي قير – الاسكندرية – جمهورية مصر العربية

١٣– ١– في هذه العمارة مصعد / أسانسير ٢– هل يمكنك أن تحضر غدا في المساء ٣– لا أريد أن أذهب إلى هذه الحفلة ٤– هل تريدين أن تشربي فنجانا من القهوة ٥– الطقس جميل جدا اليوم ٦– هناك عمل لكن الموظفين ليسوا موجودين ٧– ليست هذه الحقيبة رخيصةً / برخيصة ٨– ليست هناك دروس لأن المدرسين غائبون ٩– متى ستذهبين إلى المدرسة يا سامية ١٠– يجب أن تَمرّ علينا غدا ١١– ليس عندي وقت هذا الأسبوع ١٢– لهذه الغرفة نافذتان كبيرتان ١٣– لا يريدون أن يذهبوا إلى المدرسة اليوم ١٤– كان المصعد معطلا البارحة ١٥– هل هناك حديقة حول البيت

الدرس التاسع Lesson 9

١– إنّك لم تفتحي الباب وهي لم تفتحه أيضا – إنّني لم أدفع الحساب وأنتَ لم تدفعه أيضا – إنّكم لم تفهموا كلامه وأنا لم أفهمه أيضا – إنّكَ لم تسمع الصوت وهم لم يسمعوه أيضا – إنّهم لم يكتبوا الرسالة ونحن لم نكتبها أيضا – إنّهن لم يملأن الاستمارة وهم لم يملؤوها أيضا – إنّنا لم نقرأ الشروط وأنتم لم تقرؤوها أيضا – إنّها لم تعبر الطريق وهو لم يعبره أيضا – إنّكن لم تشربن القهوة وأنتم لم تشربوها أيضا – إنّني لم أترك بلادي ومنيرة لم تتركها أيضا

٢– إن حسن لم يدع أخاه إلى حفل عيد ميلاده – إن مهندسي المصنع لم يبنوا هذا البيت الجميل – إن الطالبات لم يقضين يومهن في الجامعة – إنك لم تمش في الطريق المخصص للمشاة – إن البنات لم يقلن لأمهن شيئا عن حادث التصادم – إن صديقي مراد لم يستطع أن يشتري منزلا في الزمالك – إنني لا أعرف لماذا لم تختر سميحة هذا الكتاب – إنكم لم تصوموا البارحة لأنكم كنتم على سفر – إنكم لم تستعدوا استعدادا كاملا لرحلتكم إلى فرنسا – لماذا لم يرد الطلاب على أسئلة الأستاذ؟ – لم يمرّ المدير على كل مكاتب الشركة – إن المدير لم يحرّر خطاب توصية لموظفه حسن.

٣– لا أستطيع أن أدرّس هنا، أدرسوا أنتم – لا أستطيع أن أشرب شيئا، اشربي أنت – لا أستطيع أن أتحدث معك، تحدّث أنتَ – لا أستطيع أن أنتظر طويلا، انتظرن أنتن – لا أستطيعَ أن أعتذر لهن،

اعتذروا أنتم – لا أستطيع أن أعمل هنا، اعملي أنت – لا أستطيع أن أحضر مبكرا، احضروا أنتم – لا أستطيع أن أدخل المبنى، ادخل أنتَ – لا أستطيع أنَ أسافر إلى الخارج، سافري أنتِ – لا أستطيع أن أخرج من هنا، اخرجن أنتن.

٤– اشترها يا طارق – سيري فيه يا سلمى - بيعوها يا شباب - قوديها يا أختي - قوليها يا عزيزة - عودوا إليه يا أصدقائي - عش فيه وكن سعيدا يا علي - زرهم يا سامي - ارتحن يا بنات – نم يا أخي العزيز!

٥– لا تعودي غداً – – لا يا فاطمة، لا تسيري فيفي هذا الطريق – لا يا منير، لا تزر أختي في اليابان – لا يا علي، لا تقل لسامي الحقيقة – لا يا شريفة، لا تقضي يومك في الفراش – لا يا طارق، لا تحك لي القصة بأكملها – لا يا فريدة، لا تنسي كلامي هذا – لا يا كريم، لاتدع أصدقاءك – لا يا صلاح، لا تمر علينا غداً – لا يا أمي، لا تعدّي لنا الطعام – لا يا أبي، لا تستعدّ/ تستعدد الآن للسفر – لا يا شهرزاد، لا تحلّي المشكلة الآن

٦– لا، لن نذهب إلى المكتب الآن – لا، لن أحضر قبل الساعة السادسة – لا، لن أبحث عن كتابي – لا، لن نركب القطار في الصباح – لا، لن أ دخل من هذا الباب – لا، لن نرحل عن هذه المدينة – لا، لن أفتح النوافذ والأبواب – لا، لن أقرأ هذا الكتاب – لا، لن ننهض من الفراش مبكرا – لا، لن أسأل أخي هذا السؤال – لا، لن أعتذر لهم عن التأخير – لا، لن ترحل من هذا المكان

٧– لم نكن مسؤولين عن بعضنا البعض – لم يستطع أن يسجّل عضويته – لا يريدون أن يحكوا شيئا عن أنفسهم – هل ستقرئين هذا الكتاب بنفسك؟ – لا تكذبوا بعضكم على بعض – سيختارون التوقيتات المناسبة بأنفسهم – لن نعود إلى هذا المكان مرّة أخرى – إرشادات المرور مهمة لسلامتك – تتعرّف الشعوب بعضها على البعض

٨– لن أتحدث عن نفسي في هذا الاجتماع(myself) – اضغط على نفس الزرّ مرة أخرى (same) – ادخلوا وشاهدوا التغيّرات بأنفسكم (yourself) – هناك كلمات أخرى بنفس المعنى (same) – يدير الأستاذ فرغلي كل أعماله بنفسه (himself) – سيبنون بيتهم الجديد بأنفسهم (themselves) – على كل شعب أن يدافع عن نفسه بالطرق المتاحة (itself) – كان حسن يعيش لنفسه ولنفسه فقط (himself) – تعدّ صفاء نفسها للسفر مع زوجها إلى الخارج (herself) – اختر بنفسك كلمة المرور الخاصّة بك! (yourself)

٩– يوجد زرّ التسجيل بالصفحة الرئيسية – نعم لديّ كلمة مرور خاصة بي وهي زيزو٢٣ – أفضّل التوقيت الصباحيّ – يمكنني تنشيط العضوية بالضغط على أحد الروابط – تنتهي عمليّة التسجيل بالضغط على الرابط
لا، لا يسمح للطفل بالوقوف في المقعد الأماميّ – نعم يوجد حزام أمان في كل سيارة في هولندا
لا، فالإضاءة الحمراء تعني حظر عبور الطريق على المشاة – يدل اللون البرتقاليّ على نفس المعنى للمشاة؟

١٠– ١– اقرأ الشروط جيّدا قبل أن تضغط على الزر – ٢– يجب (عليك) ألاّ تترك الأطفال في السيّارة – ٣– سوف لا يدرس الطلاب نفس الكتب هذا العام – ٤– يريد الطفل أن يربط حزام الأمان بنفسه – ٥– هل سيقبلون عضويتنا في المنتدى – ٦– يجب عليك اتّباع قواعد المرور – ٧– ممنوع عبور الطريق لأنّ الإشارة حمراء – ٨– هل تعرّفتم بعضكم على البعض – ٩– لا تنس أن تجدّد عضويتك – ١٠– أجب بنفسك على الأسئلة الآتية – ١١– هل تتحدث الآن عن نفسك أم عن الآخرين – ١٢– اغلق الأبواب ولا تفتحها قبل الظهر – ١٣– لم نستطع أن نجد عنوان سميرة – ١٤– لم أقض أكثر من يومين في القاهرة – ١٥– ضع كتبك على المائدة واذهب إلى المطبخ – ١٦– لم يأت عمر لزيارتنا في منزلنا الجديد

الدرس العاشر Lesson 10

١- لديهِ ورد كثير - كم وردةً بالضبط؟ - لديه بقر كثير - كم بقرةً بالضبط؟ - أحتاج إلى بيض كثيرٍ - كم بيضةً بالضبط؟ - أحتاج إلى بصل كثير - كم بصلةً بالضبط؟ - أحتاج إلى ورقات كثيرة - كم ورقة بالضبط؟ - هذه الموزات لا تكفي - تحتاجين إلى كم موزة؟ - في حديقتي شجر كثير - كم شجرة بالضبط؟

٢- ذكرت أحمد في إحدى رسائلي - أعدّ الطبّاخ إحدى الوجبات الشعبيّة - كان أحد مهندسي المصنع - ذهبنا إلى أحد منتزهات المدينة - وجدوا الهديّة في أحد الدكاكين - كانت تعيش في إحدى القرى البعيدة - جلس الضيوف في إحدى شرف المنزل - التقيت بها في إحدى رحلاتي - قرأت ليلى إحدى مقالات الجريدة - صفاء إحدى طالبات جامعة القاهرة

٣- كان عمرو عبد الرازق أحد أصدقاء أبي - كانت عفاف إحدى موظّفات شركة الاستيراد - تناولنا وجبة خفيفة في أحد مطاعم قريتنا - كانت سامية إحدى طالبات كلّيّة الآداب - كان علاء أحد أعضاء منتدى الشباب - قرأ لنا الأستاذ أحد نصوص هذا الكتاب - لم أذكر اسمك في أحد خطاباتي - كنّا نعيش في أحد أحياء القاهرة - كتب حسن عن الحادث في إحدى مقالاته - غنت لنا منى إحدى أغاني المطربة أم كلثوم

٤- لا، لم آمل منكم المساعدة - لا، لم آخذ حقائبي - لا لم نأكل كل التفاح - لا، لم نأخذ كل الهدايا

لا، لن آكل طعامي - لا، لن آخذ معي كلبي - لا، لن آخذ حقائبي - لا، لن نأكله - لا، لن نأخذ كل هذه الهدايا

٥- لقد ركبت القطار أمس - لقد دفعت الحساب أمس - لقد شربت فنجانا من القهوة أمس - لقد أخذت معي حقائبي أمس - لقد ذهبت إلى الشاطئ أمس - لقد رجعت أختي من أبي قير أمس - لقد سافرت أمس - لقد أرسلت الرسالة أمس - لقد تفرجت على الصيادين أمس - لقد أكلت سمكا أمس - لقد اعتذرت لحسن عن تأخيري أمس - لقد كلمت الوالد بالهاتف أمس - لقد نظفت غرفتي أمس - لقد أخذت جميع كتبي أمس

٦- متى بعتم هذا المنزل؟ - هل اخترتم سمكا طازجا؟ - متى عدتم من السفر؟ - هل استطعتم السير على الأقدام؟ - هل أردتم شيئا؟ - هل خفتم من اللصوص؟ - هل نمتم مبكرا؟ - هل قمتم بإعداد الطعام؟ - هل صمتم في رمضان؟

٧- اشترَيْتُ بعض الهدايا - تمنَيْتُ أن تكون بخير - نسيتُ كل شيء - حكَيْتُ لكم عن رحلتي - قضَيْتُ يوما جميلا - دعَوْتُ صديقتي إلى الحفلة - غنَيْتُ أغنية جميلة - رجَوْتُ دوام المراسلة - أتَيْتُ لزيارتكم

٨- لا، لقد مرت أخته - لا، لقد ردت عليها المديرة - لا، لقد أعددت الطعام بنفسي - لا، لقد أحسست أنا بالتعب - لا، لقد وددنا نحن الرحيل - لا، لقد استعددت أنا للسفر - لا، لقد شممنا الرائحة بأنفسنا

٩- نعم، ركبوه - نعم، سألوهم - نعم، شاهدوها - نعم، تفرجوا عليها - نعم، توجهوا إليها - نعم، أحضروه - نعم، أشعلوها - نعم، تناولوه - نعم، وجدوها - نعم، نظفوها - نعم، تابعوه - نعم، طلبوه

١٠- نعم، أرسلناه - نعم، سألناهن - نعم، دخلناها - نعم، أحضرناه - نعم، غادرناها - نعم، اشتريناها - نعم، شربناه - نعم، تفرجنا عليها - نعم، شكرناه - نعم، وضعناه - نعم، تابعناه - نعم، أكلناه - نعم، سألناهم - نعم، كلمناهن بالهاتف

١١– نعم، أسمعك – نعم، أحسسنا بالتعب – نعم، نحس بالتعب – نعم، سمعنا كلامه – نعم، نسمع كلامه – نعم، دعَوْنا الطالبات – نعم، ندعُو الطالبات كل عام – نعم، حكَيْنا القصة للأولاد – نعم، نحكي القصة للأولاد – نعم، قرأنا المقالات – نعم، نقرأ المقالات

١٢– لا، ولكني حاولت أن أكتبَها – لا، ولكنّا حاولنا أن ندفعَه – لا، ولكنهم حاولوا أن يغادروها – لا، ولكني حاولت أن أتفرجَ عليهم – لا، ولكنّا حاولنا أن نشعلَها – لا، ولكنهم حاولوا أن يخرجوا منه – لا، ولكنّا حاولنا أن نعودَ إلى المنزل مبكرا

١٣– سيحضرون إليها غدا – سأعتذر لها غدا – سنعدّه غدا – سيتحدثون معهم غدا – سيقرأنها غدا – سنتصل به غدا – سأسأل عنها غدا – سنفهمها غدا – سيسافرون غدا – سيفتحها غدا – سيشاهدونها غدا

١٤– وقت *waʼt (waqt-un)* – طويل *ṭawīl (ṭawīl-un)* – خير *xēr (xayr-un)* – أسبوع *ʼusbūʿ (ʼusbūʿ-un)* ساعة *sāʿa (sāʿa-tun)* – سمكة *samaka (samaka-tun)* – بعث *baʿat (baʿaṯ-a)* – قهوة *ʼahwa (qahwa-tun)* وضع *ḥaṭṭ (waḍaʿ-a)* – صديق *ṣāḥib (ṣadīq- un)* – مقهى *ʼahwa (maqhan)* – جيد *kuwayyis (ǧayyid-un)* خطاب *gawāb (xiṭāb-un)* – مدينة *balad (madīna-tun)* – عاد *rigiʿ (ʿād-a)* – ذهب *rāḥ (ḏahab-a)*

١٥– تقع أبو قير على البحر الأبيض المتوسط – ليست أبو قير بعيدة عن الاسكندرية – ينظف الطباخ السمكة ويضعها على الفحم – نعم، فإن القطار مزدحم في المساء – كاتب الرسالة اسمه كمال يسري – ذهب كمال إلى أبى قير بالقطار – شرب فنجانا من القهوة وتناول وجبة خفيفة في المقهى – عاد إلى منزله مبكرا

١٦– ١– بعث إليّ هذا الخطاب بعد انقطاع طويل ٢– سوف أبقى\أقيم يومين في بغداد ٣– أتمنى أن تكون بخير (وأن يكون كل شيء على ما يرام) ٤– عادت من مصر البارحة في المساء\مساء أمس ٥– قالت لي إنها بخير وبصحة جيّدة ٦– يجب عليك أن تدفع الحساب ٧– كانت تودّ أن تحكي لنا حكاية طويلة ٨– هل سمعتم شيئا عن صديقنا علي ٩– سوف يبقون\يقيمون أسبوعا في القاهرة ١٠– سوف يمر (علينا) علي غدا في المساء\مساء غد ١١– آكل تفاحة كل يوم ١٢– سوف آخذ معي حقيبتين ١٣– كنا نعيش في أحد الأحياء القديمة بالقاهرة ١٤– عندما أحسست بالجوع دخلت إلى أحد المطاعم ١٥– عندما وصلت إلى المحطة وجدت أخي هناك

١٧– عزيزتي سماح

أبعث إليك هذه الرسالة متمنية أن تكوني بخير وأن يكون كل شيء على ما يرام. أما أنا فبصحّة جيّدة والحمد لله. أودّ يا صديقتي أن أحكي لك في خطابي هذا عمّا فعلته يوم الجمعة الماضي. لقد ذهبت مع أختي منى إلى سوق من أسواق امستردام. كان الجو حارا والازدحام شديدا. تمشينا طويلا واشترينا الكثير من الملابس والهدايا. عندما عدت إلى المنزل قرأت الجريدة اليومية ثم اتصلت بصديقنا طارق وتحدثنا طويلا. وقبل أن أذهب إلى الفراش تفرجت على برنامج ثقافي في التلفزيون. وأخيرا أرسل إليك أجمل التحيات وأرجو منك الرد على خطابي سريعا.

صديقتك المخلصة

سلوى

Lesson 11 **الدرس الحادي عشر**

١– لا، لم يطلبْها بعد – لا، لم يدخلْه بعد – لا، لم يقرأْها بعد – لا، لم يركبْه بعد – لا، لم يحصلْ عليها بعد – لا، لم ينشرْها بعد – لا، لم يدفعْه بعد – لا، لم يفتحْها بعد – لا، لم يشربْها بعد

٢– لم أحصل على الشهادة بعد وأنتم لم تحصلوا عليها أيضا – لم أنظّف الغرفة بعد وهم لم ينظفوها أيضا – لم أفهم هذا الدرس بعد وأنتَ لم تفهمْه أيضا – لم أتّصل بسامية بعد وأنتِ لم تتصلي بها أيضا

– لم أسأل الأستاذ بعد وهم لم يسألوه أيضا – لم أعتذر عن التأخير بعد وأنت لم تعتذري أيضا – لم أُرسل الرسالة بعد وهي لم ترسلْها أيضا – لم أفتح باب الشقّة بعد وهن لم يفتحْنَهُ أيضا

٣– لا، لا تنَمْ مبكرا يا محمد – لا، لا تعُدْ غدا يا محمد – لا، لا تقُلْ الحقيقة يا محمد – لا، لا تعِشْ هنا يا محمد – لا، لا تسِرْ في هذا الطريق يا محمد – لا، لا تصُمْ اليوم يا محمد – لا، لا تقُمْ من مكانك يامحمد – لا، لاَ تزُر ماجدة يامحمد – لا، لا تخن العهد يا محمد

٤– لا، لم نأت في وقت مبكر – لا، لم نقْضِ العطلة على الشاطئ – لا، لم نحْكِ لحسن القصة كلها – لا، لم ندْعُ جميع الأصدقاء – لا، لم نتمَنَّ لهم عيدا سعيدا – لا، لم ننْسَ الكتبَ في المنزل – لا، لم نغْنِ أغاني جديدة – لا، لم نبْنِ بيتا في الزمالك – لا، لم نتمَشَ على الشاطئ

٥– إن الطالبات قد مررن بالمحطة صباح اليوم – إنني قد أحسست بالتعب – إنني لا أود أن أسافر إلى الخارج – إن البنات قد شممن رائحة السمك – هل استطعتم أن تردوا على جميع الأسئلة – يجب علينا أن نعدّ الطعام اليوم – يجب عليكن أن تستعددن للسفر الآن – إنني قد أحببت منى حبا عميقا – يجب عليكم ألاّ تستمروا في هذا الطريق الخطأ

٦– نعم، رأيْتُه – لا، لم أرَه – نعم، رأتْها – لا، لم ترَها – نعم، رآه – لا، لم يرَه – نعم، رأيْناها – لا، لم نرَها – نعم، رأيْناك – لا، لم نرَك – نعم، رأَوْهم – لا، لم يرَوْهم – نعم، رأيناهم – لا، لم نرهم نعم، نراها – لا، لا نراها – نعم، أراهما – لا، لا أراهما – نعم، نراك – لا، لا نراك – نعم، أراهن – لا، لا أراهن – نعم، تراهم – لا، لا تراهم – نعم، نراها – لا، لا نراها – نعم، أراه – لا، لا أراه

٧– كان الأطفال يحبون السباحة في البحر – كان عمرو قد حصل على المنحة – كنّا قد قدّمنا طلب المنحة إلي اللجنة – كانت الطالبات سيشتركن في هذه الدورة – كنّا قد قرأنا بعض المقالات – كان طارق يسبح مع رفيق له – كانت قد ذكرت شهاداتها في سيرتها الذاتيّة – كان الملف يضمّ بعض الأوراق المهمة – كانت فاطمة لا تجيد السباحة – كان نبيل سيبيع سيارته لرفيق له

٨– أما حسن فيدخل إلى الغرفة – أما السيّدة فتنهض من الفراش مبكرا – أما الفتيات فيقدمن على السباحة – أما السيّدات فسيعملن في المصنع – أما المهندسون فسيسافرون إلى هولندا – أما الأولاد فسيشمّون الهواء المنعش – أما الطلاب فسيعرضون الملفات على اللجنة – أما المهندسة فقد حلّت المشكلة – أما الطلاّب فلقد اشتركوا في المؤتمر – أما الطبّاخ فاختار سمكة طازجة

٩– إنّ الملفّ يحتوي على طلب المنحة – إنّ الطالبات يتعلّمن دروس جديدة – إنّ حزام الأمان كان مرتخيّا – إنّ الطلاب قد سافروا البارحة – إنّ السيدات لا يجدن السباحة – إنّ جحا كان قد فقد حماره – إنّ الطالبات سوف يسافرن غدا – إنّ الطبّاخين قد أعدّوا الطعام – إنّ الموظفين لم يدفعوا الحساب

١٠– إذا أحسست بالجوع فسأدخل إلى أحد المطاعم – إذا وافقت لجنة البعثات على ذلك يستطيع الطالب أن يحصل على منحة – إذا حصلنا على منحة فسنسافر إلى الولايات المتحدة – إن لم يكن معكم رفيق فلا تقدموا على السباحة في المياه العميقة – إذا أردت أن يكون الملّف كاملا فلا تنس أن تضع فيه سيرتك الذاتيّة – إن لم تساعدني فلن أساعدك – إذا كان الطقس حاراً فلن نذهب إلى سيناء – إذا أردت تسجيل عضويّتك في المنتدى يجب عليك أن تملأ الاستمارة – إذا كنت حريصا على سلامتهم فعلّم أولادك أصول المرور – إذا كان القطار شديد الازدحام فلن نركبه

١١– كاتب هذه الرسالة طالب – يريد عمرو أن يواصل دراساته العليا بجامعة السوربون بفرنسا – نعم، يحتوي ملف عمرو على سيرته الذاتية – يجب على عمرو إرسال المستند المطلوب قبل نهاية الشهر – المستند المطلوب هو خطاب توصية من الأستاذ المشرف على الرسالة

نعم، إنني أجيد السباحة – نعم، لقد تعودت أن آخذ في الاعتبار قواعد السلامة – يجب علي ألا أقدم على السباحة إن كنت أشعر بالتعب وكذا بعد الأكل مباشرة – لا، لا أسبح في المياه العميقة بعد الأكل مباشرة – أفضّل السباحة في البحر

١٢– ١– أما أحمد فلم يحصل على المنحة ٢– لا تشتر هذا المنزل فإنه صغير ٣– إذا كنتم تريدون أن تذهبوا إلى أسوان فعليكم أن تركبوا هذا القطار ٤– عندما وصل الأطفال إلى المدرسة كان الدرس قد بدأ ٥– نسي أن يضيف سيرته الذاتية إلى ملفه ٦– يجب عليك ألا تسبح في البحر إذا كنت لا تجيد السباحة ٧– سوف لا يذهب عمرو إلى فرنسا إن لم يكن ملفه كاملا ٨– لقد رأينا بيتا جميلا جدا في المعادي أمس ٩– هل صدرت في الصحف مقالات باسمك ١٠– مرّي علينا غدا يا نادية ١١– اشتركت عفاف في دورة تربوية بالاسكندرية ١٢– لقد حصل الطلاب على شهادتهم ١٣– إذا كان لديكم وقت فعليكم أن تقرؤوا هذا المقال ١٤– كنت أكتب خطابا عندما دخلت عواطف الغرفة ١٥– أما أنا فأريد أن أواصل دراستي في مصر

الدرس الثاني عشر Lesson 12

١– هذان موظفان وهتان موظفتان – هذان ولدان وهتان بنتان – هذان أستاذان وهتان أستاذتان – هذان رجلان وهتان سيدتان – هذان سائحان وهتان سائحتان – هذان طفلان وهتان طفلتان – هذان وزيران وهتان وزيرتان – هذان جاران وهتان جارتان – هذان مهندسان وهتان مهندستان – هذان صديقان وهتان صديقتان

٢– نعم، لقد دعته كلتاهما – نعم، لقد اتصلت بكليهما – نعم، لقد أسرع كلاهما إلى الشقة – نعم، لقد التقيت بكليهما أمس – نعم، لقد صاحت كلتاهما – نعم، كلانا مسافران / مسافر – نعم، وجدنا كليهما في الشقة – نعم، كلاهما غائبان / غائب – نعم، حضرت كلتاهما المحاضرة – نعم، حصل كلاهما على منح – نعم، اعتذرنا لكلتيهما – نعم، ذهب كلاهما إلى أبي قير – نعم، دعونا كلتيهما إلى الحفلة

٣– لا، هما اللذان أكلا الطعام – لا، هما اللتان أكلتا الطعام – لا، هما اللذان اعتذرا عن التأخير – لا، هما اللتان اعتذرتا عن التأخير – لا، هما اللذان حاولا قتل السيدة – لا، هما اللتان حاولتا قتل السيدة – لا، هما اللذان شربا القهوة – لا، هما اللتان شربتا القهوة – لا، هما اللذان ارتكبا الجريمة – لا، هما اللتان ارتكبتا الجريمة

لا، هما اللذان سيقرآن المقالات – لا، هما اللتان ستقرآن المقالات – لا، هما اللذان سيطرقان الباب – لا، هما اللتان ستطرقان الباب – لا، هما اللذان سيتصلان بك بالهاتف – لا، هما اللتان ستتصلان بك بالهاتف – لا، هما اللذان سيقيمان بالزمالك – لا، هما اللتان ستقيمان بالزمالك – لا، هما اللذان سيحكيان للأطفال قصة – لا، هما اللتان ستحكيان للأطفال قصة

٤– كان المهندسان يعملان في المصنع – كان الطالبان ينظّمان مؤتمرا علميا – كانت السيّدتان تتحدثان مع الجارين – كان الطبّاخان يعدّان الطعام – كانت الصديقتان تشربان فنجانا من القهوة – كان الطفلان يتناولان وجبة العشاء

يريد الموظّفان أن يشكرا المدير – تريد المهندستان أن تسافرا إلى العراق – يريد الرجلان أن يرتكبا جريمة قتل – تريد الطفلتان أن تطمئنا على أمهما – يريد الصديقان أن يتصلا بالهاتف – تريد الطالبتان أن تحصلا على منحة

٥– أين المهندسون الذين وصلوا صباح اليوم – أين الطالبات اللواتي وصلن صباح اليوم – أين الوزير الذي وصل صباح اليوم – أين السيّدات اللواتي وصلن صباح اليوم – أين الموظّفة التي وصلت صباح اليوم – أين الموظّفان اللذان وصلا صباح اليوم – أين الطلاب الأجانب الذين وصلوا صباح اليوم – أين العجوز التي وصلت صباح اليوم – أين الرسائل التي وصلت صباح اليوم – أين المدرّسات اللواتي وصلن صباح اليوم – أين الصديقتان اللتان وصلتا صباح اليوم

٦– هل تعرفون المهندس الذي رأيناه في الشارع – هل تعرفون الموظّفة التي رأيناها في المكتب – هل تعرفون الطالبات اللواتي رأيناهن في الجامعة – هل تعرفون الموظّف الذي رأيناه في المكتب – هل

تعرفون المهندسين الذين رأيناهم في الشركة – هل تعرفون الطالب الذي رأيناه في المطعم – هل تعرفون الطالبتين اللتين رأيناهما في المكتبة – هل تعرفون الرجلين اللذين رأيناهما في النادي

٧– رددنا على رسالتين كان المدير قد أرسلهما – لا أتحدث مع مدرّسين لا يردّون على أسئلتي – كتب الأستاذ مقالات لم نقرأها بعد – كان هناك ناس كثيرون يريدون أن ينقذوا حياتي – نبحث عن بيت صغير فيه غرفتان للنوم – لا نريد أن نشتري بيتا سعره مرتفع – أمسك الجار بسيّدة كانت قد حاولت قتل العجوز – نشرت المجلة المقالات التي كتبها الطالب

٨– ارتكب الجريمة الرجلان اللذان سرقا الذهب – ارتكبت الجريمة السيّدتان اللتان أغواهما الشيطان – ارتكب الجريمة الرجلان اللذان أمرت النيابة بحبسهما – ارتكبت الجريمة السيّدتان اللتان اتهمتهما العجوز – ارتكب الجريمة الرجلان اللذان أمسك بهما الجيران – ارتكبت الجريمة السيّدتان اللتان ألقت الشرطة القبض عليهما – ارتكب الجريمة الرجلان اللذان يقيمان بمفردهما في شبرا – ارتكبت الجريمة السيّدتان اللتان كانت العجوز إحدى زبائنهما – ارتكب الجريمة الرجلان اللذان طرقا باب الشقة – ارتكبت الجريمة السيّدتان اللتان اتّصلتا بالهاتف – ارتكب الجريمة الرجلان اللذان كانا يخدمان العجوز

٩– نعم، ينبغي أن نكون صادقين – نعم، من الضروري أن أكون حريصا في السباحة – نعم، يجب أن نكون سعيدات الآن – نعم، من الأفضل أن نكون فرحين – نعم، يجب أن أكون مخلصة في صداقتي – نعم، ينبغي أن أكون كريما – نعم، ينبغي أن أكون غاضبا عليكم – نعم، من الأفضل أن تكون إجابتي صحيحة – نعم، يجب أن يكون والدنا موجودا – نعم، من الضروري أن يكون لديّ خطاب توصية؟

١٠– لا تكن كذوبا في أقوالك يا أحمد! – كوني حريصة في القيادة يا منى واحترمي قواعد المرور! – د لا تكن حزينات يا بنات بسبب سفر أخيكم إلى الخارج! – يا طلاب، اعملوا جيدا وكونوا دائما من المتفوقين في الدراسة! – سامحني يا أبي ولا تكن غاضبا عليّ! – يا محمود كن كريما وساعد أخاك! – لا تكن خائفات يا بنات فليس هناك خطر! – افرحي واضحكي يا ابنتي وكوني سعيدة في حياتك!

١١– أرادت الموظفة أنْ تطمئنّ على أمها – تدهورت حالتها الصحية بسرعة – سيطر الخوف على جميع الحاضرين – شعروا بالأرض تتزلزل تحت أقدامهم – تحدث في الحروب جرائم تقشعر لها الأبدان – سارت الفتاة تتبختر في الطريق

١٢– الصدفة أحبطت جريمة القتل هذه – تقيم أم الموظفة ايلين جرجس عزمي بشبرا – وجدت الابنة في شقة أمها سيدة شابة لم ترها من قبل – أسرعت الموظّفة بإغلاق باب الشقة – حضر الجاران اللذان يسكنان في الشقة المقابلة لمساعدة الموظّفة – أرادت الخيّاطة أن تسرق ذهب العجوز
تسبب سوء الأحوال الجوية و هطول الأمطار في توقف حركة المترو – حدث الماس الكهربائي بحي شرق القاهرة – انقلبت سيارتان في الحادث

١٣– ١– أنقذت مكالمة هاتفية حياة العجوز ٢– كان يريد / أراد سالم أن يطمئن على ابنه محمد ٣– تدهورت الحالة الاقتصادية في البلاد / البلد بسرعة ٤– ارتدت الموظفة ملابسها / ثيابها وذهبت إلى المكتب ٥– هؤلاء هم الصديقان اللذان قابلتهما أمس ٦– حاولنا أن نتصل بكم بالهاتف / هاتفيا عدة مرات ٧– أسرع الرجل الذي كان قد سمع الصراخ إلى شقة السيدة ٨– انقلبت سيارتان بسبب سوء الأحوال الجوية ٩– سوف لا يحضر كلا الطالبين المؤتمر ١٠– كانت الخياطة تريد أن تسرق مجوهرات العجوز ١١– فتحت الباب بنت / طفلة صغيرة لم ترها من قبل ١٢– لم يستطع الجاران أن يحكيا الحكاية ١٣– لا نريد أن نأكل في أحد هذه المطاعم ١٤– قال لي سمير أنه سيحضر غدا في المساء ١٥– ذهبت إلى المكتبة لأبحث عن كتابين

الدرس الثالث عشر Lesson 13

١– احترم / احترام – أرسل / إرسال – شاهد / مشاهدة – قدّم / تقديم – أذاع / إذاعة – تكرّم / تكرُّم – ثبّت / تثبيت – ظهر / ظهور – ارتدى / ارتداء – استورد / استيراد – ضاع / ضياع – فاجأ / مفاجأة – فتّش / تفتيش – استخدم / استخدام – ساوى / مساواة – عوّد / تعويد – اتّهم / اتّهام – انقطع / انقطاع – ألقى / إلقاء – أتمّ / إتمام – فقد / فقدان – أصاب / إصابة – ربط / ربط – عالج / معالجة – اختار / اختيار – حقّق / تحقيق – أبلغ / إبلاغ – جلس / جلوس – أعدّ / إعداد – شكر / شكر

٢– أراد السائق ارتداء حزام الأمان – قرّر الجاران إبلاغ مفتّش المباحث – أردنا شراء كتب جديدة – حاول ربط حزام الأمان لأولاده – أراد استخدام المقعد الخاص به – حاولوا تقديم خدمات متنوّعة – حاولت الموظفة الاتّصال بأمها – أراد الضغط على زر التسجيل – حاولت الشرطة القبض على السيدة – أراد الشاب الاشتراك في المنتدى – استطاعوا الإقامة بالخارج طويلا – حاولنا العودة إلى المنزل مبكرا

٣– يبحث جحا عن حماره – يدرّس الأستاذ القواعد – يعرض الطالب ملفه على اللجنة – تدرس لجنة البعثات الملفّ – يحمد جحا ربه – يشعل الطبّاخ النار – تشتري المكتبة كتبا جديدة – يعلّم حسن أطفاله قواعد المرور – يُعدّ الطبّاخ الطعام – يقدّم المقهى خدمات للشباب – يُلقي الأستاذ محاضرة عن البيئة – يحلّ الطلاب تمرينا صعبا

٤– سيقوم عادل بشراء بعض الهدايا – لم يقم الطباخ بتنظيف السمك جيّدا – لا تقوموا بإشعال النار الآن – لن يقوم جحا بركوب حماره بعد اليوم – قام الطالب بتسجيل عضويته في المنتدى – سيقوم حسن بدفع الحساب بعد الأكل – لم يقم الرجل بارتكاب جريمة قتل – قام أحمد بتثبيت طفله في مقعد الأمان – سوف لا نقوم بالاعتذار عن تأخّرنا – ستقوم منى بالرحيل إلى السودان غدا – قاموا بالإجابة على جميع أسئلة الامتحان – قمنا بالاشتراك في أحد المؤتمرات العلمية – قامت الشرطة بالقبض على اللص – لن يقوم الأستاذ بالإشراف على رسالة بعد اليوم – لا تقم بالضغط على زر التسجيل يا حسن – قام المحامي بالدفاع عن المتهم

٥– منذ سماعي لهذه الأخبار السعيدة – قبل قراءة الحاضرين لنوادر جحا – بعد اتباعنا لجميع التعليمات – قبل معالجة الطبيب للمصابين في الحادث – بعد استخدامها لكلمة المرور الصحيحة – منذ شراء الفتيات لبعض الهدايا – بعد شرح الأستاذ لجميع الدروس – قبل مشاهدتنا لقوارب الصيد – بعد توديع حسن لأبيه – قبل تسلُّم اللجنة لطلب المنحة

٦– الرجاء عدم الذهاب إلى أسوان اليوم – الرجاء عدم ركوب هذا القطار – الرجاء عدم إيقاف السيّارات في هذا الميدان – الرجاء عدم التدخين في هذه الساحة – الرجاء عدم الصراخ في أطفالكم – الرجاء عدم أكل هذه المأكولات – الرجاء عدم السباحة في المياه العميقة – الرجاء عدم إلقاء المهملات في الشوارع – الرجاء عدم قطف ورود الحديقة – الرجاء عدم مغادرة هذا المبنى – الرجاء عدم وضع الكتب على المكتب – الرجاء عدم شرب هذا الماء – الرجاء عدم الوقوف في هذا المكان

٧– لو لم يقدّم الطالب ملفّا كاملا لما حصل على المنحة / لو أنّ الطالب لم يقدّم ملفّا كاملا لما حصل على المنحة – لو لم يكن الطقس جميلا لما ذهب كمال إلى أبي قير / لو أنّ الطقس لم يكن جميلا لما ذهب كمال إلى أبي قير – لو لم تكن الأحوال الجويّة سيئة لما توقّفت حركة مترو الأنفاق / لو أن الأحوال الجويّة لم تكن سيئة لما توقّفت حركة مترو الأنفاق – لو لم يعوّد أولاده على احترام قواعد المرور لما قاموا بربط أحزمة الأمان / لو أنه لم يعوّد أولاده على احترام قواعد المرور لما قاموا بربط أحزمة الأمان – لو لم يتعلّم السباحة جيّدا لما سبح معنا في المياه العميقة / لو أنّه لم يتعلّم السباحة جيّدا لما سبح معنا في المياه العميقة – لو لم يفتّش جحا على حماره لما وجده في الحظيرة / لو أنّ جحا لم يفتّش على حماره لما وجده في الحظيرة – لو لم يكن لديّ وقت كاف لما حضرت مناقشة رسالة ابن عمّي هشام / لو أنّه لم يكن لديّ وقت كاف لما حضرت مناقشة رسالة ابن عمّي هشام – لو لم يكن لدينا في الحي مقهى ثقافيّ لما تمتّعنا بخدماته المتنوّعة / لو أنّه لم يكن لدينا في الحي مقهى ثقافيّ لما تمتّعنا بخدماته المتنوّعة

٨– لولا سوء الأحوال الجوّيّة لما انقلبت السيارتان – لولا مساعدة الأستاذ له لما حصل أحمد على منحة دراسيّة – لولا ذكاؤه لما نجح طارق بتفوّق في جميع الامتحانات – لولا إحساسه بالجوع لما دخل أحمد أحد المطاعم – لولا إجادته للسباحة لما استطاع أحمد أن ينقذ رفيقه – لولا انتماؤهما إلى نفس المجموعة لما التقى أحمد بهشام – لولاحرصها على سلامته لما ربطت سلوى حزام أمان مقعد ابنها – لولا وجود آثار تاريخيّة بالمدينة لما زار السوّاح الأقصر – لولا أصدقاؤه لما استطاع أحمد أن يتغلّب على أحزانه – لولا تهدئتنا للسرعة لانقلب السيارة

٩– لا، حزام الأمان مجهز لشخص واحد فقط – يفقد الحزام فاعليته إذا كان مرتخيًا – يجلس المولود في السيّارة مواجها للخلف – يجلس الطفل الحديث العهد بالمشي في مقعد أمان موجّه للأمام – يجب ربط الحزام حول الخصر وفوق الكتف – يستخدم الطفل البالغ تسع سنوات حزام الأمان الخاص بالكبار
سيعود المقهى الثقافي للظهور في بعض الأحياء الشعبيّة بالقاهرة – يقدّم المقهى خدماته للشباب – يقدّم المقهى خدماته في مجالات القراءة والمسرح والفنون الشعبيّة
عندما ضاع حماره أخذ جحا يفتّش عليه ويحمد ربه – كان جحا يحمد الله لأنه لم يكن راكبا على الحمار – جواب جحا غريب جدا

١٠– ١– هل لديكم مقهى ثقافيّ في الحي ٢– الرجاء إغلاق الأبواب والنوافذ ٣– الرجاء عدم إلقاء المهملات في شوارع المدينة ٤– لو لم يكن يُجيد السباحة لقال لي ذلك/لصارحني بذلك ٥– لو كان مصريًا لأجابك بالعربيّة ٦– لو لم يكن هناك مقهى ثقافيّ لجلس/لتسكّع الشباب الآن في الشارع ٧– لولا الشرطيان/لولا وجود الشرطيين لسرق اللص سيّارتك ٨– سوف تقوم المكتبة بشراء كتب جديدة إذا كانت لديها نقود كافية ٩– لجحا وحماره نوادر عديدة ١٠– يجب تثبيت حزام الأمان فوق الكتف وحول الخصر ١١– حضر المدير بنفسه لتسليم الشهادات للطلاب/لتسليم الطلاب الشهادات ١٢– يجب عليك التعوّد على ارتداء الملابس الطويلة ١٣– يجب تعليم السباحة للأطفال الذين تتراوح أعمارهم من أربع إلى ثماني سنوات ١٤– لو لم تكن لدي نقود لما اشتريت هذه السيّارة الجميلة

الدرس الرابع عشر Lesson 14

١– كانت الموظفة تريد أن تتصلَ بوالدتها العجوز – لم يستطع أحمد أن يدّخرَ مبلغا كافيا لشراء سيّارة جديدة – اضطرت الموظّفة أن تسافر إلى القرية لتسوية بعض الأمور المهمة – لم ندّعِ في يوم من الأيام أنّنا لا نريد أن نتعلّم اللغة العربيّة – لا أعرف كيف ازدحمت شوارع المدينة بهذه السرعة – هل اطّلع الطلاب على جميع الكتب المفروضة دراستها هذا العام – سوف تتّخذ إدارة الجامعة قرارا نهائيا لإنشاء مكتبة حديثة – لسحب كتاب من كتب المكتبة عليك أن تتبع الخطوات التالية – لقد اصطاد سامي البارحة ما يزيد عن عشرين كيلو من السمك.

٢– سافر أخي إلى فرنسا في السنة الماضية لمواصلة دراساته العليا – يجب اتّباع الخطوات التالية لتسجيل عضويّتك في المنتدى – هذه كلمةٌ أجنبية الأصل لم أجد معناها في قاموس اللغة العربية – كان الأستاذ علي عبد الجبّار محاميا مشهوراً في مدينة حلب – يجب على سائقي السيّارات تهدئة السرعة في هذا المنحنى الخطر – بقينا سائرين في طريق مواز للشاطئ لمدة ساعة أو أكثر – هناك العديد من المباني العالية في المدن الأوروبية الكبرى – ليس هذا المبلغ كافيا لشراء هدية مناسبة في عيد ميلاد أبي – كنا نريد الاشتراك في المناقشات الجارية لإحدى الملتقيات العربية – اشترك في هذا المؤتمر العلمي أساتذة وباحثون من مختلف المستويات – دخل عادل أحد المستشفيات الكبرى بعد أن أصيب في حادث التصادم

٣– هل ذهب أخوك إلى انجلترا في العام الماضي – سوف يلتقي الأصدقاء في نادي الزمالك غدا – ليالي الصيف ممتة في بلادي – ازدحمت شوارع المدينة بالناس و السيّارات – ادّخر طارق بعض النقود لشراء سيّارة – هل اطّلع الطلاب على الكتب المقرّرة – لم يدّع محمود أنّه يتكلّم الفرنسيّة – اصطنعت فاطمة المرض لكيلا تذهب إلى المدرسة.

٤– لست طالبا ولا موظفا – لم يسرق اللص المحمول ولا الحقيبة – لم أبلّغ أخي ولا أختي خبر زواجك – لم نركب سيّارة أجرة ولا أتوبيسا – ليس لدينا أقارب ولا أصدقاء هنا – لن نسافر بالطائرة ولا بالسفينة – لا أعرف عنوان حسن ولا رقم تليفونه – ليست رندا طويلة القامة ولا زرقاء العيون – لست مستعدة للسفر ولا للبقاء هنا – لم يكن أحمد رجلا طيبًا ولا كريما

٥– لم ير أحد اللص الذي سرق التليفون المحمول من السيّارة – إنّني متعب غاية التعب ولا أستطيع أن آكل أو أشرب شيئا الآن – سرق اللص وشريكه كل ما في الشقة ولم يتركا بها شيئا ذا قيمة – بقي أحمد مدّة طويلة بالدار لا يتصل بأحد ولا يكلّم أحدا – خرج الأستاذ مصطفى من المكتب دون أن يلقي نظرة إلى أحد – حكى لنا الكثير ولكن لم يكن شيء مما حكاه صحيحا – وصلنا في الموعد المتّفق عليه ولكنّا لم نجد أحدا في انتظارنا – اضطر محمود أن يبيع كل ما يمتلكه وليس لديه شيء الآن.

٦– لا شيءَ أبديٌّ – لا أصحابَ لهذا البيت – لا شروطَ للعمل هنا – لا أعداءَ لي في هذا المكان – لا خلافَ بيني وبين أخي – لا شأنَ لي في الأمر – لا أزرارَ لهذا الجهاز – لا مقاهيَ ولامنتزهاتِ في القرية – لا مطالبَ لنا

٧– قد يزور أحمد أصدقاءه غداً في الصباح – قد اجتمع رئيس الجمهوريّة بوزير الداخليّة أمس – لقد فهم طلاب القسم جميع قواعد اللغة – قد يسبّب فتح النافذة الرشح للسيّدة – لقد غادر الوفد القاهرة متوجّها إلى بغداد – قد أسرع الجاران لمساعدة العجوز – قد يسافر طارق إلى أمريكا في المستقبل – قد يفوز الأولمبي في مباريات السنة المقبلة – لقد طالبت الطالبات بحقّهن في ارتداء الحجاب – قد لا يذهب الأستاذ منير إلى مكتبه اليوم

٨– شوارع القاهرة في رمضان: شهر رمضان في مصر له عادته و بهجته الخاصة. قبل (حلول) شهر رمضان بقليل يقوم الأهالي بتزيين/يزين الأهالي الشوارع والمساجد ويعلّق التجار أمام محلاتهم الأنوار والفوانيس الملونة. وفي السوق يقوم البائعون ببيع/يبيع البائعون مأكولات وحلويات ومشروبات خاصة برمضان. أجمل شيء في الشوارع في رمضان هو منظر موائد الرحمن المفروشة للجميع، للمسافر والمحتاج وغيرهم

٩– تقدم شوارع القاهرة صورة حيّة لحياة سكانها – تعمّ في شوارع القاهرة بوادر البهجة والفرح كما تنتشر فيها علامات الفوضى واللامبالاة – لا يحترم سكّان القاهرة قواعد المرور
حدثت المطاردة في شارع سوريا بالمهندسين – كان أحمد السقّا يطارد اللص لأنه كان قد سرق تليفونه المحمول – كان للص شريك – تولّت النيابة التحقيق مع اللصين
سيّارات الأجرة الجديدة صفراء اللون – سيّارات الأجرة الجديدة مجهزة بعدّادات وهواتف وأجهزة تكييف – العدّاد الذكي عدّاد يحدّد الأجرة ويقدّم إيصالات مطبوعة وينقل المعلومات إلكترونيّا إلى مقر الشركة التي تتبع لها السيّارة – يتميّز السائقون الجدد بتأهيل مهني ومظهر لائق – لا يمكن للسائق التدخين بداخل السيّارة خلال فترة العمل

١٠– ١– ازدحمت شوارع القاهرة بالناس والسيارات فجأة ٢– أعطني معنى هتين الكلمتين بالانجليزية ٣– أدّى الازدحام إلى اختناق مروري ٤– اضطر الموظفون أن يغادروا مكتبهم القديم ٥– هل اطّلع الطلاب على هذه الكتب المهمّة ٦– هدئ السرعة فهناك منحنى خطر ٧– لا أرى طعاما ولا شرابا على المائدة ٨– لم يستطع أحد القبض على اللص أو على شريكه ٩– التدخين ممنوع في سيارات الأجرة الجديدة ١٠– ليست هناك أفلام ولا مسلسلات في برنامج السهرة ١١– هناك الكثير من المباني الخالية في هذا الحي الشعبي ١٢– لعب قاسم أمين دورا مهمّا في تحرير المرأة المصرية – يتميّز سائقو سيّارات الأجرة الجدد بتأهيلهم المهنيّ – لا تستطيع السلطة/السلطات ولا القوانين ضبط حركة المرور في شوارع القاهرة – كانت سيّارتهم مركونة أمام أحد المقاهي/مقهى من المقاهي

الدرس الخامس عشر Lesson 15

١– وضع الطباخ السمكة على الفحم / وُضِعَت السمكةُ على الفحم – شربت فنجانا من القهوة / شُرِبَ فنجانٌ من القهوة – تناولت وجبة خفيفة / تُنوولت وجبةٌ خفيفة – اخترت سمكة طازجة / اختيرت سمكةٌ طازجة – نظّف الطباخ السمكة / نظّفت السمكةُ – أشعل النار / أشعلت النارُ – طرقت الموظفة الباب / طُرق البابُ – رأت الخياطة كمية من المجوهرات / رئيت كميةٌ من المجوهرات – لم نجد بالملف خَطاب توصية / لم يوجد بالملف خطابُ توصية – مكالمة هاتفية من الابنة أنقذت حياة الأم / أُنقِذت حياةُ الأم

٢– نعم، أُدخلتْ كلمةُ المرور – نعم، شُكر المديرُ – نعم، أُرسلت المقالة إلى الجريدة – نعم، رُبطت أحزمةُ الأمان للأولاد – نعم، أُستبدلت البضاعةُ – نعم، فُتح البابُ – نعم، لقد بُعثت الرسالةُ – نعم، لقد سُمعت أقوالُ الأستاذ – نعم، لقد أُتكبت الجريمةُ
نعم، ستُبعث الرسالةُ اليوم؟ – نعم، ستُرتكب الجريمةُ – نعم، ستُنظّف الغرفةُ – نعم، ستُستخدم هذه المعلوماتُ – نعم، ستُشرب القهوةُ – نعم، سيُبلّغ مفتّشُ المباحث – نعم، ستُغلق النوافذ والأبواب؟ – نعم، سيُرسل طلبُ الإجازة اليوم – نعم، سيؤكل هذا الطعام – نعم، ستُكتب هذه الكلماتُ

٣– نعم، لقد بيعت السيارة القديمة – نعم، لقد أعيد إدخال كلمة المرور – نعم، لقد اختير سمك طازج – نعم، لقد زيّن الشارع – نعم، لقد غيّر عنوان المنزل – نعم، لقد استشير الأستاذ – نعم، لقد قيلت هذه الأقوالُ – نعم، لقد استطيع الرحيلُ
نعم، لقد بني بيت جديد – نعم، لقد دعيت فاطمة إلى الحفل – نعم، لقد غنّيت هذه الأغنية من قبلُ – نعم، لقد ألقى القبض على الرجل – نعم، لقد ارتديت الملابس – نعم، لقد استدعيت السيّدة – نعم، لقد سمّي الطفلُ أحمد – نعم، لقد أمضيت الإجازة في الخارج
نعم، لقد حلّت المشكلة – نعم، لقد احتلت الساحةُ – نعم، لقد استرددت البضاعة المباعة – نعم، لقد فوجئ الأب بهدية – نعم، لقد وضعت الكتب في الحقيبة – نعم، لقد ملئت استمارة التسجيل – نعم، لقد وجد عنوان الخيّاطة – نعم، لقد قرئت الرسائل

٤– حصل على المنحة المطلوبة – ووفق على منح الموظف إجازة – عثر على كمّيّة من الذهب – احتفظ بصور طارق – أقدم على السباحة بعد الأكل – حوفظ على نظافة المكان – أعتذر عن التأخير – أمسك بالخيّاطة – حكم على السيدة بالحبس – قبض على رجلين

٥– تّم إبلاغ الشرطة – تم إلقاء القبض على السيّدة – تمت معالجة المريض بالمستشفى – تمت إحالة السيدة إلى النيابة – تم استبدال البضاعة المباعة – تم شراء جميع الهدايا – تم إرسل وفد رسميّ إلى العراق – تمت إعادة كتابة كلمة المرور – تمت الموافقة على منح الطالب منحة – تم اختيار الكتب بدقّة – تم إعداد الطعام والشراب للضيوف – تم بناء مساكن جديدة بأسوان

٦– حرّر خطاب توصية للطالب – سجلت عضوية رشيدة بالمنتدى – أ نذر جميع سكان العمارة – أغلقت جميع نوافذ المكتب – عولج المرضى بالمستشفى – أعيدت المسروقات إلى أصحابها – ثبت الأطفال في مقاعدهم – استبدلت البضائع – اختير المبعوثون إلى الخارج – كتبت جميع الرسائل

٧– هذا الماء لا يشرب – هذا الطعام لا يؤكل – هذا الكلام لا يقال – هذه الفتاة لا تنسى – هذه اللغة لا تفهم – هذه البضاعة لا تردّ – هذه النافذة لا تغلق – هذا الكتاب لا يستبدل – أقوالك لا تناقش

٨– لم تتشاجر إلا هتان السيدتان – لا يدرس هؤلاء الطلاب إلا اللغة العربيّة – لن يفوز اليابانيّ إلا في مسابقة واحدة – لن يدعو منير إلا أصدقاءه – لم نر في القرية إلا عمارة واحدة – لم يحضر إلى منزل العجوز إلا جارها – لا يصرخ اليابانيّ إلا في أولاده – لن يكتبوا الإنذار إلا على الخزينة – لم تغلق نادية إلا نافذة واحدة – لم تسرق السيّدة إلا ذهب العجوز

٩– فهمنا كل كلمات النص إلا كلمة واحدة – نزل جميع الركاب من الأتوبيس إلا راكبا واحدا – – قرأ محمود كل كتب المكتبة إلا كتابا واحدا – أغلقنا كل أبواب المبنى إلا بابا واحدا – درسوا جميع الموضوعات إلا موضوعا واحدا – فهموا كل قواعد المرور إلا قاعدة واحدة – أغلقوا كل مقاهي المدينة إلا مقهى واحدا – حضروا كل المحاضرات إلا محاضرة واحدة – زار الوزير جميع القرى إلا قرية واحدة – حضر كل الجيران لمساعدة العجوز إلا جارا واحدا – كان اليابانيّ يصرخ في كل أطفاله إلا طفلا واحدا

١٠– لم تره في الشقّة سوى سيدة عجوز – فتحنا كل الأبواب ماعدا بابا واحدا – أخبرنا جميع الطلاب إلاّ طالبا واحداً – حضر جميع الضيوف ماعدا أبا عمّار – لم يدع المدير إلى مكتبه إلا الموظفين الجدد – لم يأخذ معه في رحلته إلاّ كتابا واحدا – قرأ الأطفال نوادر جحا ماعدا طفلا واحدا – لم ألتقي في العمارة إلا بساكن واحد

١١– بعت ما كان / كانت لدي من (ال)كتب – أكلت ما أعددته من (ال)طعام – هل تقرؤون ما يظهر يوميا من (ال)صحف – لن نستبدل الآن ما معنا من (ال)بضائع – أصيب من كان / كانوا في السيارة من (ال)ركاب – ارتدى عمرو ما اشتراه من (ال)ملابس – سجّلوا ما عثروا عليهفي الواحات من (ال)آثار – سندعو من عاد / عادوا من الخارج من (ال)أصدقاء – صاح من سيشترك / سيشتركون في المسابقة من (ال)أطفال – سوف نلتقي بمن حضر / حضروا أمس من (ال)زوار

١٢– تاريخ مصر الحديث : كانت مصر من أهم الدول الاقتصادية في الماضي في عهد محمد علي. ولكنه حدث بعد ذلك تدهور في البلاد بسبب الاستعمار والحكم الفاسد. فقام الجيش في ٢٣ يوليو سنة ١٩٥٢ بثورة وطرد الملك. وقد حاول الرئيس جمال عبد الناصر أن يبني الاقتصاد المصري من جديد بعد الثورة وأن يرفع من مستوى المعيشة فأمّم قناة السويس لينمي الدخل القومي وبنى السد العالي ليشجع الصناعة والزراعة في البلد. و لمصر الآن مصادر أخرى مهمة كالسياحة والبترول.

١٣– حدثت المشادة في القطار – سبّبت هذه المشادة سيّدتان – جاء بالحلّ لهذه المشكلة رجل جالس بالقرب منهما – الحلّ المقترح فيه شيء من القسوة
تعقد مسابقة الصراخ سنويّا في اليابان – يفوز في المسابقة من يطلق أعلى صراخ – كان يوشيهيكو كاتو حاد المزاج – كان يصرخ يوميا في أطفاله – كان يصرخ يوميا في أطفاله لأنه كان لا يتحمّل ضجيجهم
توجد هذه الملحوظة على الخزينة في الدكاكين – كتب في الإنذار أن البضاعة المباعة لا ترد ولا تستبدل – لا، لا يمكن استبدال البضاعة المباعة

١٤– ١– هل كتبت في مقالتك عمن سرقوا السيّارة ٢– فاز في المسابقة الماضية رجل سوري يدعى أحمد فرغلي ٣– لم تستطع صفاء أن تستبدل ما اشترته من البضائع ٤– هذا الطعام لا يؤكل ٥– تمت الإجابة / أجيب على جميع أسئلة مفتش المباحث ٦– سيعالج جميع المصابين بالمستشفى ٧– لن يشترك / يستطيع الاشتراك في هذه المسابقة إلا الأطفال ٨– إنّ جارتي حادة المزاج ولا تتحمل الضجيج ٩– لقد حضر المحاضرة جميع الطلاب إلا محمد مراد ١٠– أعطاني أخي كل ما اشتراه من كتب ١١– هل يمكنك أن تخبرني / تقول لي شيئا عن المجوهرات التي عثر عليها عند الخياطة ١٢– كان الياباني في حيرة لأنه كان يسمع أصوات أولاده دون أن يراهم ١٣– هل تعلم أنّ هذه التمرينات صعبة جدا ١٤– أرجع أحمد فرغلي نجاحه إلى اجتهاده ١٥– يجب تعويد الأطفال على ربط حزام الأمان

الدرس السادس عشر Lesson 16

١– الموظف الجالس في مكتبه – الأطفال الضاحكون – الطالبات الحاصلات على شهادات – الطلاب الراحلون في الصباح – الطفلان اللاعبان في الحديقة – الفتاتان الراجعتان من الخارج – الكتب الصادرة هذا العام

٢- الطلاب المتعلّمون في الخارج - في العام المقبل - الركّاب المنتظرون في المحطة - الأحوال المتدهورة - الرجال المضطربون - الشوارع المزدحمة - الألوان المختلفة

٣- القطار المتوجه إلى أسوان - القرى الواقعة على طول الساحل - الفتيات الموجّهات الحديث إليك - الرسائل الواردة اليوم - الشابان المتواجدان في مكان الحادث - الوزيران الموافقان على القرار - الفتاة المواظبة على الصلاة والصوم

٤- الفتاة الصائحة بأعلى صوتها - الموظّفات الصائمات - الطفل النائم في فراشه - الأطفال الخائفون - المدرّسة المقيمة في حي الزمالك - الطلاب العائدون من السفر - الأحوال المتغيّرة

٥- الأسبوع الماضي - الدرس الآتي - المبالغ الكافية - التمرينات التالية - الرجال المصلّون - الأيام المنقضية - الطريق المؤدّي إلى الجامع

٦- البرقية المبعوثة - الحساب المدفوع - النوافذ المفتوحة - المعلومات المطلوبة منّا - المفردات الموجدة في هذا النص - الواجبات المفروضة علينا - الشعوب المظلومة

٧- المواد المدرّسة في الصفّ الأول - السيدة المتّهمة بالسرقة - القرارات المتّخذة في بداية العام - الجرائم المرتكَبة يومياً - البضائع المصدَّرة إلى الخارج - الأغاني المسجّلة كل أسبوع - الخدمات المقدّمة للشباب

٨- الرجل المصاب في الحادث - الفرص المتاحة لهما - الحفلات المقامة خلال الأعياد - النصوص المختارة - المياه الملوّثة - المهملات الملقاة في الشوارع - الصديقة المدعوة إلى الحفل - العمارة المبنية في المعادي - الأغاني التمغنّاة هذا العام

٩- الآثار المعثور عليها - الزيارات المسموح بها - الخطابات الموقّع عليها - السيدات المحكوم عليهن بالحبس - القرارات الموافق عليها - الدراسات المعلن عنها - الشهادة المحصول عليها - القرارات الواجب اتّخاذها - الحقوق المطالب بها

١٠- نرسل إليكم أحرّ التهاني آملين أن تكونوا بخير - تابعنا سيرنا عائدين إلى المدينة - غادر السوّاح القاهرة متوجّهين إلى الأقصر - وجدت نادية منتظرة في المحطة - دعا الرجل الياباني أولاده صائحا - أسرعن بإغلاق باب الشقة صارخات - ذهبت سميرة إلى الشاطئ سائرة على الأقدام - وجد أباه مستلقيا على الفراش - ادخلوا مصر سالمين!

١١- عزيزي محمد : تحية طيبة وبعد، حضرت إلى مكتبك في الساعة الثانية حسب الموعد المتّفق عليه ولكنك لم تكن موجوداً. الرجاء منك الاتصال بي هاتفياً لتحديد موعد جديد . تحياتي وإلى اللقاء

صديقك المخلص أحمد

١٢- أرسل مجدي هذه التهاني - أرسل مجدي هذه التهاني بمناسبة الأعياد المجيدة - بطاقة مجدي موجّهة إلى صديقه وإلى جميع أفراد أسرته

وجّهت هذه الرسالة إلى مدير المكتب العام للسياحة - يطلب الموظّف من مديره إجازة بسبب وفاة والده - يطلب الموظّف إجازة لمدّة أسبوعين - يريد الموظّف تسوية مراسم دفن والده وأمور الوراثة

وجّه هذا الخطاب إلى السيدة عليّة عبد الرازق - السيدة عليّة ابنة الفقيد - كاتب الرسالة كان من أصدقاء الفقيد / كان صديقا للفقيد

١٣- ١- نتمنى لكل منكم عاما سعيدا ٢- بعث المدير إلى كل الموظفين بأطيب التهاني وأجمل التمنيات ٣- البضاعة المباعة لا تستبدل - فوجئوا بوجود طفلين خائفين ٥- حضرت في الموعد المتفق عليه ولكنك لم تكن موجودا ٦- لم يكن للفقيد عائلة أو/ولا أصدقاء ٧- ليست هذه هي

الآثار المعثور عليها في مصر ٨– تغيّرت الإجراءات المعلن عنها ٩– كان الفقيد رجلا طيبا وكريما ١٠– هل أرسلت إلى مدرسك بطاقة تهنئة بمناسبة زواجه ١١– قامت زينب بتسوية/سوّت زينب الأمور المتعلّقة بدفن والدها ١٢– تغيّرت مواعيد العمل منذ بداية شهر أبريل ١٣– اضطر أحمد أن يعود إلى القرية بسبب مرض والدته ١٤– عندما وصل الموظف إلى القرية كان والده قد توفي

الدرس السابع عشر Lesson 17

١– إن نهر النيل أطول من نهر الراين – إن العمارة أعلى من البيت – إن أفريقيا أكبر من أوروبا – إن عدد الطلاب أقل من عدد الطالبات – إن الذهب أغلى من الحديد – إن حقيبتي أخف من حقيبتك – إن الصحة أهم من المال – إن القراءة أسهل من القواعد – إن جو اليوم أجمل من جو الأمس – إن الطب البديل أقدم من الطب الرسمي

٢– ولكن هل تعرف ما هي أسرع سيارة في العالم – ولكن هل تعرف ما هو أهم أمر في الحياة – ولكن هل تعرف ما هو أقدم جامع في القاهرة – ولكن هل تعرف ما هي أصعب لغة في العالم – ولكن هل تعرف ما هو ألذّ طعام في المطعم – ولكن هل تعرف ما هي أخفّ وجبة في المطعم – ولكن هل تعرف ما هي أقرب مدرسة من منزلنا – ولكن هل تعرف ما هو أهدأ حي في المدينة – ولكن هل تعرف من هي أطول فتاة في الفصل – ولكن هل تعرف ما هي أغلى شقة في العمارة

٣– كانت فعلا أهم معلومات تلقاها – كان فعلا أقدم جامع شاهدناه – كان فعلا أغلى مطعم دخلناه – كانت فعلا أسرع سيارة اشتراها – كان فعلا أصعب طريق مشينا فيه – كان فعلا ألذّ طعام أكلناه – كان فعلا أغنى رجل قابلته – كان فعلا أسهل درس قرأناه – كان فعلا أحدث قطار ركبناه – كانت فعلا أذكى طالبة التقينا بها

٤– لدينا الكثير من المعلومات عن تاريخ العرب في العصور الوسطى – لم تشترك في المظاهرات الأخيرة إلا مجموعة محدودة من الطالبات – أراد عبد اللطيف أن يواصل دراساته العليا في الولايات المتحدة – إنّ بناتي الكبيرات لسن موجودات بالمنزل الآن ولكن أخاهم موجود – تعدت درجة الحرارة العظمى الأربعين درجة في الصيف الماضي – السادة الفاضلون، يسرنا أن نقدم لكم الآن عرضا لبعض الرقصات الشعبية

٥– ولكن شوارع القاهرة أكثر ازدحاما – ولكن المشروع القادم أكثر أهميةً – ولكنها في بلادي أكثر جمالا – ولكنا بدون شك أكثر اجتهادا – ولكن نجيب محفوظ أعظم شهرة – ولكن هذه التمرينات أكثر صعوبةً – ولكن المقاهي الأخرى أشد ازدحاما – ولكنني أشد تعبا – ولكن الشابات أكثر تفوقا – ولكن هذه المباراة أشد حماسا

٦– لم تسمح له بالسفر خوفا من أخطار الطريق – الرجاء عدم تلويث المنطقة حفاظا على البيئة – وضع ملابسه في الحقيبة استعدادا للسفر – لم يصرف شيئا من نقوده حبّا منه في المال – قام من مكانه احتراما لأبيه – بُنيت قرى حديثة تشجيعا للسياحة في مصر – أقام حفلا صغيرا تكريما لضيوفه – قتل السيدّة انتقاما منها – سار الطلاب في المظاهرة تأييدا لمبادئ زميلهم – أعددنا الطعام والشراب ترحيبا منا بضيوفنا الكرام

٧– لقد ساهم محمد عبده في حركة التنوير مساهمة عظيمةً – لقد تغيّرت الأحوال الاقتصاديّة في البلاد تغيّرا كاملا – تزوّج حسن زميلته منى وعاشوا في الريف عيشةً هنيّةً – لقد نجح الأستاذ أحمد في حياته العمليّة نجاحا باهرا – استلقت بملابس العمل على الفراش ونامت نوما عميقا – وجدت أخاها منتظرا بالمطار فنادته وابتسمت له ابتسامةً عريضةً – لم يكن المدير يعامل موظّفي المكتب معاملةً سيّئةً

٨– لقد سررنا منتهى السرور بفوزنا – أسفت منى غاية الأسف لما فعلته – لم تكن تعرفهم حقّ المعرفة ولكنّها أحبّتهم – إنهن يثقن تمام الثقة في أقوال أستاذهن – كانت العجوز تخاف منتهى الخوف من

أعمال الجان – كانوا راضين تمام الرضا عن حياتهم – أدركوا حقيقة الأمر تمام الإدراك – حزن العرب غاية الحزن لخبر وفاة أم كلثوم

٩– هذه الكلمة غير واضحة – لم أحصل على أية معلومات – هذه الغرفة لغير المدخنين – لماذا لم تقل لي أي شئ – لا يتكلّم محمود أيّة لغة أجنبية – يستعمل الأستاذ كلمات غير مفهومة – في أية مدرسة تعملين؟ – هذه الصور غير حديثة – هذه الكتب غير معروفة – هل لديكم أية أسئلة

١٠– حادث فظيع: يوم الخميس الماضي استيقظت من النوم مبكرا. ارتديت ملابسي بسرعة وأخذت حقيبتي وركبت السيّارة لأذهبٍ (بها) إلى العمل. كانت الأحوال الجوية سيئة جدا وكان هناك ازدحام شديد في حركة المرور. فجأة سمعت صوتا مزعجا ليس له مثيل ورأيت أمامي (أمام عيني) حادث تصادم فظيع بين سيّارة نقل وأتوبيس للسياحة. انقلب الأتوبيس وكان (صار) الركّاب يبكون ويصرخون في نفس الوقت. كان المنظر مؤلما للغاية. اتّصل أحد الواقفين في الشارع ببوليس النجدة وبعد قليل وصل البوليس والإسعاف. نقلت عربة الإسعاف الجرحى إلى أقرب مستشفى وقام البوليس بعمل (بإجراء) التحرّيات اللازمة ثم حاول أن ينظّم (حركة) المرور

١١– يعيش أكبر عدد من المسلمين في اندونيسيا – تظاهرت الطالبات الاندونيسيات أمام محكمة جاكارتا العليا – كانت الطالبات يطالبن بحقهن في ارتداء الحجاب بالمدارس – يتعيّن ارتداء زي المدارس الموحد في المدارس الاندونيسية
جاءت المباراة بين نادي الأولمبي ونادي السكة الحديد حماسية ومثيرة – سيطر نادي السكة الحديد على مجريات اللعب – خرج نادي الأولمبي من المباراة بالتعادل
نعم، تعرف البلاد الغربيّة ظاهرة الطب البديل – الطب البديل ظاهرة أقدم من الطب الرسمي – الطب البديل ظاهرة عرفتها البشرية منذ وجودها – يشمل الطب البديل العلاج بالأعشاب وبالإبر الصينيّة وبمسبّبات المرض

١٢– ١– ترجع أصول الطب البديل إلى طرق قديمة من العلاج ٢– كان المدير يعامل موظفيه معاملة حسنة ٣– انتشر الطب البديل انتشارا سريعا في البلاد الغربية ٤– لم يحسنوا استغلال الفرص التي أتيحت لهم ٥– إنني مجتهد فعلا ولكنّ أخي أكثر اجتهادا ٦– إنني أتحدّث معك (أوجّه إليك الحديث) بصفتي مديرا لهذه المدرسة ٧– يوجد أكبر عدد من السوّاح الآن بالقاهرة ٨– تظاهر الطلاب للمطالبة بحقوقهم ٩– قرر وزير التربية والتعليم أن يغيّر البرامج ١٠– يمكنك أن تجد هنا مختلف الأنواع/أنواع مختلفة من الزهور ١١– لا يرتدي الطلاب/التلاميذ زيا موحدا في المدارس الهولندية ١٢– أية لغة يتكلمون الهولنديون ١٣– تدهورت حالته الصحّيّة مما أدّى إلى نقله إلى المستشفى ١٤– هل تعرف ما هي أكثر الدول/الدولة الأكثر تقدما في أفريقيا ١٥– وقف الجمهور مشجعا في نهاية المباراة ١٦– بلدنا ثاني أهم بلد منتج للسيّارات ١٧– سوف تنتشر طريقة العلاج هذه في يوم ما. ١٨– لم يشترك أحد/طالب من الطلاب في هذه المظاهرات.

الدرس الثامن عشر Lesson 18

١– ماذا فعلت كي يصفرَّ شعرُك هكذا؟ – صارت والدتي عجوزا وابيضَّ شعرُها – لقد اسمررت من طول جلوسي في الشَمس – اصفرّت وجوه الأطفال من شدّة الجوع والتعب – سقطت الأمطار وبدأت الأرض تخضر – لقد احمرّت عيناها من شدة البكاء – ماذا فعلتم كي تسودَّ أيديكم هكذا؟ – لن نجلس في الشمس كي لا تسمرَّ بشرتُنا – أما السواح فاحمرّت وجوههم من الحرّ

٢– واحدٌ + ثلاثةٌ = أربعةٌ / أربعةٌ + خمسةٌ = تسعةٌ / ستةٌ + اثنان = ثمانيةٌ / اثنان + سبعةٌ = تسعةٌ
ثمانيةٌ - ثلاثةٌ = خمسةٌ / تسعةٌ - واحدٌ = ثمانيةٌ / عشرةٌ - ثمانيةٌ = اثنان / ستةٌ - خمسةٌ = واحدٌ
ثلاثةٌ x ثلاثةٌ = تسعةٌ / أربعةٌ x اثنان = ثمانيةٌ / خمسةٌ x اثنان = عشرةٌ / ثلاثةٌ x واحد = ثلاثةٌ

٣– نظرت إلى الطلاب الجدد وهي تبتسم – دخلوا حجرة نوم أبيهم وهم يصيحون – تركونا وهم يتمنون لنا يوماً سعيداً – خرج من المنزل وهو يبكي – وجّهوا إلينا الحديث وهم يضحكون – نظر إلى أطفاله وهو يتعجب – خاطبها وهو يمزح – استيقظت فجأة من نومي وأنا أصرخ – وجّه إليها الكلام وهو يعتذر لما حدث – وقفت أمامه وأنا أعترض

٤– شاهدنا الآثار القديمة ونحن في الأقصر – ركب اسماعيل ياسين عربة حنطور وهو في الاسكندريّة – ألقت الشرطة القبض علي صاحب المطعم وهو يبيع القطع الأثريّة – قابل حسن صديقته منى وهو يتمشّى على شاطئ البحر – اشتركنا في رحلة على نهر النيل ونحن في زيارة رسميّة إلى مصر – تزلزلت الأرض تحت أقدامنا ونحن نتناول الطعام في مطعم على الكورنيش – حصلتُ على المنحة وأنا طالب في السنة الأخيرة من دراستي – انقلبت السيّارة فجأة وهي تسير بميدان التحرير – تزوّج حسن زميلته ماجدة وهو في السابع والعشرين من عمره – كتب ابراهيم هذه المقالة وهو طالب في قسم اللغة الانجليزيّة

٥– غادرنا المنزل وتركنا الأولاد يلعبون في الحديقة – سمع حسن أخاه يبكي في حجرة النوم – رأى الممثل المشهور حصانا يسير ببطء شديد – أُلقي القبض على السيّدة وبحوزتها ذهب العجوز – مازال الطفل واقفا في المحطة ينتظر حضور أبيه – نظرتٍ سامية إلى صديقتها وهي تبتسم – دخلتْ إلى الغرفة تحمل تمثالا من البازلت الأسود – خرجتْ مسرعةً من المنزل معها حقيبة سوداء اللون

٦– حضرت إلى النادي (و) معها العديد من الأصدقاء – رحل عمرو إلى انجلترا (و) معه ثلاث حقائب – غادرت سامية المنزل (و) معها اثنان من أولادها – عاد حسن إلى بلاده وقد حصل على الدكتوراه – شاهدنا الأولاد (وهم) يلعبون في الحديقة – تركت سامية الدراسة وهي في التاسعة عشرة من عمرها – سمعت أخي (وهو) يضحك بصوت عالٍ – توجّهت أمينة إلى المحطة تحمل في يدها حقيبة صغيرة – تركت السيدة منزل العجوز و ما معها لا ذهب ولا نقود – التقيت بصديقي أحمد وقد عاد من الولايات المتحدة

٧– طرق الباب ففتحته له سيدة عجوز – نظر سائق العربة إلى الحصان فوجده هزيلا – دخلت أحد المقاهي فشربت فنجانا من القهوة – ترك محمد باب الشقة مفتوحا فدخلها اللصوص – انقلبت السيارة فأصيب اثنان من ركابها – لا تشربوا هذا الماء فهو ملوّث! – استرح قليلا فقد تكون مريضا – سمع الجيران صراخ العجوز فأسرعوا إلى شقتها

٨– سُلّم البائعون البضاعة – أُهديَ الأطفالُ كرةً صغيرةً – أُهديت والدةُ المؤلف الكتابَ – مُنح الأساتذةُ جوائزَ تقديريّةً – أورثتُ ثروةً كبيرة – أُعطي مأخونا مالا كافيا – وُهبت الفقراءُ ثروةَ العجوزِ – مُنح الطلابُ منحا دراسيّةً – بُلّغ الموظفون القراراتِ الجديدةَ

٩– كان اسماعيل ياسين ممثلا كوميديّا – كان يريد أن يتنزه في شارع الكورنيش بالاسكندريّة – لا، لم يكن الممثل على موعد هام – كان الحصان هزيلا لا يكاد يقوى على السير
كان صاحب المطعم يعرض القطع الأثرية على السوّاح – كان يعرضها عليهم بمطعمه/هذا ليس واضحا في النصّ – كانت بحوزة صاحب المطعم لوحة نادرة تمثّل الملك رمسيس ورأس تمثال من البازلت الأسود النادر وجعران كبير الحجم – كان الملك رمسيس يقدّم القرابين للإله آمون – قبض رجال المباحث على الرجل أثناء استلام البضاعة المتفق عليها – تحفظت المباحث على المضبوطات حتى تسليمها للمجلس الأعلى للآثار

١٠– ١– ألقت المباحث القبض عليه وهو يبيع القطع الأثريّة ٢– قرّر الرجلان شراء/أن يشتريا القطع الأثريّة ٣– كانت للمصريين القدماء آلهة كثيرة ٤– التقى برجال الشرطة وهم متنكّرون ٥– لقد سمعت (الرجل) اليابانيّ (وهو) يصرخ في المسابقة ٦– لقد سلّم الأستاذ الطلاب شهاداتهم بنفسه ٧– خرج من البيت وترك كل النوافذ مفتوحة ٨– اسودت وجهات المباني من الدخان ٩– حلّ/حضر الربيع واخضر الزرع في الحقول ١٠– ذهب يبحث عن منى فوجدها جالسة على الشاطئ ١١– كم سيّارة اشتريت حتى الآن يا نبيل ١٢– عندما وصلت كان أخي ينتظرني/في انتظاري في المطار

الدرس التاسع عشر Lesson 19

١– استغرقت رحلتنا حول العالم اثنين وأربعين أسبوعا تقريبا – وقد قضينا منها أربعة عشر يوما في اليابان – أي أسبوعين بالضبط – وبعد اليابان زرنا أمريكا حيث قضينا سبعة أسابيع – وثلاثة أيام – أي اثنين وخمسين يوما أو ما يقرب من – شهرين – وعُدنا إلى أروبّا بعد رحلة استغرقت مائتين وستة أيام.

٢– وصل تسعة مهندسين هولنديين إلى مطار القاهرة الدوليّ صباح اليوم / وصل صباح اليوم إلى مطار القاهرة الدوليّ تسعة مهندسين هولنديين – هذا المبنى له سبعة أبواب واثنان وستون نافذة – سيدرس هؤلاء الطلاب اللغة العربيّة لمدّة ثلاث سنوات – ستبني الشركة مائتي مسكن جديد في المعادي – قام الأستاذ حامد بتدريس اللغة الانجليزيّة لمدة اثني عشر عاما – حصلت خديجة على شهادة الليسانس في عام ألف وتسعمائة وثمانية وتسعين – اشترك مدرّسو المدرسة في ثلاث دورات تربويّة – استغرقت رحلتنا إلى اليونان سبعة أسابيع

٣– يلتقي الأصدقاء في كل ثاني أسبوع من الشهر – كان يوشيهيكو كاتو ثالث مَنْ فازوا في مسابقة الصراخ – إنك أول شخص يهنئني بمناسبة عيد ميلادي اليوم – إن هذه الشركة هي سادس أكبر شركة منتجة للسيارات – هذه هي ثاني دورة تربويّة أشترك فيها هذا العام.
سوفٍ تقام الحفلات في اليوم السابع من شهر يوليو – لن يعود أحمد إلى منزله قبل الساعة الحادية عشرة مساءً – لقد ولد المُصلح الشهير رشيد رضا في القرن التاسع عشر – نقدم لكم اليوم الحلقة العاشرة من مسلسل الأيام – حصل نادي الأولمبي على المكانة الثانية في المباراة

٤– ستقام الحفلات في الثلاثة أيام الأولى من الشهر القادم – إن وزير التعليم هو ثاني أهم شخصيّة في الحكومة الحاليّة – نأمل أن يتحقق السلام في العالم في القرن الحادي والعشرين – ولد الرسول صلّى الله عليه وسلم في القرن السادس الميلادي – سوف تجتمع الأسرة حول مائدة الغداء في الساعة الثانية عشرة – قرّر الأستاذ طارق أن يقضي عاما ثالثا في الخارج – لقد استطعنا بصعوبة أن نجد مكانا في الصف الثالث والعشرين – ستكون هذه أول وآخر مرة أطلب منكم فيها الانتباه

٥– يعمل طالب الشهادة في مدرسة الحلميّة الثانوية الجديدة – توجد مدرسة الحلميّة بشارع البطالسة بالاسكندرية – حصل منير على الليسانس في عام ألف وتسعمائة وسبعة وتسعين – درّس في مدرسة الحلميّة لمدة تسعة أعوام – قام الوكيل محمد علي الفار بتحرير هذه الشهادة.
تُقدّم نشرة الأخبار في تمام الساعة السابعة – برنامج الأطفال اسمه ‹افتح يا سمسم› – تمّ تقديم حلقتين من مسلسل ‹الأيام› – موضوع الندوة هو تلوّث البيئة وأثره المباشر على الصحة – تبدأ برامج السهرة في تمام الساعة التاسعة – أغاني السهرة أجنبيّة – فيلم السهرة اسمه غير معروف – تنتهي برامج التليفزيون بملخص لأهم أنباء اليوم

٦– ١– بعث الرئيس برقيّة إلى الملك حسن الثاني ٢– وُلد في عام ألف وتسعمائة وثلاثة وسبعين ٣– سنذهب إلى القاهرة في الأيام العشرة الأولى من شهر مارسٍ ٤– لقد عشت في هذا المنزل لمدة اثني عشر عاما ٥– سوف يصل القطار في الساعة التاسعة مساء ٦– هل كان الكاتب الهولنديّ سيمون فاستدايك يعيش في القرن العشرين ٧– اشتركت سميرة في دورات تربويّة مختلفة ٨– تلفزيون جمهوريّة مصر العربيّة يحييّ المشاهدين ٩– لم أقرأ إلاّ بضع حكايات من هذا الكتاب ١٠– لقد حُرّرت هذه الشهادة بناء على طلبه ١١– الأستاذ مصطفى عبّادي لديه خبرة ثلاثين عاما في التدريس ١٢– تبدأ برامج السهرة بوصلة من الأغاني الشعبيّة ١٣– لقد قضينا بضعة أعوام في اندونيسية ١٤– لعل أخانا قد كتب هذا المقال

الدرس العشرون Lesson 20

١– أرجو أن أسمع منك فيما إذا كنت ستشرفنا بحضورك إلى حفل عيد ميلادي – لا يعرف المدير متى حصلت حفيظة على شهادتها الجامعيّة – أرجو أن تخبرني بما إذا كنت ستوافق على منحي إجازة أم لا – من غير الواضح كيف ستذهبون إلى أسوان – لم تصلني أخبار عما إذا كانت الطالبات قد تظاهرن أمس أم لا – إنهم لا يعلمون أين تقع المملكة العربيّة السعوديّة – لا أدري ما إذا كان لديكم في القرية صرّاف آليّ أم لا – لم تعلن محافظة القاهرة عما إذا كان هناك مقهى ثقافي في حي الزمالك أم لا – لم يخبرني مكتب السياحة عما إذا كان في الفندق حمام سباحة أم لا – لا أتذكر ما إذا كنت قد أدخلت الرقم السري الخاصّ بي أم لا – لا أعلم أية لغة يتكلمها هؤلاء السائحون

٢– أصبح الطلاب يفهمون الكثير من الكلمات العربيّة – كاد الأولاد يموتون من شدّة الجوع والبرد – ما زالتٍ النيابة تحقّق في قضية سرقة الذهب – ستظل / تظل / ظلت أبواب المكتبة مفتوحة حتى التاسعة مساءً – ظل يدرس و يجتهد حتى حصل على الشهادة – لا يكاد هذا الحصان يقوى على السير – لم يعد الأستاذ مصطفى يعمل في هذا المكتب – ظل الأب يعمل ليلَ نهارَ حتى آخر يوم في حياته – ظلت السيّدتان تتناقشان حتى وصل القطار إلى المحطة – لم تعد مسابقة الصراخ تعقد في اليابان ولا في أيّ مكان آخر – أصبحت كيفية استعمال الصرّاف الآليّ سهلة وبسيطة

٣– إذا كنت تودّ الرحيل فليكن ما تريد(٥) – دامت أطول إقامة لي في الخارج خمس سنوات – لم يقل الطلاب لأستاذهم متى سيذهبون إلى سورية – لا أدري ما إذا كان حسن يسكن في حي الدقي أم لا – إياكم و السرقة يا أطفال – تُرجمت كتب نجيب محفوظ إلى العديد من اللغات الأجنبيّة – يشمل الطب البديل عديدا من طرق العلاج – لم يخبرني أحد أين سنذهب في المساء – قد لا يوافق المدير على منح الموظّف إجازة – كان أوّل لقاء لنا في حديقة حيوانات الجيزة – ليتني لم أصدّق شيئاً من كلامك هذا

٤– شرحت القاعدة في كتاب لها – أعلن الخبر في خطاب له – قالت ذلك لصديقة لها – كتبا هذا الكلام في كتاب لهما – تشاجروا مع صديق لهم – ساعدن جارة لهن – التقينا به خلال زيارة له – كتب ذلك في برقية له – قلت ذلك في اجتماع لنا – عادوا من رحلة طويلة لهم

٥– ظلت المباحث تبحث عن القطع المسروقة حتى وجدتها في حوزة صاحب مطعم الفول – طلبت العجوز المساعدة بصوت ضعيف لا يكاد يُسمع – ليت لي حصاناً أبيض أركبه في الصباح المبكر وعند الغروب – يعمل حسن كثيراً مما سيؤدي إلى نجاحه – عثرت المباحث على قطع أثريّة ذات أهمّيّة تاريخيّة – دعى منير العديد / عديدا من الأصدقاء إلى حفل عيد ميلاده – لعل لكلّ من الحاضرين قصّة كهذه – يا شباب، إياكم والسرقة!

٦– يا عادل، هل أعطيت الطلاب كتبهم؟ نعم، أعطيتهم إياها - يا أولاد، هل أعطيتم أباكم هديته؟ نعم، أعطيناه إياها - يا سامي، هل أعطيت الموظف كل الطلبات؟ نعم، أعطيته إياها - يا سماح، هل أعطيتنا صور الرحلة؟ نعم، أعطيتكم إياها - يا عادل، هل أعطيت البائع ثمن هذه الحقيبة؟ نعم، أعطيته إياه – يا سارة، هل أعطيت السبّاك أجرته؟ نعم، أعطيته إياها – يا أخي، هل أعطيت البواب إيجار البيت؟ نعم، أعطيته إياه

٧– لديّ عديد من الأصدقاء في مصر – التقينا بكثير من الطلاب الأجانب – يقدّم التلفزيون عديدا من البرامج الأجنبيّة – أقام وليم في كثير من المدن العربيّة – لم أر من المسلسل عديدا من الحلقات – يجيد كثير من الأطفال السباحة – تابع أحمد عديدا من الدورات العلميّة – كتب الشاعر كثيرا من القصائد عن الحب – سرق اللصّ عديدا من القطع الأثريّة

٨– تدرس وزارة الداخليّة نظاماً جديداً لتيسير الإجراءات على أصحاب السيّارات بحيث يمكنهم الحصول على رخصة السيّارة في عشر دقائق. يقوم صاحب السيّارة بشراء النماذج الخاصة بالرخصة من مكاتب البريد ويتم الفحص الفني للسيّارات الملاّكي كل ثلاث سنوات في محطات البنزين كما يتم إرسال مخالفات المرور إلى المنازل وتقوم إدارة المرور بتسليم الرخصة فوراً.

٩- يسكن السيد منير في شارع فيصل رقم ٢٩ بالدقي - دعى منير صديقه نبيل إلى حفل صغير - سيُقام الحفل يوم الخميس اعتبارا من الساعة العاشرة - سوف يحضر العديد من الأصدقاء والمعارف إلى الحفل
يوفّر الصرّاف الآلي للعملاء المعاملات المالية في الأماكن العامة - لا، كيفية استعمال الصرّاف بسيطة - نعم، لديّ حساب جار في أحد البنوك المصرية - لا، لديّ بضع بطاقات ائتمانيّة

١٠- ١- مصطفى لديه العديد من الأصدقاء والمعارف ٢- إن كنت تريد أن تدرس العربية فليكن كذلك/ما تريد ٣- لا نعلم ما إذا كنّا سنحضر الاجتماع أم لا ٤- هل تعرفون أين يوجد أقرب صرّاف آليّ ٥- يعمل عليّ الآن في بنك دوليّ بالاسكندريّة ٦- قد تجد كيفيّة استعمال الصرّاف الآليّ على الأنترنت ٧- ظلّت عليّة تبحث عن بطاقتها الائتمانيّة حتى وجدتها في حقيبة لها/إحدى حقائبها/حقيبة من حقائبها ٨- إياكم والسرقة يا إخواني ٩- هذه أجمل أغنية للمطربة أم كلثوم ١٠- هل لديك حساب جار في أحد البنوك المصريّة ١١- لنترك هذا المنزل وسكّانه/أهله على الفور ١٢- هناك العديد/الكثير من المنازل الخالية في هذا الحي القديم من المدينة ١٣- يقدّم الصرّاف الآلي العديد من الإمكانيات ١٤- يعيش/يسكن/يقيم كثير من زملائي في هذا الحي ١٥- ما زالت الشرطة تبحث عن القطع الأثريّة ١٦- لم يعد هذا المنزل للبيع

الدرس الحادي والعشرون Lesson 21

١- لا تقلق علينا يا أخانا العزيز فنحن بخير والحمد لله - يا نحاةُ لا تهملوا دراسة العاميّة بجانب الفصحى - لك شكري يا من وقفت بجانبي في أشد المحن - لا تصدّقوا ما قيل عنّا من سوء يا أصدقاءنا الأعزاء - مرحبا بك يا أختي العزيزة في منزلي الجديد - يا مواطني هذه الأمة العظيمة لا تخضعوا للظلم - كيف وافقتم على هذا القرار السيء يا مسؤولون يا محترمون - هل لديكم الآن أيّة أسئلة أو اقتراحات يا شبابُ - ما أجملك وأحبك في أنفسنا يا شهرَ رمضان يا كريم - نتمنى لكم عاما سعيدا يا موظّفي الشركة وعمّالَها

٢- أيها الشهيد البطل، لن ننسى عطاءك وتضحياتك في سبيل الوطن - اخرج من بيتي على الفور أيها اللصّ اللعين - عودي من حيث جئت أيتها العجوز ولا تنظري إلى الخلف - أشكرك غاية الشكر على عطائك أيتها السيدة الكريمة - أيها الزملاء والزميلات، دعنا نبدأ اجتماعنا هذا على الفور - أيها الوالدان الحبيبان، أرسل إليكم خطابي هذا من بيروت - أيتها الشعوب النبيلة، يا جماهير أمتنا إليك أوّجه خطابي هذا - لن نغادرك بعد اليوم أيتها الأرض الحبيبة الغالية - اتركوني وحالي يا أيها الأصدقاء المخلصون - أيتها الأوطان، نرجو أنا وزملائي أن نعود إليك سالمين

٣- عاش عبد الناصر لقضيّة أمّته وأصبح رمزا لها بعد أن ذهب إلى رحاب ربه - لم يعد حسين يذكر اسم أخته صفيّة منذ أن تركت بيت الأسرة بلا عودة - لقد كتب أحمد في بطاقة التهنئة ما سبق أن كتبه في العام الماضي - لم ير أحد منّا سامية فرغلي منذ أن التحقت بكليّة الطبّ في بيروت - لم تعد أم مسعود إلى قريتها الحبيبة منذ أن/بعد أن تركتها ألف وتسعمائة وثمانية وأربعين - فرحت عبير قليلا ولكنّ فرحها لم يلبث أن اختفى عند رؤية منظر والدتها - منذ أن بدأ هذا المهرجان في عام ألف وتسعمائة وخمسين وهو يعتبر من أهم النشاطات هنا - يا علي، ألم يسبق أن تقدّمت بنفس هذا الطلب منذ عام مضى ورفضناه - رحل الشيخ عثمان إلى حيث تعيش ابنته ولكنه لم يلبث أن توفي - يا كريمة، ألا تذكرين أنك كنت تحبين القراءة منذ أن كنت صبيّة

٤- التقينا بأستاذنا هذا عندما كنّا في الجامعة - صاحت أختي بأعلى صوتها حينما وجدت سيّدة غريبة في الشقة - ظلّت الشرطة تطارد اللصوص حتى ألقت القبض عليهم - درست في جامعة السوربون حتى حصلت على الشهادة - أحسست بألم في قدمي اليسار عندما حاولت الوقوف - جئت إلى أسوان بعدما وجدت فيها شقة مناسبة
سنقوم بزيارة خالتنا بعدما/حينما نعود من المدرسة - سيذهب السوّاح إلى المطعم عندما يحسّون

بالجوع والتعب – سأشتري هذه السيّارة بعدما أبيع سيّارتي القديمة – سنذهب إلى الكليّة بعدما نتناول وجبة الإفطار – تتناول أختي وجبة الإفطار حينما /بعدما تنهض من الفراش

٥– أسرع الجاران إلى شقة العجوز عندما سمعا صراخها – حينما رأى الياباني أولاده صرخ فيهم كالعادة – لمّا اقتحمت الشرطة المبنى وجدته خاليا – ظلّت الشرطة تبحث عن القطع الأثريّة حتّى وجدتها – سوف نستخدم الصرّاف الآليّ بعدما نفهم كيفيّة استعماله – حين لم يجد أباه في انتظاره قلق بعض القلق – سيعود منير إلى القرية بعدما يكمل دراسته الجامعيّة – سارت المجموعة ببطء حتّى بلغت باب الخروج

٦– عقد من اللؤلؤ الحرّ – قميص من القطن المصريّ – تمثال من الجرانيت الأسوانيّ – فساتين من الحرير الصينيّ – أبواب من الخشب الغليظ – أرضيّة من البلاط الأبيض – طبق من الفضّة المنقوشة – نقود من الذهب الخالص – علب من العاج الرفيع – سلاسل من الحديد الثقيل – مائدة من الرخام الأسود

٧– السلاسل الحديدية الثقيلة – الموائد الخشبية الصغيرة – الخواتم الذهبية القيّمة – الأطباق الفضّية المنقوشة – التماثيل البرونزية الحديثة – الفساتين القطنية الجميلة – السكك الحديدية المصريّة – الصواني النحاسية الكبيرة

٨– ١ + ١٠ / ٢ + ٨ / ٣ + ٧ / ٤ + ٢ / ٥ + ٩ / ٦ + ٥ / ٧ + ٦ / ٨ + ١ / ٩ + ٣ / ١٠ + ٤

٩– كان أنور السادات رئيس جمهورية مصر العربية – ألقى السادات خطابه هذا في ٢٨ سبتمبر ١٩٧٣ – ألقى السادات هذا الخطاب في ذكرى وفاة جمال عبد الناصر – توفي الرئيس عبد الناصر في ١٩٧٠ – حمل عبد الناصر القضية العربية في حياته وأصبح رمزا لها بعد رحيله
في اللغة العربيّة مستويين: الفصحى والعاميّة – نعم هناك فرق بين الفصحى والعاميّة – يتم التعبير عن السخرية بالعاميّة – يحلّل المرء الموضوعات الإداريّة بالفصحى – لا يبدو من الخير الدفاع عن الفصحى على أساس مقاطعة العاميّة

١٠– ١– أعزائي المشاهدين، في تمام الساعة الثانية تبدأ برامج الظهر ٢– تتحقّق الأمور الإدارية بالفصحى ٣– لا يمكن لأمثالكم أن يكونوا أصدقاءَ لنا ٤– لقد توقّعنا مثل هذه النتائج ٥– هل يمكنكم إغلاق الباب جيّدا قبل أن ترحلوا ٦– لم أر عادل منذ عودتي من انجلترا ٧– يتحدّث بالعاميّة عندما يريد السخرية ٨– إنّ إدارة السكك الحديدية المصرية ترحب بكم ٩– قام السائحون بشراء عدد/اشترى السائحون عددا من التماثيل البرونزية ١٠– رأيته بعد أن غادر جميع المسافرين المحطة ١١– هل اشتريتم سيّارة مثل سيّارتنا ١٢– صرف في يوم واحد كل النقود التي كان قد كسبها/كل ما كان قد كسبه من النقود ١٣– لقد فاز الفريق الضيف الذي كان يلعب ضد فريقنا ١٤– ألقى أنور السادات خطابا في ذكرى وفاة الرئيس جمال عبد الناصر ١٥– ترفض سامية مساعدة صلاح طالما لا يكفّ عن التدخين

Lesson 22 الدرس الثاني و العشرون

١– إن المصريين يحبّون المزح والسخرية و يهوون المداعبة والضحك – لم يرو لنا حسن القصة بأكملها لكي لا يثير في أنفسنا الغضب – كان حصان العربة الحنطور هزيلا يكاد لا يقوى على السير – هل تنوون يا أصدقائي الحج في العام القادم إن شاء الله؟ – يحوي كتاب ألف ليلة وليلة العديد من القصص الخياليّة الطريفة – تريد كلّ الشعوب أن تحيا حياة حرّة كريمة بعيدا عن الظلم – كان منظر منازلنا وهي تهوي في الفضاء من أبشع المناظر – طوى المصلّون سجاجيدهم وتوجهوا إلى باب المسجد – أحضر الطباخ الأسماك واللحوم وشواها على الفحم

٢-

where	when	so that	in view of
١ – ٣ – ٤ – ٨	٣	٢ – ٦	٧

٣- ١ + ٣ + ٤ / ٢ + ٨ + ٩ / ٣ + ٢ + ٧ / ٤ + ٥ + ٦ / ٥ + ١٠ + ١٠ / ٦ + ١ + ٥
٧ + ٧ + ٨ / ٨ + ٤ + ٣ / ٩ + ٦ + ١ / ١٠ + ٩ + ٢

٤- كان الرجال الذين يحيطون بنا أشبه بالغوريللا منهم بالإنسان – إنّ المحاضر يوجّه حديثه إلي الجماعة أكثر منه إلي الأفراد – كانت بشرة أهل هذه القرية أميل إلي البياض منها إلي السواد – هذه الأعمال العدائيّة تعود علينا بالضرر أكثر منها بالنفع – وجدت الشرطة العجوز في حالة أقرب من الموت عنها من الحياة – إنّ المحمول في مصر أكثر انتشارا منه في انجلترا – أصبح واضحا أنك أقرب إلي العالم منك إلي الأستاذ – إنّ الطقس هنا في الشتاء أقرب من الاعتدال عنه من البرودة – استعمل الكاتب في روايته لغة أقرب إلي العامّية منها إلي الفصحى.

٥- ما أن رأى اليابانيّ أولاده حتي صرخ فيهم كعادته – سيطبّق النظام لا في مصر فحسب بل في كل الدول العربيّة – لا يبقى لعادل إلاّ أن يبحث عن مدرسة أخرى لأولاده – لن نسبح في المياه العميقة بما أنّنا لا نجيد السباحة – ما أن وافق المجلس على القرار حتّى بدأت الشركة بتطبيقه – كان الطقس معتدلا إلاّ أنّ الرياح كانت عنيفة بعض الشيء – هذه سيّارات أجرة حديثة إذ أنّها مجهزة بعدّادات ذكيّة – يعبّر المصريّ عن أحاسيسه بالعامّية حيث أنها اللغة الأم بالنسبة له

٦- يجب أن تهربوا بسرعة وإلاّ فالشرطة ستلقي القبض عليكم – يجب أن تلتزم بقواعد المرور وإلاّ عرّضت نفسك والآخرين للخطر – يجب أن تتقدّم بملف كامل وإلاّ ضاعت منك فرصة السفر هذا العام – يجب أن ننقذ هؤلاء الأطفال وإلاّ فإنهم سيموتون جوعا وعطشا – يجب علينا أن نتصرّف بحكمة وإلاّ ما تركنا في هذا المكان إلاّ الخسائر – يجب نقل المصابين على الفور وإلاّ فسيفقد الكثيرون منهم حياتهم – يجب أن تتعلّم من أخطائك إلاّ فستظل ترتكبها طوال حياتك – يجب أن تحسن معاملتك للآخرين وإلاّ ابتعد عنك العديد من معارفك

٧- ما أن سمع الجاران صراخ السيّدة العجوز حتى أسرعا ٍإغلاق باب الشقة – لم تكن القطع الأثريّة نادرة فحسب بل كانت ذات قيمة تاريخية كبرى – تتمتع مصر بتنوّع في مجالات السياحة إذ أنّ الطقس فيها رائع طوال العام – بما أنّ مصر هي التي تقدّمت بهذا الاقتراح فستكون أوّل دولة تقوم بتطبيقه – للصرّاف الآليّ فوائد عدة كما أنّ كيفيّة استعماله سهلة وبسيطة – لا يمكننا تنفيذ هذه المعاملات الماليّة إذ أنّ البنوك المحليّة مغلقة اليوم – لتلوّث البيئة أضرار ليس على المدى القريب فحسب بل في المستقبل أيضا – أراد اللص أن يبيع القطع الأثرية للسوّاح إلا أن المباحث منعته من ذلك

٨- ما أروع الطقس اليوم – ما أطيبها وأكرمها – ما أعجب أعمالك – ما أجود هؤلاء الموظفين – ما أجملهن – ما أغنى سكّان هذا الحي – ما أنبل أخلاقك – ما أوسع هذه الغرف – ما ألذ هذه الوجبة – ما أغلى بضاعة هذا المحل

٩- يا لهم من أطفال سعداء – يا لهم من طلاب مجتهدين – يا لها من وثيقة مهمة – يا له من طعام لذيذ – يا لكم من متشائمين – يا لهم من سيّاحين جيدين – يا لك من قويّ – يا لكم من شجعان

١٠- صدر هذا البيان في عمّان – تقع مدينة عمّان في الأردن – يكون الطقس في المناطق الجبليّة معتدلا/أكثر اعتدالا – لا، يستمرّ الطقس اليومين المقبلين حارا نسبيًا – درجة الحرارة العظمى خمس درجات والصغرى ثلاثة تحت الصفر
تتمتع مصر بتنوّع في مجالات السياحة – ظهرت في مصر حديثا سياحة المؤتمرات – ظهر هذا النوع من السياحة في الأعوام الستة الأخيرة – عقدت أبرز المؤتمرات في سنة ألفين وثمانية في شرم الشيخ – كان موضوع المنتدى هو الاقتصاد
تريد الدول العربية تنظيم القنوات الفضائية – تمنع الوثيقة التهجّم على أنظمة الدول والتطاول على الرموز الوطنيّة والدينيّة – تحترم الوثيقة حريّة التعبير – اعترضت قطر على قواعد الوثيقة – أهم قناة فضائيّة في قطر اسمها قناة الجزيرة

١١– ١– تمنع هذه الوثيقة التهجّم على الرموز الوطنيّة ٢– كان فريد يعيش لنفسه ولتحقيق أهدافه ٣– سيظل الطقس حارا نسبيّا/بعض الشيء في الأسبوعين القادمين ٤– كانت سعاد جالسة في الحديقة بحيث لم تسمع شيئا ٥– ما أحوجنا إلى السلام والمحبّة ٦– لم تتدهور الحالة الاقتصادية في أوروبا فحسب بل في أمريكا أيضا ٧– تعقد العديد من المؤتمرات في شرم الشيخ ٨– لا يتناسب التهجم على أنظمة الغير مع/وأهدافنا ٩– يجب عليك فتح النافذة وإلا ماتت السيدة ١٠– تتمتع مصر بتنوع في مجالات السياحة ١١– لا يمكن اتّخاذ هذه القرارات بدون موافقة المدير ١٢– كان هذا الرجل مختلفا من حيث منظره وطريقة كلامه ١٣– ستكون درجة الحرارة الصغرى ثلاث درجات تحت الصفر ١٤– يا لك من رجل غريب ١٥– تتعلّق هذه القصص بالماضي أكثر منها بالحاضر

Vocabulary

قائمة المفردات العربية - الانجليزية

Arabic – English

ا

آت ، ـون	coming
آثارٌ (pl.)	antiquities
آخِرُ ...	end of
آخرُ (m.) ، أخرى (f.)	other
آدابٌ (pl.)	literature
آسفٌ ، ـون	sorry
آلةٌ ، آلاتٌ	tool, device
آمِلٌ ، ـون	hoping
آمون	Amon
أبٌ ، آباءٌ	father
ابتسامٌ	smiling
ابتسم	to smile
ابتدائيٌّ	elementary (school)
أَبَديٌّ	everlasting, eternal
أبريل	April
إبلاغٌ بـ	notifying of
أبلغ بـ	to notify of, to inform of
ابنٌ ، أبناءٌ / بنون	son
ابنةٌ ، بناتٌ	daughter
أبو قير	*Abū Qīr*
أبوان	parents (both)
أبيضُ ، بيضاءُ ، بيضٌ	white
ابيضّ	to become white
أتاح الفرصةَ لـ	to give the opportunity to
اتّباعٌ	following
اتّبع ه	to observe; to follow
اتّخذ ه	to take (measures)
اتّصل بـ	to call; to contact
اتّفاقٌ ، ـاتٌ	agreement
اتّفق (على)	to agree (upon)
إتمامٌ	accomplishing
اتّهم ه	to charge
أتوبيس ، ـات	bus
أتى ، يأتي ، إتيانٌ	to come
أثَرٌ ، آثارٌ	impact; trace
أثَريٌّ	ancient, antique
أثْناءَ	during, while
في هذه الأثناءِ	in this period
اثنين: يوم الاثنين	Monday
أثينا	Athens
أثيوبيا	Ethiopia
أجاب على	to answer
إجابةٌ ، ـاتٌ	answer
أجاد ه	to master, to be good in
إجادةٌ	mastery of
إجازةٌ ، ـاتٌ	leave; holiday
اجتماعٌ ، ـاتٌ	meeting
اجتهادٌ	diligence, endeavor
إجراءٌ ، ـاتٌ	measure
أجرةٌ ، أجرٌ	wages

إجماعٌ	unanimity
إجماليٌّ ...	total (adj.)
أجنبيٌّ ، أجانبُ	foreigner
أحاط ه بـ	to surround with
أحاط ه علمًا بـ	to inform of
أحال ، يحيل ه إلى	to hand over to
أحبّ ، يحبّ ه ، حبٌّ	to love, to like
إحباطٌ	foiling
أحبط ه	to thwart, to foil
احتاج إلى	to need
احترامٌ	respect
احترف ه	to practice professionally
احترم ه	to respect
احتفظ بـ	to keep
احتلّ ه	to occupy
أحدٌ ، إحدى	one; somebody
أحد : يوم الأحَدِ	Sunday
أحسّ بـ	to feel
أحسن ه	to be good in, to master
أحضر ه	to bring
أحمرُ ، حَمْراءُ ، حُمْرٌ	red
احمرّ	to become red
أحمقُ ، حَمْقاءُ ، حُمْقٌ	foolish
أخٌ ، إخْوانٌ / إخْوةٌ	brother
إخبارٌ	notifying
أخبر ه بـ	to inform of / about
أخْتٌ ، أخَواتٌ	sister
اختار ه	to choose
اختفى ، يختفي	to disappear
اختناقٌ	suffocation
اختناقٌ مروريٌّ	congestion, traffic jam
اختيارٌ ، ـاتٌ	choice
أخَذ ، يأخُذ ه أخْذٌ / مأخذٌ	to take
أخرسُ ، خَرْساءُ ، خُرْسٌ	dumb
أخضرُ ، خضراءُ ، خضرٌ	green
اخضرّ	to become green
إخلاصٌ	loyalty
أخلص لـ	to be loyal to
أخيرٌ	last
أخيراً	finally, at last
أداءٌ	performance, carrying out
إدارةٌ ، ـاتٌ	administration
إدارةُ أعمالٍ	management
إدخالٌ	entering, inserting
ادّخر ه	to spare, to save (money)
أدخل ه	to insert, to enter
ادّعى ه	to pretend
إدمانٌ	addiction
أدّى ، يؤدي ه	to carry out
أدّى ، يؤدي إلى	to lead to
إذا	if
إذاً / إذن	then
أذاع ، يذيع ه	to broadcast
إذاعةٌ ، ـاتٌ	broadcasting
أُذُنٌ (f.) ، آذانٌ	ear
إذْنٌ ، أُذونٌ	permission
أراد ، يُريد ه	to want
أرْبَعاء : يوم الأرْبَعاءِ	Wednesday
ارتداءٌ	putting on; wearing
ارتدى ، يرتدي ه	to put on clothes; to wear
ارتفاعٌ	increase; height
ارتكب ه	to commit (a crime)
أرجع ه إلى	to attribute to
أردن : الأردن	Jordan
إرسالٌ	forwarding; sending; broadcast

أرسل ه	to send
إرشاداتٌ (pl.)	prescriptions
أرضٌ ، أراضٍ	earth; ground
أرى ، يري ه ه	to show
ازدحامٌ	crowd; jam
ازدحم بـ	to swarm with, to teem with
أزرقُ ، زَرْقاءُ ، زُرْقٌ	blue
ازرقّ	to become blue
إزعاجٌ	trouble, annoyance
أزهر : الأزهرُ	Azhar Mosque; Azhar University
أساسٌ ، أسسٌ	base
على أساسِ	on the basis of
أساسيٌّ	basic
أسبانيا	spain
أُسبوعٌ ، أسابيعُ	week
أُستاذٌ ، أساتذةٌ	sir, professor, mister
استبدل ه	to exchange
استخدامٌ	usage, use
استخدم ه	to use
أستدعى ه	to summon
أستراح ، يستريح	to rest
أستردّ ه	to recover
استشار ه	to consult
استطاع ، يستطيع ه	to be able to, to manage to
استعدّ (لـ)	to get ready (to)
استعدادٌ (لـ)	readiness
استعداداتٌ (pl.)	arrangements
استعمل ه	to use
استغرق	to last, to take (time)
استغلّ ه	to exploit, to make use of
استغلالٌ	exploitation
استلقى ، يستلقي	to lie down
استلم ه	to receive
استمارةٌ ، ـاتٌ	application form
استمرّ (فى)	to continue (to)
استمرارٌ	continuation
استهلّ ه	to start; to begin
استَوْرد ه	to import
استيرادٌ	import
استَيْقظ	to wake up
أُسْرةٌ ، أُسَرٌ	family
أسرع إلى	to hasten to, to rush to
أسطورةٌ ، أساطيرُ	tale; legend
أسَفٌ	regret
اسكندريّة : الاسْكَنْدَريّة	Alexandria
إسلامٌ	Islam
إسلاميٌّ	Islamic
اسمٌ ، أسماءٌ	name
أسودُ ، سَوْداءُ ، سودٌ	black
اسودّ	to become black
أسوان	Aswan
أسيوط	Assiut
أشار إلى	to point out
إشارةٌ ، ـاتٌ	sign, indication
اشترك في	to participate in
اشترى ، يشتري ه ، شراءٌ	to buy
اشتغل	to work
إشرافٌ على	supervision
أشرف على	to supervise
أشرق	to radiate, to shine
أشعل ه	to set fire to
أشقرُ ، شقراءُ ، شقرٌ	blonde
أصاب ه	to afflict
اصطاد ه	to hunt; to fish

to feign	اصطنع ه
artificial	اصطناعيٌّ
minimum	أصغرُ ، صغرى
yellow	أصفرُ ، صفراءُ ، صفرٌ
to become yellow	اصفرّ
origin	أصلٌ ، أصولٌ
bald	أصلعُ ، صلعاءُ ، صلعٌ
principles; basic rules	أصولٌ (.pl)
to be wounded	أُصيب ، يُصاب
light, illumination	إضاءةٌ
to add to	أضاف ه إلى
along with, besides	إضافةٌ : بالإضافةِ إلى
to be forced	اضْطرّ
disturbance	اضطرابٌ ، ـاتٌ
to become confused	اضْطرب
frame; domain	إطارٌ ، ـاتٌ
to consult; to learn about	اطّلع على
to emit	أطلق ه
to fire at	أطلق النار على
to feel reassured on	اطْمَأنّ ، يطْمَئِنّ على ، اطمئنانٌ
reassurance	اطمئنانٌ
to bring back; to repeat	أعاد ه
to take into account	اعْتِبارٌ : أخَذ ه في الاعتبار
starting from	اعتباراً من
temperance, moderation	اعتدالٌ
to apologize for	اعتذر عن
objection	اعتراضٌ ،ـاتٌ
to protest (against), to object (to)	اعترض (على)
to believe	اعتقد ه
to please, to delight	أعجب ه
to prepare	أعدّ ه
preparation	إعدادٌ
lame	أعرجُ ، عَرْجاءُ ، عُرْجٌ
to give	أعطى ، يعطي ه ه
maximum	أعظمُ ، عظمى
media	إعلامٌ
advertising	إعلانٌ ، ـاتٌ
to announce, to declare	أعلن ه
August	أغسطس
shutting	إغلاقٌ
to close, to shut	أغلق ه
song	أغنيةٌ ، أغانٍ
to tempt	أغوى ، يغوي ه
to inaugurate	افتتح ه
to suppose	افترض ه
better; best	أفضلُ
best (thing)	أفْضَلُ شيءٍ
breakfast	إفطارٌ
to build, to set up	أقام ه
to reside in, to stay in	أقام ، يقيم بـ / في
residence; setting up	إقامةٌ ، ـاتٌ
to arrive, to come	أقبل
to undertake	أقبل على
to storm, to invade	اقتحم ه
suggestion, proposal	اقتراحٌ ، ـاتٌ
economy	اقتصادٌ
to hunt; to get hold of	اقتنص ه
to undertake	أقدم على
to have gooseflesh	اقشعرَّ جسدُه
Luxor	أقصر : الأقصر
region	إقليمٌ ، أقاليمُ
discovery	اكتشافٌ ، ـاتٌ

اكتشف ه	to discover
أكتوبر	October
أكل ، يأكُل ه ، أكْلٌ	to eat
إلاّ أنَّ	however
الآنَ	now
التقى ، يلتقي بـ	to meet
ألَّف ه	to compose
ألفٌ ، آلافٌ	thousand
ألقى ، يُلقي ه	to throw
ألقى ، يُلقي القبض على	to arrest
إلكترونيٌّ	electronic
ألمٌ ، آلامٌ	pain
ألمانيا	Germany
الله	God
بإذن الله	God willing
الحمدُ لله	thank heavens!
إن شاء الله	God willing
رحمهُ الله	mercy upon him!
إلهٌ / إلاهٌ ، آلهةٌ	deity
إلى	to, toward, until, up to
إلى حدٍّ ما	to a certain extent
أَمْ	or
أُمٌّ ، أمّهاتٌ	mother
أمامٌ	front
أمامَ	in front of
أماميٌّ (adj.)	front
أمانٌ	safety
أُمّةٌ ، أُمَمٌ	nation
امتحانٌ ، ـاتٌ	examination
امتنع عن	to abstain from, to cease
أمَر ، يأمُر بـ ، أمرٌ	to order to
أمرٌ ، أمورٌ	affair, matter
امْرأةٌ	woman

أمْريكا	America
أمْريكيٌّ	American
أمْسِ	yesterday
أمسك بـ	to grasp, to seize
إمكانيةٌ ، ـاتٌ	possibility
أمكن ه	to be able to, to be possible
أملٌ ، آمالٌ	hope
أمينٌ ، أمناءُ	loyal
أمينُ مَكْتَبةٍ	librarian
أنْ	that
أنّ	that
إنْ	if
إنّ	behold, truly
أنا	I
أُناسٌ (pl.)	human beings, people
أنتَ	you (m.)
أنتِ	you (f.)
إنتاجٌ	production
إنتاجيٌّ	productive
انتباهٌ	attention
أنتج ه	to produce
انترنت	internet
انتشر	to spread out
انتصارٌ ، ـاتٌ	triumph, victory
انتظارٌ	waiting
انتظر ه	to expect; to wait
انتعاشةٌ ، ـاتٌ	revival
انتقامٌ (من)	revenge (on)
انتقل إلى	to move to
انتقم (من)	to take revenge (on)
أنتُمْ	you (pl.m.)
أنتُنَّ	you (pl.f.)
انتهى ، ينتهي	to end

اندونيسيا	Indonesia
انْجِلْتِرّا	England
انْجَليزي	English
إنذارٌ ، ـاتٌ	warning
إنسانٌ	human being
انسحابٌ	withdrawal
انطلق	to be launched, to start off
انغشّ	to be double crossed
أنفق ه	to spend
أنقذ ه	to save (sb)
انقضى ، ينقضي	to expire, to pass
انقطاعٌ	break, interruption
انقلبَ	to turn upside down
إنهاءٌ	ending
أنهى ، ينهي ه	to complete
اهتزّ	to shake
اهتزازٌ ، ـاتٌ	shaking
اهتمّ بـ	to be interested in
أهلٌ (pl.)	parents
أهلاً وسهلاً	welcome!
إهمالٌ	negligence
أهمل ه	to neglect
أهمّيّةٌ	importance
أوْ	or
أوْهم ه بـ	to make believe
أيٌّ	which, what, who; whichever, whatever, whoever
إيجارٌ ، ـاتٌ	rent
أيّد ، يؤيّد ه	to support
إيداعٌ	depositing
إيصالٌ ، ـاتٌ	receipt
أيضاً	too
ايطاليا	Italy
أينَ	where?
أينما	wherever
أيها ، أيتها	vocative particle

ب

بـ	by, with, in, at; by means of
بائعٌ ، باعةٌ	tradesman, merchant
بابٌ ، أبوابٌ	door
بابا	dad; pope
بادرةٌ ، بوادرُ	sign; symptom
بارحة : البارحةَ	yesterday
باردٌ	cold
بارزٌ	prominent
باريس	Paris
بازلتْ	basalt
بأس : لا بأسَ	it is all right
باشر ه	to carry out, to practice
باص ، ـات	bus
باع ، يبيع ه ، بيعٌ	to sell
باقٍ ، بواقٍ	remainder
بِتْرول	gasoline, petrol
بحَث ، يبحَث عن ، بحثٌ	to search for
بحرٌ ، بحورٌ	sea
بُحَيْرةٌ ، ـاتٌ	lake
بَخيلٌ ، بخلاءُ	greedy
بدأ ، يبدأ ه ، بَدْءٌ	to begin, to start with
بَدَلٌ ، ـاتٌ	allowance
بَدَنٌ ، أبدانٌ	body
بَدَنيٌّ	physical
بُرْتُقالٌ (c.)	oranges
بُرْتُقاليٌّ	orange (color)
بُرْجٌ ، أبراجٌ	tower

بَرْدٌ	coolness
برقيّةٌ ، ـات	telegram
بَرَكةٌ ، ـاتٌ	blessing
برلين	Berlin
برنامَجٌ ، برامجُ	program
بروفة ، ـات	fitting (tailor)
بريدٌ	mail
طابعٌ ، طوابعُ بريدٍ	postage stamp
صُنْدوقٌ ، صناديقُ بريدٍ	mailbox
بريدٌ إلكترونيٌّ	e-mail
بريطانيا	Britain
بسيطٌ ، بسطاءُ	simple
بَشَرةٌ	complexion
بَشَريّةٌ	mankind
بضاعةٌ ، بضائعُ	merchandise
بَطٌّ (c.)	ducks
بطاقةٌ ، ـاتٌ	card
بطاقةٌ ائتمانيّةٌ	credit card
بطالسة : البطالسةُ	Ptolemies
بُطْءٌ	slowness
ببُطْءٍ	slowly
بَطَلٌ ، أبطالٌ	hero
بطيءٌ ، ـون	slow
بعَث ، يبعَث ه إلى ، بعثٌ	to send to
بعْثةٌ ، ـاتٌ	mission, delegation
بُعْدٌ	remoteness
بَعْدُ	until now, yet
بَعْدَ	after
بعدَ ذلكَ	afterward
بَعْدَئذٍ	then
بعضٌ	some; part of
بعضَ الشيءِ	somewhat; rather
بعيدٌ ، ـون / بعداءُ (عن)	far (from)
بَغْدادُ	Baghdad
بَقَرٌ (c.) ، أبقارٌ	cows
بَقِيَ ، يبقى ، بقاءٌ	to remain
بقي ، يبقى ، بقيّةٌ	to be left over
بقيّةٌ ، بقايا	remainder
بكى ، يبكي ، بُكاءٌ	to cry
بَلْ	but
بَلَدٌ ، بلادٌ	land
بلَغ ، يبلُغ ه ، بلوغٌ	to amount; to run up to
بَلَى	indeed
بناءً على	according to
بِنْتٌ ، بَناتٌ	daughter; girl
بَنَفْسجيٌّ	violet (color)
بنكٌ ، بنوكٌ	bank
بنى ، يبني ه ، بِناءٌ	to build
بُنّيٌّ	brown
بَهْجةٌ	joy
بؤسٌ	misery
بوّابٌ ، ـون	doorkeeper
بوّابةٌ ، ـاتٌ	gate
بور سعيد	Port Said
بوليس	police
بيانٌ ، اتٌ	statement
بياناتٌ (pl.)	information; data
بيتٌ ، بيوتٌ	house
بيئةٌ ، ـاتٌ	environment
بيرة	beer
بيروت	Beirut
بَيْضٌ (c.)	egg
بَيْنَ	between
بينما	while

ت

تأثيرٌ — effect, impact
تأخّر — to be late
تأخيرٌ — delay
تأكّد (من) — to make sure (of)
تأكيدٌ — confirmation
تأميمٌ — nationalization
تأمينٌ — insurance
تأهيلٌ مِهنَيٌّ — professional training
تابَع ه — to follow, to pursue, to carry on
تابِعٌ لـ — pertaining to
تاجرٌ ، تجّارٌ — tradesman, merchant
تاريخٌ — history
تاريخٌ ، تواريخُ — date
تاريخيٌّ — historical
تالٍ — next, following
تالٍ : بالتالي — consequently, therefore
تامٌّ — total
تبادل ه — to exchange
تباهى بـ — to brag about
تبختر — to swagger
تبِع ، يتبَع لـ ، تبعٌ — to belong to
تبعثر — to be scattered
تبنّى ه — to adopt
تبيّن — to become clear, to turn out
تثبيتٌ — fixing
تجارةٌ — trade
تُجاهَ / تِجاهَ — with respect to; towards
تجديدٌ — renewal; renovation
تجربةٌ ، تجاربُ — experience
تجريدٌ — abstraction
تَحْتَ — beneath, under

تحدّث (مع) — to speak (to)
تحديدٌ — fixing
تذكّر ه — to remember
تحريرٌ — editing; liberation
تحسّن — to improve
تحفّظ بـ — to take into custody
تحقّقَ — to be realized, to be carried out
تحقّقَ من — to make sure of
تحقيقٌ ، ـاتٌ — investigation, inquiry
تحمّل ه — to bear, to endure
تَحِيّةٌ ، ـاتٌ — greeting
تخلّص من — to get rid of
تدخينٌ — smoking
تدريسٌ — teaching
تدهورٌ — decline
تذكّر ه — to remember
تذكَرةٌ ، تذاكرُ — ticket
تُراثٌ — legacy
تراوحَ — to vary
تربيةٌ — education
تربويٌّ — pedagogic
ترَك ، يترُك ه ، تركٌ — to leave
تركيا — Turkey
تزلزل — to quake
تزوّج ه — to get married to
تساؤلاتٌ (.pl) — doubt, query
تسجيلٌ ، ـاتٌ — registration, recording
تسلّم ه — to receive
تسليمٌ — delivery, handing over
تسويةٌ — settlement, arrangement
تسويقٌ — marketing
تشاجر — to quarrel (with each other)
تشرّف بـ — to have the honor to

تشكيلٌ	marking with vowel signs
تصديرٌ	export
تصرُّفٌ	disposal
تصوّر ه	to imagine
تطرُّفٌ	extremism
تطوّرٌ	development
تضمّن ه	to contain
تطاول على	to hit out against
تظاهر	to demonstrate
تعادُلٌ (مع)	tie, draw (with)
تَعَبٌ	tiredness
تعبيرٌ ، تعابيرُ	expression
تعجّب	to be amazed
تعدّى ه	to exceed
تعرّف على	to make acquaintance with
تعزيةٌ ، تعازٍ	condolence
تعلّم ه	to learn
تعليمٌ	teaching; instruction
تعليماتٌ (pl.)	instructions
تعوّد على	to get accustomed to
تعويدٌ على	accustoming
تعيّن على	to have to
تغيّر	to change
تفّاحٌ (c.)	apples
تفادى ه	to avoid
تفادٍ	avoidance
تفرّج على	to watch
تفضّل بـ	to be so kind as to
تفوّق (في)	to distinguish oneself (in)
تفوّق على	to surpass
تقابل	to meet (each other)
تقبّل ه	to accept
تقدُّمٌ	progress
تقدّم بـ	to present
تقديرٌ	evaluation; appreciation; esteem
تقديمٌ	presenting
تقرّرَ	to be decided
تقريباً	almost; about; approximately
تَقْليديٌّ	traditional
تكرّم بـ	to be so kind as to
تكلّم (مع)	to speak (to)
تلخّص (في)	to be summarized (in)
تلفزيون ، ـات	television
تِلْقائيٌّ	spontaneous
تلقّى ه	to receive
تِلْميذٌ ، تلاميذُ	pupil
تلوُّثٌ	pollution
تليفون ، ـات	telephone
تليفون محمول	cell phone
تمّ	to be done
تمام: في تمامِ	precisely at (hour)
تماماً	completely, precisely
تمتّع بـ	to enjoy
تِمْثالٌ ، تماثيلُ	statue
تمرّن (على)	to practice (sth)
تمرينٌ ، ـاتٌ	exercise
تِمْساحٌ ، تماسيحُ	crocodile
تمشّى	to take a walk
تمكّن من	to be able to
تمنّى ه	to wish
تمنٍّ ، تمنّياتٌ	wish
تميّز بـ	to distinguish oneself by
تناقش (في)	to debate (about)
تناول ه	to consume; to treat
تنبيهٌ ، ـاتٌ	exhortation
تنزّه	to take a walk

تنشيطٌ	activation, stimulation
تنظيمٌ	organizing
تنظيميٌّ	regulative
تنكّر	to disguise (oneself)
تنوُّعٌ	diversity
تهجّم على	to attack
تهديدٌ ، ـاتٌ	threat
تهنئةٌ ، تهانٍ	felicitation
توافر في	to abound in
توتُّرٌ	tension
توجّه إلى	to head toward
توزيعٌ	distribution
توصيةٌ ، ـاتٌ	recommendation
توفّي	to die, to pass away
توفيرٌ	saving
توفيقٌ	success
توقّع ه	to expect
توقّف	to stop, to come to a standstill
توقيتٌ ، ـاتٌ	scheduling, timing
تولّى ه	to take over
تيسيرٌ	facilitation

ث

ثائرٌ ، ـون	irritated
ثابتٌ	stable (solid)
ثانويٌّ	secondary (school)
ثَعْلَبٌ ، ثعالبُ	fox
ثَقافةٌ ، ـاتٌ	culture
ثقافةٌ اجتماعيّةٌ	social character
ثقافيٌّ	cultural
ثُلاثاء : يوم الثُلاثاءِ	Tuesday
ثلاّجةٌ ، ـاتٌ	fridge
ثلجٌ ، ثلوجٌ	ice; snow
ثُمَّ	then
ثَمَنٌ ، أثمانٌ	price
ثَوْبٌ ، ثِيابٌ	garment, cloth

ج

جاء ، يجيء ، مَجيءٌ	to come; to be
جارٌ ، جيرانٌ (m.)	neighbor
جارةٌ ، ـاتٌ (f.)	neighbor
جاكارتا	Jakarta
جامعٌ ، جوامعُ	mosque
جامعةٌ ، ـاتٌ	university
جامعيٌّ	academic
جانِبٌ ، جوانبُ	side
بجانبِ ...	beside, next to
جاهزٌ	ready, prepared
جَبَليٌّ	mountainous
جَدٌّ ، جدودٌ / أجدادٌ	grandfather
جدّاً	very
جَدّةٌ ، ـاتٌ	grandmother
جدّد ه	to renew; to extend
جديدٌ ، جددٌ	new
جَرَسٌ ، أجراسٌ	bell
جرى ، يجري ، مجرًى	to occur
جرى ، يجري ، جَرْيٌ	to run
جريدةٌ ، جرائدُ	journal, newspaper
جريمةٌ ، جرائمُ	crime
جزيرةٌ ، جُزُرٌ	island
جعْرانُ	scarab
جُلْبابٌ ، جلاليبُ	robe-like garment
جلَس ، يجلِس ، جلوسٌ	to sit down
جُمْعة : يوم الجُمْعةِ	Friday

جَمَلٌ ، جِمالٌ	camel
جُمْهورٌ ، جماهيرُ	public (noun)
جمهوريّةٌ ، ـاتٌ	republic
جمهوريّةُ مصرَ العربيّةُ	Arab Republic of Egypt
جميعاً	altogether
جِنْسيّةٌ ، ـاتٌ	nationality
جَنوبٌ	south
جنوبيٌّ	southern
جُنَيْهٌ ، ـاتٌ	Egyptian pound
جهازٌ ، أجهزةٌ	tool, apparatus
جهازُ تكييفٍ	air-conditioner
جِهةٌ ، ـاتٌ	side, direction
جوٌّ ، أجواءٌ	weather
جَوابٌ ، أجْوِبةٌ	answer
جوار : بجوارِ	close to
جُوعٌ	hunger
جَوْلةٌ ، ـاتٌ	tour
جَوِّيٌّ	weather (adj.)
جيِّدٌ ، ـون	good
جِيلٌ ، أجيالٌ	generation

ح

حاجةٌ ، ـاتٌ	need
حادٌّ	sharp
حادُّ المزاجِ	hot-tempered
حادثٌ ، حوادثُ	accident
حارٌّ	warm
حاصلٌ على	having obtained
حاضرٌ ، ـون	attendant
حافلٌ بـ	abounding in
حالٌ ، أحوالٌ	situation
حالما	as soon as
حاليًا	currently
حاول ه	to try
حُبٌّ	love
حَبْسٌ	imprisonment, detention
حتّى	until; in order to
ما إنْ ... حتى ...	hardly ... when
حجابٌ ، أحجبةٌ	veil
حُجرةٌ ، ـاتٌ	room
حَجْمٌ ، أحجامٌ	size
حَدَثٌ ، أحداثٌ	event
حدَث ، يحدُث ، حدوثٌ	to happen
حدّد ه	to delimit, to fix
حديثٌ ، أحاديثُ	conversation
حديثٌ	modern
حديثُ العهدِ بـ	inexperienced at
حديدٌ	iron
حديقةٌ ، حدائقُ	garden
حذِر ، يحذَر ه ، حذَرٌ	to be cautious
حَرارةٌ	temperature, warmth
حَرْبٌ ، حروبٌ	war
حرّر ه	to liberate; to issue, to edit, to write
حرَص ، يحرِص على ، حِرْصٌ	to strive for
حَرْفٌ ، حروفٌ	letter (alphabet)
حَرَكةٌ ، ـاتٌ	action, movement
حركةُ المرورِ	traffic
حُرِّيّةٌ ، ـاتٌ	freedom
حرّيّةُ التعبيرِ	freedom of speech
حزامٌ ، أحزمةُ الأمان	safety belt, seat belt
حُزْنٌ ، أحزانٌ	grief, sorrow
حِسابٌ ، ـاتٌ	account; bill, check
حِسابٌ جارٍ	account (current)

حَسَبَ	according to
حسّيٌّ	perceptible; concrete
حِصانٌ ، أحْصنةٌ	horse
حصَل ، يحصُل على ، حُصولٌ	to obtain
حَضارةٌ	civilization
حضَر ، يحضُر ، حُضورٌ	to come, to show up, to attend
حضّر ه	to prepare
حُضورٌ	presence
حَظْرٌ	ban, prohibition
حظيرةٌ ، حظائرُ	stable, barn
حَفْلٌ / حفلةٌ ، ـاتٌ	party, celebration
حَقٌّ ، حقوقٌ	right
حقوقُ الإنسانِ	human rights
حَقًا	indeed
حقّق ه	to carry out, to realize
حَقْلٌ ، حقولٌ	field; domain
حقيبةٌ ، حقائبُ	bag
حقيقةٌ ، حقائقُ	truth
حكايةٌ ، ـاتٌ	story
حُكومةٌ ، ـاتٌ	government
حكوميٌّ	governmental
حكى ، يحكي ه ، حِكايةٌ	to tell
حلّ ، يحُلّ ه ، حلٌّ	to solve
حَلٌّ ، حلولٌ	solution
حَلْقةٌ ، ـاتٌ	episode
حلّلَ ه	to analyze
حُلوانُ	Helwan
حليبٌ	milk
حَمٌ ، أحماءٌ	father-in-law
حمارٌ ، حميرٌ	donkey
حَماسيٌّ	enthusiastic
حمّامٌ ، ـاتٌ	bathroom
حمد ، يحمَد ه ، حَمْدٌ	to praise
حمَل ، يحمِل ه ، حَملٌ	to carry
حِوارٌ ، ـاتٌ	dialog
حَوالَيْ	approximately
حَوْزةٌ	possession
حَوْلَ	around
حوى ، يحوي ه ، حوايةٌ	to contain
حيٌّ ، أحياءٌ	district, quarter
حَيّ ، يحيا ، حَياةٌ	to live
حيٌّ ، أحياءٌ	living
حيّا ، يحيّي ه ، تحيّةٌ	to greet
حَياةٌ	life
حَيْثُ	where; when
بحَيْثُ	so that
حَيْرةٌ	embarrassment
حينَ	when
حينَما	when
حَيَوانٌ ، ـاتٌ	animal

خ

خاتمٌ ، خواتمُ	seal ring
خارِجٌ	exterior
خارِجٌ عن	outside of
الخارجُ	abroad
خاصٌّ	private
خاصٌّ بـ	pertaining to
خاف ، يخاف ه / من ،خَوْفٌ	to be afraid of
خالصٌ	sincere, true
خَبَرٌ ، أخبارٌ	information, news
نشرةُ الأخبارِ	newscast
خِبْرةٌ	experience

خُبْزٌ	bread
ختاماً	finally, to conclude
خدمةٌ ، ـاتٌ	service
خرَج ، يخرُج (منْ)	to leave
الخُرطوم	Khartoum
خروجٌ	exit
خَريفٌ	Autumn
خَزينةٌ ، خزائنُ	cash desk
خَشَبٌ (.c) ، أخْشابٌ	wood
خشِي ، يخشى ه ، خَشْيةٌ	to fear
خَصْرٌ ، خصورٌ	waist, middle
خضع ، يخضَع لـ ، خضوعٌ	to submit to, to be subjected to
خطابٌ ، ـاتٌ	letter
خَطَرٌ ، أخطارٌ	danger
خَطْوةٌ ، ـاتٌ	step
خُطورةٌ	danger
خفيفٌ	light
خلافٌ ، ـاتٌ	controversy, dispute
خلالَ	during
خَلْفٌ	back, rear side
خَلْفَ	behind
خليفةٌ ، خلفاءُ	caliph
خميس: يوم الخَميس	Thursday
خيّاطةٌ ، ـاتٌ	seamstress
خَيْرٌ	good; blessing
خيرٌ (من)	better; best

د

دائماً	always
داخِلٌ	inner, interior
داخِلَ	within
دارٌ ، ديارٌ / دورٌ	dwelling
دارُ الكُتُب	National Library of Egypt
دام ، يدوم ، دَوامٌ	to last
دُخّانٌ	smoke
دخَل ، يدخُل ه ، دُخولٌ	to enter, to step in
دَخْلٌ ، دخولٌ	revenue
دخولٌ	entrance
دِراسةٌ ، ـاتٌ	study
دراساتٌ عُلْيا	higher education
دَرَجةٌ ، ـاتٌ	degree; grade; level
دَرَجةُ الحرارة	temperature
درَس ، يدرُس ه ، دَرْسٌ / دِراسةٌ	to study
دَرْسٌ ، دروسٌ	lesson
درى ، يدري ه ، درايةٌ	to know
دعا ، يدعو ه ، دَعْوةٌ	to call; to invite
دَعْوةٌ ، دعواتٌ	invitation
دفَع ، يدفَع ة ، دَفْعٌ	to push; to pay
دافع عن	to defend
دفاعٌ (عن)	defense
دفَن ، يدفِن ه ، دَفْنٌ	to bury
دَفْنٌ	burial
دقيقٌ	precise
دقيقةٌ ، دقائقُ	minute
دُكّانٌ ، دكاكينُ	shop
دُكتورٌ ، دكاترةٌ	doctor
دَلّ ، يدُلّ على ، دَلالةٌ / دِلالةٌ	to indicate; to prove
دَلالةٌ على	indication of
دِمَشْقُ	Damascus
دواءٌ ، أدْوِيَةٌ	medicine
دَوامٌ	continuance
دَوْرٌ ، أدوارٌ	role; floor

دَوْرةٌ ، ــاتٌ	course
دولار ، ــات	dollar
دَوْلةٌ ، دُوَلٌ	state
دَوْليٌّ / دُوَليٌّ	international
دونَ	without
بدونِ	without
بدونِ شكٍ	without any doubt; sure
دونَ جدوى	in vain
ديسمبر	December
ديكٌ ، ديوكٌ	rooster

ذ

ذاتَ يَوْمٍ	once, one day
ذَكاءٌ	intelligence
ذكَر ، يذكُر ه ، ذِكْرٌ	to mention
ذِكْرى ، ذِكْرَياتٌ	memory
ذكيٌّ ، أذْكِياءُ	intelligent
ذلكَ	that (m.), this (m.)
بذلكَ	thereby
لذلكَ	therefore
مع ذلكَ	nevertheless
ذِمّةٌ	custody; disposal
على ذمة ...	at the disposal of
ذهَب ، يذهَب إلى ذِهابٌ	to go to
ذَهَبٌ	gold

ر

رأسٌ (f.) ، رؤوسٌ	head
رأى ، يرى ه ، رؤيةٌ	to see
رأيٌ ، آراءٌ	opinion
رئيسٌ ، رؤساءُ	president, chief
رئيسيٌّ	main
رائحةٌ ، روائحُ	smell
رائعٌ	marvellous
رابِطٌ ، روابطُ	link
راتِبٌ ، رواتبُ	salary
راجٍ ، ــون	wishing, hoping
رافق ه	to accompany
راقدٌ ، ــون	lying (down)
راكِبٌ ، ــون	riding
راكِبٌ ، رُكّابٌ	passenger
رايةٌ ، ــاتٌ	banner, flag
رَبٌّ ، أربابٌ	deity; lord, master
رِبًا	usury
ربَط ، يربُط ه ، رَبْطٌ	to fasten
ربيعٌ	spring
رُبَّما	maybe
ربّى ، يربّي ه	to raise
رجا ، يرجو ه ، رَجاءٌ	to wish, to request
رجَع ، يرجِع (إلى) ، رجوعٌ	to return (to), to come back (to)
رِجْلٌ (f.) ؛ أرجُلٌ	foot
رَجُلٌ ، رِجالٌ	man
رحّب بـ	to welcome
رَحْبةٌ ، رِحابٌ	magnanimity
رحَل ، يرحَل ، رحيلٌ	to depart
رِحْلةٌ ، ــاتٌ	excursion, trip
رحِم ، يرحَم ه ، رَحْمةٌ	to have mercy upon
رَحْمةٌ	mercy
رحيلٌ	departure
رُخْصةٌ ، رُخَصٌ	license
رُخْصةُ قيادةٍ	drivers license
رَخيصٌ	cheap

رَدّ ، يرُدّ ه ، رَدٌّ	to give back
رَدّ ، يرُدّ على ، رَدٌّ	to answer
رَدٌّ ، ردودٌ	answer
رِسالةٌ ، رَسائلُ	message; letter; thesis
رسميٌّ	official
رَشْحٌ	common cold
رَصاصٌ (c.)	lead
رَصاصةٌ ، اتٌ	bullet
رَصَدٌ ، أرصادٌ	observation
الأرصادُ الجوّيّةُ	meteorological observation
رغب ، يرغَب ه ، رَغْبةٌ	to desire
رَغْمَ	despite
رفَض ، يرفُض ه ، رَفْضٌ	to refuse
رفيقٌ ، رِفاقٌ	companion
رقَد ، يرقُد ، رقودٌ	to lie down
رقَص ، يرقُص ، رَقْصٌ	to dance
رَقَمٌ ، أرقامٌ	number
رَقَمُ التعريفِ	PIN code
ركِب ، يركَب ه ، ركوبٌ	to mount, to board; to get in (train), to embark
رُكْبةٌ ، رُكَبٌ	knee
رَمْزٌ ، رموزٌ	symbol
رمسيس	Ramses
رَمَضانُ	Ramadan
رمى ، يرمي ه ، رَمْيٌ	to throw
روسيا	Russia
روسيٌّ	Russian
روما	Rome
روى ، يروي ه ، رِوايةٌ	to tell; to report
ريحٌ ، رِياحٌ	wind
ريفٌ ، أريافٌ	countryside

ز

زائرٌ ، ـون / زُوّارٌ	visitor
زاد ، يزيد ، زِيادةٌ	to increase
زار ، يزور ه ، زِيارةٌ	to visit
زَبونٌ ، زبائنُ	client
زِرٌّ ، أزرارٌ	button
زرَع ، يزرَع ه ، زَرْعٌ / زِراعةٌ	to plant
زِراعةٌ	agriculture
زِراعيٌّ	agricultural
زَرْعٌ (c.) ، زروعٌ	crops, plants
زلزالٌ ، زلازلُ	earthquake
زَمَنٌ ، أزمانٌ	time
زَهْرٌ (c.) ، أزهارٌ / زهورٌ	flowers
زَواجٌ	marriage
زَوْجٌ ، أزواجٌ	husband
زَوْجةٌ ، ـاتٌ	wife
زِيٌّ ، أزياءٌ	garment, cloth
زِيُّ المدارسِ الموحَّدُ	school uniform
زِيادةٌ	increase
زِيارةٌ ، ـاتٌ	visit
زَيْتونٌ (c.)	olives
زيّن ه	to decorate

س

سأل ، يسأل ه ، سؤالٌ	to ask
سؤالٌ ، أسئلةٌ	question
ساء ، يسوء ، سوءٌ	to deteriorate
سائحٌ ، ـون / سوّاحٌ / سيّاحٌ	tourist
سائقٌ ، ـون / ساقةٌ	driver
سابقٌ	previous
سابقًا	previously

ساد ، يسود ، سيادةٌ	to prevail
سار ، يسير ، سَيْرٌ	to walk; to progress;
ساري المفعولِ	valid
ساطعٌ	shining (sun)
ساعةٌ ، ــاتٌ	hour; watch
ساعد ه (على)	to assist (with)
	to help (with)
سافر	to travel
ساكِنٌ ، سُكّانٌ	inhabitant
سالِمٌ ، ــون	safe
سامٌّ	poisonous
ساوى ، يساوي ه	to amount to
سباحةٌ	swimming
حَمّامُ سِباحةٍ	swimming pool
سَبَبٌ ، أسبابٌ	reason, cause
بسَبَبِ	because of; due to
سبّبَ ه	to cause
سَبْت : يوم السَبْت	Saturday
سبتمبر	September
سبَح ، يسبَح ، سِباحةٌ	to swim
سبَق ، يسبُق ه ، سَبْقٌ	to outdistance
سحَب ، يسحَب ه ، سَحْبٌ	to pull out
سُخْرِيّةٌ	irony
سُرْعةٌ ، ــاتٌ	speed, velocity
هدّأ السرعةَ	to slow down
سرَق ، يسرِق ه ، سَرِقةٌ	to steal
سَرِقةٌ	theft
سَرِقةٌ ، ــاتٌ	stolen good
سُرورٌ	joy
بكلِّ سرورٍ	with pleasure
سريعٌ	fast, quick
سَعادةٌ	happiness
سِعْرٌ ، أسعارٌ	price
سَعوديّة : المملكةُ العربيّةُ السعوديّةُ	Saudi Arabia
سعيدٌ ، سعداءُ	happy
سَفَرٌ	traveling
سَفَرٌ ، أسفارٌ	journey
سفينةٌ ، سُفُنٌ	ship
سِكّةٌ ، سِكَكٌ ؛ طريقٌ ، طُرُقٌ	road
السِكّةُ الحديدُ	railway
السِكّةُ الحديديّةُ	railway
سكَن ، يسكُن ه / في ، سَكَنٌ	to inhabit
سكّينٌ ، سكاكينُ	knife
سَلاطةٌ ، ــاتٌ	salad
سَلامٌ ، ــاتٌ	greeting
سَلامةٌ	safety
سلَب ، يسلُب ه ، سَلْبٌ	to rob, to loot
سُلْطةٌ ، ــاتٌ	authority
سلِم ، يسلَم ، سَلامةٌ	to be safe
سلّم ه ه	to hand over, to deliver
سلّم على	to greet
سُلَّمٌ ، سلالمُ	stair
سُلْوانٌ	consolation
سَماءٌ ، سماواتٌ	sky
سمَح ، يسمَح لـ ... بـ ، سَماحٌ	to allow sb to
سماحٌ	allowing; permission
سِمْسِمٌ	sesame
سمِع ، يسمَع ه ، سَماعٌ	to hear
سَمَكٌ (.c) ، أسماكٌ	fish
سمّى ، يسمّي ه	to name, to call
سِنٌّ (.f)	age
سِنٌّ (.f) ، أسنانٌ	tooth
سَنةٌ ، سَنَواتٌ	year
سَنَويٌّ	annual

سَنَوِيّاً	annually
سهر ، يسهَر ، سَهَرٌ	to stay up late at night
سَهْرةٌ ، ـات	late evening
سَهْلٌ	easy
سوءٌ	bad; evil
سودان : السودان	Sudan
سوريا	Syria
سوقٌ (f.) ، أسواقٌ	market
سِوى	except
سوّى ، يسوّي ه	to organize
سَيِّءٌ ، ـون	bad
سِياحةٌ	tourism
سِياحيٌّ	touristic
سِيادةٌ	excellency
سيّارةٌ ، ـاتٌ	car
سيّارةُ أجرةٍ	taxi
سيّارةٌ ملاّكي	private car
سِياسةٌ ، ـاتٌ	politics, policy
سِياسيٌّ	political
سيِّدٌ ، أسيادٌ / سادةٌ	gentleman; Sir; Mr.
سَيِّدةٌ ، ـاتٌ	lady; Mrs.
سيرةٌ ، سِيَرٌ ذاتيّةٌ	curriculum vitae
سيطر ، يسيطر على ، سَيْطَرةٌ	to predominate
سينما ، ـهات	movies

ش

شأنٌ ، شؤونٌ	matter, affair
شابٌّ ، شَبابٌ / شُبّانٌ	young
شابٌّ ، شبّانٌ / شبابٌ	young man
شابّةٌ ، ـاتٌ	young woman
شارِعٌ ، شوارعُ	street
شاطِئٌ ، شواطئُ	shore, beach
شاطر ه ه	to share with
شاغرٌ	empty
شاكرٌ ، ـون	grateful
شاهد ه	to watch
شاور ه	to consult, to seek advice
شايٌ	tea
شَبابٌ	youth
شبّاكٌ ، شبابيكُ	window
شِبْهُ ...	almost, semi-, quasi-
شِتاءٌ	winter
شُجاعٌ ، شُجْعانٌ	brave
شَجَرٌ (c.) ، أشجارٌ	tree
شجّع ه	to encourage; to cheer
شَخْصٌ ، أشخاصٌ	person
شَخْصيٌّ	personal
شخصيّةٌ ، ـاتٌ	personality
شديدٌ ، أشدّاءُ / شِدادٌ	strong; heavy
شَرٌّ	evil
شَرٌّ (من)	worse; worst
شِراءٌ	buying
شَرابٌ	beverage
شرِب ، يشرَب ه ، شُرْبٌ	to drink
شرَح ، يشرَح ه ، شَرْحٌ	to explain
شَرْطٌ ، شروطٌ	condition
شُرْطةٌ	police force
رِجالُ الشرطةِ	policemen
شَرَفٌ	honor
شرّف ه (بـ)	to honor (with)
شُرْفةٌ ، ـاتٌ	balcony
شَرْقٌ	east
شرقيٌّ	eastern
شَرِكةٌ ، ـاتٌ	company

companion, accomplice شريكٌ ، شُركاءُ
to feel شعَر ، يشعُر بـ ، شعورٌ
hair شَعْرٌ (c.) ، شعورٌ
flat شَقّةٌ ، شُقَقٌ
to thank شكَر ، يشكُر ه ، شُكْرٌ
many thanks شُكْراً جزيلاً
form, shape; way شَكْلٌ ، أشكالٌ
in such a way بشكلٍ
to smell شَمّ ، يشُمّ ه ، شَمٌّ
north شَمالٌ
northern شَماليٌّ
sun شَمْسٌ
to comprise شمَل ، يشمُل ه ، شَمْلٌ
bag شَنْطةٌ ، شُنَطٌ
certificate, diploma شَهادةٌ ، ـاتٌ
to be the setting of شهِد ، يشهَد ه ، شهودٌ
to witness, to testify شهِد ، يشهَد ، شهادةٌ
month شَهْرٌ ، شهورٌ / أشهرُ
martyr شهيدٌ ، شُهداءُ
famous شهيرٌ ، ـون
to roast شوى ، يشوي ه ، شوي
something شَيْءٌ ، أشياءٌ
somewhat شيئاً ما
older man شَيْخٌ ، شيوخٌ
devil شَيْطانٌ ، شياطينُ

ص

P.O. Box ص.ب. = صُندوق بريد
to scream, to yell صاح ، يصيح ، صيحٌ / صِياحٌ
friend; owner of صاحِبٌ ، أصحابٌ
net (sum) صافياً
hall, room صالةٌ ، ـاتٌ
showroom صالةُ عَرْضٍ
virtuous; advantage صالِحٌ
suitable for صالِحٌ لـ
to fast صام ، يصوم ، صَوْمٌ / صِيامٌ
morning صَباحٌ
in the morning صباحاً
patience صَبْرٌ
health صِحّةٌ
journalist صُحُفيٌّ / صَحَفيٌّ ، ـون
journalistic صَحَفيٌّ
correct صحيحٌ
newspaper صحيفةٌ ، صُحُفٌ
healthy صِحّيٌّ
to be issued صدَر ، يصدُر ، صدورٌ
to export صدّر ه
coincidence صُدْفةٌ ، صُدَفٌ
to believe صدّق ه
sincerity صِدْقٌ
friend صديقٌ ، أصدقاءُ
cash dispenser صرّافٌ آليٌّ
to declare صرّح بـ
to scream (at) صرَخ ، يصرُخ (في) ، صُراخٌ
to yell (at), to shout (at)
difficult صَعْبٌ
to climb صعد ، يصعَد ه ، صعودٌ
little, small; young صغيرٌ ، صِغارٌ
grade (study); row صَفٌّ ، صفوفٌ
page صَفْحةٌ ، ـاتٌ
quality; characteristic صِفةٌ ، ـاتٌ
prayer صَلاةٌ ، صَلَواتٌ
reconciliation صُلْحٌ
to pray صلّى ، يصلّي

صِناعةٌ ، ـاتٌ	industry
صنع ، يصنع ه ، صِناعةٌ	to fabricate
صَنْعاء	Sanaa
صَنْفٌ ، أصنافٌ	sort
صَوْتٌ ، أصواتٌ	voice
صوتيٌّ	acoustic
صُورةٌ ، صُوَرٌ	picture, photo
صَوْمٌ	fasting
صيّادٌ ، ـون	hunter; fisherman
صَيْدٌ	hunting; fishing
صَيْفٌ	summer
صِين : الصين	China
صينيٌّ	Chinese

ض

ضابطٌ ، ضُبّاطٌ	officer
ضاحِيَةٌ ، ضواحٍ	suburb
ضاع ، يضيع ، ضَياعٌ	to lose one's way
ضبَط ، يضبُط ه ، ضَبْطٌ	to seize; to regulate
ضبط : بالضَبْطِ	exactly
ضجيجٌ	noise; uproar
ضحك ، يضحَك ، ضِحْكٌ	to laugh
ضَخْمٌ ، ضِخامٌ	huge
ضدَّ	against
ضرَب ، يضرَب ه ، ضَرْبٌ	to hit
ضرّ ، يضُرّ ه ، ضَرَرٌ	to harm
ضروريٌّ	necessary
ضريبةٌ ، ضرائبُ	tax
ضعيفٌ ، ضُعفاءُ / ضِعافُ	weak
ضغَط ، يضغَط على ، ضَغْطٌ	to press
ضِفّةٌ ، ضِفافٌ	bank (river)
ضلّ ، يضِلّ ه / عن ، ضَلالٌ	to lose (one's way)
ضمّ ، يضُمّ ه ، ضَمٌّ	to contain; to join
ضِمْنَ	among
ضَوْءٌ ، أضْواءٌ	light
ضَيْفٌ ، ضيوفٌ	guest
ضَيِّقٌ	narrow

ط

طائرةٌ ، ـاتٌ	airplane
طابعٌ ، طوابعُ بريدٍ	postage stamp
طابَقٌ ، طوابقُ	floor
طار ، يطير ، طيرانٌ	to fly
طازَجٌ	fresh
طاق ، يطيق ه ، طَوْقٌ	to stand
طاقةٌ ، ـاتٌ	energy
طالب بـ	to claim, to demand
طالبٌ ، طُلاّبٌ / طَلَبةٌ	student (m.)
طالبةٌ ، ـاتٌ	student (f.)
طالَما	as long as
طِبٌّ	medicine
طِبٌّ بديلٌ	alternative medicine
طبخ ، يطبُخ ه ، طَبْخٌ	to cook
طبّاخٌ ، ـون	cook
طَبْعٌ ، طِباعٌ	character
طبعاً	of course
طَبَقٌ ، أطباقٌ	plate
طبّق ه	to apply; to implement
طِبّيٌّ	medical
طبيبٌ ، أطِبّاءُ	physician, doctor
طبيعةٌ	nature
طبيعيٌّ	natural

طرَأ ، يطرَأ ، طروءٌ	to take place
طَرَبٌ	pleasure
طرَد ، يطرُد ه ، طَرْدٌ	to send away
طرَق ، يطرُق ه ، طَرْقٌ	to knock
طريقٌ ، طُرُقٌ	way
عن طريق	by means of
طريقةٌ ، طُرُقٌ	method
طَعامٌ ، أطْعِمةٌ	food
طعَن ، يطعَن ه بـ ، طَعْنٌ	to stab
طِفْلٌ ، أطفالٌ	child
طفولةٌ	childhood
طَقْسٌ	weather
طلَب ، يطلُب ه ، طَلَبٌ	to request
طَلَبٌ ، ـاتٌ	order; request
طلَع ، يطلَع ، طلوعٌ	to rise
طلَع ، يطلَع ه ، طلوعٌ	to climb
طمأنّ ، يطمئنّ ه	to reassure
طوكيو	Tokyo
طولٌ	length
على طولِ	along
طوى ، يطوي ه ، طَيٌّ	to fold up
طويلٌ ، طوالٌ	long
طويلاً	long ago
طيّارٌ ، ـون	pilot
طَيْرٌ ، طيورٌ	bird
طيِّبٌ ، ـون	good; fine

ظ

ظاهرةٌ ، ظواهرُ	phenomenon
ظَرْفٌ ، ظروفٌ	envelope; situation
ظروفٌ (pl.)	circumstances
ظَلامٌ	darkness
ظُلْمٌ	injustice, tyranny
ظَنّ ، يظُنّ ، ظَنٌّ	to think
ظهَر ، يظهَر ، ظهورٌ	to appear
ظَهْرٌ ، أظْهُرٌ / ظهورٌ	back
ظُهْرٌ ، ظهورُ	noon
ظُهْراً	at noon
ظهورٌ	emergence of

ع

عائلةٌ ، ـاتٌ	family
عاد ، يعود ، عَوْدةٌ	to return
عادةٌ ، ـاتٌ	habit, custom
عادةً	usually
كالعادة	as usual
عادِلٌ ، ـون	equitable
عاديٌّ	ordinary
عازِمٌ على	determined to
عاش ، يعيش ، عيشةٌ	to live
عاصِفةٌ ، عواصفُ	storm
عاصِمةٌ ، عواصمُ	capital
عاطِفةٌ ، عواطفُ	emotion
عاطِفيٌّ	emotional
عالٍ	high
عالج ه	to treat; to cure
عالِمٌ ، علماءُ	scholar
عالَمٌ ، عوالِمُ	world
عالَميٌّ	worldwide
عامٌ ، أعوامٌ	year
عامٌّ	public, general
عامّةً	in general
عامل ه	to treat
عامِلٌ ، عُمّالٌ	worker

عامّيّة: العامّيّةُ	colloquial
عانى ، يعاني ه	to suffer from
عبارةً عن	equivalent to
عُبورٌ	crossing
عتابٌ	blame
عتَب ، يعتِب على ، عتابٌ	to blame
عثَر ، يعثُر على ، عثورٌ	to find
عَجَلةٌ	hurry
عَجَلةٌ ، ــاتٌ	wheel
عَجوزٌ ، عجائزُ	old woman
عدّادٌ ، ــاتٌ	meter (taxi)
عدَّةُ ...	numerous
عَدَدٌ ، أعدادٌ	number
عَدَمٌ	non-existence
عَدُوٌّ ، أعداءٌ	enemy
عديدٌ ، ــون	many, numerous
عديدٌ / العديدُ من	great number of
عَذابٌ	suffering
عراق : العِراقُ	Iraq
عَرَبَةٌ ، ــاتٌ	carriage, coach
عربةُ حَنْطور	horse carriage
عَرَبيٌّ ، عَرَبٌ	Arab
عَرَبيٌّ	arabic
عرَض ، يعرِض ه على ، عَرْضٌ	to present to
عَرْضٌ	presentation
عَرْضٌ ، عروضٌ	show
عرَف ، يعرِف ه ، مَعْرِفةٌ	to know
عرقل ه	to obstruct
عَروسٌ ، عرائسُ	bride
عَزاءٌ	comfort
عزيزٌ ، أعزّاءُ	dear
عَسَليٌّ	light brown (eyes)
عَشاءٌ ، أعْشِيَةٌ	dinner
عَصًا ، عُصِيٌّ	stick
عَصَبٌ ، أعصابٌ	nerve
عَصْرٌ ، عصورٌ	age; period
عُصْفورٌ ، عصافيرُ	bird
عُضْويّةٌ ، ــاتٌ	membership
عَطَشٌ	thirst
عَطْفٌ	compassion
عُطْلةٌ ، ــاتٌ	holidays
عظيمٌ ، عِظامٌ / عظماءُ	great
عَفْواً	pardon!
عَقْدٌ ، عقودٌ	contract
عقَد ، يعقِد ه ، عَقْدٌ	to organize; to hold (a conference)
عقَل ، يعقِل ه ، عَقْلٌ	to comprehend
عَكْسٌ	reverse, contrary, opposite
على العكسِ	on the contrary
علاجٌ	treatment
علاجٌ بالأعشابِ	herbal medicine
علاجٌ بالإبرِ الصينيّةِ	acupuncture
عَلاقةٌ ، ــاتٌ	relation(ship)
عَلاقةٌ بـ	connection with
عَلامةٌ ، ــاتٌ	sign (token)
عَلاوةً على ذلكَ	besides
علّق ه	to hang up
علّق على	to comment
علِم ، يعلَم ه ، عِلْمٌ	to know
عِلْمٌ	knowledge
عِلْمٌ ، علومٌ	science
عَلَمٌ ، أعلامٌ	flag
عِلْميٌّ	scientific
على	on; upon, above, on top of; for
عليه أنْ	he ought to
على ما يُرام	all right

عمٌّ ، أعمامٌ	uncle (father's side)
عمّ ، يعُمّ ، عمومٌ	to prevail
عمارةٌ ، ـاتٌ	building
عَمّانُ	Amman
عَمّةٌ ، ـاتٌ	aunt (father's side)
عُمْرٌ ، أعمارٌ	lifetime
عمل ، يعمَل ، عَمَلٌ	to work
عَمَلٌ ، أعمالٌ	work; deed; performance
عَمَليٌّ	practical
عَمَليّةٌ ، ـاتٌ	operation
عَميدٌ ، عُمداءُ	dean
عميقٌ	deep; profound
عميلٌ ، عملاءُ	client
عَنْ	from; of; about, over
عنايةٌ	care
عِنْدَ	at; by; near; with; about (time)
عِنْدما	when
عُنْوانٌ ، عناوينُ	address; title
عنيفٌ ، عُنُفٌ	violent
عَهْدٌ ، عهودٌ	reign; age
عَوْدةٌ	return
عوى ، يعوي ، عُواءٌ	to howl, to wail
عيدٌ ، أعيادٌ	feast, celebration
عَيْنٌ (f.) ، عيونٌ	eye
عينيٌّ	material, corporal

غ

غائبٌ ، ـون	absent
غاب ، يغيب ، غِيابٌ	to be absent
غادر ه	to leave
غازٌ ، ـاتٌ	gas
غاضِبٌ ، ـون	angry
غالٍ	expensive
غالباً	most likely
غالبيّةٌ	majority
غايةٌ ، ـاتٌ	goal, aim
غايةُ ...	utmost
للْغاية	extremely
غَبيٌّ ، أغْبِياءُ	stupid
غَدٌ	following day
غَداً	tomorrow
غَداءٌ ، أغْدِيَةٌ	lunch
غَرْبٌ	west
غَرْبيٌّ	western
غُرابٌ ، غِرْبانٌ	crow
غُرفة ، غُرَفٌ	room
غروبٌ	sunset
غريبٌ ، غرباءُ	foreigner
غريبٌ	unfamiliar
غَزالٌ ، غِزْلانٌ	gazelle
غسَل ، يغسِل ه ، غَسْلٌ	to wash
غفيرٌ ، غُفراءُ	guard
غنّى ، يغنّي (ه)	to sing
غِناءٌ	singing
غَنيٌّ ، أغْنِياءُ	rich, wealthy
غِيابٌ	absence
غَيْرُ ...	not, other than
غيرَ أنّ	nevertheless
غيّر ه	to change, to alter (sth.)

ف

فَـ	then, thus, so; therefore, thereupon
فائدةٌ ، فوائدُ	advantage
فائقُ ...	superior, greatest

فات ، يفوت ، فواتٌ	to pass; to expire
فاتورةٌ ، فواتيرُ	bill
فاجأ ، يفاجئ ه	to surprise
فاخِرٌ	luxurious
فارِغٌ	empty
فاز ، يفوز (بـ) ، فَوْزٌ	to win (sth)
فاضِلٌ ، فضلاءُ	distinguished
فاعِلِيّةٌ	effectiveness
فاكِهةٌ ، فواكهُ	fruit
فانوسٌ ، فوانيسُ	lantern
فبراير	February
فَتاةٌ ، فَتَيَاتٌ	girl; young woman
فتَح ، يفتَح ه ، فَتْحٌ	to open
فَتْحةٌ ، ـاتٌ	gap
فَتْرةٌ ، ـاتٌ	interval (of time), while, period
فتّش على	to search
فَتىً ، فِتْيانٌ	young man
فَجْأةً	suddenly
فَجْرٌ	dawn, daybreak
فحَص ، يفحَص ه ، فَحْصٌ	to check; to examine
فَحْصٌ فنيٌّ	technical checkup
فَحْمٌ	coal
فِراشٌ ، أفْرِشةٌ	bed
فرِح ، يفرَح بـ ، فَرَحٌ	to rejoice (at)
فَرَحٌ	joy, delight
فَرْدٌ ، أفرادٌ	individual
فَرْديٌّ	single
فُرْصةٌ ، فُرَصٌ	opportunity
انتهز الفُرْصةَ	to seize the opportunity
فرَض ، يفرِض ه على ، فَرْضٌ	to impose on
فِرَنْسا	France
فِرَنْسيٌّ	French
فُسْتانٌ ، فساتينُ	skirt
فُصْحى : الفصحى	Standard Arabic
فَصْلٌ ، فصولٌ	classroom (school); class; season
فَضاءٌ	space
فَضائيٌّ	spatial
فضّل ه	to prefer
فُطورٌ	breakfast
فعَل ، يفعَل ه ، فعلٌ	to do
فِعْلٌ ، أفعالٌ	deed
فِعْلاً	indeed
فقَد ، يفقِد ه ، فَقْدٌ / فِقْدانٌ	to lose
فَقْرٌ	poverty
فَقْرةٌ ، ـاتٌ	section
فَقَطْ	only
فقيدٌ ، ـون	deceased person
فقيرٌ ، فُقَراءُ	poor
فَكّ ، يفُكّ ه ، فكٌّ	to untie
فكّر (في)	to think (of)
فِكْرةٌ ، فِكَرٌ	thought, idea
فِكْريٌّ	mental
فلاّحٌ ، ـون	farmer
فلافلُ (pl.)	falafel
فِلسطينُ	Palestine
فِلسطينيٌّ	Palestinian
فَلْسَفةٌ	philosophy
فَنٌّ ، فنونٌ	art
فنّانٌ ، ـون	artist
فِنْجانٌ ، فناجينُ	cup
فُنْدُقٌ ، فنادقُ	hotel
فَنّيٌّ	technical; artistic
فهِم ، يفهَم ه ، فَهْمٌ	to understand

فَوْرٌ : على الفورِ	on the spot; promptly
فَوْراً	immediately
فَوْزٌ	winning
فَوْضَى	chaos
فَوْقَ	on, above
فُولٌ	broad beans
في	in, at, on, by
فِيلٌ ، أفيالٌ	elephant
فِيلْمٌ ، أفلامٌ	film

ق

قابل ه	to meet
قاد ، يقود ه ، قيادةٌ	to drive; to lead
قادرٌ على	capable of
قادمٌ (من)	coming (from)
قارئٌ ، قُرّاءُ	reader
قاربٌ ، قواربُ	boat
قاضٍ ، قُضاةٌ	judge
قاطعٌ	sharp; definite
قاعدةٌ ، قواعدُ	rule
قَواعد : القواعدُ	grammar (rules)
قواعدُ المرورِ	traffic rules
قال ، يقول ه ، قولٌ	to say
قام ، يقوم ، قِيامٌ	to stand up
قام ، يقوم بـ ، قِيامٌ	to undertake
قامةٌ ، ـاتٌ	stature
قاموسٌ ، قواميسُ	dictionary
قانونٌ ، قوانينُ	law
قانونيٌّ	legal
قاهرة : القاهِرةُ	Cairo
قاوم ه	to resist
قَبَض ، يقبُض على ، قَبْضٌ	to arrest
قَبْلَ	before
قَبْلَ أنْ	before
قَبْلُ : من قَبْلُ	previously
قِبَل : من قِبَلِ	on the part of; from, by
قبِل ، يقبَل ه ، قَبولٌ	to accept
قَبولٌ	admittance
قتَل ، يقتُل ه ، قَتْلٌ	to kill
قَتْلٌ	killing
قَدْ	already; perhaps
قدَر ، يقدِر على ، مَقْدَرةٌ	to be able to
قدّر ه	to esteem, to appreciate
قُدْرةٌ على	ability to
قدَم ، يقدُم على ، قُدومٌ	to undertake
قدِم ، يقدُم ، قُدومٌ	to come
قدّم ه	to submit; to present
قَدَمٌ (f.) ، أقدامٌ	foot
قديمٌ ، قُدماءُ	ancient
قدماءُ المصْريّين	Ancient Egyptians
قرَأ ، يقرَأ ه ، قِراءةٌ	to read
قرآن : القُرآنُ	Qur'an
قِراءةٌ	reading
قَرارٌ ، ـاتٌ	decision
قرُب ، يقرُب من ، قُرْبٌ	to approach
قُرْبٌ	proximity
بالقُرْبِ من	close to
قُربانٌ ، قرابينُ	offering, sacrifice
قِرْدٌ ، قرودٌ	monkey
قرّر ه	to decide
قِرْشٌ ، قروشٌ	piaster
قُرْصٌ ، أقراصٌ	pill
قَرْنٌ ، قرونٌ	century
قريبٌ (من)	near
عنْ قريبٍ	in the near future, soon

قريباً	before long
قريبٌ ، أقاربُ	relative (family)
قرينةٌ ، ــتٌ	wife, spouse
قَرْيةٌ ، قُرًى	village
قِصّةٌ ، قِصَصٌ	story
قصَد ، يقصُد ه ، قَصْدٌ	to intend; to head for
قَصْرٌ ، قصورٌ	palace
قصيرٌ ، قِصارٌ	short
قضى ، يقضي ه ، قَضاءٌ	to spend
قَضيّةٌ ، قضايا	legal case
قَطُّ	yet
قِطٌّ ، قِطَطٌ	cat
قِطارٌ ، قُطُراتٌ	train
قطَع ، يقطَع ه ، قَطْعٌ	to cut; to interrupt; to cross
قَطْعٌ	crossing; cutting
قَطْعاً	definitely
قِطْعةٌ ، قِطَعٌ	piece; unit
قطَف ، يقطُف ه ، قَطْفٌ	to pick
قُطْنٌ ، أقطانٌ	cotton
قَفاً ، أقفاءٌ	back of the neck
قلّ ، يقِلّ ، قِلّةٌ	to decrease
قِلّةٌ	scarcity
قَلْبٌ ، قلوبٌ	heart
قَلِقٌ ، ــون (على)	anxious (about)
قلّل من	to reduce
قَلَمٌ ، أقلامٌ	pen
قليلٌ ، ــون	few
قليلٌ من	a few of
قليلاً	somewhat
قِمّةٌ ، قِمَمٌ	top
قَمَرٌ ، أقمارٌ	moon
قَمَرٌ صِناعيٌّ	satellite
قَناةٌ ، قَنواتٌ فَضائيّةٌ	satellite station
قُنْصُلٌ ، قناصِلُ	consul
قَهْوةٌ	coffee
قُوّةٌ ، قُوًّى	force, strength; power
قَوْميٌّ	national
قوِي ، يقوى (على) ، قُوّةٌ	to be able (to); to be strong
قَويٌّ ، أقْوِياءُ	strong
قِيادةٌ	driving
قِيادةٌ ، ــاتٌ	leadership
قِياديٌّ	leading
قِيمةٌ ، قِيَمٌ	value

ك

كَـ	as, like
كأسٌ ، كؤوسٌ	glass
كائنٌ ، ــاتٌ	creature
كاتِبٌ ، كُتّابٌ	writer
كاد ، يكاد ...	to be about to
كافٍ	enough
كافيتريا ، ــات	cafeteria
كافح ه	to struggle against
كامِلٌ ، ــون	perfect; entire
كان ، يكون ، كَوْنٌ	to be
كبُر ، يكبُر ، كِبَرٌ	to become greater
كبَر ، يكبُر ، كَبْرٌ	to become older
كبيرٌ ، كِبارٌ	big, large
كبيرٌ في السِنّ	old
كِتابٌ ، كُتُبٌ	book
كِتابةٌ	writing
كتَب ، يكتُب ه ، كِتابةٌ	to write

shoulder	كَتفٌ (f.) ، أكتافٌ
to abound	كثُر ، يكثُر ، كَثْرةٌ
many	كثيرٌ ، ــون
often	كثيراً
thus, so	كذا
liar	كذّابٌ ، ــون
to lie	كذَب ، يكذِب على ، كِذْبٌ
too, as well	كذلكَ
dignity	كَرامةٌ
ball	كُرةٌ ، كُوَرٌ
football	كُرةُ القدمِ
to repeat	كرّر ه
chair	كُرْسيٌّ ، كراسٍ
generosity	كَرَمٌ
to treat with deference	كرّم ه
to hate, to dislike	كرِه ، يكره ه ، كُرهٌ
noble, generous	كريمٌ ، كِرامٌ
to earn; to win	كسَب ، يكسِب ه ، كَسْبٌ
to break	كسَر ، يكسَر ه ، كَسْرٌ
laziness	كَسَلٌ
to cease; to abstain from	كفّ ، يكُفّ عن ، كَفٌّ
competence	كَفاءةٌ
to be sufficient	كفى ، يكفي ، كِفايةٌ
all; every	كُلُّ ...
everything	كُلُّ شَيْءٍ
talk	كَلامٌ
dog	كَلْبٌ ، كِلابٌ
word	كَلمةٌ ، ــاتٌ
password	كَلمةُ المرورِ
faculty	كُلِّيّةٌ ، ــاتٌ
how many?, how much?	كَمْ
too, as well	كَما
perfection	كَمالٌ
quantity	كَمِّيّةٌ ، ــاتٌ
Canada	كندا
Canadian	كنديٌّ
treasure	كَنْزٌ ، كنوزٌ
church	كَنيسةٌ ، كنائسُ
electricity	كَهْرَباءٌ
electrical	كهرَبائيٌّ
cave	كَهْفٌ ، كهوفٌ
glass	كُوبٌ ، أكوابٌ
Kuwait	كُوَيْت : الكويتُ
so that	كَيْ
how?	كَيْفَ
directions for use	كَيْفيّةُ الاستعِمالِ (sg.)

ل

for; to; by; in order to; so that; let's ... ; because of, due to	لِـ
no; not	لا
nobody	لا أحَدَ
okay, all right	لا بأسَ
must	لا بُدَّ أنْ
nothing	لا شَيْءَ
appropriate; proper	لائقٌ
pearls	لؤلؤٌ (c.)
to notice	لاحظ ه
essential	لازِمٌ
carelessness, indifference	لامُبالاةٌ
milk	لَبَنٌ ، ألبانٌ
to hesitate	لبِث ، يلْبَثُ
he does not hesitate to	لا يلْبَثُ أنْ

لُبْنانُ	Lebanon
لُبْنانيٌّ	Lebanese
لَجْنةٌ ، لِجانٌ	committee
لَحْظةٌ ، ـاتٌ	moment
لَحْمٌ ، لحومٌ	meat
لذيذٌ	tasty
لزِم ، يلزَم ، لزومٌ	to be necessary
لسانٌ ، ألْسنةٌ	tongue
لِصٌّ ، لصوصٌ	thief, robber
لطيفٌ ، لِطافٌ	nice
لعِب ، يلعَب (ه) ، لَعِبٌ	to play
لعِب دَوْراً في	to play a role in
لَعَلَّ	perhaps
لعَن ، يلعَن ه ، لَعْنةٌ / لَعْنٌ	to curse
لعينٌ ، لعناءُ	cursed, damned
لُغةٌ ، ـات	language
اللغةُ العربيّةُ	the Arabic language
لَفْظٌ ، ألفاظٌ	word; expression
لِقاءٌ ، ـاتٌ	encounter
لَقَبٌ ، ألقابٌ	title
لكِنْ	but
لكِنَّ	but
لِكي	so that
لِماذا	why?
لَنْدَن	London
لَوْ	if
لوْ سَمَحْتَ	please
لَوْحةٌ ، ـاتٌ	pane; picture
لَوْلا	were it not for
لَوْنٌ ، ألوانٌ	color
ليبيا	Libya
ليبيٌّ	Libyan
ليسانس	licence (acad.)
لَيْمونٌ (.c)	lemon

م

مأكولاتٌ (.pl)	food
مؤتمرٌ ، ـاتٌ	conference
مؤتَمَرُ قِمّةٍ	summit conference
مؤسَّسةٌ ، ـاتٌ	organization
مؤقَّتٌ	temporal
مؤلِّفٌ ، ـون	author
مؤلِمٌ	painful
مؤمنٌ ، ـون	believer
مؤهَّلٌ ، ـاتٌ	qualification
مئةٌ / مائةٌ ، ـاتٌ	hundred
مِئويٌّ	centigrade; Celsius
ما	what?; what; how ...!; that which
شيءٌ ما	something
ما لم	unless, so long as ... not
ما إنْ ... حتّى	hardly ... when
ماءٌ ، مياهٌ	water
مائدةٌ ، موائدُ	table
مائيٌّ	aquatic
مات ، يموت ، مَوْتٌ	to die
مادّةٌ ، مَوادُّ	subject (study); substance
مادّيٌّ	materialistic
ماذا	what?
مارٌّ ، مارّةٌ	passer-by
مارس ه	to practice
مارس	March (month)
ماسّ ه	to touch
ماسٌّ كَهْرَبائيٌّ	short-circuit
ماشٍ ، مُشاةٌ	pedestrian
ماضٍ	past

مالٌ ، أموالٌ	money; wealth
ماليٌّ	financial
ماما	mam
مايو	May
مَباحثُ (pl.)	Police Investigations Department
مُباراةٌ ، مُبارَياتٌ	match (sports)
مُباشَرةً	directly, straightaway
مَبْدَأٌ ، مبادئُ	principle
مَبْسوطٌ ، ـون	pleased
مُبكِّراً	early
مَبْلَغٌ ، مبالغُ	amount (money)
مَبْنًى ، مَبانٍ	building
مُتأكِّدٌ ، ـون	sure
مُتابَعةٌ	continuing, continuation
متَّجِهٌ إلى	headed for
مَتْحَفٌ ، متاحفُ	museum
مُتَخاطَبٌ بـ	spoken with
مُتَخصِّصٌ ، ـون (بـ / في)	specialized (in)
مُتَديِّنٌ ، ـون	pious
مترو الأنفاقِ	subway
مُتزوِّجٌ ، ـون	married
مُتَضَمِّناً	including
مُتعِبٌ	tiring, wearing
مُتْعَبٌ ، ـون	tired
مُتَعَجِّبٌ ، ـون	astonished
مُتَعَدِّد	multiple
مُتَعَصِّبٌ ، ـون	fanatic
مُتعلِّقٌ بـ	related to
مُتفوِّقٌ ، ـون	excellent
مُتَقَدِّمٌ ، ـون	advanced, developed
مُتَقَطِّعٌ	intermittent
مُتَلَبِّسٌ بالجريمةِ	in the very act
مُتَمَنِّياً	wishing
مُتَنَوِّعٌ	various
مُتَّهَمٌ ، ـون	accused
مُتَوَسِّطٌ ، ـون	medium; average
مَتى	when?
مِثالٌ ، أمْثِلةٌ	example
مِثْلَ	just as
مثّل ه	to represent
مَثَلٌ ، أمثالٌ	proverb
مُثيرٌ	exciting
مَجالٌ ، ـاتٌ	field; domain
مُجْتَمَعٌ ، ـاتٌ	society
مُجْتَهِدٌ ، ـون	hardworking, industrious
مَجْرًى ، مَجْرَياتٌ	course (events)
مُجَعَّدٌ	frizzy
مَجلّةٌ ، ـاتٌ	magazine
مَجْلِسٌ ، مجالسُ	council
مَجْلِسٌ أعلى	high council
مَجْلِسٌ شعبيٌّ	parliament
مَجْموعةٌ ، ـاتٌ	group; set
مَجْنونٌ ، مجانينُ	insane
مُجَهَّزٌ بـ	equipped with
مُجَوْهَراتٌ (pl.)	jewelry
مَجيدٌ	glorious
مُحادَثةٌ ، ـاتٌ	conversation
مُحاضَرةٌ ، ـاتٌ	lecture
مُحافظٌ ، ـون	conservative
مُحافَظةٌ على	protection of
مُحافَظةٌ ، ـاتٌ	province
مُحاوَلةٌ ، ـاتٌ	attempt
مَحَبّةٌ	love
مُحْتاجٌ إلى	requiring
مُحْتاجٌ ، ـون	needy

مُحتَرَمٌ ، ـون	esteemed, respected
مَحْدودٌ	limited
مَحَطَّةٌ ، ـاتٌ	station
مَحَطَّةُ السكّةِ الحديدِ	railway station
مَحَطَّةُ بَنْزينٍ	service station
مَحْكَمَةٌ ، محاكمُ	court (justice)
مَحَلٌّ ، ـاتٌ	shop
مَحمولٌ	mobile
مَحلِّيٌّ	local
مِحنةٌ ، مِحَنٌ	misfortune, hardship
مُخاطَرةٌ	venture, risk
مُخالفٌ لـ	contrary to
مُخالَفةٌ ، ـاتٌ	contravention
مُخْتَلفٌ ، ـون	different
مَخْرَجٌ ، مخارجُ	exit
مُخَصَّصٌ لـ	pertaining to, assigned to
مُخْلِصٌ ، ـون	sincere, loyal
مُدافعاً	defending
مُدّةٌ ، مُدَدٌ	period (of time)
مَدْخَلٌ ، مداخلُ	entry
مُدخِّنٌ ، ـون	smoker
مُدرَّجٌ ، ـاتٌ	auditorium
مُدرِّسٌ ، ـون	teacher
مَدْرَسةٌ ، مدارسُ	school
مدرسةٌ ابتدائيّةٌ	primary school
مدرسيٌّ	scholastic
مَدًى	range, degree
مدريد	Madrid
مَدْعوٌّ ، ـون	invitee
مَدَنيٌّ	civil
مُديرٌ ، ـون	director
مَدينةٌ ، مُدُنٌ	city
مَدينة : المدينة	Medina

مُذَكِّراتٌ (pl.)	memoirs
مرَّ ، يمُرّ (بـ / على) ، مرورٌ	to pass (by)
مِرْآةٌ ، مرايا	mirror
مَرْأةٌ	woman
مراراً	repeatedly
مُراسَلةٌ ، ـاتٌ	correspondence
مَراسمُ (pl.)	ceremonies
مَراسمُ الدفنِ (pl.)	burial ceremony
مُراعاةٌ	observance of
مَرَّةٌ ، ـاتٌ	time (instance)
مرّةً	once
مرّةً أخرى	once more; another time
مُرتَّبٌ ، ـاتٌ	salary
مُرْتَخٍ	loose; slack
مُرْتَفِعٌ	high
مَرْحَلةٌ ، مراحلُ	stage
مرِض ، يمرَض ، مَرَضٌ	to become sick
مَرَضٌ ، أمراضٌ	illness, disease
مُرْفَقٌ بـ	enclosed
مَرْكَبٌ ، مراكبُ	ship, boat
مَرْكَزٌ ، مراكزُ	position; center
مَرْكَزيٌّ	central
مرورٌ	traffic
مُريحٌ	comfortable
مَريضٌ	sick
مَريضٌ ، مرضى	patient
مِزاجٌ ، أمْزِجةٌ	temperament
مزَح ، يمزَح ، مَزْحٌ	to joke, to make fun
مُزْدَحِمٌ	overcrowded
مَسْألةٌ ، مسائلُ	question
مَسْؤولٌ ، ـون	person in charge; responsible
مَسْؤوليّةٌ ، ـاتٌ	responsibility

مَساءٌ ، أمسيةٌ	evening
مُسابَقةٌ ، ــاتٌ	contest
مُساعَدةٌ ، ــاتٌ	assistance
مُسافِرٌ (إلى)	traveling (to)
مُسافِرٌ ، ــون	traveler
مُسبِّبٌ ، ــاتٌ	causer
مُسبِّباتُ المرضِ	disease-causers
مُسْتَشْفًى ، مستشفياتٌ	hospital
مُسْتَعِدٌّ ، ــون (لـ)	ready (to)
مُسْتَقْبَلٌ	future
مُسْتَنَدٌ ، ــاتٌ	document
مُسْتَوًى ، مستوياتٌ	level, standard
مَسْجِدٌ ، مساجدُ	mosque
مُسَجَّلٌ	registered
مَسْرَحٌ ، مسارحُ	theater
مَسْكَنٌ ، مساكنُ	house
مُسَلْسَلٌ ، ــاتٌ	series, soap opera
مُسْلِمٌ ، ــون	Muslim
مَسيحيٌّ ، ــون	Christian
مُشادّةٌ ، ــاتٌ	quarrel, row
مُشاهِدٌ ، ــون	viewer
مُشْتَرَكٌ	common
مُشْرِفٌ ، ــون	supervisor
مُشْرِفٌ على	supervising
مَشْروبٌ ، ــاتٌ	beverage
مَشْروعٌ ، ــاتٌ / مشاريعُ	project
مَشْغَلةٌ ، مشاغلُ	occupation, concern
مُشْكِلةٌ ، مشاكلُ	problem
مُشْمِسٌ	sunny
مِشْمِشٌ (c.)	apricot
مَشْهورٌ ، ــون	famous
مشى ، يمشي ، مَشْيٌ	to walk
مُصابٌ ، ــون	wounded
مِصْباحٌ ، مصابيحُ	lamp
مَصْدَرٌ ، مصادرُ	source
مِصْرُ	Egypt
مَصْرَفٌ ، مصارفُ	bank
مِصْريٌّ	Egyptian
مِصْعَدٌ ، مصاعدُ	elevator
مُصْلِحٌ ، ــون	reformer
مَصْنَعٌ ، مصانعُ	factory
مَضْبوطاتٌ (pl.)	seized objects
مُضْحِكٌ	comic
مُضْطَرِبٌ ، ــون	disturbed
مضى ، يمضي ، مُضيٌّ	to pass
مَطارٌ ، ــاتٌ	airport
مُطارَدةٌ ، ــاتٌ	chase, pursuit
مُطالَبةٌ بـ	claiming
مَطْبَخٌ ، مطابخُ	kitchen
مَطْبوعٌ	printed
مَطَرٌ ، أمطارٌ	rain
مَطْعَمٌ ، مطاعمُ	restaurant
مَطْلَبٌ ، مطالبُ	claim
مَطْلوبٌ	required
مُطْمَئِنٌّ ، ــون	reassured
مُظاهَرةٌ ، ــاتٌ	demonstration
مُظْلِمٌ	dark
مَظْهَرٌ ، مظاهرُ	exterior, look(s)
معَ	with
مع ذلكَ	nevertheless
مُعاصِرٌ ، ــون	contemporary
مُعالَجةٌ	treatment of
مَعالِمُ (pl.)	sights
مُعامَلةٌ ، ــاتٌ	transaction
مُعاناةٌ	suffering
مُعْتادٌ	usual

مُعْتَدِلٌ	moderate
مَعْرَضٌ ، معارِضُ	exhibition
مَعْرِفةٌ ، معارِفُ	knowledge; acquaintance
مَعْروفٌ ، ـون	well-known
مِعْطَفٌ ، معاطِفُ	coat
معطَّلٌ	broken-down
مُعْظَمُ ...	major part; most
معقولٌ	reasonable
معلِّمٌ ، ـون	teacher
معلومةٌ ، ـاتٌ	data
معلوماتٌ (pl.)	information
مَعْنىً ، معانٍ	meaning
مَعْهَدٌ ، معاهِدُ	institute
معْيارٌ ، معاييرُ	norm
مَعيشةٌ	living; existence
معيَّنٌ	specific
مغادَرةٌ	leaving
مغرب : المَغْرِبُ	Morocco
مغربيٌّ ، مَغارِبةٌ	Moroccan
مَغْفِرةٌ	forgiveness
مُغْلَقٌ	closed
مِفْتاحٌ ، مفاتيحُ	key
مفتِّشٌ ، ـون	inspector
مُفْرَد : بمفرده	alone
مفرداتٌ (pl.)	vocabulary
مَفْروشٌ	furnished
مَفْهومٌ ، مفاهيمُ	notion
مُفيدٌ	useful; wholesome
مُقابِلٌ لـ	opposite (to), facing
مُقاطَعةٌ	boycot
مَقال / مقالةٌ ، ـاتٌ	article
مَقْبَرةٌ ، مقابِرُ	tomb
مُقْبِلٌ	coming

مُقْتَرَحٌ	proposed
مُقْتَطَفٌ ، ـاتٌ	selection
مُقَدَّماً	in advance
مَقَرٌّ ، مَقارٌّ	headquarters; site
مُقْرِئٌ ، ـون	Qur'an reader
مُقَرَّرٌ	determined
مِقَصٌّ ، مَقاصٌّ	scissors (pair of)
مَقْعَدٌ ، مقاعِدُ	chair
مَقْهًى ، مقاهٍ	café
مُكالَمةٌ هاتفيّةٌ	telephone call
مَكانٌ ، أماكِنُ	place
مَكانةٌ ، ـاتٌ	status
مَكّةُ	Mecca
مَكْتَبٌ ، مكاتِبُ	desk; office
مَكتبُ الشرطة	police station
مَكتبُ سياحة	travel agency
مَكْتَبَةٌ ، ـاتٌ	library
مُكيَّفٌ	air-conditioned
ملأَ ، يملأ ه ، مَلْءٌ	to fill in
مَلابسُ (pl.)	clothes
مُلازِمُ الفِراشِ	confined to bed, bedridden
ملاّكيٌّ	private
مُلْتَقىً ، ملتقياتٌ	meeting place
مِلْحٌ	salt
مَلْحوظٌ	remarkable, noticeable
مَلْحوظةٌ ، ـاتٌ	remark
مُلَخَّصٌ ، ـاتٌ	summary
مَلَفٌّ ، ـاتٌ	dossier
مُلْقًى ، مُلْقَوْنَ	flung
مَلِكٌ ، ملوكٌ	king
مُلَوَّنٌ	colored
مِلْيونٌ ، ملايينُ	million
مِمّا	whereof

مُمتازٌ ، ـون	excellent
مُمْتِعٌ	pleasant
مُمَثِّلٌ ، ـون	actor
مَمْنوعٌ	forbidden
مَنْ	who?; he who?
مِنْ	from; of; than
مِنْ أجلِ	because of
مِن حيثُ	as to; regarding
مِن خلالِ	through
مِن قبلُ	earlier; before
مُناخٌ	climate
مُناسِبٌ	suitable
مُناسَبَةٌ ، ـاتٌ	occasion
بِمُناسَبَة ...	on the occasion of
مُناقَشَةٌ ، ـاتٌ	discussion
مَنامٌ	dream
مُنْتَجاتٌ (pl.)	products
مُنْتَدًى ، منتدياتٌ	forum (internet)
مُنْتَزَهٌ ، ـاتٌ	park
منَح ، يمنَح ه ه ، مَنْحٌ	to grant
مِنْحةٌ ، مِنَحٌ	scholarship
مِنْديلٌ ، مناديلُ	handkerchief
مُنْذُ	since
مَنْزِلٌ ، منازلُ	house
مَنْطِقٌ	logic
مِنْطَقةٌ ، مناطقُ	region
مَنْطِقيٌّ	logical
مَنْظَرٌ ، مناظرُ	view
منع ، يمنَع ه ، مَنْعٌ	to forbid
مُنْعِشٌ	refreshing
مُهِمٌّ ، ـون	important
مُهِمّةٌ ، مهامٌّ	task
مُهْمَلاتٌ (pl.)	garbage

مُهَنْدِسٌ ، ـون	engineer
مُواجِهٌ لـ	facing
مُوازٍ لـ	parallel to
مُواصَلةٌ	continuation of
مُواصَلاتٌ (pl.)	transportations
مُواطِنٌ ، ـون	citizen; compatriot
مُواظِبٌ ، ـون على	assiduous
مُوافَقةٌ (على)	consent (upon)
موبايل	cell phone
مَوْتٌ	death
مُوجِب : بموجبِ	by virtue of
مُوجَزٌ لـ	summary of
مُوَجَّهٌ لـ	facing
مَوْجودٌ ، ـون	present
موسكو	Moscow
مَوْسِمٌ ، مواسمُ	season
موسيقَى	music
موسيقيٌّ	musical
مَوْضوعٌ ، ـاتٌ / مواضيعُ	subject; topic; theme
مُوَظَّفٌ ، ـون	civil servant; employee
مَوْعِدٌ ، مواعدُ	appointment
مَوْقِفٌ ، مواقفُ	station; stand place
مَوْقِفُ سيّارات	parking lot
مَوْقِفٌ ، مواقفُ	situation, attitude
مَوْقِعٌ ، مواقعُ	location, site
مَوْلودٌ ، مواليدُ	infant
مَيْدانٌ ، ميادينُ	square; field
ميّز ه	to distinguish
ميزةٌ ، ـاتٌ	peculiarity
ميعادٌ ، مواعيدُ	appointment
مَيْكروباس	microbus
ميناءٌ ، موانٍ	harbor

ن

نائبٌ ، نوّابٌ	deputy
نائمٌ ، ـون	sleeping
ناد ، نوادٍ / أنْدِيَةٌ	club
نادرٌ	rare
نادرةٌ ، نوادرُ	anecdote
نارٌ (f.) ، نيرانٌ	fire
ناسٌ (pl.)	people
ناسب ه	to fit
ناضلَ	to fight
نافذةٌ ، نوافذُ	window
ناقصٌ	decreasing; incomplete
نام ، ينام ، نَوْمٌ	to sleep
ناول ه ه	to hand over (sth to sb)
نَبَأٌ ، أنباءٌ	news item
نبيلٌ ، نُبَلاءُ	noble
نَجاحٌ	success
نجح ، ينجح ، نَجاحٌ	to succeed
نَجمٌ ، نجومٌ	star
نَحْلٌ (c.) ، نَحْلَةٌ	bees
نَحَويٌّ ، ـون / نُحاةٌ	grammarian
نَخْلٌ (c.) ، نخيلٌ	palmtrees
نَدْوةٌ ، ـاتٌ	symposium
نِزاعٌ ، ـاتٌ	conflict, quarrel, dispute
نِسْبيًّا	relatively
نسي ، ينسى ه ، نَسْيٌ / نِسْيانٌ	to forget
نَشاطٌ ، ـاتٌ / أنْشِطةٌ	activity
نَشْرةُ الأخبارِ	newscast
نصّ ، ينصّ ، نَصٌّ	to stipulate
نَصٌّ ، نصوصٌ	text
نِصْفٌ ، أنصافٌ	half
نِطاقٌ	field; scope
نظّارةٌ ، ـاتٌ	eyeglasses, spectacles
نَظافةٌ	tidiness
نظامٌ	order
نِظامٌ ، أنْظِمةٌ / نُظُمٌ	system, structure
نظر ، ينظُر إلى ، نَظَرٌ	to look at
نَظافةٌ	cleanness
نظُف ، ينظُف ، نَظافةٌ	to become clean
نظّف ه	to clean
نَعَمْ	yes
نَفَقٌ ، أنفاقٌ	tunnel
نفى ، ينفي ه ، نَفْيٌ	to deny
نَقْدٌ ، نقودٌ	money
نُقْطةٌ ، نُقَطٌ / نقاطٌ	point
نقل ، ينقُل ه ، نَقْلٌ	to transfer; to transport
نَمْلٌ (c.)	ants
نما ، ينمو ، نُموٌّ	to grow
نمسا : النمسا	Austria
نَمَطٌ ، أنماطٌ	manner
نَموذَجٌ ، نماذجُ	sample, model
نَهارٌ	daytime
نِهايةٌ ، ـاتٌ	end
نَهرٌ ، أنهارٌ	river
نهَض ، ينهَض ، نهوضٌ	to get up
نَوْعٌ ، أنواعٌ	kind, sort
نَوْعيّةٌ ، ـاتٌ	kind
نوفمبر	November
نَوْمٌ	sleep
نوى ، ينوي ه ، نِيّةٌ	to intend
نِيابةٌ	public prosecutor's office
نيل : النيلُ	Nile
نيويورك	New York

ه

هؤلاء (pl.m. + f.)	these
هائلٌ	tremendous
هاتفٌ ، هواتفُ	telephone
هاتفيٌّ	telephonic
هادئٌ	quiet (adj.)
هامٌّ	important
هدّد ه بـ	to threaten (sb with sth)
هَدَفٌ ، أهدافٌ	goal
هدوءٌ	silence; quiet (n.)
هَديّةٌ ، هَدايا	present, gift
هَذَا	this (sg.m.)
هذه	this (sg.f.)
هَرَمٌ ، أهرامٌ	pyramid
هزيلٌ ، هَزْلى	lean, skinny
هطولُ الأمطارِ	heavy rainfall
هكذا	so
هلْ	question particle
هلالٌ ، أهِلّةٌ	crescent
هُمْ	they (pl.m.)
هُنَّ	they (pl.f.)
هُنا	here
هُناكَ	there; there is
هَنْدَسةٌ	engineering
هَنيءٌ	healthful
هُوَ	he
هَواءٌ	air
هولندا	Netherlands
هوى ، يهوي ، هُويٌّ	to fall down
هوي ، يهوى ، هَوًى	to like
هِيَ	she

و

وَ	and
واجبٌ ، ـاتٌ	duty; homework
واجه ه	to face, to encounter
واجهةٌ ، ـاتٌ	front; façade
واحةٌ ، ـاتٌ	oasis
وادٍ ، أوْدِيةٌ / وُدْيانٌ	valley
واسِعٌ	broad
واضِحٌ	clear
والِدٌ ، ـون	father
والِدةٌ ، ـاتٌ	mother
وثيقةٌ ، وثائقُ	document
وجب ، يجِب على ، وجوبٌ	to be necessary
وجَد ، يجد ه ، وَجْدٌ / وجودٌ	to find
وَجْبةٌ ، ـاتٌ	meal
وِجْدانٌ	feeling, sentiment
وَجْهٌ ، وجوهٌ	face; aspect
بِوَجْهٍ عامٍّ	generally speaking
وجودٌ	existence, presence
وَحْدَه	alone
ودّ ، يوَدّ ه / لو ، وُدٌّ / وَدادٌ	to wish
ودع ، يدَع ، وَدْعٌ	to let
ودّع ه	to bid farewell; to take leave
وِراثةٌ	inheritance
وِراثيٌّ	hereditary
وَرْدٌ (c.) ، ورودٌ	flowers
ورَد ، يرِد ، ورودٌ	to be received
وَرَقٌ (c.) ، أوراقٌ	paper
وِزارةٌ ، ـاتٌ	ministry
وِزارةُ الخارِجيّةِ	ministry of foreign affairs

وِزارةُ الداخِليّة	ministry of interior
وزن ، يزِن ه ، وَزْنٌ	to weigh
وَزْنٌ ، أوزانٌ	weight
وزيرٌ ، وزراءُ	minister
وَسَطٌ	middle; center
وَسْطَ	among
وُسْعٌ	capacity
وصف ، يصِف ه ، وَصْفٌ	to describe; to prescribe
وَصْفةٌ ، ـاتٌ	prescription; recipe
وصل ، يصِل ، وصولٌ	to arrive
وُصْلةٌ ، وُصَلٌ	compilation
وصولٌ	arrival
وضع ، يضَع ه ، وَضْعٌ	to put, to place
وَطَنٌ ، أوطانٌ	homeland
وَطَنيٌّ	national
وظيفةٌ ، وظائفُ	role; position; function
وعد ، يعِد ه بـ ، وَعْدٌ	to promise (sth to sb)
وَعْدٌ ، وعودٌ	promise
وَعْيٌ	consciousness, awareness
وَفاةٌ ، وَفَياتٌ	decease, death
وَفْدٌ ، وفودٌ	delegation
وفّر ه لـ	to provide (sth to sb)
وَقْتٌ ، أوقاتٌ	time
وقع ، يقَع ، وقوعٌ	to fall; to happen; to be situated
وقّع على	to subscribe to
وقف ، يقِف ، وقوفٌ	to stand up; to stop
وقوفٌ	standing
وكيلٌ ، وكلاءُ	agent; vice-
وكيلُ كُلّيّة	vice-dean
وِلايةٌ ، ـاتٌ	province; state
الولاياتُ المتّحدةُ	United States
وَلَدٌ ، أولادٌ	boy
وَلكِنَّ	but
ولي ، يلي ه ، وَلْيٌ	to follow on

ي

ياbان : اليابانُ	Japan
يجب على	must
يَدٌ (.f) ، أيْدٍ / أيادٍ	hand
يَسارٌ	left (direction)
يعني	it means
ينبغي أنْ	ought to
يمن : اليَمَن	Yemen
يمينٌ	right (direction)
يمينٌ (.f) ، أيمنٌ	oath
يناير	January
يُوجَدُ	there is
يوليو	July
يونان : اليونان	Greece
يونيو	June
يَوْمٌ ، أيّامٌ	day
اليومَ	today
يوميّاً	daily

Vocabulary

قائمة المفردات الانجليزية – العربية

English – Arabic

A

Abū Qīr	أبو قير
ability to	قُدْرةٌ على ؛ وُسْعٌ
able: to be ~ to	تمكّن من ؛ أمكن ه ؛
	استطاع ، يستطيع ه ؛
	قوِي ، يقوى (على) ، قُوَّةٌ ؛
	قدَر ، يقدِر على ، مَقْدَرةٌ
abound: to ~	كثُر ، يكثُر ، كَثْرةٌ ؛
to ~ in	توافر في
abounding in	حافلٌ بـ
about	عَنْ ؛ عِنْدَ ؛ تقريباً
~ (time)	عِنْدَ
to be ~ to	كاد ، يكاد ...
above	فَوْقَ ؛ على
abroad	الخارِجُ
absence	غِيابٌ
absent	غائبٌ ، ـون
to be ~	غاب ، يغيب ، غِيابٌ
abstain: to ~ from	امتنع عن ؛
	كفّ ، يكُفّ عن ، كَفٌّ
abstraction	تجريدٌ
academic	جامعيٌّ
accept: to ~	قبِل ، يقبَل ه ، قَبولٌ ؛
	تقبّل ه
accident	حادثٌ ، حوادثُ

accompany: to ~	رافق ه
accomplice	شريكٌ ، شُركاءُ
accomplishing	إتمامٌ
according to	بِناءً على ؛ حَسَبَ ...
account	حِسابٌ ، ـاتٌ
current ~	حِسابٌ جارٍ
to take into ~	أخَذَ ه في الاعتبار
accused	مُتَّهَمٌ ، ـون
accustomed: to get ~ to	تعوّد على
accustoming to	تعويدٌ على
acoustic	صَوْتيٌّ
acquaintance	مَعْرِفةٌ ، معارِفُ
to make ~ with	تعرّف على
act: in the very ~	مُتَلَبِّسٌ بالجريمةِ
action	حَرَكةٌ ، ـاتٌ
activation	تنشيطٌ
activity	نَشاطٌ ، ـاتٌ / أنْشِطةٌ
actor	مُمَثِّلٌ ، ـون
acupuncture	عِلاجٌ بالإبرِ الصينيّةِ
add: to ~ to	أضاف ه إلى
addiction	إدمانٌ
address	عُنْوانٌ ، عناوينُ
administration	إدارةٌ ، ـاتٌ
admittance	قَبولٌ
adopt: to ~	تبنّى ه
advance: in ~	مُقَدَّماً

advanced	مُتَقَدِّمٌ ، ـون
advantage	صالحٌ ؛ فائدةٌ ، فوائدُ
advertising	إعلانٌ ، ـاتٌ
advice: to seek ~	شاور ه
affair	أمرٌ ، أمورٌ ؛ شأنٌ ، شؤونٌ
afflict: to ~	أصاب ه
afraid: to be ~ of	خاف ، يخاف ه / من ، خَوْفٌ
after	بَعْدَ
afterward	بعدَ ذلكَ
against	ضِدَّ
age	سِنٌّ (f.) ؛ عَصْرٌ ، عصورٌ ؛ عَهْدٌ ، عهودٌ
agent	وكيلٌ ، وكلاءُ
agree: to ~ upon	اتّفق على
agreement	اتّفاقٌ ، ـاتٌ
agricultural	زِراعيٌّ
agriculture	زِراعةٌ
aim	غايةٌ ، ـاتٌ
air	هَواءٌ
air-conditioned	مُكيَّفٌ
air-conditioner	جهازُ تَكْييفٍ
airplane	طائرةٌ ، ـتٌ
airport	مَطارٌ ، ـاتٌ
Alexandria	الاسْكَنْدَرِيّة
alimentary	غذائيٌّ
all	كُلُّ ...
allow: to ~ sb to	سمَح ، يسمَح لـ ... بـ ، سَماحٌ
allowance	بَدَلٌ ، ـاتٌ
allowing	سماحٌ
almost	بِشِبْهِ ... ؛ تقريباً
alone: he ~	بِمُفْرَدِه ؛ وَحْدَه
along	على طولِ
~ with	بالإضافة إلى
all right	على ما يُرام ؛ لا بأسَ
alter: to ~	غيّر ه
alternative medicine	طِبٌّ بديلٌ
altogether	جميعاً
always	دائماً
amazed: to be ~	تعجّب
America	أمْريكا
American	أمْريكيٌّ
Amman	عَمّانُ
Amon	آمون
among	وَسْطَ ؛ ضِمْنَ
amount (money)	مَبْلَغٌ ، مبالغُ
to ~	ساوى ، يساوي ه
to ~ to	بلَغ ، يبلُغ ه ، بلوغٌ
analyze: to ~	حلّلَ ه
ancient	قديمٌ ، قُدماءُ ؛ أثَريٌّ
and	وَ
anecdote	نادرةٌ ، نوادرُ
angry	غاضبٌ ، ـون
animal	حَيَوانٌ ، ـاتٌ
announce: to ~	أعلن ه
annoyance	إزعاجٌ
annual	سَنَويٌّ
annually	سَنَويّاً
answer	رَدٌّ ، ردودٌ ؛ إجابةٌ ، ـاتٌ ؛ جَوابٌ ، أجْوِبةٌ
answer: to ~	أجاب على ؛ رَدّ ، يرُدّ على ، رَدٌّ
ant	نَمْلٌ (c.)

antique	أثَريٌّ
antiquities	آثارٌ (pl.)
anxious (about)	قَلِقٌ ، ـون (على)
apologize: to ~ for	اعتذر عن
apparatus	جهازٌ ، أجهزةٌ
appear: to ~	ظهَر ، يظهَر ، ظهورٌ
(journal)	صدر ، يصدُر ، صدورٌ
apples	تفّاحٌ (c.)
application form	استمارة ، ـاتٌ
apply: to ~	طبّق ه
appointment (time)	مَوْعدٌ ، مواعدُ ؛ ميعادٌ ، مواعيدُ
appreciate: to ~	قدّر ه
appreciation	تقديرٌ
approach: to ~	قرُب ، يقرُب من ، قُرْبٌ
appropriate	لائقٌ
approximately	حَوالَيْ ... ؛ تقريباً
April	أبريل
aquatic	مائيٌّ
Arab	عَرَبيٌّ ، عَرَبٌ
Arab Republic of Egypt	جمهوريّةُ مِصْرَ العربيّةُ
Arabic	عَرَبيٌّ
the ~ language	اللغةُ العربيّةُ
Standard ~	الفصحى
around	حَوْلَ
arrangements	استعداداتٌ (pl.)
arrest	حَبْسٌ
to ~	ألقى ، يُلقي القَبْضَ على ؛ قبَض ، يقبُض على ، قَبْضٌ
arrival	وصولٌ
arrive: to ~	وصل ، يصِل ، وصولٌ ؛ أقبل
art	فَنٌّ ، فنونٌ
article	مَقال / مَقالةٌ ، ـاتٌ
artificial	اصطناعيٌّ
artist	فنّانٌ ، ـون
artistic	فَنّيٌّ
as	كَ
~ to	مِن حيثُ
~ well	كذلكَ (adv.) ؛ كَما (conj.)
just ~	مِثْلَ
ask: to ~	سأل ، يسأل ه ، سؤالٌ
aspect	وَجْهٌ ، وجوهٌ
assiduous	مُواظبٌ ، ـون على
assigned to	مُخَصَّصٌ لـ
assist: to ~ (with)	ساعد ه (على)
assistance	مُساعَدةٌ ، ـاتٌ
Assiut	أسيوط
astonished	مُتَعَجِّبٌ ، ـون
Aswan	أسوان
at	عِنْدَ ؛ بـ
Athens	أثينا
attack: to ~	تهجّم على
attempt	مُحاوَلةٌ ، ـاتٌ
attend: to ~	حضَر ، يحضُر ه ، حُضورٌ
attendant	حاضرٌ ، ـون
attention	انتباهٌ
attitude towards	مَوْقفٌ ، مواقفُ من
attribute: to ~ to	أرجع ه إلى
auditorium	مُدرَّجٌ ، ـاتٌ
August	أغسطس
aunt (father's side)	عَمّةٌ ، ـاتٌ
Austria	النمسا
author	مؤلِّفٌ ، ـون

authority	سُلْطةٌ ، ـاتٌ
Autumn	خَريفٌ
average	مُتَوَسِّطٌ ، ـون
avoid: to ~	تفادى ه
avoidance	تفادٍ
awareness	وَعْيٌ
Azhar Mosque	جامعُ الأزهرِ
Azhar University	جامعةُ الأزهرِ

B

back	خَلْفٌ
~ (anat.)	ظَهْرٌ ، أظْهُرٌ / ظهورٌ
to bring ~	أعاد ه
to come ~ (to)	رجَع ، يرجِع (إلى) ، رجوعٌ ؛ عاد ، يعود (إلى) ، عَوْدةٌ
to give ~	رَدّ ، يرُدّ ه ، رَدٌّ
bad	سوءٌ (n.) ؛ سَيِّءٌ ، ـون (adj.)
bag	حقيبةٌ ، حقائبُ
Baghdad	بَغْدادُ
balcony	شُرْفةٌ ، ـاتٌ
bald	أصلعُ ، صلعاءُ ، صلعٌ
ball	كُرةٌ ، كُرَرٌ
ban	حَظْرٌ
bank (fin.)	بنكٌ ، بنوكٌ ؛ مَصْرَفٌ ، مصارفُ
(river)	ضِفّةٌ ، ضِفافٌ
banner	رايةٌ ، ـاتٌ
barn	حظيرةٌ ، حظائرُ
basalt	بازلتْ
base	أساسٌ ، أسسٌ
basic	أساسيٌّ
basis: on the ~ of	على أساسِ
bathroom	حمّامٌ ، ـاتٌ
be: to ~	كان ، يكون ، كَوْنٌ
beach	شاطئٌ ، شواطئُ
beans: broad ~	فُولٌ (c.)
bear: to ~	تحمّل ه ؛ طاق ، يطيق ه ، طَوْقٌ
because of (conj.)	لأنَّ
because of (prep.)	مِنْ أجلِ ... ؛ بسَبَبِ ...
bed	فِراشٌ ، أفْرِشةٌ
~ridden	مُلازِمُ الفِراشِ
bee	نَحْلٌ (c.)
beer	بيرة
before	قَبْلَ (prep.) ؛ قبلَ أنْ (conj.) ؛ مِن قبلُ (adv.)
~ long	قريباً
begin: to ~ (sth)	بدأ ، يبدأ ه ، بَدْءٌ ؛ استهلّ ه
behind	خَلْفَ
behold	إنّ
Beirut	بيروت
believe: to ~	اعتقد ه ؛ صدّق ه
to make ~	أوْهم ه بـ
believer	مؤمنٌ ، ـون
bell	جَرَسٌ ، أجراسٌ
belong: to ~ to	تبع ، يتبَع لـ ، تبعٌ
belt: safety ~	حزامُ ، أحزمةُ الأمانِ
beneath	تَحْتَ
Berlin	برلين
beside	بجانبِ ...
besides	بالإضافة إلى ؛ عَلاوةً على ذلكَ
best	أفضلُ
~ (thing)	أفْضَلُ شيءٍ

better	أفضلُ ؛ خيرٌ (من)
between	بَيْنَ
beverage	مَشْروبٌ ، ـاتٌ ؛ شَرابٌ
big	كبيرٌ ، كِبارٌ
bill	حسابٌ ، ـاتٌ ؛ فاتورةٌ ، فواتيرُ
bird	طَيْرٌ ، طيورٌ ؛
(small) ~	عُصْفورٌ ، عصافيرُ
black	أسودُ ، سَوْداءُ ، سودٌ
to become ~	اسودّ
blame	عتابٌ
to ~	عتَب ، يعتب على ، عِتابٌ
blessing	بَرَكةٌ ، ـاتٌ ؛ خَيْرٌ
blonde	أشقرُ ، شقراءُ ، شقرٌ
blue	أزرقُ ، زَرْقاءُ ، زُرْقٌ
to become ~	ازرقّ
board: to ~	ركِب ، يركَب ه ، ركوبٌ
boat	مَرْكَبٌ ، مراكِبُ ؛ قارِبٌ ، قوارِبُ
body	بَدَنٌ ، أبدانٌ
book	كتابٌ ، كُتُبٌ
boy	وَلَدٌ ، أولادٌ
boycot	مُقاطَعةٌ
brag: to ~ about	تباهى بـ
brave	شُجاعٌ ، شُجْعانٌ
bread	خُبْزٌ
break	انقطاعٌ
to ~	كسَر ، يكسَر ه ، كَسْرٌ
breakfast	فُطورٌ ؛ إفطار
bride	عَروسٌ (f.) ، عرائسُ
bring: to ~	أحضر ه
to ~ back	أعاد ه ؛ ردّ ، يرُدّ ه ، ردٌّ
Britain	بريطانيا
broad	واسِعٌ
broadcast	إرسالٌ
to ~	أذاع ، يذيع ه
broadcasting	إذاعةٌ ، ـاتٌ
broken-down	معطَّلٌ
brother	أخٌ ، إخْوانٌ / إخْوةٌ
brown	بُنّيٌّ
light ~ (eyes)	عَسَليٌّ
build: to ~	بنى ، يبني ه ، بِناءٌ ؛ أقام ه
building	مَبْنًى ، مَبانٍ ؛ عِمارةٌ ، ـاتٌ
burial	دَفْنٌ
~ ceremony	مَراسِمُ الدفنِ (pl.)
bury: to ~	دفَن ، يدفِن ه ، دَفْنٌ
bus	أتوبيس ، ـات ؛ باص ، ـات
but	لكِنْ ؛ لكِنَّ ؛ وَلكِنَّ ؛ بَلْ
button	زِرٌّ ، أزرارٌ
buy: to ~	اشترى ، يشتري ه ، شراءٌ
buying	شِراءٌ
by	عِنْدَ ؛ بـ ؛ لِـ ؛ من قِبَلِ

C

café	مَقْهًى ، مقاهٍ
cafeteria	كافيتريا ، ـات
Cairo	القاهِرةُ
caliph	خليفةٌ ، خلفاءُ
call: to ~	دعا ، يدعو ه ، دَعْوةٌ
to ~ (phone)	اتّصل بـ
to ~ (give a name)	سمّى ، يسمّي ه
camel	جَمَلٌ ، جِمالٌ
Canada	كندا
Canadian	كنديٌّ

capable of	قادرٌ ، ـون على
capacity	قُدْرةٌ على ؛ وُسْعٌ
capital	عاصِمةٌ ، عواصِمُ
car	سيّارةٌ ، ـاتٌ
private ~	سيّارة ملاّكيٌّ
card	بطاقةٌ ، ـاتٌ
credit ~	بطاقةٌ ائتمانيّةٌ
care	عنايةٌ
carelessness	لامُبالاةٌ
carriage	عَرَبَةٌ ، ـاتٌ
horse ~	عربةُ حَنْطورٍ
carried: to be ~ out	تحقّق
carry: to ~	حمَل ، يحمِل ه ، حَملٌ
to ~ on	تابَع ه
to ~ out	أدّى ، يؤدي ه ؛ حقّق ه ؛ باشر ه
carrying out	أداءٌ
case: legal ~	قَضيّةٌ ، قضايا
cash desk	خَزينةٌ ، خزائنُ
cash dispenser	صرّافٌ آليٌّ
cat	قطٌّ ، قطَطٌ
cause (reason)	سَبَبٌ ، أسبابٌ
to ~	سبّبَ ه
causer	مُسبِّبٌ ، ـاتٌ
cautious: to be ~	حذر ، يحذَر ه ، حذَرٌ
cease: to ~	كفَّ ، يكُفّ عن ، كَفٌّ ؛ امتنع عن
celebration	عيدٌ ، أعيادٌ
cell phone	تليفون محمول ؛ موبايل
center	مَرْكَزٌ ، مراكزُ ؛ وَسَطٌ
centigrade	مئويٌّ
central	مَرْكَزيٌّ
century	قَرْنٌ ، قرونٌ
ceremonies	مَراسمُ (pl.)
certificate	شَهادةٌ ، ـاتٌ
chair	كُرْسيٌّ ، كراسٍ ؛ مَقْعَدٌ ، مقاعدُ
change: to ~ (sth)	غيّر ه
to ~ (oneself)	تغيّر
chaos	فَوْضَى
character	طَبْعٌ ، طِباعٌ
characteristic (n.)	صِفةٌ ، ـاتٌ
charge: to ~	اتّهم ه
chase	مُطارَدةٌ ، ـاتٌ
cheap	رَخيصٌ
check: to ~	فحَص ، يفحَص ه ، فَحْصٌ
checkup: technical ~	فَحْصٌ فنيٌّ
cheer: to ~	شجّع
chief	رئيسٌ ، رؤساءُ
child	طِفْلٌ ، أطفالٌ
childhood	طفولةٌ
China	الصين
Chinese	صينيٌّ
choice	اختيارٌ ، ـاتٌ
choose: to ~	اختار ه
Christian	مَسيحيٌّ ، ـون
church	كَنيسةٌ ، كنائسُ
circumstances	ظروفٌ (pl.)
citizen	مُواطِنٌ ، ـون
city	مَدينةٌ ، مُدُنٌ
civil	مَدَنيٌّ
~ servant	مُوَظَّفٌ ، ـون
civilization	حَضارةٌ
claim	مَطْلَبٌ ، مطالبُ
to ~	طالب بـ

claiming	مُطالَبةٌ بـ
class	صَفٌّ ، صفوفٌ
~ (school)	فَصْلٌ ، فصولٌ
classroom	فَصْلٌ ، فصولٌ
clean	نظيف ، نِظافٌ
to become ~	نظُف ، ينظُف ، نَظافةٌ
to ~	نظّف ه
clear	واضِحٌ
to become ~	تبيّن
client	زَبونٌ ، زبائنُ ؛ عميلٌ ، عملاءُ
climate	مُناخٌ
climb: to ~	صعد ، يصعَد ه ، صعودٌ ؛
	طلَع ، يطلَع ه ، طلوعٌ
close to	بالقُرْبِ من ؛ بجوارِ ...
close: to ~	أغلق ه
closed	مُغْلَقٌ
cloth	زِيٌّ ، أزياءٌ ؛ ثَوْبٌ ، ثِيابٌ
clothes	مَلابسُ (pl.)
club	نادٍ ، نوادٍ / أنْدِيَةٌ
coach	عَرَبَةٌ ، ـاتٌ
coal	فَحْمٌ
coat	معْطَفٌ ، معاطفُ
coffee	قَهْوةٌ
coincidence	صُدْفةٌ ، صُدَفٌ
cold	باردٌ (adj.) ؛ بَرْدٌ (n.)
common ~	رَشْحٌ
colloquial	العامّيّةُ
color	لَوْنٌ ، ألوانٌ
colored	مُلَوَّنٌ
come: to ~	جاء ، يجيء ، مَجيءٌ ؛
	أتى ، يأتي ، إتيانٌ ؛ أقبل ؛
	حضَر ، يحضُر ، حُضورٌ ؛
	قدِم ، يقدُم ، قُدومٌ
to ~ back (to)	رجَع ، يرجِع (إلى) ،
	رجوعٌ ؛ عاد ، يعود (إلى) ، عَوْدةٌ
comfort	عَزاءٌ
comfortable	مُريحٌ
comic	مُضْحِكٌ
coming	آتٍ ، ـون ؛ مُقْبِلٌ
~ (from)	قادِمٌ ، ـون (من)
comment: to ~	علّق على
commit: to ~ (a crime)	ارتكب ه
committee	لَجْنةٌ ، لِجانٌ
common	مُشْتَرَكٌ
companion	شريكٌ ، شُركاءُ ؛ رفيقٌ ، رِفاقٌ
company	شَرِكةٌ ، ـاتٌ
compassion	عَطْفٌ
compatriot	مُواطِنٌ ، ـون
competence	كَفاءةٌ
compilation	وُصْلةٌ ، وُصَلٌ
complete: to ~	أنهى ، ينهي ه
completely	تماماً
complexion	بَشَرةٌ
compose: to ~	ألّف ه
comprehend: to ~	عقَل ، يعقِل ه ، عَقْلٌ
comprise: to ~	شمَل ، يشمُل ه ، شَمْلٌ
concrete	حسّيٌّ
condition	شَرْطٌ ، شروطٌ
condolence	تعزيةٌ ، تعازٍ
conference	مؤتَمَرٌ ، ـاتٌ
summit ~	مؤتَمَرُ قِمّةٍ
confined to bed	مُلازِمُ الفِراشِ
confirmation	تأكيدٌ
conflict	نِزاعٌ ، ـاتٌ

confused: to become ~	اضْطرب
he felt ~	كان في حَيْرة
congestion (traffic)	اختناقٌ مروريٌّ
connection with	عَلاقةٌ بـ
consciousness	وَعْيٌ
consent (upon)	مُوافَقةٌ (على)
consequently	بالتالي
conservative	مُحافظٌ ، ـون
consolation	سُلْوانٌ
consul	قُنْصُلٌ ، قناصِلُ
consult: to ~	شاور ه ؛ استشار ه ؛ اطّلع على (book)
consume: to ~	تناول ه
contact: to ~	اتّصل بـ
contain: to ~	ضمّ ، يضُمّ ه ، ضَمٌّ ؛ حوى ، يحوي ه ، حوايةٌ ؛ تضمّن ه
contemporary	مُعاصرٌ ، ـون
contest	مُسابَقةٌ ، ـاتٌ
continuance	دَوامٌ
continuation of	استمرارٌ ؛ مُتابَعةٌ ؛ مُواصَلةٌ
continue: to ~ (to)	استمرّ (في)
contract	عَقْدٌ ؛ عقودٌ
contrary	عَكْسٌ
on the ~	على العكسِ
~ to	مُخالفٌ لـ
contravention	مُخالَفةٌ ، ـاتٌ
controversy	خِلافٌ ، ـاتٌ
conversation	حديثٌ ، أحاديثُ ؛ مُحادَثةٌ ، ـاتٌ
cook	طبّاخٌ ، ـون
to ~	طبخ ، يطبُخ ه ، طَبْخٌ
corporal	عينيٌّ
correct	صحيحٌ
correspondence	مُراسَلةٌ ، ـاتٌ
cotton	قُطْنٌ ، أقطانٌ
council	مَجْلسٌ ، مجالسُ
high ~	مَجْلسٌ عالٍ
countryside	ريفٌ ، أريافٌ
course (events)	مَجْرًى ، مَجْرَياتٌ
~ (study)	دَوْرةٌ ، ـاتٌ
of ~	طبعاً
court (justice)	مَحْكَمةٌ ، محاكمُ
cows	بَقَرٌ (.c) ، أبقارٌ
creature	كائنٌ ، ـاتٌ
credit card	بطاقةٌ ائتمانيّةٌ
crescent	هِلالٌ ، أهِلّةٌ
crime	جريمةٌ ، جرائمُ
crocodile	تِمْساحٌ ، تماسيحُ
crops	زَرْعٌ (.c) ، زروعٌ
cross: to ~	قطَع ، يقطَع ه ، قَطْعٌ
crossing	عُبورٌ ؛ قَطْعٌ
crow	غُرابٌ ، غِرْبانٌ
crowd	ازدحامٌ
cry: to ~	بكى ، يبكي ، بُكاءٌ
cultural	ثقافيٌّ
culture	ثَقافةٌ ، ـاتٌ
cup	فِنْجانٌ ، فناجينُ
cure: to ~	عالج ه
currently	حاليًا
curriculum vitae	سيرةٌ ، سِيَرٌ ذاتيّةٌ
curse: to ~	لعَن ، يلعَن ه ، لَعْنةٌ / لَعْنٌ
cursed	لعينٌ ، لعناءُ

custody	ذِمّةٌ
to take into ~	تحفّظ بـ
custom	عادةٌ ، ـاتٌ
cut: to ~	قطَع ، يقطَع ه ، قَطْعٌ

D

dad	بابا
daily	يوميّاً
Damascus	دِمَشْقُ
damned	لعينٌ ، لعناءُ
dance: to ~	رقَص ، يرقُص ، رَقْصٌ
danger	خَطَرٌ ، أخطارٌ ؛ خُطورةٌ
dark	مُظْلِمٌ
darkness	ظَلامٌ
data	بياناتٌ (pl.) ؛ معلومةٌ ، ـاتٌ
date	تاريخٌ ، تواريخُ
daughter	بِنْتٌ ، بَناتٌ ؛ ابنةٌ ، بناتٌ
dawn	فَجْرٌ
day	يَوْمٌ ، أيّامٌ
daybreak	فَجْرٌ
daytime	نَهارٌ
dean	عَميدٌ ، عُمداءُ
dear	عزيزٌ ، أعزّاءُ
death	مَوْتٌ ؛ وَفاةٌ ، وَفَياتٌ
debate: to ~ (about)	تناقش (في)
decease	وَفاةٌ ، وَفَياتٌ
deceased person	فقيدٌ ، ـون
December	ديسمبر
decide: to ~	قرّر ه
decided: to be ~	تقرّرَ
decision	قَرارٌ ، ـاتٌ
declare: to ~	صرّح بـ ؛ أعلن ه ؛
decline	تدهورٌ
decorate: to ~	زيّن ه
decrease: to ~	قلّ ، يقِلّ ، قِلّةٌ
deed	فِعْلٌ ، أفعالٌ ؛ عَمَلٌ ، أعمالٌ
deep	عميقٌ
defend: to ~	دافع عن
defending	مُدافعاً
defense	دِفاعٌ عن
deference: to treat with ~	كرّم ه
definite	قاطعٌ
definitely	قَطْعاً
degree	دَرَجةٌ ، ـاتٌ
~ (extent)	مَدًى
deity	إلهٌ / إلاهٌ ، آلهةٌ
delay	تأخيرٌ
delegation	وَفْدٌ ، وفودٌ ؛ بِعْثةٌ ، ـاتٌ
delight	فَرَحٌ
to ~	أعجب ه
delimit: to ~	حدّد ه
deliver: to ~	سلّم ه ه
delivery	تسليمٌ
demand: to ~	طالب بـ
demonstrate: to ~	تظاهر
demonstration	مُظاهَرةٌ ، ـاتٌ
deny: to ~	نفى ، ينفي ه ، نَفْيٌ
depart: to ~	رحَل ، يرحَل ، رحيلٌ
departure	رحيلٌ
depositing	إيداعٌ
deputy	نائبٌ ، نوّابٌ
describe: to ~	وصف ، يصِف ه ، وَصْفٌ
~-causers	مُسبِّباتُ المرضِ

desire: to ~ رغب ، يرغَب ه ، رَغْبةٌ
desk مَكْتَبٌ ، مكاتبُ
despite رَغْمَ
detention حَبْسٌ
deteriorate: to ~ ساء ، يسوء ، سوءٌ
determined مُقَرَّرٌ
~ to عازمٌ ، ـون على
developed مُتَقَدِّمٌ ، ـون
development تطوّرٌ ؛ تقدّمٌ
device آلةٌ ، آلاتٌ
devil شَيْطانٌ ، شياطينُ
dialog حِوارٌ ، ـاتٌ
dictionary قاموسٌ ، قواميسُ
die: to ~ مات ، يموت ، مَوْتٌ ؛ توفّي
different مُخْتَلِفٌ ، ـون
difficult صَعْبٌ
dignity كَرامةٌ
diligence اجتهادٌ
dinner عَشاءٌ ، أعْشِيَةٌ
diploma شَهادةٌ ، ـاتٌ
direction جِهةٌ ، ـاتٌ
directions for use (sg.) كَيْفيّةُ الاستعِمال
directly مُباشَرةً
director مُديرٌ ، ـون
disappear: to ~ اختفى ، يختفي
discover: to ~ اكتشف ه
discovery اكتشافٌ ، ـاتٌ
discussion مُناقَشةٌ ، ـاتٌ
disease مَرَضٌ ، أمراضٌ
disguise: to ~ (oneself) تنكّر
dislike: to ~ كره ، يكره ه ، كُرْهٌ
disposal تصرُّفٌ ؛ ذِمّةٌ (jur.)

dispute خلافٌ ، ـاتٌ ؛ نِزاعٌ ، ـاتٌ ؛ مَشادّةٌ ، ـاتٌ
distinguish: to ~ ميّز ه
to ~ oneself (in) تفوّق (في)
to ~ oneself by تميّز بـ
distinguished فاضِلٌ ، فضلاءُ
distribution توزيعٌ
district حيٌّ ، أحياءٌ
disturbance اضطرابٌ ، ـاتٌ
disturbed مُضْطَرِبٌ ، ـون
diversity تنوُّعٌ
do: to ~ فعَل ، يفعَل ه ، فعلٌ
to be ~ne تمّ ، يتمّ ، تَمامٌ
doctor دُكتورٌ ، دكاترةٌ ؛ طبيبٌ ، أطِبّاءُ
document مُسْتَنَدٌ ، مستنداتٌ ؛ وثيقةٌ ، وثائقُ
dog كَلْبٌ ، كِلابٌ
dollar دولار ، ـات
domain (field) إطارٌ ، ـاتٌ ؛ مَجالٌ ، ـاتٌ حَقْلٌ ، حقولٌ
donkey حِمارٌ ، حميرٌ
door بابٌ ، أبوابٌ
doorkeeper بوّابٌ ، ـون
dossier مَلَفٌّ ، ـاتٌ
double crossed: to be ~ انغشّ
doubt: without any ~ بدون شكٍ
draw (with) تعادُلٌ (مع)
dream مَنامٌ
drink: to ~ شرِب ، يشرَب ه ، شُرْبٌ
drive: to ~ قاد ، يقود ه ، قيادةٌ
driver سائقٌ ، ـون / ساقةٌ
driver's license رُخْصةُ ، قيادةٍ

driving	قيادةٌ
duck	بَطٌّ (c.)
due to	بسَبَب ... ؛ لـ ...
dumb	أخرسُ ، خَرْساءُ ، خُرْسٌ
during	أثْناءَ ؛ خلالَ
duty	واجبٌ ، ــاتٌ
dwelling	دارٌ ، دِيارٌ / دورٌ

E

e-mail	بريدٌ إلكترونيٌّ
ear	أُذُنٌ (f.) ، آذانٌ
earlier (adv.)	من قبلُ
early (adv.)	مُبكِّراً
earn: to ~	كسَب ، يكسِب ه ، كَسْبٌ
earth	أرضٌ ، أراضٍ
earthquake	زلزالٌ ، زلازلُ
east	شَرْقٌ
eastern	شرقيٌّ
easy	سَهْلٌ
easyness	سهولةٌ
eat: to ~	أكل ، يأكُل ه ، أكْلٌ
economy	اقتصادٌ
edit: to ~	حرّر ه
editing	تحريرٌ
education	تربيةٌ
higher ~	دراساتٌ عُلْيا (pl.)
effect	تأثيرٌ
effectiveness	فاعليّةٌ
egg	بَيْضٌ (c.)
Egypt	مِصْرُ
Egyptian	مِصْرِى
~ pound	جُنَيْهٌ ، ــاتٌ
ancient ~s	قُدَماءُ المصْريّين
electrical	كهرَبائيٌّ
electrician	كهرَبائيٌّ
electricity	كَهْرَباءٌ
electronic	إلكترونيٌّ
elementary (school)	ابتدائيٌّ
elephant	فيلٌ ، أفيالٌ
elevator	مِصْعَدٌ ، مصاعدُ
embark: to ~	رَكِب ، يركَب ه ، ركوبٌ
embarrassment	حَيْرةٌ
emergence of	ظهورٌ
emit: to ~	أطلق ه
emotion	عاطفةٌ ، عواطفُ
emotional	عاطفيٌّ
employee	مُوَظَّفٌ ، ــون
empty	فارِغٌ ؛ شاغِرٌ
enclosed	مُرْفَقٌ بـ
enclosure	حظيرةٌ ، حظائرُ
encounter	لِقاءٌ ، ــاتٌ
to ~	واجه ه
encourage: to ~	شجّع ه
end	نِهايةٌ ، ــاتٌ
~ of	آخِرُ ...
to ~	انتهى ، ينتهي
endeavor	اجتهادٌ
ending	إنهاءٌ
endure: to ~	تحمّل ه
enemy	عَدُوٌّ ، أعداءٌ
energy	طاقةٌ ، ــاتٌ
engineer	مُهَنْدِسٌ ، ــون
engineering	هَنْدَسةٌ

England	انْجلْترّا
English	انْجليزيٌّ
enjoy: to ~	تمتّع بـ
enough	كافٍ
enter: to ~	دخَل ، يدخُل ه ، دُخولٌ
to ~ (insert)	أدخل ه
entering	إدخالٌ
enthusiastic	حَماسيٌّ
entire	كاملٌ
entrance	دخولٌ
entry	مَدْخَلٌ ، مداخلُ
envelope	ظَرْفٌ ، ظروفٌ
environment	بيئةٌ ، ـاتٌ
episode	حَلْقةٌ ، ـاتٌ
equipped with	مُجَهَّزٌ بـ
equitable	عادلٌ ، ـون
equivalent to	عبارةً عن
essential	لازمٌ
esteem	تقديرٌ
to ~	قدّر ه
esteemed	مُحتَرَمٌ ، ـون
eternal	أبَديٌّ
Ethiopia	أثيوبيا
evaluation	تقديرٌ
evening	مَساءٌ ، أمسيةٌ
late ~	سَهْرةٌ ، ـاتٌ
event	حَدَثٌ ، أحداثٌ
everlasting	أبَديٌّ
every	كُلُّ ...
everything	كُلُّ شَيْءٍ
evil	شَرٌّ ؛ سوءٌ
exactly	بالضَبْطِ

examination	امتحانٌ ، ـاتٌ
examine: to ~	فحَص ، يفحَص ه ، فَحْصٌ
example	مِثالٌ ، أمْثِلةٌ
exceed: to ~	تعدّى ه
excellency	سِيادةٌ
excellent	مُمتازٌ ، ـون ؛ مُتفوِّقٌ ، ـون
except	سِوى
exchange: to ~	تبادل ه ؛ استبدل ه
exciting	مُثيرٌ
excursion	رِحْلةٌ ، ـاتٌ
exercise	تمرينٌ ، ـاتٌ
exhibition	مَعْرَضٌ ، معارضُ
exhortation	تنبيهٌ ، ـاتٌ
existence	وجودٌ ؛ مَعيشةٌ
exit	خروجٌ ؛ مَخْرَجٌ ، مخارجُ
expect: to ~	توقّع ه ؛ انتظر ه
expensive	غالٍ
experience	خِبْرةٌ ؛ تجرِبةٌ ، تجاربُ
expire: to ~	فات ، يفوت ، فواتٌ ؛ انقضى ، ينقضي
explain: to ~	شرَح ، يشرَح ه ، شَرْحٌ
exploit: to ~	استغلّ ه
exploitation	استغلالٌ
export	تصديرٌ
to ~	صدّر ه
expression	تعبيرٌ ، تعابيرُ ؛ لَفظٌ ، ألفاظٌ
extend: to ~	جدّد ه
extent: to a certain ~	إلى حدٍّ ما
exterior	خارِجٌ ؛ مَظْهَرٌ ، مظاهرُ
extremely	لِلْغاية
extremism	تطرُّفٌ
extremistic	متطرِّفٌ

eye عَيْنٌ (f.) ، عيونٌ
eyeglasses نظّارةٌ ، ـات

F

fabricate: to ~ صنع ، يصنع ه ، صِناعةٌ
façade واجهةٌ ، ـاتٌ
face وَجْهٌ ، وجوهٌ
to ~ واجه ه
facilitation تيسيرٌ
facing مُقابِلٌ ؛ مُواجِهٌ لـ
factory مَصْنَعٌ ، مصانعُ
faculty كُلِّيّةٌ ، ـاتٌ
falafel فلافلُ (pl.)
fall: to ~ وقع ، يقَع ، وقوعٌ
to ~ down هوى ، يهوي ، هويٌّ
family أُسْرةٌ ، أُسَرٌ ؛ عائلةٌ ، ـاتٌ
أهْلٌ (pl.)
famous مَشْهورٌ ، ـون ؛ شهيرٌ ، ـون
fanatic مُتَعَصِّبٌ ، ـون
far (from) بعيدٌ ، ـون / بعداءُ (عن)
farewell: to bid ~ ودّع ه
farmer فلاّحٌ ، ـون
fast سريعٌ
to ~ صام ، يصوم ، صَوْمٌ / صِيامٌ
fasting صَوْمٌ
fasten: to ~ ربَط ، يربُط ه ، رَبْطٌ
father أبٌ ، آباءٌ ؛ والِدٌ ، ـون
father-in-law حَمٌ ، أحماءٌ
fear: to ~ خشِي ، يخشى ه ، خَشْيةٌ
February فبراير

feel: to ~ أحسّ بـ ؛ شعَر ، يشعُر بـ ، شعورٌ
feeling وِجْدانٌ
feign: to ~ اصطنع ه
felicitation تهنئةٌ ، تهانٍ
few قليلٌ ، ـون
a ~ of قليلٌ من
field حَقْلٌ ، حقولٌ ؛ مَجالٌ ، ـاتٌ ؛ نِطاقٌ ؛ مَيْدانٌ ، ميادينُ
fight: to ~ ناضلَ
film فيلْمٌ ، أفلامٌ
fill: to ~ in ملأَ ، يملأ ه ، مَلْءٌ
finally أخيراً ؛ خِتاماً
financial ماليٌّ
find: to ~ وجَد ، يجد ه ، وَجْدٌ / وجودٌ ؛ عثَر ، يعثُر على ، عثورٌ
fine طيِّبٌ ، ـون
fire نارٌ (f.) ، نيرانٌ
to ~ at أطلق النار على
to set ~ to أشعل ه
fish سَمَكٌ (c.) ، أسماكٌ
to ~ اصطاد ه
fisherman صيّادٌ ، ـون
fishing صَيْدٌ
fit: to ~ ناسب ه
fitting (tailor) بروفة ، ـات
fix: to ~ حدّد ه
fixing تثبيتٌ ؛ تحديدٌ
flag عَلَمٌ ، أعلامٌ ؛ رايةٌ ، ـاتٌ
flat شَقّةٌ ، شُقَقٌ
floor طابَقٌ ، طوابقُ ؛ دَوْرٌ ، أدوارٌ
flowers زَهْرٌ (c.) ، أزهارٌ / زهورٌ ؛ وَرْدٌ (c.) ، ورودٌ

flung مُلْقًى ، مُلْقَوْنَ
fly: to ~ طار ، يطير ، طيرانٌ
foil: to ~ أحبط ه
foiling إحباطٌ
fold: to ~ up طوى ، يطوي ه ، طَيٌّ
folks أهْلٌ (pl.)
follow: to ~ تابَع ه ؛ اتّبع ه
to ~ on ولي ، يلي ه ، وَلْيٌ
following (adj.) تالٍ
~ day غَدٌ
food طَعامٌ ، أطْعِمةٌ ؛ غِذاءٌ ، أغْذِيَةٌ ؛ مأكولاتٌ (pl.)
foolish أحمقُ ، حَمْقاءُ ، حُمْقٌ
foot رِجْلٌ (f.) ، أرجُلٌ ؛ قَدَمٌ (f.) ، أقدامٌ
football كُرةُ القدمِ
for لِـ ؛ على
forbid: to ~ منع ، يمنَع ه ، مَنْعٌ
forbidden مَمْنوعٌ
force قُوّةٌ ، قُوًى
forced: to be ~ اضْطرّ
foreigner غريبٌ ، غرباءُ ؛ أجنبيٌّ ، أجانبُ
forget: to ~ نسي ، ينسى ه ، نَسْيٌ / نِسْيانٌ
forgiveness مَغْفِرةٌ
form شَكْلٌ ، أشكالٌ
application ~ استمارةٌ ، ـاتٌ
forum (internet) مُنْتَدًى ، منتدياتٌ
forwarding إرسالٌ
fox ثَعْلَبٌ ، ثعالبُ
frame إطارٌ ، ـاتٌ
France فِرَنْسا
freedom حُرِيّةٌ ، ـاتٌ
~ of speech حريّةُ التعبيرِ
French فِرَنْسيٌّ
fresh طازَجٌ
Friday يوم الجُمْعة
friend صديقٌ ، أصدقاءُ ؛ صاحِبٌ ، أصحابٌ
fridge ثلاّجةٌ ، ـاتٌ
frizzy مُجَعَّدٌ
from مِنْ ؛ عَنْ
~ (by) من قِبَلِ
front أمامٌ
in ~ of أمامَ
~ (adj.) أماميٌّ
~ (side) واجِهةٌ ، ـاتٌ
~ (milit.) جَبْهة ، ـاتٌ
fruit فاكِهةٌ ، فواكِهُ
fun: to make ~ مزَح ، يمزَح ، مَزْحٌ
function وظيفةٌ ، وظائفُ
furnished مَفْروشٌ
future مُسْتَقْبَلٌ
in the near ~ عنْ قريبٍ

G

gap فَتْحةٌ ، ـاتٌ
garbage مُهْمَلاتٌ (pl.)
garden حديقةٌ ، حدائقُ
garment ثَوْبٌ ، ثِيابٌ ؛ زِيٌّ ، أزياءٌ
gas غازٌ ، ـاتٌ
gasoline بِتْرول
gate بوّابةٌ ، ـاتٌ
gazelle غَزالٌ ، غِزْلانٌ

general عامٌّ
in ~ عامّةً
generally speaking بوَجْهٍ عامٍّ
generation جيلٌ ، أجيالٌ
generosity كَرَمٌ
generous كريمٌ ، كِرامٌ
Germany ألمانيا
get: to ~ in (train) ركِب ، يركَب ه ، ركوبٌ
to ~ up نهَض ، ينهَض ، نهوضٌ
gift هَديّةٌ ، هَدايا
girl بِنْتٌ ، بَناتٌ ؛ فَتاةٌ ، فَتَيَاتٌ
give: to ~ أعطى ، يعطي ه ه
to ~ back رَدّ ، يرُدّ ه ، رَدٌّ
glass كُوبٌ ، أكوابٌ ؛ كأسٌ ، كؤوسٌ
glorious مَجيدٌ
go: to ~ to ذهَب ، يذهَب إلى ذهابٌ
goal هَدَفٌ ، أهدافٌ ؛ غايةٌ ، ـات
God الله
~ willing إن شاء الله ؛ بإِذن الله
gold ذَهَبٌ
good طيِّبٌ ، ـون ؛ جيِّدٌ ، ـون ؛ خَيْرٌ
to be ~ in أجاد ه ؛ أحسن ه
gooseflesh: to have ~ اقشعرَّ جسدُه
government حُكومةٌ ، ـاتٌ
governmental حكوميٌّ
grade دَرَجةٌ ، ـاتٌ
grammar (rules) القواعدُ
grammarian نَحَويٌّ ، ـون / نُحاةٌ
grandfather جَدٌّ ، جدودٌ / أجدادٌ
grandmother جَدّةٌ ، ـاتٌ
grant: to ~ منَح ، يمنَح ه ه ، مَنْحٌ

grasp: to ~ أمسك بـ
grateful شاكرٌ ، ـون
great عظيمٌ ، عِظامٌ / عظماءُ
~ number of عديدٌ / العديدُ من
greater: to become ~ كبُر ، يكبُر ، كِبَرٌ
greatest فائقُ ...
Greece اليونان
greedy بَخيلٌ ، بخلاءُ
green أخضرُ ، خضراءُ ، خضرٌ
to become ~ اخضرّ
greet: to ~ حيّا ، يحيّي ه ، تحيّةٌ ؛ سلّم على
greeting تَحيّةٌ ، ـاتٌ ؛ سَلامٌ ، ـاتٌ
grief حُزْنٌ ، أحزانٌ
ground أرضٌ ، أراضٍ
group مَجْموعةٌ ، ـاتٌ
grow: to ~ نما ، ينمو ، نُموٌّ
guest ضَيْفٌ ، ضيوفٌ

H

habit عادةٌ ، ـاتٌ
hair شَعْرٌ (c.) ، شعورٌ
half نِصْفٌ ، أنصافٌ
hall صالةٌ ، ـاتٌ
hand يَدٌ (f.) ، أيْدٍ / أيادٍ
to ~ over (sth to sb) سلّم ه ه ؛ ناول ه ه
to ~ over to أحال ، يحيل ه إلى
handing over تسليمٌ
handkerchief مِنْديلٌ ، مناديلُ
hang: to ~ up علّق ه

happen: to ~	حدَث ، يحدُث ، حدوثٌ ؛ وقع ، يقَع ، وقوعٌ
happiness	سَعادةٌ
happy	سعيدٌ ، سعداءُ
harbor	ميناءٌ ، موانٍ
hardly ... when	ما إنْ ... حتّى
hardship	محْنةٌ ، محَنٌ
hardworking	مُجْتَهِدٌ ، ـون
harm: to ~	ضرّ ، يضُرّ ه ، ضَرَرٌ
hasten: to ~ to	أسرع إلى
hate: to ~	كرِه ، يكره ه ، كُرْهٌ
have: to ~ to	تعيّن على
he	هُوَ
~ who	مَنْ
head	رأسٌ (.f) ، رؤوسٌ
to ~ for	قصَد ، يقصُد ه ، قَصْدٌ
to ~ toward	توجّه إلى
heading for	متوجِّهٌ إلى
headquarters	مَقَرٌّ ، مَقارٌّ
health	صِحّةٌ
healthy	صِحّيٌّ
hear: to ~	سمِع ، يسمَع ه ، سَماعٌ
heart	قَلْبٌ ، قلوبٌ
height	ارتفاعٌ
Helwan	حُلوانُ
help: to ~ (with)	ساعد ه (على)
herbal medicine	علاجٌ بالأعشابِ
here	هُنا
hereditary	وِراثيٌّ
hero	بَطَلٌ ، أبطالٌ
hesitate: to ~	لبِث ، يلْبَثُ
he does not ~ to	لا يلْبَثُ أنْ
high	عالٍ ؛ مُرْتَفِعٌ
historical	تاريخيٌّ
history	تاريخٌ
hit: to ~	ضرَب ، يضرِب ه ، ضَرْبٌ
to ~ out against	تطاول على
hold: to get ~ of	اقتنص ه
to ~ (a conference)	عقَد ، يعقِد ه ، عَقْدٌ
holidays	عُطْلةٌ ، ـاتٌ ؛ إجازةٌ ، ـاتٌ
homeland	وَطَنٌ ، أوطانٌ
homework	واجبٌ ، ـاتٌ
honor	شَرَفٌ
honor: to have the ~ to	تشرّف بـ
~ to ~ (with)	شرّف ه (بـ)
hope	أملٌ ، آمالٌ
hoping	آمِلٌ ، ـون ؛ راجٍ ، ـون
horse	حِصانٌ ، أحْصِنةٌ
~ carriage	عربةُ حَنْطور
hospital	مُسْتَشْفًى ، مستشفياتٌ
hostility	عداوةٌ ، ـاتٌ
hot-tempered	حادُّ المِزاجِ
hotel	فُنْدُقٌ ، فنادقُ
hour	ساعةٌ ، ـاتٌ
house	بيتٌ ، بيوتٌ ؛ مَنْزِلٌ ، منازلُ ؛ مَسْكَنٌ ، مساكنُ
how?	كَيْفَ
how many? how much?	كَمْ
~ many days?	كَمْ يوْماً
~...!	ما + elative
~ beautiful she is!	ما أجْمَلَها
however	إلاّ أنَّ
howl: to ~	عوى ، يعوي ، عُواءٌ

huge	ضَخْمٌ ، ضِخامٌ
human being	إنسانٌ
~ beings	أُناسٌ (pl.)
~ rights	حقوقُ الإنسان (pl.)
hundred	مئةٌ / مائةٌ ، ـاتٌ
hunger	جُوعٌ
hunt: to ~	اصطاد ه ؛ اقتنص ه
hunter	صيّادٌ ، ـون
hunting	صَيْدٌ
hurry	عَجَلَةٌ
husband	زَوْجٌ ، أزواجٌ

I

I	أنا
ice	ثلجٌ ، ثلوجٌ
idea	فِكْرةٌ ، فِكَرٌ
if	إذا ؛ إنْ ؛ لَوْ
ill	مريضٌ
illness	مَرَضٌ ، أمراضٌ
illumination	إضاءةٌ
imagine: to ~	تصوّر ه
immediately	فَوْراً ؛ على الفورِ ؛ مُباشَرةً
impact	أثَرٌ ، آثارٌ ؛ تأثيرٌ
implement: to ~	طبّق ه
import	استيرادٌ
to ~	استَوْرد ه
importance	أهمّيّةٌ
important	مُهِمٌّ ، ـون ؛ هامٌّ
impose: to ~ on	فرَض ، يفرِض ه على ، فَرْضٌ
imprisonment	حَبْسٌ
improve: to ~	تحسّن
in	في ؛ بـ
inaugurate: to ~	افتتح ه
including	مُتضَمِّناً
increase	زِيادةٌ ؛ ارتفاعٌ
to ~	زاد ، يزيد ، زِيادةٌ
indeed	حَقًا ؛ فعْلاً ؛ بَلَى
independent	مستقِلٌّ
indicate: to ~	دَلّ ، يدُلّ على ، دَلالةٌ / دِلالةٌ
indication of	دَلالةٌ على
indifference	لامُبالاةٌ
individual (n.)	فَرْدٌ ، أفرادٌ
~ (adj.)	فَرْديٌّ
indirect	غيرُ مباشِرٌ
Indonesia	اندونيسيا
industrious	مُجْتَهِدٌ ، ـون
industry	صِناعةٌ ، ـاتٌ
inexperienced at	حديثُ العهد بـ
infant	مَوْلودٌ ، مواليدُ
inform: to ~ of	أبلغ بـ ؛ أخبر ه بـ ؛ أحاط ه علماً بـ
information	خَبَرٌ ، أخبارٌ ؛ بيان ، ـاتٌ معلوماتٌ (pl.) ؛ استعلامات (pl.)
inhabit: to ~	سكَن ، يسكُن ه / في ، سَكَنٌ
inhabitant	ساكِنٌ ، سُكّانٌ
inheritance	وِراثةٌ
injustice	ظُلْمٌ
inner	داخِلٌ
inquiry	تحقيقٌ ، ـاتٌ
insane	مَجْنونٌ ، مجانينُ
insert: to ~	أدخل ه

inspector	مفتّشٌ ، ــون
institute	مَعْهَدٌ ، معاهدُ
instructions	تعليماتٌ (pl.)
insurance	تأمينٌ
intelligence	ذَكاءٌ
intelligent	ذكيٌّ ، أذْكِياءُ
intend: to ~	قصَد ، يقصُد ه ، قَصْدٌ ؛ نوى ، ينوي ه ، نيّةٌ
interested: to be ~ in	اهتمّ بـ
interior	داخِلٌ
intermittent	مُتَقَطِّعٌ
international	دَوْليٌّ / دُوَليٌّ
internet	انترنت
interrupt: to ~	قطَع ، يقطَع ه ، قَطْعٌ
interruption	انقطاعٌ
interval (of time)	فَتْرةٌ ، ــاتٌ
invade: to ~	اقتحم ه
investigation	تحقيقٌ ، ــاتٌ
invitation	دَعْوَةٌ ، دعواتٌ
invite: to ~	دعا ، يدعو ه ، دَعْوَةٌ
invitee	مَدْعوٌّ ، ــون
Iraq	العِراقُ
iron	حديدٌ
irony	سُخْرِيّةٌ
irritated	ثائرٌ ، ــون
Islam	إسلامٌ
Islamic	إسلاميٌّ
island	جزيرةٌ ، جُزُرٌ
issue: to ~	حرّر ه
issued: to be ~	صدَر ، يصدُر ، صدورٌ
Italy	ايطاليا
Italian	ايطاليٌّ

J

Jakarta	جاكارتا
jam (traffic)	ازدحامٌ
January	يناير
Japan	اليابانُ
Japanese	يابانيٌّ
jewelry	مُجَوْهَراتٌ (pl.)
join: to ~	ضمّ ، يضُمّ ه ، ضَمٌّ
joke: to ~	مزَح ، يمزَح ، مَزْحٌ
Jordan	الأردن
journal	جريدةٌ ، جرائدُ
journalist	صُحُفيٌّ / صَحَفيٌّ ، ــون
journalistic	صَحَفيٌّ
journey	سَفَرٌ ، أسفارٌ
joy	فَرَحٌ ؛ سُرورٌ ؛ بَهْجةٌ
judge	قاضٍ ، قُضاةٌ
July	يوليو
June	يونيو

K

keep: to ~	احتفظ بـ
key	مِفْتاحٌ ، مفاتيحُ
Khartoum	الخُرطوم
kidnap: to ~	اختطف
kill: to ~	قتَل ، يقتُل ه ، قَتْلٌ
killing	قَتْلٌ
kind, sort	نَوْعٌ ، أنواعٌ ؛ نَوْعيّةٌ ، ــاتٌ
kind: to be so ~ as to	تفضّل بـ ؛ تكرّم بـ
king	مَلِكٌ ، ملوكٌ

kitchen	مَطْبَخٌ ، مطابخُ
knife	سكّينٌ (m./f.) ، سكاكينُ
knock: to ~	طرَق ، يطرُق ه ، طَرْقٌ
know: to ~	عرَف ، يعرِف ه ، مَعْرِفةٌ ؛
	علَم ، يعلَم ه ، عِلْمٌ ؛
	درى ، يدري ه ، دِرايةٌ
knowledge	عِلْمٌ ؛ مَعْرِفةٌ ، معارفُ
Kuwait	الكويتُ

L

lady	سَيِّدةٌ ، ــاتٌ
lake	بُحَيْرةٌ ، ــاتٌ
lame	أعرجُ ، عَرْجاءُ ، عُرْجٌ
lamp	مِصْباحٌ ، مصابيحُ
land	بَلَدٌ ، بلادٌ
landlord	صاحبُ بيتٍ
language	لُغةٌ ، ــات
lantern	فانوسٌ ، فوانيسُ
large	كبيرٌ ، كِبارٌ
last	أخيرٌ
at ~	أخيراً
last: to ~	استغرق ؛ دام ، يدوم ، دَوامٌ
late: to be ~	تأخّر
laugh: to ~	ضحِك ، يضحَك ، ضِحْكٌ
launched: to be ~	انطلق
law	قانونٌ ، قوانينُ
laziness	كَسَلٌ
lead	رَصاصٌ (c.)
lead: to ~	قاد ، يقود ه ، قيادةٌ
to ~ to	أدّى ، يؤدي إلى
leadership	قِيادةٌ ، ــاتٌ
leading	قِياديٌّ
learn: to ~	تعلّم ه
to ~ about	اطّلع على
leave	إجازةٌ ، ــاتٌ
leave: to ~	ترَك ، يترُك ه ، تركٌ ؛
	غادر ه ؛ خرَج ، يخرُج (منْ)
to take ~	ودّع ه
leaving	مغادَرةٌ
Lebanese	لُبْنانيٌّ
Lebanon	لُبْنانُ
lecture	مُحاضَرةٌ ، ــاتٌ
left (direction)	يَسارٌ
to be ~ over	بقِي ، يبقى ، بَقيّةٌ
legacy	تُراثٌ
legal	قانونيٌّ
legend	أسطورةٌ ، أساطيرُ
lemon	لَيْمونٌ (c.)
length	طولٌ
lesson	دَرْسٌ ، دروسُ
let: to ~	ودع ، يدَع ، وَدْعٌ
let's ...	لِـ
letter	خطابٌ ، ــاتٌ ؛ رِسالةٌ ، رَسائلُ ؛
	حَرْفٌ ، حروفٌ (alphabet)
level	مُسْتَوًى ، مستوياتٌ ؛ دَرَجةٌ ، ــاتٌ
liberate: to ~	حرّر ه
liberation	تحريرٌ
librarian	أمينُ ، أُمَناءُ مَكْتَبةٍ
library	مَكْتَبَةٌ ، ــاتٌ
National ~ of Egypt	دارُ الكُتُبِ
Libya	ليبْيا
Libyan	ليبيٌّ
licence (acad.)	ليسانْس

license رُخْصةٌ ، رُخَصٌ
driver's ~ رُخْصةُ قيادة
lie: to ~ to كذَب ، يكذِب على ، كِذْبٌ
to ~ down رقَد ، يرقُد ، رقودٌ ؛ استلقى ، يستلقي
life حَياةٌ
lifetime عُمْرٌ ، أعمارٌ
light نور ، أنْوار ؛ ضَوْءٌ ، أضْواءٌ
light (not heavy) خفيفٌ
lighting إضاءةٌ
like كَـ ؛ مِثْلَ
like: to ~ أحبَّ ، يحبّه ، حبٌّ ؛ هوي ، يهوى ، هوًى
likely: most ~ غالباً
limited مَحْدودٌ
link رابطٌ ، روابطُ
literature آدابٌ (pl.)
little صغيرٌ ، صِغارٌ
live: to ~ عاش ، يعيش ، عيشةٌ ؛ حَيّ ، يحيا ، حَياةٌ
living (life) مَعيشةٌ
~ (alive) حَيٌّ ، أحياءٌ
local مَحلّيٌّ
location مَوْقِعٌ ، مواقعُ
logic مَنْطِقٌ
logical مَنْطِقيٌّ
London لَنْدَن
long طويلٌ ، طوالٌ
~ ago طويلاً
as ~ as طالَما
so ~ as ... not ما لَمْ
look(s) مَظْهَرٌ ، مظاهرُ
look: to ~ at نظر ، ينظُر إلى ، نَظَرٌ
loot: to ~ سلَب ، يسلُب ه ، سَلْبٌ
Lord: the ~ الرَبٌّ
lose: to ~ فقَد ، يفقِد ه ، فَقْدٌ / فقْدانٌ
to ~ one's way ضاع ، يضيع ، ضَياعٌ ؛ ضلّ ، يضِلّ ه / عن ، ضَلالٌ
love حُبٌّ ؛ مَحَبّةٌ ؛ غَرامٌ
to ~ أحبّ ، يحبّ ه ، حُبٌّ
loyal أمينٌ ، أمناءُ ؛ مُخْلِصٌ
to be ~ to أخلص لـ
loyalty إخلاصٌ
lunch غَداءٌ ، أغْدِيَةٌ
Luxor الأقصر
luxurious فاخرٌ
lying (down) راقِدٌ ، ـون

M

Madrid مدريد
magazine مَجلّةٌ ، ـاتٌ
magnanimity رَحْبةٌ ، رِحابٌ
mail بريدٌ
mailbox صُنْدوقُ ، صناديقُ بريدٍ
main رئيسيٌّ
major part of مُعْظَمُ ...
man رَجُلٌ ، رِجالٌ
young ~ فَتىً ، فِتْيانٌ
manage: to ~ to استطاع ، يستطيع ه
management إدارةُ أعمالٍ
mankind بَشَرِيّةٌ
manner نَمَطٌ ، أنماطٌ
many كثيرٌ ، ـون ؛ عديدٌ ، ـون

March	مارِس
market	سوقٌ (.f)، أسواقٌ
marketing	تسويقٌ
marriage	زَواجٌ
married	مُتزوِّجٌ ، ـون
to get ~	تزوّج
martyr	شهيدٌ ، شُهداءُ
marvellous	رائعٌ
master	رَبٌّ ، أربابٌ
master: to ~	أجاد ه ؛ أحسن ه
mastery	إجادةٌ
match (sports)	مُباراةٌ ، مُبارَياتٌ
material	عينيٌّ
materialistic	مادّيٌّ
matter	أمرٌ ، أمورٌ ؛ شأنٌ ، شؤونٌ
maximum	أعظمُ ، عُظْمى
May	مايو
maybe	رُبَّما
meal	وَجْبةٌ ، ـاتٌ
mean: it ~s	يعني
meaning	مَعْنًى ، معانٍ
means: by ~ of	بـ ؛ عن طريقِ ...
measure	إجراءٌ ، ـاتٌ
to take ~s	اتّخذ إجْراءاتٍ
meat	لَحْمٌ ، لحومٌ
Mecca	مَكّةُ
media	إعلامٌ
medical	طِبّيٌّ
medicine	دَواءٌ ، أدْوِيَةٌ
medicine (medical science)	طِبٌّ
Medina	المدينة
medium	مُتَوَسِّطٌ ، ـون
meet: to ~	التقى ، يلتقي بـ ؛ قابل ه
to ~ (each other)	تقابل
meeting	اجتماعٌ ، ـاتٌ
meeting place	مُلْتَقًى ، ملتقياتٌ
membership	عُضْوِيّةٌ ، ـاتٌ
memoirs	مُذكِّراتٌ (.pl)
memory	ذِكْرى ، ذِكْرَياتٌ
mental	فِكْريٌّ
mention: to ~	ذكَر ، يذكُر ه ، ذِكْرٌ
merchandise	بِضاعةٌ ، بضائعُ
merchant	تاجرٌ ، تجّارٌ
mercy: to have ~ upon	رحم ، يرحَم ه ، رَحْمةٌ
~ upon him!	رحمهُ الله
merely	مُجَرَّدُ ...
message	رِسالةٌ ، رَسائلُ
meteorological observation	الأرصادُ الجوّيّةُ
meter (taxi)	عدّادٌ ، ـاتٌ
method	طريقةٌ ، طُرُقٌ
microbus	مَيْكروباس
middle	وَسَطٌ
middle (waist)	خَصْرٌ ، خصورٌ
milk	حليبٌ ؛ لَبَنٌ ، ألبانٌ
million	مِلْيونٌ ، ملايينُ
minimum	أصغرُ ، صغرى
minister	وزيرٌ ، وزراءُ
ministry	وِزارةٌ ، ـاتٌ
~ of foreign affairs	وِزارةُ الخارجيّة
~ of interior	وِزارةُ الداخِليّة
minute	دقيقةٌ ، دقائقُ
mirror	مِرْآةٌ ، مرايا
misery	بؤسٌ

misfortune	مِحْنَةٌ ، مِحَنٌ
mission	بَعْثَةٌ ، ـات ٌ
mister	أُستاذٌ ، أساتذةٌ
model	نَموذَجٌ ، نماذجُ
moderate	مُعْتَدِلٌ
moderation	اعتدالٌ
modern	حديثٌ
mom	ماما
moment	لَحْظَةٌ ، ـاتٌ
Monday	يوم الاثنين
money	مالٌ ، أموالٌ ؛ نَقْدٌ ، نقودٌ
monkey	قِرْدٌ ، قرودٌ
mountainous	جَبَليٌّ
month	شَهْرٌ ، شهورٌ / أشهرُ
moon	قَمَرٌ ، أقمارٌ
more: once ~	مرّةً أخرى
morning	صَباحٌ
in the ~	صباحاً
Moroccan	مغربيٌّ ، مَغارِبةٌ
Morocco	المَغْرِبُ
Moscow	موسكو
mosque	مَسْجِدٌ ، مساجدُ ؛ جامعٌ ، جوامعُ
most	مُعْظَمُ ...
mother	أُمٌ ، أمّهاتٌ ؛ والِدةٌ ، ـاتٌ
mountain	جَبَلٌ ، جبالٌ
mount: to ~	رِكب ، يركَب ه ، ركوبٌ
move: to ~	سار ، يسير ، سَيْرٌ
to ~ to	انتقل إلى
movement	حَرَكةٌ ، ـاتٌ
movies	سينما ، ـهات
Mr.	سيِّدٌ ، سادةٌ / أسيادٌ
Mrs.	سَيِّدةٌ ، ـاتٌ
multiple	مُتَعَدِّدٌ
museum	مَتْحَفٌ ، متاحفُ
music	موسيقَى
musical	موسيقيٌّ
Muslim	مُسْلِمٌ ، ـون
must	يجِب على ؛ لا بُدَّ أنْ

N

name	اسمٌ ، أسماءٌ
to ~	سمّى ، يسمّي ه
narrow	ضَيِّقٌ
nation	أُمّةٌ ، أُمَمٌ
national	قَوْميٌّ ؛ وَطَنيٌّ
nationality	جِنْسيّةٌ ، ـاتٌ
nationalization	تأميمٌ
natural	طبيعيٌّ
nature	طبيعةٌ
near	قريبٌ (من)
~ (prep.)	عِنْدَ
necessary	ضروريٌّ
to be ~	لزِم ، يلزَم ، لزومٌ ؛ وجب ، يجِب على ، وجوبٌ
neck: back of the ~	قَفاً ، أقفاءٌ
need	حاجةٌ ، ـاتٌ
to ~	احتاج إلى
needy	مُحْتاجٌ ، ـون
neglect: to ~	أهمل ه
negligence	إهمالٌ
neighbor	جارٌ ، جيرانٌ (m.) ؛
~	جارةٌ ، ـاتٌ (f.)
nerve	عَصَبٌ ، أعصابٌ

net (sum)	صافياً
Netherlands	هولندا
nevertheless	غيرَ أنّ (conj.) ؛
	مع ذلكَ (adv.)
new	جديدٌ ، جددٌ
news	خَبَرٌ ، أخبارٌ
~ item	نَبَأٌ ، أنباءٌ
~cast	نَشْرَةُ الأخبارِ
newspaper	جريدةٌ ، جرائدُ ؛
	صحيفةٌ ، صُحُفٌ
New York	نيويورك
next	تالٍ
~ to	بجانبِ ...
nice	لطيفٌ ، لِطافٌ
Nile	النيلُ
no	لا
noble	نبيلٌ ، نُبَلاءُ ؛ كريمٌ ، كِرامٌ
nobody	لا أحَدَ
noise	ضجيجٌ
non-existence	عَدَمٌ
noon	ظُهْرٌ ، ظهورُ
at ~	ظُهْراً
norm	معْيارٌ ، معاييرُ
north	شَمالٌ
northern	شَماليٌّ
note	ملحوظةٌ ، ـاتٌ
nothing	لا شَيْءَ
notice: to ~	لاحظ ه
noticeable	مَلْحوظٌ
notify: to ~ of	أبلغ بـ
notifying	إخبارٌ
~ of	إبلاغٌ بـ

notion	مَفْهومٌ ، مفاهيمُ
November	نوفمبر
now	الآنَ
number	رَقْمٌ ، أرقامٌ ؛ عَدَدٌ ، أعدادٌ
a great ~ of	عديدٌ / العديدُ من
numerous	عديدٌ ، ـون ؛ عِدَّةُ ...

O

oasis	واحةٌ ، ـاتٌ
oath	يمينٌ (f.) ، أيمنٌ
object: to ~ (to)	اعترض (على)
objection	اعتراضٌ
observance of	مُراعاةٌ
observation	رَصَدٌ ، أرصادٌ
observe: to ~	اتّبع ه
obstruct: to ~	عرقل ه
obtain: to ~	حصَل ، يحصُل على ، حُصولٌ
having ~ed	حاصلٌ ، ـون على
occasion	مُناسَبَةٌ ، ـاتٌ
on the ~ of	بمُناسَبَة ...
occupation (concern)	مَشْغَلَةٌ ، مشاغلُ
occupy: to ~	احتلّ ه
occur: to ~	جرى ، يجري ، مَجْرًى
October	أكتوبر
of	مِنْ ؛ عَنْ
offering	قُربانٌ ، قرابينُ
office	مَكْتَبٌ ، مكاتبُ
officer	ضابِطٌ ، ضُبّاطٌ
official	رسميٌّ
often	كثيراً
old	كبيرٌ في السِنِّ

~ woman	عَجوزٌ ، عجائزُ
~er man	شَيْخٌ ، شيوخٌ
to become ~er	كَبَر ، يكبُر ، كَبْرٌ
olives	زَيْتونٌ (c.)
on	على ؛ فَوْقَ
once	مَرّةً
~ (one day)	ذاتَ يَوْمٍ
one	أحَدٌ ، إحْدى
only	فَقَطْ
open: to ~	فتَح ، يفتَح ه ، فَتْحٌ
operation	عَمَلِيّةٌ ، ـاتٌ
opinion	رأيٌ ، آراءٌ
opportunity	فُرْصةٌ ، فُرَصٌ
to give the ~	أتاح الفرصةَ لـ
opposite (reverse)	عَكْسٌ
~ (to)	مُقابِلٌ لـ
or	أوْ ؛ أَمْ
opposition	معارَضةٌ
orange (color)	بُرْتُقاليٌّ
oranges	بُرْتُقالٌ (c.)
order (request)	طَلَبٌ ، ـاتٌ
~ (system)	نِظامٌ ، أنْظِمةٌ
in ~ to	لـ ؛ حتّى
to ~ to	أمَر ، يأمُر بـ ، أمْرٌ
ordinary	عاديٌّ
organization	مؤسَّسةٌ ، ـاتٌ
organize: to ~	سوّى ، يسوّي ه ؛ نظّم ه ؛ عقَد ، يعقِد ه ، عَقْدٌ
organizing	تنظيمٌ
origin	أصلٌ ، أصولٌ
other	آخرُ (m.) ، أُخْرى (f.)
~ than	غَيْرُ ...
ought: he ~ to	ينبغي أنْ ؛ عليه أنْ
outdistance: to ~	سبَق ، يسبُق ه ، سَبْقٌ
outside of	خارِجٌ عن
over	عَنْ
overcrowded	مُزْدَحِمٌ
owner of	صاحِبٌ ، أصحابٌ

P

P.O. Box	ص.ب. = صُندوق بريد
page	صَفْحةٌ ، ـاتٌ
pain	ألَمٌ ، آلامٌ
painful	مؤلِمٌ
palace	قَصْرٌ ، قصورٌ
Palestine	فِلَسْطينُ
Palestinian	فِلَسْطينيٌّ
palm trees	نَخْلٌ (c.) ، نخيلٌ
pane	لَوْحةٌ ، ـاتٌ
paper	وَرَقٌ (c.) ، أوراقٌ
parallel to	مُوازٍ لـ
pardon!	عَفْواً
parents (both)	والِدانِ ؛ أبَوانِ
Paris	باريس
park (recreation)	مُنْتَزَهٌ ، ـاتٌ
parking lot	مَوْقِفُ ، مواقفُ سيّاراتٍ
parliament	مَجْلِسٌ شعبيٌّ
part of	بَعْضُ ...
on the ~ of (from; by)	مِن قِبَلِ
participate: to ~ in	اشترك في
party	حَفْلٌ / حَفْلةٌ ، ـاتٌ
pass: to ~	فات ، يفوت ، فواتٌ ؛ مضى ، يمضي ، مُضِيٌّ ؛

انقضى ، ينقضي

to ~ (by) مرّ ، يمُرّ (بـ / على) ، مرورٌ

to ~ away تُوُفِّيَ

passenger راكِبٌ ، رُكّابٌ

passer-by مارٌّ ، مارّةٌ

password كَلِمةُ المرورِ

past ماضٍ

patience صَبْرٌ

patient مَريضٌ ، مَرْضى

pay: to ~ دفَع ، يدفَع ة ، دَفْعٌ

pearls لؤلؤٌ (c.)

peculiarity ميزةٌ ، ـاتٌ

pedagogic تربويٌّ

pedestrian ماشٍ ، مُشاةٌ

pen قَلَمٌ ، أقلامٌ

people أُناسٌ (pl.) ؛ ناسٌ (pl.)

perceptible حِسّيٌّ

perfect كامِلٌ ، ـون

perfection كَمالٌ

performance أداءٌ ؛ عَمَلٌ

perhaps acc. + لَعَلَّ ; imperfect + قَدْ

period عَصْرٌ ، عصورٌ ؛ فَتْرةٌ ، ـاتٌ ؛ مُدّةٌ ، مُدَدٌ

in this ~ في هذه الأثناءِ

permission إذْنٌ ، أُذونٌ ؛ سماحٌ

permit رُخْصةٌ ؛ رُخَصٌ

driving ~ رُخْصةُ قيادةٍ

person شَخْصٌ ، أشخاصٌ

~ in charge مَسْؤولٌ ، ـون

deceased ~ فقيدٌ ، ـ ون

personal شَخْصيٌّ

personality شخصيّةٌ ، ـاتٌ

pertaining to خاصٌّ بـ ؛ تابِعٌ لـ ؛ مُخَصَّصٌ لـ

petrol بِتْرول

phenomenon ظاهرةٌ ، ظواهرُ

philosophy فَلْسَفةٌ

photo صورةٌ ، صورٌ

physical (exercise) بَدَنيٌّ

physician طبيبٌ ، أطبّاءُ

piaster قِرْشٌ ، قروشٌ

pick: to ~ (flowers) قطَف ، يقطُف ه ، قَطْفٌ

picture صورةٌ ، صُوَرٌ ؛ لَوْحةٌ ، ـاتٌ

piece قِطْعةٌ ، قِطَعٌ

pill قُرْصٌ ، أقراصٌ

pilot طيّارٌ ، ـون

PIN code رَقَمُ التعريفِ

pious مُتَدَيِّنٌ ، ـون

place مَكانٌ ، أماكنُ

to ~ وضع ، يضَع ه ، وَضْعٌ

to take ~ طرَأ ، يطرَأ ، طروءٌ

plant: to ~ زرَع ، يزرَع ه ، زَرْعٌ / زِراعةٌ

plants زَرْعٌ (c.) ، زروعٌ

plate طَبَقٌ ، أطباقٌ

play: to ~ لعب ، يلعَب (ه) ، لَعِبٌ

pleasant مُمْتِعٌ

please! لوْ سَمَحْتَ

please: to ~ أعجب ه

pleased مَبْسوطٌ ، ـون

pleasure سرورٌ ؛ طَرَبٌ

with ~ بكلِّ سرورٍ

point نُقْطةٌ ، نُقَطٌ / نِقاطٌ

to ~ out أشار إلى

poisonous سامٌّ
police بوليس ؛ شُرْطةٌ
~ men رِجالُ الشرطة
~ station قِسْمٌ ، أقْسامٌ ؛ مَكتبُ الشرطة
~ Investigations Dpt. المَباحثُ (pl.)
policy سِياسةٌ ، ـاتٌ
political سِياسيٌّ
politics سِياسةٌ
pollution تلوُّثٌ
poor فقيرٌ ، فُقَراءُ
pope بابا
Port Said بور سعيد
position (attitude) مَوْقِفٌ ، مواقفُ من
~ (function) وظيفةٌ ، وظائفُ ؛ مَرْكَزٌ ، مراكزُ
possession حَوْزةٌ
possibility إمكانيةٌ ، ـاتٌ
possible: to be ~ أمكن ه
postage stamp طابعٌ ، طوابعُ بريدٍ
poverty فَقْرٌ
power قُوَّةٌ ، قُوًى
practical عَمَليٌّ
practice: to ~ مارس ه ؛ باشر ه
to ~ (sth) تمرّن (على)
to ~ professionally احترف ه
praise: to ~ حمد ، يحمَد ه ، حَمْدٌ
pray: to ~ صلّى ، يصلّي
prayer صَلاةٌ ، صَلَواتٌ
precise دقيقٌ
precisely تماماً
~ at (hour) في تمامِ ...

predominate: to ~ سيطر ، يسيطر على ، سَيْطَرَةٌ
prefer: to ~ فضّل ه
preparation إعدادٌ
prepare: to ~ حضّر ه ؛ أعدّ ه
prepared جاهزٌ
prescribe: to ~ وصف ، يصف ه ، وَصْفٌ
prescription وَصْفةٌ ، ـاتٌ
prescriptions إرشاداتٌ (pl.)
presence حُضورٌ ؛ وجودٌ
present مَوْجودٌ ، ـون ؛ حاضرٌ ، ـون
present (gift) هَديّةٌ ، هَدايا
present: to ~ قدّم ه ؛ تقدّم بـ
to ~ to عرَض ، يعرِض ه على ، عَرْضٌ
presentation عَرْضٌ
president رئيسٌ ، رؤساءُ
press: to ~ ضغَط ، يضغَط على ، ضَغْطٌ
pretend: to ~ ادّعى ه
prevail: to ~ ساد ، يسود ، سِيادةٌ ؛ عمّ ، يعُمّ ، عمومٌ
previous سابقٌ
previously سابقًا ؛ من قَبْلُ
price ثَمَنٌ ، أثمانٌ ؛ سِعْرٌ ، أسعارٌ
principle مَبْدأٌ ، مبادئُ
principles أصولٌ (pl.)
printed مَطْبوعٌ
private خاصٌّ
problem مُشْكِلةٌ ، مشاكلُ
produce: to ~ أنتج ه
production إنتاجٌ
productive إنتاجيٌّ
products مُنْتَجاتٌ (pl.)

professor	أُستاذٌ ، أساتذةٌ
profound	عميقٌ
program	برنامَجٌ ، برامجُ
progress	تقدُّمٌ
to ~	تقدّم
prohibition	حَظْرٌ
project	مَشْروعٌ ، ـاتٌ / مشاريعُ
prominent	بارزٌ
promise	وَعْدٌ ، وعودٌ
to ~ (sth to sb)	وعد ، يعِد ه بـ ، وَعْدٌ
promptly	على الفورِ
proper	لائقٌ
proposal	اقتراحٌ ، ـاتٌ
proposed	مُقْتَرَحٌ
prosecutor: public ~'s office	نِيابةٌ
protection of	مُحافَظةٌ على
protest: to ~ (against)	اعترض (على)
prove: to ~	دَلّ ، يدُلّ على ، دَلالةٌ / دِلالةٌ
proverb	مَثَلٌ ، أمثالٌ
provide: to ~ (sth to sb)	وفّر ه لـ
province	مُحافَظةٌ ، ـاتٌ ؛ وِلايةٌ ، ـاتٌ
proximity	قُرْبٌ
Ptolemies	البطالسةُ
public (n.)	جُمْهورٌ ، جماهيرُ
public (adj.)	عامٌّ
pull: to ~ out	سحَب ، يسحَب ه ، سَحْبٌ
pupil	تِلْميذٌ ، تلاميذُ
pursue: to ~	تابَع ه
pursuit	مُطارَدةٌ ، ـاتٌ
push: to ~	دفَع ، يدفَع ة ، دَفْعٌ
put: to ~	وضع ، يضَع ه ، وَضْعٌ
to ~ on (clothes)	ارتدى ، يرتدي ه
~ting on (clothes)	ارتداءٌ
pyramid	هَرَمٌ ، أهرامٌ

Q

quake: to ~	تزلزل
qualification	مؤهَّلٌ ، ـاتٌ
quality	صفةٌ ، ـاتٌ
quantity	كَمِّيّةٌ ، ـاتٌ
quarrel	نِزاعٌ ، ـاتٌ ؛ مُشادّةٌ ، ـاتٌ
to ~ (with each other)	تشاجر
quarter	حيٌّ ، أحياءٌ
quasi-	بِشِبْه ...
queen	مَلِكةٌ ، ـاتٌ
query	تساؤلاتٌ (pl.)
question	سؤالٌ ، أسئلةٌ
~ (topic)	مَسْألةٌ ، مسائلُ
~ particle	هلْ
quick	سريعٌ
quiet (adj.)	هادئٌ
quiet (n.)	هدوءٌ
Qur'an	القُرآنُ
Qur'an reader	مُقْرئٌ ، مقرؤون

R

radiate: to ~	أشرق
railway	السِكّةُ الحديدُ ؛ السكّةُ الحديديّةُ
~ station	مَحَطّةُ السكّة الحديدِ
rain	مَطَرٌ ، أمطارٌ
rainfall: heavy ~	هطولُ الأمطارِ
raise: to ~ (children)	ربّى ، يربّي ه

Ramadan	رَمَضانُ
Ramses	رمسيس
range	مَدًى
rare	نادرٌ
rather	بَعْضَ الشَيْءِ
read: to ~	قرَأ ، يقرَأ ه ، قِراءةٌ
reader	قارئٌ ، قُرّاءُ
readiness	استعدادٌ (لـ)
reading	قِراءةٌ
ready (to)	جاهزٌ ؛ مُسْتَعِدٌّ ، ـون (لـ)
to get ~ (to)	استعدّ (لـ)
realize: to ~	حقّق ه
to be ~d	تحقّق
rear side	خَلْفٌ
reason (cause)	سَبَبٌ ، أسبابٌ
reasonable	معقولٌ
reassurance	اطْمِئْنانٌ
reassured	مُطْمَئِنٌّ ، ـون
to feel ~ on	اطْمَأنّ ، يطْمَئِنّ على ، اطْمِئْنانٌ
receipt	إيصالٌ ، ـاتٌ
receive: to ~	استلم ه ؛ تسلّم ه ؛ تلقّى ه
to be ~ed	ورد ، يرِد ، ورودٌ
recipe	وَصْفةٌ ، ـاتٌ
recommendation	توصيةٌ ، ـاتٌ
reconciliation	صُلْحٌ
recording	تسجيلٌ ، ـاتٌ
recover: to ~ (sth.)	أستردّ ه
red	أحمرُ ، حَمْراءُ ، حُمْرٌ
to become ~	احمرّ
reduce: to ~	قلّل من
reformer	مُصْلِحٌ ، ـون

refreshing	مُنْعِشٌ
refuse: to ~	رفَض ، يرفُض ه ، رَفْضٌ
regard: with ~ to	تُجاهَ / تجاهَ
regarding	من حيثُ
region	مَنْطَقةٌ ، مناطقُ ؛ إقليمٌ ، أقاليمُ
registered	مُسَجَّلٌ
registration	تسجيلٌ ، ـاتٌ
regret	أسَفٌ
regulate: to ~	ضبَط ، يضبُط ه ، ضَبْطٌ
regulative	تنظيميٌّ
reign	عَهْدٌ ، عهودٌ
rejoice: to ~ (at)	فرِح ، يفرَح بـ ، فَرَحٌ
related to	مُتعلِّقٌ بـ
relation(ship)	عَلاقةٌ ، ـاتٌ
relative (family)	قريبٌ ، أقاربُ
relatively	نِسْبيًّا
remain: to ~	بَقِيَ ، يبقى ، بقاءٌ
remainder	بقيّةٌ ، بقايا ؛ باقٍ ، بواقٍ
remark	مَلْحوظةٌ ، ـاتٌ
remarkable	مَلْحوظٌ
remember: to ~	تذكّر ه
remoteness	بُعْدٌ
renew: to ~	جدّد ه
renewal	تجديدٌ
renovation	تجديدٌ
rent	إيجارٌ ، ـاتٌ
repeat: to ~	أعاد ه ؛ كرّر ه
repeatedly	مِراراً
report: to ~	روى ، يروي ه ، رِوايةٌ
represent: to ~	مثّل ه
republic	جمهوريّةٌ ، ـاتٌ
request	طَلَبٌ ، ـاتٌ

to ~	طلَب ، يطلُب ه ، طَلَبٌ ؛ رجا ، يرجو ه ، رَجاءٌ
required	مَطْلوبٌ
requiring	مُحْتاجٌ إلى
reside: to ~ in	أقام ، يقيم بـ / في
residence	إقامةٌ ، ـاتٌ
resist: to ~	قاوم ه
respect	احترامٌ
to ~	احترم ه
with ~ to	تُجاهَ / تِجاهَ
respected	مُحتَرَمٌ ، ـون
responsibility	مَسْؤوليّةٌ ، ـاتٌ
responsible	مَسْؤولٌ ، ـون
rest: to ~	أستراح ، يستريح
to put one's mind at ~ about	اطْمَأنّ ، يطْمَئِنّ على ، اطْمِئْنانٌ
restaurant	مَطْعَمٌ ، مطاعمُ
return	عَوْدةٌ
to ~ (to)	عاد ، يعود (إلى) ، عَوْدةٌ ؛ رجَع ، يرجِع (إلى) ، رجوعٌ
revenge (on)	انتقامٌ (من)
to take ~ (on)	انتقم (من)
revenue	دَخْلٌ ، دخولٌ
reverse	عَكْسٌ
revival	انتعاشةٌ ، ـاتٌ
rich	غنيٌّ ، أغْنِياءُ
rid: to get ~ of	تخلّص من
right	حَقٌّ ، حقوقٌ
~ (direction)	يمينٌ
rise: to ~	طلَع ، يطلَع ، طلوعٌ
risk	مُخاطَرةٌ
river	نَهرٌ ، أنهارٌ
riverbank	ضفّةٌ ، ضِفافٌ
road	سكّةٌ ، سِكَكٌ ؛ طريقٌ ، طُرُقٌ
roast: to ~	شوى ، يشوي ه ، شوي
rob: to ~	سلَب ، يسلُب ه ، سَلْبٌ
robber	لصٌّ ، لصوصٌ
robe-like garment	جُلْبابٌ ، جلاليبُ
role	دَوْرٌ ، أدوارٌ ؛ وظيفةٌ ، وظائفُ
to play a ~ in	لعِب دَوْراً في
Rome	روما
room	حُجرةٌ ، ـاتٌ ؛ صالةٌ ، ـاتٌ ؛ غُرْفةٌ ، غُرَفٌ
rooster	ديكٌ ، ديوكٌ
row (line)	صَفٌّ ، صفوفٌ
~ (struggle)	مُشادّةٌ ، ـاتٌ
rule	قاعدةٌ ، قواعدُ
basic ~s	أصولٌ (pl.)
run: to ~	جرى ، يجري ، جَرْيٌ
to ~ up to	بلَغ ، يبلُغ ه ، بلوغٌ
rush: to ~ to	أسرع إلى
Russia	روسيا

S

sacrifice	قُربانٌ ، قرابينُ
safe	سالِمٌ ، ـون
to be ~	سلِم ، يسلَم ، سَلامةٌ
safety	سَلامةٌ ؛ أمانٌ
salad	سَلاطةٌ ، ـاتٌ
salary	مُرتَّبٌ ، ـاتٌ ؛ راتِبٌ ، رواتبُ
salt	مِلْحٌ
sample	نَموذَجٌ ، نماذجُ
Sanaa	صَنْعاء

satellite قَمَرٌ صناعيٌّ
~ station قَناةٌ ، قَنواتٌ فَضائيّةٌ
Saturday يوم السَبْت
Saudi Arabia المملكةُ العربيّةُ السعوديّةُ
save: to ~ (money) ادّخَر ه
to ~ (sb) أنقذ ه
saving توفيرٌ
say: to ~ قال ، يقول ه ، قولٌ
scarab جعْرانُ
scarcity قِلّةٌ
scattered: to be ~ تبعثر
scheduling توقيتٌ ، ـاتٌ
scholar عالِمٌ ، علماءُ
scholarship مِنْحةٌ ، مِنَحٌ
scholastic مدرسيٌّ
school مَدْرَسةٌ ، مدارسُ
primary ~ مدرسةٌ ابتدائيّةٌ
secondary ~ مدرسةٌ ثانويّةٌ
~ uniform زيُّ المدارسِ المُوَحَّدُ
science عِلْمٌ ، علومٌ
scientific عِلْميٌّ
scissors: pair of ~ مِقَصٌّ ، مَقاصٌّ
scope نِطاقٌ
scream: to ~ صاح ، يصيح ، صيحٌ / صياحٌ
to ~ (at) صرَخ ، يصرُخ (في) ، صُراخٌ
sea بحرٌ ، بحورٌ
seal ring خاتمٌ ، خواتمُ
seamstress خيّاطةٌ ، ـاتٌ
search: to ~ فتّش على
to ~ for بحَث ، يبحَث عن ، بحثٌ
season مَوْسِمٌ ، مواسمُ ؛ فَصْلٌ ، فصولٌ
seat belt حِزامُ ، أحزمةُ الأمانِ

section فَقْرةٌ ، ـاتٌ
see: to ~ رأى ، يرى ه ، رؤيةٌ
seize: to ~ ضبَط ، يضبُط ه ، ضَبْطٌ ؛ أمسك بـ
to ~ the opportunity انتهز الفرصةَ
~d objects مَضْبوطاتٌ (.pl)
selection مُقْتَطَفٌ ، ـاتٌ
sell: to ~ باع ، يبيع ه ، بيعٌ
seller بائعٌ ، باعةٌ
semi- شِبْهُ ...
send to ~ to بعَث ، يبعَث ه إلى ، بعثٌ ؛ أرسل ه
to ~ away طرَد ، يطرُد ه ، طَرْدٌ
sending إرسالٌ
sentiment وِجْدانٌ
September سبتمبر
series مُسَلْسَلٌ ، ـاتٌ
service خِدمةٌ ، ـاتٌ
sesame سِمْسِمٌ
set مَجْموعةٌ ، ـاتٌ
to ~ up أقام ه
settlement تسويةٌ
severe شديدٌ ، أشدّاءُ
shake: to ~ اهتزّ
shaking اهتزازٌ ، ـاتٌ
shape شَكْلٌ ، أشكالٌ
share: to ~ with شاطر ه ه
sharp حادٌّ ؛ قاطعٌ
she هِيَ
shine: to ~ (sun) أشرق
shining (sun) ساطِعٌ
ship سفينةٌ ، سُفُنٌ ؛ مَرْكَبٌ ، مراكِبُ

shop	مَحَلٌّ ، ـاتٌ ؛ دُكّانٌ ، دكاكينُ
~keeper	تاجرٌ ، تُجّارٌ
shore	شاطئٌ ، شواطئُ
short	قصيرٌ ، قصارٌ
~-circuit	ماسٌّ كَهْرَبائيٌّ
shoulder	كَتِفٌ (.f) ، أكتافٌ
shout: to ~	صاح ، يصيح ، صيحٌ / صياحٌ
to ~ (at)	صرَخ ، يصرُخ (في) ، صُراخٌ
show	عَرْضٌ ، عروضٌ
to ~	أرى ، يري ه ه
to ~ up	حضَر ، يحضُر ، حُضورٌ
~room	صالةُ عرضٍ
shut: to ~	أغلق ه
sick	مَريضٌ
to become ~	مرض ، يمرَض ، مَرَضٌ
side	جهةٌ ، ـاتٌ ؛ جانِبٌ ، جوانبُ
sights (touristic)	مَعالمُ (.pl)
sign (token)	عَلامةٌ ، ـاتٌ
~ (indication)	إشارةٌ ، ـاتٌ
~ (symptom)	بادرةٌ ، بوادرُ
silence	هدوءٌ
similar to (semi-)	شِبْهُ ...
simple	بسيطٌ ، بسطاءُ
since	مُنْذُ
sincere	مُخْلِصٌ ، ـون ؛ خالِصُ ...
sincerity	صِدْقٌ
sing: to ~	غنّى ، يغنّي (ه)
singing	غناءٌ
single	فَرْديٌّ
Sir	سَيِّدٌ ، أسيادٌ / سادةٌ ؛ أُستاذٌ ، أساتذةٌ
sister	أخْتٌ ، أخَواتٌ
sit: to ~ down	جلَس ، يجلِس ، جلوسٌ

site	مَوْقِعٌ ، مواقعُ ؛ مَقَرٌّ ، مَقارُّ
situated: to be ~	وقع ، يقَع ، وقوعٌ
situation	حالٌ ، أحوالٌ ؛ مَوْقِفٌ ، مواقفُ ؛ ظَرْفٌ ، ظروفٌ
size	حَجْمٌ ، أحجامٌ
skinny	هزيلٌ ، هَزْلى
skirt	فُسْتانٌ ، فساتينُ
sky	سَماءٌ ، سماواتٌ
slack	مُرْتَخٍ
sleep	نَوْمٌ
to ~	نام ، ينام ، نَوْمٌ
sleeping	نائمٌ ، ـون
slow	بطيءٌ ، ـون
to ~ down	هدّأ السرعةَ
slowly	ببُطْءٍ
slowness	بُطْءٌ
small	صغيرٌ ، صِغارٌ
smell	رائحةٌ ، روائحُ
to ~	شَمّ ، يشُمّ ه ، شَمٌّ
smile: to ~	ابتسم
smiling	ابتسامٌ
smoke	دُخّانٌ
smoker	مُدخِّنٌ ، ـون
smoking	تدخينٌ
snow	ثلجٌ ، ثلوجٌ
so	فَـ (.conj) ؛ هكذا (.adv) ؛ كذا (.adv)
so that	بحَيْثُ ؛ لِـ ؛ كَيْ ؛ لِكَيْ
soap opera	مُسَلْسَلٌ ، ـاتٌ
social character	ثقافةٌ اجتماعيّةٌ
society	مُجْتَمَعٌ ، ـاتٌ
sold	مُباعٌ
solution	حَلٌّ ، حلولٌ

solve: to ~	حلّ ، يحُلّ ه ، حلٌّ
some	بَعْضُ ...
somebody	أحَدٌ
something	شَيْءٌ ، أشياءٌ ؛ شيءٌ ما
somewhat	بعضَ الشيءِ ؛ شيئاً ما ؛ قليلاً
son	ابنٌ ، أبناءٌ / بنون
song	أُغْنيَةٌ ، أغانٍ
soon	عنْ قريبٍ
as ~ as	حالَما
sorrow	حُزْنٌ ، أحزانٌ
sorry	آسفٌ ، ـون
sort	صَنْفٌ ، أصنافٌ ؛ نَوْعٌ ، أنواعٌ
source	مَصْدَرٌ ، مصادرُ
south	جَنوبٌ
southern	جنوبيٌّ
space	فَضاءٌ
Spain	أسْبانيا
Spanish	أسْبانيٌّ
spare: to ~	ادّخر ه
spatial	فَضائيٌّ
speak: to ~ (to)(مع)	تحدّث (مع) ؛ تكلّم (مع)
specialized (in)	مُتَخصِّصٌ ، ـون (بـ/ في)
specific	معيَّنٌ
spectacles	نظّارةٌ ، ـاتٌ
speed	سُرْعَةٌ ، ـاتٌ
spend: to ~ (money)	أنفق ه
to ~ (time)	قضى ، يقضي ه ، قَضاءٌ
spoken with	مُتَخاطَبٌ بـ
spontaneous	تِلْقائيٌّ
spot: on the ~	على الفورِ
spouse	قرينةٌ ، ـاتٌ
spread: to ~ out	انتشر

spring	ربيعٌ
square	مَيْدانٌ ، ميادينُ
stab: to ~ with	طعَن ، يطعَن ه بـ ، طَعْنٌ
stable (solid)	ثابتٌ
stable (corral)	حظيرةٌ ، حظائرُ
stage (phase)	مَرْحَلةٌ ، مراحلُ
~ (theatre)	مَسْرَحٌ، مسارحُ
stair	سُلَّمٌ ، سلالمُ
stamp: postage ~	طابعٌ ، طوابعُ بريدٍ
stand place	مَوْقَفٌ ، مواقفُ
stand: to ~ up	قام ، يقوم ، قِيامٌ ؛
	وقف ، يقِف ، وقوفٌ
to ~ (to bear)	طاق ، يطيق ه ، طَوْقٌ
standard	مُسْتوًى ، مُسْتَوَياتٌ
standing	وقوفٌ
standstill: to come to a ~	توقّف
star	نَجمٌ ، نجومٌ
start: to ~	استهلّ ه
to ~ off	انطلق
to ~ with	بدأ ، يبدَأ ه ، بدأٌ
starting from	اعتباراً من
state	دَوْلةٌ ، دُوَلٌ ؛ وِلايةٌ ، ـاتٌ
statement	بيانٌ ، ـاتٌ
station	مَحَطَّةٌ ، ـاتٌ ؛ مَوْقَفٌ ، مواقفُ
service ~	مَحَطَّةُ بَنْزينٍ
statue	تِمْثالٌ ، تماثيلُ
stature	قامةٌ ، ـاتٌ
status	مَكانةٌ ، ـاتٌ
stay: to ~ in	أقام ، يقيم بـ / في
to ~ up late at night	سهِر ، يسهَر ،سَهَرٌ
steal: to ~	سرَق ، يسرِق ه ، سَرِقةٌ ؛
	سلَب ، يسلُب ه ، سَلْبٌ

step	خَطْوةٌ ، ـاتٌ
to ~ in	دخَل ، يدخُل ه ، دُخولٌ
stick	عَصًا ، عُصِيٌّ
stimulation	تنشيطٌ
stipulate: to ~	نصّ ، ينصّ ، نَصٌّ
stolen good	سَرِقةٌ ، ـاتٌ
stop: to ~	وقف ، يقِف ، وقوفٌ ؛ توقّف
storm	عاصِفةٌ ، عواصفُ
to ~	اقتحم ه
story	قصّةٌ ، قصَصٌ ؛ حِكايةٌ ، ـاتٌ
straightaway	مُباشَرةً
street	شارِعٌ ، شوارِعُ
strength	قُوَّةٌ ، قُوًى
strive: to ~ for	حرَص ، يحرِص على ، حِرْصٌ
strong	شديدٌ ، أشداءُ / شِدادٌ ؛ قَويٌّ ، أقْوِياءُ
to be ~	قوِي ، يقوى (على) ، قُوَّةٌ
structure	نِظامٌ ، أنْظِمةٌ / نُظُمٌ
struggle: to ~ against	كافح ه
student (m.)	طالبٌ ، طُلاّبٌ / طَلَبةٌ
~ (f.)	طالبةٌ ، ـاتٌ
study	دراسةٌ ، ـاتٌ
to ~	درَس ، يدرُس ه ، دَرْسٌ / دِراسةٌ
stupid	غبيٌّ ، أغْبِياءُ
subject	موضوعٌ ، ـاتٌ / مواضيعُ
~ (study)	مادّةٌ ، مَوادُّ
subjected: to be ~ to	خضع ، يخضَع لـ ، خضوعٌ
submit: to ~ to	خضع ، يخضَع لـ ، خضوعٌ
~ (present)	قدّم ه
subscribe: to ~ to	وقّع على
substance	مادّةٌ ، مَوادُّ
suburb	ضاحِيَةٌ ، ضواحٍ
subway	مِتْرو الأنفاق
succeed: to ~	نجح ، ينجح ، نَجاحٌ
success	نَجاحٌ ؛ توفيقٌ
Sudan	السودان
suddenly	فَجْأةً
suffer: to ~ from	عانى ، يعاني ه
suffering	مُعاناةٌ ؛ عَذابٌ
sufficient: to be ~	كفى ، يكفي ، كِفايةٌ
suffocation	اختناقٌ
suggestion	اقتراحٌ ، ـاتٌ
suitable ~ (for)	مُناسِبٌ ؛ صالِحٌ (لـ)
summarized: to be ~ (in)	تلخّص (في)
summary	مُلَخَّصٌ ، ـاتٌ
summary of	مُوجَزٌ لـ
summer	صَيْفٌ
summit	قِمّةٌ ، قِمَمٌ
~ conference	مؤتَمَرُ قِمّةٍ
summon: to ~	أستدعى ه
sun	شَمْسٌ
Sunday	يوم الأحَد
sunny	مُشْمِسٌ
sunset	غروبٌ
superior	فائقُ ...
supervise: to ~	أشرف على
supervising	مُشْرِفٌ على
supervision	إشرافٌ على
supervisor	مُشْرِفٌ ، ـون
support: to ~	أيّد ، يؤيّد ه
suppose: to ~	افترض ه
sure	مُتأكِّدٌ ، ـون

~ (adv.)	بدون شكٍ
to make ~ (of)	تأكّد (من) ؛ تحقّق (من)
surpass: to ~	تفوّق على
surprise: to ~	فاجأ ، يفاجئ ه
surround: to ~ with	أحاط ه بـ
swagger: to ~	تبختر
swarm: to ~ with	ازدحم بـ
swim: to ~	سبَح ، يسبَح ، سِباحةٌ
swimming	سباحةٌ
swimming pool	حَمّامُ سِباحةٍ
symbol	رَمْزٌ ، رموزٌ
symposium	نَدْوةٌ ، ـاتٌ
symptom	بادرةٌ ، بوادرُ
Syria	سوريا
Syrian	سوريٌّ
system	نِظامٌ ، أنْظِمةٌ / نُظُمٌ

T

table	مائدةٌ ، موائدُ
take: to ~	أخَذ ، يأخُذ ه أخْذٌ / مأخذٌ
to ~ into account	أخَذ ه في الاعتبار
to ~ over	تولّى ه
tale	أسطورةٌ ، أساطيرُ
talk	كَلامٌ
task	مُهِمّةٌ ، مهامُّ
tasty	لذيذٌ
tax	ضريبةٌ ، ضرائبُ
taxi	سيّارةُ أجرةٍ
tea	شايٌ
teacher	مُدرِّسٌ ، ـون ؛ معلِّمٌ ، ـون
teaching	تعليمٌ ؛ تدريسٌ
technical	فَنّيٌّ
teem: to ~ with	ازدحم بـ
telegram	برقيّةٌ ، ـاتٌ
telephone	تليفون ، ـات ؛ هاتِفٌ ، هواتفُ
~ call	مُكالَمةٌ هاتِفيّةٌ
telephonic	هاتِفيٌّ
television	تلفزيون ، ـات
tell: to ~	حكى ، يحكي ه ، حكايةٌ ؛ روى ، يروي ه ، رِوايةٌ
temperament	مِزاجٌ ، أمْزِجةٌ
temperance	اعتدالٌ
temperature	حَرارةٌ ؛ دَرَجةُ الحرارة
temporal	مؤقّتٌ
tempt: to ~	أغوى ، يُغْوي ه
tension	توتُّرٌ
testify: to ~	شهِد ، يشهَد ، شهادةٌ
text	نَصٌّ ، نصوصٌ
than	مِنْ
thank: to ~	شكَر ، يشكُر ه ، شُكْرٌ
~ heavens!	الحمدُ لله
many ~	شُكْراً جزيلاً
that (conj.)	أنَّ ؛ أنْ
that	ذلكَ (m.) ؛ تِلْكَ (f.)
that which	ما
theater	مَسْرَحٌ ، مسارحُ
theft	سَرِقةٌ
theme	مَوْضوعٌ ، ـاتٌ / مواضيعُ
then	إذاً / إذن ؛ بَعْدَئذٍ ؛ ثُمَّ ؛ فَـ
there	هُناكَ ؛ هُنالكَ
~ is	هُناكَ ؛ يُوجَدُ
thereby	بذلكَ

therefore لذلكَ ؛ بالتالي ؛ فَـ
thereupon فَـ
these هؤلاء
thesis رِسالةٌ ، رَسائلُ
they هُمْ (pl. m.) ; هُنَّ (pl. f.)
thief لِصٌّ ، لصوصٌ
think: to ~ ظَنّ ، يظُنّ ، ظَنٌّ
to ~ (of) فكّر (في)
thirst عَطَشٌ
this هذَا (m.) ؛ هذه (f.)
thought فِكْرَةٌ ، فِكَرٌ
thousand ألفٌ ، آلافٌ
threat تهديدٌ ، ـاتٌ
threaten: to ~ (sb with sth) هدّد ه بـ
through مِن خلال
throw: to ~ ألقى ، يُلقي ه ؛
رمى ، يرمي ه ، رَمْيٌ
Thursday يوم الخَميس
thus كذا ؛ فَـ
thwart: to ~ أحبط ه
ticket تذكَرةٌ ، تذاكرُ
tidiness نَظافةٌ
tie تعادُلٌ (مع)
time وَقْتٌ ، أوقاتٌ ؛ زَمَنٌ ، أزمانٌ
~ (instance) مَرّةٌ ، ـاتٌ
another ~ مرّةً أخرى
to take ~ استغرق
timing توقيتٌ ، ـاتٌ
tired مُتْعَبٌ ، ـون
tiredness تَعَبٌ
tiring مُتْعِبٌ
title (people) لَقَبٌ ، ألقابٌ
~ (book) عُنْوانُ ، عناوينُ
to إلى ؛ لِـ
today اليومَ
Tokyo طوكيو
tomb مَقْبَرَةٌ ، مقابرُ
tomorrow غَداً
too أيضاً ؛ كذلكَ ؛ كَما (conj.)
tool آلةٌ ، آلاتٌ ؛ جِهازٌ ، أجهزةٌ
tooth سِنٌّ (f.) ، أسنانٌ
top قِمّةٌ ، قِمَمٌ
topic مَوْضوعٌ ، ـاتٌ / مواضيعُ
total (adj.) تامٌّ ؛ إجماليٌّ ...
touch: to ~ ماسّ ه
tour جَوْلةٌ ، ـاتٌ
tourism سِياحةٌ
tourist سائحٌ ، ـون / سوّاحٌ / سيّاحٌ
touristic سِياحيٌّ
toward إلى ؛ تُجاهَ / تِجاهَ
tower بُرْجٌ ، أبراجٌ
trace أثَرٌ ، آثارٌ
trade تِجارةٌ
tradesman تاجرٌ ، تجّارٌ
traditional تَقْليديٌّ
traffic مرورٌ ؛ حركةُ المرورِ
~ jam اختناقٌ مروريٌّ
~ rules قواعدُ المرورِ
train قِطارٌ ، قُطُراتٌ
training: professional ~ تأهيلٌ مِهَنيٌّ
transaction مُعامَلَةٌ ، ـاتٌ
transfer: to ~ نقل ، ينقُل ه ، نَقْلٌ
transport: to ~ نقل ، ينقُل ه ، نَقْلٌ
transportations مُواصَلاتٌ (pl.)

travel: to ~ (to)	سافر (إلى)
~ agency	مَكتبُ سياحةٍ
traveler	مُسافِرٌ ، ـون
traveling	سَفَرٌ
~ (to)	مُسافِرٌ (إلى)
treat: to ~	عامل ه ؛ عالج ه ؛ تناول ه
treatment	عِلاجٌ ؛ مُعالَجةٌ
trees	شَجَرٌ (.c) ، أشجارٌ
tremendous	هائلٌ
trip	رِحْلةٌ ، ـاتٌ
triumph	انتصارٌ ، ـاتٌ
trouble	إزعاجٌ
true	خالِصٌ
truth	حقيقةٌ ، حقائقُ
try: to ~	حاول ه
Tuesday	يوم الثُلاثاء
tunnel	نَفَقٌ ، أنفاقٌ
Turkey	تركيا
Turkish	تُرْكيٌّ
turn: to ~ out	تبيّن
~ upside down	انقلب
tyranny	ظُلْمٌ

U

unanimity	إجماعٌ
uncle (father's side)	عمٌّ ، أعمامٌ
under(neath)	تَحْتَ
understand: to ~	فهِم ، يفهَم ه ، فَهْمٌ
undertake: to ~	قام ، يقوم بـ ، قيامٌ ؛ قدَم ، يقدُم على ، قُدومٌ ؛ أقبل على ؛ أقدم على
unfamiliar	غريبٌ
unit	قِطْعةٌ ، قِطَعٌ
United States	الولاياتُ المتّحدةُ
university	جامعةٌ ، ـاتٌ
unless	ما لَمْ
untie: to ~	فَكّ ، يفُكّ ه ، فكٌّ
until	حتّى ، إلى
~ now (not yet) (in neg. clause)	بَعْدُ
up to	إلى
uproar	ضجيجٌ
upside down: to turn ~	انقلبَ
usage	استخدامٌ
use	استخدامٌ ؛ استعمالٌ
to make ~ of	استغلّ ه
to ~	استعمل ه ؛ استخدم ه
useful	مُفيدٌ
usual	مُعْتادٌ
as ~	كالعادةِ
usually	عادةً
usury	رِبًا
utmost	غايةُ ...

V

vain: in ~	دونَ جدوى
valid	ساري المفعول
valley	وادٍ ، أوْدِيةٌ / وُدْيانٌ
value	قِيمةٌ ، قِيَمٌ
various	مُتَنَوِّعٌ
vary: to ~	تراوحَ
veil	حجابٌ ، أحجبةٌ
velocity	سُرْعةٌ ، ـاتٌ

venture	مُخاطَرةٌ
very	جدّاً
vice	وكيلٌ ، وكلاءُ
~-dean	وكيلُ كُلّيّة
victory	انتصارٌ ، ـاتٌ
view	مَنْظَرٌ ، مناظرُ
viewer	مُشاهدٌ ، ـون
village	قَرْيةٌ ، قُرًى
violent	عنيفٌ ، عُنُفٌ
violet (color)	بَنَفْسجيٌّ
virtue: by ~ of	بموجب ...
virtuous	صالحٌ
visit	زيارةٌ ، ـاتٌ
to ~	زار ، يزور ه ، زيارةٌ
visitor	زائرٌ ، ـون / زُوّارٌ
vocabulary	مفرداتٌ (pl.)
vocative particle	أيُّها (m.) ، أيَّتُها (f.)
voice	صَوْتٌ ، أصواتٌ

W

wages	أجرةٌ ، أجرٌ
wail: to ~	عوى ، يعوي ، عُواءٌ
waist	خَصْرٌ ، خصورٌ
wait: to ~	انتظر ه
waiting	انتظارٌ
wake: to ~ up	استَيْقظ
walk: to take a ~	تمشّى ؛ تنزّه
to ~	سار ، يسير ، سَيْرٌ ؛ مشى ، يمشي ، مَشْيٌ
want: to ~	أراد ، يُريد ه
war	حَرْبٌ ، حروبٌ
warm	حارٌّ
warmth	حَرارةٌ
warning	إنذارٌ ، ـاتٌ
wash: to ~	غسَل ، يغسِل ه ، غَسْلٌ
watch	ساعةٌ ، ـاتٌ
watch: to ~	شاهد ه ؛ تفرّج على
water	ماءٌ ، مياهٌ
way (road)	طريقٌ ، طُرُقٌ
~ (form)	شَكْلٌ ، أشكالٌ
in such a ~	بشكلٍ
weak	ضعيفٌ ، ضُعفاءُ / ضِعافُ
wealth	مالٌ ، أموالٌ
wealthy	غَنِيٌّ
wear: to ~	ارتدى ، يرتدي ه
wearing	ارتداءٌ
wearing (tiresome)	مُتْعِبٌ
weather	جوٌّ ، أجواءٌ ؛ طَقْسٌ
~ (adj.)	جَوِّيٌّ
Wednesday	يوم الأرْبَعاء
week	أُسبوعٌ ، أسابيعُ
weigh: to ~	وزن ، يزِن ه ، وَزْنٌ
weight	وَزْنٌ ، أوزانٌ
welcome!	أهلاً وسهلاً
to ~	رحّب بـ
well-known	مَعْروفٌ ، ـون
were it not for	لَوْلا
west	غَرْبٌ
western	غَرْبيٌّ
what?	ما ؛ ماذا
~ (relat. pronoun)	ما
~	أيٌّ ...
~ever	أيٌّ ...

wheel عَجَلةٌ ، ـاتٌ
when? مَتى
~ (conj.) عِنْدما ؛ حينَما ؛ حينَ ؛ حَيْثُ
where? أينَ
where (relat. pronoun) حَيْثُ
whereof مِمّا
wherever أينما
which أيُّ ...
whichever أيُّ ...
while بينَما ؛ أثْناءَ
white أبيضُ ، بيضاءُ ، بيضٌ
to become ~ ابيضّ
who? مَنْ
whoever أيُّ ...
wholesome مُفيدٌ
why? لِماذا
wife زَوْجةٌ ، ـاتٌ ؛ قرينةٌ ، ـاتٌ
win: to ~ (sth) فاز ، يفوز (بـ) ، فَوْزٌ ؛ كَسَب ، يكسِب ه ، كَسْبٌ
wind ريحٌ ، رِياحٌ
window نافذةٌ ، نوافذُ ، شِبّاكٌ ، شبابيكُ
winning فَوْزٌ
winter شتاءٌ
wish تمنٍّ ، تمنّياتٌ ؛ أُمْنيّةٌ ، أمانٍ
to ~ تمنّى ه ؛ رجا ، يرجو ه ، رَجاءٌ ؛ ودّ ، يودّ ه / لو ، وُدٌّ / وَدادٌ
wishing مُتَمَنٍّ ، ـون ؛ راجٍ ، ـون
with بـ ؛ معَ ؛ عِنْدَ
withdrawal انسحابٌ
within داخِلَ
without دونَ ؛ بدونِ
witness: to ~ شهِد ، يشهَد ، شهادةٌ
woman امْرأةٌ ، نِسْوةٌ ؛ مَرْأةٌ ، نِسْوةٌ
young ~ فَتاةٌ ، فَتَيَاتٌ
wood خَشَبٌ (.c) ، أخْشابٌ
word كَلمةٌ ، ـاتٌ ؛ لَفْظٌ ، ألفاظٌ
work عَمَلٌ ، أعمالٌ
to ~ عمِل ، يعمَل ، عملٌ ؛ اشتغل
worker عامِلٌ ، عُمّالٌ
world عالَمٌ ، عوالِمُ
worldwide عالَميٌّ
worst شَرٌّ (من)
wounded مُصابٌ ، ـون
to be ~ أُصيب ، يُصاب
write: to ~ كتَب ، يكتُب ه ، كِتابةٌ ؛ حرّر ه
writer كاتبٌ ، كُتّابٌ
writing كِتابةٌ

Y

year عامٌ ، أعوامٌ ؛ سَنةٌ ، سَنَواتٌ
yell: to ~ صاح ، يصيح ، صيحٌ / صِياحٌ
to ~ (at) صرَخ ، يصرُخ (في) ، صُراخٌ ؛
yellow أصفرُ ، صفراءُ ، صفرٌ
to become ~ اصفرّ
Yemen اليَمَن
yes نَعَمْ
yesterday أمْسِ ؛ البارحةَ
yet بَعْدُ ؛ قَطُّ
you أنتَ (.sg.m) ; أنتِ (.sg.f) ؛ أنتُمْ (.pl.m) ; أنتُنَّ (.pl.f)
young شابٌّ ؛ صغيرٌ ، صِغارٌ

شَبابٌ youth

~ man شابٌّ ، شبّانٌ / شبابٌ

~ woman شابّةٌ ، ـاتٌ ؛ فَتاةٌ ، فَتَيَاتٌ

الجداول Paradigms

I. Strong verbs: stem I كَتَبَ ، يَكْتُبُ ‘to write’

(→ 6.III page 75, 8.II page 105, 9.I page 120, 9.II page 123, 10.IV page 137)

Passive		Active					Pronoun
Imperfect	Perfect	Imperative	Imperfect			Perfect	⇐
Indicative			Apocopate	Subjunctive	Indicative		
يُكْتَبُ	كُتِبَ		يَكْتُبْ	يَكْتُبَ	يَكْتُبُ	كَتَبَ	هُوَ
تُكْتَبُ	كُتِبَتْ		تَكْتُبْ	تَكْتُبَ	تَكْتُبُ	كَتَبَتْ	هِيَ
يُكْتَبُونَ	كُتِبُوا		يَكْتُبُوا	يَكْتُبُوا	يَكْتُبُونَ	كَتَبُوا	هُمْ
يُكْتَبْنَ	كُتِبْنَ		يَكْتُبْنَ	يَكْتُبْنَ	يَكْتُبْنَ	كَتَبْنَ	هُنَّ
تُكْتَبُ	كُتِبْتَ	أُكْتُبْ	تَكْتُبْ	تَكْتُبَ	تَكْتُبُ	كَتَبْتَ	أَنْتَ
تُكْتَبِينَ	كُتِبْتِ	أُكْتُبِي	تَكْتُبِي	تَكْتُبِي	تَكْتُبِينَ	كَتَبْتِ	أَنْتِ
تُكْتَبُونَ	كُتِبْتُمْ	أُكْتُبُوا	تَكْتُبُوا	تَكْتُبُوا	تَكْتُبُونَ	كَتَبْتُمْ	أَنْتُمْ
تُكْتَبْنَ	كُتِبْتُنَّ	أُكْتُبْنَ	تَكْتُبْنَ	تَكْتُبْنَ	تَكْتُبْنَ	كَتَبْتُنَّ	أَنْتُنَّ
أُكْتَبُ	كُتِبْتُ		أَكْتُبْ	أَكْتُبَ	أَكْتُبُ	كَتَبْتُ	أَنَا
نُكْتَبُ	كُتِبْنَا		نَكْتُبْ	نَكْتُبَ	نَكْتُبُ	كَتَبْنَا	نَحْنُ
			Dual				
يُكْتَبَانِ	كُتِبَا		يَكْتُبَا	يَكْتُبَا	يَكْتُبَانِ	كَتَبَا	هُمَا
تُكْتَبَانِ	كُتِبَتَا		تَكْتُبَا	تَكْتُبَا	تَكْتُبَانِ	كَتَبَتَا	هُمَا
تُكْتَبَانِ	كُتِبْتُمَا	أُكْتُبَا	تَكْتُبَا	تَكْتُبَا	تَكْتُبَانِ	كَتَبْتُمَا	أَنْتُمَا
	مَكْتُوبٌ					كَاتِبٌ	Participle

II. Strong verbs: Derived stems II–X

(→ 7.v page 91)

verbal noun	participle	imperative	imperfect	perfect	⇐
تَكْتِيبٌ	مُكَتِّبٌ	كَتِّبْ	يُكَتِّبُ	كَتَّبَ	II active
	مُكَتَّبٌ		يُكَتَّبُ	كُتِّبَ	II passive
مُكَاتَبَةٌ كِتَابٌ	مُكَاتِبٌ	كَاتِبْ	يُكَاتِبُ	كَاتَبَ	III active
	مُكَاتَبٌ		يُكَاتَبُ	كُوتِبَ	III passive
إِكْتَابٌ	مُكْتِبٌ	أَكْتِبْ	يُكْتِبُ	أَكْتَبَ	IV active
	مُكْتَبٌ		يُكْتَبُ	أُكْتِبَ	IV passive
تَكَتُّبٌ	مُتَكَتِّبٌ	تَكَتَّبْ	يَتَكَتَّبُ	تَكَتَّبَ	V active
	مُتَكَتَّبٌ		يُتَكَتَّبُ	تُكُتِّبَ	V passive
تَكَاتُبٌ	مُتَكَاتِبٌ	تَكَاتَبْ	يَتَكَاتَبُ	تَكَاتَبَ	VI active
	مُتَكَاتَبٌ		يُتَكَاتَبُ	تُكُوتِبَ	VI passive
اِنْكِتَابٌ	مُنْكَتِبٌ	اِنْكَتِبْ	يَنْكَتِبُ	اِنْكَتَبَ	VII active
					no VII passive
اِكْتِتَابٌ	مُكْتَتِبٌ	اِكْتَتِبْ	يَكْتَتِبُ	اِكْتَتَبَ	VIII active
	مُكْتَتَبٌ		يُكْتَتَبُ	أُكْتُتِبَ	VIII passive
اِكْتِبَابٌ	مُكْتَبٌّ	اِكْتَبَّ = اِكْتَبِبْ	يَكْتَبُّ	اِكْتَبَّ اِكْتَبَبْتُ	IX active 1st sg
اِسْتِكْتَابٌ	مُسْتَكْتِبٌ	اِسْتَكْتِبْ	يَسْتَكْتِبُ	اِسْتَكْتَبَ	X passive
	مُسْتَكْتَبٌ		يُسْتَكْتَبُ	أُسْتُكْتِبَ	X passive

III. Doubled verbs. Stem I: رَدَّ، يَرُدُّ ‘to give back’

(→ 6.III page 76, 8.II page 106, 9.I page 121, 9.II page 124, 10.IV page 140f)

Passive		Active					Pronoun
Imperfect	Perfect	Imperative	Imperfect			Perfect	⇐
Indicative			Apocopate	Subjunctive	Indicative		
يُرَدُّ	رُدَّ		يَرُدَّ ~ يَرْدُدْ	يَرُدَّ	يَرُدُّ	رَدَّ	هُوَ
تُرَدُّ	رُدَّتْ		تَرُدَّ ~ تَرْدُدْ	تَرُدَّ	تَرُدُّ	رَدَّتْ	هِيَ
يُرَدُّونَ	رُدُّوا		يَرُدُّوا	يَرُدُّوا	يَرُدُّونَ	رَدُّوا	هُمْ
يُرْدَدْنَ	رُدِدْنَ		يَرْدُدْنَ	يَرْدُدْنَ	يَرْدُدْنَ	رَدَدْنَ	هُنَّ
تُرَدُّ	رُدِدْتَ	رُدَّ ~ أُرْدُدْ	تَرُدَّ ~ تَرْدُدْ	تَرُدَّ	تَرُدُّ	رَدَدْتَ	أَنْتَ
تُرَدِّينَ	رُدِدْتِ	رُدِّي	تَرُدِّي	تَرُدِّي	تَرُدِّينَ	رَدَدْتِ	أَنْتِ
تُرَدُّونَ	رُدِدْتُمْ	رُدُّوا	تَرُدُّوا	تَرُدُّوا	تَرُدُّونَ	رَدَدْتُمْ	أَنْتُمْ
تُرْدَدْنَ	رُدِدْتُنَّ	أُرْدُدْنَ	تَرْدُدْنَ	تَرْدُدْنَ	تَرْدُدْنَ	رَدَدْتُنَّ	أَنْتُنَّ
أُرَدُّ	رُدِدْتُ		أَرُدَّ ~ أَرْدُدْ	أَرُدَّ	أَرُدُّ	رَدَدْتُ	أَنَا
نُرَدُّ	رُدِدْنَا		نَرُدَّ ~ نَرْدُدْ	نَرُدَّ	نَرُدُّ	رَدَدْنَا	نَحْنُ
			Dual				
يُرَدَّانِ	رُدَّا		يَرُدَّا	يَرُدَّا	يَرُدَّانِ	رَدَّا	هُمَا
تُرَدَّانِ	رُدَّتَا		تَرُدَّا	تَرُدَّا	تَرُدَّانِ	رَدَّتَا	هُمَا
تُرَدَّانِ	رُدِدْتُمَا	رُدَّا	تَرُدَّا	تَرُدَّا	تَرُدَّانِ	رَدَدْتُمَا	أَنْتُمَا
	مَرْدُودٌ					رَادٌّ	Participle

IV. Doubled verbs. Derived stems II–X

(→ 7.V page 91, 10.IV page 141)

verbal noun	participle	imperative	imperfect	perfect	⇐
تَرْدِيدٌ	مُرَدِّدٌ	رَدِّدْ	يُرَدِّدُ	رَدَّدَ	II active
	مُرَدَّدٌ		يُرَدَّدُ	رُدِّدَ	II passive
مُرَادَّةٌ	مُرَادٌّ	رَادَّ = رَادِدْ	يُرَادُّ	رَادَّ	III active
	مُرَادٌّ		يُرَادُّ	رُودِدَ	III passive
إِرْدَادٌ	مُرِدٌّ	أَرِدَّ = أَرْدِدْ	يُرِدُّ	أَرَدَّ	IV active
	مُرَدٌّ		يُرَدُّ	أُرِدَّ	IV passive
تَرَدُّدٌ	مُتَرَدِّدٌ	تَرَدَّدْ	يَتَرَدَّدُ	تَرَدَّدَ	V active
	مُتَرَدَّدٌ		يُتَرَدَّدُ	تُرُدِّدَ	V passive
تَرَادٌّ	مُتَرَادٌّ	تَرَادَّ = تَرَادَدْ	يَتَرَادُّ	تَرَادَّ	VI active
	مُتَرَادٌّ		يُتَرَادُّ	تُرُودِدَ	VI passive
اِنْرِدَادٌ	مُنْرَدٌّ	اِنْرَدَّ = اِنْرَدِدْ	يَنْرَدُّ	اِنْرَدَّ	VII active
					no VII passive
اِرْتِدَادٌ	مُرْتَدٌّ	اِرْتَدَّ = اِرْتَدِدْ	يَرْتَدُّ	اِرْتَدَّ	VIII active
	مُرْتَدٌّ		يُرْتَدُّ	أُرْتُدَّ	VIII passive
اِسْتِرْدَادٌ	مُسْتَرِدٌّ	اِسْتَرِدَّ = اِسْتَرْدِدْ	يَسْتَرِدُّ	اِسْتَرَدَّ	X active
	مُسْتَرَدٌّ		يُسْتَرَدُّ	أُسْتُرِدَّ	X passive

No stem IX

V. Verbs with initial *hamza*. Stem I: أَخَذَ، يَأْخُذُ ‘to take’

(→ 10.3 page 137)

Passive		Active					Pronoun
Imperfect	Perfect	Imperative	Imperfect			Perfect	⇐
Indicative			Apocopate	Subjunctive	Indicative		
يُؤْخَذُ	أُخِذَ		يَأْخُذْ	يَأْخُذَ	يَأْخُذُ	أَخَذَ	هُوَ
تُؤْخَذُ	أُخِذَتْ		تَأْخُذْ	تَأْخُذَ	تَأْخُذُ	أَخَذَتْ	هِيَ
يُؤْخَذُونَ	أُخِذُوا		يَأْخُذُوا	يَأْخُذُوا	يَأْخُذُونَ	أَخَذُوا	هُمْ
يُؤْخَذْنَ	أُخِذْنَ		يَأْخُذْنَ	يَأْخُذْنَ	يَأْخُذْنَ	أَخَذْنَ	هُنَّ
تُؤْخَذُ	أُخِذْتَ	خُذْ	تَأْخُذْ	تَأْخُذَ	تَأْخُذُ	أَخَذْتَ	أَنْتَ
تُؤْخَذِينَ	أُخِذْتِ	خُذِي	تَأْخُذِي	تَأْخُذِي	تَأْخُذِينَ	أَخَذْتِ	أَنْتِ
تُؤْخَذُونَ	أُخِذْتُمْ	خُذُوا	تَأْخُذُوا	تَأْخُذُوا	تَأْخُذُونَ	أَخَذْتُمْ	أَنْتُمْ
تُؤْخَذْنَ	أُخِذْتُنَّ	خُذْنَ	تَأْخُذْنَ	تَأْخُذْنَ	تَأْخُذْنَ	أَخَذْتُنَّ	أَنْتُنَّ
أُوخَذُ	أُخِذْتُ		آخُذْ	آخُذَ	آخُذُ	أَخَذْتُ	أَنَا
نُؤْخَذُ	أُخِذْنَا		نَأْخُذْ	نَأْخُذَ	نَأْخُذُ	أَخَذْنَا	نَحْنُ
			Dual				
يُؤْخَذَانِ	أُخِذَا		يَأْخُذَا	يَأْخُذَا	يَأْخُذَانِ	أَخَذَا	هُمَا
تُؤْخَذَانِ	أُخِذَتَا		تَأْخُذَا	تَأْخُذَا	تَأْخُذَانِ	أَخَذَتَا	هُمَا
تُؤْخَذَانِ	أُخِذْتُمَا	خُذَا	تَأْخُذَا	تَأْخُذَا	تَأْخُذَانِ	أَخَذْتُمَا	أَنْتُمَا
	مَأْخُوذٌ					آخِذٌ	Participle

VI. Verbs with initial *hamza*. Derived stems II–X

verbal noun	participle	imperative	imperfect	perfect	⇐
تَأْمِيرٌ	مُؤَمِّرٌ	أَمِّرْ	يُؤَمِّرُ	أَمَّرَ	II active
	مُؤَمَّرٌ		يُؤَمَّرُ	أُمِّرَ	II passive
مُؤَامَرَةٌ	مُؤَامِرٌ	آمِرْ	يُؤَامِرُ	آمَرَ	III active
	مُؤَامَرٌ		يُؤَامَرُ	أُومِرَ	III passive
إِيمَارٌ	مُؤْمِرٌ	آمِرْ	يُؤْمِرُ	آمَرَ	IV active
	مُؤْمَرٌ		يُؤْمَرُ	أُومِرَ	IV passive
اِتِّمَارٌ	مُؤْتَمِرٌ	اِئْتَمِرْ	يَئْتَمِرُ	اِئْتَمَرَ	VIII active
	مُؤْتَمَرٌ		يُؤْتَمَرُ	أُؤْتُمِرَ	VIII passive
اِسْتِئْمَارٌ	مُسْتَأْمِرٌ	اِسْتَأْمِرْ	يَسْتَأْمِرُ	اِسْتَأْمَرَ	X active
	مُسْتَأْمَرٌ		يُسْتَأْمَرُ	أُسْتُؤْمِرَ	X passive

No stems VII and IX

Note the irregular stem VIII اِتَّخَذَ ، يَتَّخِذُ ‘to take on’ of أَخَذَ ‘to take”.

VII. Verbs with initial *w*. Stem I: وَصَلَ، يَصِلُ 'to arrive'

(→ 6.III page 76,77, 8.II page 106, 9.I page 121, 9.II page 125, 10.IV page 142)

Passive		Active					Pronoun
Imperfect	Perfect	Imperative	Imperfect			Perfect	⇐
Indicative			Apocopate	Subjunctive	Indicative		
يُوصَلُ	وُصِلَ		يَصِلْ	يَصِلَ	يَصِلُ	وَصَلَ	هُوَ
تُوصَلُ	وُصِلَتْ		تَصِلْ	تَصِلَ	تَصِلُ	وَصَلَتْ	هِيَ
يُوصَلُونَ	وُصِلُوا		يَصِلُوا	يَصِلُوا	يَصِلُونَ	وَصَلُوا	هُمْ
يُوصَلْنَ	وُصِلْنَ		يَصِلْنَ	يَصِلْنَ	يَصِلْنَ	وَصَلْنَ	هُنَّ
تُوصَلُ	وُصِلْتَ	صِلْ	تَصِلْ	تَصِلَ	تَصِلُ	وَصَلْتَ	أَنْتَ
تُوصَلِينَ	وُصِلْتِ	صِلِي	تَصِلِي	تَصِلِي	تَصِلِينَ	وَصَلْتِ	أَنْتِ
تُوصَلُونَ	وُصِلْتُمْ	صِلُوا	تَصِلُوا	تَصِلُوا	تَصِلُونَ	وَصَلْتُمْ	أَنْتُمْ
تُوصَلْنَ	وُصِلْتُنَّ	صِلْنَ	تَصِلْنَ	تَصِلْنَ	تَصِلْنَ	وَصَلْتُنَّ	أَنْتُنَّ
أُوصَلُ	وُصِلْتُ		أَصِلْ	أَصِلَ	أَصِلُ	وَصَلْتُ	أَنَا
نُوصَلُ	وُصِلْنَا		نَصِلْ	نَصِلَ	نَصِلُ	وَصَلْنَا	نَحْنُ
			Dual				
يُوصَلاَنِ	وُصِلاَ		يَصِلاَ	يَصِلاَ	يَصِلاَنِ	وَصَلاَ	هُمَا
تُوصَلاَنِ	وُصِلَتَا		تَصِلاَ	تَصِلاَ	تَصِلاَنِ	وَصَلَتَا	هُمَا
تُوصَلاَنِ	وُصِلْتُمَا	صِلاَ	تَصِلاَ	تَصِلاَ	تَصِلاَنِ	وَصَلْتُمَا	أَنْتُمَا
	مَوْصُولٌ					وَاصِلٌ	Participle

VIII. Verbs with initial *w*. Derived stems II–X

(→ 7.v page 92)

verbal Noun	participle	imperative	imperfect	perfect	⇐
تَوْصِيلٌ	مُوَصِّلٌ	وَصِّلْ	يُوَصِّلُ	وَصَّلَ	II active
	مُوَصَّلٌ		يُوَصَّلُ	وُصِّلَ	II passive
مُوَاصَلَةٌ	مُوَاصِلٌ	وَاصِلْ	يُوَاصِلُ	وَاصَلَ	III active
	مُوَاصَلٌ		يُوَاصَلُ	وُوصِلَ	III passive
إيصالٌ	مُوصِلٌ	أَوْصِلْ	يُوصِلُ	أَوْصَلَ	IV active
	مُوصَلٌ		يُوصَلُ	أُوصِلَ	IV passive
تَوَصُّلٌ	مُتَوَصِّلٌ	تَوَصَّلْ	يَتَوَصَّلُ	تَوَصَّلَ	V active
	مُتَوَصَّلٌ		يُتَوَصَّلُ	تُوُصِّلَ	V passive
تَوَاصُلٌ	مُتَوَاصِلٌ	تَوَاصَلْ	يَتَوَاصَلُ	تَوَاصَلَ	VI active
	مُتَوَاصَلٌ		يُتَوَاصَلُ	تُوُوصِلَ	VI passive
اِتِّصَالٌ	مُتَّصِلٌ	اِتَّصِلْ	يَتَّصِلُ	اِتَّصَلَ	VIII active
	مُتَّصَلٌ		يُتَّصَلُ	أُتُّصِلَ	VIII passive
اِسْتِيصَالٌ	مُسْتَوْصِلٌ	اِسْتَوْصِلْ	يَسْتَوْصِلُ	اِسْتَوْصَلَ	X passive
	مُسْتَوْصَلٌ		يُسْتَوْصَلُ	أُسْتُوصِلَ	X passive

No stems VII and IX

IX. Hollow verbs with *-ī-*. Stem I: سَارَ، يَسِيرُ 'to go'

(→ 6.III page 76,77, 8.II page 106, 9.I page 121, 9.II page 125, 10.IV page 142)

Passive		Active					Pronoun
Imperfect	Perfect	Imperative	Imperfect			Perfect	⇐
Indicative			Apocopate	Subjunctive	Indicative		
يُسَارُ	سِيرَ		يَسِرْ	يَسِيرَ	يَسِيرُ	سَارَ	هُوَ
تُسَارُ	سِيرَتْ		تَسِرْ	تَسِيرَ	تَسِيرُ	سَارَتْ	هِيَ
يُسَارُونَ	سِيرُوا		يَسِيرُوا	يَسِيرُوا	يَسِيرُونَ	سَارُوا	هُمْ
يُسَرْنَ	سِرْنَ		يَسِرْنَ	يَسِرْنَ	يَسِرْنَ	سِرْنَ	هُنَّ
تُسَارُ	سِرْتَ	سِرْ	تَسِرْ	تَسِيرَ	تَسِيرُ	سِرْتَ	أَنْتَ
تُسَارِينَ	سِرْتِ	سِيرِي	تَسِيرِي	تَسِيرِي	تَسِيرِينَ	سِرْتِ	أَنْتِ
تُسَارُونَ	سِرْتُمْ	سِيرُوا	تَسِيرُوا	تَسِيرُوا	تَسِيرُونَ	سِرْتُمْ	أَنْتُمْ
تُسَرْنَ	سِرْتُنَّ	سِرْنَ	تَسِرْنَ	تَسِرْنَ	تَسِرْنَ	سِرْتُنَّ	أَنْتُنَّ
أُسَارُ	سِرْتُ		أَسِرْ	أَسِيرَ	أَسِيرُ	سِرْتُ	أَنَا
نُسَارُ	سِرْنَا		نَسِرْ	نَسِيرَ	نَسِيرُ	سِرْنَا	نَحْنُ
			Dual				
يُسَارَانِ	سِيرَا		يَسِيرَا	يَسِيرَا	يَسِيرَانِ	سَارَا	هُمَا
تُسَارَانِ	سِيرَتَا		تَسِيرَا	تَسِيرَا	تَسِيرَانِ	سَارَتَا	هُمَا
تُسَارَانِ	سِرْتُمَا	سِيرَا	تَسِيرَا	تَسِيرَا	تَسِيرَانِ	سِرْتُمَا	أَنْتُمَا
	مَسِيرٌ					سَائِرٌ	Participle

X. Hollow verbs with -*ū*-. Stem I: قَالَ ، يَقُولُ ‘to say’

(→ 6.III page 76,77, 8.II page 106, 9.I page 121, 9.II page 125, 10.IV page 142)

Passive		Active					Pronoun
Imperfect	Perfect	Imperative	Imperfect			Perfect	⇐
Indicative			Apocopate	Subjunctive	Indicative		
يُقَالُ	قِيلَ		يَقُلْ	يَقُولَ	يَقُولُ	قَالَ	هُوَ
تُقَالُ	قِيلَتْ		تَقُلْ	تَقُولَ	تَقُولُ	قَالَتْ	هِيَ
يُقَالُونَ	قِيلُوا		يَقُولُوا	يَقُولُوا	يَقُولُونَ	قَالُوا	هُمْ
يُقَلْنَ	قِلْنَ		يَقُلْنَ	يَقُلْنَ	يَقُلْنَ	قُلْنَ	هُنَّ
تُقَالُ	قِلْتَ	قُلْ	تَقُلْ	تَقُولَ	تَقُولُ	قُلْتَ	أَنْتَ
تُقَالِينَ	قِلْتِ	قُولِي	تَقُولِي	تَقُولِي	تَقُولِينَ	قُلْتِ	أَنْتِ
تُقَالُونَ	قِلْتُمْ	قُولُوا	تَقُولُوا	تَقُولُوا	تَقُولُونَ	قُلْتُمْ	أَنْتُمْ
تُقَلْنَ	قِلْتُنَّ	قُلْنَ	تَقُلْنَ	تَقُلْنَ	تَقُلْنَ	قُلْتُنَّ	أَنْتُنَّ
أُقَالُ	قِلْتُ		أَقُلْ	أَقُولَ	أَقُولُ	قُلْتُ	أَنَا
نُقَالُ	قِلْنَا		نَقُلْ	نَقُولَ	نَقُولُ	قُلْنَا	نَحْنُ
			Dual				
يُقَالاَنِ	قِيلاَ		يَقُولاَ	يَقُولاَ	يَقُولاَنِ	قَالاَ	هُمَا
تُقَالاَنِ	قِيلَتَا		تَقُولاَ	تَقُولاَ	تَقُولاَنِ	قَالَتَا	هُمَا
تُقَالاَنِ	قِلْتُمَا	قُولاَ	تَقُولاَ	تَقُولاَ	تَقُولاَنِ	قُلْتُمَا	أَنْتُمَا
	مَقُولٌ					قَائِلٌ	Participle

XI. Hollow verbs: with -*ā*-. Stem I: نَامَ ، يَنَامُ ‘to sleep’

(→ 6.III page 76,77, 8.II page 106, 9.I page 121, 9.II page 125, 10.IV page 142)

Passive		Active					Pronoun
Imperfect	Perfect	Imperative	Imperfect			Perfect	⇐
Indicative			Apocopate	Subjunctive	Indicative		
يُنَامُ	نِيمَ		يَنَمْ	يَنَامَ	يَنَامُ	نَامَ	هُوَ
تُنَامُ	نِيمَتْ		تَنَمْ	تَنَامَ	تَنَامُ	نَامَتْ	هِيَ
يُنَامُونَ	نِيمُوا		يَنَامُوا	يَنَامُوا	يَنَامُونَ	نَامُوا	هُمْ
يُنَمْنَ	نِمْنَ		يَنَمْنَ	يَنَمْنَ	يَنَمْنَ	نِمْنَ	هُنَّ
تُنَامُ	نِمْتَ	نَمْ	تَنَمْ	تَنَامَ	تَنَامُ	نِمْتَ	أَنْتَ
تُنَامِينَ	نِمْتِ	نَامِي	تَنَامِي	تَنَامِي	تَنَامِينَ	نِمْتِ	أَنْتِ
تُنَامُونَ	نِمْتُمْ	نَامُوا	تَنَامُوا	تَنَامُوا	تَنَامُونَ	نِمْتُمْ	أَنْتُمْ
تُنَمْنَ	نِمْتُنَّ	نَمْنَ	تَنَمْنَ	تَنَمْنَ	تَنَمْنَ	نِمْتُنَّ	أَنْتُنَّ
أُنَامُ	نِمْتُ		أَنَمْ	أَنَامَ	أَنَامُ	نِمْتُ	أَنَا
نُنَامُ	نِمْنَا		نَنَمْ	نَنَامَ	نَنَامُ	نِمْنَا	نَحْنُ
			Dual				
يُنَامَانِ	نِيمَا		يَنَامَا	يَنَامَا	يَنَامَانِ	نَامَا	هُمَا
تُنَامَانِ	نِيمَتَا		تَنَامَا	تَنَامَا	تَنَامَانِ	نَامَتَا	هُمَا
تُنَامَانِ	نِمْتُمَا	نَامَا	تَنَامَا	تَنَامَا	تَنَامَانِ	نِمْتُمَا	أَنْتُمَا
	مَنُومٌ					نَائِمٌ	Participle

XII. Hollow verbs with $\bar{\imath}$: Derived stems II–X

(→ 7.v page 93, 10.iv page 143)

verbal noun	participle	imperative	imperfect	perfect	⇐
تَشْيِيعٌ	مُشَيِّعٌ	شَيِّعْ	يُشَيِّعُ	شَيَّعَ	II active
	مُشَيَّعٌ		يُشَيَّعُ	شُيِّعَ	II passive
مُشَايَعَةٌ	مُشَايِعٌ	شَايِعْ	يُشَايِعُ	شَايَعَ	III active
	مُشَايَعٌ		يُشَايَعُ	شُويِعَ	III passive
إِشَاعَةٌ	مُشِيعٌ	أَشِعْ	يُشِيعُ	أَشَاعَ	IV active
	مُشَاعٌ		يُشَاعُ	أُشِيعَ	IV passive
تَشَيُّعٌ	مُتَشَيِّعٌ	تَشَيَّعْ	يَتَشَيَّعُ	تَشَيَّعَ	V active
	مُتَشَيَّعٌ		يُتَشَيَّعُ	تُشُيِّعَ	V passive
تَشَايُعٌ	مُتَشَايِعٌ	تَشَايَعْ	يَتَشَايَعُ	تَشَايَعَ	VI active
	مُتَشَايَعٌ		يُتَشَايَعُ	تُشُويِعَ	VI passive
اِنْشِيَاعٌ	مُنْشَاعٌ	اِنْشَعْ	يَنْشَاعُ	اِنْشَاعَ	VII active
					no VII passive
اِشْتِيَاعٌ	مُشْتَاعٌ	اِشْتَعْ	يَشْتَاعُ	اِشْتَاعَ	VIII active
	مُشْتَاعٌ		يُشْتَاعُ	أُشْتِيعَ	VIII passive
اِسْتِشَاعَةٌ	مُسْتَشِيعٌ	اِسْتَشِعْ	يَسْتَشِيعُ	اِسْتَشَاعَ	X passive
	مُسْتَشَاعٌ		يُسْتَشَاعُ	أُسْتُشِيعَ	X passive

Note that in stem IX *-y-* appears as a consonant:
اِبْيَضَّ ، يَبْيَضُّ ‘to become white’

XIII. Hollow verbs with *ū* : Derived stems II–X

(→ 7.V page 93, 10.IV page 143)

verbal noun	participle	imperative	imperfect	perfect	⇐
تَقْوِيمٌ	مُقَوِّمٌ	قَوِّمْ	يُقَوِّمُ	قَوَّمَ	II active
	مُقَوَّمٌ		يُقَوَّمُ	قُوِّمَ	II passive
مُقَاوَمَةٌ	مُقَاوِمٌ	قَاوِمْ	يُقَاوِمُ	قَاوَمَ	III active
	مُقَاوَمٌ		يُقَاوَمُ	قُووِمَ	III passive
إِقَامَةٌ	مُقِيمٌ	أَقِمْ	يُقِيمُ	أَقَامَ	IV active
	مُقَامٌ		يُقَامُ	أُقِيمَ	IV passive
تَقَوُّمٌ	مُتَقَوِّمٌ	تَقَوَّمْ	يَتَقَوَّمُ	تَقَوَّمَ	V active
	مُتَقَوَّمٌ		يُتَقَوَّمُ	تُقُوِّمَ	V passive
تَقَاوُمٌ	مُتَقَاوِمٌ	تَقَاوَمْ	يَتَقَاوَمُ	تَقَاوَمَ	VI active
	مُتَقَاوَمٌ		يُتَقَاوَمُ	تُقُووِمَ	VI passive
اِنْقِيَامٌ	مُنْقَامٌ	اِنْقَمْ	يَنْقَامُ	اِنْقَامَ	VII active
					no VII passive
اِقْتِيَامٌ	مُقْتَامٌ	اِقْتَمْ	يَقْتَامُ	اِقْتَامَ	VIII active
	مُقْتَامٌ		يُقْتَامُ	أُقْتِيمَ	VIII passive
اِسْتِقَامَةٌ	مُسْتَقِيمٌ	اِسْتَقِمْ	يَسْتَقِيمُ	اِسْتَقَامَ	X passive
	مُسْتَقَامٌ		يُسْتَقَامُ	أُسْتُقِيمَ	X passive

Note that in stem IX *-w-* appears as a consonant:
اِسْوَدَّ ، يَسْوَدُّ 'to become black'

XIV. Defective verbs with *ā/ī*. Stem I: قَضَى، يَقْضِي ‘to spend (time)’

(→ 6.III page 78, 8.II page 106, 9.I page 122, 9.II page 125, 10.IV page 143)

Passive		Active					Pronoun
Imperfect	Perfect	Imperative	Imperfect			Perfect	⇐
Indicative			Apocopate	Subjunctive	Indicative		
يُقْضَى	قُضِيَ		يَقْضِ	يَقْضِيَ	يَقْضِي	قَضَى	هُوَ
تُقْضَى	قُضِيَتْ		تَقْضِ	تَقْضِيَ	تَقْضِي	قَضَتْ	هِيَ
يُقْضَوْنَ	قُضُوا		يَقْضُوا	يَقْضُوا	يَقْضُونَ	قَضَوْا	هُمْ
يُقْضَيْنَ	قُضِينَ		يَقْضِينَ	يَقْضِينَ	يَقْضِينَ	قَضَيْنَ	هُنَّ
تُقْضَى	قُضِيتَ	اِقْضِ	تَقْضِ	تَقْضِيَ	تَقْضِي	قَضَيْتَ	أَنْتَ
تُقْضَيْنَ	قُضِيتِ	اِقْضِي	تَقْضِي	تَقْضِي	تَقْضِينَ	قَضَيْتِ	أَنْتِ
تُقْضَوْنَ	قُضِيتُمْ	اِقْضُوا	تَقْضُوا	تَقْضُوا	تَقْضُونَ	قَضَيْتُمْ	أَنْتُمْ
تُقْضَيْنَ	قُضِيتُنَّ	اِقْضِينَ	تَقْضِينَ	تَقْضِينَ	تَقْضِينَ	قَضَيْتُنَّ	أَنْتُنَّ
أُقْضَى	قُضِيتُ		أَقْضِ	أَقْضِيَ	أَقْضِي	قَضَيْتُ	أَنَا
نُقْضَى	قُضِينَا		نَقْضِ	نَقْضِيَ	نَقْضِي	قَضَيْنَا	نَحْنُ
			Dual				
يُقْضَيَانِ	قُضِيَا		يَقْضِيَا	يَقْضِيَا	يَقْضِيَانِ	قَضَيَا	هُمَا
تُقْضَيَانِ	قُضِيَتَا		تَقْضِيَا	تَقْضِيَا	تَقْضِيَانِ	قَضَتَا	هُمَا
تُقْضَيَانِ	قُضِيتُمَا	اِقْضِيَا	تَقْضِيَا	تَقْضِيَا	تَقْضِيَانِ	قَضَيْتُمَا	أَنْتُمَا
	مَقْضِيٌّ					قَاضٍ	Participle

XV. Defective verbs with *ā/ū*. Stem I: دَعَا، يَدْعُو ‘to call’

(→ 6.III page 78, 8.II page 106, 9.I page 122, 9.II page 125, 10.IV page 143)

Passive		Active					Pronoun
Imperfect	Perfect	Imperative	Imperfect			Perfect	⇐
Indicative			Apocopate	Subjunctive	Indicative		
يُدْعَى	دُعِيَ		يَدْعُ	يَدْعُوَ	يَدْعُو	دَعَا	هُوَ
تُدْعَى	دُعِيَتْ		تَدْعُ	تَدْعُوَ	تَدْعُو	دَعَتْ	هِيَ
يُدْعَوْنَ	دُعُوا		يَدْعُوا	يَدْعُوا	يَدْعُونَ	دَعَوْا	هُمْ
يُدْعَيْنَ	دُعِينَ		يَدْعُونَ	يَدْعُونَ	يَدْعُونَ	دَعَوْنَ	هُنَّ
تُدْعَى	دُعِيتَ	اُدْعُ	تَدْعُ	تَدْعُوَ	تَدْعُو	دَعَوْتَ	أَنْتَ
تُدْعَيْنَ	دُعِيتِ	اُدْعِي	تَدْعِي	تَدْعِي	تَدْعِينَ	دَعَوْتِ	أَنْتِ
تُدْعَوْنَ	دُعِيتُمْ	اُدْعُوا	تَدْعُوا	تَدْعُوا	تَدْعُونَ	دَعَوْتُمْ	أَنْتُمْ
تُدْعَيْنَ	دُعِيتُنَّ	اُدْعُونَ	تَدْعُونَ	تَدْعُونَ	تَدْعُونَ	دَعَوْتُنَّ	أَنْتُنَّ
أُدْعَى	دُعِيتُ		أَدْعُ	أَدْعُوَ	أَدْعُو	دَعَوْتُ	أَنَا
نُدْعَى	دُعِينَا		نَدْعُ	نَدْعُوَ	نَدْعُو	دَعَوْنَا	نَحْنُ
			Dual				
يُدْعَيَانِ	دُعِيَا		يَدْعُوَا	يَدْعُوَا	يَدْعُوَانِ	دَعَوَا	هُمَا
تُدْعَيَانِ	دُعِيَتَا		تَدْعُوَا	تَدْعُوَا	تَدْعُوَانِ	دَعَتَا	هُمَا
تُدْعَيَانِ	دُعِيتُمَا	اُدْعُوَا	تَدْعُوَا	تَدْعُوَا	تَدْعُوَانِ	دَعَوْتُمَا	أَنْتُمَا
	مَدْعُوٌّ					دَاعٍ	Participle

XVI. Defective verbs with *iya/ā*. Stem I: نَسِيَ، يَنْسَى ‘vergeten’

(→ 6.III page 78, 8.II page 106, 9.I page 122, 9.II page 125, 10.IV page 143)

Passive		Active					Pronoun
Imperfect	Perfect	Imperative	Imperfect			Perfect	⇐
Indicative			Apocopate	Subjunctive	Indicative		
يُنْسَى	نُسِيَ		يَنْسَ	يَنْسَى	يَنْسَى	نَسِيَ	هُوَ
تُنْسَى	نُسِيَتْ		تَنْسَ	تَنْسَى	تَنْسَى	نَسِيَتْ	هِيَ
يُنْسَوْنَ	نُسُوا		يَنْسَوْا	يَنْسَوْا	يَنْسَوْنَ	نَسُوا	هُمْ
يُنْسَيْنَ	نُسِينَ		يَنْسَيْنَ	يَنْسَيْنَ	يَنْسَيْنَ	نَسِينَ	هُنَّ
تُنْسَى	نُسِيتَ	اِنْسَ	تَنْسَ	تَنْسَى	تَنْسَى	نَسِيتَ	أَنْتَ
تُنْسَيْنَ	نُسِيتِ	اِنْسَيْ	تَنْسَيْ	تَنْسَيْ	تَنْسَيْنَ	نَسِيتِ	أَنْتِ
تُنْسَوْنَ	نُسِيتُمْ	اِنْسَوْا	تَنْسَوْا	تَنْسَوْا	تَنْسَوْنَ	نَسِيتُمْ	أَنْتُمْ
تُنْسَيْنَ	نُسِيتُنَّ	اِنْسَيْنَ	تَنْسَيْنَ	تَنْسَيْنَ	تَنْسَيْنَ	نَسِيتُنَّ	أَنْتُنَّ
أُنْسَى	نُسِيتُ		أَنْسَ	أَنْسَى	أَنْسَى	نَسِيتُ	أَنَا
نُنْسَى	نُسِينَا		نَنْسَ	نَنْسَى	نَنْسَى	نَسِينَا	نَحْنُ
			Dual				
يُنْسَيَانِ	نُسِيَا		يَنْسَيَا	يَنْسَيَا	يَنْسَيَانِ	نَسِيَا	هُمَا
تُنْسَيَانِ	نُسِيَتَا		تَنْسَيَا	تَنْسَيَا	تَنْسَيَانِ	نَسِيَتَا	هُمَا
تُنْسَيَانِ	نُسِيتُمَا	اِنْسَيَا	تَنْسَيَا	تَنْسَيَا	تَنْسَيَانِ	نَسِيتُمَا	أَنْتُمَا
	مَنْسِيٌّ					نَاسٍ	Participle

XVII. Defective verbs: Derived stems II–X

(→ 7.V page 93, 10.IV page 143)

verbal noun	participle m. + f.	imperative	imperfect	perfect	⇐
تَقْضِيَةٌ	مُقَضٍّ مُقَضِّيَةٌ	قَضِّ	يُقَضِّي	قَضَّى	II active
	مُقَضًّى مُقَضَّاةٌ		يُقَضَّى	قُضِّيَ	II passive
مُقَاضَاةٌ	مُقَاضٍ مُقَاضِيَةٌ	قَاضِ	يُقَاضِي	قَاضَى	III active
	مُقَاضًى مُقَاضَاةٌ		يُقَاضَى	قُوضِيَ	III passive
إِقْضَاءٌ	مُقْضٍ مُقْضِيَةٌ	أَقْضِ	يُقْضِي	أَقْضَى	IV active
	مُقْضًى مُقْضَاةٌ		يُقْضَى	أُقْضِيَ	IV passive
تَقَضٍّ	مُتَقَضٍّ مُتَقَضِّيَةٌ	تَقَضَّ	يَتَقَضَّى	تَقَضَّى	V active
	مُتَقَضًّى مُتَقَضَّاةٌ		يُتَقَضَّى	تُقُضِّيَ	V passive
تَقَاضٍ	مُتَقَاضٍ مُتَقَاضِيَةٌ	تَقَاضَ	يَتَقَاضَى	تَقَاضَى	VI active
	مُتَقَاضًى مُتَقَاضَاةٌ		يُتَقَاضَى	تُقُوضِيَ	VI passive
اِنْقِضَاءٌ	مُنْقَضٍ مُنْقَضِيَةٌ	اِنْقَضِ	يَنْقَضِي	اِنْقَضَى	VII active
					no VII passive
اِقْتِضَاءٌ	مُقْتَضٍ مُقْتَضِيَةٌ	اِقْتَضِ	يَقْتَضِي	اِقْتَضَى	VIII active
	مُقْتَضًى مُقْتَضَاةٌ		يُقْتَضَى	أُقْتُضِيَ	VIII passive
اِسْتِقْضَاءٌ	مُسْتَقْضٍ مُسْتَقْضِيَةٌ	اِسْتَقْضِ	يَسْتَقْضِي	اِسْتَقْضَى	X active
	مُسْتَقْضًى مُسْتَقْضَاةٌ		يُسْتَقْضَى	أُسْتُقْضِيَ	X passive

No stem IX

XVIII. Declension of the nouns

1. Triptote noun: Sg. and pl. of the indefinite noun (→ 4.VI p.42)

	pl.f.	sg.f.	pl.m.	sg.m.	⇐
	طالِباتٌ	طالِبَةٌ	مُدَرِّسونَ	مُدَرِّسٌ	nom.
	طالِباتٍ	طالِبَةٍ	مُدَرِّسينَ	مُدَرِّسٍ	gen.
	طالِباتٍ	طالِبَةً	مُدَرِّسينَ	مُدَرِّساً	acc.
	students (f.)	student (f.)	teachers	teacher	

2. Sg. and pl. of the definite noun (→ 4.VI p.42)

	الطالِباتُ	الطالِبَةُ	المُدَرِّسونَ	المُدَرِّسُ	nom.
	الطالِباتِ	الطالِبَةِ	المُدَرِّسينَ	المُدَرِّسِ	gen.
	الطالِباتِ	الطالِبَةَ	المُدَرِّسينَ	المُدَرِّسَ	acc.
	the students (f.)	the student (f.)	the teachers	the teacher	

3. Nouns in construct phrases (→ 5.I p.54)

	sg.f.	sg.m.	
	طالِبَةُ الجامِعةِ	مُدَرِّسُ الوَلَدِ	
	the student of the university	the teacher of the boy	
	pl.f.	pl.m.	
	طالِباتُ الجامِعةِ	مُدَرِّسو الوَلَدِ	
	the students of the university	the teachers of the boy	

4. Nouns with possessive suffixes (→ 5.I p.56)

	pl.f.	sg.f.	pl.m.	sg.m.	
	طالِباتٌ	طالِبَةٌ	مُدَرِّسونَ	مُدَرِّسٌ	
	طالِباتي	طالِبَتي	مُدَرِّسيَّ	مُدَرِّسي	1st sg. 'my'
	طالِباتُهُ	طالِبَتُهُ	مُدَرِّسوهُ	مُدَرِّسُهُ	3rd sg. 'his'

5. Diptote nouns (→ 5.II p.56)					
	construct phrase	with *-hā*	def.	indef.	⇐
	مَدارِسُ الحكومة	مَدارِسُها	المَدارِسُ	مَدارِسُ	nom.
	مَدارِسِ الحكومة	مَدارِسِها	المَدارِسِ	مَدارِسَ	gen.
	مَدارِسَ الحكومة	مَدارِسَها	المَدارِسَ	مَدارِسَ	acc.
	the schools of the government	her schools	the schools	schools	

6. Weak nouns with final *-in* (→ 14.II p.207)					
	pl.m.def.	sg.m.def.	pl.m.indef.	sg.m.indef.	⇐
	المُحامُونَ	المُحامِي	مُحامُونَ	مُحامٍ	nom.
	المُحامِينَ	المُحامِي	مُحامِينَ	مُحامٍ	gen.
	المُحامِينَ	المُحامِيَ	مُحامِينَ	مُحامِياً	acc.
	the lawyers	the lawyer	lawyers	lawyer	

7. Weak nouns with final *-an* (→ 14.II p.207)					
	pl.m.def.	sg.m.def.	pl.m.indef.	sg.m.indef.	⇐
	المُلْقَوْنَ	المُلْقَى	مُلْقَوْنَ	مُلْقًى	nom.
	المُلْقَيْنَ	المُلْقَى	مُلْقَيْنَ	مُلْقًى	gen.
	المُلْقَيْنَ	المُلْقَى	مُلْقَيْنَ	مُلْقًى	acc.

8. Broken plural nouns with *-in* (→ 14.II p.210)					
	construct phrase	with *-hā*	sg.m.def.	sg.m.indef.	⇐
	مَبانِي الجامِعة	مَبانِيها	المَبانِي	مَبانٍ	nom.
	مَبانِي الجامِعة	مَبانِيها	المَبانِي	مَبانٍ	gen.
	مَبانِيَ الجامِعة	مَبانِيَها	المَبانِيَ	مَبانِيَ	acc.
	the buildings of the university	her buildings	the buildings	buildings	

9. The dual noun (→ 8.I p.104)					
	du. f. def.	du. f. indef.	du. m. def.	du. m. indef.	⇐
	الوَرْدتانِ	وَرْدتانِ	اليَومانِ	يَومانِ	nom.
	الوَرْدَتَيْنِ	وَرْدَتَيْنِ	اليَوْمَيْنِ	يَوْمَيْنِ	gen.
	الوَرْدَتَيْنِ	وَرْدَتَيْنِ	اليَوْمَيْنِ	يَوْمَيْنِ	acc.
	the two roses	two roses	the two days	two days	
10. The dual of weak nouns (→ 14.II p.209)					
	du.m.	sg.m.	du.m.	sg.m.	
	عَصَوانِ	عَصًا	مُسْتَشْفَيانِ	مُسْتَشْفًى	
	two sticks	stick	two hospitals	hospital	
	du.f.	sg.f.	du.m.	sg.m.	
	حَمْراوانِ	حَمْراءُ	أَحْمَرانِ	أَحْمَرُ	
	two red ones	red	two red ones	red	
11. أبٌ *'ab-un* 'father' (→ 5.I p.56)					
	construct phrase	with suffix	sg.m.def.	sg.m.indef.	
	أبو زَيْدٍ	أبوهُ	الأبُ	أبٌ	nom.
	أبي زَيْدٍ	أبيهِ	الأبِ	أبٍ	gen.
	أبا زَيْدٍ	أباهُ	الأبَ	أباً	acc.
	the father of Zaid	his father	the father	a father	

الفهرس العربي

English Index